Restaurant

외식창업경영

사례를 중심으로

FOODSERVICE Start-up & Management

백남길 • 김장호

지식인

개정증보

외식창업경영

2014년 3월 10일 초판 발행
2016년 8월 20일 개정증보1쇄 발행
2019년 2월 28일 개정증보2쇄 발행

지은이 | 백남길 · 김장호
펴낸이 | 김종욱
펴낸곳 | 지식인
등 록 | 제301-2013-134호
주 소 | 서울시 도봉구 도봉로 180길 20 투웨니퍼스트 102동 602호
전 화 | 02)2266-8606 (대)
팩 스 | 02)2266-8607
E-mail | jisikin2013@naver.com

ISBN 978-89-98591-13-7 (93590)

값 26,000원

Foodservice
Start-up & Management

외식창업경영

PREFACE

현대는 국경 없는 세계화로 그 어느 때보다 개인적인 지식이나 기술, 아이템, 도전정신, 창의성을 필요로 한다. 이러한 세계적 변화는 글로벌 경제위기로 인한 불황에서 생존을 위한 빠른 선택과 결정의 정보 활용에 달려 있다 해도 과언이 아니다. 미래의 기업은 기술 발달에 따른 지식을 어떻게 활용할 것인가가 중요하다. 세계는 하나의 국가체제로 전환된 지 오래되었으며, 초일류를 지향하는 기업들은 인재를 양성하거나 IT를 접목한 인터넷 활성화, R & D, 경영환경의 개선, 경쟁력, 수용 속도 등 근본적인 차이를 나타내고 있다. 창업은 인류의 발전과 공영에 이바지한다는 사명감으로 이를 실천할 수 있는 도전정신이 있다면 누구나 지구촌 어디에서든지 성공 가능성이 높아졌다.

대내 · 외적인 경기불황 속에서도 사회, 경제, 문화, 정치, 법률적 환경과 생태적 환경 등 상호보완적인 관계를 유지하면서 새로운 개념의 외식기업이 등장하고 발전을 선도하고 있다. 이에 발맞춰 세계화를 원년으로 각자도생을 위해 노력하고 있다. 건강을 중시하는 새로운 메뉴들이 등장하면서 local food, color food, organic food, slow food 등 웰빙 바람으로 건강을 코드로 한 외식 트렌드가 주목받고 있다. 이러한 현상은 건강과 미용, 노화방지라는 새로운 개념의 매크로비이오틱(macrobiotic)으로 전환되면서 이를 신속히 파악하여 적절히 이용하는 기업이 있는가 하면, 그렇지 못한 기업들은 미래의 생존을 어렵게 하고 있다.

음식은 인간이 태어나 죽을 때까지 함께 해야 할 학문적 가치가 있을 뿐 아니라, 그 성장과 규모, 발전 속도가 빨라 유망산업으로 각광받고 있다. 이에 각 학교마다 '외식창업' 과목이 개설되어 활성화되고 있다. 이러한 시대적 흐름에 부응하고자 집필하게 되었으며, 체계적인 학문연구와 현장의 창업 경험을 살려 좀 더 쉽고 이해하기 쉬운 실용서가 되고자 한다.

미래의 창업은 도전정신을 바탕으로 하는 인재육성과 지식, 융합, 유연성, 권한 위임, 민첩성, 대응성으로 제시된다. 조직 구성원들의 다양한 지식을 융합하여 유연하게 대처할 수 있는 임파워먼트를 통해 신속하게 대응하며, 계속적인 학습을 통해 성장할 수 있다. 이와 같이 외식창업은 농·축산업과 식품영양, 유통, 생산, 판매, 마케팅을 통한 복합산업(6차산업)으로 각광받고 있다. 학문적 역사는 짧지만 사회과학 분야에서 자연과학, 생명과학, 유전공학, 전자공학, 정보통신 등과 연계하는 체계적 시스템을 지닌 실용학문으로서 발전을 선도하고 있다.

이에 본서는 제4부 13장으로 구성하였다.

제1부 창업의 학문적 배경으로, 외식사업의 개요(제1장)에서 사업의 이해(제2장), 사업의 분류와 트렌드(제3장)를 서술하였다.

제2부 창업실무에서는, 콘셉트(제4장), 창업자 정신과 아이템 분석(제5장), 사업계획서 작성과 타당성분석(제6장), 상권과 입지 분석(제7장), 메뉴관리(제8장), 사업 인·허가와 관련법규(제9장)를 서술하였다.

제3부 주방 및 위생관리에서는, 외식업의 주방·식자재관리(제10장), 위생 및 안전관리(제11장)를 서술하였다.

마지막으로, 고객만족을 통해 이익을 달성할 수 있는 마케팅 전략(12장)과 고객관리에서는 고객만족(제13장)과 불평행동으로 구성하였다.

본서는 창업의 중요성을 제시하여 전문적인 지식인을 양성한다는 소명의식으로 다음과 같은 시사점을 제시하고 있다.

첫째, 창업의 중요성을 제시하였다. 창업은 나라를 세우는 것만큼 어렵고 힘들지만, 인간의 숭고한 가치와 인류에 공헌할 수 있다는 점에서 더 많은 창업자를 배출할 수 있어야 한다. 특히 대학생들의 빛나는 아이템과 창의성으로 도전할 때 미래는 밝아진다. 이러한 인재를 양성할 학과와 협회, 관련단체 등 체계적인 지원을 필요로 한다. 둘째, 외식창업자를 양성할 수 있는 전문지식과 실무능력을 제시하고자 하였다. 과거의 선배 연구자들이 제시한 학문적 이론을 바탕으로 실제 현장에 적용할 수 있는 실력향상과 새로운 지식, 경영관리 기법 등을 제안하였다. 셋째, 학습자의 능력을 향상시키기 위해 현장의 사례를 체계적으로 제시하였다. 전문지식이 아무리 많더라도 이를 현장에 적용하기 어렵다면 아무런 의미가 없다. 그러므로 목표의식을 갖고 실천할 수 있을 때 그 효과는 높다 하겠다.

본서는 기존의 창업 및 외식사업의 전문서적과 학술지, 논문, 협회, 통계청, 국가기관 등의 자료와 각 신문사, 방송국, 인터넷 등 다양한 사례의 내용을 참고하였으며, 집필진의 경영 경험을 바탕으로 서술하였다. 저자의 학문적 경험과 현장의 실무능력을 바탕으로 하였음에도 잘못되고 부족한 부분이 많을 것으로 사료됩니다. 따라서 독자 분들의 많은 이해와 지도편달을 부탁드립니다. 향후 수정 · 보완하여 더 좋은 책이 되도록 노력하겠습니다.

본서가 출간되기까지 많은 도움을 주신 분들께 감사의 말씀을 전하며, 여러모로 부족한 출간을 흔쾌히 허락하신 지식인 대표님과 이 책의 작업에 함께 해주신 지원 분들께 진심으로 감사의 말씀을 드립니다.

삼봉산 자락에서
백남길 · 김장호 드림

Part 1. 외식창업의 학문적 배경

제1장 외식사업의 개요

제2장 외식사업의 이해

제3장 외식사업 분류와 트렌드

제7장 상권과 입지 분석

제8장 메뉴관리

제9장

사업 인 · 허가와 관련법규

Part 3. 주방 및 위생관리

제10장

외식업 주방과 식자재관리

제11장

외식업 위생 및 안전관리

Part 01

외식창업의 학문적 배경

CHAPTER 1

외식사업의 개요

원수를 만들어보지 않은 사람은 친구도 사귀지 않는다.

– *Alfred, Lord Tennyson*, 영국 시인

Objective

- 창업의 개념 및 특성을 학습한다.
- 창업을 위한 구성요소를 학습한다.
- 외식창업의 개념 및 창업자금과 종류를 학습한다.
- 소호창업의 개념과 현황을 학습한다.
- 레스토랑의 창업과정에 대해 학습한다.

01 창업의 개념과 특성

외식사업의 학문적 근원인 음식을 먼저 제시해야 할까? 창업을 먼저 제시해야 할까?를 고민하게 되었다. 핵심 키워드가 되는 '사업', '외식'을 판단할 때 어느 것이 학생들에게 유익한 정보가 되며 우선되어야 하는가를 고민하였다. 청년들의 꿈과 열정을 발휘할 수 있는 미래지향적인 관점과 학문적 접근, 사업의 중요성으로 비춰 볼 때 '창업'이 핵심이 되어야 한다는 판단으로 제1장을 창업으로 시작하였다.

1. 창업이란 무엇인가?

창업을 하고자 할 때 '이것 장사 될 것 같다!' 싶으면, 남들도 다 그렇게 생각한다는 점이다. 신규 진입자가 많으면 경쟁이 치열해져 성공하기가 힘들다. 현대인들은 빠른 변화와 다양한 욕구를 충족해주기를 원한다. 이를 해결하고자 새로운 아이템을 창출하며 운영방법, 유통구조 개선 등 고객만족도를 향상시키고자 노력한다.

그렇다면 창업이란 무엇일까? 선행연구자들은 창업(創業)을 세우다의 동사로 'erect'와 시작하다의 'start-up'으로 제시하고 있다. 국어사전에서는 "사업 따위를 처음으로 이루어 시작함"으로 정의하고 있다. 아무것도 없는 상태에서 새로운 것을 창출하는 것, 즉 생산, 제조, 가공, 유통과정을 사업화하여 계속적으로 영업하는 과정이라 하겠다. 창업은 이 모든 것을 수용하여 시설을 설립하는 "establishment"라 할 수 있다. 하지만 본서에서는 일반적으로 선행연구자들이 널리 사용하는 '시작하다(start-up)'로 정의하고자 한다.

본 연구에서는 제왕이 "왕조를 건국한다."라는 정치론을 바탕으로 고서에서 전하는 창업의 의미를 되새기고자 한다.

『맹자(孟子)』에 의하면, "군자가 창업하여 통서(統緖)를 전하는 것은 계승할 수 있도록 하려는 것이니, 그것이 성공할 것인지는 하늘에 달려있다."라는 구절에서 창업의 어원을 찾을 수 있다. 중국 당서(唐書)인 『정관정요(貞觀政要)』에 의하면, 당태종이 창업과 수성 중 어느 것이 더 어려운가를 물었더니, 방현령은 창업이, 위징은 수성이 어렵다했다. 현대인들은 창업과 수성을 같은 의미로 해석하여 기업경영에 접목하여 널리 사용하고 있다. 그렇다면 창업과 수성을 같이 사용하는 이유가 무엇일까? 창업은 쉬우나 계속적인 사업을 유지하기가 그만큼 어렵다는 것을 의미하기 때문이다.

맹자는 창업을 수통(垂統), 즉 통서를 전하는 것이라 했다. 창업이 일회적이라면 수통은 창업 이후 연속성을 지향하는 군주의 행위로 오래 전부터 존재해왔던 왕조시대에서 새로운 왕조를 창업한다는 의미로 역사와 전통을 계승 발전시키는 의지라 했다. 이와 같이 수통체계를 확립하는 것을 통서라 하였으며, 창업이나 수통은 "성공하는 것은 하늘에 달려있다."라고 했다. 인간의 의지와 범위를 넘는 초월성으로 혁명을 통해 가능하며, 천명사상(天命思想)을 근거하고 있다. 혁명은 새로운 창업을 의미하며, 한나라를 세우는 것이다. 왕조를 세우는 정치, 법률, 규범, 제도, 가치체계의 수용과 범위를 창업기간이라 하며, 안정되어가는 것을 수성이라 했다. 결론적으로, 창업은 일정장소에서 시설과 장비를 갖추어 원재료를 통한 상품생산과 용역으로 재화를 획득하는 활동이라 하겠다. 이러한 일은 왕조를 건국하는 만큼 어려우며, 건국하더라도 계속적으로 유지하기가 힘들다는 것을 의미한다.

CASE
대학생들 "돈 아닌 꿈 위해 사업한다!"

대학생들이 창업에 나서는 동기는 '경제적 이익'이 아니라 '자아실현'이라 했다. 노동부고용정보원에 의하면, 사업을 했거나 할 예정인 대학생 407명을 대상으로 설문조사를 발표했다. 사업계기를 묻는 질문에 자신의 아이디어 구현이나 라이프스타일 구축, 전문영역 개발로 '자아실현 한다'는 응답이 전체의 70%였으며, 성공으로 인한 명예나 경제적 이익은 19.7%였다. 성공기준은 '자신이 좋아하는 일을 한다', '회사를 키우면서 성취감을 얻는다'가 전체의 74.4%였다. 반면에 '성공해서 명예를 얻었을 때, 돈을 많이 벌었을 때'는 14.3%였다. 실패에 대한 두려움이 컸다. 실패의 지각수준은 62.4%가 매우 또는 약간 치명적일 것, 별로, 전혀, 치명적이지 않을 것 17.7%의 세 배가 넘었다. 성공적인 창업의 지원조건은 자본금, 시설 등 물적 지원(49.10%), 교육훈련, 컨설팅 등 소프트웨어 지원(46.4%)과 성공사업의 장애요인은 지식부족(30.6%), 자금조달 능력부족(29.4%)으로 나타났다.

한국경제신문 2015.1.16

2. 창업의 의의

1) 창업의 정의

창업이란, 상품 및 서비스를 생산, 판매하기 위해 현재까지 존재하지 않은 새로운 기업이나 조직을 설립하는 것이다. 기초를 세우는 것으로 기업가적인 마인드와 능력을 갖춘 개인이나 단체가 아이디어를 가지고 자본, 인원, 설비, 원자재 등을 투입하여 상품의 생산이나 용역을 제공하는 일련의 과정을 의미한다. 개인과 법인이 영리목적으로 기업을 만드는 일로써 아이템을 갖고 자원을 결합하여 판매하는 활동이다. 기본적으로 성실함과 진취적 사고, 창의성을 바탕으로 모험심, 열정, 적극성, 합리적인 사고와 해결능력, 원만한 인간관계 등 불확실성과 위협 속에서도 흔들리지 않고 새로운 변화를 극복하는 도전정신을 가진 사람이다.

「중소기업창업지원법」은 "창업자와 아이디어, 자본의 결합으로 시작한다." 했다. 기업을 세우는 것은 자본과 인력, 설비시설, 원자재 등 필요자원을 투입하여 시스템과 매뉴얼에 의한 변환과정을 통해 이윤을 창출하는 것이다. 이러한 목적을 달성하기 위해 용역과 서비스 생산, 재화를 창출하게 된다. 인적 · 물적 자원을 투입하여 기업이 목표로 하는 성과를 달성하면서 그에 수반되는 부수적인 활동을 의미한다. 창업은 연구자에 따라 획일적으로 정의하지는 못했다. 제2조에서는 "중소기업을 새로이 설립한다." 했다. 타인사업을 승계하거나 개인사업자가 법인으로 전환하여 같은 사업을 계속하는 경우, 폐업 후 같은 사업을 개시하는 것은 창업으로 보지 않고 있다. 기업 설립을 촉진하며, 성장을 기반으로 건전한 발전과 산업구조를 구축하는데 그 목적이 있다. 이러한 목적은 사업계획을 승인하거나 준비하는 사람들에게 부담감을 줄여 활성화시킬 수 있다. 타인으로부터 승계하거나 승계 전의 사업과 동종사업을 계속하는 경우, 일부를 분리하여 당해년도 기업임원 또는 직원이 승계하는 경우는 제외하고 있다.

중소기업청에서 제시하는 창업은 다음과 같다.

첫째, 중소기업을 새로 설립하는 것으로 그 범위는 대통령령으로 정한다. 둘째, 창업자란 중소기업을 창업하는 자로 사업 개시로부터 7년이 지나지 아니한 자를 의미한다. 세부사항은 대통령령으로 정한다. 셋째, 중소기업이란 「중소기업기본법」 제2조에 따른 기업을 의미한다. 넷째, 창업투자회사란 투자목적으로 제10조에 따라 등록한 회사를 의미한다. 다섯째, 창업투자조합이란 창업자에게 투자하고 그 성과를 배분하는 것을 목적으로 제20조에 따라 등록한 조합을 말한다. 여섯째, 상담회사란 사업성 평가를 업으로 제31조에 따라 등록한 회사를 말한다. 일곱째, 창업보육센터란 성공 가능성을 높이기 위해 창업자에게 시설, 장소를 제공하고 경영과 기술을 지원하는 것을 말한다.

『창업 지원법 시행규칙』에 의한 산업자원부령이 정하는 요건

- 회사를 분리하는 대표이사나 임원 및 직원이 인수하는 경우는 제외한다.
- 기업을 분리하는 임원 또는 직원으로 인수기업 임원의 출자 지분 합계가 인수기업의 주주나 출자자 중 최대가 될 경우 제외한다.

2) 창업에 대한 선행연구자 정의

창업은 상품이나 서비스용역을 창출함으로써 소비자의 선택폭을 넓혀 국가의 경쟁력을 강화시킬 수 있다. 새로운 기업은 품질향상과 가격인하를 유도하며, 서비스를 개선하거나 기술개발, 촉진방법을 다양화하여 이익을 줄 수 있다(Vesper, 1983). 기업이 만들어내는 일자리는 기존 사업장에서 적응하지 못한 사람들에게 새로운 기회가 되어, 잠재된 리더십을 발휘할 수 있다(Sandberg, 1986). 창업자, 자원, 기회의 3요소로 무에서 유를 창조하는 가치활동이라 했다(Timmons, 1990). 거대자본의 인수합병(M & A)은 위협이 된다. 대기업의 출자제한을 강제하는데 절대적인 위험성에서도 새로운 비전으로 제시되며 열정과 팀워크로 성과를 달성하는 것이다. 이와 같이 창업은 자원과 인력, 원재료가 결합하여 가치 있는 조직으로 변환시키는 활동이다(Vesper, 1990).

창업이란, 돈을 버는 것으로 사람, 기계, 공간, 원재료 자원을 결합한 시스템이다. 혁신적인 사고와 서비스를 생산하는 범위, 지리적 위치, 유통을 포함하고 있다. 불확실한 상황에서 자본과 아이템, 사업자의 능력을 투입하여 새로운 상품을 만들어내는 과정이다. 특히 국가의 경제상황과 구매력에 기초한 흐름으로 어떤 시기에 시작하는 것이 좋은지 결정하는 것은 매우 어려운 일이다. 사업을 시작할 때 "호경기에 시작하는 것이 좋은가? 불경기에 시작하는 것이 좋은가?" 의문이 생길 수 있다. 이를 해결하려면 일시적인 또는 글로벌 위기상황인지 파악하는 능력이 필요하다. 장기적인 관점에서 볼 때 불경기에 시작하면 시장이 호전되었을 때 안정된 영업을 할 수 있다. 불경기는 자신의 준비된 능력과 경험, 태도에서 기회가 될 수 있으므로 충분한 조사를 통해 시작되어야 한다.

창업이란, 사업의 기초를 세워 새롭게 시작하는 것이다. 인간은 보다 발전적인 모습으로 더 나은 경제활동을 위해 필요 상품을 생산하고 판매, 유통, 서비스용역으로 재화를 창출한다. 사업가적인 마인드와 경험, 능력에서 실현가능한 비즈니스모델을 설계해야 한다. 목표달성을 위한 인적 · 물적 자원을 활용하여 이윤을 창출하며, 성장성, 공익성, 사회적 책임을 다하면서 더불어 발전하는 기업을 설립하는 것이다.

CASE
"문화 간 결합으로 새로운 퓨전요리 탄생!"

미국사회는 한국인 커뮤니티가 폭넓게 자리한다. LA 코리아타운은 규모면에서 클 뿐 아니라 시내 중심부에 위치하여 한국음식과 문화에 대한 관심도를 높이고 있다. 가장 영향력 있는 음식점 중 하나가 'Kogi'이다. 유명한 한국 음식점들도 많지만, 최근 LA에서 고기(Kogi)는 유명세를 타고 있다. 트럭을 개조한 이동식으로 이곳저곳 다니면서 판매한다. 내용물은 한국음식이 아니라 또티아(Tortilla, 멕시코 전통음식)에 다양한 양념의 불고기를 싼 멕시컨에 가깝다. 'Korean mexican fusion' 메뉴로 가장 LA다운 요리라 할 수 있다. 이 메뉴의 성공은 새로운 미국문화를 만들고 있다. '칼비(calbee)', '불코기(bullkogi)' 등 비슷한 유형의 푸드 트럭이 이곳저곳에서 인기다. 〈LA타임지〉를 비롯하여 많은 미디어에서 성공스토리로 소개되었다.

CEO인 로이 최(Roy Choi)는, "한국문화를 다른 나라 사람들과 나누는 것에서 의미를 찾는다." 했다. 4대의 트럭(이동식당)으로 대학가 및 헐리웃 등 사람들이 많이 모이는 곳에서 영업한다. 주문을 받고 그 자리에서 만들어 주기 때문에 줄이 줄어들지 않는다. 사람들은 트럭 주변에서 고기냄새를 맡으며 친구들과 담소하거나 먹으면서 행복해 한다. 특히 실용성을 중시하는 아메리칸 스타일로 먹는 즐거움에서 에너지를 느껴 그들 문화에 스며들고 있다.

첫째, 사업 초기부터 트위터(tweeter), 플리커(flicker)와 같은 소셜미디어를 적극 활용했다. 플리커 계정을 만들어 사람들의 미소와 먹는 사람들의 표정을 간직해 두었다가 트위터, 페이스북에 올렸다. 트럭이 어디로 가는지에 대한 정보와 고객들의 목소리를 전하는 웹 환경의 활용이 성공 전략이다. 둘째, '맛'이다. 로이는 힐튼호텔 주방장 출신으로, 이민 간 한국인 부모에서 태어난 2세대이다. 코기의 성공스토리 만큼 인생도 재미있다. 그는 한국인임을 자랑스러워하며, 맛을 전파시킬 수 있어 행복해 한다. 전통적인 한국인의 정서는 자신이 이루지 못한 꿈을 자식이 이루어주기를 소망하는 것이다. 무한한 관심과 애정으로 부모님의 삶이 곧 자녀의 삶이 된다. 자신의 삶을 선택할 용기를 갖는 것도 중요하다. 대학까지 부모님의 방향으로 살아왔던 그는 25세에 로스쿨을 그만두고 뉴욕으로 건너갔다. 변호사의 길이 아닌 요리사의 길을 선택했다. 좋아하는 일에서 용기와 자부심을 가졌으며, 요리로 글로벌 도시인 LA에서 새로운 문화를 만들고 있다. 그는 "얼마나 돈을 벌 것인가를 생각하기보다 세상에 태어나 어떤 일을 할 것인가"를 고민하고 있다.

연합뉴스 2013.11.14

3. 창업의 특성

사업경영은 창업자의 지식과 경험, 노하우를 바탕으로 자질과 인품, 성격 등 경영에 그대로 반영된다. 전문적인 지식으로 사회현상을 수용하면서 반영할 수 있는 특성이 있다.

첫째, 창업은 많은 자원을 필요로 한다. 인적, 물적, 자본금 등을 투입하여 변환과정을 거쳐 성과를 산출하게 된다. 투입대비 성과를 창출하는 것은 장시간에 걸쳐 서서히 이루어지기 때문에 즉각적인 보상을 원하는 투자자는 인내와 동의가 필요하다. 성과는 투입자원에 대한 보상의 크기로 기회와 위협 속에서 공존하게 된다. 둘째, 창업은 창의성을 전제한다. 문제점을 지각하여 해결하는 과정으로 사고와 열정을 더해 가능성을 높인다. 본질적으로 모험적인 성격과 활동적인 자세로 실현할 수 있다. 창의성은 인류에 공헌한다는 합리성에서 성공을 가능하게 한다. 토랜스(E. P. Torrance)는 창의성을 다음과 같이 제시했다. ① 어떤 문제에 대한 결핍과 격차 등에 민감한 것이다. ② 문제의 곤란함을 추측하여 형성하는 것으로 가설을 검증하는 것이다. ③ 결과를 만들어내는 것이다. 이는 개인적인 창의성 개발로 측정할 수 있으며, 교육을 통해 달성할 수 있다.

셋째, 불확실성에서 성과를 낼 수 있다. 사업을 시작한다는 것은 미래를 예측하지 못한다는 것으로, 경험하지 못한 세계에서 새로운 방법을 개선하면서 문제점을 해결하는 것이다. 넷째, 기술과 인간관계 중심형이다. 물리적 시설에서 무형의 서비스상품을 생산하는 환대산업은 상호간의 관계 속에서 이루어진다. 무형의 서비스상품을 화폐로 전환하기 위해서는 사업자뿐 아니라 개별 직원들의 역할이 중요하다. 고객은 기업에서 제공하는 다양한 혜택을 중시한다. 자신의 목적과 일치할 때 구매하며, 구성원 한 사람 한 사람의 능력과 자질에 따라 품질이 결정된다.

다섯째, 글로벌 환경변화에서 합리성이 중요하다. 창업에 소요되는 자금은 국가의 경제력과 시장상황, 개인 신용도에 따라 영향을 미친다. 불경기인지 호경기인지 세밀하게 검토해야 한다. 생산 활동은 신규 창업에 따른 개설비를 비롯하여 인건비, 판매비, 관리비, 임대료, 각종 세금과 공과금 등을 파악해야 한다. 여섯째, 창업 후 영업이 안정될 때까지 많은 시간과 노력이 필요하다. 상품이 소비자들에게 자사가 원하는 방향으로 포지셔닝 될 때까지 광고, 홍보에 따른 비용과 시간이 필요하다. 특히 예상치 못한 문제점이 발생될 수 있기 때문에 이를 극복할 수 있는 능력과 끈기가 있어야 한다.

성공하는 창업자의 자세

첫째, 사업에 대한 높은 몰입도와 인내심을 가져야 한다. 둘째, 강한 성취욕구로 계속적인 성장을 이끌 수 있어야 한다. 셋째, 사회적 변화를 포착하는 능력과 지향적인 사고를 가져야 한다. 넷째, 구체적인 목표와 책임감으로 강인함을 가져야 한다. 다섯째, 문제가 발생했을 때 포기하지 않고 해결할 수 있는 집념이 있어야 한다. 여섯째, 현실주의적 사고와 유머감각, 합리성을 가져야 한다. 일곱째, 위험요소를 해결하려는 적극성이 필요하며, 아집이 없어야 한다. 여덟째, 지위를 이용한 오만함이나 권력을 남용해서는 안 된다. 아홉째, 신속한 결단과 실천의지로 상·하 간에 화합할 수 있어야 한다. 열 번째, 자신을 비롯한 조직의 경험을 공유해야 한다. 낮은 자세를 유지하면서 정직과 솔선수범을 필요로 한다.

실패하는 창업자의 자세

첫째, 득화될 수 있는 전문성 없이 타인의 성공에 편승하려는 사람이다. 둘째, 국가의 경제력, 국민소득, 사회·문화적 환경을 고려하지 않으며, 새로운 변화를 수용하지 않는 사람이다. 셋째, 상권의 입지와 인구분포, 주거환경, 수입, 성별, 연령 등에 맞는 상품개발이나 아이디어가 부족한 사람이다. 넷째, 상품의 기능이나 품질, 가격이 시장에 맞지 않으며, 일방적으로 경쟁자를 좇아가는 사람이다. 다섯째, 직원관리나 재고관리, 고객관리, 원가관리, 세무관리 등이 부족하며, 주먹구구식으로 운영하는 사람이다. 여섯째, 정신력이나 체력관리가 부족한 사람이다. 일곱째, 가족의 동의나 지원 없이 독불장군처럼 "나를 따르라!" 하는 사람이다. 여덟째, 시대적 흐름이나 인기에 편성하여 업종을 선택하는 사람이다. 아홉째, 자신의 재정적 상황을 파악하지 않고 과다한 투자로 외형을 중시하는 사람이다. 열 번째, 문제점 파악에 소홀하며, 전적으로 직원들에 의존하여 개선의 노력이 부족한 사람이다.

4. 창업 구성요소

외식기업을 창업하는 것은 레스토랑의 규모나 위치, 크기, 매뉴얼과 상관없이 공통적으로 아이템, 자본, 기술, 창업자 요소로 제시할 수 있다. 세부적으로 다양화할 수 있지만, 자신의 지식과 경험, 능력으로 성공적인 사업을 추진할 수 있는 기회를 포착하며, 급변하는 글로벌 환경 속에서 팔릴 수 있는 상품을 만들어내는 것이 중요하다.

하버드 경영대 Theodore Levitt 교수는 『마케팅의 상상력』에서 다음과 같이 이야기했다. "시장에서 팔리지 않는 제품은 상품이라 할 수 없다. 단지 박물관에 보관되어 있는 소장품에 불과하다." 기업의 목표는 팔릴 수 있는 상품을 만들어 수요를 창출하는 것으로 계속적으로 판매를 유지하는 것이다. 창업한다는 것은 새로운 일을 시작하는 것으로 '창의적인 사업, 창의적인 일, 창의적인 직업'을 갖는 것이다. 기업가의 능력을 갖춘 개인 및 조직이 아이디어를 가지고 목표와 비전을 제시하며 설비, 인력, 원자재, 자본 등을 투입하여 생산과 서비스, 용역을 통해 재화를 산출하게 된다. 기업은 제품이나 서비스를 생산하는 시스템으로 자원을 투입하여 경영환경의 변환을 거쳐 새로운 산출물을 만들어낸다. 수익을 창출하고 획득하는 유기적인 관계 속에서 업종, 업태, 규모, 위치를 불문하고 그 중요성으로 제시된다. 이에 본서에서는 창업자, 아이템, 자본, 특화된 기술의 4요소를 제시하고자 한다.

1) 창업자

창업자는 입지와 아이템, 자본력, 기술을 바탕으로 이를 실천하는 사람이다. 사업계획서를 작성하고 실무적으로 실행할 수 있는 전략계획을 수립하며 무한책임과 의무를 통해 모든 것을 결정하고 책임지는 사람이다. 고객에게 가치 있는 만족을 주기 위해 시장의 위협 속에서 기회를 포착하며, 경영능력을 바탕으로 유·무형의 자원을 투입하여 성공목표를 달성하는 사람이다. 기업의 목적과 기능에 맞는 능력을 발휘하는 것으로 관리감독, 지휘, 통제 등 그 역할을 수행하게 된다.

창업은 기업을 경영하는 기업가, 최고책임자(CEO), 기술자(요리사), 직원(경영관리 및 고객접객), 주주 및 투자자(자본) 등 인적 요소를 포함한다. 아이템이 아무리 좋아도 이를 실행할 수 있는 기술이나 자본력, 지식이 없다면 성공하기가 힘들다. 끊임없는 경쟁상황에서 조사하고 관찰하며, 전문적인 능력을 갖추었을 때 성공할 수 있다.

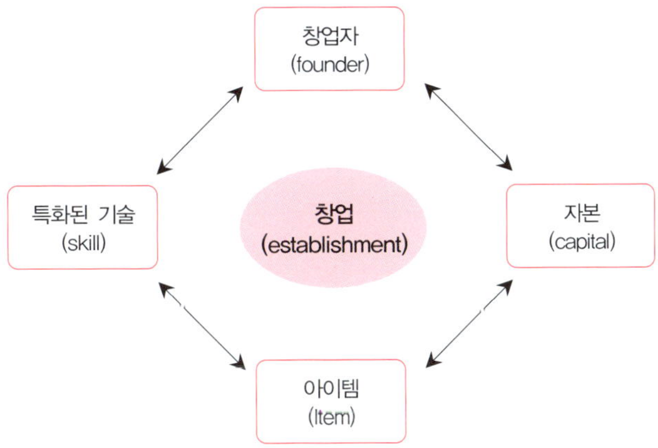

그림 1·1

창업 요소

(1) 창업자의 능력

기업경영에서 창업자가 갖추어야 할 능력과 자질은 너무나도 중요하다. 지속적으로 정부의 정책이나 언론매체, 지역사회, 내부직원, 소비자 등과 커뮤니케이션을 통해 학습하거나 관계를 강화해야 한다. 이러한 능력은 다음과 같이 제시할 수 있다.

첫째, 창업자는 미래에 대한 비전을 제시할 수 있어야 한다. 글로벌 환경에서 국가의 경제상황과 트렌드, 소비흐름은 변화하고 있다. 현재의 상황을 정확하게 분석할 필요성이 있으며, 그 자료를 기초하여 가능성을 예측할 수 있어야 한다. 둘째, 개인능력을 바탕으로 창의적인 사고와 추진력을 가져야 한다. 시장은 항상 유동적으로 무한도전과 책임감을 요구한다. 기회를 포착하여 적극적으로 대처할 수 있는 능력과 도전정신은 미래에 대한 불확실성을 줄이는 것이다. 조직구성원들은 신뢰할 수 있는 믿음과 도전정신으로 그 역할과 책임을 다해야 한다.

셋째, 시대가 요구하는 인격을 갖추어야 한다. 이익만을 추구하는 것이 아니라 사회적 책임에 따른 상생을 필요로 한다. 새로운 소비층을 형성하는 감각과 문화에서 신뢰를 쌓을 수 있다. 넷째, 자사의 경영이념과 사명감으로 편안한 분위기를 만들어야 한다. 직원들은 한 명에서 수만 명으로, 그들의 안정된 생활과 쾌적한 분위기, 복지를 바탕으로 건강한 사회를 만드는데 기여할 수 있다.

(2) 창업자 정신

“시장은 보이지 않는 손에 의해 결정된다.” 경제학의 아버지라 불리는 아담스미스(Adam Smith, 1723~1790)는 “자신의 이익을 추구하는 행동은 보이지 않는 손에 이끌려 나라의 부를 크게 만들고 생산력을 커지게 한다.” 했다. 또한 시장은 조화롭게 움직인다는 법칙에 근거하여 ‘조화설’을 제시했다. 사업자는 변화하는 환경에 유연하게 대처하며, 창의적인 도전정신으로 생산제품의 공정성과 혁신성으로 이익을 창출하는 것이다. 이러한 시대적 정신은 성장과 번영을 가능하게 하지만, 경영자의 특성을 무시하거나 경제성만 추구하는 행동은 위험한 발상이 될 수 있다.

첫째, 혁신적인 아이디어를 창출할 수 있어야 한다. 기업경영은 여러 가지 위험요소에 노출될 수 있다. 이를 극복하면서 창의적인 아이템을 창출할 수 있어야 한다. 둘째, 준비된 도전정신을 필요로 한다. 시장은 항상 진화하기 때문에 소비자들은 새로운 아이템을 요구한다. 레스토랑 경영에서 빠른 변화를 요구하는 소비자들은 새로운 욕구를 충족시켜 주기를 원한다. 아이템이나 가격, 광고방법, 기회포착 등 주저하다보면 실기할 수 있다. 셋째, 미래를 예측할 수 있어야 한다. 자사상품에 대한 성장 가능성이란 그 누구도 정확하게 예측할 수는 없다. 미래지향적인 마인드에서 성장할 수 있으며, 여기에 수반되는 자신감과 업무지식, 추진력, 배우려는 자세, 할 수 있다는 긍지 등에서 가능하게 된다.

2) 자본

자본이란, 재화의 총집합이다. 회계학에서 말하는 자본은 자산, 부채와 대조되는 개념으로 기업의 총자산 가치액에서 총 부채액을 공제한 자본금과 잉여금을 의미한다. 경제학에서는 생산요소의 자본은 토지와 노동의 결합으로 재생산을 가능하게 하는 생산재를 의미한다. 생산적 자본은 자본주의 발달에 따른 핵심요소로 실물자본과 화폐자본으로 분류할 수 있다. 실물자본은 생산수단의 일반적 내구재를 의미하지만, 넓게는 공장의 설비와 기계 등 고정자산뿐 아니라 재료와 중간 생산물 등도 포함하고 있다.

화폐자본은 수익을 목적으로 사용되는 화폐액의 표시로 순환과정에서 실물자본을 구입하여 최종적으로 표시하게 된다. 이 과정에서 소비되지 않은 부분은 다시 자본으로 축적된다. 기타 자본에는 사회 간접자본과 인적자본이 있다. 목적에 따라 유동자본과 고정자본,

불변자본, 가변자본으로 구분된다. 인적 자원, 설비시설, 원재료 등 필요한 조달계획과 이익을 산출하며, 재무적인 구조와 금융상황을 고려하여 결정하게 된다. 현금과 건물, 토지, 장비, 시설, 기술 등 안정적인 자금조달과 경영활동을 수행하게 된다. 정부나 자치단체, 관련기관 등 지원제도를 적절히 활용하는 방법도 성공적으로 운용하는 능력이라 할 수 있다. 이러한 자본을 활용하기 위해서는 사전에 충분한 조사와 정보를 바탕으로 철저하게 준비되어야 한다.

〈표 1-1〉 창업자금의 종류

자금의 종류		내 용
시설자금		건물, 상가, 토지, 기계, 설비 구입 및 임차자금 등
운전자본		사업운영에 따른 재료비, 인건비, 경비
자 금	구 분	내 용
자기자본	사업자 자금	예금, 적금, 퇴직금, 유가증권, 부동산 매각자금
	현금 출자금	사업장, 차량, 장비 등의 창업자 및 동업자 출자현물
	투자자 자금	후원금, 주주출자금, 기관투자자 자금
	정책자금	소상공인, 청년지원, 신성장, 긴급지원 안정자금, 창업 · 기술 전환자금
타인자본	금융기관 자금	은행 · 저축은행, 신용금고, 보험사, 우체국, 리스
	사금융 자금	사채, 제3금융, 친인척, 동료

(1) 자기자본

자기자본은 기업의 전체 투자금액으로 총자산에서 부채를 차감한 금액이다. 재무제표상 창업자금, 현금출자금, 투자자금, 정책자금, 자본준비금, 이익준비금, 잉여금을 합계한 순 자산을 의미한다. 여기에는 주주가 낸 자본금과 영업의 경영성과로 사내에 적립한 이익잉여금, 자본 활동을 통해 발생한 자본준비금으로 구성된다. 자기자본을 늘리는 방법은 증자하거나 이익잉여금을 적립금으로 활용하는 것이다. 총자산 중 자기자본이 많으면 많을수록 재무구조가 튼튼하여 우량기업이라 할 수 있다.

(2) 타인자본

기업의 경영활동 과정에서 사용되는 자본 가운데 은행, 보험, 증권, 신용금고 등의 차입금이나 사채, 친인척 지원금과 같이 외부로부터 조달하는 부채를 의미한다. 기업의 외부에서 조달되었다는 의미로 타인자본이라 한다. 자기자본은 대차대조표상의 자본이지만 타인자본은 부채를 의미한다. 차변에 자산, 우변에는 부채와 자본을 기재한다.

3) 창업 아이템

아이템(Item)이란, 상품 종류, 항목, 특정 메뉴, 아이디어, 서비스방법, 가격, 인테리어시설, 분위기 등 변화할 수 있는 능력을 의미한다. 재고관리의 한 방법이나 유통관리 등도 포함된다. 품목을 지칭하는 단품에도 유사한 의미로 사용된다. 창업자의 지식과 능력, 경험 속에서 사회 · 경제 · 문화적인 현상에서 영향을 미친다. 시대가 요구하는 이슈와 지향적인 능력은 업종과 업태, 기술력, 생산능력 등에서 결정된다. 시장조사를 통해 아이템을 결정하며 경영도구가 될 수 있다. 이와 같이 아이템은 기회를 얻을 수 있는 일상적인 생활 속에서 가능하다. 좋은 아이디어란 생산 활동이 가능했을 때 그 가치를 인정받을 수 있다. 좋은 아이디어가 좋은 아이템은 아니지만 창업할 수 있는 좋은 아이디어란 시장에서 매력적인 기회를 발견하는 것이다. 성장 가능성을 전제하며 지속적으로 수요를 창출하는 상품력을 가지는 것이다. 무엇보다 소비자 입장에서 의미 있는 가치를 발견하는 것이다. 그렇다면 아이디어를 실용화할 수 있는 방법은 무엇일까?

첫째, 아이템을 활용할 수 있는 시장이 존재해야 한다. 아이디어로 끝나서는 안 되며, 수요를 자극할 수 있는 매력성과 성장성을 확보할 수 있어야 한다. 둘째, 좋은 아이템을 활용할 수 있는 결단력이 필요하다. 많은 기업들은 제대로 활용하지 못해 타이밍을 놓쳐버리기도 한다. 보유하고 있는 아이디어가 잠깐 유행하는 아이템은 아닌지, 특히 외식기업은 쉽게 창업할 수 있다는 장점으로 준비가 소홀한 상태에서 창업하는 사람들이 많다. 평소에 경험한 아이템도 실용화하기엔 부담이 될 수 있다.

대한민국 편의점 2만 개 시대 방문고객의 마음을 읽는 관심법이 대세이다. 고객기호에 맞는 점포들이 특화되어 등장하면서 새로운 아이템이 성장을 이끌고 있다. 한국편의점협회에 따르면, 편의점은 2만6천5백 개로 조사되었다.〈편의점협회 기준, 2013.12〉 통계청에서 발표한 대한민국 총인구는 5,062만 명(통계청, 2016)으로 국민들의 생활 속에서 약 2,410명당 한 개씩 운영되고 있다. '89년 잠실 올림픽선수촌의 '세븐일레븐 1호점'이 처음으로 편의점을 연지 22년 만에 그 규모와 성장은 엄청나게 변화하고 있다. 시장의 규모가 커지고 경쟁이 치열하다보니 더 이상 담배나 스타킹, 삼각김밥, 음료수 등을 판매하는 점포가 아니라, 첨단으로 진화하고 있다는 점이다.

C & U(훼미리마트)는 20년간의 축적된 고객 성향과 판매 데이터 분석 결과, 전국 상권을 도로변, 주택가, 대학가, 오피스텔, 원룸, 학원가, 공장지대, 유흥가 등 8대 입지로 분류하여, 점포별 특성에 따라 특화하여 판매 전략을 추진하고 있다. 이러한 정보를 종합하여 가맹점 관리를 강화하고 있다.〈중앙일보, 2013.5.12〉

지역상권의 입지에 따라 상품 배열과 종류, 점포별 매출성과를 다르게 달성하고 있다. 초·중·고등학교 학생이 많은 주택시장의 입지에는 과일주스나 레모네이드 같은 비 카페인 음료 비중을 늘리며, 커피냄새가 향긋한 헤이즐넛 커피를 가장 잘 보이는 곳에 비치했다. 20~30대 여성고객층이 두터운 오피스 상권에는 망고에이드와 모히토 같은 음료와 아메리카노를 진열하여 트렌드에 민감한 욕구를 해결하고 있다. 같은 커피라도 유흥가 주변은 다르다. 음주 후 달콤한 맛을 찾게 되는 속성에 따라 캐러멜 마키아토 같은 커피 종류를 진열하고 있다. 주 고객의 주머니 사정도 중요한 변수이다. 용돈으로 생활하는 대학가 점포는 가격에 민감하다. 전국 대학교 안이나 인근 168개 점포에는 빵과 컵라면, 문구류 등 10개 품목에서 1+1 행사를 실시했다. 이들 품목은 전년 대비 282% 상승과 도시락·삼각김밥은 400%의 성장률을 보이고 있다.

대구 수성구의 '두산소망'점은 젊은이들이 모이는 맛집과 술집 거리로 유명하다. 이곳의 편의점들은 크고 작은 인형까지 판매한다. 매장 내 별도의 판매대를 설치하여 중요한 매출원으로 등장했다. 어린아이 주먹크기 만한 인형부터 초등학생 키만 한 곰돌이 인형까지 1만원에서 20만원까지 약 50여 종이 진열되어 있다. 술집 옆 편의점에서 인형을 파는 이유는 무엇일까? 그것은 적당한 술에 취해 사랑을 고백할 수 있는 남녀들이 있기 때문이다. 취중진담의 고백은 혹시 잘못 인연이 맺어지더라도 다음날 부담이 없다. 고백 선물로 인형을 찾으며, 하루 150만원 이상의 매출액을 자랑한다. 연인들이 즉석에서 황급히 고르거나 회식 후 귀가하는 직장인들이 자녀들 선물용으로 이용된다.

결혼하지 못한 김호빈(34) 씨에게 편의점은 아침식사를 해결하는 훌륭한 음식점이다. 출근 준비로 아침식사는 아예 포기하고 살았다. 얼마 전 편의점에 들렀다가 놀라운 사실을 발견했다. 밥솥에서 직접 밥과 국을 퍼주는 편의점을 본 것이다. 밥 한 그릇에 1,000원, 국 한 그릇에 800원, 반찬 몇 가지 다 합쳐도 3,500원이면 따뜻한 음식을 먹을 수 있다.

미혼 직장인들의 아침뿐 아니라 점심도 이곳에서 해결한다. 편의점의 즉석밥이 특화되면서 새로운 인기상품으로 환영받고 있다.

TV 프로그램 '나는 가수다, K-POP 스타'의 인기도 편의점 매출액에 영향을 미친다. 오디션 프로그램의 인기와 스마트폰 보급으로 길거리 음악감상족이 늘어나 이어폰 수요가 급증했다. 강남의 오피스가나 노량진의 학원가를 중심으로 특화하여 판매하고 있다. 오피스 입지에서는 다른 상품을 구매하러 왔다가 즉석에서 충동구매가 많아졌기 때문이다. 학원가에서는 중간고사나 기말시험 기간에 판매율이 급증했다. 서울의 대학교 안 점포들은 학기 중에 월 150만원 이상의 매출액을 기록하였다.

군부대도 차별성이 뚜렷하다. 강원도 5개 지역을 분석한 결과 군인과 면회객, 인근 주민 순으로 편의점을 찾는 것으로 조사되었다. 초콜릿과 같은 간식 위주의 달콤한 과자류를 사는 군인들이 많았다. 월급이 많지 않은데도 가격에 민감하지 않으며, 할인행사보다 2+1, 3+1 등과 같은 덤, 공짜, 추가 증정에 매출이 증가했다. 20대의 왕성한 군인들에게는 동료들과 나누어 먹을 수 있는 양이 중요하다. 이러한 통계를 바탕으로 전국 218개 군부대 점포에서는 라면과 초콜릿, 디저트류 등 2+1 행사를 실시했다. 주말에는 면회객들을 위한 종이컵, 렌즈 세정액, 칫솔, 화장품 등을 보강하여 전년 대비 41% 신장을 나타내고 있다.

1인 가구 구성이 4인 가구 비중을 넘어서면서 편의점마다 소규격의 생활필수품 수요가 늘어나고 있다. 자취생, 하숙생, 독신의 직장인이 많은 원룸촌에서는 균일가로 소매하는 다이소 매대를 설치했다. USB나 휴지통, 슬리퍼, 빨래건조대 같은 생활용품은 기본이며 랜선, 케이블선 등 철물점에서 구할 수 있는 물건까지 판매하고 있다. 밥 없이 반찬만 따로 포장한 '반찬도시락'도 인기이다. 집에서 요리를 잘 하지 않는 1인 가장들을 위해 장기간 보관할 수 있는 햇반, 즉석밥은 박스째 대량으로 구입하는 경우가 많다. 원룸촌의 입지인 역삼점은 반찬도시락 판매를 시작한 후 평균 50개의 도시락이 팔리고 있다. 단골이 늘어 20% 이상 신장했으며, 금요일은 놓칠 수 없는 전략 포인트이다. 매주 금요일 최대 60% 할인하는 '와인데이'를 진행하며, 치즈와 같은 안주류를 같이 진열하여 전년 대비 400% 매출 신장을 나타내고 있다.

드라이브족, 레저족도 그 대상이다. 교외 국도변, 휴게소 인근 점포인 300여 곳은 차량용품을 특화하여 매대를 활성화시켰다. 청소용품을 비롯하여 방향제 등 70여 차량용품을 판매한다. 휴게소는 구매상품이 없더라도 졸음이나 목마름, 생리적 수단인 화장실로 찾는 운전자들이 늘어나기 때문이다. 가족단위의 상춘객들이나 꽃구경 나들이객이 늘어나 5월 1일~10일까지 매출액이 25% 상승했다. 졸음을 쫓아준다 하여 젊은이들에게 인기 있는 에

음식이야기

바쁜 현대인들에게 빠르게 제공되는 한 끼의 식사대용으로 사랑받는 음식이 샌드위치이다. 샌드위치는 과연 어디서 유래되었을까? 일반적으로 영국의 샌드위치 백작이 도박을 하면서 빵 사이에 고기조각과 야채를 끼워먹으면서부터 시작되었다고 전해진다. 18세기 후반 영국의 샌드위치(J. M. Sandwich) 백작은 항상 트럼프 놀이를 즐겼는데, 식사할 시간이 아까워 접객인으로 하여금 육류와 채소류를 빵 사이에 끼워 만들게 하여 옆에 놓고 먹으면서 게임을 한 것에서 유래되었다. 하지만 샌드위치와 비슷한 음식은 오래 전부터 전해진다. 로마시대에는 검은 빵에 육류를 끼운 음식을 가벼운 식사대용으로 애용했다. 러시아에서도 전채의 한 종류인 오픈 샌드위치를 만들어 사용했다. 형태상으로 두 쪽의 빵 사이에 속(filling)을 끼우는 것으로, 빵의 가장자리를 잘라내기도 하고 그냥 두기도 하는 클로즈드 샌드위치와 한쪽의 빵 위에 육류와 채소를 놓아먹는 오픈 샌드위치로 분류된다. 이것을 카나페(canapé)라 한다. 샌드위치는 용도에 따라 모양과 속을 다르게 만들며, 2012년은 샌드위치가 탄생한지 250주년이 되는 해로 그 역사와 의미를 되새겨 봄직하다.

한편 영국 남동부 도버해협에 있는 중세풍의 도시이름으로, 유명한 관광지를 다스렸던 영주가 샌드위치 백작이었다. 음식 이름의 기원이 된 주인공은 18세기 인물로 샌드위치 백작 4세 존 몬태규(John Montague)경이다. 음식 이름으로 문헌에 처음 나온 것은 1762년경 『로마제국의 흥망사』 저자인 에드워드 기본(Edward Gibbon, 1737~94)이 쓴 칼럼에서, 두 명의 귀족이 샌드위치를 먹었다는 내용이 전해진다. 이때까지만 해도 샌드위치 백작과는 전혀 관련이 없었다. 샌드위치 백작이 도박을 하다가 먹었다는 이야기는 1772년 프랑스 기행작가 피에르 장 그로슬리의 저서 『런던여행』에서 처음 나왔다. 카드게임을 하며 빵에 고기를 끼워 먹는 것을 보고 옆 사람들이 샌드위치 백작과 같은 음식을 달라고 주문하면서 비롯되었다. 이는 당시에 런던에 떠돌던 소문을 그대로 적은 것으로, 샌드위치라는 음식의 유래도 정적들이 몬태규의 도박습관을 공격하기 위해 부각시켰다는 이야기가 설득력을 얻고 있다. 단순한 도박꾼이 아니라 영국의 명문 이튼스쿨과 옥스퍼드대학을 졸업했으며, 세 차례나 해군성 장관을 역임한 인물이다. 유능한 정치인이며 행정가였던 평가와 무능하고 부패했다는 혹평을 함께 가지고 있다. 공과에 대한 평가를 떠나 역사적인 의미를 남기고 있다. 지도를 보면 세계 곳곳에 그의 이름이 보인다. 하와이의 옛 이름은 샌드위치 섬이었다. 해군성 장관시절 탐험자금을 후원한 것을 기념하면서 생긴 이름이다. 지금도 남극해에는 남샌드위치 군도가 있으며, 호주와 알래스카에는 몬태규 섬이 있다. 본인의 의도와 상관없이 역사적으로 다양한 이름을 남긴 인물로 평가받고 있다.

너지음료의 판매는 입지별로 차이를 나타내고 있다. 에너지음료 판매를 분석한 결과, 외국인이나 해외 유학파가 많은 용산이나 강남지역 점포들이 높은 것으로 나타났다.

4) 기술력

기술력이란, 전쟁에 나가는 병사의 총과 같다. 창업을 준비하다보면 자신이 하고픈 업종은 안정된 매출을 자랑하는 경쟁자들이 버티고 있다. 이들은 경영노하우와 인지도를 바탕으로 충성고객을 확보하고 있으며, 다양한 방법으로 새로운 진입자를 방해하고 있다. 창업자는 비슷한 규모의 입지와 아이템, 자본력, 경영능력을 가진 사람들보다 전문적인 노하우와 기술을 필요로 한다. 다양한 촉진전략으로 경쟁우위를 확보하고 있는 기존 경쟁자에게 자신만의 특성화로 안정된 매출을 올릴 수 있는 차별성을 제공할 수 있어야 한다.

시장은 언제나 유동적이다. 지식과 기술을 보유하고 있다보면 언젠가는 기회는 오기 마련이다. 아무리 뛰어나더라도 기회를 포착하지 못하면 무용지물이다. 특히 국가의 경제력이나 정치, 경제, 법률, 사회, 문화, 생태적 환경 등 다양한 환경은 새로운 변화를 바라는 소비자들에게 기회가 된다. 자신만의 특화된 기술로 경쟁우위를 확보할 수 있다면 충분히 성공할 수 있다. 분명한 것은 '두드리면 열린다'는 것이다.

02 외식사업

1. 외식사업이란 무엇인가?

사업이란, 개인과 조직이 추구하는 목표를 달성하기 위해 설립하는 것이다. 사업자의 지식과 능력을 바탕으로 아이템을 창출하며 이를 실현할 수 있는 인력과 장비, 시설, 원자재, 자본을 바탕으로 기업목표를 설정하게 된다. 그 결과 상품, 서비스, 용역 등 거래의 교환을 통해 재화를 창출하게 된다. 외식사업이란, 레스토랑의 점포와 구조, 동선, 크기 등 구매력을 갖춘 소비자들에게 상권을 형성한 특정한 입지에서 영업하는 것이다. 규모와 크기, 인테리어시설, 조경, 기물, 집기 등을 갖추어 잘 훈련된 직원들을 통해 접객하게 된다. 이러한 순환과정에서 재화를 창출하며 서비스품질을 고객이 평가하게 된다. 사람들은 경제활동을 영위하기 위해 음식과 음료, 시설을 갖춘 장소에서 인간관계를 형성한다. 비즈니스나 친교, 화합, 상견례, 각종 행사 등 크고 작은 모임 등을 진행한다. 제공되는 음식과 음료는 공복을 해결하는 생리적 욕구뿐만 아니라 그들의 소중한 가치를 창출하는 생활문화로 자리 잡았다.

레스토랑을 경영하는 사업자는 이익만을 추구하는 것이 아니라 사회적인 약자와 이웃, 더불어 국민건강을 책임지는 사명감을 가져야 한다. 개인독립 사업자를 비롯하여 프랜차이즈, 대기업에 이르기까지 이윤만을 추구하는 기업으로 인식되는 것은 나쁜 이미지를 심어주는 것이다. 특히 소비자의 건강과 위생, 안전을 책임진다는 복리후생과 돈을 벌기 위한 장사꾼이 아닌 진정한 국리민복(國利民福)을 꿈꾸는 경영인이 되어야 한다.

2. 소호(SOHO) 창업

IMF 경제위기와 미국발 서브프라임 모기지론에 따른 글로벌 경제위기, 그리스, 이탈리아로 시작된 유럽발 재정위기, 영국의 브렉시트(Brexit) 등 많은 사람들은 타의(他意)에 의해 기업에서 쫓겨나고 있다. 예상하지 못한 구조조정으로 길거리로 내몰렸으며, 정부는 실업률을 줄이기 위한 정책일환과 고용창출이라는 명분으로 그들을 창업시장으로 내몰고 있다. 평생직장이 사라지면서 시장은 급속하게 경쟁체제로 돌입했다. 경쟁은 유통과 서비스산업의 발전을 촉진시켰다. 이에 새로운 아이템과 서비스방법, 구조개선, 운영, 가격 차이 등은 주목받게 되었다. 평소에 먹어본 경험이나 주변의 권유, 부추김 등 외식업을 선호하는 경향이 뚜렷해졌으며, 준비가 덜 된 상태에서 뛰어들기 시작하였다. 상대적으로 적은 비용에 창업할 수 있다는 소호창업은 각종 정부자금이 늘어나면서 많은 사람들이 관심과 열기로 활성화되었다.

소호(SOHO : small office, home office)의 약칭으로, 정보통신기술의 발달에 힘입어 새로운 아이디어를 가지고 집을 사무실 삼아 홀로 일하는 개인사업자를 의미한다. 프리랜서, 자영업자, 재택근무자, 인터넷 IP, CP업자 등을 지칭한다. 국내 금융권에서는 개인 자영업자를 소호업종으로 분류하면서 음식업과 숙박업의 지원을 장려하고 있다. 소호는 정보, 통신의 인트라넷이 발달하면서 개인용 컴퓨터 기능과 기술이 고성능화되어 '80년대 중반 미국에서 시작되었다. 우리나라는 '90년대 후반 IMF 외환위기로 경기가 침체되면서 구조조정 등 대량실업자로 인해 소규모, 소자본으로 시작하는 개인사업자가 붐을 일으켰다. 특히 자신의 방이나 집안의 창고, 주차장 등 기존 사무실의 개념을 벗어나 공간 내 이루어지는 사업으로, 가택근무 형태로 인터넷을 통한 개인 자영업자들이 늘어나기 시작하였다. 소호에서 근무하는 사람들은 '소호족'이라 부르며, 미국의 72%는 가정에서 사업을 시작했다.

IMF 이후 '99년에 처음 소호창업이 소개되었다. 적은 자본으로 전문성을 필요로 하는 창업이 가능하면서 인기를 끌게 되었다. 2003년 이후 금융기관들은 130조원 규모의 소호대출시장에 뛰어들면서 오프라인 일자리를 찾기 힘든 20대들이 10대 시절부터 경험한 온라인 전자상거래 시장을 개척하기 시작했다. 인터넷을 이용한 소호사업이 본격화되면서 20대 여성 창업자들이 차지하는 비중이 증가했으며, 전체 인터넷쇼핑몰 창업자의 1/3 이상이 그들로 채워져 활성화 되었다.

1) 소호창업 전략

외식기업에서 제시하는 소호창업은 자본금 5천만원 전 · 후로 가능한 업종이나 업태를 의미한다. 소규모 고기점이나 수입전문점, 칼국수, 분식점, 돈가스 등 프랜차이즈점과 기술, 노하우를 바탕으로 하는 개인 독립점포의 전문점으로 분류할 수 있다. 메뉴특성과 상권입지에 따라 그 비용은 차이가 난다. 개인 독립점포 및 전문점은 주택가를 비롯하여 중심상권에서 조금 벗어나더라도 맛이나 가격, 분위기, 테마, 체험 등으로 차별화하고 있다. 20평 이하의 매장을 운영하더라도 임대료와 시설비, 장비, 식재료 구입 등 8천만원 전 · 후에서 가능하다. 분식점이라도 입지에 따라 천차만별하기 때문에 매출액은 차이가 크다. 권리금에서도 1, 2천만원부터 억 단위까지 다양하다. 그렇다면 8천만원 전 · 후로 가능한 업종은 무엇이 있을까?

최근, 외식업의 규모가 대형화되거나 프랜차이즈화가 대세가 되고 있다. 이들 사이에서 당당하게 점포의 개성과 특성을 살려 틈새시장을 공략하는 점포도 있다. 기술력이 요구되는 카센터를 비롯하여 앤티크가구점, 세탁점, 전문성과 차별화를 요구하는 어린이집, 영어를 비롯한 일어 · 중국어학원, 놀이방, 어린이 전용미용실, 애견센터, 베이비시터, 실버산업,

건강과 다이어트를 고려한 건강식품, 화장품, 할인점, 의류점 등 오프라인 서비스사업 등이 활성화되고 있다. 한편 인터넷을 통해 구매할 수 있는 쇼핑몰 시장이 인기다. 3천만원 이하로 창업이 가능한 아이템으로 전문성과 지식, 능력을 갖춘 마케팅 촉진전략 등 성공사례가 늘어나고 있다. 적은 비용과 인력으로 운영이 가능하며 스마트폰으로 손 안의 사무실 운영을 가능하게 한다. 하지만 지나친 경쟁으로 1년을 넘기지 못하거나 폐업하는 사례도 늘어나고 있다.

인터넷쇼핑몰은 방문판매에 의한 '동신판매업' 신고로 시작할 수 있다. 부가가치세법에 따라 사업자등록증은 사업개시일로부터 20일 이내 사업장 소재지 관할세무서에 등록해야 한다. 현대사회는 다양한 정보 속에서 빈익빈 부익부 현상이 뚜렷하다. 정보의 빈곤함 속에서 더 많은 양을 필요로 한다. 특정 정보를 생산하고 가공하는 콘텐츠사업은 3천만원 이하의 자본으로 가능하다. 성공하기 위해서는 전문화된 지식을 가져야 한다. 정확한 정보 획득과 생산 활동은 전문성을 필요로 하며, 성공확률이 낮은 만큼 신중한 접근을 요구한다.

소호창업은 말 그대로 혼자 하는 개인 창업으로 모든 것을 혼자서 책임져야 한다. 지출 비용과 규모를 확장할 필요가 적기 때문에 생존율과 성공 가능성은 상대적으로 낮다. 하지만 성공률이 낮다는 주변인의 의견에 전적으로 동의하더라도 개인적인 지식과 능력, 전문성을 묵혀둔다는 것은 국가적인 낭비이다. 창업에 도전하지 않으면 꿈을 실현할 수 없다. 그렇다면 어떻게 해야 성공할 수 있을까? 그 전략을 제시하면 다음과 같다.

첫째, 개인 창업 및 인터넷 창업은 소량구매가 가능한 상품선정과 재고관리가 중요하다. 대량구매로 재고를 쌓아놓고 있으면 현금을 회전하는데 어려움이 있다. 급변하는 시장상황에 빠르게 대처하는 방법은 소량구매가 가능한 상품 선정에서 시작된다. 둘째, 판로를 다양하게 확보해야 한다. 창업자들의 제일 큰 고민은 판로이다. 판매처를 확실하게 보유하기 위해서는 많은 시간과 노력이 필요하다. 언제 어디서나 쉽게 구입할 수 있는 다양한 구입처와 나만의 확실한 판매처를 보장할 수 있어야 한다. 그렇지 못하면 목표를 달성하거나 성과를 향상시키는 데 어려움을 가진다.

셋째, 단골고객을 확보하는 것이다. 소수의 인원이라도 충성도 높은 고객을 확보했을 때 그에 따른 구전효과를 기대할 수 있다. 카페나 블로그, 카톡, 페이스북, 밴드 등에 따른 회원수가 증가해도 어려움을 겪는 것이 소호창업이다. 많은 회원을 확보하는 것보다 진정한 고객을 관리하는 것이 중요하다. 넷째, 소호창업은 유료 광고보다 다양한 커뮤니티 관리가 중요하다. 경영자의 노력과 열정에서 소홀할 수 있는 한 사람 한 사람에게 만족감을 줄 수 있어야 한다.

3. 창업과정

레스토랑을 창업하여 고객을 접객하기까지는 여러 단계를 거쳐 진행하게 된다.

첫째, 자신이 가장 잘할 수 있는 기술을 바탕으로 메뉴를 선정해야 한다. 창업 아이템을 구체화하기 위해서는 세부적인 업태와 품종까지 고려해야 한다. 필요한 물품과 인적 자원, 점포의 규모, 표적시장의 현황, 경영형태, 메뉴와 어울리는 시설, 상징물, 실내 · 외 조경 등을 구체화해야 한다.

둘째, 창업 결정은 다양한 전략과 마케팅 능력에서 가능하게 된다. 사업 준비를 위한

창업 준비
시장환경 분석, 창업 관련 정보수집과 지역 및 입지조사, 메뉴분석

업종 및 업태 결정
창업자의 지식과 경험, 기술, 스타일, 자본력 등에 따른 규모와 성장 가능성이 높은 업종 선택

경영전략 결정
프랜차이즈 점포, 독립점포, 개인 체인점포, 공동브랜드, 회원제

자본금조달 계획
자기자본(현금, 건물, 토지), 금융을 통한 차입금, 국가 및 지방자치단체 창업지원자금, 기술자금

상권분석 및 입지선정
신 도시상권, 구 도심상권, 다운타운상권, 중소도시, 상업지역, 오피스, 학교 · 공장, 교외상권

사업 경영전략과 계획
직원채용, 메뉴 및 가격 결정, 인테리어시설과 외부조경, 간판 및 상징물, 판매형태, 판촉물

개업 준비
인테리어 시설, 전기, 소방, 가스필증, 후드 및 환기, 조명, 장비, 식자재, 간판, 상징물, 직원교육 및 보건증, 유니폼, 이벤트 방법과 판촉물, 2개 이상의 공급자 선정

개업 전 최종점검과 리허설
사업자등록증, 고객방문 상황을 시연하고 문제점과 수정사항을 점검, 전단지 및 홍보물 배포

고객관리
경영목표와 콘셉트에 맞게 매뉴얼을 확정, 문제점을 기록 · 보고하여 수정

그림 1•2 레스토랑 창업의 준비절차

조사단계에서부터 이를 실행할 수 있는 전문적인 지식을 요구한다.

셋째, 시장의 성장 가능성에 따른 위험요소를 확인해야 한다. 상권분석을 했다 하여도 시장은 변할 수 있다. 유동적인 환경에서 상권의 규모와 크기에 따라 목표고객의 수요를 파악할 수 있어야 한다.

넷째, 개업을 위한 인·허가와 사업자등록증이 필요하다. 개인사업자는 별도의 회사 설립절차 없이 관할세무서에 필요서류를 갖추어 신청할 수 있다. 사업상 인·허가 대상인 준비서류의 종류, 승인절차를 미리 숙지하여 관할관청에 신청해야 한다. 관할관청은 서류심사와 현장실사를 통해 결정되며, 이를 신청인에게 즉시 통보해야 한다. 신규사업자는 개시일로부터 20일 이내 관할세무서에 사업자등록을 신청해야 한다.

1

Summary 요약

[1] 창업은 상품 및 서비스, 용역을 생산 · 판매하기 위해 현재까지 존재하지 않은 새로운 기업이나 조직을 설립하는 것이다. 사업의 기초를 세우는 것으로 기업가적인 능력을 갖춘 개인이나 단체가 아이디어를 가지고 자본, 인적 자원, 설비시설, 원자재 등을 투입하여 상품을 생산하여 재화를 획득하는 일련의 활동과정을 의미한다.

[2] 외식사업을 위한 구성요소는 레스토랑의 규모나 크기, 상권의 위치와 입지, 운영 매뉴얼 등과 상관없이 공통적으로 아이템, 자본, 기술, 창업자의 4요소로 제시할 수 있다.

[3] 외식사업이란, 레스토랑의 점포와 구조, 동선, 크기 등 구매력을 갖춘 소비자들을 대상으로 상권을 형성하는 특정한 입지에서 영업하는 것이다. 특히 규모와 크기, 인테리어시설, 조경, 기물, 집기 등을 갖추어야 하며, 교육이 잘된 직원들을 통해 요리가 서빙하며, 고용에 따른 용역이 발생하게 된다. 이러한 순환과정에서 재화를 창출하며 획득하는 과정을 통해 서비스품질이 결정된다.

[4] 창업자금의 종류로는 시설자금, 운전자금, 자기자본, 타인자본 등이 있다.

[5] 소호창업은 소호(SOHO : small office, home office)의 약칭으로, 정보통신기술의 발달에 힘입어 새로운 아이디어를 가지고 집을 사무실 삼아 홀로 일하는 개인사업자를 의미한다. 프리랜서, 자영업자, 재택근무자, 인터넷 IP, CP업자 등에서 비롯되었지만, 현재는 인터넷 창업을 비롯하여 적은 자본으로 시작할 수 있는 개인 창업을 포함하여 지칭하고 있다.

[6] 레스토랑의 창업과정은 자신이 가장 잘할 수 있는 기술을 바탕으로 메뉴를 선정하여 경영하는 사업이다. 다양한 전략과 마케팅 능력은 시장의 성장 가능성에 따른 위험요소를 줄여 기회요인을 찾는 것이다. 또한 개업을 위한 인 · 허가와 사업자등록증 등을 관할세무서에 교부받아 사업을 시작하게 된다.

1

Practice 연습문제

1 창업에 대한 선행연구자들의 정의를 토대로 개념 및 특성에 대해 논의해 보자.

2 성공을 위한 창업자의 자세에 대해 논의해 보자.

3 외식기업을 창업하기 위한 구성요소에 대해 구체적으로 논의해 보자.

4 외식업을 준비하는 창업자에게 요구되는 자질과 능력에 대해 논의해 보자.

5 외식기업을 창업하는 데 필요한 자금의 종류에 대해 논의해 보자.

6 본인이 오너셰프(owner chef)로서 이태리음식으로 원 테이블(one table) 레스토랑을 운영하고자 한다. 소호창업을 위한 사업전략을 구체적으로 논의해 보자.

CHAPTER 2

외식사업의 이해

상식은 18세 때까지 후천적으로 얻은 편견의 집합이다.

– *Albert Einstein*, 미국 물리학자

Objective

- 외식업의 개념 및 외식사업의 발달배경을 학습한다.
- 우리나라 음식문화의 형성과정을 학습한다.
- 우리나라 음식의 지역별 특징을 학습한다.
- 고대 음식의 발달과정과 특징을 이해한다.
- 프랑스와 미국의 외식사업 발달과정을 학습한다.

01 외식사업의 발달배경

1. 외식(음식)업

외식업은 음식과 음료라는 메뉴상품을 잘 갖추어진 레스토랑에서 세련된 직원들의 접객 서비스를 통해 전달되며, 그에 따라 재화를 창출하는 영업활동이다. 그렇다면 상업 목적의 레스토랑은 언제부터 시작되었을까? 음식업은 생명 탄생과 동시에 이동이 시작되면서 성장의 한 부문으로 자연스럽게 생기게 되었다. 종교의식을 기반으로 하는 수도지, 순례자, 여행객, 유학자, 관광객 등 필요에 따라 숙박업과 함께 성장하였다. 산업화가 전개되면서 부의 축적에 따른 도시화는 제왕과 군주, 귀족, 영주 등 생활이 풍족해지면서 음식은 화려하게 진화되었으며, 사교를 통해 새로운 음식의 개발과 발달을 촉진시켰다.

현대적 의미의 'Restaurant'은 언제부터 시작되었을까? 16세기 중엽 영국에서는 매일 정해진 가격으로 간단하게 식사할 수 있는 대중식을 점심과 저녁에 판매한다는 주막 형태의 태번(tavern)이 생겼다. 1765년 프랑스의 몽 블랑거(Mon Boulanger)라는 사람이 레스토레티브(restoratives)라는 수프를 판매하면서 시작되었다고 전해진다. 음식점 문 앞에 "신비의 스태미나(power)가 넘치는 수프를 판매합니다(Mon Boulanger sells magical restoratives)." 라는 글을 써 붙여 사람들의 관심을 환기시켰다. '스태미나 스프를 파는 가게'에서 자연스럽게 레스토랑으로 부르게 되었다.

이 수프는 양(Lamb)의 다리를 푹 고아 우려낸 국물에 각종 야채와 첨가물을 넣어 끓여 낸 것이다. 우리나라의 전통 사골설렁탕, 곰탕 등 산모 들의 보양식으로 유사한 맛과 형태를 담고 있다. 이후 루이15세(Louis XV, Le Bien-Aine)는 Restorative라는 신비의 수프를 즐겨먹으면서 맛에 대한 칭찬이 대단했다. 자연스럽게 군주, 영주, 귀족 등 연관된 사람들의 사교와 스태미나 음식으로 널리 이용되었으며, 미국으로 건너가면서 어느 순간부터 음식점을 대표하는 이름이 되었다.

음식물을 제공하는 영업장의 탄생은 로마시대로 거슬러 올라간다. 유명한 카라칼라욕장(Therme de Caracalla)의 휴게실, 오락실에서 음식을 제공하는 장소가 레스토랑이라는 기원설도 있다. 세계는 다른 역사와 전통을 가지고 발전해 왔다. 런던에서는 레스토랑의 선구자로 선술집, 작은 요리점으로 12세기부터 성업 중이다. 최초의 커피하우스가 1650년 옥스퍼드에 개업하였으며, 1873년 화이틀리의 가게는 고객편의를 우선하면서 현대적 의미의 레스토랑이 출현하게 되었다. 이 아이디어가 널리 도입되면서 음식사업이 발전하는 계기가 되었다. 이후 레스토랑은 시대의 변천과 함께 급속하게 성장했으며, 요리의 내용과 서비스형식, 가격 등 다양하게 분류되면서 발전하였다.

CASE
"음식에 빠진 대한민국!"

음식소재의 대중문화 콘텐츠는 사람들에게 친근하게 다가갈 수 있다. 다양한 세대를 아우를 수 있으며, 건강을 치유하거나 기능성으로 각광받고 있다. 과도한 PPL은 문제점으로 지적된다. 출연진의 설정이나 중복성 등은 특정 세대 사람들에게 외면받는 이유이다. 대중문화 콘텐츠의 중요한 키워드는 음식 및 요리이다. 이전에 드라마나 영화 같은 극 부문에 등장하던 것이 어느 순간 드라마, 영화, 예능, 교양까지 그 영역이 확장되고 있다.

첫째, 영화 · 드라마 · 예능 등 장르를 불문하고 선풍적인 인기다. 드라마 '백년의 유산'은 100년 전통의 국수공장 손녀가 전통의 맛을 지키며 발전해나가는 과정을 소개한다. '내사랑 나비부인'은 생활공간으로 전통 된장과 고추장을 파는 토속 맛집을 그리고 있다. '고봉실 아줌마 구하기', '발효가족', '불후의 명작' 같은 종편 채널도 음식을 소재로 인기를 끌었다. '해피투게더'가 출연자의 사연이 담긴 음식을 소개하여 맛보는 '야간매점' 코너를 신설했다. 개콘의 생활 발견은 음식점에서 에피소드를 펼친다. 교양프로그램인 책 토크쇼 '북잇수다'엔 문학 속 요리를 맛보는 '맛으로 읽는 책'을 소개한다. 영화는 '하와이언 레시피', '스시장인(지로의 꿈)', '엘불리(요리는 진행 중)' 등을 개봉했다. 뮤지컬은 상처를 가진 사람들이 음식을 통해 희망을 얻는다는 '심야식당'이 공연되었다. 음식을 만드는 사람을 극 중심에 끌어들이거나(백년의 유산), 극 전개의 배경으로(나비부인) 소개된다. '하와이언 레시피' 속 할머니의 주방, '넝쿨째 굴러온 당신'의 오래된 팥빵집, '드라마의 제왕' 속 '고 갈비집' 같은 장소는 갈등을 풀고 희망을 다지는 치유공간으로 활용되었다.

둘째, 세대를 아우르는 극적인 소재이다. 대중문화는 왜 음식과 맛 공간에 푹 빠지게 된 걸까? 제작진들은 "이야기를 풀고 화면을 만드는데 음식만큼 극적이면서도 적합한 소재가 없으며, 힐링 기능까지 각광받는다." 했다. '신들의 만찬'(조은정 작가)은 "의식주 가운데 사람들에게 가장 가깝게 느껴지면서도 많은 세대를 아우를 수 있는 소재는 단연 음식(食)이다."라고 했다. '제빵왕 김탁구'(정해룡 본부장)는 "생활수준이 높아지면서 끼니를 때우는 게 아니라, 먹으면서 기뻐하고 즐거워할 수 있다." 하였다.

요리는 자기가 좋아하는 가족을 위해 불을 사용하는 육체적 · 정신적 노동으로 스트레스를 풀어주게 된다. '국희'(1999년), '대장금'(2003년), '찬란한 유산'(2009년), '파스타'(2010년), '신들의 만찬'(2012년) 등은 성공한 음식드라마다. 이 중 특정 음식을 부각시킨 '찬란한 유산'(설렁탕), '제빵왕 김탁구'(빵)는 해당기업이 제작비를 지원했다. 최근에는 방송을 통해 요리 실력을 인정받았던 배우 서우가 "잘 먹고 잘사는 법, 식사하셨어요?"를 통해 여름보양식을 선보이고 있다(2016). 대중문화 콘텐츠인 음식 · 요리사랑은 오래도록 계속될 것으로 판단된다. 반대로 부작용도 많다. 드라마 평론가 윤석진 충남대 교수는 "음식을 소재로 한 콘텐츠들은 과도한 간접광고(PPL), 출연진의 중복, 비슷비슷한 설정 등 문제가 많다."며, 반복생산이 지속되면 결국 소비자들은 질려하거나 외면하게 될 것이다.

조선일보 2013.1.21 시사매거진 2016.7.14

레스토랑의 사전적 의미

- 미국(Webster) : 일반 대중에게 음식과 음료를 공개적으로 제공할 수 있는 시설에서 대중들이 식사할 수 있는 집을 의미한다.
- 프랑스 백과사전(Grand Larousse Encyclopique) : 인간에게 음식을 제공하는 공중시설에서 정가 및 일품요리를 판매하는 점포를 말한다.
- 영국(The Oxford English Dictionary) : 일반 대중에게 음식을 판매하며 심신과 기력을 회복시켜 주는 장소로 소개된다.

2. 한국음식

1) 한국음식의 역사와 식사 형태

(1) 한국음식의 특징

산과 들, 바다가 어우러져 기후와 풍토가 농사에 적합한 지역 특성은 다양한 식재료의 생산을 가능하게 하였다. 신석기시대 이후 잡곡농사에서 벼농사로 진화한 곡물생산은 음식문화의 중심에서 밥과 반찬으로 분리되어 고유의 한식 형태로 발전하였다.

한민족이 한반도로 유입되면서 원시적인 채집이나 수렵, 어로 등 식물을 날것으로 먹는 생활에서 불을 사용하면서 삶거나 굽는 여러 가지 조리법이 개발되었다. 농경생활이 정착되어 음식을 만드는 요리법은지역적으로 다양해지고 석기나 토기, 도자기로 대체되면서 청동기와 철기, 금속기는 편리하면서도 유용하게 활용되었다. 이러한 문화는 대자연 속에서 사회, 문화적인 자연환경과 복합적으로 어우러지면서 지역을 특색으로 한 고유의 향토음식으로 발전했다.

우리나라 지형은 동서남북으로 뻗어 동부, 남부, 중부, 북부의 기온이 뚜렷하게 구분되어 농·축산물의 식재료 또한 다양하게 소개된다. 동·남·서의 삼면이 바다로 둘러싸여 훌륭한 어장을 가졌으며, 생선과 해산물을 재료로 한 음식이 발달했다. 가축을 길러 농경생활의 변화를 가졌으며, 육류를 식용하면서 돼지, 닭, 오리, 양 등 육찬(肉饌)의 재료로 사용했다. 채식으로 쓰이는 재료는 주로 산야에 자생하는 각종 나물을 비롯하여 밭에서 재배하는 야채와 곡식, 축산물 등 그 재료가 다양하고 풍부하여 동시에 조미하는 간장과 된장, 고추장의 발효법이 발달했다. 주재료와 부재료를 배합하여 맛을 보완하는 고추, 후추, 생강, 파, 마늘, 부추, 참기름, 산초, 겨자, 계피 등 향신료를 사용했으며, 음식을 만드는 원리는 경험을 통해 합리적으로 전수되었다.

봄, 여름, 가을, 겨울의 기후변화에 따라 새로운 식료품을 생산하거나 저장을 통한 조리법이 개발되었다. 밥, 국, 김치와 함께 나오는 반찬들에서 참기름, 된장, 간장, 고추장, 소금, 마늘, 생강, 고춧가루 등으로 맛을 내어 계절별로 다르게 식단을 구성했다. 겨울동안 마당에 구멍을 파 장독을 묻어 저장한 김치, 절이거나 말린 채소들은 봄까지 먹을 수 있게 보존했다. 현대는 비닐하우스를 이용하여 계절에 상관없이 연중 생산이 가능하며, 언제, 어디서나 맛볼 수 있게 되었다.

(2) 한국음식의 역사

우리나라 음식점의 기원은 삼국시대 이전부터 그 기원을 삼고 있다. 사신이나 수도자, 순례자, 유학자, 여행자, 상인 등 중앙관리들의 공적 업무로 지방순시 할 때 편의를 제공하는 방법으로 역정(驛亭)이나 사원(寺院)에서 숙식을 제공했다는 기록이 전해진다. 고려시대(983년)에는 성례, 약빈, 연령, 희빈, 영액, 왕장 등 개성에 개설했다는 기록이 『고려사』에 전해진다. 주막은 조선시대를 거쳐 현대까지 이어져 시골장터를 왕래하는 장사꾼이나 수도자, 여행객들을 위해 국밥과 술을 팔면서 하룻밤을 숙식할 수 있는 작은 선술집(목로주점) 등 그 기원으로 볼 수 있다.

조선시대 영남 유생들이 한양으로 갈 수 있는 길은 추풍령, 죽령, 문경새재였다. 시험

보러 갈 때 추풍령으로 넘어가면 추풍낙엽처럼 떨어지고, 죽령고개를 넘으면 죽을 쑨다하여 삼강나루를 통해 조령(문경새재)고개를 넘어야 장원급제하여 금의환향한다는 말이 전해진다. 당시의 모습을 간직한 경북 예천의 삼강주막이 지금도 남아있다. 주막 옆에는 500년 넘은 회화나무가 세월의 무상함을 전하며, 나들이객들에게 허기진 배를 채워주거나 보부상 등에게 숙식을 제공하는 훌륭한 안식처였다. 시인 묵객이나 양반들에게는 유상처(遊賞處)로 이용되었다.

자료 : 예천군 공보과

우리나라의 음식문화 형성단계를 크게 5단계로 분류할 수 있다.

❶ 제1단계 : 고조선~삼국시대

쌀과 보리, 조 등을 주식으로 하며, 콩을 이용한 발효식품을 개발한 청국장, 간장, 된장과 어류, 무, 마늘 같은 장아찌류의 절임식품들이 발달했다. 전쟁이나 유학, 수도생활 등 한 끼의 식사대용을 위해 육포, 어포를 말려 장거리 이용객들의 주식으로 사용되었으며, 주식과 부식이 분리되어 음식문화가 정립된 단계이다. 특히 술이나 식혜를 만들어 음용했으며, 의례음식으로 떡을 만들거나 가축을 사육하여 고기를 즐겨먹었다.

현대의 너비나이, 불고기, 갈비 등의 시조가 된 맥적(貊炙)은 고기에다 간장, 파, 마늘, 참기름, 깨소금, 후추 등 갖은 양념을 넣어 재워두었다가 뜨거워진 불판에 구워먹었다. 고구려시대의 고기구이에서 유래되었는데, 맥은 고구려를 지칭하며, 맥적은 미리 조미해 두었던 고기를 꼬챙이에 끼워 숯불에 구워먹는 것을 말한다. 고려의 설하멱(雪下覓)은 오늘날 불고기의 원조이다. 설하멱적은 "눈 오는 밤 화로에 석쇠를 얹어 소고기를 구운 후 찬물에 담가 지방을 뺀 후 다시 구워먹는다."라는 뜻으로 조상님들의 멋과 낭만을 느낄 수 있다. 이후 조선시대 궁중에서 즐겨 먹던 너비나이로 발전하였으며, "소고기를 너붓너붓하게 썰어 잔칼질하여 육질을 부드럽게 하여 굽는다."는 의미로 『조선요리제법(朝鮮料理製法, 1934)』에 소개하고 있다.

❷ 제2단계 : 통일신라시대~고려시대

숭불사상을 중시하는 시대로 주식과 부식이 정착되었다. 의례, 제례, 연등행사 등 연회식이 발달하면서 음식문화가 다양하게 정착되었다. 주막이 보편화되었으며, 김부식의 '혜음사신창기'에는 고려 예종(1122년)이 신하 소천에게 남부지방에 대한 암행을 지시하면서, 고려의 중앙집권 강화를 위해 수도인 개경 외 서경(평양), 동경(경주), 남경(양주)을 왕래할 때 반드시 거쳐야 하는 관문인 혜음령(파주시 광탄면)고개에 숙박시설을 설치하도록 명령했다. 이곳은 산세가 높고 인적이 드물어 산적이나 호랑이가 자주 출현했으며, 1년에 1백명 이상의 백성들이 살해된다는 말에 예종이 지시하여 17년 후에 완공되었다. 또한 국립숙박시설로 국왕의 행차를 위한 별원(행궁)도 함께 축조되었다.

❸ 제3단계 : 조선시대

대가족제도에 의한 유교사상이 형성되었으며, 고려시대의 식생활 형태를 그대로 답습했다. 16세기 말 임진왜란 때 호박, 고추 등 외래 식재료가 들어왔으며, 고추는 일반 조미료로 널리 사용되었다. 감자, 고구마, 옥수수는 구황작물로 귀한 대접을 받았으며, 17세기에는 오늘날과 같은 김치류가 보급되어 배추 중 통김치와 무김치 등이 발달했다. 특히 입춘을 시작으로 24절기와 사계절음식, 제례음식, 궁중요리 등과 성균관 유생들을 위한 기숙사에 제공한 합숙음식은 오늘날 단체급식의 시초가 되었다.

❹ 제4단계 : 일제강점기~현대사회

1910년 국권찬탈로 대한제국이 멸망한 후, '45년 8 · 15광복에 이르기까지 일제강점 하의 식민통치는 그야말로 수탈의 연속이었다. 국민들의 생활은 피폐해졌으며, 묵은 곡식은 떨어지고 보리는 여물지 않아 식량사정이 가장 어려운 보릿고개 시절이었다. 1885년 초대한국주재 러시아 대리공사인 베베르(Karl Ivanovich Veber)와 함께 서울에 온 독일 출신의 손탁(Songtag)여사는 베베르 부부의 추천으로 궁중의 양식조리와 외빈접대를 담당했다. 고종과 명성황후의 신임으로 정계에 막강한 인물로 활약했으며, 정동에 있는 가옥을 1895년 고종으로부터 하사받아 외국인들의 집회 및 사교장소로, 미군정시대에는 '정동구락부'로 군인과 정치인 등의 외교채널로 이용되었다. 1888년 인천에 외국인을 대상으로 일본인이 최초로 대불(大佛)호텔을 건립함으로써 서양요리가 공식적으로 첫선을 보였다. 1902년에 건립된 손탁 호텔과 더불어 우리나라 최초의 서구식 호텔로 알려지고 있다.

1914년 3월 조선호텔이라는 서구식 호텔이 생기면서 한국의 서양식 조리는 전환기를 맞이하게 되었다. 'banquet'이라는 연회의 개념이 생겼으며, 이후 철도식당인 '그릴(grill)'이 서울역(1925년)에 탄생하여 오늘날까지 서양요리의 기술을 전파하는데 큰 역할을 했다. 국내 최초로 서양요리책이 발간되었으며(1930년), 일제강점기에는 각 학교 가사시간에 서양요리를 가르쳤다. 광복 이후 오늘날까지 영향을 미쳤으며, 1936년 개관한 목정(木町)호텔과

〈표 2-1〉 한국 음식문화의 형성과정과 특징

단 계	시대 구분	음식문화와 특징	음식생활 과정
제1단계	삼국시대 이전	• 주식과 부식 분리 – 주식 : 쌀, 보리, 조 – 부식 : 장조림, 장아찌, 생선포, 육포, 구이	• 자연채취 • 벼 재배 • 식생활 계층화
제2단계	통일신라~고려시대	• 숭불사상에 의한 채소음식 발달 • 채소음식 발달과 불교음식, 다과류, 한과류 • 일상음식과 제례음식, 연회음식	• 식생활의 변천시대
제3단계	조선시대	• 유교사상과 공동체의식 • 대가족제도와 식생활의 규범과 예절 중시 • 김치식품의 상용과 김치문화 형성	• 한식의 발달과 다양화시대
제4단계	제1기 (해방 이전)	• 일제강점기 식량부족과 빈곤의 식문화침체기 • 식품 소비형태의 침체	• 식생활의 궁핍화
	제2기 (해방 이후~1960년)	• 기아 및 영양실조 • 식량 자립운동, 서구식 식생활 유입	
	제3기 (1970년)	• 경제개발과 핵가족화, 식생활 수준 향상 • 음식의 영양과 맛 추구현상	
	제4기 (1980~90년)	• 음식에 대한 가치관 변화 • 식생활의 의식화, 국제화, 레저화, 가공식품화	• 식생활의 서구화 • 국제화
	제5기 (2000년 이후)	• 글로벌 경제위기, 고객기호와 정보원천 다양화 • IT기술의 발달과 음식의 융합화 : 카카오톡, 페이스북, QR 등 SNS 활용한 M-business	• 글로벌화

대중 상용호텔 양식을 도입한 대형 호텔이 건립되어 부속식당에 서양요리를 생산 · 판매했다. 서양요리는 열강의 힘에 따라 그 나라의 방식이 그대로 전달되었다. 일본 침략에 따른 일본식에서, 제2차 세계대전에서 일본이 패망하면서 미군의 진입으로 미국식 서양요리가 한국에 소개되었다.

❺ 제5단계 : 세계화, 글로벌화

아시아경기('86년)와 서울올림픽('88년), 한 · 일 월드컵(2002년), G20 정상회의(2011년), 평창동계올림픽(2018년) 등 각종 행사를 성공적으로 유치하면서 대한민국 국민들은 사회적으로 한껏 성숙된 자부심과 긍지를 가지게 되었다. 이러한 과정에서 비용과 가치를 따지며, 개인의 경제력과 여가시간, 여성들의 사회적 진출 등 레저산업과 휴식문화가 발전하게 되었다. 특히 편의성이나 간편함을 추구하면서 개인별 선호도와 기능에 따라 다양한 업종과 업태가 출현하게 되었다. 우리 음식의 전통과 우수성을 바탕으로 다원화되면서 레저화, 국제화, 식품가공화, 프랜차이즈화 등으로 발전했다. 이와 같이 대한민국의 외식 규모는 '90년 약 18조원에서 2005년 48조원으로 두 배 이상 증가했다. 2012년 50조원, 2016년 65조원으로 글로벌화를 위한 세계화는 K-pop 열풍과 함께 한류와 더불어 세계화를 이루고 있다. 특히 K-pop은 미국을 시작으로 아시아, 유럽, 중동, 남미, 아프리카까지 우리음식과 음악, 예술, 문화, 전통을 소개하는 계기가 되었다.

음식과 함께 이국적인 느낌의 제3세계 음식이 새롭게 등장하면서 외식업의 한 축을 형성했다. 특히 동남아음식과 이슬람, 멕시코, 스페인, 아르헨티나 등 다양한 채소와 해산물, 육류를 비롯하여 각종 허브와 향신료 등 고유의 식재료를 사용한 컬러 푸드가 뜨고 있다. 저칼로리 음식이나 웰빙, 건강요리가 각광받으면서 에스닉푸드(ethnic food)가 새로운 문화로 자리한다. 대기업의 외식업 진출은 종합식품회사로 글로벌 브랜드와 경쟁하면서 전문화, 표준화, 선진화된 경영기법, 노하우 등으로 발전을 선도하고 있다.

2) 식사예절

식사예절은 지역 특성이나 문중의 성씨, 가풍 등에 따라 조금씩 다를 수 있으나 다음과 같이 준수되고 있다.

첫째, 어른과 함께 식사할 때에는 어른이 먼저 수저를 든 다음에 식사한다. 둘째, 숟가락과 젓가락을 한 손에 들지 않으며, 그릇에 걸치거나 밥, 국그릇을 손으로 들고 먹지 않는다. 셋째, 숟가락으로 국이나 김칫국물을 먼저 떠 마시고 나서 음식을 먹는다.

넷째, 음식을 먹을 때는 수저가 그릇에 부딪치거나 소리가 나지 않도록 한다. 다섯째, 수저로 반찬이나 밥을 뒤적거리거나 양념을 털어내고 먹지 않는다. 여섯째, 먹는 도중에 수저에 음식이 묻지 않게 하며, 밥그릇은 제일 나중에 숭늉을 부어 깨끗하게 비운다. 일곱째, 여럿이 함께 먹는 음식은 각자 접시에 덜어 먹는다. 여덟째, 음식을 먹는 도중 뼈나 생선가시 등 입에 넘기지 못하는 것은 옆 사람에게 보이지 않게 조용히 종이에 싸서 버린다.

아홉째, 식사 중 기침이나 재채기가 나오면 얼굴을 옆으로 돌려 손이나 손수건으로 입을 가려 실례가 되지 않도록 한다. 열 번째, 너무 서둘러 먹거나 지나치게 늦게 먹지 않도록 한다. 주위사람들과 보조를 맞추며, 어른과 함께 먹을 때는 먼저 수저를 내려놓지 않는다. 열한 번째, 음식을 다 먹은 후 수저를 처음 위치에 가지런히 놓는다. 열두 번째, 이쑤시개를 사용할 때에는 한 손으로 가리고 사용한다. 열세 번째, 숟가락이나 젓가락을 밥 위에 수직으로 꽂거나 국물이나 물에 담가놓지 않는다. 이는 제사 때 사용하는 방법으로 식사를 준비한 사람에 대한 예의가 아니다.

02 외식업 발달과정

인간은 수렵이나 채집을 통해 공동으로 먹거리를 생산하거나 개인적으로 획득한 식재료를 취식하면서 음식은 발달했다. 구석기시대 이후 불을 사용하는 화식요리는 정주지 생활이 시작되면서 음식을 보관하거나 저장하는 기술을 발전시켰다. 식량을 구하는 이동은 부족한 물자를 조달하는 것과, 잉여물의 교환이라는 생활 변화와 종교상의 이유로 수도자들에게 먹을거리와 숙박을 제공하면서 자연스럽게 시작되었다. 경제적으로 윤택해지면서 사회 · 문화적으로 발달한 종교의식이나 축제, 연회행사가 널리 시행되었다. 각종요리를 만들어 참가자에게 제공하면서 음식은 비약적으로 발전하였다. 요리는 생존을 위한 식품생산이라기보다 미식가들을 위한 예술의 경지에 이르는 과정으로 승화되었다.

1. 고대 음식업의 발달과 르네상스시대

1) 고대 음식업과 르네상스

과거의 여행객들은 도보로 순례하는 수도자, 상인들로 개인저택의 창고나 허름한 방에서 하루를 숙식하는 장소로 이용되었다. 따뜻한 식사와 포도주, 차를 대접하는 인심은 순례객들의 피로를 풀어주는 힘이 되었다. 여인숙이라는 숙박 기능이 발전되면서 말이나 낙타 등은 동행인이 되었다. 위생적으로 청결하지 못해 중간에 병들어 죽기도 하였다. 한 끼의 먹거리와 이슬을 피할 수 있는 시설은 추위와 배고픔, 비, 바람을 피할 수 있는 풍찬노숙(風餐露宿)으로 배불리 먹을 수 있는 것만으로도 최고의 서비스였다.

1만 년 전 덴마크에서는 주방 형태를 갖춘 시설에서 조리와 식사를 즐겼다는 증거와 5천년 경에 스위스의 호수 주변에서 단체식사를 했다는 기록이 발견되었다. 이집트의 무덤에는 벽화에 상인들이 길거리나 시장에 음식을 판매하는 그림들이 양각화와 사원에서 묘사되었다. 동굴이나 피라미드 무덤 벽화에서는 점토평판으로 그려진 제빵사나 요리사들의 작업 모습이 나타났다. 중국에서는 이동객들을 위한 길거리 여관에서 음식과 곡주, 숙식을 해결했다는 기록이 전해진다. 인도에서는 여인숙이나 음식점 등을 통제하는 법률이 제정되었으며, 파키스탄에서는 대량의 조리가 가능한 석조오븐이 발견되었다.

페르시아의 화려한 역사와 전통은 축제로 유명하다. 메소포타미아 북부지역 티그리스강 상류를 중심으로 번성한 아수르(Assur)의 아시리아 사르도 나풀루스(Sardo Naplus)왕은 요리대회를 개최하는 등 관심이 많았다. 페르시아의 포도주와 전설적인 과일 잼으로 마말레이드(Marmalade : 오렌지, 레몬 등으로 만든 잼, 보통 아침식사 때 먹음)는 황금용기에 담아 축제 때 제공되었다. 성경에서는 페르시아의 크르스(Xeres)왕은 180일 동안 연회를 베풀었다는 소식과 솔로몬은 2만2천 마리의 소를 잡아 잔치를 벌였다는 기록이다. 그리스인들은 페르시아로부터 요리와 식사에 대한 예절을 배웠으며, 보리의 재료로 만든 페스트, 보리죽, 보리빵 등이 기본음식이 되었다. 하루 네 끼의 식사를 먹었으며, 요리의 도시로 유명한 시베리우스(Syberius) 출신 요리사들은 경제적인 여유와 풍요로움, 부의 상징이 되었다.

바카날(Bacchanal)은 술의 신인 박카스(Bacchus)를 기념하는 축제로, 음식과 환락의 행사로 전해지고 있다. 왕과 귀족, 영주들의 잦은 연회행사로 요리사들은 존경받았으며, 독

〈표 2-2〉 고대음식의 발달과정과 특징

시대 구분	발달과정과 특징
석기시대 (BC 1만년경)	• 나무뿌리, 돌로 만든 도구사용, 야생열매, 과일, 곡식, 사냥 등으로 섭취 • 유목생활, 불의 발견, 정착단계
메소포타미아시대 (BC 4000~3000년경)	• 지리학상 중동의 유프테라스강과 티그리스강, 주변지역(이라크) • 비옥한 토지, 6천년경 구석기시대 인간정착, 정주지, 문명의 발상지 중 하나 • 빵 굽는 모습의 벽화, 그림, 상형문자 기록, 빵 요리방법 동방으로 전파
고대 이집트시대 (BC 2000~1500년경)	• 나일강 문명, 기원전 3200~343년까지 번성, 알렉산더대왕 점령, 관개사업 • 나일강의 물고기, 주변지역의 사냥, 돼지·소 사육, 밀농사를 통한 빵, 보리의 맥주, 포도주, 계급에 따라 다양한 재료 사용 • BC 2000년 11대왕 멘투호텝 2세(Mentuhoteb II) 무덤에 빵 발견 • 마멀레이드(marmaladc)와 포도주를 즐겼음, 소금으로 간을 함
그리스시대 (BC 900~AD 400년경)	• 지중해식 식단의 표본, 남부프랑스, 아랍, 이탈리아요리에 영향 • 곡류, 밀, 토마토, 감자, 녹색콩, 고추, 양파 등 주채소와 향신료 사용 • 마늘, 양파 기본, 오레가노(oregano, 허브)와 포도주, 소금으로 간함
로마시대 (BC 900~AD 400년경)	• 공화정시대 프란디움(prandium)으로 두 끼의 검소한 식사, 수도원 조리수련장으로 발전 • 곡물, 꿀, 포도, 올리브, 계란, 치즈, 와인, 우유, 오토밀, 빵의 식습관으로 변화 • 돼지고기, 송아지, 염소, 가금류 등 생선과 해산물, 꿀 바른 과자, 말린 과일 • 공연, 파티나 연회의 기초, 부와 기품, 화려한 식사 • 특권층과 일반인 구별, 철제 조리기구 사용, 십자군전쟁, 동양식 재료 유입
중세시대 (AD 900~1400년경)	• 봉건제도, 연회, 파티, 마상시합, 상업적 활동발달, 세련된 음식, 마늘소스, 구운 고기 종류, 동방의 향신료 수입과 신맛의 소스, 오렌지, 레몬 • 모양, 천연재료, 빨강, 보라, 파랑 다양한 색, 수프, 디저트발달 • 십자군원정, 의약품, 식재료 장기보존, 정향, 카르다몸, 갈랑가, 육두구, 열매를 통한 향신료, 아이스크림, 버터, 설탕, 초콜릿 사용, 카렘의 고전 프랑스요리 창간 • 이탈리아 요리사의 프랑스 이동(메디치가문), 포크, 나이프 사용, 조리이론서 발간
근세시대 (1800~1900년대)	• 요리 종합예술로 인식, 주방기기 발달, 오븐기 개발, 홀랜다이즈 소스 사용, 조리법 단순화, 식사 에티켓, 살 빼는 것 중요 - 수프와 굽기, 튀기기, 삶기 등 다양화 • 궁중의 귀부인, 살롱문화, 예절 및 식사의 습관과 법칙, 관례 • 만두류, 생선, 샐러드, 치즈와 돼지고기, 1765년 파리 최초 부이용(bouillon) 오픈, 보빌리에(Beauvilliers) 요리사 서민요리 보급
2000년대~현대	• 본격적인 식도락시대 도래 • 국가 고유의 전통음식, 지역의 향토음식, 퓨전음식 • 저염식, 저칼로리, 친환경 등의 웰빙음식, 건강의 푸드테라피, 미용지향 요리

특한 조리방법은 관권으로 보호받았다. 로마에서는 축제와 연회행사를 즐겼는데, 로마공화정의 군인이자 정치가인 루쿨루스(Lucullus : lucullan '사치스러운')는 사치스러운 생활을 즐긴 것으로 유명하다. 동방에서 전쟁의 승전물로 가져온 재물로 호화스러운 생활을 즐겼으며 여러 군데 대저택을 소유했다. 로마제국이 멸망하면서 연회는 줄어들었지만, 사치스

럽고 호화스러운 요리는 귀족들의 특권이 되었다. 연회행사에 마술사, 곡예사, 음유시인 등을 통해 흥을 돋았으며, 식탁의 음식은 손으로 먹었다. 수도원 출신의 빵 굽는 제빵사와 포도주, 맥주제조사, 조리기술자들은 훗날 푸드 서비스인 길드를 조직했다. 'The chaine de rotissieres'는 오늘날 미식가 단체의 모임인 빵 굽는 길드(Roasters guilds)가 되었다. 12세기경 파리의 길드는 특정 상품에 대한 독점 생산권을 가졌으며, 당시의 조리장은 도제수업(apprenticeship)으로 현대의 요리학원, 요리학교의 시초가 되었다.

모자는 계급을 의미하며 작고 둥근 모자는 조리사, 높은 모자는 주방장, 둥글고 흰 모자는 도제, 검은색 모자는 귀족을 상징했다. 특히 검은색 모자를 쓴 조리사는 동료들에 의해 뽑힌 최고 책임자로서 명예로움의 상징이었다. 중세를 지나 문화부흥기를 이룬 르네상스 시대는 이탈리아에서 시작되어 프랑스로 전파되어 화려하면서도 고풍스러운 고급음식으로 발달했다.

2. 프랑스 외식업

1) 프랑스요리의 역사

프랑스요리를 이해하기 위해서는 역사적 배경과 왕조의 탄생, 쇠락, 미식가 등을 통해 확인할 수 있다. 기원전 2,000년경 북프랑스지역의 컬트족이 이동해 3~5세기까지 프랑스, 영국, 스페인 등을 정복했다. 부족 간 대립으로 2세기경 로마에 정복되었지만, 서로마제국이 멸망하면서 게르만족의 대이동으로 프랑크(Franks)인이 세력을 확대했다. 메로빙거왕조의 클로비스1세(Clovis I, 481~511년)가 프랑크 왕이 되면서 가톨릭교로 개종했다. 8세기경 카롤링거의 샤를마뉴(Charlemagne) 대제가 프랑스, 독일, 이탈리아에 걸쳐 광활한 왕국을 건설했다.

프랑스요리는 플랜태저넷(Plantagenet) 왕가의 앙리2세(Henri II)와 피렌체 지방인 이탈리아의 명문 메디치 가문의 카트린느 메디시아(Catherine)와 정략 결혼하면서 요리발달에 기여했다. 이탈리아 공주는 요리사들과 함께 프랑스로 왔는데, 다양한 요리법과 향신료, 식기 사용, 궁중조리법 등 음식문화로 변화를 가져왔다. 루이15세는 미식을 자랑하는 왕으로 스스로 요리를 만들었으며, 귀족들이 덩달아 부엌에 드나들면서 자신의 이름을 붙인 요리가 생기기도 하였다.

현대적 요리의 창시자는 마리 앙투안 카렘(Marie Antoine Careme)이다. 요리사라는 직업을 예술가의 경지로 끌어올렸으며, 위대한 요리사이자 과자장인, 이론가로 많은 책을 저술했다. 프랑스요리는 그가 출현한 후라 하겠다. 알렉산드1세는 "우리가 알지 못한 음식이 있으며 먹는 음식이 무엇인가를 알게 한 요리사, '왕들의 요리사요 요리사 중의 왕"이라 했다. 페이스트리(pastry)와 케이크는 19세기 프랑스의 천재 요리사로 칭송받았으며, 여러 가지 형태로 전해 온 조리법을 근대화시켰다. 프랑스인들은 더운 지역과 비교적 광대하고 비옥한 토지에서 생산되는 풍부한 재료, 해산물, 술 등이 큰 역할을 했다. 프랑스혁명 후 전문요리사들이 지역사회로 나오면서 목로주점 형태의 레스토랑이 출현하기 시작했다. 페리뇽(Dom Perignon)이 샴페인과 병마개를 발명하면서 포도주에 커다란 변화를 가져왔다. 고전요리에 대한 반발로 등장한 뉘벨 퀴진(Nouvelle Cuisine)은 새로운 음식의 시작이라 하겠다. 향신료와 허브를 사용하고, 재료의 맛을 살리는 요리로 영양학적인 조리법과 농후하면서도 자연스러운 풍미와 질감, 색상을 강조했다.

탈레랑(Talleyrand)에 의해 정치가들의 연회가 많았다. 테이블의 사치스러움과 배열, 예술성으로 참여자의 유명세가 중요했다. 브릴라 사바랭은 『미각의 철학』이란 저서에서 여러 맛의 배합으로 불필요한 내용물과 조리방법을 없애고자 했다. 피에스 몽테라 불리는 웨딩케이트와 장식용 과자는 나폴레옹1세로부터 칭찬과 호평을 받았다. 조리사, 제과사, 이론가인 그는 로랑 타일라트(Laurent Tailhate)로부터 숯과 고기 굽는 기계를 개발하면서 "천재성의 불꽃을 발휘하는 조리상"으로 평가되었다. 이와 같은 예술성은 분위기에 적합한 메뉴구성과 장식, 시각적 연출로 오늘날 프랑스요리의 효시가 된다.

20세기 들어 에스코피에(George Auguste Escoffier)는 주방시스템의 변화를 주도했다. 리츠 호텔의 창시자인 세자르(Cesar Ritz)를 만나 요리의 꽃을 피웠으며, 위르뱅 뒤부아(Urbain Dubois)의 러시아음식의 서비스방법을 도입했다. 고객으로부터 주문을 받은 전표 3장(주방, 접객원, 캐셔)으로 서브 순서를 창안했다. 전표에 고객 성명을 적어 재방문 시 선호하는 음식이 무엇인지 미리 파악하여 고품격 서비스를 제공할 수 있는 틀을 마련했다. 프랑스 정부로부터 레지옹 돈뇌르(ordre national de la Legion d'honneur) 훈장을 수여받았으며, 귀족단체의 정회원으로 사회적 지위와 명성을 높였다. 그가 태어난 집은 조리박물관으로, '요리의 지침서(Le Guide Culinaire)'는 1만여 가지 각종 요리법으로 조리사들의 바이블로 인정받고 있다.

현대의 요리는 정성을 다해 먹는 사람을 위해 진정성을 가지고 만들어야 한다. 알약 같은 비타민이나 시럽 하나로 영양을 섭취할 수도 있지만, 맛의 세계란 진정한 질서와 미를 추구하면서도 미각에 역점을 둔다. 전통적인 방법으로 조리하는 것은 생산 공장에서 기계로 만들어내는 공산품과는 다르다. 대량으로 생산하는 과학의 발달과 편의성을 추구하는 신속성도 요리를 음미하는 미식가들에게는 비교가 되지 않는다.

세계사의 역사는 한사람의 군주에서도 달라진다. 루이14세는 절대주의 강화를 위해 화려한 궁정생활로 왕권을 강화했다. 귀족들의 기득권을 정리하고 하나의 국가체제로 통합하기 위해 베르사유 궁전을 지었다. 존경심과 자부심을 위해 에티켓을 강조하였으며 궁전의 단정한 몸가짐은 권력과 경쟁심, 예절로 우러러보게 했다. 기원전 2세기 숙손통(叔孫通)은 "군주의 권위를 높이려면 복잡하고 장엄한 예법을 도입하라."고 충고한 한고조의 말을 인용했다.

코르동 블루(Cordon Blen)는 '푸른 리본'으로 최고 품계와 작위를 받은 기사들에게 훈장을 준 데서 유래되었다. 세계 최고의 수준을 자랑하는 다국적 요리 전문법인으로 프랑스 언론인이었던 디스텔(Marthe Distel)이 1895년 설립했다. 본원은 프랑스 파리에 있으며 1933년 최초로 런던에 해외 분교를 낸 이래 시드니, 도쿄 등 세계의 주요 도시에 요리학교를 운영하였다. 특히 오드리 햅번이 주연했던 '사브리나' 무대와 엘리자베스2세의 대관식 오찬을 준비한 것으로도 유명하다. 프랑스에서는 외교관 부인들의 필수 수학코스로 유명하며, 세계 최고급 호텔의 각국 주방장은 대부분 이 학교 출신들이다.

2) 프랑스요리의 특징

프랑스요리는 지역의 우수한 환경과 식재료의 특징을 살려 맛과 기술, 섬세함을 나타내면서 발달하였다. 기후와 토양, 온도 등은 좋은 식재료를 생산하는데 훌륭한 조건이 되었다. 세계 최고의 포도생산과 품질, 당도, 맛을 자랑하면서 다양한 향신료로 개발된 독특한 소스는 세계의 요리를 대표하고 있다. 포도주는 요리와 관련성이 높으며 주산지에 따라 맛과 향, 빛깔, 당도 등이 다르다. 향신료는 파슬리의 줄기를 비롯하여 후추, 로즈마리, 로리에(Laurel, 월계수), 생강, 계피, 정향, 메이스(Mace), 샤프란, 셀러리, 너트메그(Netmeg)

등 이를 적절하게 사용하면서 묘한 맛의 조화로 독특한 소스를 만들고 있다. 기후가 온화하면서도 넓은 토지의 옥토는 목축업의 발달로 육류요리와 과일을 이용한 식품가공업이 발달하였다. 지방별 특징을 소개하면 다음과 같다.

첫째, 일 드 프랑스 지방(Ile de France)은 파리 중앙을 둘러싸고 있는 지역으로, 요리의 성지라 할 수 있다. 고유의 역사는 사라졌지만 국가 차원에서 다양하게 전시되는 경연장으로 크레시 수프(potage crecy), 바다가제(Homard a l'am ricaine), 파이(Tarte au flan) 등과 베샤멜소스(bechamel), 생또노레(Saint honor), 크렘 샹띠이(cre me Chantilly) 등이 있다.

둘째, 리옹, 부르고뉴(Lyon, Bourgogne)는 세계 최고의 포도 생산지로, 부르고뉴 지방은 포도밭과 골짜기의 능선, 평원이 많은 고원으로 소를 많이 사육하며 프랑스에서 가상 질이 우수한 소고기가 생산된다. 과수원과 채소밭이 많아 코트도르(Cotedor)주의 수도인 디종(Dihon)은 향료가 든 빵이나 과자로 유명하다. 프랑스 미식가의 이론 중심지로 인정받으며 보졸레 포도주와 버섯, 돼지고기, 리오네 감자와 전통소시지가 유명하다. 소의 위막으로 요리한 따블리에 드 샤포르에 달단소스, 베아른소스를 뿌려 철판에 굽는다. 후식으로는 뷔뉴라는 튀김 요리로 아카시아와 야생딸기의 꽃을 넣어 설탕과 계란 흰자로 만든 머랭그 후식이 유명하다.

셋째, 노르망디(Normandie)는 세느강 하구인 르아브르는 기본재료가 풍부한 곳으로 우유, 버터, 크림이 대량으로 생산되며, 양계장과 오리 등의 가금류를 생산한다. 새끼 양과 임양의 실고기, 돼지고기, 바다생선으로 수프를 만들며, 조개류와 갑각류는 다른 지역과 비교할 수 없을 정도로 품질이 우수하다. 시느르(Cidre, 능금주)는 수많은 요리의 재료로 크레프(Crepe, 빈대떡과 유사)와 함께 일품이다.

넷째, 알자스(Alsace)는 전통적으로 곡물과 채소를 재배하는 넓은 평야와 옥토로 포도의 성장에 알맞은 토양과 온도, 기후로 과수원이 많다. 물고기가 서식하는 작은 강 등은 넉넉한 지역 인심과 함께 다양한 식재료로 요리의 본고장을 만들었다. 양배추 절임(Sauerkraut), 알자스 산돼지고기(훈제한 비계, 스트라스부르산 소시지햄), 콩타드(Contades) 원수의 전속요리사인 장 피에르 클로즈(Jean Pierre Clause)가 발명한 파이가 유명하다. 소고기를 갈아 향신료에 간을 넣어 몰드에 채운 다음 익혀서 차게 먹는 요리법을 자랑한다. 개구리와 가재도 지역특산물로 유명하다. 송어와 연어 스테이크는 전통적인 수프로 아라비에르(a la biere)에 알맞은 'Noisettes de Hevreil Saint-Hubert' 고기요리로 유명하다. 디저트는 쿠게로

프(kugelhopf)라는 왕관 모양의 빵과 과자는 알자스지역의 상징물 중의 하나이다.

다섯째, 브르따뉴(Bretagne)는 해산물이 풍부하여 멸치, 가자미, 대구, 도미, 가오리, 참등 쿠르부용(court bouillon, 포도주와 후추로 만든 소스)과 튀김으로 철판에 굽거나 그라땡(gratin : 빵가루를 입혀 구운 요리) 등으로 유명하다. 갑각류 외 굴, 섭조개, 대합, 성게 등과 고등어, 작은 새우, 게, 가리비 등을 익혀 먹는다. 연어, 곤들메기, 뱀장어, 새끼뱀장어, 송어 등 최근에는 살이 통통하고 분홍빛을 띠는 바다송어가 많이 이용된다. 팬케이크 형태의 빵과자로 유명한 갈레뜨(Galette)는 얄팍한 원형 또는 사각형 팬에 구운 고기, 어류, 치즈, 샐러드, 슬라이스 햄, 계란 등을 곁들여 먹는다. 풍부한 목초지에서 양과 돼지고기를 생산하며 소시지, 순대, 파테(Pat) 등을 만든다. 브르따뉴 위쪽지방은 갈레뜨(galette : 빵과자), 서쪽지방은 메밀가루, 황밀로 만들며 설탕, 소금을 뿌려 속에는 초콜릿 등을 넣어 굽는 크레이프(Crepe)가 유명하다. 시드르(cidre)를 생산하며 디제스띠프(digstif), 아뻬리띠프(apritif)로 만든 마시는 꿀 술로 유명하다.

여섯째, 랑그도끄(Languedoc)는 올리브가 요리의 기본재료로 쓰이며 과일, 채소, 생선, 갑각류, 암양, 새끼염소 등이 중요한 식재료로 사용된다. 니스지역에는 다양한 종류의 가지와 긴 호박의 생산과 마늘에 바질리끄(Basilique)를 넣어 수프를 만든다. 바질리끄는 꿀풀과의 박하식물로써 토마토 샐러드, 고기, 채소를 잘게 썰어 만든 요리에 그윽한 맛을 낸다. 니스지역은 이탈리아에서 전해진 메스클랭(Meschlin) 샐러드를 맛볼 수 있다. 라틴어에서 유래되어 '혼합하다'라는 뜻으로, 13가지의 다른 맛으로 샐러드를 혼합한 것이다. 가장 훌륭한 것은 길고 가는 잎이 달린 매운 맛이 나는 로케트(유채과의 식물, 잎을 샐러드에 씀)이다.

3) 프랑스 레스토랑의 종류

프랑스 레스토랑은 역사와 전통, 문화를 바탕으로 발전했다. 요리의 종류와 음식가격, 등급으로 세분되었으며, 소비자의 개인적 경제사정을 고려하여 기분과 기호에 따라 마음에 드는 레스토랑을 선택하게 되었다. 현대는 전통과 역사를 바탕으로 오래된 음식점, 서민적인 비스트로, 브라스리, 살롱 드테에까지 다양하게 영업되고 있다.

첫째, 비스트로(Bistro)는 음식과 와인을 제공하는 작은 카페로 나이트클럽(프랑스 bistro는 pub)을 의미한다. 가장 서민적인 모습과 분위기를 즐길 수 있는 곳으로 파리 사람들은 흔히 트로케(Troquet, 작은 거래상)라는 속어로 부른다. 가게는 작지만 긴 카운터가 있어 포도주를 즐겨 마신다. 가게마다 내놓는 포도주의 종류와 생산자가 다르다. 포도주만 마시지만 출출해지면 안주를 먹기도 한다. 출출할 때 먹는 가벼운 식사로 카스크루(Cassecroute)와 삶은 달걀, 소시지, 햄, 치즈 등 20~30프랑으로 구매가 가능하다. 오후에는 쉬는 시간이 없어 언제든지 부담 없이 먹을 수 있다.

둘째, 브라스리 리프(Brasserie Lipp)는 파리에서 가장 오랜 전통을 자랑하는 브라스리 중 하나이나. 정치인이나 예술가들의 아지드로 사랑받으며, 헤밍웨이는 이곳에서 『무기여 잘있거라』를 탈고했다. 소시지와 양배추절임과 함께 나오는 슈크루트(Choucroute)가 유명하다. 비스트로보다 대중적으로 비어홀이라는 뜻을 의미하지만, 한국의 맥주집(내폿집)과 유사하다. 규모가 크고 밤 1시까지 영업한다. 안주는 카스크루트 뿐 아니라 간단한 요리와 맥주를 마시면서 부담 없이 즐길 수 있다. 약 30프랑 정도의 음식값으로 한 끼의 식사를 해결할 수 있다.

셋째, 살롱 드 떼(Salon de thé)는 멋쟁이 여성들이 끈임 없이 이야기를 주고받으며 즐기는 가게로, 다방이나 제과점을 혼합한 찻집이다. 분위기는 카페보다 우아하며 25~40프랑의 음식가격으로 식사가 가능하다. 파리의 이름 있는 레스토랑은 약 1주일 전, 늦어도 2~3일 전에 예약해야 한다. 전화를 하거나 호텔 프런트에 부탁하는데, 날짜와 인원, 이름을 알려주어야 한다. 점심은 12~15시와 저녁은 19~23시가 표준이다. 시간이 지나면 문을 닫아버리며, 예약 취소는 시간에 구애받지 않고 반드시 알려주어야 한다. 입구에 있으면 예약 여부를 묻고 자리를 안내한다. 메뉴를 라 카르드(la carte)라 하며, 식사주문 전에 아페리티프(식욕을 돋우는 알코올)를 주문받으며 키르(Kir), 베르무트(Vermouth), 샴페인 등을 권장한다.

3. 미국 외식업

1) 미국 외식업의 역사

미국은 1900년을 경계로, 이전의 역사는 각국의 이민자들에 의해 시작된 개척시대였다. 요리 또한 독자적인 미국 전통은 존재하지 않았으며, 이민자들이 모여 자국의 요리를 만들어 먹으면서 자연스럽게 요리법이 전수되었다. 뉴욕, 보스턴을 시작으로 요리학교가 있었으나 간행되는 도서목록은 영국요리를 중심으로 소개되었다. 광활한 신대륙의 국토건설로 바쁜 일상생활 속에서 가정이나 음식점은 편의성을 고려한 식사 형태를 취하게 되었다. 콘 수프, 차우더(Chowder), 보스턴 포크 빈스(Pork Beans), 치킨 아라 킹(Chichen A'la king), 뉴잉글랜드 보일드 디너(Boiled dinner), 버지니아 스파이스 햄(Spice ham), 펌프킨 파이(Pumpkin pie) 등과 주스, 샐러드 요리가 함께 발달하였다.

제1차 세계대전을 계기로 통조림을 비롯하여 오래 보관할 수 있는 가공식품들이 급속하게 발달했다. 실용성을 중시하는 식습관과 각국의 조리법을 다양하게 인정하면서 풍부한 식재료와 맛을 추구하는 과학적인 시스템으로 발전했다. 햄버거는 가장 미국적인 요리로, 독일요리인 햄버그스테이크에 겨자와 토마토소스를 뿌려 둥근 빵에 끼워 먹는 음식이었다. 콩이나 강낭콩에 돼지고기를 넣어 끓인 포크 빈스는 아직도 미국음식으로 대접받고 있다. 초기에는 인디언의 영향으로 멕시코와 유사한 옥수수를 이용한 음식을 즐겨 먹었다. 삶거나 구워먹는 것 외에 가루로 분쇄하여 죽이나 빵을 만들었다. 콩이나 호박은 중요한 식재료가 되었으며, 노예로 데려온 아프리카인들은 여러 가지 곡물의 씨앗을 식용으로 사용하여 식탁을 풍성하게 했다. 바비큐의 조리방법이나 훈제요리가 등장하면서 미국요리의 전환점이 되었다.

미국에서 빼놓을 수 없는 케이준(Cajun)은 캐나다 노바스코샤(Novascotia)주와 뉴브런즈윅(New Brunswick)주의 아카디아에 살던 프랑스계 사람들 음식에서 기초한다. 프렌치인디언과 전쟁 중 영국 국왕에 대한 충성 표명을 거부하여 강제로 추방되었다. 프랑스 식민지에서 스페인령이 된 루이지애나주와 뉴올리언즈에 정착한 이주민으로 이들이 발전시킨 요리이다. 프랑스요리와 여러 지방의 요리법이 합쳐진 형태로 인디언과 스페인의 영향이 더해지면서 새로운 미국식 케이준 음식을 만들게 되었다. 양파, 샐러드, 쌀을 많이 사용하며 채소와 닭고기, 햄을 넣어 볶음밥처럼 만든 잠발라야(jambalaya), 채소와 고기를 넣고 스튜처럼 끓인 검보(gumbo), 민물가재 꼬리에 스파이스로 튀김옷을 입혀 바삭하게 튀긴 케이준 팝콘(cajun popcorn) 등이 유명하다.

2) 미국 외식사업의 발전과정

첫째, 1900년 이전 각국 이민자들이 세운 미국은 실용성을 중시하면서 일찍 산업화를 이루었다. 1826년 보스턴에 개점한 'Union oyster house'는 최초의 레스토랑으로 대합, 굴, 로브스터의 해산물과 1927년 델모니코스(Delmonico's)는 메뉴별 식단표를 만들어 각종 피로연, 파티를 유치하여 레스토랑의 원조가 되었다. 현대적 레스토랑의 시작은 후렛하베이(fred harvey, 1910년)사와 1920년대의 J.R. 톰슨사이다. 풀서비스에서 셀프서비스로 인건비와 가격을 고려한 중앙공급방식(central kitchen)으로 태동기를 맞이했다.

둘째, 프랜차이즈의 시작(1910~1920년)은 1900년도에 영국에서 이민 온 후렛하베이(fred harvey)사가 처음 시작되었다. 60개 이상의 체인 레스토랑과 다이닝카(dining car)를 운영하였으며, 로다이(Lodi)에서 로이알렌(Roy Allen)이 루트비어(Root Beer)가 음료를 개발하면서 시작되었다. 루트비어 음료에 햄버그, 패스트푸드를 추가하여 '33년 170개의 가맹점과 '45년(450개), '56년(캐나다), '63년(괌), '78년부터 전 세계로 확장하여 1,012개의 점포가 성업 중이다. 계열사인 Long John Silver를 포함하여 2,300개로 미국 내 가장 많은 가맹점을 보유했다. 핫도그치킨 햄버그가 함께 제공되는 한 지붕 두 가족(Co-branded restaurant)으로 가맹점주가 희망하면 아이스크림, 도너츠 등 비슷한 음식을 동시에 영업할 수 있다. 달라스에 피그 스탠드(Pig Stand)가 '21년 개점한 샌드위치가 유행했다. '25년에 설립한 하워드 존슨(Howard Johson)사는 미국 전역의 고속도로에 수천 개의 식당을 오렌지색 지붕을 한 흰색 건물에 하워드 존슨 아이스크림 점을 오픈했다. 동일한 색상과 로고의 건물에서 같은 품질의 식사를 제공한다. '54년 첫 번째 모우터 로지(Moter Lodges)를 개업했으며, '72년 세상을 떠나자 그의 아들이 인수한 후 10,000여 개로 성장하였다. 그는 외식 프랜차이즈 기업의 선구자가 되었다.

셋째, 단체급식은 ARA(Aramark)사가 '36년부터 처음 시작했으며, 식자재 관리와 조리생산을 중앙집중식으로 경영하여 효율성을 향상시켰다. 균일한 품질과 맛으로 표준화시켰으며, 원가관리의 중요성과 과학적 관리방법, 제도적 시스템으로 130여 개의 점포를 확장하는데 성공했다. '29년 뉴욕증시가 폭락하면서 시작된 경기불황은 전역으로 퍼져 대공황이 시작되었다. 이를 해결할 인물로 루즈벨트를 대통령으로 당선시켰으며, 그는 뉴딜정책(New deal policy)으로 경제를 회복시켰다. '39년 독일이 폴란드를 침공하면서 시작된 제2차 세계대전은 사회 · 경제 · 문화적으로 많은 사람들의 생활을 피폐화시켰다. 하지만 전후 복구사업이 시작되면서 경제가 활성화 되었다. 핵가족화, 여성의 사회적 진출, 소득증대로 레저생활이 촉진되면서 관광산업은 급속하게 성장했다.

메리어트(Marriott)가 최초로 기내식 단체급식(1937년)을 시작한 '30년대는 생산자 중심으로 고객의 편익보다 생산기술과 공급부족에 대한 해결이 최우선 전략이 되었다. 스카이쉐이프사는 항공기 기내식과 학교급식을, SAGA사, ARA사 등 학교, 군대, 병원급식으로 확장하였다. '46년 「학교급식법」이 제정되면서 외식사업은 새로운 전환기를 맞이했다.

〈표 2-3〉 미국 외식사업의 발전현황

연 대	발전 내용	주요 기업
1900년 이전	• 1800년대 미국 외식산업의 태동 • 각국의 이민족 유입, 산업화, 실용성	• 1826 Union oyster house • 1827 델모니코(Delmonico's) • 1855 Parker house, Zulien's Restaurant/ 1876 Fred harvey
1900~1920년 프랜차이즈	• 체인 레스토랑 시작 • 드라이브 인(drive in restaurant) • 단체급식	• Long john silver, Pig stand • Howard johson, ARA(Aramark)
1930~1940년 단체급식	• 경제 불황 뉴딜정책 • 제2차 세계대전 • 단체급식 : 기업, 학교, 병원, 기내식	• Marriott • SAGA • ARA(Aramark)
1950~1960년 Fast food franchise	• 표준화, 메뉴얼화, 단순화, 셀프서비스화 • QSC(quality, service, cleanliness) • food service system 도입 • 프랜차이즈 기업 다수 등장	• KFC(1952), Denny's(1953) • Pizza hut(1953) • Burgerking(1954) • McDonald(1955), Wendy's(1959)
1980~1990년 성장과 둔화	• 1, 2차 오일쇼크, 레이거노믹스 • 드라이브 스루(drive through) • HMR(home meal replacement) • 고객만족과 감동 연출, 테마형 레스토랑	• 해외로 진출
2000년대 전후	• 미국경제 호황 • 서브프라임, 경기불황 • 건강열풍과 다양한 브랜드 콘셉트	• Ethnic food, Wellbeing food • Fusion food

넷째, 프랜차이즈 확산기(1950~1960년)는 제2차 세계대전이 종료된 후 국가주의는 개인의 자유가 어젠다로 등장했다. 아이젠하워 대통령의 미국은 역사상 가장 부유한 나라로 소득분배가 실현되면서 복지가 광범위하게 이루어져 풍요로운 사회가 되었다. 급여노동자의 수입이 증가하여 화이트칼라, 블루칼라의 격차는 줄어들었다. '60년대 노동력의 절반 이상이 전문직, 사무직, 판매직에 종사했다. '50년대 이후 경제수준이 높아지면서 미국인들은 외식 및 여가생활이 일상화되었다. 패스트푸드는 저렴한 가격에 신속한 제공과 빠른

서비스, 포장판매로 쉽게 먹을 수 있는 새로운 시스템으로 단연 인기를 끌었다.

프랜차이즈사업은 레이 크락(Ray Kroc, '55년)으로부터 시작된다. 햄버그 전문점을 창업한 리차드, 모리스 맥도날드(Richard & Maurice McDonald's) 형제로부터 사업을 인수하면서 품질, 서비스, 청결의 콘셉트로 표준화, 매뉴얼화, 단순화, 셀프서비스화로 대량생산의 시스템을 구축하였다. 닭고기전문 KFC(Kentucky fried chicken, 1952년)와 피자전문점 피자헛((Pizza hut, '53년), 샌드위치 전문점 데니스(Denny's, '53년)와 버거킹(Burgerking, '54년), 웬디스(Wendy's, '59년)가 프랜차이즈사업에 뛰어들면서 미국을 대표하는 패스트푸드 업종으로 성장했다. 1960년대는 처음으로 증권사에 상장하였으며, 얌(YUM)의 하나인 타코벨(Taco bell)은 특정 고객층을, 로스트비프 샌드위치(Roast beef) 대명사의 어비스(Arby's, '69년)는 생선치킨과 샌드위치, 건강식 씨푸드로 유명한 롱존 실버사(Longjohn silver's), 레드랍스타(Red lobster) 등이 진출했다.

다섯째, '73년 아랍, 이스라엘 간 중동전쟁의 오일쇼크와 '78년 OPEC회의의 2차 오일쇼크는 각국의 경제 불황을 촉진시켰다. 성장률 둔화로 물가상승률이 높아져 경영체질을 강화시키는 계기가 되었다. 소형화, 대형화로 양극화 현상이 뚜렷했지만 맥도날드, KFC, 버거킹, 웬디스 등 해외로 확장하면서 다국적기업으로 성장했다. 한편 자동차가 증가하면서 드라이브 스루(drive through) 레스토랑이 늘어나기 시작했다. '80년대 들어 레이거노믹스(Reaganomics)에 의한 경제 활성화로 "힘에 의한 위대한 미국을 재건한다."는 국가정책과 강력한 구조조정으로 체질이 개선되었다. 외식업은 포화상태였지만 치열한 경쟁 속에서 컴퓨터기기를 이용한 운용관리가 활성화되었다.

여섯째, 새로운 천년시대(2000년 전 · 후)는 미국의 경기호황으로 도약과 기회를 맞이했다. 다양한 욕구와 외식기회의 증대로 4대 산업으로 부상할 만큼 거대시장으로 성장했다. 이국적인 느낌과 고유의 특성, 다양한 채소와 허브, 향신료, 저칼로리 등 에스닉푸드(ethnic food)는 새로운 수요를 창출하고 있다. 이러한 여파로 퓨전요리(Fusion food), 웰빙(Well being), 씨푸드(Seafood) 레스토랑 등 복합화 현상이 나타나기 시작했다. 2008년 서브프라임 모기지론(subprime mortgage loan), 2010년 유럽발 경제위기, 2016년 미국의 양적완화 가능성과 영국의 유럽연합 탈퇴(Brexit) 등의 위기는 전 세계 경제와 성장률을 둔화시켰다. 각국은 도생을 위해 분투하고 있다. 이러한 가운데 라이프스타일에 따른 기호와 가치를 추구하는 차별성은 감성마케팅을 필요로 한다. 특히 소득수준의 불균형에 따른 양극화는 새로운 외식업 변화를 기대하게 하였으며, 테이크아웃을 비롯한 테마, 케이터링(Catering), 선술집 형태 등으로 확장되고 있다.

3) 미국 외식사업의 특징

첫째, 미국은 다양한 인종으로 형성된 국가로 준법정신을 통해 발전하고 있다. 개인 간 권리와 의무는 일정한 규범과 규칙의 통제 속에서 관리된다. 실용성을 바탕으로 질서를 유지하기 때문에 상호존중에 따른 효율성으로 능률을 향상시킬 수 있다. 개인 간의 신뢰는 인정이나 가족, 혈연, 지연으로 불가능하다. 때문에 통제할 수 있는 규범을 통해 성문화된 영역과 기술로 외식사업에 적용되고 있다.

둘째, 관용성을 중시하는 습관을 가졌다. 타인의 사상이나 행동에 관대하며 외적인 힘을 이용하여 강제하지 않는 관용성을 중시한다. 이들은 라틴계가 추구하는 식사 형태를 취하면서도 영양적인 면과 실용성을 중시했다. 즐기는 식사를 추구하며, 빠르게 제공되는 편의성을 바탕으로 소액지불의 저가주의를 원칙으로 편의성과 실용성의 식습관을 추구하고 있다. 이러한 문화가 패스트푸드산업을 성장시키는 계기가 되었다.

셋째, 프로테스탄트(protestant; 신교도)와 프런티어정신(frontier spirit)이다. 서유럽 근대문명과 절대적으로 영향을 미치는 신의 영역, 개인 혼에 기초한 개척정신을 말한다. 개인주의, 자유주의적 결사체를 사회 목적으로 하는 프로테스탄트(개신교)는 근대사의 발달과 자본주의에 큰 영향을 미쳤다. 미국문화의 건국은 개척정신에 있다. 신대륙을 동부에서 서부로 개척해 나가면서 프로테스탄트와 프런티어 정신을 레스토랑사업에 도입했다. 가정에서의 식사를 가정 밖으로 활성화시키면서 산업화를 가능하게 했다. 이러한 원동력은 미국식 자본주의가 세계경제에서 부국이 되는데 큰 역할을 했다.

넷째, 편의성을 추구한다. 미국의 사회적 현상은 핵가족화에 따른 독신자 증가와 이혼·재혼이 자연스러운 문화이다. 전·후세대의 증가와 고령화 등 편의성이나 스피드화를 요구한다. 이러한 분위기는 식사 형태와 음식 발전에 영향을 미쳤으며, 자연스럽게 신속성과 편의성을 추구하는 음식점들이 등장하게 되었다.

다섯째, 식생활에 맞는 고급화이다. 개인의 수명이 길어지면서 세계적인 고령인구의 증가는 복지와 일자리, 그에 따른 먹는 문제와 잠자리가 이슈가 된다. 과거에 시행했던 생활

방식이나 복지서비스로는 만족시키기 어렵다는 것을 증명하고 있다. 방문객들은 품질과 신속성 · 편의성을 요구한다. 이용목적과 경제적 여유에 따른 사회적 지위, 시간적 여유 등 개인적 취향에 맞는 차별화된 서비스를 원하고 있다.

기업은 그에 맞게 고급 이미지를 심어주거나 브랜드화를 강조한다. 특히 전문직 종사자를 비롯하여 여성과 부유층 고객들을 수용하기 위해 맥도날드와 버거킹 등은 프리미엄 햄버그를 출시하고 있다. 맛과 품질이 우수한 스테이크와 부드럽고 신선한 야채를 가득 담아 기존 햄버거와 차별화하고 있다. 건강한 음식과 한 끼의 식사에 영양적으로 문제가 없는 슬로푸드를 지향하면서 정크 푸드의 이미지를 개선시키고 있다.

2

Summary 요약

[1] 외식업이란, 메뉴와 음료를 상품으로 하여 잘 갖추어진 레스토랑에서 세련된 직원들의 접객을 통해 고객에게 전달되는 음식을 판매하는 사업이다.

[2] 최초의 음식점은 고대에서부터 인간의 이동과 함께 생활의 한 부분으로 자연스럽게 자리 잡게 되었다. 종교의식을 기반으로 하는 수도자, 순례자, 여행객, 유학자, 관광객 등 필요에 따라 숙박과 함께 음식을 섭취하면서 발달했다.

[3] 우리나라는 대가족을 중심으로 하는 전통적인 가족제도와 그에 따른 음식문화가 발전했다. 전통 한식의 상차림은 식품의 배합, 간의 농담(濃淡), 음식의 냉온, 색상의 배합, 영양, 위생을 고려하여 합리성과 조화를 이룬다.

[4] 고대음식의 시대적 구분은 석기시대, 메소포타미아시대, 고대 이집트시대, 그리스시대, 로마시대, 중세시대, 근대시대, 현대로 구분된다.

[5] 지중해에 길게 뻗은 반도국가인 이탈리아는 해안선이 길어 생선과 해산물이 풍부하다. 땅은 건조하지만 일사량이 많아 강우량이 적절한 지역 특성과 지중해성 기후로 과일이나 야채, 향료, 포도, 올리브 등 과일이 달며 품질이 우수하다. 지리적 특성과 우수한 문명의 발달은 고대 로마제국을 비롯하여 아라비아, 흑해 등에 영향을 받아 독특한 요리로 발달했다.

[6] 프랑스요리는 지역의 우수한 환경과 자연자원을 고려한 식재료를 이용하는 특징으로 합리성을 고려하여 맛과 기술, 섬세함을 나타내고 있다. 기후와 토양, 온도 등 자연환경은 좋은 식재료를 생산하는데 훌륭한 조건을 갖추고 있다. 특히 세계 최고의 포도생산과 품질, 당도, 맛을 자랑한다.

[7] 미국은 다민족국가로 영양과 실용성 · 신속성 · 편의성을 중시하며, 프런티어정신과 준법정신, 기독교정신, 다문화를 수용하면서 가정 밖의 식사가 활성화되었다.

2

Practice 연습문제

1 우리나라 전통음식의 상차림, 지역별 특징 및 종류에 대해 논의해 보자.

2 우리나라 외식사업의 발달과정에 대해 논의해 보자.

3 고대 음식업의 발달과정과 특징에 대해 논의해 보자.

4 유럽국가들 중 프랑스요리의 특징 및 역사에 대해 논의해 보자.

5 미국요리의 특징 및 외식사업의 현황에 대해 논의해 보자.

외식사업 분류와 트렌드

CHAPTER

3

두려움 때문에 갖는 존경심만큼 비열한 것은 없다.

– *Albert Camus*, 프랑스 작가

Objective

- 한국표준산업 분류상 외식사업을 학습한다.
- 외식사업에서 업종과 업태의 개념을 학습한다.
- 외식사업의 경영형태에 따른 분류와 서비스방법을 학습한다.
- 프랜차이즈사업의 개념과 특징을 학습한다.
- 국내 외식창업의 현황과 트렌드를 학습한다.
- 국내 외식창업의 문제점과 해결방안을 파악한다.

01 외식사업 분류

1. 외식사업 분류

창업은 많은 사람들의 관심 속에서 다양한 방법으로 지원되고 있다. 사업을 도와주거나 계도, 홍보, 후원, 계몽할 수 있는 관청은 시 · 군 · 구의 위생과 등에서 행정지도를 한다. 식중독사고와 불량식품 등 식품의약품 안선처의 지도와 위탁받은 음식업중앙회를 통해 통제받고 있다. 이들은 음식산업의 발전을 위한 공통된 목적을 실현하기 위해 상호 보완적인 관계 속에서 이루어져야 하지만, 때론 상명하복 관계로 관리감독 받게 된다. 이에 「식품위생법」을 파악할 필요성이 있으며, 그에 따라 외식사업을 다음과 같이 분류할 수 있다.

식품위생법상 분류와 한국표준산업에 따른 분류, 업종과 업태에 따른 분류, 경영 형태에 따른 분류, 서비스방법에 따라 분류할 수 있다. 이윤을 추구하는 사업자의 목표 달성은 조직 구성원들의 능력을 통해 이루어진다. 상황에 따라 창업을 준비하는 시기나 방법은 달라질 수 있다. 유형은 각 개인의 능력에 따라 가장 적합하게 이루어져야 한다. 따라서 어떠한 문제가 노출되었을 때 이를 해결할 수 있는 법적 책임과 규제, 행정지도, 감시 기능에 따른 역할을 확인할 필요성이 있다.

예비 창업자들은 특정한 업종과 업태의 유형을 결정하는데 있어 인테리어시설과 분위기, 자신이 추구하는 콘셉트에 맞게 가장 적합한 방법으로 운영하고자 한다. 하지만 잘 알지 못하거나 노출될 수 있는 위법행위, 경영상의 문제점, 법적 · 제도적, 행정규제에 직면할 수 있다. 이러한 문제점은 언제, 어디서나 발생할 수 있기 때문에 그에 따른 해결방안을 필요로 한다. 상담할 수 있는 기관을 미리 알아두거나 일어날 수 있는 사고에 미리 대처할 수 있는 지원 단체를 아는 것도 한 방법이 된다.

2. 한국표준산업 분류

한국표준산업 분류란, 산업 주체들이 활동하는데 있어 그 성질에 따라 유형화 하거나 이를 부호화 한 것이다. 경영활동에 관련된 각종 통계를 작성하며, 이를 통일되게 적용하는 기준을 의미한다. 금융과 세제상의 지원, 여신관리 등 정부정책을 수립하여 시행하는 것으로 일관성 있게 적용할 수 있는 범위와 그 대상을 구분하는 것이다.

정부는 '63년부터 유엔통계청에서 작성한 국제표준산업분류표 방식에 따라 우리나라 산업 특성에 맞는 '한국표준산업분류표'를 제정하여 사용해 왔다. 현행 산업분류는 산업구조의 변화를 반영하기 위해 2000년 1월 7일 제8차 개정 · 고시를 통해 동년 3월 1일부터 시행되었으며, 유엔국제표준산업분류표를 기초하여 작성되었다. 「식품위생법」상 영업 종류에 의한 제36조2항(2012.3.30)에 근거하여 외식사업은 다음과 같이 분류된다.

〈표 3-1〉 한국표준산업분류 음식점과 주점업

분 류	코 드	항 목 명
음식점업 (Restaurants)	5611	일반 음식점업(Restaurants)
	56111	한식 음식점업(Korean Style Restaurants)
	56112	중식 음식점업(Chinese Style Restaurants)
	56113	일식 음식점업(Japanese Style Restaurants)
	56114	서양식 음식점업(Western Style Restaurants)
	56119	기타 외국식 음식점업(Other Western Style Restaurants)
구내식당업(Cafeterias)	56120	기관 구내식당업(Cafeterias)
출장 및 이동음식업 (Catering and Mobile Food Services)	56131	출장음식 서비스업(Catering Food Services)
	56132	이동음식업(Mobile Food Services)
제과점업	56191	제과점업(Confectioners Shops)
기타 음식점업 (Lunch Counters)	56192	피자, 햄버거, 샌드위치 및 유사 음식점업 (Pizza, Hamburger, Sandwich and Similar Food Services)
	56193	치킨 전문점(Chicken Shops)
	56194	분식 및 김밥 전문점(Noodle Houses)
기타 음식업	56199	그 외 기타 음식점업(Other Lunch Counters n.e.c)
주점업	5621	주점업(Drinking Places)
	56211	일반유흥 주점업(General Amusement Drinking Places)
	56212	무도유흥 주점업(Dancing Amusement Drinking Places)
	56219	기타 주점업(Other Drinking Places)
음료점	5622	비알코올 음료점업(Non-Alcoholic Beverages Places)
	56220	비알코올 음료점업(Non-Alcoholic Beverages Places)

3. 식품위생법상 분류

「식품위생법」(법률 제10787호, 2012.6.8 시행)은 식품으로 인해 생기는 위생상의 위해요소를 방지하며, 식품의 영양을 질적으로 향상시키는 것을 그 목적으로 한다. 식품에 관한 올바른 정보를 제공하며 국민보건 증진에 이바지함을 그 원칙으로 한다(제1조).

1) 식품의 정의

「식품위생법」에서 정의(식품위생법 제2조)하는 식품은 다음과 같다.

첫째, 식품이란 모든 음식물(의약으로 섭취하는 것은 제외)을 의미한다. 둘째, 식품첨가물이란 식품을 제조, 가공, 보존하는 과정에서 식품에 넣거나 섞는 물질, 식품을 적시는 등의 물질을 말한다. 이 경우 기구, 용기, 포장을 살균·소독하는데 사용되며, 간접적으로 식품으로 옮아갈 수 있는 물질을 포함한다. 셋째, 기구란 식품 또는 식품첨가물에 직접 닿는 기계나 기구, 그 밖의 물건(농업과 수산업에서 식품을 채취하는데 쓰이는 기계, 기구, 그 밖의 물건은 제외)을 의미한다. 넷째, 음식을 먹을 때 사용하거나 담는 식기로 채취, 제조, 가공, 조리, 저장, 소분(완제품을 나누어 유통을 목적으로 재포장하는 것), 운반, 진열할 때 사용한다. 다섯째, 용기포장이란 식품 또는 식품첨가물을 넣거나 싸는 것으로 식품이나 식품첨가물을 주고받을 때 함께 건네는 물품을 말한다.

여섯째, 위해(危害)란 식품이나 식품첨가물, 기구, 용기, 포장에 존재하는 위험요소로 인체의 건강을 해치거나 해칠 우려가 있는 것을 말한다. 일곱째, 표시란 식품 및 식품첨가물이나 기구, 용기, 포장에 적는 문자, 숫자 또는 도형을 의미한다. 여덟째, 영양표시란 식품에 들어있는 영양소의 양과 영양에 관한 정보를 표시하는 것을 말한다. 아홉째, 영업이란 식품과 식품첨가물을 채취, 제조, 수입, 가공, 조리, 저장, 소분, 운반, 판매하는 기구, 용기, 포장을 제조, 수입, 운반, 판매하는 업(농업과 수산업에 속하는 식품 채취업은 제외)을 말한다.

열 번째, 영업자란 제37조 제1항에 따라 영업허가를 받은 자나 같은 조 제4항에 따라 영업신고를 한 자, 같은 조 제5항에 따라 영업등록을 한 자를 말한다. 열한 번째, 식품위생이란 식품이나 식품첨가물, 기구, 용기, 포장 등 음식에 관한 위생을 의미한다. 열두 번째, 집단급식소란 영리를 목적으로 하지 아니하며, 특정 다수인에게 계속하여 음식물을 공급하는 학교, 기숙사, 병원, 기타 후생기관에 해당하는 급식시설로 대통령령으로 정하는 시설을 의미한다. 열세 번째, 식품 이력추적관리란 식품을 제조, 가공, 판매단계까지 정보를 기록, 관리하며, 그 식품의 안전성 등에 문제가 발생할 경우 추적하여 원인 규명과 필요 조치를 취할 수 있도록 관리하는 것을 말한다. 열네 번째, 식중독이란 식품 섭취로 인해 인체에 유해한 미생물 또는 유독물질에 의해 발생한 것으로 판단되는 감염성 질환 또는 독소형 질환을 말한다. 열다섯 번째, 집단급식소에서의 식단이란 급식대상 집단의 영양 섭취기준에 따라 음식명, 식재료, 영양성분, 조리방법, 조리인력 등을 고려하여 작성한 급식계획서를 의미한다.

2) 식품취급

식품취급(제3조)은 누구나 판매 외의 불특정 다수인에게 제공하는 것을 포함하여 채취, 제조, 가공, 사용, 조리, 저장, 소분, 운반, 진열할 때 깨끗하고 위생적으로 해야 한다. 식품이나 식품첨가물, 기구, 용기, 포장 등 위생적인 취급에 관한 기준은 보건복지부령으로 정한다.

〈표 3-2〉 식품취급 분류(보건복지부령 제3조)

식품취급 분류	세 부 분 류
식품제조 · 가공업	식품을 제조 · 가공하는 영업
즉석 판매제조 · 가공업	보건복지부령으로 정하는 식품 제조 · 가공하는 업소에서 직접 최종 소비자에게 판매하는 영업
식품첨가물 제조업	감미료, 착색료, 표백제 등 화학적 합성품과 천연물질로 유용한 성분 추출물질, 식품첨가물의 혼합 제재를 제조 · 가공하는 영업. 기구 및 용기, 포장을 살균 · 소독 목적으로 물질을 제조 · 가공 · 영업 의미
식품운반업	유산균 음료(살균, 유산균 음료를 포함)나 어류, 조개류 등 부패하거나 변질되기 쉬운 식품을 위생적으로 운반하는 영업
식품소분 판매업	식용얼음 판매업, 식품 자동판매기업, 유통전문 판매업, 집단급식소 판매업, 식품수입 판매업, 기타 식품판매업
식품보존업	식품조사처리업, 식품 냉장 · 냉동업
용기포장류 제조업	용기포장지 제조업, 용기류 제조업
식품접객업	휴게음식업, 일반음식업, 단란주점업, 유흥주점업, 위탁급식업, 제과점 영업

(1) 식품접객업

첫째, 휴게음식점업은 다류, 아이스크림류 등을 조리 · 판매하는 패스트푸드점, 분식점

형태의 영업으로 음주행위가 허용되지 않는다. 슈퍼마켓, 휴게소 그 밖의 음식류를 판매하는 장소에서 컵라면, 일회용 다류 등 뜨거운 물을 부어주는 경우는 제외한다. 둘째, 일반음식점업은 음식류를 조리 · 판매하는 영업으로써 식사와 함께 부수적으로 음주행위가 허용되는 영업이다.

셋째, 단란주점업은 주류를 조리 · 판매하는 영업으로 손님이 노래를 부르는 행위가 허용된다. 넷째, 유흥주점업은 주류를 조리 · 판매하는 영업으로 유흥종사자를 두거나 시설을 설치할 수 있으며, 노래를 부르거나 춤을 추는 행위가 허용된다. 다섯째, 위탁급식업은 집단급식소를 설치 · 운영하는 자의 계약에 따라 음식류를 조리 · 제공하는 영업을 의미한다. 여섯째, 제과점업은 빵, 떡, 과자 등을 제조 · 판매하는 영업으로 음주행위가 허용되지 않는다.

4. 업종과 업태에 의한 분류

외식사업을 하기 위해서는 사업자등록증을 만들어야 한다. 상권의 입지와 위치에 맞는 분석으로 가장 알맞은 업종과 업태를 선정하는 것이 첫 번째 전략이다.

〈표 3-3〉 업종과 업태

구 분	업 종	업 태
분류기준	• 음식사업의 대분류 • 메뉴의 종류, 국가에 따른 분류	• 음식사업의 소분류 • 서비스 형태에 따른 분류
	• 국가, 음식 종류 등	• 구체적인 특정 메뉴, 영업형태, 서비스방법으로 분류 • 수준, 가격, 분위기 등으로 분류
사 례	• 한식, 중식, 일식, 양식, 미국, 영국, 프랑스, 이탈리아 • 멕시코, 터키, 인도, 베트남 • 태국, 필리핀	• 소고기, 돼지고기, 닭고기, 해산물, 칼국수, 국수 • 패스트, 패밀리, 캐주얼, 다이닝, 파인다이닝 • 카운터서비스, take-out, cafeteria

업종이란, 음식사업의 대분류 기준으로 국가별 음식형태로 나눌 수 있다. 한식, 중식, 일식, 미국식, 영국식, 이탈리아식, 프랑스식, 스페인식, 터키식, 멕시코식, 인도식, 베트남식 등으로 분류할 수 있다. 일반적으로 어떤 요리를 먹을 것인가에 따라 음식의 종류와 메뉴를 구분하는 1차원적 분류방식이라 하겠다. 업태는 영업이나 사업형태별 소분류 단위이다.

구체적인 메뉴의 종류와 영업형태, 서비스방법 등에 따라 구분할 수 있으며, 어떠한 메뉴를 어느 수준의 가격과 분위기, 콘셉트로 판매할 것인가에 따라 다르게 나타날 수 있다. 접객방식에 따라 패스트푸드를 비롯하여 패밀리, 캐주얼 다이닝, 파인 다이닝으로 분류할 수 있다.

레스토랑을 방문하는 고객은 개인의 이용목적과 동기에 따라 업태를 다르게 선택하게 된다. 기업은 그들의 필요와 욕구를 파악하여 그에 맞는 상권과 입지, 서비스방식이나 가격을 결정하게 된다. 사전에 방문을 용이하게 하기 위해 브랜드 이미지를 향상시키고자 노력하며, 간판이나 상호를 특화하여 잘 보이도록 한다. 특히 메뉴 종류와 가격, 촉진활동을 달리 설계하는데, 이러한 정보는 다양한 기술과 사회적 현상을 포함하여 시행해야 한다.

5. 경영형태에 따른 분류

외식사업을 경영하다보면 어떻게 운영할 것인가, 누구에게 조언받을 것인가의 문제점에 부딪치게 된다. 개인적인 지식과 경험이 있다 해도 해결해야 될 문제점들은 항상 생기게 마련이다. 평소에 사업경험이 많은 지인을 통해 조언받을 것인가, 창업 전문가한테 컨설팅을 의뢰하여 해결할 것인가, 위탁하거나 수탁하는 창업을 선택할 것인가, 스스로 해결할 것인가를 결정해야 한다. 따라서 자신의 능력과 의지, 경험, 인간관계, 자본력, 도전정신으로 해결할 수 있는가를 결정해야 한다.

첫째, 사업경험과 경영능력을 가진 멘토에게 조언받는 방법이다. 다양한 인간관계를 통해 신뢰할 수 있는 조언자가 있어야 한다. 이러한 관계는 하루아침에 이루어지는 것이 아니기 때문에 평소의 생활습관이 중요하다. 인간은 사회적 동물이다. 다양한 환경 속에서 커뮤니티가 형성된다. 말과 행동에 따라 상대방에게 피해를 주기도, 때론 예상치 못한 실언으로 상처를 주기도 한다. 이익을 얻기도 하지만 손해를 보는 경험을 통해 성숙된다. 둘째, 전문가에게 조언받는 방법이다. 교수님, 선생님, 경영전문가, 컨설팅 등 그 수준에 따라 다양해 질 수 있다. 누구를 선택할 것인가? 초보자일 경우 많은 사람들에게 동냥하듯 지식을 구걸할 수도 있다. 지식의 옳고 그름을 판단할 수 있는 능력은 키워야 한다. 업무에 대한 확신이 없다면 비용을 지불하면 되지만, 어떠한 방법이든지 문제를 해결하는 것이 최선이다. 셋째, 프랜차이즈 창업, 독립 창업, 전수 창업으로 나눌 수 있다. 창업자는 어떠한 방법을 선택할 것인가를 결정해야 한다. 이를 실행하기 위해서는 시장을 조사·분석하는 것이 첫 번째 행동이다.

02 외식창업 유형

창업자들은 전직이나 경험, 자본금, 지식, 먹어본 음식 종류, 미각, 성품, 인성, 지인을 알고 있는 숫자, 나이, 체력 등 수많은 것들이 영향을 미친다. 때로는 자신의 경험을 대단한 능력으로 확대 포장하는 사람들도 있다. 시장은 항상 유동적으로 상황에 따라 유·불리를 달리한다. 자신에게 잘 어울리는 유형을 찾아 현명하게 판단해야 한다. 중요한 것은 음식에 대해 얼마나 알고 있는가이다. 알고 있다는 기준은 개인의 주관성이 개입된다. 직접 조리를 할 수 있는가, 관련 자격증은 있는가, 타 사업장에 근무한 경험은 있는가, 타인에게 의지하려는가 등 다양한 요소가 결정에 영향을 미친다.

운영절차와 경영방식은 달라질 수 있다. 단기적으로 승부할 것인가, 장기적으로 갈 것인가 등 아이템을 선정하고 유형을 결정해도 운영상의 어려움은 항상 존재하기 마련이다. 능력을 과신하여 잘못된 결정을 했다면 어떻게 할 도리 없이 손실을 볼 수밖에 없다. 사업을 결정하기 전에 충분한 조사를 통해 위험성을 줄여야 한다. 정보수집이나 전문가의 조언을 통해 심사숙고하여 결정해야 실패를 줄일 수 있다.

1. 프랜차이즈 사업

1) 프랜차이즈 사업 의의

프랜차이즈 사업은 창업자가 특정한 업종과 업태를 선정하여 프랜차이저 본부와 계약하여 영업하는 사업을 말한다. 프랜차이즈는 '특권을 부여하다'라는 자유와 면천 같은 노예들의 신분해방이나 특권에서 유래되었다. 국왕이 영주들에게 자취권이나 특권을 부여하여 농노들을 관리하거나 신분을 자유롭게 풀어주는 '면천의 증서(Letter de franchise)'라 하였다.

외식기업 프랜차이즈 사업은 상품이나 서비스를 제공하는 주재자로서 일정자격을 갖춘 사람들에게 자사상품을 특정 지역에 영업할 수 있는 권리를 부여하며, 시장을 확장하거나 개척하는 것이다. 한국프랜차이즈협회(KFA : Korea Franchise Association)는 가맹본부인 프랜차이저(franchisor)가 프랜차이즈(franchise)를 사는 개인 및 조직의 프랜차이지(franchisee)에게 상호, 상표, 서비스, 기술, 영업방법, 휘장 등을 본부와 동일한 방법으로 판매할 수 있는 권리를 부여하는 것이다. 계속적인 사업을 허가하는 계약을 통해 교육을 지원하거나 통제하는 활동으로 당사자 간 계약관계로 이루어졌다. 가맹사업자는 그 대가로 로열티, 가입비, 정기납입금 및 기타경비 등을 지급하며 자금을 투자하여 가맹본부의 지원과 지도하에 상품과 서비스를 시장에 판매하거나 영업할 수 있는 권리를 부여받는 것이다. 포괄적인 관계로 일정한 목적과 계획 속에서 지속적으로 이루어지는 지원활동을 의미한다.

2) 프랜차이즈 사업 특성

프랜차이즈 사업은 성장성과 동질성, 지역반응성, 시스템 적응성으로 구체화할 수 있다. 사업자가 경영목표를 설정하여 달성할 수 있는 목표와 경영형태, 수용능력을 가져야 한다. 동일한 메뉴와 상호, 로고, 운영시스템 등 사업을 달리하는 독립적인 사업자가 상호 협력함으로써 동일자본 아래의 체인형태와 유사한 효과를 발휘하는 특징을 가진다. 본부와 가맹점 간 기능은 분업화가 명확하지만, 크고 작은 분쟁으로 계약관계는 물론 경영 전체의 문제점을 가질 수도 있다.

첫째, 프랜차이즈 본부와 가맹점 간의 계약관계는 서로 다른 형태로 이루어져 있다. 가맹본부가 제공하는 상품, 로고, 운영 매뉴얼 등은 선진화된 유통시스템과 촉진전략, 시장정보 등에서 경쟁우위를 확보할 수 있다. 가맹점은 짧은 시간 본부의 경영전략을 기초하여 안정된 수익을 창출할 수 있다. 본부가 제공하는 메뉴 아이템과 인테리어시설, 가격, 분위기, 복장 등 통일성으로 언제 어디서나 같은 맛과 품질의 분위기를 이용할 수 있다. 가맹본부는 비교적 최소의 인력과 투자로 빠른 시간 안에 새로운 시장을 개척하여 가맹점을 늘릴 수 있다. 계약금과 로열티라는 안정된 수익을 보장받으면서 본부가 개발한 상품과 가격, 경영 노하우, 운영 매뉴얼 등 상대적으로 낮은 재무적 위험성에서 안전하게 사업을 수행할 수 있다. 직원과의 계약은 직영점과 가맹점으로 분류된다. 가맹점은 공식 파트너십과 수수료, 로열티를 지급하는 계약관계로 자본과 사업체가 달라 운영 매뉴얼에 따른 지침에 위배될 때 이익을 저해하기도 한다. 반면에 직영점은 본부의 규정에 따라 관리되며, 안테나숍 역할을 한다.

둘째, 정보체계는 다양한 경로의 조직을 통해 수용할 수 있다. 가맹본부가 제공하는 직영점은 경영과정에 노출되는 문제점의 해결은 정기적으로 제공받지만 가맹점은 제대로 전달받지 못할 수 있다. 지영전에서 발생하는 경영상의 문제점은 가맹점에서 전달받는 정보와 차이가 있다. 설득시키는 자료로 활용되지만, 각 조직에서 발생하는 정보와 유형, 흐름, 형태에 따라 달라질 수 있다. 이러한 문제점을 해결하는 방법으로 POS시스템을 설치하여 매출 자료를 자동으로 집계하고 있다. 점포별, 메뉴별, 시간대별, 요일별, 매출액을 파악하며, 일일 매출액에 대한 매입과 재고량, 근무시간대별 기록에 의한 식재료비, 노동비, 제조간접비, 기타경비 등을 분석할 수 있다.

셋째, 유사수준의 동질성을 유지해야 한다. 본부는 경영시스템과 서비스품질, 가격, 접객력, 청결, 복장, 매뉴얼 등 동질성을 유지하기 위해 암행감사 전략을 시행하고 있다. 익명의 고객으로 하여금 전체적인 수준을 평가하며 손님으로 가장하여 영업상황을 감시하는 암행고객제도를 말한다. 본부입장의 직영점은 관료주의 체계 안에서 창의성 없이 무조건적 방침과 규칙에 따른다는 부정적인 면도 있지만, 경영과정에서 일어날 수 있는 가맹점 관리의 시험서가 되어 해결방안을 제시할 수 있다.

넷째, 공통성과 협동성으로 본부와 가맹점 간 거래는 초기에 많은 자본이 투입되어 운영하게 된다. 개인적 이익을 위한 기회주의적 행동을 해서는 안 되며, 불신은 상호간의 우호적 관계를 유지하기 어렵게 하기 때문에 외부변화에 적응하는 노력이 필요하다. 따라서 조정과 통합을 통해 합리적인 방법으로 윈-윈 할 수 있어야 한다.

3) 프랜차이즈시스템 유형

첫째, 사업형태별 프랜차이즈시스템으로 롯데리아, 맥도날드, BBQ, 처갓집, 뚜레쥬르, 던킨도너츠, 베스킨라빈스 등을 의미한다. 가맹본부는 상품과 기술, 노하우, 매뉴얼 등을 전수하며, 가맹점을 운영하기 위한 콘셉트를 설계하여 관리하고 있다. 매뉴얼 교본으로 정기적인 연수를 통해 교육훈련을 실시한다. 노하우를 바탕으로 슈퍼바이저(supervisor : 관리책임자)를 파견하여 현장을 지도하며 메뉴상품의 조리와 운영, 직원관리, 접객서비스 등 전반적인 지도와 감독을 실시하고 있다. 프랜차이즈 본사는 특정 상품을 판매하여 얻는 이익보다 패키지, MD(merchandising)상품으로 상호, 로고, 상징물, 자재, 인테리어시설 등 전반적인 노하우 등 포괄적으로 판매하고 있다. 이를 근거로 가맹점을 모집하며, 가맹보증금과 로열티, 원재료 등 수익을 창출하고 있다. 호텔, 모텔, 편의점, 패스트푸드, 패밀리레스토랑 등 환대산업의 대부분은 이러한 시스템으로 확장되면서 성장하고 있다.

둘째, 제품형태별 프랜차이즈 사업이다. 생산업자, 도매업자가 자사제품을 유통시키는 가맹사업으로 특정 지역의 소매업자에게 판매권을 부여하는 형식으로 가맹점을 모집한다. 가맹본부는 상품개발과 공급, 재정지원 등 통일된 상호와 상표, 로고, 색상을 바탕으로 영업을 지원한다. 가전제품이나 주유소, 자동차 딜러 등 특정 회사의 상품만을 독점적으로 판매함으로써 더 많은 지원과 이익을 얻을 수 있다. 이러한 유통시스템은 본부가 제공하는 상호, 로고, 색상 등의 허락을 받으며, 가맹자의 독점권, 준 독점권의 취급과 권리를 주지만 몇 개의 상품만으로 제한하기도 한다. 이는 상호간 대립과 분쟁의 원인이 되기도 한다.

4) 프랜차이즈 사업의 장 · 단점

프랜차이즈시스템은 가맹본부와 가맹점 중 어느 입장에서 파악하느냐에 따라 경영상의 장 · 단점은 달라질 수 있다. 같은 프랜차이즈 사업이라도 상호간의 공생관계는 물론 윈-윈 할 수 있는 전략을 필요로 한다.

〈표 3-4〉 프랜차이즈 장 · 단점

장 점	단 점
• 처음 시작하는 창업자에게 유리하다. • 본사의 브랜드 인지도를 빠른 시간 확장할 수 있다. • 창업시 가맹본부의 광고, 홍보, 간판, 매뉴얼, 직원관리, 구매관리 등을 지원받을 수 있다. • 대량구입으로 원가절감이 가능하다. • 경영관리와 직원교육, 훈련, 판촉 등을 지원받게 된다. • 실패의 위험성이 독립음식점에 비해 상대적으로 낮다. • 경영능력이 부족해도 운영이 가능하다. • 기본적인 수익성이 보장된다.	• 본사와 운명을 같이 해야 한다. • 가맹비, 보증금, 로열티, 인테리어 비용 등 창업비용이 많이 들어간다. • 계약기간 내 해지, 탈퇴가 어렵다. • 개인적 아이템을 적용하기 어렵다. • 가맹본부에 의해 일방적으로 강요되는 비용이 발생할 수 있다. • 가맹본부의 경영능력이 가맹점의 성패를 좌우하게 된다. • 계약기간 내 지속적으로 로열티, 물품대금 광고비 등을 지불해야 된다.

(1) 프랜차이즈 사업의 장점

프랜차이즈 본부는 최소의 투자로 전국단위의 판매망을 확보할 수 있다. 지명도를 이용하여 규모를 키울 수 있으며 상호, 간판, 로고, 인테리어, 유니폼, 각종 시설장비 등 통일되게 사용하기 때문에 짧은 시간 빠르게 성장할 수 있다. 계속적인 계약관계로 계약금과 로열티 등 안정적인 수입으로 사업전개가 가능하며, 가맹점 확대로 매출 상승과 신상품의 판로를 확보할 수 있다. 가맹점의 영업상황과 본부의 경영철학, 시스템 등 환경변화에 따라 지리적 거리를 좁힐 수 있다.

첫째, 본부는 통일된 상호와 로고를 사용함으로써 짧은 시간 많은 사람들에게 인지도를 높일 수 있다. 전국 규모의 광고와 인테리어시설 차별화된 간판, 홍보 등을 가능하게 한다. 둘째, 본부와 가맹점 간 경영책임이 분리되어 있어 사고나 부상, 재해가 일어났을 때 그 책임이 분명하다. 제품 공급과 판촉, 영업 노하우 등의 지원으로 독립된 사업자보다 상대적으로 적은 비용으로 안정된 매출을 올릴 수 있다. 셋째, 경영 노하우로 조직의 인력을 최소화할 수 있다. 가맹점은 독립적인 자산으로 사업주의 책임 하에 경영하기 때문에 본부는 일일 매출액을 점검할 필요가 없다. 최소비용으로 최대의 효과를 올릴 수 있다.

넷째, 본부는 슈퍼바이저(supervisor)를 이용하여 가맹점의 경영지도를 가능하게 한다. 가맹점의 아이디어나 제안서를 사업경영에 접목할 수 있으며, 시장흐름과 변화에 신속하게 대응할 수 있다. 독립점포에 비해 상대적으로 높은 경쟁우위를 확보할 수 있다. 다섯째, 본부는 가맹점으로부터 특허 사용료를 규칙적으로 받아 안정된 사업을 확장할 수 있다. 새로운 브랜드 개발과 신규시장을 확장할 수 있으며, 복잡한 인·허가 등 법적 문제를 지원받을 수 있다. 여섯째, 본부는 가맹점 관리나 계약조항을 명문화하여 합법적으로 관리할 수 있다. 일곱째, 가맹점은 본사의 브랜드와 매뉴얼, 경영 노하우를 바탕으로 최소인원으로 안정되게 영업할 수 있다. 여덟째, 가맹점은 본사의 전국적인 인지도를 바탕으로 개별적 광고보다 홍보비용을 줄일 수 있다

(2) 프랜차이즈 사업의 단점

사업은 언제나 예상하지 못한 어려움에 직면하게 된다. 손익분기점 도달과 이익창출을 원하고 있어 본부와 마찰 원인이 된다. 하지만 경영자의 꿈과 목표를 실현하면서 지식과

경험으로 축적된 능력이 있다면 많은 가맹점을 소유하면서 더 큰 목표를 달성할 수 있다.

첫째, 가맹본부는 가맹점을 지도할 때 공평하게 지도하지 못하는 어려움이 있다. 가맹본부가 이익만큼 고객들에게 품질과 서비스를 제공하기를 원하지만 가맹점은 그 필요성을 느끼지 못한다. 상대적으로 안정된 수입을 창출하는 가맹점은 독단적으로 경영하려 한다. 둘째, 본부의 나쁜 이미지는 가맹점에게 곧바로 전달되어 매출과 이익에 영향을 미친다. 지원조건이 부당하게 느껴질 수 있으며 지불한 금액에 비해 안정된 수익을 창출하는데 시간이 오래 걸릴 수 있다. 셋째, 지속적인 로열티를 지불해야 하므로 비용부담을 느낄 수 있다. 초기의 정당한 금액도 시간이 지나면서 개별 영업장의 부담으로 작용된다. 넷째, 직원모집에 한계가 있다. 개별점포에서 제공하는 인건비와 복지는 영업장마다 차이가 있다. 소규모 점포일수록 어려움은 가중된다.

다섯째, 수익구조는 일반기업과 다른 양상을 보인다. 가맹 초기의 계약과 차이가 있으며 본부가 로열티만 챙긴다고 생각할 수 있다. 반대로 본부는 경영지도와 광고, 홍보의 촉진전략을 거부하면서 이익만을 챙긴다 할 수 있다. 여섯째, 가맹점은 임의로 거래처를 바꿀 수 없다. 인테리어시설, 광고, 홍보, 간판, 전단지 등 일률적으로 공급하여 유리한 조건의 구매시장을 발견하더라도 이를 실행하기 어렵다. 본부는 가맹점들의 수익창출과 매출 증가에 관심을 가지는 것이 아니라, 가맹점 수와 외형을 넓히는데 관심을 가진다고 생각한다. 일곱째, 판매지역의 제한으로 마찰이 일어난다. 가맹체결 후 장사가 잘 된다든지 지역시장의 변화가 발생하더라도 확장할 수가 없다. 임의로 매장을 확장하는 것은 불가능하며, 이는 분쟁원인이 된다.

(3) 프랜차이즈 사업선정 시 고려사항

현대사회는 직장인들의 은퇴시기가 빨라졌다. 평균연령이 낮아짐에 따라 제2의 인생을 준비하는 사람들이 늘어나고 있다. 이들은 프랜차이즈 사업에 관심이 높으며, 자연스럽게 외식시장에 눈을 돌리고 있다. 하지만 안심하게 투자할 본부를 선택하는 것은 매우 어려운 일이다. 창업자들의 고민을 해결할 참고사항을 제시하면 다음과 같다.

첫째, 프랜차이즈 본사가 광고하는 고소득 보장을 주의해야 한다. 사업설명회나 과장된 브로슈어 등 그 내용에 현혹되어서는 안 된다. 사업이란 이윤을 전제하기 때문에 화려한 수식어가 사기라 할 수는 없다. 선택은 본인의 몫으로 잘 알지 못한 결정은 전적으로 자신에게 있다. "무식은 나라님도 구제 못한다."는 옛말이 있듯이, 지나친 광고에 현혹되어서는 안 된다. 창업자의 이상적인 촉진전략은 구전에 있다. 가맹본부는 계속적인 성장을 위해 가맹점을 모집하는데, 계약만 하면 큰돈을 벌 수 있다거나 상대적으로 저렴한 비용으로 창업이 가능하다는 광고를 특히 조심해야 한다. 신생 브랜드들은 신문광고를 통해 가맹점을 모집한다. 이러한 비용은 결국 가맹점 개설 비용에 포함되거나 초기 상품비, 인테리어 비용, 홍보비 등으로 전가된다.

둘째, 구체적인 비전 없이 계약을 서두르는 본사를 조심해야 한다. 트렌드의 메뉴개발, 매뉴얼, 물류시스템, 노하우, 직원교육, 인테리어 등 목표와 비전을 제시할 수 있어야 한다. 짧은 시간 개설된 가맹점수를 자랑하거나 '안정된 수익, 높은 이익보상' 등을 조심해야 한다. 계약을 종용하거나 후회할 것처럼 상황을 연출하는 등 계약을 서두를 경우 꼼꼼하게 확인해야 한다. 원하는 지역에 영업권을 보장받으려면 신속하게 결정해야 하지만 일방적이라면 의심해야 한다.

셋째, 프랜차이즈 본사에 대한 사전조사를 철저히 해야 한다. 자신이 원하는 업종이나 업태를 결정했다면 본사를 방문하여 기업의 정보 공개서를 확인해야 한다. 가맹계약을 체결한 후 의도적으로 부도를 내고 도망가는 경우도 있기 때문에 분위기를 파악하는 것이 중요하다. 필요하다면 전문가의 조언을 통해 프랜차이즈 본부에 대한 추가 정보를 입수하는 것이 문제를 현명하게 해결하는 방법이다.

넷째, 프랜차이즈 본사의 가맹 보증금이나 로열티가 없다는 파격적인 조건을 조심해야 한다. 보증금이나 로열티는 본사가 당연히 받아야 할 지적 재산권이다. 본부를 운영하는데 필요한 비용으로 금액을 받지 않겠다고 한다면 어디에서 그러한 운영경비가 유입되는지 확인해야 한다. "흙 팔아서 장사하는 줄 아느냐?"는 말이 있다. 예비자들에게 솔깃한 제안은 계약 후 문제점이 될 수 있다.

다섯째, 가맹점 수가 너무 많거나 적다면 의심해야 한다. 가맹점 수가 적다는 것은 초기 단계로 고객에게 알려지기 위해 광고와 홍보비용이 많이 들어간다. 시간이 지났는데도 늘어나지 않는다면 원인이 무엇인지 파악해야 한다. 가맹점 수가 지나치게 많다면 상권이 포화상태이거나 유효성이 떨어져 성장이 어려울 수 있다. 좋은 상권은 먼저 선점하여 안정된 수익을 창출하는 가맹점주가 있기 때문이다.

5) 프랜차이즈시스템의 문제점과 발전방안

(1) 프랜차이즈시스템의 문제점

프랜차이즈시스템은 현대사회의 정보와 기술을 바탕으로 IT와 접목하여 SNS로 주목받는 경영방식이다. 전 산업으로 확장되었으며 전문점, 유통업, 소매점으로 활성화되고 있다. 누구나 기술이나 경영능력, 노하우 없이도 쉽게 창업할 수 있어 갈수록 그 규모와 시장성은 커지고 있다. 대형화하거나 현대화, 표준화하여 규모를 확장시키며, 안정된 고객을 확보하면서 고품질 서비스로 해외시장의 문호를 넓히고 있다. 이에 따라 글로벌 경영환경에서 맞는 매뉴얼과 시스템으로 활성화시켜야 한다.

첫째, 특정 기업이 대형화하는데 한계가 있어 세계화의 어려움을 가진다. 예를 들어, 대기업 프랜차이즈 출점 '역세권 100m 이내'로 제한했다.<코리아헤럴드, 2013.5.23> 앞으로 대기업 외식 계열사는 역세권 반경 100m 이내, 2만m^2 이상인 복합 다중시설 내에서만 출점이 허용된다. 동반성장위 대기업의 신규 출점을 제한하는 가이드라인을 확정했다. 상호출자 제한(대기업)과 일반(직영중심), 프랜차이즈(가맹중심) 중견기업은 서울을 비롯한 수도권 역세권 반경 100m 이내에서만 출점할 수 있다. 롯데리아, 빕스, 애슐리 등은 사실상 대도시 출점을 포기해야 할 것으로 보인다. 수도권을 제외한 지방은 역세권 반경 200m 이내로 중견기업의 신규 진출만 허용되었다.

둘째, 낮은 신뢰도는 가맹점과의 불신으로 발전에 걸림돌이 된다. 상호간의 정보공개서 열람과 취급상품, 운영방법, 규제 등의 공개를 필요로 한다.

셋째, 프랜차이즈 사업의 발달은 특정 산업 편중현상을 초래했다. 베이비부머 세대들은 퇴직 후 창업 1순위로 외식업을 선택했다. 상대적으로 높은 비중을 차지하며, 1점포당 방문 고객수가 적어 부실화 가능성이 높다. 따라서 정책적인 뒷받침과 대책을 필요로 한다.

넷째, 정부의 자금지원과 조세상의 혜택이 저조하다. 2011년 「외식산업진흥법」이 제정되면서 독립 산업으로 정부지원의 법적 근거를 마련했다. 정부차원의 지원은 소상공인 창업 및 개선자금으로 특정 범위에 한정함으로써 소수의 자영업자들은 혜택을 받지 못했다. 기존의 유통 정보화, 물류 표준화, 전문상가, 집 배송단지 건립 등 제한적으로 시행되었으며 외식업으로 확장되지 못하고 있다.

다섯째, 전문인력 부족으로 양성기관이 부족하다. 프랜차이즈 본사 및 관련학교, 학과, 협회 등 정기적인 교육으로 인재를 양성하지만 국가가 인증한 공인 프로그램이 미흡한 실정이다.

여섯째, 글로벌경영에서 국제화가 미흡하다. 국내에서 성공한 토종 브랜드가 해외에 진출하여 성공한 사례는 일부에 불과하다. 다국적 피자전문점들 속에서 국내 토종브랜드가 해외로 진출하여 성공한 사례는 다음과 같다.

정우현 미스터피자 회장은 창업 18년만에 국내시장을 평정하고 세계시장으로 진출했다. "미스터피자 1호점을 신호로, 한국의 1등 피자 브랜드로 우뚝 서겠습니다." 1990년 9월 12일 이대 앞 1호점 개점식에서 선포했다.〈포브스코리아, 2013.5.23〉 피자가 선진국의 전유물이던 시절 국내시장은 다국적 브랜드가 선점했다. 미스터피자는 '08년 글로벌 브랜드를 제치고 국내 1위에 올랐다. 전국 매장수는 401개, 해외 29개를 보유하고 있다. 비결은 생명처럼 지켰다는 100% 수타, 100% 수제, 100% 스크린(석쇠) 구이의 '300% 레시피 원칙'을 꼽았다.

각 점포에서는 밀속의 불용성 단백질 글루텐을 생성시키기 위해 밀가루 반죽인 도우를 손으로 여러 번 때린 후(수타) 공중에 회전시켜(저글링) 일정 크기로 만든다. 도우 위 토핑 재료는 일일이 손으로 얹는다(수제). 도우를 고온 숙성시켜 냉동·보관하는 경쟁사들과 달리 24시간 저온 숙성시켜 냉장·보관하는 것이 레시피이다. '외래음식 피자로 세계를 제패하겠다'는 꿈으로, 2012년을 세계화 원년으로 삼았다. 5년 안에 중국에 1,000개의 점포를 개설한다는 목표를 세웠다. 미국 로스앤젤레스 1호점은 식재료 선택과 가격 면에서 국내보다 유리하다. 도우 만드는 과정에 들어가는 믹스 파우더만 본사에서 공급하며, 토핑 재료는 현지화하기 때문이다. 21세기 프랜차이즈 사업은 국부사업으로 부가가치가 높다. 국제화에 맞는 표준화와 메뉴얼화, 접객태도 등 선택과 집중의 전략을 필요로 한다.

(2) 프랜차이즈 사업의 분쟁사례

첫째, '프랜차이즈 가맹점주는 봉'이다. 통계청에 따르면, 소매업체 61만6천5백 개 중 3만7천8백 개(6.1%)가 프랜차이즈 가맹점이다. 창업자들이 선호하는 음식점·주점업의 경우 약 15%가 관련업체이다. 컨설팅을 지원하는 한국창업지원센터는 매년 6천~7천 명 상담을 위해 문전성시를 이룬다.〈동아일보, 2012.5.31〉

예비 창업자들의 발목을 잡는 것은 1억~2억원이 들어가는 투자비다. 커피숍을 내려면 인테리어 비용으로 7천5백만원, 간판 등 기타 설비비 8천만원, 교육비 및 가맹보증금 2천만원 등 총 1억7천5백만원이 든다. 제과 프랜차이즈업체인 B사는 간판 설치 등 기타 설비비 9천만원을 포함해 1억4천만원의 초기비용을 받는다. 2~3억원의 권리금과 보증금은 3억~4억원으로 치솟는다. 대부분 정기적으로 매장 인테리어를 교체하는 리뉴얼을 실시한다. 그 비용은 고스란히 가맹주가 부담해야 된다. 본사가 지정한 인테리어업체에 시공을 맡기며, 이 과정에서 가격이 과도하게 책정된다. 일부 유명 프랜차이즈 업체는 3천만원이면 될 비용을 지정업체를 통하면 1억원 이상이 들어가게 된다.

둘째, 모집 땐 왕, 가맹점주 되면 나 몰라라 한다. 재교육이나 매장관리, 노하우 전수에 소홀하다. 2년 전 오픈한 오모(44) 씨는 용인 죽전동에 보증금 5천만원에 월세 250만원으로 치킨 집을 열었다. 10개월 동안 월세조차 내지 못하는 극심한 부진으로 사업을 접었다. 유행을 타지 않고 오랫동안 고수익을 올릴 수 있다는 본사의 말을 믿었지만, 계약 후 영업이 제대로 되는지 한 번도 관심을 표명하지 않았다. 공정거래 조정원의 분쟁조정 건수는 2009년(357건), 2010년(479건), 2011년(733건)으로 빠르게 늘어나고 있다.

셋째, 예비 창업자를 울리는 기획부동산과 불법 컨설팅업체들이 가슴을 멍들게 한다. 폐점하여 1억원에 내놓으면 기획부동산이 1억3천만원에 임차인을 모집하고 중간에서 3천만원을 가로채는 경우가 많다. 창업 컨설팅업체가 용역비만 챙기고 계약 주선을 하지 않는 사례도 있다. 영종도 신도시에서 커피숍을 창업한 정모(45)씨는 본사에서 보내준 예산서를 보고 깜짝 놀랐다. 총 투자비 2억5천5백만원 가운데 인테리어 비용과 간판제작 등 1억4천5백만원을 요구했다. 총투자비의 60%이며 나중에 돌려받을 수도 없다는 사실에 충격을 받았다. 그는 창업 대신에 다른 일을 찾고 있다. 예비자들이 프랜차이즈 창업에 몰리는 것은 본사의 전문적인 경영노하우로 성공 가능성이 높기 때문이다. 하지만 성공을 보장하지는 않는다. 과도한 투자부담금과 무성의한 관리로 문 닫는 가맹점이 늘어가고 있다.

〈표 3-5〉 커피 프랜차이즈 창업비용

(단위 : 원)

	커피전문점 A기업	커피전문점 B기업	커피전문점 C기업
인테리어 비용	7,500만원	5,500만원	7,500만원
간판, 가구, 장비	8,000만원	9,000만원	8,000만원
가맹비 및 교육비	1,000만원	1,000만원	1,500만원
가맹 보증금	1,000만원	1,000만원	1,500만원
합 계	1억7,500만원	1억 6,500만원	1억 8,500만원

출처 : 각 프랜차이즈 기업의 영업부 현황

(3) 프랜차이즈시스템의 발전 방안

프랜차이즈시스템을 개발하기 위해서는 대외적인 환경변화를 수용하면서 국민경제와 복지후생을 증대시킬 수 있는 중장기적 목표를 세워야 한다. 국제화에 맞는 표준화와 산업에 기여할 수 있는 경쟁력으로 삶의 질을 향상시킬 수 있어야 한다.

첫째, 국가경제 성장과 발전에 기여할 수 있다. 프랜차이즈 기업의 발전은 연관사업의 고용창출로 실업률을 줄일 수 있다. 국민경제와 복지로 부가가치를 창출하며 발전에 기여할 수 있다. 둘째, 소비자의 복지후생을 증대시킬 수 있다. 수도권 인구편중 현상으로 지방과 도시 간의 격차를 줄일 수 있다. 문화, 쇼핑 공간, 외식, 학교, 생활시설 등의 편차를 완화시킬 수 있다. 셋째, 유통구조의 선진화로 국제적인 경쟁력을 가질 수 있다. 프랜차이즈시스템의 정착은 상거래질서 확립과 무자료 관행을 불식시켜 조세 형평성에 따른 의무를 다할 수 있다. 물류기지 현대화와 유통환경 개선, 비용절감 등 국제화에 맞는 경쟁력을 가질 수 있다.

CASE
"넘쳐나는 프랜차이즈 광고 … 낯선 업체 조심해야 한다!"

전년도 매출과 순이익을 알아보고 공정위의 정보 공개서를 파악해야 한다. 광고가 하루가 다르게 넘쳐나는 세상이다. 인기연예인들을 내세워 신문광고, TV, 드라마 협찬(PPL)까지 과감하게 투자하고 있다. 치킨, 커피전문점, 이탈리안 레스토랑, 보쌈업체, 패스트푸드, 패밀리 레스토랑까지 그 업종도 다양하다. 톱스타와 걸그룹 아이돌 스타들을 기용한다. 프랜차이즈 업체들이 광고하는 목적은 가맹점 모집이다. FC창업코리아 전무는 "프랜차이즈 업체는 대규모 광고를 통해 자신들의 사업을 알릴뿐 아니라 재정이 탄탄한 기업임을 과시하는 효과가 있다." 전문가들은 광고를 많이 한다는 것과 가맹점 지원을 잘해준다는 것은 별개로 지적한다. 광고를 많이 하면 인지도가 올라가지만, 광고비용에 힘을 쏟다보면 메뉴개발이나 가맹점 관리에 소홀해진다. '맛과 서비스가 좋다'는 느낌을 주지 못하면 재방문하지 않는다. 부실한 업체가 가맹점을 모집하거나 브랜드 이미지를 높여 매각하기 위해 광고하는 경우가 있다.

창업자들은 광고에 현혹되지 말고 공정거래위원회 사이트인 '프랜차이즈 정보공개서'를 잘 활용해야 한다. 본부가 가맹점을 어떻게 지원하는지 잘 확인할 수 있는 방법은 5군데 이상 점주를 만나는 것이다. 정보공개서는 프랜차이즈 사업본부의 재무상황이나 대표자의 경력, 전직, 경영능력, 사업관, 실적, 경영성과 등을 파악할 수 있어 최소한의 가맹점을 보호할 수 있다.

투자대비 비용에 대한 리스크를 관리할 능력을 갖추기를 권장한다. 여러 전문가들의 조언이나 창업 강좌, 설명회, 뉴스, 신문기사 등을 통해 변화의 흐름을 파악해야 한다. 스스로 책임질 수 있는 자세를 갖추는 것이 필요하다. 그렇다면 프랜차이즈 사업의 업종별 랭킹 1위는 어디일까? 프랜차이즈는 아무리 좋은 아이템이라도 가맹점이나 소비자로부터 인정받지 못하면 성공할 수 없다. 독특한 특징 때문에 브랜드별 비교대상을 분석하는 것 역시 창업자의 능력이다.

중앙일보 2012.7.5

2. 개인 독립창업

1) 개인 창업의 의의

개인 창업은 프랜차이즈 기업이나 체인에 가입하지 않고 개인적 능력이나 자본력, 경영능력, 지식, 경험을 바탕으로 직접 창업하는 독립 형태를 말한다. 프랜차이즈 가맹사업을 제외한 사업으로 새로운 아이템을 개발하거나 경영방법의 개선, 운영 매뉴얼화, 특화할 수 있는 시설과 장소, 체험 공간, 상호, 로고의 상징물 등 독립적으로 브랜드화 하여 성장시키는 사업이다. 개인의 적성검사부터 아이템 선정, 상권과 입지, 매뉴얼, 인테리어, 주방관리에서 오픈 준비와 오픈 후 사후관리까지 총괄하여 점검받아야 한다.

프랜차이즈 사업은 본부가 시장분석을 해주지만 개인 창업은 창업자가 직접 해야 한다. 세분화를 통해 목표를 설정하며, 그에 맞는 포지셔닝으로 전략을 수립해야 한다. 개인적 능력과 적성에 맞는 업종을 선정했다 하더라도 시대적 상황에 부합하지 않는 아이템이라

〈표 3-6〉 개인 독립창업의 장 · 단점

장 점	단 점
• 개인적 능력과 노하우에 따라 성장과 발전이 무한하다. • 로열티, 가맹비, 가맹보증금 등이 발생되지 않는다. • 독자적인 상호와 콘셉트로 능력에 맞게 운영할 수 있다. • 영업활동이 부진할 때 타 업종으로 전환이 가능하다. • 독자적 메뉴개발과 홍보, 인력관리, 레시피, 공급자 선정 등이 가능하다. • 이익에 대한 결정권으로 시장에 빠르게 대처할 수 있다. • 현재 시장상황과 가격동향 등 대처방안이 자유롭다. • 인테리어시설을 비롯하여 상호, 로고, 외부 조경 등 특화할 수 있다.	• 창업까지 시간이 많이 걸린다. • 상품구매 등 모든 일을 독자적으로 해결해야 하기 때문에 경영상 어려움을 가질 수 있다. • 시장 흐름을 놓치면 도태 가능성이 높다. • 프랜차이즈 가맹점보다 광고 및 홍보가 부족하여 인지도를 쌓는데 시간이 많이 걸린다. • 개인적 아이템이나 노하우를 바로 적용하기 어렵다. • 소비자의 신뢰를 쌓기가 어렵다.

면 신중한 결정을 필요로 한다. 사업은 크고 적은 문제점을 해결하면서 계속적으로 성장할 수 있다. 동종 경쟁자와 차별화를 통해 고객에게 얼마나 가치 있는 혜택을 제공할 수 있는가가 중요하다.

3. 전수창업

1) 전수창업의 의의

프랜차이즈 창업과 독립 창업의 중간형태 모델로 성공한 개인 창업사의 기술과 경험, 노하우 등을 전수받는 것을 말한다. 일정금액의 비용을 지불하고 경영방법과 서비스, 홍보, 운영 매뉴얼 등을 독점적으로 교육받아 운영하기 때문에 최소 투자로 최대 효과를 낼 수 있다. 그러나 원하는 대상자를 만나기가 쉽지 않다. 만나더라도 검증된 지식을 확인하기가 어렵다. 똑같은 기술과 경영능력을 가졌다하더라도 창업자의 지식과 입지의 공간, 상권에 따라 다르게 평가된다. 하지만 두 유형의 장점만을 살린 틈새시장으로 전수창업이 활성화되고 있다. <한국전수창업센터, www.semifc.com>

개인 창업의 경우 메뉴 아이템의 상품성을 고객에게 알려 안정된 수익을 보장하기까지 상당한 시간과 노력, 비용이 들어간다. 소비자들로부터 유명한 레스토랑으로 인정받기 위해서는 많은 사람들이 방문과 만족에서 가능하다. 유명 정도는 시장에서 검증받은 브랜드이거나 인지도가 높은 기술로 특화하여 부가가치를 높일 수 있다. 창업모델을 발굴하여 경험 없는 창업자에게 짧은 시간 안정적인 수익을 창출하게 하거나 삶의 터전을 만들 수 있다는 장점이 있다. 프랜차이즈시스템과 유사한 방법으로 창업하지만 상대적으로 저렴한 비용으로 가능하기 때문에 계약관계에서도 강제적으로 준수해야 할 의무나 특별한 규칙이 없다. 개인적 능력을 즉각적으로 반영할 수 있다는 장점이 있다.

2) 전수창업의 특징

첫째, 전수자의 상호와 브랜드를 사용하여 짧은 시간 인지도를 높일 수 있다. 기존 점포의 인지도를 그대로 사용할 수 있어 안정적인 물류 공급이나 개별 매장의 특성을 살려 변화를 용이하게 할 수 있다. 실패하더라도 기본적인 기술과 노하우를 바탕으로 새롭게 시작할 수 있다.

둘째, 개인 창업보다 빠른 사업모델로 단기간에 경영 정상화를 가능하게 한다. 맞춤 창업에 그 매력을 찾을 수 있다. 투자자의 규모와 상권 크기, 입지에 따른 자본력으로 사업을 결정할 수 있다. 특화된 콘셉트로 개성 있는 모델을 운영할 수 있다.

셋째, 창업자가 원할 경우 수시로 재교육이 가능하다. 음식의 맛과 비법만을 전수받아 창업하는 것으로 생각할 수 있지만 맛을 돋보이게 하는 데커레이션을 비롯하여 식기, 색감, 가격, 인테리어시설, 광고, 홍보의 촉진전략, 접객태도, 복장, 용모, 자세 등 모든 면에서 경쟁력을 가진다. 시설이나 점포의 위치, 입지, 상호, 디자인, 색상, 현수막, 전단지의 디자인까지 지원이 가능하다.

넷째, 저렴한 비용으로 프랜차이즈 가맹점 못지않은 지원과 혜택, 기술을 전수받을 수 있다. 전수기간은 3개월 정도이지만 아이템에 따라 길어질 수 있다. 기간이 길어질수록 지식과 실력은 늘어나 경쟁력이 높아진다. 주인에게 직접 맛의 비법을 전수받기 때문에 기술과 영업의 전반적인 경영관리를 배울 수 있다. 주변의 시장상황이나 예측 불가능한 변수, 경기상황, 고객변화, 직원 간 마찰, 노하우 등 대외적으로 일어날 수 있는 관리부문까지 학습할 수 있다.

다섯째, 전수받는 방법도 다양하다. 매장에서 창업자가 직접 1주일에서 3개월 동안 스스로 자신 있을 때까지 직접 배워 전수받는 방법이다. 오픈 매장을 직접 방문하여 2~3주 동안 집중적으로 노하우를 전수하는 방법 등 맛만 전수받아 운영하는 것이 아니라 상호, 로고의 상징물, 조리방법, 운영 매뉴얼, 입지, 시설, 인테리어, 광고, 홍보 등 다양한 촉진전략까지 전수받게 된다.

전수창업은 한식 세계화에 맞추어 외식시장에서 대접받고 있다. 베이비부머 세대들에게 새로운 트렌드로 주목받고 있다. 맛과 매뉴얼, 시스템 등 노하우가 검증된 성공매장을 중심으로 100% 전수받는 창업이다. 사업 초기의 위험성을 줄이면서 안정적으로 수익을 창출하게 된다. 이들의 매력은 맛과 노하우를 직접 배워 식재료를 도매상으로부터 구매하기 때문에 원가를 절감할 수 있다. 최근 전수창업센터는 기존 매장 가운데 검증된 아이템을 선정하여 전국 단위로 인큐베이팅(incubating) 프로그램을 실시한다. 자본금과 사업계획, 운영 매뉴얼, 마케팅 능력 등이 부족할 경우 이를 해결하면서 성장을 돕고 있다.

모 업체로 등록하기 위해서는 한국전수창업센터의 철저한 심사를 거쳐야 한다. 선정 후에는 체계적인 시스템으로 철저한 관리와 전수창업 모기업으로 활동하게 된다. 우수점포로 선정되면 특정 아이템으로 창업하려는 예비 창업자들에게 최소한의 자금으로 창업할 수 있게 지원한다. 예비 창업자들은 개인적 자본력에 맞게 지역과 상권, 희망 업종을 파악해주며, 최적의 아이템을 추천받게 된다. 전수창업 컨설팅은 시작단계부터 체계적으로 지원하며 핵심 노하우를 바탕으로 성공할 수 있게 도와준다. 각 분야의 창업 전문가 그룹을 초빙하여 상권 위치와 입지분석, 점포개발, 인테리어, 주방기기와 설비, 테이블, 탁자를 비롯하여 간판, 상호, 조경, 물류 유통에 이르기까지 모든 부분을 지원하여 성공창업을 이끌고 있다.

3) 전수창업자의 마음가짐

첫째, 원가절감 마인드를 가져야 한다. 현재 구매하는 거래처의 품질과 가격, 공급력, 직원능력을 고려하며, 시작한지 1~2년이 지나면 매출이 안정되어 정상적인 영업이 가능하게 된다. 그렇지 않다면 지속하기 어렵거나 업종을 전환해야 될 위기가 올 수 있다. 사업이 안정되어 간다면 계속적으로 유지할 수 있는 메뉴를 개발하거나 유통구조의 개편, 물류 흐름상 일어날 수 있는 문제점 파악 등 이를 개선하려 노력해야 한다. 다양한 원가절감 방안과 해결방법을 모색하여 생산기업과 직거래가 가능한지, 납품 도매상 중 다른 경쟁자와 판매처는 없는지, 대형 소매상이나 대량판매점의 유통구조를 파악해야 한다. 도매점이라도 품목마다 가격이 다르기 때문에 전략적으로 싸게 판매하는 품목의 정보를 획득해야 한다. 지혜로운 구매를 위해 꼼꼼하게 따져 실패가 일어나지 않게 지식과 능력, 정보, 성실함, 실천력으로 경쟁력을 키워야 한다.

둘째, 사업이 일정수준에 도달하면 경영자는 처음 계획한 자세와 태도를 잃어버리는 경우가 있다. 사업보다 잿밥에 관심이 많으며, 고객수가 늘어나면 자연스럽게 유행세를 탈 수 있다. 수요가 많아지면 상품 개발보다 다른 데 욕심을 가져 가맹점수나 타 사업, 부동산에 관심을 가져 경영에 소홀할 수 있다.

셋째, 고객의 불평불만이나 의견을 경청하려 하는 것이 아니라 무시하는 경향이 있다. 소비자의 욕구는 갈수록 세분되어 다양한 품질을 기대하는데 경영 마인드나 사고방식은 아날로그 형태를 벗어나지 못하는 경우가 있다. 기존 방식을 고집한다면 좋은 아이템이라도 오래갈 수 없다. 특히 외식 메뉴는 사이클이 짧아 새로운 수요를 확인하지 못하면 경쟁력이 떨어지게 된다.

넷째, 마케팅 촉진전략을 게을리하거나 무시하는 경우가 있다. 새로운 기술이나 상품 개발, 프로모션 전략 없이 그대로 순응하는 경우이다. 예를 들어, '사업만 열면 무조건 잘 팔릴 것'으로 생각하는 경우를 말한다.

다섯째, 사업에 앞서 구체적인 계획서를 작성해야 한다. 막연히 그럴 것이라는 추측과 경험으로 과신하는 경우가 있다. 사회생활에서 크고 적은 모임의 주요 화제는 대박집과 먹는 이야기이다. 특히 여성일수록 전파속도가 빠르다. 고교 및 대학 동창회의 주요 이슈는 누가 어떤 업종을 창업하여 대박을 터뜨린 이야기이다. 엄청난 것처럼 과장되게 이야기하는 사례를 쉽게 볼 수 있다. 그러한 사람일수록 실속이 없다. 꾸준하게 자신의 일에 묵묵히 최선을 다할 때 성공을 위한 아름다운 꿈은 실현될 수 있다.

03 외식사업 현황과 트렌드

50대 자영업자 168만3천9백 명으로 사상 처음 30%를 넘었다.〈문화일보, 2012.6.18〉 통계청 경제활동 인구연보에 따르면, 2011년 50대 자영업자수는 168만3천9백 명으로 전체 559만3천6백 명 중 30.1%이다. 2013년 기준 산업별로는 도·소매 및 음식숙박업(178만 명, 30.9%), 연령별로는 50대(179만 명, 31.1%), 교육은 대졸 이상(170만 명, 29.7%)이 가장 많은 비중 차지하였다.(KB금융지주경영연구소, 2015). 영업자수는 전년 대비 1천2백 명이지만 50대는 7만5천7백 명이나 증가했다. 2010년을 기점으로 베이비부머 세대의 정년퇴직이 시작되면서 생계비 마련을 위해 자영업에 뛰어들었기 때문이다. 이러한 증가는 '08년 글로벌 경제위기 후 두드러진 현상이다. 경기가 둔화되면서 전체 자영업자수는 감소한 반면, 50대는 급증하고 있다. 연령별로는 20대 13.1%(2만7천6백 명), 30대 27.9%(31만1천3백 명), 40대 15.9%(30만4천5백 명)로 줄어들었다. 반면에, 50대는 11.5%(17만3천6백 명) 늘어 창업 증가를 견인하고 있다. 2012년 전년 동월 대비 3.3% 늘어난 584만6천 명과 2013년 559만3천6백 명 중 30.1%로 증가세를 기록했다.

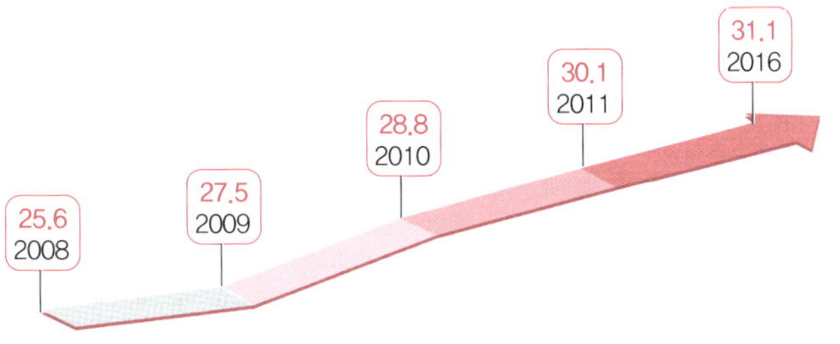

자료 : 2016년 경제활동연보, 통계청

그림 3•1

전체 자영업자 중 50대 비중 추이(연평균, 단위 : %)

삼성경제연구소는 사업이 부진하고 노후준비가 미흡한 생계형 자영업 종사자의 증가는 복지 수요를 급속하게 팽창시켜 사회 · 경제 · 정치적 불안을 우려하고 있다. 2013년 신규 창업자의 85%는 영세 상인으로 고용 없는 1인 사업 형태를 유지하는데, 글로벌 경제위기 이후 최고로 높게 나타났다. 이 중 고용직원을 두지 않는 독립 사업자수도 '09년 8월 이후 33개월 내 최고치를 기록하고 있다.

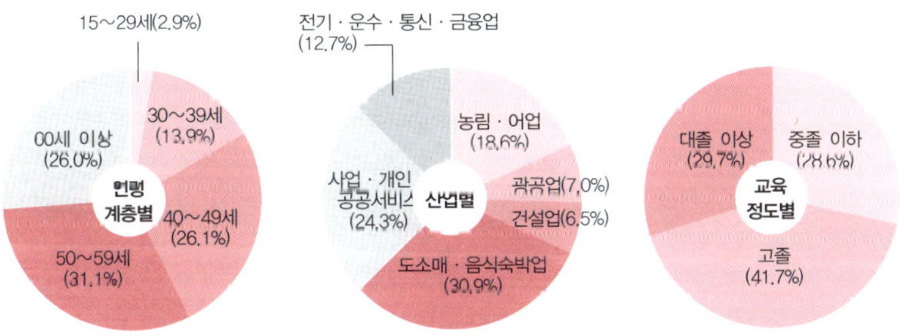

자료 : KD 지식비타민, 2015

그림 3•2

국내 자영업자 현황

통계청(2012.6)에 따르면, '08년 11월 600만3천 명, 12월 577만9천 명으로 감소한 후 '10년 1월 547만5천 명으로 줄어들었던 자영업자수가 2년 가까이 등락을 거듭하다가 빠른 속도로 증가세를 보이고 있다. 금융위기는 창업에 대한 동경이 거품현상으로 젊은 창업자가 늘어난 반면, 2013년은 50대 이상이 생계형 사업으로 몰리면서 사회적 문제점으로 제시된다. 직원 없이 1인 사업자가 많아 급여를 받지 못하는 가족경영으로 32만 명(85.8%)에 달한다. 이러한 증가는 전체 고용에 도움이 되지 않는 매우 영세한 형태로 '13년 12월 전체 사업자 수(5,050만 명)에서 자영업자가 차지하는 비중은 30.9%로 늘어나고 있다.〈KB지식비타민, 2015〉

1. 외식사업 현황

외식기업들은 식재료의 원가상승과 임대료, 인건비 등 3중고에서 저성장과 저고용, 저소비의 3저(低) 현상으로 어려움을 더하고 있다. 지속되는 경기침체는 영국의 브렉시트로 세계적 경제위기가 확산되고 있으며, 우리나라도 연간 경제성장률이 2016년 기준 2.0~2.8%로 낮추어 발표하고 있다. 그리스의 유로존 탈퇴, 스페인의 은행부실, 이탈리아 구제금융 신청, 미국의 양적완화 축소, 베트남, 필리핀 등 남중국해 갈등, 성주 사드배치 등 성장률은 2.0%대에 머물 것으로 예상된다.〈한국경제연구원, 2016.7〉 이러한 가운데 가장 먼저 줄이는 것이 외식비일 정도로 경기에 민감한 사업이다. 따라서 소비자의 욕구와 경기흐름, 트렌드를 파악하는 것은 그 어느 때보다 중요해졌다.

1) 외식업 흐름

외식업의 최근 동향은 경기침체로 인한 소비위축으로 빈익빈 부익부 현상이 뚜렷하다. 규모의 대형화와 시설의 화려함, 시스템 운영의 현대화 등 경제성을 따지는 반면, 소규모 매장과 자본, 상권 위치 등 내실을 다지면서 양극화 현상이 뚜렷하게 나타나고 있다. 시장의 소비 트렌드가 급변하면서 즉각적인 반영과 빠른 생산, 유통, 판매를 지향하는 흐름이 현대적 추세이다. 최신 유행을 활용하면서 맛과 디자인, 색상, 식기의 특이함, 인테리어, 가격 등과 빠른 회전으로 승부한다. 주문하면 곧바로 먹을 수 있는 패스트푸드(fast food)처럼, 경기불황에 따른 취업난 가중으로 유능한 고급인력들이 창업시장에 뛰어들면서 신선한 아이템과 메뉴개발, 운영방법의 개선, 원가절감 등 외식기업의 미래를 기대할 수 있게 하고 있다.

2. 외식 트렌드와 전망

1) 외식 트렌드

외식창업의 트렌드는 눈으로 보는 예술성과 건강과 위생, 청결을 중시하는 안전한 먹거리가 시대적 흐름이다. 개별고객의 특성에 따라 기능성이 강조되며, 주 5일 근무제로 인한 주말여행과 레저산업이 대세가 되었다. 자녀들을 동반한 체험, 학습형 테마를 중시하며 다채로운 경험과 재미를 추구하는 가족사랑을 반영하고 있다. 2016년 통계청 발표에 따르면, 인기 창업아이템으로 부상했던 음식업이 1년 내 폐업한 확률은 60%라 하였다. 실패를 겪지 않기 위해서는 트렌드에 급변하지 않는 블루오션 아이템을 찾는 것이 중요하다.

1인 기술창업이 가능한 '소담 ISE 인테리어 슈퍼바이저'가 안정적인 아이템으로 주목받고 있다. 슈퍼바이저란 인테리어 과정의 설계와 시공, 원가관리 등 전반적인 절차를 대행해주는 기술서비스이다. 공사에 관련한 모든 비용을 원가로 진행하며, 책정된 관리 수수료만 지급받는 형태이기 때문에 투명하면서도 좋은 품질이 장점이다. 계약에서 견적, 설계, 시공, 세무, 홍보, 법규 등 실무에 쓰이는 핵심사항을 1 : 1 전수한다. 타 창업보다 적은 비용으로 창업할 수 있는 대표적 기술창업이다. 교육과 동시에 현장에 배치돼 수입을 얻을 수 있기 때문에 경제적 부담을 줄일 수 있다. 창업주의 부담을 덜어주기 위해 사무실을 지원하며, 체계적인 홍보와 오더, 방문교육, 원가절감시스템, 브랜드 인지도향상, 신뢰도로 매출을 극대화하고 있다. 유행을 타거나 수요가 한정적 · 일시적인 다른 창업과는 달리 집이나 상가, 오피스 등 인테리어나 리모델링 등 끊임없는 수요로 안정된 수익을 보장하고 있다.〈조선비즈, 2016〉

첫째, 고객 개개인의 프라이버시가 강조된다. 현대인들은 타인의 구속이나 지시받는 것을 싫어한다. 이들의 욕구를 반영하는 레스토랑은 규모면이나 위치, 시설, 가격, 아이템, 혼잡정도, 자본력에서 경쟁력이 된다. 개인적 인격을 중시하며, 직접 보고 즐기는 체험 공간을 활용한 창업은 성장할 것이다. 둘째, 개인식의 증가이다. 고물가로 인한 소비성향은 개인화로 1인 가구가 증가했다. 레토르트식품이나 도시락 등 가정 간편식, 테이크아웃 매장들을 이용하는 고객들이 늘어났다. 홈쇼핑의 최고 이슈는 돈가스와 스테이크로 방송마다 매진을 기록한다. 대형마트 역시 반 조리식품의 수요가 증가하면서 연 10% 이상의 성장세로 싱글족, 맞벌이 부부용 1~3인용 포장 단위로 판매하고 있다.

셋째, 건강을 중시하는 웰빙 트렌드가 대세이다. 경기침체에도 불구하고 건강을 중시하는 트렌드는 주목받는다. 소비자들은 1인 100색으로 진화하고 있다. 이러한 때 2015년 맥도날드의 햄버거 시장 규모는 254억 달러(29조원)로 나타났다.〈아시아경제, 2016〉 수제버거는 정크푸드라는 오명을 씻고 간편식사 대용으로 대접받고 있다. 해외 유명업체의 국내진출과 대기업들이 론칭하여 활발하게 성장했다. 최고급 품질을 유지하면서 저렴한 가격에 먹을 수 있다. 주스 역시 세계적인 시장 규모와 바쁜 직장인들에게 건강과 체중조절이라는 매력으로 다가왔다. 커피열풍은 당분간 지속될 것으로 예상된다. 국내 커피시장 11조원으로 경쟁력이 없다는 비판도 있지만, 대한민국 커피사랑은 대단하다. 독특한 특색을 갖추어 세분화되었으며, 타깃을 중심으로 충성도를 강화하고 있다. 최근에는 개별고객의 건강과 위생을 중시하는 흐름을 보인다. 와플킹(www.waffleking.kr)은 쌀로 만든 '쌀로와플'로 인기이다. 밀가루 와플에 익숙한 소비자들의 이목을 끌기에 충분하며, 칼로리를 낮춘 생크림으로 이미지를 강화하고 있다. 깔끔하면서도 세련된 시설과 고급 분위기로 맛과 영양을 고려했다. 월남쌈의 샤브리안(www.shaburian.co.kr)은 여성고객을 타깃으로 웰빙 음식을 선보였다. 맛과 품질로 차별화 된 시설과 메뉴구성, 무공해 식재료를 사용하여 만족도를 높이고 있다.

넷째, 기업의 다양한 촉진전략으로 런치메뉴나 세트메뉴 구성비율이 높다. 가족단위나 단체고객 방문을 용이하게 하여 매출을 증가시키고 있다. 할인과 저가메뉴로 승부하거나 무한리필 전문점이 인기를 끌며, 푸짐한 경품이나 쿠폰으로 불황을 극복하고 있다. 1천9백원 돈가스와 1천5백원 국수점, 6천9백원 무한리필 삼겹살 등 저가 아이템이 인기이다. 수입업체들은 고급 한우전문점이나 정육식당과 경쟁이 치열하다. 다섯째, 감성마케팅이 중요하다. 단순한 제품 특성이나 상품의 편익만을 구매하는 것이 아니라 마음을 움직일 수 있는 제품과 서비스에 고객은 반응한다. 과거와 달리 상품의 유형적 가치보다 무형의 이미지가 전달하는 경험과 재미가 중요하다. 이성의 힘보다 이야기와 감동을 일으킬 수 있는 감성에 주목한다. 해산물 퓨전포차 버들골이야기(www.bdgstory.co.kr)는 벽면을 가득 메운 사연을 담은 메모지, 양철 냄비뚜껑 등 독특한 인테리어시설을 연출한다. 단순한 주점이 아니라 중·장년층에게는 추억을, 젊은 층에는 색다른 정취를, 띠아모(www.ti-amo.co.kr)는 고객참여 이벤트로 소비자들과 직접 소통하는 감성마케팅을 실시하고 있다.〈매경닷컴, 2011.12.30〉

여섯째, 사업다각화를 모색하고 있다. 최근 음료시장은 가맹사업을 통해 다양한 수입원으로 다변화하고 있다. 과거는 좋은 상품을 만드는데 집중했다면, 최근에는 성장의 한계로 새로운 동력을 찾고 있다. KT & G는 보움(BOUM) 가맹 1호점을 오픈하면서 프랜차이즈사업에 진출했다. 한방, 건강기능, 자연, 헬스 & 뷰티 케어 등 총 140여 개 상품으로 운영된다. 풀무원은 내추럴 하우스 바이 올가(Natural House by ORGA)라는 브랜드로 맞춤형 매장을 운영한다. 대규모 주택 밀집지역에 입점하는 주거 밀착형과 백화점, 병원, 쇼핑센터, 사무실 등 대규모 인구 밀집지역의 편의형으로 구분했다. 농심은 기래 레스토랑 코코이찌방야에 이어 쌀국수 전문점 뚝배기 사업을 본격화 했다. 한식과 쌀, 면을 접목한 농심만의 독자브랜드로 매장수를 확장했다. 삼양식품은 면요리 전문점 호면당을 인수하여 외식사업에 뛰어들었다. 흰국물 라면의 주역인 나가사키 짬뽕을 출시하면서 확장했다. 롯데 칠성음료는 커피음료 브랜드 칸타타를 앞세워 테이크아웃 가맹사업을 펼치고 있다. 신송은 오꼬꼬라는 브랜드로, 국순당은 우리술상 1호점을 이수역에 오픈했으며, 2002년부터 민속주점 백세주마을을 운영하고 있다. 양재동에 느린 마을 양조장 술펍(Sool Pub) 1호점을 연 배상면주가는 가맹사업을 확장하고 있다.

대한민국 기업들은 한 우물만 고집해서 생존할 수 없다는 인식이 팽배하다. 미래에도 지속적으로 성장할 수 있는 동력을 확보하기 위해 분주하게 움직인다. 대기업들은 본사가 직접 식자재 유통종합회사라는 점을 부각시켜 높은 신뢰도를 확보하고 있다.

2) 외식 트렌드와 전망

안전한 먹거리를 위한 웰빙, 무공해, 무농약의 식재료는 새로운 희망으로 떠오른다. 전통적인 생산방법이나 유기농 식재료, 지역 향토식품 등이 주목받고 있다. 조류 인플루엔자(AI)와 광우병, 구제역, 멜라민 파동, 후쿠시마 원전사고 등의 영향으로 안전하고 위생적인 식재료가 그 어느 때보다 중요해졌다.

첫째, 전통적인 조리방식의 한식, 야채, 면, 해산물 등이 인기이다. 개인적 추구 성향은 전골이나 찌개 등 여러 사람이 같이 먹는 형식을 기피한다. 식생활이 서구화되면서 비만이나 각종 성인병 예방 차원에서 한식이 대안으로 떠오른다. 새로운 주방기기를 개발하거나 특화된 시스템으로 기호, 특성에 맞는 서비스가 진화하고 있다. 이와 같이 개별기업과 대기업 간 양해각서(MOU)를 체결한다든지 컨소시엄으로 언제, 어디서나 위생적인 식재료를 공급받게 되었다. 원가절감 차원에서 유해물질에 오염되지 않은 식재료를 저렴하게 구입하는 것이 경쟁력이다. 둘째, 전통적인 조리방법이 새로운 아이템으로 떠오른다. 소비자들은 건강에 관심이 높아 튀기거나 볶는 음식보다 삶거나 찌는 조리법에 관심을 가진다. 칼국수와 된장찌개, 청국장, 비빔밥, 신선로, 구절판, 탕평채, 약식, 팥죽, 보쌈, 떡과 케이크, 전통식을 퓨전화한 창업시장에 주목한다.

셋째, 새로운 퓨전메뉴가 각광받고 있다. 서양식 메뉴에 한식을 가미한 요리는 분식에서 디저트까지 전문화하여 체계적으로 선보이고 있다. 다채로운 색감과 맛, 폭넓은 구성으로 소비자들의 선택을 넓혀준다. 리치푸드(Rich food)는 짚동가리 생주, 크레이지 페퍼를 운영하고 있다. 피쉬 & 그릴은 산뜻한 식감과 건강한 먹거리에 대한 특징과 지중해풍의 요리로 즐길 수 있도록 했다. 주류는 아사이 베리 토닉, 산수유 토닉, 자몽토닉, 오렌지 토닉, 복분자 토닉, 딸기 토닉과 무알콜 칵테일을 비롯하여 스미노프(Smirnoff) 타워 4종을 선보였다. 분식 프랜차이즈 '스쿨푸드'는 까르보나라(carbonara) 떡볶이를 선보였다. 고추장의 빨간 떡볶이가 아니라 소스를 활용하여 기본 떡볶이와 고추장 소스를 더한 매운 까르보나라와 간장 맛을 더한 쏘이 까르보나라를 선보였다. 퓨전디저트 메뉴들도 인기이다. 즉석에서 만든 치즈, 블루베리를 섞어 만든 설기부터 한 끼 식사로 손색없는 떡버거까지, 치즈와 파프리카 등을 얹어 구워낸 피자 등 입맛을 사로잡고 있다. '떡보의 하루'는 여름철 메뉴인 빙수에 떡을 활용하여 팥, 과일, 시럽, 젤리 등 일반 팥빙수와 달리 맛과 영양이 가득 찬 떡을 올렸다.〈서울경제, 2012.6.17〉

넷째, 포장주문과 테이크아웃을 할인해주는 것이 대세이다. 연말연시를 맞이하여 홈 파티족을 위한 촉진전략으로 원가절감과 할인으로 방문고객보다 저렴하게 판매한다. 피자헛은 온라인을 통한 방문포장 주문시 1만5천9백원의 스페셜피자를 9천9백원에 판매했다. 파스타와 함께 온라인으로 주문하면 할인된 가격으로 구매할 수 있다. TGIF는 온라인 주문 후 매장을 방문할 경우 립과 스테이크, 샐러드 등 12가지를 10% 할인된 가격에, 예약할인 사이트인 '레스토랑 엔조이'는 상시 10% 할인받게 한다. 애슐리는 케이크와 치킨을 테이크아웃 서비스한다. 포장주문으로 촉촉한 치즈케이크와 진한 초코 브라우니를 동시에 구입할 경우 1천원 할인받는다. 취업난으로 청년 창업자들이 증가하여 그 열기는 어느 때보다 뜨겁다. 창업은 보편화 되었으며 선호도가 높아 경쟁이 치열하다. 무엇보다 소비자의 만족도를 높이기 위한 아이템과 서비스 능력이 중요하다. 이럴 때일수록 직원교육과 훈련, 보상을 강화하여 레스토랑이 나아가고자 하는 방향을 구체적으로 제시해야 한다.

3. 외식업 성장방안

1) 시장극복 방안

경기불황에 따른 성공 전략을 F4로 제시했다. 드라마 '꽃보다 남자'를 외식기업에서 소개했다. 유연한 메뉴(flexible menu), 가족단위 외식(family-dining), 공짜마케팅(free-marketing), 프랜차이즈(franchise)를 지칭한다.

첫째, 유연한 메뉴란, 빠르게 변화하는 트렌드에 맞추어 정기적으로 신메뉴를 개발하거나 촉진방법을 개선하는 것이다. 기업에서 제시하는 전략 중 최우선 과제는 여성고객의 마음을 사로잡는 것이다. 대표적인 변화는 여성고객의 증가이다. 외식업에서 두드러지게 나타나는데, 이는 여성의 역할이 그만큼 커졌기 때문이다. 둘째, 어려울수록 가족의 소중함이 절실하다. 끈끈한 정으로 뭉친 가족애는 대한민국의 전략차원에서 주목받는다. 고객을 위한 메뉴개발은 음식 하나에도 먹는 즐거움과 사랑을 담을 수 있어 만족감을 극대화할 수 있다. 가족은 연인이나 친구와 다른 의미를 가진다. 메뉴가 화려하거나 거창하지 않아도 만남 자체만으로 즐겁다. 가족단위로 선호하는 메뉴는 창업시장에서 인기가 높다.

셋째, 공짜 마케팅은 공짜, 덤, 할인, 1+1 등은 불황을 극복하는 전략이다. 성공하려면 나만의 특별한 촉진전략을 가져야 한다. 동종경쟁사가 따라 할 수 없는 창의성으로 새로운 변화를 수용해야 한다. 여성이나 어린이들이 칭찬할 수 있는 감동과 서비스, 할인혜택, 포인트 적립 등 특별함을 제공해야 한다. 그들에게 제공할 수 있는 촉진전략을 꾸준하게 개발하였을 때 성공할 수 있다. 넷째, 프랜차이즈시스템은 트렌드이다. 국가의 경제력과 경기상황, 개별소비자의 경제적 사정 등 구매패턴을 파악해야 한다.

소상공인 지원센터는 "외식업을 창업하는 80%의 신규 창업자들은 2년을 넘기지 못하고 폐업한다." 하였다. 이들은 창업 전에 충분한 입지와 상권분석을 통해 조사를 했다지만, 고객을 대하는 방법이나 접객매뉴얼, 광고, 홍보, 자금운영, 직원관리, 촉진전략, 세금문제 원가관리 등에서 충분한 준비가 되지 못하였기 때문이다.

2) 창업 트렌드 – 극과 극은 통한다.

2016년 창업시장의 이슈는 럭셔리한 매장과 소규모 자본, 실용성이다. 국가의 경기상황에 따라 양극화가 뚜렷하기 때문에 새로운 트렌드가 주목받지만 항상 공존하는 모습을 보인다. 럭셔리한 업종은 100평 이상의 규모와 입지의 레스토랑이나 카페 등을 말한다. 하지만 소규모의 매장도 시장에서 당당하게 자리 잡고 있다. 10평 내 · 외의 이색적인 테이크아웃점의 무점포가 그들이다. 특정 기술과 운영방법, 가격, 시스템에 따라 서비스업, 홈스쿨로 부부 및 1~2인 트렌드가 뜨고 있다. 이들은 파트타임 인력으로 인건비를 줄이며, 실속있는 성장으로 내실을 다지고 있다.

시장의 변화는 화이트칼라 퇴직자들이 창업자로 유입되면서 그들이 가진 경험과 지식은 새로운 아이템이나 경영방식으로 경쟁력이 된다. 현금 보유능력이 2~5억원 정도의 자가 소유자들로 퇴직금과 약간의 대출금으로 안정적인 투자가 가능하다. 이들은 수익성을 중점으로 두지만 추구하는 형태는 다르다.〈머니위크, 2012.1.2〉

(1) 럭셔리한 업종과 고급스러운 아이템을 선호하는 창업자들

창업자들은 현금, 아파트 및 부동산 담보 대출금을 더하여 안정되게 운영하고자 한다. 고급스런 점포와 검증된 시스템의 카페나 레스토랑을 선호한다. 대표적인 업종은 프랜차이즈 커피점이다. 폭발적인 증가세를 보였던 카페베네는 성공적인 경영경험을 바탕으로 수익 다각화를 모색하였다. 이탈리안 레스토랑 '블랙스미스'를 창업하여 카페베네의 인기에 힘입어 가맹점 모집에 나섰다. 1%의 아름다운 커피문화와 서비스공간을 모토로 한 벨라빈스 커피는 각 매장마다 지역 특색과 주고객층을 고려하여 빈티지의 인테리어시설과 가치 있는 아름다운 문화공간을 연출한다. 아이돌 스타였던 토니안은 스쿨스토어로 고비용 창업이지만 프리미엄 분식이라는 트렌드와 지속성, 브랜드 인지도로 인기이다. 떡볶이, 순대, 튀김 등을 파는 분식점이지만, 50가지의 다양한 메뉴로 현대적 감성과 빈티지 스타일로 독창성을 강조한다. 이미지에 맞게 고품격 스타일과 맛, 재미, 휴식공간을 보여주면서 성장하였다.

패밀리레스토랑은 20~30억원의 투자비용으로 일반 창업자들이 접근하기 힘들게 하여 경쟁자 없이 안정된 매출을 올리고 있다. 틈새시장으로 100평 내 · 외의 5~10억원으로 투자비를 낮춘 고품격 레스토랑이 등장했다. 이탈리안 푸드 & 와인 비스트는 보나베띠(Bona petit), 벨피아또(Belpiatto)는 40~50대 화이트칼라 출신의 문의가 늘고 있다. 65평 기준으로 점포 구입비를 제외한 2억5천~3억원 정도의 투자비로 운영할 수 있다. 경영과정의 매뉴얼과 하이테크시스템을 도입하여 RFID 방식의 와인잔과 식기를 활용하여 소믈리에를 고용하는데 드는 비용을 절감했다. 영어, 일본어, 중국어, 프랑스어, 이탈리아어로 변경되는 다국적 전자메뉴판을 갖추어 외국관광객을 위한 서비스의 질을 향상시켰다. 상대적으로 덜 유행을 타는 세계적인 브랜드를 선호한다. 직영점이 많은 본사를 선택함으로써 경영능력과 자본력이 튼튼한 업종으로 인식하고 있다.

세계적 브랜드인 퀴즈노스(Quiznos) 샌드위치 카페는 세계 20여 개국에서 6전 개 점포를 가지고 있다. 가맹점주들은 해외여행이나 해외비즈니스 경험이 풍부한 소비자들이다. 외국에 자주 나가 경험하여 신뢰도를 구축했으며, 브랜드가 들어오자마자 곧바로 창업을 결심한 사람이 전체의 60%나 된다.

(2) 특색 있는 업종은 불황에도 경쟁력을 가진다.

독특한 아이템은 블루오션시장으로 인기이다. 틈새시장 공략으로 초기에 리스크가 큰 편이지만 경쟁자가 없다는 점이 매력적이다. 치킨전문점은 배달이 대부분이지만 실제 시장에선 영업장별로 다르게 운영된다. 여러 업종을 전문적으로 배달해주는 사업이 뜨고 있다. 아이템을 스스로 찾아 배달 가능하도록 유도하며, 전국 단위의 모집을 확대하고 있다. 20명 내 · 외의 배달맨을 채용하여 일 매출액 250~400만원 정도로 인정된 수익을 창출한다. 복장과 언어를 통해 감동시키는 화법과 행동요령을 교육하여 차별화하고 있다.

시간이 부족한 출근길 직장인을 대상으로 빠른 조리와 테이크아웃 판매방식을 도입한 외식브랜드들도 인기이다. 밥과 커피를 판매하는 카페형 컵밥과 소자본으로 럭셔리한 분위기를 만들어가는 벨코와플(Belko Waffle) 역시 틈새시장으로 주목받고 있다.

3

Summary 요약

[1] 한국표준산업분류표상 다음과 같이 분류한다. 음식점업, 주점업의 대분류에서 음식점업, 기관구내 식당업, 출장 및 이동음식업, 제과점업, 기타 음식업, 주점업, 음료업으로 구분하고 있다.

[2] 업종이란 서비스방법으로 음식사업의 대분류상 기준이다. 국가별 음식형태로 나눌 수 있으며 한식, 중식, 일식, 미국식, 영국식, 이탈리아식, 프랑스식 등으로 분류된다. 일반적으로 어떤 요리를 먹을 것인가에 따라 음식의 종류와 메뉴를 구분하는 1차원적 대분류이다.

[3] 업태는 영업이나 사업의 형태로 레스토랑에서 판매하는 소분류 단위를 의미한다. 구체적인 메뉴와 영업형태, 서비스방법 등에 따라 구분할 수 있으며, 어떠한 메뉴를 어느 수준의 서비스와 가격, 분위기, 콘셉트로 설정하여 판매할 것인가에 따라 다르게 나타난다. 접객방법이나 서비스방식에 따라 패스트푸드를 비롯하여 패밀리, 캐주얼 다이닝, 파인 다이닝 등으로 분류된다.

[4] 프랜차이즈사업은 일반사업자가 특정 업종이나 업태를 선정하여 프랜차이저 본부와 계약하여 영업하는 프랜차이즈사업 형태를 의미한다. 한국프랜차이즈협회(KFA : Korea Franchise Association)는 가맹본부인 프랜차이저가 프랜차이즈를 사는 개인 및 조직에게 가맹사업자인 프랜차이지에게 상호, 상표, 서비스기술, 영업방법, 휘장 등을 본부와 동일한 이미지로 판매하며, 계속적인 영업을 허가하는 계약을 통해 교육을 지원하거나 통제하는 활동으로 당사자 간 계약관계로 이루어진다.

[5] 개인 독립창업은 개인적 능력이나 자본력, 경영능력, 지식, 경험 등을 바탕으로 직접 창업하는 독립형태를 의미한다. 프랜차이즈 가맹사업을 제외한 사업으로 새로운 아이템을 개발하거나 경영방법의 개선, 운영 매뉴얼화, 특화할 수 있는 시설과 장소, 체험공간, 상호, 로고의 상징물 등을 독립적으로 만들어 브랜드화하거나 성장시키는 사업이다.

[6] 현대의 외식트렌드는 눈으로 보는 예술성과 건강과 위생, 청결을 중시하는 안전한 먹거리를 지향하고 있다. 개별고객의 특성에 따라 기능성을 강조하며, 주5일 근무제로 인한 주말여행과 레저산업이 대세이다. 자녀들을 동반하는 체험이나 학습형 테마를 중시하며 다채로운 경험과 재미를 추구하는 문화를 반영하고 있다.

3

Practice 연습문제

1. 한국표준산업분류표상 외식사업의 분류에 대해 논의해 보자.

2. 외식사업에서 업종과 업태의 개념에 대해 논의해 보고 경영형태에 따른 분류, 서비스방법에 따라 분류해 보자.

3. 외식사업에서 프랜차이즈 경영방식과 독립 경영방식의 장·단점을 비교·분석해 보자.

4. 현 시점의 국내 외식사업 트렌드에 대해 논의해 보자.

5. 국내 외식업체 한 곳을 선정하여 경영방식, 서비스방법을 조사하며, 해당업체가 안고 있는 문제점과 해결방안에 대해 논의해 보자.

Part 02 외식창업실무

CHAPTER

4

창업 콘셉트

사랑은 두 사람이 마주보는 것이 아니라 함께 같은 방향을 바라보는 것이다.

– Antoine de Saint-Exupery, 프랑스 작가

Objective

- 콘셉트의 개념 및 외식업에서의 콘셉트에 대해 학습한다.
- 콘셉트의 본질적 특성에 대해 이해한다.
- 레스토랑에서의 콘셉트 구성요소를 이해한다.
- 콘셉트의 구성요소 중 상권과 입지에 대해 학습한다.
- 콘셉트의 설계와 개발 시 고려사항에 대해 학습한다.

01 창업과 콘셉트

1. 창업 콘셉트

1) 콘셉트의 정의

콘셉트란 사고방식을 의미하며, 광고에서 시작되었다. 상품 및 서비스의 편리성이나 특성을 새로운 각도로 제시하며, 광고 및 홍보, 캠페인의 목표로 삼는 것을 의미한다. "대중의 기본적 특성을 무너뜨릴 새로운 콘셉트를 가지고 있는가?"의 여부에 따라 광고의 성패는 달라진다. 인문학에서는 논리, 이론, 생각을 의미한다. 컴퓨터에서는 설계사상으로 구조와 동일한 의미로 사용된다. 정보를 처리하는 핵심적인 사고방식에서 안전과 진실을 명확하게 하는 것이 중요하다. "무엇을 목표로 하는가?", "무엇 때문에 사업하는가?"에 따라 목표로 하는 콘셉트는 달라질 수 있다.

(1) 콘셉트란 무엇일까?

과거의 외식사업은 '주방장이 결정한다는 말'이 있다. 맛과 양, 가격은 주방장의 기술과 손에서 결정되기 때문이다. 현대의 개념은 달리 해석된다. 음식사업을 성공하기 위해서는 훌륭한 식재료를 바탕으로 주방장의 기술과 인테리어 시설, 접객직원의 서비스능력 등 맛은 기본이다. 음식을 담는 그릇에서부터 식기 종류와 색상, 데커레이션 등 조화가 있어야 타깃 고객에게 정확하게 자사의 경영전략을 심어줄 수 있다. 그 때에 그 가치는 빛난다. 외식경영은 잘 갖추어진 유형적인 물리적 시설에서 직원들의 접객서비스가 중요하다. 직원서비스는 그 실체가 주관적이기 때문에 고객들의 평가에서 달라질 수 있다. 현대는 음식보다 서비스의 품질을 중요시한다. 다양한 정보를 통해 관심을 기울이며, 일상에서 생활화되어 후회 없는 선택을 희망한다. 이들은 특정 브랜드의 안정된 이미지를 선호한다. 그것은 훌륭한 콘셉트가 있기 때문이다.

(2) 외식 콘셉트란 무엇일까?

소비자들에게 눈에 띄게 강조되는 가치는 생산과 판매에서 제시되는 이미지로 브랜드화할 수 있다. 특정 범위로 한정되기 때문에 각각의 장점을 살려 소비자의 마음속에 떠오르게 해야 한다. 이러한 장점은 차별화된 콘셉트로 '아이디어의 총합'이라 하겠다.

"나도 카페나 한 번 해볼까?"의 오너를 위한 요리연구가를 소개한다.

❶ 한식을 기초로 건강한 레시피를 소개한 이미경 씨는 쿠킹 스튜디오를 운영한다.

메뉴개발을 중심으로 푸드 스쿨과 쿠킹 클래스를 진행하며, 인도의 간디 자연치료센터에서 북인도 쿠킹 클래스를 연수했다. 선재사찰 음식연구와 메뉴컨설팅, 맛 기행으로 일본, 터키, 인도, 홍콩 등 각국의 음식문화를 탐험 중이다. 레스토랑보다 맛있다고 칭찬받는 메뉴와 수제 디저트, 이야기와 소재가 있는 차, 음료의 콘셉트를 소개했다. 놀이처럼 재미있으며, 신나는 메뉴로 '우리집 카페'를 만들어보기를 권장한다. 홍대는 한국의 문화아이콘으로 디저트 카페가 핫 트렌드로 떠올랐다. 밥 한 끼보다 비싼 찻값에도 젊은이들은 기꺼이 지갑을 연다. 별다방, 콩다방이 테이크아웃 시대를 열었지만, 이젠 정반대로 느긋하게 시간을 보내면서 음악이 흐르는 카페를 찾는다. 직장인들은 퇴사 후 자신의 꿈을 '카페창업'이라 하였다. 하지만 어떻게 해야 할지 모르는 사람들에게는 그 답이 요구된다.

요리와 음료, 디저트를 통해 225가지의 다양한 푸드를 소개한다. 카페풍 백반과 커피, 건강음료, 스위트에서 케이크와 빵 등 디저트 메뉴를 제안했다. 주먹밥, 심플한 파스타, 샌드위치, 샐러드, 수프 등 카페에서 즐길 수 있는 새로운 콘셉트를 소개했다. 예비 창업자들에게는 집에서 연습하여 실력과 스타일링의 감각을 키우라고 조언한다. 찹쌀로 만든 쫄깃쫄깃한 와플, 마시다 남은 와인을 음료로 변신시킨 와인 상그리아, 터키의 한 부둣가에서 만든 고등어 샌드위치, 스님들을 미소 짓게 한다는 과일 비빔국수, 복분자 두부, 스무디(smoothie) 등 재료도 쉽게 구할 수 있다.

❷ 스토리가 있는 홈 메이드풍 카페 메뉴

티 로프트(tea loft)는 영화배우 배용준 씨의 한식 디저트 카페로 유명하다. 전통음식인 떡과 차, 디저트를 아기자기함을 모아 판매하고 있다. 주로 일본 및 동남아 관광객들을 대상으로 한 콘셉트이다. 떡과 식혜 등 전통적인 한국 디저트를 알리며, 어버이날이나 생신의 후식으로 어른들을 모시고 와도 좋은 음식을 판매한다.

자료 : 명동 롯데백화점 Tea Loft

❸ 특별한 레시피와 톡톡 튀는 아이디어

스페셜 페이지를 장식한 칠석 하트백설기, 복날 수박빙수, 한가위 토란 곶감샐러드, 가래떡구이 등 '열두 시절음식'을 개발하여 한국형 이색메뉴로 손색이 없다. 밸런타인데이, 어린이날, 어버이날, 크리스마스용 스위트 푸드 등은 보너스 메뉴이다. 푸드 스토리는 직접 주문하여 먹거나 식재료로 사용하여 만들면 된다. 개인목장의 치즈와 우유, 허브티와 꽃차 등 아는 사람들은 알음알음으로 소개되어 찾아온다.

2. 콘셉트의 본질적 특성

1) 유니크

레스토랑의 사업자가 설계한 콘셉트가 좋은지 나쁜지 확인하는 것은 유니크(unique)함이다. 유일한, 독특한, 진기한으로 의류산업에서 널리 이용되며, "훌륭하다"라고 표현할 때 사용된다. '유니크한 디자인'이란 다른 곳에 전혀 없거나 유례가 없는, 독창성이 풍부한 디자인을 의미한다. 독창성은 좋은 의미로 사용되지만 때로는 빈정거리는 것을 의미할 수 있다. 일반적으로 김밥집 하나를 창업하더라도 콘셉트는 여러 가지가 있을 수 있다.

- 맛을 생명으로 하는 김밥 전문점!
- 유명한 연예인이 운영하는 프랜차이즈 김밥점!
- 신속하고 정확하게 배달하는 김밥점!
- 친절을 생명으로 하는 김밥점!
- 위생과 청결을 소중하게 여기는 안전한 김밥점!

- 다양한 종류를 선보이는 김밥 전문점!
- 저가격, 고가격으로 운영하는 김밥점!

사례에서 볼 수 있듯이, 같은 카테고리라도 차별화를 위한 차별화를 하지 않았는가? 확인해야 한다. 단순히 보여주기식 차별화를 하였는가? 애매하게 차별화하지 않았는가? 남보다 더 낫다는 식으로 차별화하지 않았는가, 디자인, 이미지, 매뉴얼 등 얼마만큼 노출되고 있는가에서 관심을 가져야 된다. 좋은 레스토랑이 되기 위해서는 본사의 유명도나 인기 메뉴도 중요하지만, 운영하는 가맹점주의 특화된 경영마인드가 중요하다. 사업을 하는 사람들은 시장원리를 적용하는데 힘들어 한다. 궁극적으로 시장을 통해 성장하거나 외면받을 수 있다. 레스토랑을 운영하는 것은 사업주가 아니라 콘셉트를 통해 운영된다.

2) 특성화

특성화란 각기 다른 개인, 산업, 지역 간 일어날 수 있는 생산 활동으로 단일 메뉴를 경영하는 레스토랑에서 다른 메뉴를 추가하여 특화하거나 분업하는 것을 말한다. 특화란 특정 상황의 공적구매와 사적구매에서 일어날 수 있는 단계를 말한다. 어떤 국가나 기업은 농업에 집중하지만 다른 국가는 서비스업에 집중한다. 지역과 국가, 단체 등 특정 상황에서 다르게 주어지며, 특성화 하는 것은 생산의 효율성을 극대화할 수 있기 때문이다. 각 개인은 다른 능력을 발휘할 수 있는 장점을 부각시켜야 한다. 이와 같이 특성화를 장려하는 것은 능률을 향상시킬 수 있기 때문이다. 하나 이상의 과정을 특화함으로써 기능을 단순화할 수 있다.

예를 들어, 스타벅스는 비싼 커피로 유명하지만 안락한 분위기와 마시고 싶은, 가고 싶은 곳으로 유명하다. '위에 좋은 발효유 윌'은 발효주시장에 지각변동을 일으켰다.

이러한 특성화의 사례를 소개하면 다음과 같다.

CASE
"콘셉트가 중요하다!"

한국야쿠르트의 건강발효유 '윌'은 2000년 8월 첫 선을 보인 후 16여년이 지난 지금에도 소비자들에게 선풍적인 인기를 얻고 있다. 이러한 인기는 한국인들이 달고 사는 위장질환 예방에 도움을 준다는 제품 콘셉트 덕분이다. 위염과 위궤양의 대표적인 원인균으로 알려진 헬리

코박터 파일로리균을 억제하는 유산균을 이용하였기 때문이다. '윌'에 포함된 특허받은 유산균(HY2177, HY2743)과 면역난황, 차조기 등을 이용하여 헬리코박터 파일로리균을 억제하는데 주력했다. 국내 성인의 75% 이상이 감염되어 있으며, 위암 발생에 깊이 관여한다는 연구결과에 주목하고 있다. '97년부터 이 균을 효과적으로 억제할 수 있는 발효유 개발에 주력했다. 이후 5년 만에 탄생한 '윌'의 효능은 서울대 김나영 교수팀이 진행한 임상실험에서 확인되었다. 내원한 347명의 위염 환자를 대상으로 항생제와 '윌'을 투여한 결과, 단순히 항생제를 투여한 경우에 비해 '윌' 음용을 병행한 환자가 헬리코박터 파일로리균의 억제가 8.8% 증가한 것을 확인했다.

제품의 기능성과 더불어 마케팅 능력도 화제이다. 당시 헬리코박터 파일로리균을 발견한 배리 마셜(Barry marshall) 박사가 직접 출현했다. 이후 배리 마셜 박사는 2005년 노벨의학상을 수상하면서 윌에 대한 신뢰도를 자동적으로 높여주었다. '윌'을 끊임없이 변신시켜, 04년 위와 장까지 기여하는 제품으로 확대하고 있다. 08년 석류, 복분자 등으로 맛도 다양화했다. 유산균 함량을 10배 강화하기 위해 위에 좋은 양배추와 브로콜리를 첨가하여 업그레이드시켰다. 현재까지 판매된 '윌'은 총 25억 개로 누적액만 2조6,000억원 이상이다. 2013년 3월 리뉴얼한 후 판매량이 하루 평균 70만 개로 늘어나 2,700억원 이상의 매출을 올리고 있다.

헤럴드 2013.2.26

'청풍 음이온'은 '83년부터 최진순 회장의 연구에서 태어났다. 국내에서 음이온이라는 말은 생소한 황무지 상태였으나 하나에서 열까지 무에서 유를 만들었다. 해외 학술지를 뒤져 독학으로 연구한 것도 최 회장의 몫이다. 소나무에서 음이온이 많이 나온다는 소리를 듣고 직접 불편한 몸을 이끌고 이산저산을 오르기도 했나. 그 와중에 음이온을 직접 만들겠다는 생각을 하게 된 것이다. 그러나 생각대로 되는 것은 아무것도 없다. 음이온을 연구하여 제품화하면서 많은 우여곡절을 겪었다. 완성되었다 싶어 제품을 생산하면 오존이 나오지 않거나, 때론 너무 많이 나와 불량품의 생산이 계속되었다. '82년부터 '92년 동안 실패를 밥 먹듯이 하였으나 그럴 때마다 포기하고 싶었던 것은 당연하다. 하지만 그는 포기를 모르는 사람이었다. 건강제품을 생산하는 것은 나부터 시험해보고 판매하는 것이 당연하다 생각하여 스스로 실험대상이 되었다. 덕분에 오랫동안 가져왔던 하반신 불구의 몸을 기적같이 걸을 수 있게 되었다. 음이온 공기청정기는 날개 돋친 듯 팔렸다. 한편의 드라마 같은 인생역정을 겪은 최 회장은 주변사람들에게 자립심을 유난히 강조한다.

비비고(bibigo)는 해외시장 진출을 위한 페스트 캐주얼(Fast casual)형태의 한식레스토랑 콘셉트를 선보이고 있다. 해외에 적합한 점포형을 지속 개발 중인 가운데 다양한 외식 브랜드가 입점한 서울 스퀘어에 글로벌 테스트 매장을 마련했다. 패스트 캐주얼(Fast casual)은 패스트푸드와 패밀리 레스토랑의 중간으로 새로운 운영방식의 콘셉트이다. 외식문화가 발달한 국가에서 가장 성장하는 형태로 주문 후 즉석에서 제공한다. 메뉴가 단순하지만 건강한 재료를 사용해 정성껏 조리하기 때문에 음식의 질이 좋다. 가격은 패스트푸드보다 높고 고급 식당보다 저렴하다. 내부 식사와 테이크아웃이 가능하며, 패스트 캐주얼 콘셉트로 오픈하였다. 서울 스퀘어점의 메뉴는 크게 정통 돌솥반상, 그릴 플레이트, 도시락으로 나뉜다.

'돌솥반상'은 차돌 된장찌개와 솥밥, 해물 순두부찌개와 솥밥, 비빔밥 등을 한 상 차림으로 하며, '그릴 플레이트'는 고객이 밥, 구이, 곁들임 중 취향대로 메뉴를 선택하면 즉석에서 한 접시에 담아 국과 함께 제공한다. 잡곡밥, 나물밥이 매일 바뀌며, 직화 양념구이, 죽순 섭산적 & 파인애플구이, 춘천식 닭갈비구이, 버섯 오징어구이 4종, 곁들임은 김치해물전, 청포묵 무침, 계란찜 등 5종이다. 중국, 미국, 영국, 이탈리아 등에서 운영한 국가별, 상권별, 운영모델을 사용한다. 국내에서 테스트한 다양한 운영 형태의 콘셉트를 기반으로 해외에 적용하며, 한국을 대표하는 브랜드로서 2020년까지 300개의 점포를 목표로 한다(뉴시스, 2016).

영세한 자금으로 시작했다면, 경쟁자의 전략을 벤치마킹 하는 것도 좋은 전략이다. 누군가가 유기농 식재료로 판매하는 김밥집을 특화하여 성공했다면 이를 따라하는 것도 나쁘지 않다. 남이 추진하는 좋은 콘셉트를 재빨리 파악하는 것이 전략이다. 콘셉트는 비용과 기술, 능력이라는 조건을 갖추어야 한다. 아무리 좋은 콘셉트라도 조건이 따라주지 않으면 실행하기 어렵다.

3) 고객을 끌어들이는 것은 콘셉트이다.

콘셉트는 레스토랑의 목표와 비전, 사명, 전략이 있어야 한다. 구체적인 목표가 무엇인가? 기업이 나아가고자 하는 방향과 경영방침이 같아야 한다. 스스로 최고경영자(CEO)가 되어 회사를 운영한다고 가정할 때, 고객이 필요로 하는 상품은 어떤 것인가? 아이템은 계속적으로 성장 가능한가, 타깃 고객층에게 제공할 수 있는 편익은 무엇인가를 생각해야 한다. 이러한 마음속에서 구체적인 가치를 제공해 줄 수 있다.

메뉴 및 서비스상품을 판매하는 레스토랑은 자사의 주 메뉴가 아무리 맛있다 해도 고객의 눈높이에서 제시하지 못하면 무용지물이다. 경쟁사와 다른 편익적 혜택과 차별화가 가능해야 된다. 이러한 콘셉트에서 블루오션을 발견하며, 특정 메뉴상품을 논리적으로 포지셔닝 할 때 인식을 전환시킬 수 있다. 맛이 좋거나 가격이 싸다하여 사람들이 몰리는 것은 아니다. 개인별 목적에 맞는 편익적 가치를 제공했을 때 고객은 방문하게 된다. 고객은 왜(why)와 무엇(what)을 본질적으로 질문한다. 미래에도 계속 가능하며, 우리 회사가 제공해 줄 수 있는 것이 무엇인지 파악해야 한다. 그러기 위해서는 구체적으로 경쟁사를 어떻게 평가하는지 분석되어야 한다. 이러한 분석에서 기회를 발견할 수 있다.

첫째, 나아가고자 하는 방향성과 일치해야 한다. 둘째, 콘셉트의 독창성과 차별성을 가져야 한다. 셋째, 일관성을 유지하며, 미래지향적이어야 한다. 넷째, 전략요소 중 상호보완성을 가져야 한다. 다섯째, 통합된 전략시스템으로 수익성과 성장성, 혁신성의 원칙을 제시할 수 있어야 한다. 이러한 기준에서 실현 가능성을 제시할 수 있다.

한국애플 임원들의 대화 내용이다. "한국의 전자업체들이 애플을 능가할 날이 오지 않겠습니까?", "저도 그런 날이 오기를 희망합니다." 당신네 회사는 무엇을 파는 회사냐? 물으면 각기 다른 대답을 한다. 하지만 애플 직원들은 한 목소리를 낸다. 그것이 무섭다. 조직구성원이 추구하는 목표와 방향성에서 확고한 콘셉트를 공유하는 것이야말로 강점이다.〈조선경제, 2012.7.19〉 짐 스텐겔(Stengel)은 P & G의 글로벌마케팅 책임자이다. 2000년대 들어 매출을 두 배로 성장시켰다. 그의 비결은 북극성을 향해하듯 콘셉트를 정해 흔들리지 않는 좌표로 삼았기 때문이다. 명확한 콘셉트야말로 기업의 진정한 경쟁력이자 경영의 구심점이다. 이제는 모든 활동에서 콘셉트를 관리하며 브랜딩에 초점을 맞추어야 한다.

(1) 보여주는 쇼가 아니라 비즈니스로 성공한 맥도날드

햄버거가 인류의 먹거리를 해결할 절대적인 음식도 아니지만, 맥도날드의 아성을 무너뜨릴 식품업체는 없다. 여러분은 왜 그런지 생각해 본 적이 있는가? 53세에 맥도날드 프랜차이즈 1호점을 개설한 레이크록(Kroc)은 72세 은퇴할 때까지 미국 전역에 6,000개 이상의 매장을 오픈했다. 20년 동안 하루에 3개씩 오픈한 셈이다. 그는 시간 날 때마다 매장을 방문한다. 은퇴 후에도 예전에 가보지 못한 매장들을 방문하여 직원들을 격려한다. 매장에서 직원들에게 덕담을 해주며, 어디를 가든 이 말로 끝을 맺는다. "잊지 마세요. 우리는 햄버거를 비즈니스 하는 것이 아닙니다(Remember, We are not in hamburger business)." 그럼 무엇을 파는가요? "우린 쇼 비즈니스를 합니다(We are in show business)." 쇼라니? 그가 말하는 건 바로 맥도널드의 콘셉트인 'QSCV(quick, service, clean, value)'를 분명하게 보여주는 쇼(show)라는 것이다. Q는 빨리(quick)를 의미한다. 패스트푸드점은 빠른 서비스를 목적으로 한다. 실제 몇 초 빨리 서비스했느냐가 중요한 것이 아니라, 빨리 갖다 주는 것처럼 보여주는 것이 중요하다. S는 서비스(service)이다. 단순히 좋은 서비스가 아니라, 큰소리로 인사하는 등 확실하게 대접받는 느낌을 주라는 것이다. C는 깨끗함(clean)이다. 음식점 탁자 위는 다른 식당들도 깨끗하다. 그러나 맥도널드는 테이블 아래까지 깨끗해야 한다. 앉아있을 때 바지에 더러운 게 묻을 수 있으니까. 화장실은 특히 깨끗해야 한다. 그렇게 해야 보이지 않는 주방도 깨끗하다고 여길 테니까! V는 가치(value)이다. 미국인의 브랜드인 맥도날드는 결코 경쟁사보다 비싸게 판매하지 않는다. 하지만 저렴한 티를 내지 않는다. 햄버거를 아무 종이에 싸서 주지 않으며, 맥도날드 심벌이 인쇄된 깨끗한 기름종이로 포장하여 가격 대비 가치가 있다고 느끼게 한다.

크록은 햄버거 비즈니스를 맛으로만 경쟁해서는 성공할 수 없다는 것을 일찍 파악했다. QSCV라는 콘셉트를 통해 고객들에게 맥도날드의 특성을 보여주라고 강조한다. 그렇다면 우리나라 기업들은 어떤 브랜드 콘셉트로 어떤 쇼를 하고 있는지 고민해야 한다. 아무리 좋은 제품이라도 콘셉트가 없으면 영혼이 없는 인간처럼 생명력이 없어진다.

아이폰은 배터리 수명이 짧다는 문제를 포함하여 불편한 점이 많지만 영혼이 느껴진다. 스타벅스는 유사한 커피전문점이 많이 생겨났지만, 집이나 직장이 아닌 제3의 공간에서 편안함을 주는 자기만의 콘셉트를 유지하고 있다. 결론적으로 콘셉트란 눈에 보이지도 손에 잡히지도 않기에 추상적으로 느껴질 수 있다. 하지만 영적 에너지를 제공한다. 콘셉트라는 영혼이 직원들에게 스며들어 브랜드에 녹아야만 고객들을 감동시킬 수 있다.

4) 레스토랑의 명확한 메뉴상품

창업자들이 목표로 하는 기업 방향은 주력제품에 대한 콘셉트가 명확하게 고객에게 제시되어야 한다. 운영시스템이나 매뉴얼, 직원관리 등 기존에 운영되어 온 마인드나 경영방식에서 변화된 창조적 아이템을 필요로 한다. 명확하지 않은 방향 설정이나 낡은 조직의 경영체계, 규정, 규범 등은 구태한 방법으로 인식될 수 있다. 시장변화에 적극적으로 순응할 때 추구하는 메뉴상품은 그 가치를 인증받을 수 있다. 이와 같이 상호와 로고, 사인, 메뉴판, 출입구, 안내표시, 직원들의 복장, 분위기, 장식물 등 고객에게 전달되는 이미지는 통일되어 일관성을 가져야 한다. 고객은 서로 잘 어울리는 색과 기물, 장비들의 조화에서 안정감을 찾는다. 레스토랑에 맞는 콘셉트를 분명하게 선정하며 계획하는 목적이 맞아야 한다. 모호한 콘셉트는 분위기와 테마 등 그 목적이 불분명해진다. 어떠한 방향으로 계획할 것인가? 실현 가능성은 있는가? 라는 고객의 마음속에 파고들 수 있어야 한다.

스트레스를 풀고 즐기기 위해 찾았던 음주문화는 식사와 술을 함께 즐기는 콘셉트로 변화하고 있다. 주점이 점차 다양화되면서 차별성이 부각된다. 판매되는 술의 종류에 따라 차별화로 주 고객층의 충성도를 향상시킬 수 있다. 요리주점은 100여 개의 프랜차이즈 브랜드가 천 개 이상의 가맹점을 운영하고 있다. 연평균 매출액은 3억1천만원으로 전체업종 대비 25% 가량 높은 수준이다. 매출액 1위는 와라와라(8억1천7백만원), 2위는 퓨처월드(7억6천7백만원), 이태원 천상은 연평균 매출이 13억으로 나타났으나 가맹점이 4개로 제외되었다(가맹점 10개 이상). 가맹점 매출액 기준은 투다리(약 1천6백12억원)가 1위, 2위는 472개의 피쉬 & 그릴(약 1천1백6십3억원), 평균비용 1억원 정도로 전체 업종 평균과 비슷하다. 비용 대비 매출액은 285%로 전체 업종보다 높다. 특성상 가맹본부의 창업비용 편차가 심하다. 평균 점포수는 86개로 업종 평균과 비슷하다. 분석결과 주점 프랜차이즈 점들은 안정기에 접어든 것으로 판단된다.<소곤소곤 창업이야기, 2012.1.29>

주점경영의 노하우가 쌓이면서 탄탄한 기반을 다져 안정적 수입을 창출하는 가맹본부가 많다. 자금능력과 운용, 원하는 콘셉트 방향에 비추어 볼 때, 성장 가능성이 있는 것으로 판단된다. 가맹점이 많은 본부를 선택하는 것보다 상승세를 타면서 자신의 콘셉트를 지향하는 본부를 선택하는 것이 좋다. 포화상태인 경우, 전체 매출액은 높으나 가맹점 당 매출액은 떨어질 수 있기 때문이다. 요리주점도 술만 파는 업소가 아니라 음식업으로 맛은 기본이다. 계속적으로 신메뉴 개발이 중요하며, 6개월 단위로 개발했던 것이 최근 3개월을 넘지 않은 빠른 변화를 보이고 있다. 고객이 지루하지 않게, 새롭게 느낄 수 있도록 지속적으로 개발하고 있다. 가맹점 10개 이상의 퓨전브랜드는 이태원 천상, 와라와라, 퓨처월드,

미타야, 가츠라, 객잔 차이나, 유객주, 부비부비, 홍가, 더궁(the궁), 꼬지마루, 라쿠엔, 킨다께, 꼬챙이, 피쉬 & 그릴, 토대력, 칸, 풍년담긴 항아리, 행님아, 스모, 취할취, 아와비, 화투, 지짐이, 토오미, 조치조치, 버들골이야기, 투다리, 오꼬만, 술애바퀴, 잔치한마당, 간이역, 봉이동동, 서편제, 주니어 준코, 이화주막, 마찌마찌, 까투리, 쇼부, 해리피아 등이다.

5) 지속적인 콘셉트 변화

사업을 준비하는 창업자들이 처음부터 콘셉트를 완벽하게 구상하는 것은 현실적으로 어렵다. 성공적으로 운영하는 모범 점포들도 처음부터 완벽하게 설정하지는 못했다. 새로운 경영환경을 분석하면서 장·단점을 정확하게 파악하여 자신에게 맞는 전략을 추진했다. 본사가 마케팅 촉진전략을 추진할 때 콘셉트가 없는 이벤트는 고객들이 왜 하는지 알 수가 없다. 분명한 목적과 명분을 가지고 구체적으로 메시지를 담아야 한다. 개업 ○○주년, ○○할인행사, 봄·여름·가을·겨울 정기행사, 어린이날, 스승의 날, 어버이날, 부부의 날, 성년의 날, 크리스마스, 연말연시 등 특정한 날의 구체적인 콘셉트를 제시해야 한다.

아침식사 대용식이 뜨고 있다. 연간 1조원 시장으로 외식기업은 물론 식품업체까지 그 영역을 넓혀가고 있다. 과거에는 밥, 국, 찌개, 밑반찬으로 차려먹는 문화였다면, 최근에는 커피전문점에서 가정 간편식과 베이커리 브런치가 각광받고 있다. 시장 규모는 더욱 커질 것으로 예상된다. 이러한 성장배경에는 맞벌이부부와 싱글족 같은 사회현상과 맞물리면서 웰빙 문화정착으로 아침을 먹자는 운동이 전개되기 때문이다.

첫째, 맞벌이 및 싱글족의 증가로 간편한 아침식사 대용식이 뜨고 있다. 출근준비에 바쁜 현대인들은 아침식사를 꺼릴 수밖에 없다. 출근의 여유를 찾기 위해 식사준비에 들어가는 시간을 줄여 부족한 수면을 보충한다. 간편한 조리로 식사를 대체할 수 있는 가정식에서 차려먹는 번거로움을 해결하고 있다. 둘째, 편의점이 발전하면서 대용식을 찾는 소비자들이 늘어나고 있다. 이들을 충족시키는 것은 도시락이다. 편의점 2만 개 시대에 아침식사 대용식은 연 3천5백억원으로 매년 20% 성장하고 있다.

셋째, 건강에 대한 관심증가로 '아침을 먹자'는 분위기가 조성되었다. 아침식사가 비만을 막아주며, 집중력 향상과 생리적 안정을 도와준다는 연구결과가 이를 증명하고 있다. 같은 이유로 웰빙 문화를 지향하는 사람들이 늘어나면서 아침식사 문화는 더욱 신뢰받고 있다.

넷째, 경기불황 속에서 건강을 중시하는 심리가 브런치(brunch) 문화를 정착시켰다. 어려울수록 건강을 챙겨 먹자는 문화가 확산되면서 '잘 먹자'는 것보다 '꼭 챙겨먹자'는 문화로 바뀌고 있다. 인터넷이나 TV를 통해 미드열풍에 휩싸인 젊은이들이 늘어나면서 아침 겸 점심식사가 각광받는다. 1만원 이하의 트렌드로 드라마 속 주인공처럼 근사한 곳에서 식사를 즐기는 것보다 편의성, 가격을 중시하는 소비가 늘어났기 때문이다.

다섯째, 외식기업 및 식품업체들은 런치와 디너시장에 뛰어들고 있다. 한정된 시간에 타이밍을 포착한 기대감으로 매출상승을 이끌고 있다. 상대적으로 덜 포화상태인 아침시장에 기업들이 주목하면서 새로운 식사패턴을 정착시켰다. 과거에는 야식이 특정 시간대 할인행사를 주도했다면 현재는 아침시장이 견인하고 있다. 내상(주)은 SNS를 통해 아침식사 여부를 설문했다. 전체 44%는 아침식사를 하지 않으며, 이 중 73%는 아침식사를 꼭하고 싶다는 의견이다. 특히 20~30대는 50%가 아침식사를 못하며 성인 2명 중 1명은 아침을 먹지 못하고 있다. 인쿠르트(Incruit)는 직장인 500명을 대상으로 질문했다. 아침을 잘 챙겨 먹는 것이 업무에 도움이 된다고 생각하느냐에 매우 큰 도움이 된다(47.8%), 다소 도움이 된다(30.9%)로 나타났으며, 10명 중 8명(78.1%)은 긍정적으로 대답했다. 대한영양사회는 아침을 거르는 서울시민은 38.5%나 되는 것으로 보고했다. 먹지 못하는 어려움에서 새로운 수요를 창출하고 있다.〈The buyer, 2012.2.18〉

커피전문점에도 변화가 시작되었다. 커피만은 NO, 커피 + 델리카슨은 OK! 국민생활의 한 부분으로 브런치가 젊은 여성에게 인기이다. 늦은 아침 카페에서 식사를 즐기며 일상을 이야기하는 드라마 속 장면은 우리에게 익숙하다. 섹스 앤 더 시티(sex and the city)와 같은 미드 열풍으로 20~30대 젊은 여성 소비 트렌드가 바뀌고 있다. 커피만 팔던 전문점에서 델리카트슨(delicatiessen) 문화가 확산되며, 커피와 델리숍이 결합되어 세련된 문화공간으로 샌드위치, 수프, 퐁듀 등 다양화되고 있다.

네스카페(Nescafe)는 모닝샌드위치 세트를 판매 중이다. 신선함을 강조하기 위해 직접 제조한다. 기호에 따라 빵 종류를 다양하게 하며, 담백하고 쫄깃한 빵을 원하는 사람들을 위해 베이글과 부드러운 맛을 좋아하는 사람들은 허브 포카치아를 선택하게 한다. 스타벅스는 따끈한 수프 2종을 출시했다. 고소함과 부드러운 크림 맛이 돋보이는 양송이 크림수프, 치즈 맛이 어우러진 브로콜리 수프 등이다. 할리스 커피는 치즈 퐁듀 바게트 볼을 선보였다. 동그란 공 모양의 바게트 볼로 달콤하거나 쫄깃한 허니 버터 브레드를 치즈 소스에 찍어먹는 재미가 있으며, 가볍게 즐기는 식사로 애니타임 브런치를 제공된다.

스무디(Smoothie)는 그릴 샌드위치 5종을 내놓았다. 치킨, 햄, 치즈, 토마토 모차렐라, 튜나, 에그 베이컨 등으로 즐길 수 있다. 그릴 샌드위치는 소비자가 주문하면 따뜻하게 구워 제공된다. 투썸 플레이스는 베이글이 제공되는 굿모닝 뉴욕과 달걀 · 베이컨이 어우러진 투썸 잉글리시, 브런치의 대명사인 에그 베네딕트, 미스 베네딕트는 샌드위치와 함께하는 심플밀 세트, 햄 & 치즈 베이컨 · 양상추 · 토마토 샌드위치 등 5종류를 판매하고 있다.

커피전문점이 늦은 아침 소비자들을 겨냥했다면 식품기업들은 출근길의 직장인을 공략했다. 간단하게 먹을 수 있으면서도 소화가 쉬운 제품들을 내세워 시장을 공략하고 있다. 요거트와 두유, 수프 등 아침식사를 대신한다. 특히 두부와 죽 등 한식이 인기다. 몸매관리와 건강에 도움이 되는 파우더 형태를 선호하며, 체중조절식이나 시리얼, 다이어트 등 건강 기능식품들이 주목받고 있다. 대상(주)은 '살아있는 아침'을 출시하여 시장 확대에 나섰다. 1등급 국산 발아콩을 주재료로 몸에 좋은 미네랄 알칼리수를 사용하여 건강두부에 과일을 더하여 맛과 영양을 살렸다. 풀무원은 전자레인지에 돌리기만 하면 되는 '몽글몽글 순두부'를 선보였다. CJ제일제당은 곡물 분말과 과일 분말을 혼합한 '과일아침'을 출시했다. 국내산 과일인 밀감, 키위, 사과 등과 보리, 현미, 찹쌀 등 3가지 곡물이 함유되었다. 과일 함량(23.1%)이 가장 많이 들어 있으며, 한 끼 115kcal로 상대적으로 낮아 설탕이나 화학 첨가물이 전혀 없는 것이 특징이다.

02 콘셉트 구성요소

1. 콘셉트 구성

창업할 때 기업이 나아가고자 하는 철학과 비전, 목표를 결합하여 특정한 방향을 제시하는 것을 콘셉트 구성이라 할 수 있다. 외식은 유형적인 물리적 환경과 무형의 서비스품질이 다차원적으로 형성되어 부가가치 높은 상품으로 인식된다. 이러한 요인들은 콘셉트를 구성하는데 영향을 미치는데, 어떠한 경우이든 고객 입장에서 그 원인을 찾아야 된다. 하지만 지나치게 고객에 의존하여 설계한다면 자신만의 고유한 색깔을 잊어버릴 수 있다. "열심히 좋아하는 일을 하다보니까 나도 모르게 돈이 이만큼 모였더라!"는 말이 있다. 고객에게 판매하는 실질적인 상품은 메뉴의 종류와 가격, 분위기, 쾌적함, 신선함, 실내 · 외 전경, 입지, 규모, 상호, 브랜드, 서비스방법 등 수없이 많은 요소에서 결정된다. 그렇다고 모든 것을 고객에게 만족시키면서 설계할 수는 없다. 다음은 스웨덴 룬드(Lund University)대학 경영학과 매그너스 라그네비크 교수가 컬럼 & 피플에 기고한 내용이다.

CASE

"한식(韓食), 세계를 점령할 수 있다!"

유럽 식품혁신 클러스터(cluster)인 스코네식품의 혁신 네트워크 프로세스의 리더이자 푸드폴리스(Food polis)의 국제자문관인 매그너스는 다음과 같이 기고했다.

한국을 방문한 외국손님은 융숭한 대접에 놀란다. 환영과 감사를 쉽게 느낄 수 있으며, 전통적으로 손님접대에 최선을 다하는 한국인의 접객태도는 동행인들에게 좋은 추억을 가지게 한다. 이러한 환대에서 큰 몫을 차지하는 것은 양질의 건강식이다. 한식의 우수함 뿐 아니라 수천년 전부터 내려온 전통과 지식을 바탕으로, 방문객들에게 특별한 인상과 흥미로운 식사를 경험하게 해준다. '제공된다'보다 '거행된다'로 표현될 만큼 거룩한 행사로 이루어진다.

한식의 매력은 소량으로 다양하게 맛볼 수 있는 정식요리이다. 초대된 손님에게 저녁식사의 다양한 선택은 신나는 도전이다. 음식 중에서 어떤 것을 골라 먹을까? 밥, 죽, 면, 국, 찌개, 전골, 고기 찜, 구이, 회, 장아찌, 각종 김치, 부침개, 떡, 차와 음료까지 맛을 비교하면서 식도락을 논하기에 안성맞춤이다.

건강식이라는 점이 외국인을 공감하게 한다. 유럽음식과 비교하여 염분 섭취가 적기 때문에 혈압조절에 유리하다. 이러한 장점에서 한식 세계화를 가능하게 한다. 우수한 식재료와 고유의 식사 형태가 어우러지면서 까다로운 유럽과 세계적인 미식가들의 기대를 충족시켜 새로운 경험을 제공해 준다. 고급요리를 즐기는 유럽 소비자들에게 한식을 소개하고 싶은 이유가 된다.

공감코리아 2012.6.8

스웨덴 국민들은 유행하는 나라별 음식을 즐긴다. 전통음식으로 이탈리아의 피자와 파스타, 프랑스 음식, 미국 햄버거와 케이준, 인도, 멕시코의 타코, 태국음식 등을 즐긴다. 중식과 일식은 오래 전부터 자리 잡아 필요한 채소를 직접 기르는 농장도 있다. 최근 레바논과 이란 요리도 인기다. 새로운 북유럽 음식이 유행하며, 이웃국가의 신선한 채소를 빠르게 수입하여 음식을 만드는 것이 장점이다.

왜 스웨덴에는 한식당이 없는가? "한식이란 이런 것이다!"라는 강렬한 콘셉트를 수출하려는 노력이 없기 때문이다. 한국의 입장에서는 굳이 스웨덴에 그런 콘셉트를 심어줄 필요가 있는가를 질문할 것이다. 하지만 스웨덴 소비자들은 새로운 식품과 식사 형태를 적극적으로 도입하는 국민성을 가지고 있다. 수출을 위해 신제품과 자신이 추구하는 콘셉트를 접목시키고 있다. 인터내셔널 기업들은 스웨덴을 테스트마켓으로 삼는 것도 이 때문이다.

맥도날드는 새로운 햄버거 콘셉트를 테스트 할 때 스웨덴을 선택한다. 이곳에서 성공하면 다른 국가에서도 성공한다는 것을 알기 때문이다. 한식이 세계를 점령하기 위해서는 스웨덴이 좋다. 시장진출 후 유럽시장에 알맞게 적응할 수 있는 이상적인 장소이다. 이미 진출한 15개의 한식당도 이와 같은 노력 속에서 탄생되었다. 한식 홍보는 세계적으로 관심을 증진시킬 수 있으며, 선발주자들의 상업적 이익도 향상시킬 수 있다. 스웨덴을 교두보로 유럽 전체를 홍보하여 다른 대륙으로 진출할 수 있다. 유럽 진출은 식도락을 즐기는 소비자들에게 훌륭한 음식을 제공하는 기회일 뿐 아니라 한국을 알린다는 점에서 매우 유익한 프로젝트가 된다.

1) 메뉴상품과 메뉴수

레스토랑의 상품요소 중 대표적인 것이 메뉴이다. 음식은 고객에게 가장 유형적인 상품으로 창업의 핵심요소이다. 성공사업을 위해 가장 높은 비중을 차지하는 것이 메뉴이다. 창업자들은 메뉴의 종류가 결정되어야 그에 맞는 홀과 주방을 설계할 수 있다. 주방의 레이아웃과 장비, 설비시설, 기기, 인력 등은 메뉴에 맞게 설계되어야 한다. 업종이 한식, 양식, 중식, 일식, 터키, 인도, 베트남식인지 구분되어야 한다. 외부 조경을 비롯하여 간판, 상호, 로고, 상징물 등 그에 따른 이미지와 콘셉트를 결정할 수 있기 때문이다.

메뉴수는 창업자의 유형에 따라 다르게 결정될 수 있다. 고객입장에서 다양하게 선택할 수 있지만 관리자, 조리사, 접객직원 등 복잡한 식재료의 주문과 검수, 재고관리부터 실무적인 배치까지 그 업무가 늘어날 수 있다. 메뉴수를 단품으로 결정하면 취급하는 주방이나 셰프의 역할이 줄어들어 특정 개인에게 의지하는 운영 형태에서 직무 분할이 가능하게 된다. 내방하는 고객들에게 전문성을 심어줄 수 있어 안정된 매출을 올릴 수 있다. 특정 재료를 대량으로 구입하여 단가를 낮출 수 있으며, 원가절감이 가능하게 된다.

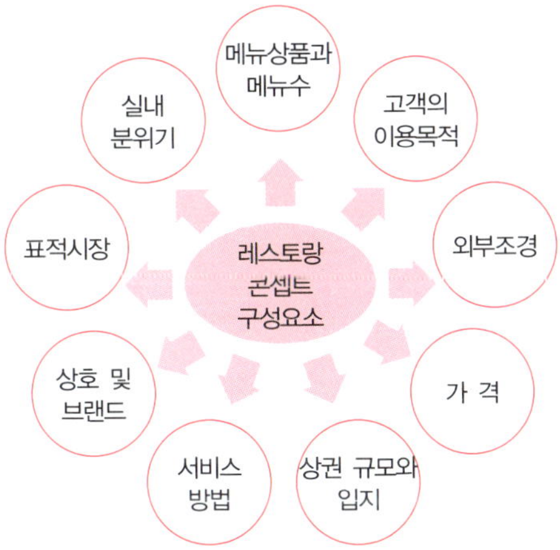

그림 4•1 레스토랑의 콘셉트 구성요소

2) 이용목적

고객들이 레스토랑을 방문하는 목적은 다양하다. 경영자들은 그들의 목적을 파악하는 것이 중요하다. 목적에 맞는 콘셉트를 설정하여 고객의 선택과 이용을 용이하게 해야 한다. 한 끼의 배고픔을 해결하기 위한 Eating Restaurant인가? 사업상의 목적이나 가족 간의 화목과 우애, 회사 동료, 친구 간의 친목, 동호회, 단체모임 등 화합인가에 따라 Dining Restaurant로 분류된다. 이들은 자신의 목적에 맞게 레스토랑을 선택한다. 배고픔의 생리적 목적으로 이용하는 고객들에게는 신속한 음식 제공이 경쟁력이 된다. 저렴한 가격에 언제 어디서나 접근할 수 있는 편리성은 선택행동에 영향을 미친다. 비즈니스맨을 위한 레스토랑은 분위기와 규모, 명성, 인지도, 서비스의 질, 일정 이상의 객단가, 주차시설 등이 영향을 미친다. 동호회 및 친목단체, 회사 회식 등은 독립된 넓은 공간이 우선되어야 한다. 마이크시설이나 빔 프로젝트, 미팅 룸 등과 타 고객에게 방해받지 않는 공간시설을 갖춤으로써 연회행사가 가능하다는 점을 보여주어야 한다.

음식은 사회생활을 영위하는 매개체로서 목적에 따라 메뉴와 시설, 위치, 교통, 주차시설 등을 필요로 한다. 최근 가족 및 자녀의 생일잔치와 회갑, 칠순, 백일, 돌과 학교 운영위원회, 체육진흥회, 녹색어머니회, 우주 소년 · 소녀단, 보이스카웃 · 걸스카웃 단체, 아파트 대표자회의, 부녀회, 통장단협의회, 새마을지도자회, 체육진흥회, 조기회, 동창회 등 크고 적은 행사로 유대관계를 강화하고 있다. 특히 금요일 외식은 일상적인 생활로 자리한지 오래되었다. 이러한 모임의 성격상 10명 이상의 단체고객이 한 번에 앉을 수 있는 규모의 시설과 룸을 갖추고 있을 때 경쟁력은 높아진다.

3) 외부 조경과 실내 분위기

레스토랑의 외부 조경과 실내 분위기는 상권의 입지와 위치 차원에서 시너지 효과를 낼 수 있다. 분위기란 점포 내의 장식이나 색상, 음악, 인테리어시설, 온도, 전망, 색상, 데커레이션, 화장실, 비상구 표시등, 주방 등과 함께 화려함, 적절한 온도, 장식, 칸막이, 유니폼의 색깔, 청결도 등에서 결정된다. 특히 외부의 조경과 상호, 간판의 디자인과 색상, 사인, 전통성, 메뉴와 일치성, 이미지, 색상의 조화, 주차장 넓이, 입구와 출구의 적절성, 웨이팅룸, 놀이방, 금연 여부 등과 연결되어 평가된다. 방문고객의 경제적 여유와 개인적 시간, 국민정서 등을 고려할 때, 그들이 쉽게 찾아 방문목적을 달성할 수 있는 위치와 시설도 포함된다.

외식이 일상화된 먹는 즐거움은 친교와 휴식의 공간으로 진화한지 오래되었다. 레스토랑의 조경과 분위기는 선택행동이 아니라 이용고객의 생활 속 힐링으로 자리한다. 선행연구자들이 말하는 점포의 분위기는 고객에게 어떠한 느낌으로 전달하기를 원하는가? 뚜렷한 목적의식을 가지고 기획한 콘셉트는 계속적으로 유지할 수 있게 운영되어야 한다. 외부에서 보여줄 수 있는 다양한 볼거리는 고객에게 첫인상을 심어주어 선택행동에 영향을 미친다.

4) 규모와 입지

상권(marketing area)의 규모와 입지는 점포가 고객을 유인할 수 있는 지역을 의미한다. 상업시설 내 잠재적 구매자인 소비자가 살고 있는 지리적 범위로 상업시설이나 취급하는 상품종류, 가격, 배송, 입지조건, 교통편, 기타 서비스 등에서 결정된다. 이전에는 상업시설의 권역이 지리적 입지에 따라 한정되었으나 교통의 발달로 백화점, 대형마트 등이 지역별로 진출하면서 쇼핑권역은 넓어지고 있다.

입지(location)는 경제활동을 하기 위한 장소로 건물이나 상가가 들어서는 물리적 공간으로 그 종류에 따라 다르게 결정된다. 지형과 지세, 문화재, 개천, 나무 등의 자연환경과 지가, 임대료, 도로상황, 신호등, 전철권과 환승, 버스정류장 등 경제적 요인에 따라 달라질 수 있다. 소비자의 연령층과 소득수준, 학력, 주거단지 등 문화적 요인과 접근성, 주차 공간 등의 교통여건이나 소비 형태에 따른 입지는 결정권자의 정서와 문화, 심리적 특성에서 영향을 미친다. 이와 같이 아무리 맛있는 음식과 유명한 레스토랑이라도 고객이 쉽게 접근할 수 없으면 의미가 없다. 상권 규모가 형성되어 서로 조화를 이루는 입지를 좋은 상권이라 한다. 레스토랑은 상권에 맞는 메뉴 선정과 목표 고객의 접근이 용이한 입지를 갖추고 있어야 한다. 번화가인가, 다운타운인가, 대학가, 상업지역, 환승지역, 역세권, 주택지 등 입지를 선택할 때 고려해야 한다.

대형 유통기업들은 의무휴업 문제로 마트의 수입이 줄자 편의점을 통해 매출을 늘리고 있다.〈조선비즈, 2013.5.30〉 품목수를 늘려 1+1행사로 1분기 영업이익과 신장률이 15% 이상 증가했다. 각종 할인과 증정, 덤으로 대형마트보다 싼 가격에 판매한다며 홍보하고 있다. 대형매장에서 시도하지 못한 아이디어와 기획 상품을 개발하여 고객을 끌어들이고 있다. 마트 및 기업형 슈퍼마켓이 월 2회 의무휴업과 24시간 영업금지 등 각종 규제로 묶이자, 편의점을 보유하고 있는 유통업체들이 전국적인 자사매장을 통해 매출을 증가시키고 있다. 파격적인 할인행사를 통해 '편의점은 제값을 다 받는다'라는 인식에 변화를 주고 있다.

첫째, 대형마트보다 싸다. 세븐일레븐은 과자 · 우유 · 아이스크림 등 총 800개 품목을 10% 싸게 팔고 있다. 전체 식품의 60% 이상으로 칠레, 이탈리아산 와인 6종 가격은 최대 70%까지 내렸다. 와인을 사면 건강음료를 증정한다. 가격을 낮추거나 자체 개발상품(PB)으로 전체 매출의 30% 가까이 출시하고 있다. 총 17개 품목의 값을 20% 인하하며, 365일 할인 적용으로 그 폭을 늘리고 있다. 전국 6천2백 개 점포에서 소주 · 라면 · 우유 등 주요 생필품을 15~24% 싸게 판매한다. 통신사 제휴카드를 통해 할인을 적용받으며, 대형마트보다 싼 가격으로 판매한다. 대형마트의 단골행사인 1+1을 적용하여 280개 품목에서 2+1이나 A 구매시 B상품 증정 등 행사를 진행하고 있다. 행사품목은 50~100% 매출신장을 기록하며, 할인 품목수를 전년보다 70% 늘려 +1행사를 두 배로 늘리고 있다.

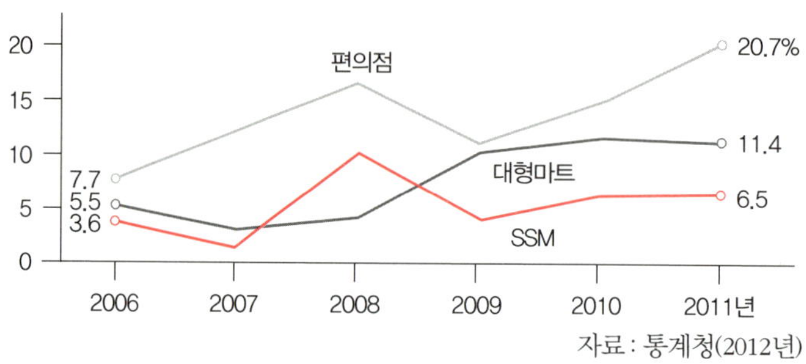

그림 4•2

유통 업태별 판매액 성장률(단위 : %)

둘째, 아이디어 상품을 출시한다. 공격적 경영으로 전년 대비 21% 성장했다. 전국 점포수 2만 개와 매출 10조원을 돌파했다. 백화점, 대형마트, TV홈쇼핑 등 주요 유통업체의 영업이익이 정체되거나 감소한 시점에 상대적으로 뛰어난 성과이다. 업계는 편의점이 계속 성장할 것으로 예상한다. 전국적인 판매망 구축으로 식료품 유통채널의 경쟁은 갈수록 높아진다.

특히 1인 가구의 증가로 편의점 매출액이 증가하였다. 간편 가정식이나 소포장 제품의 소비가 많은 1인 가구 소비자들은 대형마트나 SSM보다 집 앞의 편의점을 주로 찾는다. 각종 아이디어 제품들도 속속 등장하였다. 컵에 볶음밥을 담아 즉석에서 먹는 컵밥과 플라스틱 컵에 얼음을 담아 음료만 넣으면 마실 수 있는 아이스컵이 출시되었다. 하지만 대기업 소유인 편의점들이 지금처럼 고성장만 한다면 골목상권의 침해 논란에서 자유롭지 못할 수도 있다.

유통점 분류

- 대형마트 : 이마트, 홈플러스, 롯데마트 등 매장 넓이 3,000m^2 이상의 소매점(지자체별 월 2회 자율휴무, 24시간 영업금지)
- 기업형 슈퍼마켓(SSM) : 롯데슈퍼, 홈플러스 익스프레스, GS마트, 하나로마트 등 165~3,000m^2 규모의 소매점으로 신선, 가공식품을 판매한다(지자체별 월 2회 휴무).
- 편의점 : 세븐일레븐 GS25, C & U, 미니스톱 등 165m^2 규모 이하, 24시간 운영하는 체인형 소매점(의무휴업이나 영업시간 제한 없음)

CASE

"SSM의 지역상권 분쟁을 틈타 편의점이 동네 골목상권에 안착했다. 동네 슈퍼도 편의점으로 갈아타 … 구멍가게조차 설자리가 없어진다!"

역삼역 GS타워에서 차병원 사거리까지 이곳은 몇 년 전까지만 해도 동네 슈퍼마켓의 천국이었다. 지역 특성상 멀리 대형마트까지 가는 소비자가 없었기 때문이다. 그렇다면 현재는 어떨까? 눈으로 확인된 동네슈퍼는 2~3개뿐이다. 그 자리에 C & U, GS25, 세븐일레븐, 미니스톱의 편의점으로 바뀌었다. 동네슈퍼의 천국에서 편의점 천국으로 바뀌면서 소비자의 가격만 높아졌다. 15년 이상 이곳에서 슈퍼를 운영해왔다는 김수철 씨는 "일주일에 몇 번씩 편의점 영업사원들이 찾아와 편의점으로 바꾸면 얻는 것이 많다." 한다는 것이다. 동네슈퍼에도 단골이 많은 만큼 굳이 편의점으로 바꾸면서 가격을 올려 팔 수 없다는 점이다. 특별한 이벤트는 없지만, 15년간의 노하우와 단골이 있다는 점에서 경쟁력을 갖추고 있다. 주변의 지인들이 편의점으로 갈아 탄지 2년을 버티지 못한다는 점과 인건비, 운영경비 등을 빼고 나면 동네슈퍼를 경영할 때보다 못하다는 점이다. 옆 라인은 기존 동네슈퍼에서 모두 편의점으로 바뀌었다. 2년 전 편의점으로 갈아탔다는 주인은 "솔직히 마음은 예전보다 편하긴 하다."고 말하면서도 "수익은 더 나아졌는지 모르겠다."는 반응이다.

일산의 아파트단지. 대형마트로 장보러 가는 사람들이 많아지면서, 아파트단지 내 슈퍼는 더 이상 버틸 수가 없어 문을 닫았지만 며칠 후 길 건너편에 편의점이 들어섰다. 간단한 제품을 사기 위해서는 편의점에 가야되는 시대이다. 골목슈퍼의 상권은 더 이상 기업형 슈퍼마켓만의 문제가 아니다. SSM에 대한 지역상권의 분쟁을 틈타 편의점들이 자리잡고 있다. 한편 편의점업계는 "퇴직자를 위한 생계형사업으로 국가의 고용지표에 일조한다." 했다.

대형마트와 SSM의 진출에 사라질 동네슈퍼들이 편의점으로 갈아타면서 경쟁력을 확보하고 있다. 실제 대형마트로 인해 경쟁력을 잃은 동네슈퍼들은 편의점 브랜드로 신뢰를 향상시키며, 매상 자제를 리뉴얼하여 깔끔해진 효과를 보고 있다. 사업을 처음 시작하는 퇴직자들에게 손쉽게 선택할 수 있는 대안으로 본사의 노하우와 안정된 수익을 창출한다. 협회는 골목상권을 편의점이 장악하는 것이 아니라, 베이비붐 세대의 퇴직자와 중 고령자들의 생계형 일자리에서 대형매장과 경쟁할 수 있는 우호적인 집단이라는 것이다. 협회가 제시한 경영주 비율은 50대 이상이 11년 1.9%에서 24.6%를 차지하고 있다. 이와 같이 소규모 자본으로 체인본부의 지도하에 운영이 가능하기 때문이다. 체계화된 지원시스템과 잘 갖추어진 매뉴얼, 고객관리, 적절한 광고 및 홍보 등 퇴직자들을 위한 비즈니스업으로 인식되고 있다. 편의점은 골목상권의 장악이 아니라 퇴직자들의 새로운 삶을 제공해주는 활력소라는 것이 업계의 주장이다.

EBN경제신문 2012.9.2

5) 가격

시장에서 가격은 거래의 교환을 이루는 도구이자 매개물이다. 일상적인 생활 속에서 상품 1단위를 구입할 때 지불하는 화폐단위로 표시된다. 넓은 의미의 가격은 상품 간 교환비율을 의미한다. 단위를 구별하기 위해 화폐단위로 표시하는 일상적인 의미의 절대가격과 상품 간의 교환비율을 나타내는 넓은 의미의 상대적 가격으로 나타낼 수 있다. 시장에서 구입할 수 있는 통상적인 상품에만 존재하는 것이 아니라 임금, 이자 등 보수를 받는 노동이나 자본의 구입에서도 존재한다. 사회적인 법률과 관습, 제도에 따라 소유와 교환이 허용된다. 상품 간에 일어나는 교환은 그 가격에 따라 특정 비율에서 결정된다.

가격은 상품이나 서비스를 획득하는 과정에서 사용되는 재화로 그 가치를 지불하는 대가이다. 레스토랑은 메뉴를 구입하는 고객 경험에서 수익을 창출하게 된다. 식재료의 원가와 경쟁자 가격, 타깃 고객층의 수준, 상권의 등급과 규모 등에서 결정된다.

6) 서비스방법

레스토랑의 서비스방법은 테이블 형식에 따르고 있다. 3D업종으로 분류되어 구직난 속에서 구인난을 겪고 있다. 상대적으로 열악한 근무환경은 기피현상으로 개인 레스토랑에 근무할 인력 확보의 어려움에서 빈익빈 부익부 현상이 뚜렷하다. 방문고객의 식사 형태와 서비스 방법은 업종과 업태에 따라 차이가 난다. 기업은 고객의 편리성과 신속성, 편의적 가치에 따라 틈새시장을 공략하며 새로운 변화를 모색하고 있다. 카운터서비스, 카페테리아, 테이크아웃, 배달, 인터넷 배달, 홈쇼핑, 편의점 등 새로운 서비스 형태를 추구하면서 성장하고 있다. 과거에는 정형화된 소수의 방법을 고수했지만, 최근에는 원가절감과 고객편의에 따라 실질적인 방법으로 개선하고 있다.

7) 상호 및 브랜드

상호는 점포를 경영하는 영업상의 기업을 나타내는 명칭이다. 문자로 표시되어야 하며 발음할 수 있어야 한다. 기호, 원형, 문양 등은 상표나 영업표시는 할 수 있어도 상호는 사용하지 못한다. 상호는 상품을 표시하는 상표나 영업을 표시하는 영업표시와는 다르다.

통일성을 영속적으로 표시하며, 신용을 유지하면서 실익을 가질 수 있다. 개인적으로 상호를 사용하는 것은 자유이나 회사는 반드시 상호를 사용해야 한다(상법 제179조 2호, 제270조, 1항 2호).

회사는 수 개의 영업을 영위하는 경우라도 1개의 상호를 가져야 한다. 개인은 1개의 영업에 1개의 상호를 원칙으로 한다. 누구라도 부정한 목적으로 타인의 영업과 오인될 수 있는 상호를 사용할 수 없다. 정당하게 사용하는 상인은 타인의 부정적 목적에 의해 그 사용을 금지시키거나 손해배상을 청구할 수 있다. 상호의 양도는 영업과 함께하는 경우와 폐지하는 경우에 한해 허용된다. 영업과 분리된 상호만의 양도는 인정되지 않는다(상법 제25조).

레스토랑의 상호는 경쟁사와 구별하기 위해 사용되는 특성 이름, 단어, 표시, 디자인의 총합이다. 상품명이 아니라 레스토랑의 이름이라 할 수 있다. 롯데리아, 맥도날드, 빕스, TGI Friday, 애슐리, 카페베네, 탐앤탐, 엔젤리너스 등은 상호이자 브랜드가 된다. 반면, 브랜드는 상표의 특정 품명을 명시하는 명칭이나 표시이다. 본래의 기능은 상품이나 서비스의 책임자가 구매자에게 그 품질을 보증하는 것이다. 오늘날 브랜드는 차별화 전략으로 출처표시, 기업표시, 상품과 기업의 식별표시, 품질보증표시, 광고, 선전, 신분, 소유 등을 나타낼 수 있다.

8) 표적시장

표적시장은 자사가 목표로 하는 타깃들이 공통적으로 가지는 집단이다. 일반적으로 성별, 연령, 직업, 수입, 학력, 주거형태, 지역 등 인구통계적 변수들을 기준으로 분류된다. 사회구조와 계층, 등급, 생활양식, 인종, 기후, 종교, 개성, 심리적 특성, 감성 등은 변수가 된다.

미 국무부의 '한식의 비밀' 행사에서 약 300여 명이 불고기에 빠졌다. 한국음식이 미 국무부 직원들을 매료시켰다.〈문화일보, 2013.5.23〉 주미 한국대사관과 뉴욕 aT(농수산물유통공사), 코리안 헤리티지파운데이션(KHF) 등이 공동으로 국무부청사 해리 트루먼 빌딩에서 한식행사를 주최했다. 미국정부가 정한 '제20회 아 · 태 문화유산의 달 행사' 일환으로 "한식의 맛과 비밀을 발견하세요."란 주제로 기획된 것이다. 미 정부청사에서 열리는 첫 번째 행사로 한식의 맛을 알리는데 직원 300여 명이 몰려 대성황을 이루었다. 행사에 참석한 직원들은 정말 환상적이라며 불고기가 가장 맛있다 했다. 비빔밥도 약간 맵긴 했지만 맛있다는 칭찬을 아끼지 않았다. 기름지지 않으면서도 담백하여 웰빙 음식으로 적격이라는 소식이다. 이 날 소개된 한식은 주로 워싱턴 DC 인근 버지니아주와 코리아타운 음식점에서 준비했다. 구절판, 신선로, 불고기, 해물파전, 잡채, 김치, 양배추 삼색 말이, 송편, 수정과, 식혜 등 10여 가지의 전통 메뉴가 선보였다. 이들은 한식의 다양한 맛과 색에 감탄했다. 궁중음식인 탕평채를 현장에서 직접 만들어 준 요리연구가는 "사람들이 길게 줄을 섰으며 금세 동났다."라고 했다.

KHF 윤삼균 회장은 "미국 중앙기관에 와서 한국음식의 맛을 자랑할 기회를 얻어 매우 자랑스럽다."라고 소감을 밝혔다. 의사당 앞에서 2011년과 2012년 시식행사를 개최한데 이어, 국무부까지 진출한 만큼 앞으로 국방부, 농림부 등으로 계속하겠다는 포부이다. 윌리엄 번스 국무부 부장관은 "5월을 '아 · 태 문화유산의 달'로 정한 것은 미국이 한국, 중국, 일본, 태평양 연안국 등 문화적 다양성과 외교적 중요성을 강조한 것"이라 했다. 2016년 4월 22일에는 LA다운타운에서 오마바 대통령을 비롯하여 클린턴 전 국무장관 등 미국 국민으로서 아시안계 주민들의 중요성을 역설하였다.〈미주한국일보, 2016〉

2. 콘셉트 설계와 개발

2012년 국내 외식업계에 따르면 "불확실한 시대는 기본에 충실하며, 디테일(detail)로 승부하라."고 충고한다. 가격대비 가치 만들기와 양질의 식재료를 통해 원가상승에 대비해야 한다. 우수한 인력관리로 맨파워를 구성해야 성공할 수 있다. 하지만 매출은 큰 폭으로 감소하고 있으며, 원가는 지속적으로 상승하고 있다. 식재료비, 인건비 상승과 고물가, 구인난의 4중고로 어려움에 직면하고 있다. 이러한 시대적 배경은 장기불황과 불확실성 시대에 따른 대응책을 원한다.〈식품외식경제, 2012.1.18〉

국내 외식업계는 그 어느 해보다 변화의 속도가 빨라지고 있다. 세계적인 경기침체의 여파로 내수경기가 어려워지면서 그에 따른 불황은 경영 환경을 둘러싼 제반여건이 불확실해져 더욱 심각해지고 있다. 그렇다면 외식업계의 대응책은 무엇일까?

첫째, 기본에 충실하며 디테일을 준수해야 한다. 불황일수록 기본에 충실해야 한다는 것이

전문가들의 지적이다. 맛과 영양, 서비스, 청결, 위생과 분위기라는 사실을 모르는 사람은 없다. 지금과 같은 불황시대에는 고정관념을 버리고 고객을 감동시킬 디테일을 필요로 한다.

둘째, 고객은 아주 작은 것에서 감동한다. 국내에서 50만부 이상 팔린 『디테일의 힘』 저자 왕중추 중국디테일 연구소 소장은 "사소한 것 하나가 빠지면 결국은 전부가 무너진다. 유능한 사원과 무능한 사원, 초 일류기업과 평범한 기업, 선진국과 후진국의 차이는 모두 디테일에 있다." 했다. 고객을 감동시킬 수 있는 것은 직원들의 밝은 미소와 활기찬 분위기이다. 개별 고객을 기억하거나 그에 따른 배려, 적극적인 행동에서 기분이나 기운을 자신도 모르게 스며들게 한다.

셋째, 가격대비 가치를 만들어라. 가치는 고품질 저가격과 고품질 고가격으로 나눌 수 있다. 불황이라고 하여 무조건 저렴한 것만 추구하는 것은 아니다. 한국의 소비자들은 무조건 싸다 하여 찾는 소비 형태를 보이지 않는다. 싸고 맛있으며 양도 많아야 한다. 세련되거나 분위기가 있어야 하며, 구체적인 혜택이 있어야 한다. 일본 외식업계는 '90년대 버블경제가 무너지면서 가격파괴 전략으로 이를 극복했다. 이때에 살아남은 레스토랑은 무엇보다도 상품력에 집중했다. 다수의 기업들은 저가메뉴를 선보였지만, 몇 번 이용했던 고객들은 이를 외면했다. 고객의 기대치에 상품력이 따라가지 못하면 성공하기 힘들다. 대표적인 기업은 이탈리아 음식전문점인 '사이제리아'를 꼽을 수 있다. 10년 이상을 파스타 299~499엔, 피자 299~609엔, 스테이크 399~929엔을 유지하고 있다. 저가메뉴로 2008년 975억 엔의 연간 매출에 135억 엔의 영업이익을 만들어냈다.

일본의 대표음식인 규동을 주메뉴로 3대로 이어진 기업도 있다. 한국에 진출했지만 철수한 요시노야(吉野家)와 마쓰야(松屋), 스키야(すき家) 등이다. 이 기업은 '90년대 말까지 400엔에 판매하던 규동을 2000년대 들어서면서 요시노야는 270엔, 마쓰야와 스키야는 250엔에 판매했다. 300엔대로 올렸다가 다시 200엔대로 인하하는 승부수를 던졌다. 일본 맥도날드, 우어가시(魚がし), 바미양과 가스토 등 품질은 그대로이지만 가격은 저가로 하여 장기불황을 극복했다.

국내에는 더본 코리아의 새마을식당, 홍콩반점, 미정국수, 카레왕, 빽다방 등 다양한 브랜드를 론칭하여 공격적 경영으로 극복했다. 백종원 대표는 "우리나라 음식가격은 터무니없이 비싸다."라고 지적한다. 충분한 상품력을 만들면 지금보다 20~30% 정도 가격을 낮추어도 가능하다는 것이다. 그는 다양한 콘셉트를 론칭하여 지속적으로 선보이고 있다. 일부

고객들은 가격이 비싸더라도 가치가 있다면 충분히 돈을 지불한다. 가격에 상관없이 고가의 점포를 찾겠다는 것이다. 이러한 고객들은 비싸지만 충분히 갈만한 가치가 있다면 언제든지 방문하겠다는 것이다. 대표적인 기업으로 양·대창 전문점 오발탄이다. 결론적으로, 타깃고객의 콘셉트에 맞는 가격을 설정하며, 그에 맞는 가치를 만들어주는 것이 전략이다.

넷째, 고객의 트렌드를 읽어야 한다. 2016년 국내 외식업계의 고성장은 단연 커피다. 전국민이 커피에 미쳤다할 만큼 놀라운 성장을 거듭하고 있다. 지금과 같은 성장이 언제까지 계속될 것인가 의문이 들지만, 당분간 계속될 것으로 예상된다. 불황속에서도 소비자들의 트렌드는 원두커피 문화를 주목하고 있다. 커피점들은 빠르게 변화를 수용하면서 지속적으로 혁신한 결과이다. 다음은 패스트푸드이다. 불황기에 패스트푸드가 선방한다는 업계의 정설이 있다. 간편식을 선호하는 트렌드가 나타나면서 패스트푸드시장은 더욱 활성화되고 있다.

다섯째, 독창성이다. 하버드 경영대학원의 석좌교수인 문영미 박사는 그의 저서 『디퍼런트(Different)』에서 "비즈니스세계에서 차별화란 시작이자 마지막이다." 하였다. 비슷하면 지는 것이다. 차별화, 독창성은 그만큼 중요하다. 국내 외식업계는 다양한 콘셉트로 범람한다. 영업이 잘된다 싶으면 2~3개월이 지나지 않아 아류작들이 난무하면서 사이클이 짧아진다. 모방하는 것이 나쁜 것은 아니지만, 모방을 하더라도 철저한 차별화가 필요하다. 온리 원(Only One)의 시대로 변화한지 오래되었다.

여섯째, 양질의 식재료와 원가절감이 중요하다. 최근의 화두는 건강이다. 위생적으로 안전한 양질의 식재료를 확보하는 것은 선진국들의 주된 목표이다. 기후변화로 인해 농산물의 생산이 크게 감소했다. 일부 품목은 품귀현상마저 일어났다. 돈을 주고도 구할 수 없는 상황으로 공급처 관리와 구매의 중요성이 제시된다. 훌륭한 식재료를 구매할 방법을 모색해야 한다. 생산자 혹은 생산지와 직거래시스템을 구축하거나 대형 수입업자들과의 관계를 강화해야 한다. 현금거래를 통해 좋은 거래처를 확보하거나 가공식품을 통해 조리절차를 간소화하는 방법도 대안이 될 수 있다.

일곱째, 인재를 양성해야 한다. 장기적인 불황에서 성장을 계속하거나 불확실성에 적절히 대응하는 방법은 인재육성에서 시작된다. 맨 파워가 중요하다. 외식기업의 가장 큰 고민은 쓸 만한 인재가 없다는 것이다. 기업마다 좋은 인재를 얻기 위해 혈안이 되고 있지만 전문적인 지식과 도전정신, 창의적인 자세로 솔선수범하거나 진취적인 사고를 가진 젊은

이가 없다. 기업을 경영하는 사람들은 가장 어려운 일 중의 하나로 인재난으로 꼽는다. 임원급을 비롯하여 중간 관리자들조차 구할 수 없다. 이는 국내 외식기업들이 인재를 키우지 않은 탓이다. 이제는 더 많은 투자로 인재교육을 강화해야 한다. 미래는 이들에게 달려 있다.

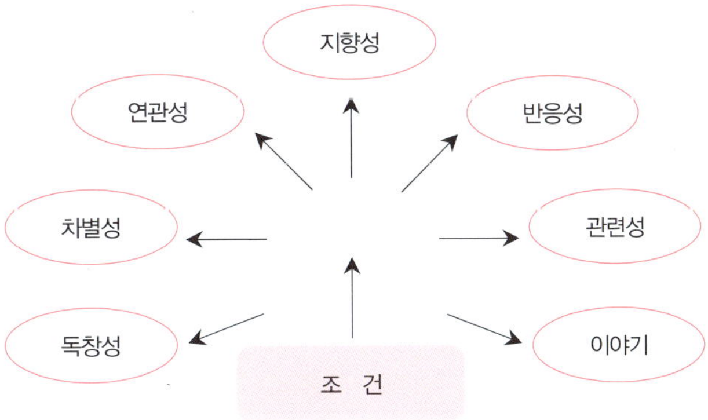

그림 4•3

콘셉트의 조건

1) 콘셉트의 설계조건

콘셉트를 설계할 때 다음과 같은 조건을 가져야 한다.

첫째, 콘셉트의 독특함, 독창성이다. 현대사회는 끝없는 경쟁을 통해 매출을 증대시키며 이익을 달성하려 한다. 점포 및 상품의 독특함은 개성으로 자신만의 독창성을 가지고 있을 때 경쟁력이 된다. 독창성이란, 예술적인 표현으로 모방적인 태도를 버리고 자기만이 고유한 능력과 특성으로 새로운 것을 만들어내는 성질을 말한다. 선행자의 아류나 추종이 아니며, 일방적으로 본받는 것도 아니다. 점포 또는 상품 능력에 기초하여 새로운 창의성을 실현하는 것이다.

둘째, 차별화이다. 콘셉트는 차별화하지 않으면 백발백중 실패한다. 애매모호한 특징은 차별화가 없는 것으로 구체적인 기준이 없다는 것이다. 자신만이 가질 수 있는 특징을 보여주어야 한다.

셋째, 외식기업이 나아갈 방향과 목표, 비전, 이미지, 기술, 상품, 광고, 홍보 등 상호간의 연관성을 가져야 한다. 조화를 이루면서 새로운 분위기 창출과 멋, 품격을 통한 시너지 효과를 낼 수 있어야 한다.

넷째, 지향성이다. 레스토랑 경영은 고객을 만족시키며, 이를 실천하려는 감동이 없으면 존재하기 힘들다. 시장은 무엇을 원하는지 말하지 않는다. 오로지 존중받으면서 자신의 혜택을 구체적으로 제공해주는 가치에서 감동하게 된다.

다섯째, 반응성이다. 자본력과 기술력, 인력, 경영환경 등은 지출비용의 조건이 맞아야 한다. 기업이 추진하는 목표와 성격에 따라 조직원 간 부조화가 일어날 수 있다. 이를 충족시키면서 문제점들을 해결할 수 있는 즉각적인 반응을 말한다.

여섯째, 관련성이다. 메뉴의 종류나 가격, 분위기, 레이아웃, 직원태도, 광고 속의 문장, 그림, 상징물, 기호 등과 공감할 수 있는 이벤트나 촉진전략으로 구체화할 수 있는 주제의 관련성이 있어야 한다.

일곱째, 스토리가 있어야 한다. 고객에게 제공하는 콘셉트는 계획을 실행할 수 있는 기획에서부터 소재가 있어야 한다. 구체적으로 그들에게 무엇을 제공할 것인가? 진귀함이나 희소성, 즐거움, 사랑스러움, 행복함, 새로움 등의 경험까지 감동을 줄 수 있다. 이러한 요소들은 경쟁자가 출현하였을 때 그 진가가 발휘된다. 조직의 능력 한계로 문제점이 발생할 수도 있으며, 자본력이나 광고, 홍보, 기획 등 마케팅 촉진전략의 부재로 위험에 노출될 수 있다. 구체적으로 제시할 수 있는 방안이나 전술, 아이템 등을 실천하기 위해서는 이러한 조건들을 충족시켜야 실패를 줄일 수 있다.

CASE
"3인 이상 안 받아, 봉천동 그 식당 그래도 줄 서?"

일본 라면전문점 '이찌멘'에는 늦은 점심을 즐기는 학생과 직장인으로 가득 차있다. 간판이 아니었다면 독서실이라고 말해도 믿을 정도였다. 점심시간을 조금 넘긴 오후 2시. 서대문구 창천동 '이찌멘'의 외관은 여느 일본라면 점과 다르지 않다. 문을 열고 들어서자 확연히 다른 모습이 눈에 들어왔다. 테이블 대신 한 사람 정도 앉을 수 있는 독서실 칸막이 대여섯 개가 눈길을 사로잡는다. 직원 대신 식권 발권기가 고객을 맞이하며 발권기 앞에는 식권을 발급받으려는 남성 네 명이 줄 서 있다. 메뉴는 '이찌멘' 라면과 여름 메뉴인 냉 메밀국수 등 4가지이다. 벽에 걸려있는 '공석 표지판'등이 켜진 자리를 찾았다. 2인 자리 6석은 여유가 있었지만 혼자 먹는 11석 모두 가득 찼다. 1인석 칸막이마다 한 사람씩 앉아 젓가락을 움직이며 묵묵히 식사를 즐기는 모습이 어색하지 않다. 5분 남짓 기다리자 자리가 났다. 자리를 잡고 벨을 누른 후 주방 직원이 식권을 받아갔다. 약 10분 후 주문한 음식을 내오면서 칸막이 앞에 올려져 있던 빨간 천 가리개를 내렸다. 팝 음악과 최신가요가 흘러나왔으며, 2인석에 앉은 일행끼리만 조용히 대화를 나누면서 식사를 즐겼다.

봉천동 일본음식점 '지구당'은 휘황찬란한 큰길가를 지나 골목길에 접어들면 하얀색 글씨가 적힌 한자 간판이 눈에 띄었다. 외진 곳이었지만 5명이 줄을 서 있다. 음식점 입구에는 "혼자 오시는 분이 많아 3인 이상 단체손님은 모시지 않는다."라는 문구가 붙어 있다. 10석 남짓한 가세 내부는 'ㄱ'자로 식탁과 등받이 없는 의자가 다닥다닥 붙어 있다. 수요일과 금요일은 일본식 닭고기덮밥, 나머지 영업일에는 일본식 소고기덮밥만 판다. 자리에 앉자마자 주방장이 "닭고기덮밥 하나죠?"라며 곧장 요리를 시작했다. 식당에서 음료수를 고를 수 있지만, 맥주를 고르면 한 사람당 한 잔만 판매한다. 조명이 어둑어둑하고 일본 노래가 나지막하게 흘러나오는 것 외, 소리가 들리지 않는다. 혼자 온 손님들은 이어폰을 끼고 음악을 듣거나 휴대전화 등으로 동영상을 보면서 식사한다. 주방장과 직원 모두 조용한 분위기를 깨지 않도록 조심스럽게 그릇을 치우거나 설거지한다.

퇴근길에 홀로 식사를 하러 온 이모(27) 씨는 "평소에도 여럿이 몰려다니는 것보다 조용한 곳을 좋아한다."며 늦게 저녁식사를 하게 되는 날에는 누굴 불러내서 같이 먹기에도, 남의 눈치 보지 않고 조용히 밥만 먹을 수 있다는 것이다. 최근 '나홀로 족'이 더 이상 낯설지 않다. 식당뿐 아니라 커피점에서도 노트북을 만지거나 책을 읽는 코피스(coffice + office)족이 자리를 채운 지 오래다. 1인 가구를 위한 소형 가전제품이 출시되고 소형 포장채소를 파는 청과물가게가 유행이다.

대한민국의 주거 형태는 '싱글족' 중심으로 빠르게 변화하고 있다. 인구 4명 중 1명은 '싱글족'이다. 통계청(2016)에 따르면, 2011년 1인 가구 비중이 23.9%이며, 2015년 506만 명에서 2035년에는 762만 명으로 전체가구의 34.3%에 달할 것으로 예상한다. '이찌멘'과 '지구당'이 있던 신촌과 관악구는 20~30대의 1인 가구가 밀집한 지역으로 '싱글족'을 위한 음식점들이 증가하고 있다. 한국노동연구원에서 발간한 '1인 가구의 사회 · 경제적 특성과 변화'에서 청년층 1인 가구가 증가한 원인에 대해 고학력층 비중이 높으며, 결혼관의 변화에 따라 늦어지는 현상과 학업, 취업을 이유로 결혼을 미루는 세태가 반영된 결과이다. 장래 가구의 추세(2010~35년)에서 향후 1인 가구 비중이 2035년 34.3%로 지금보다 10.4% 포인트 증가하는 것으로 나타났다.

한국마케팅연구원은 2012년 12월에 '싱글족의 소비특성에 대한 보고서'를 제출했다. 독신남녀들은 선택에 있어 주관적이며 구매결정에 크게 영향을 미치는 집단이다. 이들은 시장의 변화에 민감하게 반응하면서도 높은 가격이라도 마음에 들면 지출비용을 아끼지 않는다. 시간을 소중하게 생각하며 관심이 없는 분야에는 선뜻 접근하지 않는 특징이 있다. 미용, 피부, 헬스 등 개인적 기호와 취미, 선호도를 소중하게 여기는 생활을 하고 있다.

조선일보 2016.7.20 머니투데이 2012.6.29

2) 콘셉트 개발

레스토랑의 콘셉트를 설계하는 것은 구체적인 목표를 설정하는 것이다. 기업의 방향을 정하는 것으로 고객에게 길을 안내해주는 것과 같다. 시장조사를 통해 그에 맞는 아이템을 설계하는 능력은 목표설정으로 자신의 개성을 마음껏 발휘할 수 있는 기회의 장을 마련하는 것이다. 정해진 형식이나 틀에 구애받지 않고 구체화하기는 어렵지만 잘 갖추어진 아이템은 시장분석을 통해 평가된다. 특히 외식업은 메뉴 종류와 서비스방식, 분위기, 이미지 등이 잘 설계되었을 때 성공적인 콘셉트를 개발한 것이라 할 수 있다.

CASE
"'명품가방 하나가 에쿠스 한 대 값과 같다.' 현대자동차 직원들의 이유 있는 탄식!"

악어 토트백 1개의 가격이 1억원이다. 상품, 영업, 마케팅, 재무 등 현대차의 전 임직원들이 강당에 모였다. '과장 이상은 필참'이라는 공지 탓으로 어림잡아 600여 명이 강연에 참석했다. 이종규 보테가베네타 코리아 대표의 강의 주제는 "명차를 팔려면 명품을 알아야 한다."는 것이다. BMW 같은 명성이나 고객충성도가 높은 것도 아니며, 세계 100대 기업 중 96위를 차지하는 현대자동차 임직원들은 일명 쇼핑 토트로 불리는 가방 1개와 현대자동차 대형세단 에쿠스 가격이 같다는데 충격을 받고 있다.

현대 직원들에게 물었다. "공통점이 무엇일까요?" 강연자의 예상이 정확했다. '가격'이라는 것이다. 객석에선 "아~" 하는 탄식이 흘러나왔다. 이 명품가방이 현대차에서 가장 비싼 에쿠스 값과 비슷하기 때문이다. 강사가 되물었다. "자존심 상하십니까?" 2012년 7월 18일 양재동 현대차 본사에서 열린 강연의 한 장면이다. 보테가베네타는 상위 0.1%를 위한 구치그룹의 최고급 브랜드이다. 로고도 없지만 핸드폰 줄 하나에 15만원, 커버로 불리는 악어백은 에쿠스와 비슷한 1억원이다.

이 대표가 말한 보테가베네타는 무엇일까? 최상의 소재를 바탕으로 독보적인 장인정신과 시대를 초월하는 디자인, 현대적인 기능성의 4가지 원칙을 설명했다. 명품은 선택이 아닌 필수로

"수입차를 탄다."는 이 대표에게 "제네시스도 정말 좋다."고 응수하자, "성공에 대한 보상으로 에쿠스와 제네시스를 타도록 브랜드를 만들어 달라."고 당부했다. 현대차가 자존심을 구겨가면서(?) 명품 공부에 나선 것은 명차를 팔려면 먼저 명품을 알아야 한다는 것이다. 글로벌 5위 자동차 브랜드이지만 아직 소비자들에게 인식되는 이미지는 이에 걸맞지 않다. 이미지를 고급화하기 위해 노력하지만 외적으로 고객에게 경험과 가치를 제공해 줄 수 있어야 성공할 수 있다.

브랜드 고급화는 한국기업 대부분이 안고 있는 공통과제이다. 품질과 디자인은 세계 최고의 수준이지만 여전히 갖고 싶은 명품 반열에 오르지 못한다. 세계 100대 브랜드에 애플이 1위이며, 우리나라의 삼성전자가 55위이다. BMW가 1위인 세계 100대 명성기업에서 매출과 이익률이 모두 높은 현대자동차는 96위이다. 삼성 갤럭시 A8가 세계시장을 석권하고 있지만, 여전히 아이폰과 같은 설렘과 로열티(충성도)는 부족하다. 현대차의 유럽시장 점유율은 수직상승하고 있지만 BMW의 벽은 여전히 높다. 재계 관계자는 우리 기업들이 품질이나 디자인 면에서는 세계 최고의 제품을 생산하고 있지만 아직 '명품브랜드'로 평가받지 못하고 있다. 대도약을 위해서는 브랜드의 혁신과 노력, 힘을 기울여야 한다는 것이다.

헤럴드경제 2013.7.19

(1) 콘셉트 개발 시 고려사항

콘셉트 개발은 일반적인 서비스 형태와 다른 방법을 고려해야 한다.

첫째, 성공적인 콘셉트를 설정하기 위해서는 다양한 정보와 데이터를 개발해야 한다. 데이터는 정보 결합을 통해 이루어지며, 단일차원이라기보다 다차원적인 성격을 갖는다. 구체적인 지역특성과 상권, 입지, 계절, 시간 등을 고려하여 조사되어야 한다. 인터넷 검색을 통해 정보를 모으는 데는 한계가 있다. 좋은 자료는 고객과 공감할 수 있는 소통에서 만들어진다. 이성적으로 판단할 수 있는 구체적인 자료는 눈으로 확인할 수 있어야 한다.

둘째, 레스토랑의 방향을 제시하는 것으로 고객 입장에서 설계되어야 한다. 내부고객을 비롯하여 공급자, 사회단체, 국가, 자치단체, 언론사 등이 요구하는 기준에 부합해야 한다. 하지만 모든 레스토랑에 적용되는 것은 아니다. 성공적인 프랜차이즈 업종을 선택했다면 이미 검증된 콘셉트를 구매한 것이다. 예비 창업자들은 굳이 고민할 필요가 없다. 다운타운 상가의 테이크아웃 커피전문점은 콘셉트 설정에 고민할 필요가 없다. 상권 자체가 분명한 콘셉트를 가지고 있기 때문이다. 창업자가 고민하여 설정한다는 것은 특별한 무엇을 고객에게 제공하기 위해서이다. 강력한 이미지와 특징을 고객에게 심어주기 위해서는 시장분석을 통한 니즈(needs)를 발견하는 것이다. 아무리 좋은 아이템이나 논리적인 근거를 제시해도 실용적으로 활용하지 못하면 의미가 없다.

셋째, 명확한 자료를 바탕으로 고객이 원하는 상품력을 가져야 한다. 실전 가능한 콘셉트 개발은 언제나 분석을 통해 제시할 수 있다. 기업의 일방적인 주장을 전달하는 것이 아니라 고객이해를 통해 부조화가 일어나지 않도록 해야 한다. 새로운 창업방법을 설계하는 이론가적인 지식이 아니라 소비자의 눈으로 검토되어야 한다. 외식사업은 실용학문으로서 현실과의 괴리가 존재할 수 있다. 그렇기 때문에 확인하는 습관이 중요하다. 아무리 훌륭한 콘셉트를 가졌다하더라도 잘못 실행한다면 구태의연한 방법이 된다.

넷째, 설계한 자료를 실행하기 위해서는 문제점에 대한 구체적인 해답을 제시해야 한다. 실천계획이란 구체적인 아이디어에서 시장변화의 수용과 대책을 수립하는 데서 시작된다.

다섯째, 처음과 끝이 동일하게 설계되어야 한다. 처음 시작할 때는 구체적인 전략과 기업목표에 맞추어 잘 추진되다가 일정 시간이 지나면 인력, 서비스품질, 자본력 등에서 소홀 할 수 있다. 특히 개인 창업자일수록 사업 다각화를 구상하면서 초심을 잃는 행동을 하게 된다.

여섯째, 간결하면서도 명확하게 제시되어야 한다. 다양한 정보를 구체적으로 제시하거나 새로운 방법과 아이템으로 나타낼 수 있어야 한다. 원가절감을 위한 구조적인 설계와 개발, 유통물류 등 효율적으로 설정되어야 한다. 고객은 개인의 주관성을 바탕으로 객관적으로 평가하려 한다. 아무리 좋은 아이디어라도 이를 활용하는데 한계가 있다. 지나친 감정이나 주관성이 가미되면 레스토랑이 가고자 하는 방향을 제대로 표현하지 못할 수 있다. 콘셉트의 개발은 이해하기 쉬우면서도 조직구성원 모두가 실행할 수 있게 개발되어야 한다. 전문적인 용어나 복잡한 문장, 통계분석이 아니라 정확한 이해로부터 고객에게 전달된다.

(2) 콘셉트 개발과 성공사례

끊임없는 호기심과 새로움을 추구하는 열정으로 콘셉트를 창조한 선앳푸드의 신선호 이사는 평사원으로 입사하여 30대에 총괄 이사직을 맡고 있다. 자신의 일에 대한 열정과 호기심으로 세상에 없는 새로운 것을 창조하려는 의지가 강하다. 대중들에게 늘 다정다감하면서도 친근하게 다가가는 능력도 그의 장점이다. 마늘을 콘셉트로 한 매드포갈릭(mad for galic) 레스토랑을 성공적으로 창업한 후, 고추를 모티브로 한 중국 사천요리 전문점인 시추안 하우스(Sichuan House)를 론칭했다. 매운맛을 좋아하는 우리나라 사람들의 정서와 스트레스 해소방법으로 음식을 즐겨먹는 문화에서 아이디어를 찾았다. 재미와 즐거움으로 다가갈 수 있는 공간을 창조하며, 레스토랑 내 분위기 또한 붉은 고추를 장식하여 누가 봐도 페퍼전문점이라는 느낌으로 눈과 귀, 입을 자극했다. 시추안은 중국식 사천요리란 뜻으로, 듣는 순간 입안에서 매우면서도 침이 고이게 하는 브랜드전략이다.

레스토랑 창업을 기획할 때 자신이 추구하는 콘셉트를 설정하게 된다. 그에 따라 메뉴와 분위기, 이미지를 개발하면서 성공사업을 이끌 수 있다. 콘셉트는 구상단계부터 시장조사를 통해 분석된다. 다양한 검증과정을 거쳐 자신이 접목한 지식과 아이디어에서 가능하게 된다. 책상 앞에서 탁상공론 하는 것보다 발로 뛰는 현장의 경험을 통해 아이디어를 얻을 수 있다. 진취적이면서도 도전적인 성향은 인력 채용에서도 고스란히 드러났다. 직원한 사람을 뽑을 때도 개인적인 열정과 도전하는 사람을 높이 평가한다. 스스로 그러한 삶을 살아온 만큼 열정적인 도전과 무한 가능성으로 7년 만에 최연소 이사직에 오를 수 있었다.

국내 최초로 마늘을 콘셉트화 하여 개업한다고 했을 때 많은 사람들은 고개를 갸우뚱했다. 한국인이 사랑하는 식재료이긴 하지만, 맛과 향이 너무 강해 서양음식과 융합되어 성공할 것이라고 예상한 사람은 아무도 없었다. 하지만 출시한지 10년이 지난 지금 이탈리안 와인 비스트로 매드포갈릭(mad for galic)은 한국인에게 가장 사랑받는 외식브랜드가 되었다. 싱가포르, 인도네시아, 필리핀 등 동남아 시장에서도 각광받으면서 매드포갈릭 외, 이탈리안 레스토랑인 스파게띠아, 한식브랜드 모락, 나폴리 피자전문점, 비아디 나폴리, 비트로 서울 등 핫이슈로 성공한 브랜드들이다

외식 트렌드는 1990년대 이후 미국에서 건너온 아웃백, TGIF, 베니건스, 토니로마스 등 패밀리 레스토랑이 성공하였다. 고객들이 건강에 관심이 높아지면서 육류를 중심으로 하는 식단 구성보다 야채를 중심으로 하는 샐러드 바가 인기다. 특히 정크푸드로 인식되는 패스트푸드나 육류메뉴 등은 자연스럽게 웰빙 트렌드에 밀리면서 건강과 위생, 칼로리가 낮으면서도 맛까지 좋은 음식들이 각광받고 있다. 이러한 시대적 흐름은 콘셉트 개발의 중요성으로 제시된다. 그렇다면 어떠한 방법으로 콘셉트를 개발할 수 있을까? 성공요소를 제시하면 다음과 같다.

첫째, 역발상으로 회사에 기여하겠다는 목표가 있어야 한다. 주인의식을 갖고 열정적으로 일하면 못할 일이 없다.

둘째, 시대적 흐름을 반영할 우수한 셰프를 발굴해야 한다. 그들에게 다양한 메뉴를 접

할 수 있는 기회를 제공하거나 건강과 위생, 맛의 균형을 이룰 영양사를 채용해야 한다. 이들을 통해 균형적인 영양분석과 다양한 식단구성이 가능하게 된다.

셋째, 트렌드에 민감한 브랜드를 개발하여 시장에 안착시킬 수 있는 자사만의 노하우가 있어야 한다. 최근의 흐름은 특화된 맛을 대중화시키는 것이다. 더불어 규모를 대형화시키거나 매뉴얼, 인테리어시설, 분위기 등을 강화해야 한다. 고객 입장에서 먹을 만하다가 아니라 "정말 맛있다."가 되어야 재방문하게 된다. '이야기 있는 외식공간'의 오진권 사장은 "고객이 음식을 먹고 나가면서 승리했다는 느낌을 받아야 한다."고 주장한다. 맛있는 음식도 너무 비싸면 대중화되지 못하기 때문에 음식의 질에 맞는 합리적인 가격이 중요하다.

넷째, 타 브랜드와 차별화 해야 한다. 브랜드를 선정할 때 가장 중점을 두는 부분이 무엇인가? 자사만이 가진 고유한 능력을 통해 타 브랜드와 경쟁할 수 있는 콘셉트를 설정해야 한다. 콘셉트의 방향을 설정하는데 30%, 메뉴개발에 70%의 열정을 쏟아야 한다. 음식의 맛을 향상시킬 수 있는 좋은 식재료를 구매하는 것도 하나의 방법이다. 이론적인 지식만으로 이루어지는 것은 아무것도 없다. 실천을 통해 성공 전략이 가능하게 된다. 특화된 향토음식이나 전통, 역사에 부응하는 정보에 관심을 가져 시대적 흐름을 반영할 수 있어야 한다. 그러기 위해서는 다양한 경험을 얻을 수 있는 해외여행이나 패션, 영화, 콘테스트, 박람회 등을 관람하는 것도 하나의 방법이 된다.

3) 콘셉트 개발순서

창업을 위해서는 자신이 가지고 있는 장점과 단점을 파악해야 한다. 사회, 경제, 문화, 정치, 법률, 기술적인 시장의 위협 속에서 자사에 맞는 기회를 찾아 콘셉트를 설정하게 된다. 그렇다면 콘셉트를 개발하는 순서는 무엇일까?

첫째, 상권의 입지를 파악해야 한다. 물권을 분석하기 위해서는 건물의 등기부등본 상 실제 소재지와 지목은 무엇인지? 상업시설, 근린생활시설, 주택지 등 용도를 확인해야 한다. 면적과 건물의 형태인 형상과 경사를 구체적으로 파악하며, 주택이나 공동주택, 점포간 공동구역, 독립 구역인가를 구체적으로 점검할 필요성이 있다. 위치가 교차로의 대로인가? 소로, 인도, 다운타운, 학교부근 등 주 출입로는 어느 쪽으로 나 있는지를 파악해야 한다. 시내의 상업용 건물들은 시장성을 확보하고 있다. 하지만 택지개발사업을 추진하는 신도시이거나 대형마트, 백화점, CGV, 관공서 등 입점이 예상되는 지역은 자사의 업종을 고려하여 신중하게 결정돼야 한다. 현재보다 미래의 수요를 예측할 수 있는 능력을 감안하여 준비하는 것이 좋다. 이러한 지역은 지가가 상승하거나 짧은 시간 건물이 늘어나는 등 변화를 보이기 때문에 이를 반영해야만 실패를 줄일 수 있다. 현재의 상권 크기만을 고집할 것이 아니라 미래의 성장 가능성을 확인해야 한다. 주변의 개발사업은 자연스럽게 가격상승으로 이어져 상권을 형성하기 때문에 성장과 발전성에 주목해야 한다.

둘째, 목표고객을 선정하라. 상권을 분석했다면 자사가 원하는 목표고객이 누구인가를 확인해야 한다. 타깃에 맞는 공간연출로 개성과 이미지를 중시하며 효율성을 높일 수 있어야 한다. 레스토랑의 테이블이나 의자, 집기 하나에도 목표고객의 콘셉트를 반영해야 한다. 시설물들은 단순한 가구가 아니라 점포의 공간과 디자인을 연출하는 이미지 메이킹으로 요리를 돋보이게 할 수 있다. 이러한 시설을 준비하는 창업자들은 레이아웃과 동선, 위치, 크기, 색깔, 실용성 등을 고려하여 업종과 업태에 맞게 선택되어야 한다.

레스토랑의 객석 배치는 그 형식에 따라 입식, 좌식, 카운터식, 의자석 등으로 구분할 수 있다. 각 형식은 운영하는 업종에 따라 달라진다. 고유의 특성은 점포이미지에 따라 적절하게 레이아웃 되어 설계되는 것이 좋다. 객석 배치에도 하나만을 고집할 것이 아니라 여러 가지 조합을 통해 구성하는 것이 효과적이다.

셋째, 업종과 업태를 선정해야 한다. 고객이 레스토랑을 선택할 때 기본적으로 고려하는 인식은 어떠한 메뉴를 판매하는가, 식재료는 무엇이며 가격은 얼마인가, 분위기는 어떠한가, 자리는 어떤 착석 테이블인가 등을 고려하게 된다. 한식을 전문으로 하는 전통적인 방식인가, 패밀리 레스토랑인가, 카운터서비스의 일식인가, 중국식이나 코스요리인가 등에 따라 달라질 수 있다. '차이나 팩토링'은 즉석에서 요리하는 콘셉트를 추진했다. 소량으로 다양한 메뉴를 즉석에서 요리해냄으로써 기존 중식과 차별화하고 있다. 무한리필의 만두와 음료, 맥주 등은 새로운 콘셉트로 젊은 층을 사로잡고 있다.

넷째, 서비스방법과 형태를 개선해야 한다. 레스토랑사업을 고려할 때 일반적인 서비스 형태는 테이블서비스인가, 셀프서비스인가, 카운터서비스인가, 카페테리아인가에 따라 다르게 결정된다.

다섯째, 분위기를 창출해야 한다. 현대는 비주얼시대이다. 외양보다 내실이 중요하다. "빛 좋은 개살구다."라는 말도 있지만, 보여주는 것이 중요한 시대에 이러한 말들은 의미가 없다. 보이는 것이 다는 아니지만, 성공하려면 외양을 가꾸어야 한다. 수많은 사람들이 성형수술을 하고 쌍꺼풀수술을 하는 것은 성형 축에도 끼지 못한다. 매장의 디스플레이가 강조되는 시대에 디자이너의 역할은 모든 것에서 중심이 된다. 외식사업에도 예외는 아니다. 음식문화의 발달과 함께 다양한 메뉴들이 등장하면서 고객을 만족시키는 콘텐츠는 무한하게 생성되거나 소멸된다. 프랜차이즈 사업의 발전은 맛과 서비스, 인테리어시설이 상향 평준화 되면서 맛만으로 승부하기가 어렵게 되었다. 수많은 브랜드들은 이미지를 개선시키기 위해 인테리어시설에 집중한다. 눈이 즐거워야 소비자들이 즐겁기 때문이다.

전통적인 찌개 전문점이나 족발점, 치킨점, 칼국수점 등은 패밀리 레스토랑의 분위기와 유사한 인테리어시설로 고객의 마음을 사로잡고 있다. 맛과 영양뿐 아니라 고객의 이목을 끌 수 있는 콘셉트를 개발하여 변화를 수용하고 있다. 현대인들의 까다로운 입맛과 욕구를 충족시켜 줄 수 있는 방법을 찾아야 한다. 특히 주점 창업의 인테리어는 점포이미지를 결정하는 중요한 요소가 된다. 주력상품 못지않게 고객으로 하여금 첫인상을 좌우하게 한다. 외부의 아치형이나 고급스러운 그린 계열, 유럽풍의 색상연출로 연령이나 성별에 맞게 입맛과 시각을 충족시켜 주고 있다. 이러한 공간창출에서 호프집들은 좌석 구분을 위해 파티션을 설치하거나 독립공간으로 조명과 색상을 세련되게 한다. 탁 트인 자유로운 주점문화를 싫어하는 고객들을 위해 포인트를 주는 차별성을 나타내고 있다. 이처럼 치열한 경쟁사회에서 새로운 콘셉트는 성공의 키워드가 된다.

4

Summary 요약

[1] 콘셉트란, 사고방식이라는 의미로 광고에서 시작되었다. 상품 및 서비스의 편리성이나 특성을 새로운 각도로 찾아내어 광고, 홍보, 캠페인의 목표로 삼는 것이다. 대중의 기본적 특성을 무너뜨릴 새로운 콘셉트를 가지고 있는가가 중요하다.

[2] 과거의 외식창업은 주방장의 기술과 손맛에 의해 성공의 여부가 결정되었다. 현대사회는 훌륭한 식재료를 바탕으로 주방장의 손맛과 기술, 인테리어시설은 기본이며 음식을 담는 그릇에서부터 그 종류와 색상, 음식의 조화, 데커레이션 등 목표고객에게 정확한 콘셉트를 제시하였을 때 그 가치는 빛나게 된다.

[3] 레스토랑 콘셉트의 구성요소는 메뉴 상품과 메뉴수, 고객의 이용목적, 외부 조경, 가격, 상권 규모, 입지, 서비스방법, 상호 및 브랜드, 표적시장, 실내 분위기 등 모든 요소를 포함하고 있다.

[4] 상권은 개별점포가 고객을 유인할 수 있는 지역적 범위를 의미한다. 시설 내 잠재적 구매자인 고객이 살고 있는 지리적 범위로, 상권의 크기는 상업시설이 취급하는 상품의 종류, 가격, 배송, 입지조건, 교통편, 기타서비스 등에서 결정된다.

[5] 입지는 경제활동을 위해 선택하는 장소를 의미한다. 건물이나 상가가 들어서는 물리적 공간으로 그 종류에 따라 다르다. 지형, 지세 등 지역적 요인과 지가, 임대료의 경제적 요인에서 달라질 수 있다. 소비자의 연령층과 소득수준, 학력, 주거단지 등 문화적 요인으로 도로와 접근성, 주차공간 등 교통여건이나 소비 형태에 따른 결정권자의 정서, 문화, 심리적 요인에서 영향을 미친다.

[6] 콘셉트 개발 시 고려사항은 다양한 정보 데이터를 개발하는 것이다. 둘째, 레스토랑의 방향을 제시하는 것이다. 셋째, 상품력을 가져야 한다. 넷째, 문제점에 대한 구체적인 해답을 제시해야 한다. 다섯째, 처음과 끝이 동일하게 설계되어야 한다. 여섯째, 외식창업의 콘셉트는 간결하면서도 명확하게 제시되어야 한다.

4

Practice 연습문제

1 콘셉트의 개념과 외식 창업시 필요한 콘셉트 하나를 정하여 논의해 보자.

2 레스토랑 콘셉트의 구성요소에 대해 나열하고, 각각의 구성요소에 대해 세부적으로 논의해 보자.

3 콘셉트의 설계와 개발 시 고려사항에 대해 논의해 보자.

4 소규모의 프렌치 레스토랑을 창업한다고 가정하고, 콘셉트의 개발순서에 대해 논의해 보자.

5 성공한 외식업체 한 곳을 선정하여 어떠한 콘셉트로 운영하고 있는지 조사하여 분석해 보자.

창업자 정신과 아이템 분석

CHAPTER 5

배고픈 사람은 자유로운 사람이 아니다.

– Adlai Stevenson, 미국 정치가

Objective

- 창업자에게 필요한 마음가짐을 학습한다.
- 창업자를 위한 7가지 습관을 학습한다.
- 성공한 창업자의 기업가정신에 대해 학습한다.
- 창업에 필요한 요소와 성공한 창업자의 특성을 학습한다.
- 아이템 선정 시 고려사항을 학습한다.

01 창업자 정신

1. 창업자 정신과 마음가짐

창업자 정신(Entrepreneurship)은 외부환경에 적극적으로 대응하면서 새로운 기회를 찾아 실행하려는 마음가짐과 혁신적인 사고, 행동하는 실천을 말한다. 가치를 창출하려는 일련의 과정으로 성취 욕구를 달성하기 위해 도전하는 모험정신이라 하겠다. 사업가의 본질적 의미는 창업하는데 있다. 업(業)을 만드는 창(創)과 무(無)에서 유(有)를 창출하는 의미를 담고 있다. 일반적으로 기업을 운영하는 사람을 'Business Man'이라 한다. 부족한 자원을 바탕으로 시장의 기회요인을 찾아 새로운 것을 창조해 내는 기업가와 다른 의미로 해석된다.

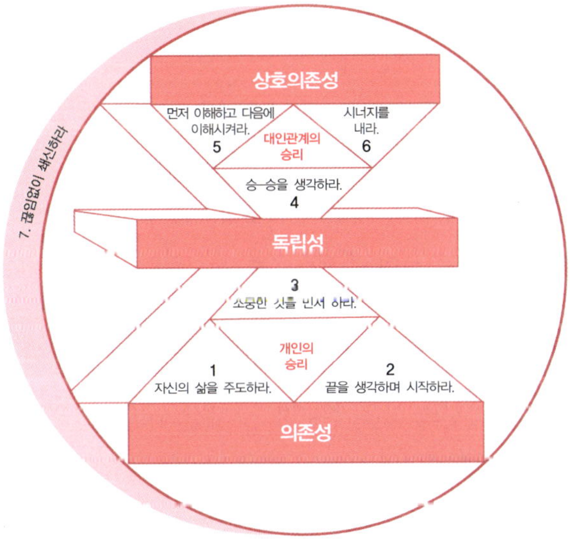

그림 5•1 성공하는 사람들의 7가지 습관

성공하는 사람들은 외부의 힘과 변화에 반응하는 것이 아니라, 자신이 통제할 수 있는 방향에서 선택과 집중을 한다. 습관의 변화는 간단한 행동에서 시작된다. 당연하게 보이는 단순함도 어떤 원칙을 기반으로 새로운 방법이 될 수 있다. 인생에서도 개인적 목표를 추구하는 인격과 믿음에서 출발한다. 창의적이고 개방적인 사고와 적극성, 긍정적 마인드, 도전과 열정에서 공통성을 찾을 수 있다. 변화에 적응하기 위해서는 다양한 테크닉이 필요하다. 처세술은 쉽게 따라할 수 있지만 오래가지는 못한다. 성공적인 변화는 원칙을 중시하는 것으로, 개인적인 성품이나 인성을 바탕으로 내면적으로부터 변화를 수용하는 패러다임에서 시작된다. 자기계발의 권위자 스티븐 코비(Stephen Covey) 박사가 제시한 '성공하는 사람들의 7가지 습관'을 소개하면 다음과 같다.

1) 창업자와 7가지 습관

성공하는 사람들은 개인 및 조직의 대인관계나 자기쇄신을 통해 성공을 만드는 습관이 있다. 독립적인 상호관계에서 '자신의 삶을 주도하라', '끝을 생각하며 시작하라', '소중한 것을 먼저 하라' 등의 습관은 자기완성이자 개인적 승리로 리더십에 따른 통찰력이다. 독립적 단계인 습관 1, 2, 3이 선행된 후 팀워크와 협동, 커뮤니케이션 등 상호의존적 단계인 습관 4, 5, 6을 다루고 있다. 여기에는 '승 - 승을 생각하라', '먼저 이해하고 다음에 이해시켜라', '시너지효과를 창출하라' 등을 말한다. 습관 7은 '끊임없이 쇄신하라'는 재충전을 의미하며, 지속적인 자기개선을 위한 습관이다. 이전까지의 연구는 외부에서 시작하여 내면을 변화시키는 방법이었다면, 현재는 자신의 태도와 행동을 개선하는 것이다. 하지만 만성적이거나 근본적인 것은 그대로 남아 문제점으로 제시된다. 코비는 7가지 습관을 통해 내면으로부터 변화하는 본질적인 패러다임을 스스로를 검토하라고 지적했다. 자신의 삶을 잘 관리하는 것이 절대적으로 변하지 않는 성공의 습관이기 때문이다.

첫째, 개인의 비전이다. 자신의 삶을 주도하라. 자신의 인생경로 과정을 스스로 만들어야 한다. 할 수 없는 일에 집착하거나 외부의 힘에 반응하지 않으며, 할 수 있는 일에 집중하여 선택과 결과에 책임진다. "고객이 나를 미치도록 화나게 한다."라는 반사적인 말보다 "나는 고객을 효과적으로 설득할 수 있다."라는 말을 주도적으로 사용해야 한다. 반사적인 말은 반성해야 할 문제의 원인으로 통제할 수 있는 부분과 그렇지 못한 부분을 분류해야 한다. 따라서 통제할 수 있는 영역에 집중해야 한다.

둘째, 개인의 리더십이다. 목표를 확립하고 시작하라. 자신이 어디로 향하는지 알기 위해서는 인생의 목표와 최종적인 꿈이 무엇인가를 설정해야 한다. 사람은 누구나 죽는다. 장례식장에서 어떤 사람으로 기억되고 싶은가? 가족 중심, 일 중심, 금전 중심, 소유 중심, 쾌락 중심, 배우자 중심, 친구 중심, 종교 중심, 자기중심 등 어디에 속하는가? 그 핵심은 목표이다. 인생의 목표를 설정했다면 성문화된 법으로 인식될 수 있게 '인생설계서'를 작성해야 한다.

셋째, 개인관리이다. 중요한 것부터 먼저 시작하라. 삶에 대한 일은 긴급함이 아니라 중요성으로 우선순위를 정한다. 목표를 정했다면 달성할 수 있는 계획으로 업무를 수행할 수 있지만, 긴급하지 않은 것은 시간을 조절하여 관리할 수 있는 매트릭스를 작성해야 한다.

넷째, 대인관계 리더십이다. 윈-윈을 생각하라. 상호간에 도움이 될 수 있는 해결책으로 이익이 될 수 있는 전략이 되어야 한다. '91년 국방장관 체니(Dick Cheney)와 파웰(Colin Powell) 합참의장이 주도한 군사보고서에서 처음 소개되었다. '두 지역에서 일어난 전쟁을 동시에 승리로 이끈다'는 의미로 '93년부터 공식적으로 채택되어 2001년 초반까지 군사 분쟁에 대응하는 핵심전략이었다. 예를 들어, 한반도와 중동에서 두 개의 전쟁이 일어나더라도 모두 승리할 수 있도록 최소한의 병력과 전투기, 전함, 기타 필수장비를 갖추고 있어야 한다. 이러한 윈윈전략은 한반도와 중동을 대상으로 안보에 많은 영향을 미쳤다.

한편 재래식 전쟁에 치중하여 근시안적이란 비판으로 2001년 5월 폐기를 선언함으로써 미국의 군사전략에 커다란 변화가 생겼다. 이후 신축성을 발휘할 수 있는 대응능력이나 미래의 위협과 정책, 군사력, 규모에 대비한 돌발 상황을 신축적으로 대처할 수 있게 되었다. 이는 효율적인 국방전략에서 시작되었지만 기업전략에 널리 이용되고 있다.

다섯째, 공감적 커뮤니케이션이다. 이해시키기 전에 상대를 먼저 이해하라. 상호간에 존중할 수 있는 환경을 만들어야 한다. 문제를 효과적으로 해결하기 위해서는 타인의 말에 경청하는 자세를 가져야 한다. 상대를 같은 방향으로 유도할 수 있으며, 공통된 태도를 가지도록 할 수 있다. 솔직함과 신뢰는 내적인 성품을 바탕으로 공감할 수 있게 한다. 사람들은 누구나 존경받기를 원하며 자신을 이해해주기를 원한다.

여섯째, 창조적인 협력이다. 시너지를 창출하라. 목표는 팀을 이루어 달성할 수 있다. 조직 간 최대의 성과를 이끌어내기 위해서는 유의미한 공헌보다 최종 목표를 설정하는 것이 중요하다. 시너지효과의 본질은 차이점을 인정하는 것이다. 진정성 있는 말과 행동으로 타인의 마음에 스며들어야 한다. 고객을 이해시킴으로써 상호간의 만족에 대한 대안을 찾을 수 있다.

일곱째, 내면의 변화로 심신을 단련해야 한다. 장기적으로 성공하기 위해서는 기도나 명상훈련, 운동, 봉사활동, 독서 등 영혼을 건강하게 해야 한다. 개인의 능력이 습관화되어 자연스럽게 행동할 수 있을 때까지 즉, 건전한 의미로 중독될 때까지 노력해야 한다. 신체적인 건강함이란 지구력과 근력, 탄력성 등 힘을 기르는 것이지만, 영적 차원은 종교에 귀의해 안정을 찾는 것이다. 문학이나 음악에 심취하여 평온을 찾는 것도 하나의 방법이다. 정신건강은 규칙적으로 책을 읽는 습관이 중요하다. 개인적 생각이나 경험, 지식을 통해 끊임없이 통찰하면서 심신을 단련해야 한다. 때론 동화될 수 있는 봉사활동으로 내면의 변화를 창조해야 한다.

여덟째, 참된 변화는 내면에서 시작된다. 조경사가 썩은 나뭇가지를 잘라주는 것은 나무가 건강하게 자라도록 하는 것이다. 보여주기 위한 조경이나 응급처치가 아니라 근본적인 문제 원인을 해결하는 것이다. 사고하는 자세와 행동에서 태도를 바꿀 수 있듯이 기본적인 패러다임의 전환으로 성과를 달성할 수 있다. 상대방을 이해하고 노력하는 자세를 통해 상호 의존적인 상황 속에서도 쇄신이 가능해진다.

2) 외식사업자란?

사업자는 음식업에 대한 고정관념을 버려야 한다. 경험이나 상식에 따른 감성이나 충동적인 자세는 도움이 되지 못하기 때문에 다음과 같은 마음가짐을 요구한다.

첫째, 특정 상권에서 잘되는 업종, 업태가 따로 있을 거라 생각해서는 안 된다. 레스토랑의 수명주기는 갈수록 짧아지고 있다. 개인적인 편의성이나 이동수단의 발달로 어디든지 방문할 수 있다. 정보 또한 빠르게 습득할 수 있어 특정 지역의 우월적 지위는 시간이 지나면서 변하게 된다. 전국이 하나의 상권으로 이용된 지 오래되었다. 고객욕구를 정확하게 충족시켜주는 것이야말로 시장에서 살아남을 수 있는 유일한 방법이다.

둘째, 이전에 알고 있던 지식이나 경험, 영업방법, 기술을 과신하지 말아야 한다. 한식 레스토랑의 입구는 기와집 형태의 목재 대문에 대들보가 보이는 선명한 천장, 한지공예나 서예체, 대나무 문살, 태극문양, 나무껍질 모양의 도배지, 좌식테이블이거나, 일식은 카운터서비스 방식에 하얀 가운의 높은 모자를 쓴 조리장이 초밥이나 생선회를 고객이 보는 앞에서 직접 조리하여 서빙하는 입식 또는 좌식 테이블, 1인 식기와 1인분의 식사로 제공되는 것이라는 선입견을 버려야 한다. 중국식 레스토랑은 입구에서부터 붉은색을 사용하여 기둥이나 카운터, 벽면에 용이 승천하는 실내장식을 즐겨 사용한다는 상식은 파괴되어야 한다.

셋째, 우수한 셰프만 있으면 언제든지 성공할 수 있다는 생각은 버려야 된다. 레스토랑 경영은 기대에 미치지 못할 수 있다. 어떤 메뉴가 인기 있는지, 어떻게 경영해야 되는지, 어떠한 시기에 교체해야 될지 궁금할 때가 있다. 경력이 뛰어나다 해도 한식, 양식, 일식, 중식 모두를 잘할 수는 없는 것처럼, 한식에 경험이 많은 주방장이라도 육류나 해산물의 탕, 찜, 찌개 모두를 잘할 수는 없다. 소고기, 돼지고기를 잘하더라도 냉면까지 잘할 수 있는 요리사는 별로 없다. 요리는 마음만으로 쉽게 실력이 늘어나지 않기 때문이다.

넷째, 오픈하자마자 투자금과 이익을 환수할 수 있다는 생각을 버려라. 많은 사람들은 문을 열자마자 매출이 발생하며 손님이 몰려올 것으로 생각한다. 점포와 메뉴를 알리는데 많은 시간이 걸리며 직원들도 손발이 맞아야 한다. 세련된 접객서비스를 제공하기 위해서는 고품질로 인정받을 수 있는 시간을 필요로 한다. 최선을 다한 노력과 정성은 3개월이 지나면 성공 가능성을 예상할 수 있다. 이러한 과정을 통해 손익분기점에 도달할 수 있는 시간적 범위를 계산할 수 있다.

다섯째, 매뉴얼이나 시스템에 집착하지 말라. 패스트푸드, 패밀리, 이탈리안 레스토랑 등의 다국적 프랜차이즈 기업들은 매뉴얼에 따라 운영되므로 콘셉트를 중요시한다. 가맹점을 모집할 때도 관리시스템을 바이블처럼 신봉한다. 시스템은 레스토랑 경영에 있어 하나의 툴(tool)이지만 특화될 수 있는 전략은 못된다. 전국 규모의 프랜차이즈 기업에서 통일된 경영은 언제 어디서나 같은 맛과 품질을 느낄 수 있는 서비스방식이다. 개성을 중시하는 시대에서 특화할 수 있는 아이템이나 매뉴얼, 분위기, 서비스방법을 찾아야 한다. 초일류기업들이 지향하는 것은 무한수준의 서비스를 제공한다는 점이다.

(1) 성공 창업자의 기업가정신

『세계를 움직인 경영자들』에서 김성수 교수는 기업가정신을 '정신의 차이'라 했다. 성공한 사업자는 도전과 개척정신, 근검절약, 신용 제일주의로 경영하는 반면, 실패한 사업자는 탐욕과 낭비, 불성실, 신용결여, 피해망상, 인내력과 도전정신, 개척정신 부족을 제시하고 있다. 대한민국의 대표기업가를 소개하면 다음과 같다.

유일한(유한양행), 이병철(삼성), 정주영(현대), 구인회(LG), 최종현(SK), 김향수(아남산업), 신용호(교보생명), 조중훈(한진), 롯데(신격호) 등 국내 기업 창업자와 빌게이츠(마이크로소프트), 스티브잡스(애플), 손정의(소프트뱅크), 잭 웰치(GE), 워렌버핏(버크셔해서웨이), 앤드류 카네기(카네기 재단), 록펠러, 아이아코카(크라이슬러), 포드(포드자동차), 혼다쇼이치(혼다), 마쓰시다 고노스케(마쓰시다전기), 이나모리 가즈오(교세라) 등 세계적 경영자들의 사례를 소개하면 다음과 같다.

유한양행 유일한 박사 / LG(금성사) 구인회 회장 / 현대그룹 정주영 회장 / 교보생명 신용호 회장(왼쪽부터)

삼성그룹 이병철 회장 / 선경(SK)그룹 최종연 회장 / 아남그룹 김영수 회장 / 조중훈 한진그룹 회장(왼쪽부터)

유한양행의 창업자인 유일한 전 회장(1894~1971)은 1936년에 국내 최초로 '종업원지주회사'를 실시했다. '68년 기업을 공개한 선구자적인 경영자로 회장에 물러나면서 혈연, 지연관계가 전혀 없는 전문경영인에게 회사를 넘겼다. 기업탈세가 횡행했던 '67년 세무조사에서 1환도 틀리지 않았을 정도로 납세정신이 투철했다. 삼성 이병철 전 회장(1910~1987)은 현대화 추구와 사업보국, 인재 제일주의, 일등주의, 기술혁신을 기업가정신으로 삼았다. '69년 삼성전자 설립에 이어 중화학공업, 반도체, 컴퓨터, 조선, 정밀기계, 유전공학, 항공산업 등 미래의 기업환경을 신속히 파악하여 대한민국 최고의 기업으로 성장시켰다.

정주영 전 현대회장(1915~2001)은 구두 한 켤레로 10년을 신을 정도로 근검절약하며, 기업이 쓰러지더라도 신용과 약속을 중요하게 생각했다. '신용 제일주의'를 기업가정신으로 삼았다. 소떼방북의 이벤트와 폐유조선으로 바다를 메우는 공법 등 기발한 창의력과 아이템은 빼놓을 수 없는 덕목이다. 사업가의 행동양식과 전략에서도 경영에는 왕도가 없으며, 99.9%가 노력의 산물이라는 철학을 발견하게 된다.

(2) 세계적인 사업가와 기업가정신

사업자 중에서 어려운 가정환경을 극복하고 세계 최고의 자리에 우뚝 선 인물들은 무수히 많다. 그 중에서도 대표적인 인물을 소개하면 다음과 같다.

자료 : 네이버 인물정보

첫째, 마이크로소프트(MS) 창업주인 빌게이츠의 본명은 윌리엄 헨리 게이츠3세(William Henry Gates3)이다. 1955년 10월 28일 시애틀에서 변호사인 아버지와 교사인 어머니 사이에서 태어났다. 시애틀의 명문사립 중·고등학교인 레이크사이드에서 13세의 나이로 처음 컴퓨터를 접하고, 17세에 중·고등학교 2년 선배인 폴 앨런과 'Traf-O-Data'를 설립했다. 시내 교통량을 기록하고 분석하는 소형 컴퓨터를 생산했으며, 하버드대 2학년(1975년)인 19세에 중퇴하여 폴 앨런과 마이크로소프트(MS)사를 설립했다.

개인용 컴퓨터(PC)의 성장을 예측하고 컴퓨터의 언어프로그램인 'BASIC'을 개발했다. 포드린 등 후속 프로그램의 출시로 '78년 매출액이 100만 달러를 넘어섰다. 세계적인 소프트웨어가 된 계기는 '90년대 초반에 개발한 그래픽 환경을 지원하는 Windows 3.1의 성공에서 시작되었다. 이후 윈도 95, 98, 2000, XP 등 컴퓨터 운영체제(OS)를 개발하면서 시장을 독점한 MS사는 지난 10년간 연평균 수익률이 39%를 기록할 정도로 초고속 성장을 거듭했다. 빌게이츠는 '99년 4월 MS사이 독점금지법 위반 판결 이후 백악관 정보화 회의에 참석하는 등 정치인들과 친분관계를 다지면서 재판에 임했지만 결국 패했다. 여론무마를 위해 하버드시절 친구이자 공동창업자인 스티브 발머에게 사장 겸 최고 경영자직을 물려주고 경영일선에서 물러났다.

'94년 MS직원인 멜린다 프렌치와 결혼, 딸 제니퍼 캐더린 게이츠와 로리 존 게이츠를 두었다. 2008년 6월 27일, 33년 간 이끌어오던 마이크로소프트를 떠나는 것은 시대를 종언

하는 사건이었다. 본사의 컨퍼런스 룸에는 부인과 세 자녀, 800여 명의 임직원 앞에 넥타이 없는 셔츠로 무대에 섰다. "MS가 하는 위대한 일들을 생각하지 않은 날은 내 인생에 단 하루도 없다. 큰 변화가 일어나는데 이를 놓치는 경우가 있다. 그때는 훌륭한 인재를 투입하지 않았을 때이다. 우리는 실수를 했으며, 실수에서 끊임없이 배워가면서 많은 업적을 남겼다. 중요한 것은 규모의 확대가 아니라 민첩해지는 것이다. 예측은 여러 번 틀린 적이 있다. 저의 부재는 다른 사람들의 두각을 나타낼 수 있는 좋은 기회가 될 것이다. 뭔가 새로운 일이 나타날 수 있도록 해야 한다."

게이츠의 제2인생은 돈을 쓰는 것이다. 2000년에 설립한 빌앤멜린다 게이츠재단(Bill & Melinda Gates Foundation)을 통해 기부사업을 펼치고 있다. 공공도서관, 고속통신망 개선 7백만 달러, 대학생 장학금 5억 달러, 중국의 결핵 퇴치 3천300만 달러, 소아마비 퇴치 3억 5,500만 달러, 빈곤층을 위한 모바일 금융서비스사업 1억2,500만 달러, 결핵 백신개발 연구 8,300만 달러, 말라리아 백신 개발연구 1억7천만 달러, 어린이 치료약품 연구비 970만 달러, 빈민지역 교육환경 개선 18억5,000만 달러, 저소득 장학사업 16억 달러 등 세계 최대의 기부자로 활동하고 있다. 저서로는 『빌게이츠 @ 생각의 속도』, 『미래로 가는 길』 등이 있다.

둘째, GE(General Electric Company)의 잭 웰치(Jack Welch)이다. GE의 회장 및 사장을 지낸 경영인으로 매사추세츠 대학을 수석으로 졸업하고, 일리노이대학에서 화학 공학박사 학위를 취득한 뒤 GE의 플라스틱 부문에 입사했다. 33세에 GE 역사상 가장 젊은 사업담당 총괄관리자가 되었으며, 부회장을 거쳐 '81년 45세의 나이로 8대 회장에 취임했다. 취임 후 1백20억 달러였던 회사의 가치를 몇 십 배로 올려놓아 '경영의 귀재'로 불렸다. '81년 산업관련 판매회사로 매출액이 279억 달러였으나 이후 우주산업, TV, 금융업 등으로 진출하면서 2010년 기준 1,500억 달러 이상의 거대기업으로 성장시켰다. 이러한 경영능력으로 영국의 〈파이낸셜 타임지〉가 선정한 '세계에서 가장 존경받는 경영인과 기업인'으로 2년 연속 선정되었다. 취임 이후 국제시장에서 1, 2위를 다투는 사업만을 남겨놓고 GE의 대부분을 구조 조정했다. 핵심사업, 첨단기술 분야, 서비스사업

자료 : 잭웰치의 '승리의 조건'

3개로 정리했으며, 취임 당시 170개에 이르던 사업부 중 110개를 정리했다.

십년 후인 '91년 GE는 IBM을 추월하여 미국에서 가장 가치 있는 기업이 되었다. 그는 최고의 정상만을 고집하는 NO.1, 2의 원칙에 따라 통합된 다양성, 세계화, 기업문화, 벽 없는 조직, Work-Out, 스트레치 목표, 변화 가속화 운동, 6-시그마 품질경영' 등 탁월한 경영철학으로 지속적인 혁신운동을 펼쳐 세계 초일류기업이 되었다. 회장에서 물러난 후 현재까지도 세계 최고의 경영인으로서 영향력을 발휘하고 있다. 속도(speed), 자신감(self-confidence), 간결함(simplicity)으로 요약되는 3S 리더십으로도 유명하다. 취임 후 5년간 10만 명의 직원을 해고하는 감량경영으로 '80년대 초 미국에 불어 닥친 리스트럭처링(구조조정) 바람을 주도했다. 피도 눈물도 없는 중성자(neutron) 잭이라는 별명을 얻었으며, 2001년 9월 제프리 이멜트(Jeffrey R. Immelt)에게 회장직을 물려주었다. 『가슴으로부터의 고백(Jack : Straight from the Gut)』을 출간했으며, 『끊임없는 도전과 용기』는 베스트셀러로 전 세계 경영계의 우상으로 추앙받고 있다. 현재 스트레이어 대학교에서 설립된 잭 웰치 경영연구소 소장을 역임하고 있다.

셋째, 크라이슬러사의 아이아코카(Lido Anthony Lacocca)는 미국의 기업경영자이다. 펜실베이니아주 앨른 태생으로 남부 이탈리아 출신의 아버지는 자동차 대여업자였다. 어려서부터 차에 관심이 많아 리하이 대학에서 산업공학을 공부하고 프린스턴대학에서 기계공학을 전공했다. 45년 포드사에 입사하여 56년부터 워싱턴지역 세일스맨으로 두각을 나타내기 시작했다. 60년 부사장 겸 사업부 총지배인으로 승진했으며, 이때 스포츠형 승용차 '무스탕'을 개발했다. 65년에는 승용차 및 트럭부문 부사장으로 포드사의 황금시대를 이루었다. 69년 S.M. 누드센 사장이 해임되자, 70년부터 포드사장이 되었다. 포드 2세와의 의견 충돌로 78년 해임되었다. 이후 크라이슬러사 재건을 위해 사장(1978), 회장(1979)으로, 85년에는 한국을 방문했다. 86년 자유의 여신 · 엘리스섬 수복재단 회장을 역임했으며, 자서전으로 『아이아코카』는 베스트셀러가 되었다.

자료 : Iacocca의 자서전

넷째, 미국의 자동차왕 헨리 포드(Henry Ford, 1863～1947)이다. 1903년 포드의 첫 차

'A형'을 출시하여 본격적으로 판매에 들어갔다. 광고 문구에서 "우리는 대중을 위한 자동차를 만들겠습니다. 가족이나 개인이 운전 또는 정비가 쉽게 기술을 총동원하여 단순하면서도 최고의 성능과 재질의 차를 만들겠습니다. 가격은 봉급생활자라면 누구나 구매할 수 있을 만큼 싸게 팝니다." T형 자동차 생산에 들어가면서 내세운 광고이다. "앞으로의 포드 자동차는 같은 모양과 성능을 갖게 되며, 색깔만 고객이 원하는 대로 선택할 수 있다."라고 선언했다. 포드의 대담한 결정에 가장 환호한 사람들은 미국의 일반 국민이 아니라, 경쟁자들이었다. "망하려고 작정했군!" 존재하지도 않는 시장을 바라보면서 불가능한 목표를 세웠다는 것이다. 자동차는 사치품이며 소수의 부유층만 가질 수 있는 특권이다. 그들은 단순함을 싫어하며 개인적 취향에 따라 이것저것 선택할 수 있는 옵션을 바란다. 싼 가격에 성능 좋은 자동차를 생산하는 목표는 근본적으로 말이 안 된다는 논리였다.

일반 대중을 위한 자동차 'T형' 앞에 선 헨리 포드

테일러의 '과학적 관리기법'을 도입하면서 노동자가 단 한순간에도 업무에 불필요한 동작을 하지 않게 설계했다. 1911년부터 컨베이어 벨트가 도입되었다. 부분적으로 사용되던 것을 처음부터 공장에 설치하여 끊임없이 돌아가는 벨트의 부품에 노동자들이 일렬로 서서 똑같은 작업을 반복하는 시스템을 만들었다. 작업속도가 비약적으로 빨라졌으며, 1908년에 노동자 한 사람이 연간 3대를 생산하였으나 1914년에는 19대를 생산할 수 있게 되었다. 생산비용이 줄어든 만큼 직원의 임금도 높아졌다. 노동자들은 일당 5달러를 받았는데,

동종업계에 두 배가 높은 임금이었다.

T형은 미국을 비롯하여 전 세계에 '마이 카 시대'를 열었다. 노동자를 비롯하여 소수의 귀족이나 부유층의 전유물이었던 역사를 마감하는 '혁명'이었다. 고속도로가 뚫리기 시작하면서 일주일 동안의 피로를 충전시키기 위한 주말문화가 주목받기 시작했다. 가족과 함께 자동차로 멀리 여행을 떠나는 풍경은 일상화되었다. 현대사회는 자동차가 없으면 아무것도 할 수 없다. 출근, 통학, 쇼핑, 레저 등 모든 것에서 함께 한다. 그는 자동차도, 컨베이어 벨트도, 과학적 관리기법도 처음으로 만들지는 않았다. 하지만 모든 것을 하나로 묶어 경영의 기적을 만들어 새로운 시대를 만들었다.

20세기 초 소수에게만 허락되었던 개인용 자동차를 만인의 것으로 대중화시킨 혁명은 컴퓨터가 대중화되는 혁명과 비교될 만큼 획기적이다. 소품종 대량생산의 시대를 접고 다품종 소량생산의 시대로 옮겨가게 했다. 그가 가졌던 신념, 노동조합과 복지국가에 대한 불신은 효율성만을 따지는 경영철학, 나치즘이나 반유대주의 성향 등 오늘날 대부분 낡았거나 혐오대상이 되었다. 하지만 이 세상은 기본적으로 포드가 만든 틀에서 돌아가고 있다. '기계'가 포드 것이라면 '디자인'은 포드 이후의 것이라 할 수 있다. 미국의 유머작가이자 배우였던 윌 로저스는 포드를 이렇게 말했다. "그가 우리에게 도움을 주었는지, 괴로움을 주었는지 알려면 백 년은 필요하다. 하지만 이것만은 분명하다. 그로 인해 우리는 완전히 다른 삶을 살고 있다!"

젊은 시절의 헨리 포드(왼쪽) / 토머스 에디슨과 함께. 왼쪽에 있는 이가 헨리(1929년)

3) 사업가의 마음가짐

레스토랑을 창업하려면 경영자로서 가져야 할 자세가 중요하다. 경영자는 어떠한 마음가짐을 가져야 할까? 고객의 마음을 읽고 그들에게 다가갈 수 있는 자세가 중요하다.

첫째, 경영자는 손님을 맞이하는 접객과정을 즐겁게 생각하며, 상호간의 커뮤니티를 통해 신나해야 한다. 사람들은 누구나 자신의 일에 만족하지 못한다. "남의 떡이 더 커 보인다."는 속담처럼 타인의 일을 부러워한다. 다른 일을 하면서 예전의 그 일이 좋았다는 것을 느끼게 된다. 음식업은 배고픔을 해결하는 장소적인 공간뿐만 아니라 건강과 친교, 비즈니스에 영향을 미친다. 고객들의 성향을 분석하는 습관이 중요하다. 그들은 조리하거나 서빙하는 직원들의 자연스러운 모습과 밝은 표정, 행동에서 즐거움을 느낀다. 구체적인 목표와 사명감을 가지고 열정적으로 일할 수 있는 분위기를 만들어 주어야 한다.

둘째, 레스토랑과 메뉴상품을 사랑하는 마음을 가져야 한다. 상품은 직원들의 애사심에서 그 가치가 발휘되며, 메뉴와 인테리어시설, 접객력 등 다양한 요소에서 평가된다. 점포가 번성하는 것은 고객의 재방문에서 가능하다. 직원들의 직무수행 모습을 당연시하거나 폄하할 수 있지만 한 사람 한 사람을 소홀해서는 안 된다. "어서 오십시오, 안녕히 가세요."의 한마디에도 진정성을 따지는 것이 고객이다.

셋째, 경영자는 겸손하면서 베푸는 마음을 가져야 한다. 현대사회는 PR시대이다. 많은 사람들은 자신을 비롯하여 점포나 회사, 단체 등을 부각시키기 위해 많은 시간과 노력을 아끼지 않는다. 세상을 살아가는 첫 번째 덕목은 겸손한 마음과 희생정신이다. 부족한 것은 채우려는 노력 속에서 성공이 가능하다. 힘들고 어려울 때일수록 모범을 보여야 한다.

예를 들어, 청소대행 프랜차이즈인 크리니트(Cleneat) 오훈 사장은 IMF 당시에 퇴직했다. 발전소에 근무하던 그는 퇴직 후 창업 아이템을 찾기 위해 해외 여행길에 올랐다. 아이디어를 물색하던 중 근무 당시 출장길에서 본 선진국의 청소대행업이 생각났다. 시장조사 후 한국에서 가능하다는 판단으로 뛰어들었다. 하지만 서류 속에 파묻혀 지내던 화이트칼라 출신이 청소사업을 한다는 건 말처럼 쉬운 일이 아니었다. 기존 청소업체 직원으로 들어가 업무를 익혔다. 해외의 각종 청소기구나 용품을 조사하여 차근차근 준비했다. 자신감은 생겼지만 영업이 문제였다. 큰 건물이나 기업은 인맥이 있어 뚫기가 힘들었다. 그는 자신의 장점을 살리기로 했다. 근무하던 발전소에서 그가 만든 매뉴얼은 보물처럼 시스템화 된 달인이었다. 제안과 관리를 중요하게 여기는 외국계 기업은 인맥이 아니라 실력으로 평가한다는 점이다. "발전소는 미세한 먼지 하나에도 큰 사고가 난다."는 것을 강조했다.

청소라는 낯선 분야에 발을 디딘지 10년이 지난 지금 과학적이고 체계적인 관리 덕분에 굵직한 기업들을 유치했다. 스타벅스 사보에 청소사업도 과학적으로 할 수 있다는 기사가 소개되었다. 현재의 프랜차이즈 청소대행 구조는 본부가 직접 수주하여 가맹점에 일을 나누어주는 형태이다. 하지만 매출 규모가 수십억대인 크리니트는 사업 초기에 흘렸던 땀으로 운영되고 있다. 2012년 사상 최대의 실직자를 기록한 요즘, 오훈 사장과 같은 창업자 정신이 그리워진다.

창업은 잃을 것도 많다. 하지만 두려워하면 아무것도 얻지 못한다. 잃을 게 많을수록 얻을 수 있는 것도 많아진다. 가진 게 없어도 가능한 것이 창업이다. 직업은 몸과 마음, 머리, 시간만 투자하면 가능하지만 창업에는 도전정신이 필요하다. 아이디어와 자본, 직원들의 능력이 결합하여 성과를 낼 수 있다. 과거에는 아이디어를 얻으려 해외로 나갔지만 인터넷이 발달한 지금 세계적인 이슈나 트렌드에 대한 정보수집이 한결 쉬워졌다. 안전한 사업, 손쉬운 사업만 생각하지 말고 큰 꿈을 달성하기 위해 더 넓은 바다로 뛰어들려는 사람들이 많아져야 건강해진다. 현대의 젊은이들은 기성세대와 달리 어려운 취업을 해도 좋아하는 일이 아니면 그만두는 사례가 많다. 그렇지만 21세기에 맞는 새로운 유형의 사업자가 많이 나올 것을 기대한다.

창업이 꿈이라는 대학생에게 "자녀가 게임만 하고 공부하지 않으면 어떻게 할 것인가?" 하고 물었다. "자녀가 좋아하는 일을 하게하며 공부를 강요하지 않을 거라."고 말했다. "공부를 못해 사회가 원하는 일을 하지 못하면?" 되물었더니 "게임 잘해서 성공할 수도 있다." 라고 했다. 게이머로 성공하려면 단지 좋아하는 것만으로 성공하기 힘들다. 장난처럼 하면 모든 것을 놓칠 수 있다. 열정으로, 치열하게, 훌륭한 게이머가 되어야만 성공할 수 있다.

4) 사업자의 경영전략

일요일에 영업하지 않으면서도 사회적으로 기여하는 칙 필레(Chick Fil-A)는 사업자 정신과 지역 커뮤니티 활동으로 성공한 대표적 기업이다. 닭고기 전문 요리 체인점으로 워싱턴 외 39개 주에서 1,600개점이 중서부, 남부 캘리포니아에 집중되어 있다. 1946년 트루엣 케시

(Truett Cathy)가 조지아주 하퍼빌에서 '드워프 그릴'을 창업했다. 이후 '드워프 하우스'로 바뀌면서 67년 애틀랜타 그린브라이어 몰에 첫 매장을 열어 대학 미식축구 행사인 피치 볼을 후원했다. 2006년에는 칙 필레 볼 경기를 주관하면서 규모가 커졌다. 창업자는 독실한 기독교인으로 회사운영에 영향을 미쳤다. 필레컵 골프대회(Chick-fil-a charity golf championship)를 정기적으로 개최하여 좋은 이미지를 심어주고 있다.

첫째, 주일은 일하지 않는다. 교회에 십일조를 지키듯 기독교 회사로 이윤의 일부분을 사회에 환원하고 있다. 주 중 5일의 전체 매출과 맞먹는 주말을 영업하지 않는다는 정책에 공감할 사람은 별로 없다. 철저한 품질관리로 맛을 향상시키며 일요일에 영업하지 않는데도 매출이 경쟁사보다 높다. 닭고기 품목과 기독교정신, 일요일에 영업하지 않는 것으로 유명하다. Dan Cathy는 아버지 Truett Cathy의 보수적 영향을 받아 사회적 공헌을 몸으로 익혔다. 트럼펫 주자로 'Mow Mow 악단'을 창단하여 연주와 지휘로 봉사하고 있다.

둘째, 지역사회에 공헌한다. 돈을 벌어서 사회에 공헌하기를 싫어하는 사업자는 고객을 끌어들이는 능력이 부족하다. 사랑으로 실천하는 이웃돕기 지원프로그램으로 지역사회 봉사활동을 실시한다. 애틀랜타에서 벌어지는 골프대회는 박세리 선수가 4회 연장전 끝에 호주의 셰니 워를 1타차로 제치고 20번째 우승을 달성한 곳이다. 창업자는 'Eat more chicken'이라는 자신의 성공담을 자서전에 담았다. 어떻게 고객에게 인정받으면서 생존할 수 있는지 영적 신념을 전달하고자 노력한다. 최고의 매출을 올리면서도 수천 명의 사람들에게 성공 가능한 희망을 줄 수 있을지 고민한다.

셋째, 새로운 고객의 확보보다는 기존 고객을 중시한다. 'Restaurant USA'와 인터뷰에서 성공 비결을 소개했다. "새로운 고객을 불러 모으기보다 이미 와있는 고객을 더 배불리 먹일 생각을 한다."는 것이다. "나는 할 수 있다."라는 자신감과 "하나님이 도와주신다."라는 신앙심으로 사회 곳곳에 베풀었던 자선행사들이 오늘날 칙 필레의 성공을 가능하게 했다. "작은 것부터 시작하라."는 지침서로 존경받고 있다. 1백 명 이상의 고아들을 장기적으로 양육하는 'win shape center foundation' 사업과 청소년들에게 체험학습을 제공하는 'win shape wilderness'를 운영하고 있다.

넷째, 원칙과 가치를 중시한다. 회사에 근무하는 전 직원이 기독교인이어야 한다는 규정은 없다. 그들이 교회를 다니건 말건 첫 오픈부터 지금까지 일요일에는 영업하지 않았다. 교인들에게 예배를, 교회를 다니지 않은 사람들에게는 가족 및 친구들과 오붓한 시간을 보내게 하는 것이다. 하루를 편하게 쉬게 하려는 의도였다.

다섯째, 리더십이 중요하다. 직원들에게 요리방법은 가르칠 수 있지만 성격은 바꿀 수 없다. 외식업에서 이직률 5% 미만으로 유지하는 것은 어렵다. 우수한 직원들은 성실한 자세와 접객태도를 보여준다. 이들의 생활이 안정되어야만 훌륭한 서비스가 가능하다. 직원 채용부터 어떤 사람을 뽑아야 할지 분명한 목적과 동기가 있어야 한다. 마지막으로, 친절은 싼 값으로 엄청난 이익을 가져다준다. 주변의 커뮤니티를 찾아 도와주며, 장학금 지급과 어려운 사람들을 지원하고 있다. 성공비결은 주위 사람들과 신뢰를 지키는 것이다. 행동을 실천하므로 자사고객을 잃지 않는다. 어떠한 경우에도 원칙을 중시한다. 따라서 이윤추구에 앞서 사람을 먼저 생각하는 것이 성공의 비결이다.

2. 창업자 능력과 자세

1) 창업자의 자세

창업자는 강인한 정신과 체력을 가져야 한다. 자신이 잘하는 기술을 바탕으로 적성에 맞는 업종과 업태를 선정하며 전문가적인 프로정신을 가져야 한다. 반짝 인기에 현혹되지

〈표 5-1〉 사업자의 지도력과 경영능력 차이

	지도력	경영 능력
사업계획과 경영능력	• 시장조사를 통한 계획서 작성과 예산을 수립한다. • 목표달성을 위해 구체적인 계획을 수립한다. • 자원을 효율적으로 배분하기 위한 정책과 책임, 권한을 제공한다.	• 기업의 방향을 제시한다. • 미래의 비전을 제시한다. • 목표달성을 위한 전략을 수립한다. • 환경변화에 대처할 방향을 제시한다.
인간관계 구 축	• 조직구성과 지휘체계를 설정한다. • 계획달성을 위한 조직도 설계와 인력을 배치한다. • 업무에 따른 책임과 권한을 부여한다. • 목표달성에 필요한 지침과 정책을 실시한다. • 조정과 통제수단을 개발한다.	• 지도자의 비전과 전략을 제시한다. • 조직구성원의 능력과 협력으로 팀워크를 구축한다. • 말과 행동을 실천하며 확인한다.
업무수행	• 관리와 통제를 통해 문제점을 해결한다. • 목표를 계획하고 성과에 대한 차이를 분석한다. • 차이발생에 대한 문제해결 방법을 모색한다.	• 동기부여와 사기진작으로 조직을 활성화시킨다. • 인력관리 문제점과 불평불만을 해소한다. • 자원문제 등 장애요인을 해결하려 노력한다. • 기대충족을 위한 목표를 설정한다.
결 과	• 집단을 통솔하는 리더역할을 한다. • 목표와 나아갈 방향을 제시한다.	• 변화를 수용한다. • 고부가가치를 창조한다.

않으며, 현실을 냉철하게 직시해야 한다. 발로 뛰는 시장분석으로, 목표 고객층이 누구인가를 확인해야 한다. 시장은 항상 변할 수 있지만 틈새시장은 존재하기 마련이다. 분명한 목적과 철학이 있다면 자신의 직무와 역할에 맞는 가능성을 찾을 수 있다. 포기하지 않는 집념과 끈기는 충분한 지식에서 굳건한 의지가 된다. 아무리 훌륭한 기술과 지식을 가졌다 해도 체력이 뒷받침되지 않으면 성공하기 힘들다. 전문가나 경험 많은 직원들을 채용하여 그 일을 대신할 수는 있지만 건강을 잃으면 모든 것을 잃게 된다.

경영에서는 자본력과 인력관리, 고객관리, 인간관계 등 문제점은 항상 생길 수 있다. 직원의 능력뿐 아니라 가족의 협조를 통해 해결할 수 있다. 그렇기 때문에 자신의 능력을 대신하여 실패를 줄일 수 있는 조언자가 필요하다. 보여주기 위한 겉치레가 아니라 진심으로 도와줄 수 있는 인맥을 만들어야 한다.

창업성공 포인트

- 팀 네트워크 : 동료 간의 의기투합이 중요하다.
- 경험(전문지식) : 잘 아는 것을 선택하라.
- 끈기 : 힘들더라도 포기하지 마라.
- 방향설정 : 할 수 있다는 목표를 찾아라.
- 신념 : 할 수 있다는 확신을 가져라.
- 창의성 : 새로운 트렌드를 학습하라.

(1) 창업에 필요한 요소는 무엇일까?

사업은 준비해야 할 게 한두 가지가 아니다. 예비 창업자들은 자본만 있으면 뭐든지 할 수 있다고 생각한다. 공적 · 사적 네트워크를 통한 방향 설정과 전문지식이나 경험, 신념, 끈기, 창의성 등이 필요하다.〈이데일리, 2013.6.1〉

첫째, 인적네트워크가 중요하다. 벤처캐피탈이 사업을 대신해주는 것은 아니다. 자금보다 팀의 네트워크가 중요하다. 멘토를 만나 조언을 듣고, 적임자를 찾아 팀을 구성하는 것에서 시작된다. 조나단 오트만스(Jonathan Ortmans)는 '2012 APEC 창업 컨퍼런스'에서 사업의 제1 조건으로 네트워크를 꼽았다. "세계경제의 회복은 창업자의 손에 달렸다."〈헤럴드, 2012.6.12〉 도전하는 창의적인 사람들은 불황을 타개할 것이다. 정부는 초당적으로 이들을 지원해야 한다. 초기 기업(Start-up)은 새로운 도전으로 침체기의 글로벌 경제에 활력을 불어넣을 동력이 있다. 새로운 성장과 고용으로 대기업도 중소기업도 아닌 설립 5년 이내의 창업자들이 그 일을 대신할 수 있다. 이들에게서 성장 잠재력이 나온다. 미국 · 유럽 등의 국가에서는 초기의 스타트 기업에 주목하고 있다.

둘째, 전문성과 경험이 중요하다. 마이크로소프트, 델 등 〈포춘지〉가 선정한 100대 기업의 2/3는 경기침체기에서 경제회복을 이끌었다. 기업가 정신과 잘 아는 전문성으로 불황을 극복했다. 현재의 청년 사업자들은 전 세계적으로 함께 일할 공동창업자를 찾는다. 상호간에 끈을 이어주거나 잠재력을 이끌어갈 능력자를 필요로 한다. 각국은 정부정책 방향이 바뀌고 있다. 한동안 집중되었던 인센티브 제공이나 규칙보다 창업에 필요한 멘토링, 자금 지원 프로그램을 지원하고 있다. 사업은 여러 가지 규제와 장벽을 없애는 것에서 시작된다. 창업은 경쟁할 대상이 아니라 상호간의 경험을 공유하면서 시너지효과를 낼 수 있다.

오트만스(Ortmans)는 한국기업의 창업 열기를 높이 평가했다. 한두 개의 기업이 아니라 창의성을 가진 많은 사람들과 아이디어를 공유하는 방법으로 개선하거나 혁신적인 마인드를 활용하는 것이다. 기업가 정신의 확산을 위해 유잉 매리안 카프만(Ewing Marion Kauffman)이 8억 달러를 기부하여 설립한 세계적인 민간기구이다. 창업의 네트워크 확산과 발전을 지원하는 정책으로, 2012년 1월 한국 청년기업가정신재단(KEF)이 카프만 글로벌 파트너 네트워크(KGPN : Kauffman Gloabl Partner Network)에 가입했다.

셋째, 방향설정이 중요하다. 이재성 인트라로스(intraros) 사장은 코트라(KOTRA)가 주최하는 글로벌 창업 · 취업 포럼에서 "창업할 때는 무엇을 할 것인가? 보다는 무엇을 할 수 있는가를 찾아야 한다." 했다. 속도를 내는 것보다 정확한 방향설정이 중요하다. 러시아에서 일회용 주사기를 만드는 회사를 창업하여 틈새시장 공략으로 기회를 잡았다. 현지전략을 잘 세워 도전한다면서 해외 창업도 결코 불가능한 것이 아니라는 것을 소개했다.

넷째, 신념과 끈기가 중요하다. 전설적인 해커로 소문난 노정석 아블라(ABLAR) 대표는 APEC 컨퍼런스에서 "창업의 성공요소가 무엇인가?"에서 "신념이 중요하다." 했다. 운은 누구에게나 찾아오지만, 다수 사람들은 운이 올 때까지 그 자리에서 기다리지 못한다. 운이 올 때까지 진득하게 기다릴 수 있는 신념이 필요하다. 스무 살 때부터 사업을 시작하여 16년간 네 차례 창업했다. 첫 번째 회사는 망했지만, 세 번째 회사는 구글에 팔았다. 기왕이면 잘 아는 분야에 뛰어드는 것이 성공확률을 높인다.

'98년 이 머신즈(e-Machines)라는 저가 컴퓨터회사를 세운 뒤 나스닥에 상장시켰던 송영길 부가벤처스(Booga ventures) 사장은 삼보컴퓨터에서 7년간의 경험을 밑천삼아 '이 머신즈'를 창업하여 1년 반 만에 1조원대 기업으로 성장시켰다. 방향과 신념도 좋지만 현실감각을 잃어서는 안 된다. 온라인 할인여행사 프라이스라인(Priceline) 닷컴의 창업자인 제프 호프만은 APEC 컨퍼런스에서 "만약 1,000달러의 가치가 있는 다이아몬드를 팔고 싶은데 그걸 만드는 기계 값이 2,000만 달러라면 이 사업은 당장 접어야 한다."며 사업의 효율성을 강조했다.

다섯째, 창의성이다. 새로운 생각이나 개념을 찾아내거나 기존의 틀을 새롭게 조합해 내는 과정에서 사회적 현상을 접목하는 것이다.

(2) 창업자의 경영능력

성공하는 창업자가 되기 위해서는 뚜렷한 철학과 소신이 있어야 한다. 경영자로서 대접받고 싶다면 조직구성원 모두에게 헌신하고 봉사해야 한다. 사업을 통해 축적한 부는 재화를 창출하는데 기여한 사람들에게 차별 없이 베풀어져야 한다. 구내식당에서도 최고경영자, 중역, 사원 등으로 나뉘어 식사한다면 위화감을 줄 수 있다. 주차공간이나 직원 휴게실 등 복지시설에 신경을 써야 한다. 아이템이나 기획, 신제품 개발 등의 실패를 평가절하해서는 안 된다. 그들에게 새로운 방법을 찾을 수 있는 기회와 분위기를 만들어 주어야 한다.

반면에, 조직의 규칙과 제도를 따르지 않는 사람은 관용을 베풀지 말아야 한다. 노력하지 않거나 비협조적인 직원에서 창의적인 아이템은 나올 수 없다. 환경변화에 신속히 대처할 수 있는 능력은 적극적인 자세와 애사심에서 가능하다. 실패에 굴하지 않으면서 도전하는 자세로 협동성과 창의성을 필요로 한다. 결론적으로, 기업의 조직문화는 하루아침에 이루어지는 것이 아니다. 구성원들에 대한 공정한 평가와 그에 따른 보상을 통해 신뢰가 형성된다. 책임과 권한을 통한 투명한 경영은 직원들의 자발적인 참여에서 성공할 수 있다. 경영자는 이러한 문화를 잘 구축할 수 있어야 한다.

2) 창업자의 지도력

성공적인 경영자가 되기 위한 노력은 정형화되어 있지 않으며, 유일한 모형이나 형식은 없다. 연구자들이 제시하는 성공 창업은 "사업자의 능력과 지도력이 중요하다."라고 충고한다. 지도력이란 조직의 집단목표를 달성하기 위해 리더자들이 기업조직을 이끄는 힘이다. 구성원들이 일치단결하여 자발적으로 참여할 수 있을 때 달성할 수 있는 목표를 말한다. 능력이란 태어나면서부터 가지는 유전적 힘도 있지만, 후천적인 학습이나 경험을 통해 향상시킬 수 있다. 동물 집단에서는 한 개체 또는 몇 개체의 집단을 이끄는 능력을 지도력이라 한다. 리더에 의해 질서와 통제가 유지되며 지위와 속성, 복종하는 구성원을 'follower'라 한다. 안정된 집단을 갖는 포유류 사회에서 이러한 지도력을 볼 수 있다. 영장류의 지도력은 수컷의 사회적 역할 가운데 하나이다. 가장 순위가 높은 한 마리 또는 몇 마리의 수컷이 그 역할을 수행한다. 집단 이동의 방향을 정하거나 외부의 적과 싸우기도 하며, 집단 내 질서유지행동을 한다. 이러한 지도력은 생활 속에서 발견된다.

하버드의 맥클렐랜드(McClelland)와 미시간대학의 아긴슨 교수가 연구한 '인간생활의 동기와 심리'에 대한 보고서에 의하면, 사람들은 필요에 의해 동기를 부여받으며, 그 욕구를 생성하는 세 가지 요소를 제시했다.

첫째, 성취욕구는 다른 사람의 능력을 초과하여 달성하고 싶은 욕구를 말한다. 스스로 설정한 목표에서 내실을 따지며 결정하게 된다. 이를 달성하는 과정에서 성취감을 느끼게 된다. 둘째, 힘의 욕구이다. 다른 사람에게 영향력을 행사하고 싶은 욕구이다. 특정인의 능력보다 앞서고 싶거나 더 높은 지위와 명성, 명예를 획득하는 것을 말한다. 셋째, 유대관계이다. 다른 사람과 우호적인 관계를 유지하면서 상호작용하는 과정으로 친목이나 화합을 의미한다.

GS숍의 장윤정 씨는 2만여 명의 고정 팬을 거느린 '방송교주'이다. 매주 금, 토요일 밤 그가 방송에 등장하면 콜센터 직원들은 바빠진다. 충성도 높은 고정 팬을 보유한 그의 카페는 다운이 될 정도나. 'show me the trend'와 뷰티 프로그램인 'show & show'를 운영하고 있다. 가격대가 높은 전자제품 판매가 아니면 나올 수 없는 매출액을 만들어내고 있다. 주얼리만으로 한 시간에 22억원의 매출액을 올리는 기록을 남겼다. 국내 · 외 국가 구별 없이 낯선 브랜드인 가방, 의류, 구두, 화장품 등 모든 산업의 상품을 히트시켰다. 성공비결은 무엇일까? 그의 강점은 친근함이다. 여성이면 누구나 꺼려하는 공주풍의 미모와 화려함을 가지는 일반적인 쇼 호스트가 아니라 카메라 앞에서도 당당히 맨얼굴로 세안하거나 덜 예뻐 보이는 걸 부끄러워하지 않는 모습에 공감한다. 진심으로 편안함과 동질감으로 직접 입어보거나 신어보면서 홈쇼핑 카메라에 리얼한 모습을 보여준다.

대화의 언어에서도 다른 모습을 발견할 수 있다. 카메라 앞에서도 친구들과 쇼핑하듯 자연스럽게 진행한다. "이 재킷은 스튜디오에서 보니까 무대 연출용이나 사교적 모임에서도 잘 어울리지 않나요? 주얼리는 ○○인데 괜찮죠?" 하는 등 쇼핑을 함께 하거나 친구들과 수다를 떠는 친근한 방식으로 판매하고 있다. 그에게도 시련은 있었다. 남에게 좋은 이미지를 심어주기 위해 긍정적인 자세와 행복 바이러스를 전파하고 싶다는 초심을 잃지 않았다. 초기에는 업무파악에 스트레스를 가져 원형 탈모현상이 생겼다. 이를 극복하는 과정에서 직업에 대한 철학과 목표가 생겼다.

첫째, 살아오는 과정에서 순탄하게 진행된 일은 아무것도 없다. 스스로 힘들고 어렵게 살아야 일이 해결되는 팔자라는 것이다. 3개 TV를 켜놓고 5개의 홈쇼핑 채널을 통해 선배들을 배우는데 게을리 하지 않았다. 3년이 지난 후에야 조금씩 업무의 테크닉과 역할을 알 수 있었다. 생방송이라는 특수성은 항상 긴장상태에서 대기해야 한다. 반복되는 일상에서 마음 놓고 있을 수 없는 어려움을 극복하는 방법으로 즐기는 배짱과 노하우가 생겼다.

둘째, 고객과 하나가 되는 리얼리티 쇼를 만들어라. 자정을 넘어 새벽으로 가는 패션방송에서 춤을 추거나 침구를 팔면서 마치 내방인 것처럼 이불 위에 드러누워 방송한다. 직접 입어보고 가방을 두르거나 파파라치 컷을 활용한 방식으로 사진을 찍는 모델로 자연스럽게 연출하면서 공감을 얻고 있다.

셋째, 홈쇼핑은 철저하게 시청자들과 심리적인 싸움을 해야 한다. 고객들에게 사고 싶다는 마음을 만들어야 한다. 여성 속옷을 판매할 때 남성의 마음을 파고들었다. 가정의 가장인 남편은 부인에게 무심하면서도 은근슬쩍 기념일과 생일을 챙겨 속옷을 사주고 싶어 한다는 자상한 면을 이용했다.

넷째, 공감할 수 있게 해야 한다. SNS를 이용한 트위트나 팬 카페 등 일상적인 생활모습을 그대로 보여주었다. 개인이 가지는 몸은 경쟁력이다. 진행자의 모습을 보면서 "나도 저 정도는 할 수 있겠다."는 생각이 들 수 있게 부담 없이 예쁜 것이 중요하다. 평소 외출할 때 자신이 파는 상품으로 코디한다. 거리에서 자신을 본 사람들은 실제 판매하는 옷과 가방, 구두를 보면서 놀라워한다. SNS를 통해 전국의 다양한 소비자들과 교감하면서 소통하는 것이 경쟁력이다.

다섯째, 육아양육을 이유로 자신을 포기해서는 안 된다. "여자는 약하지만 엄마는 강하다." 일보다 백배 어렵지만, 아이를 통해 상품을 이해하며 직업의식을 통해 다시 생각할 수 있다. 여성은 아이를 낳아 키우면서 경쟁력을 발휘한다. 감성자극으로 많은 세대를 아우르는 능력은 시대를 이끌어갈 수 있는 힘이 된다.

3. 성공 창업자의 특성

1) 열정과 적극성

기업을 설립하여 운영하는 것은 많은 어려움과 고통, 인내가 필요하다. 모든 일은 스스로 원인을 찾아 해결해야 하기 때문이다. 문제를 해결하는 것은 건강한 신체와 맑은 정신에서 가능하다. 가만히 앉아서 "시간만 지나면 해결되겠지?" 하는 무사안일 한 자세는 엄청난 비용을 지불해야 터득할 수 있다 사업은 열정을 가지고 적극적으로 뛰어들어야 한다. 노력하지 않은 사람에게 성공과 부는 주어지지 않는다. 그렇다고 열정만 있다고 성공하는 것은 아니다. 합리적인 사고와 판단으로 배우려는 자세가 중요하다.

2) 인내와 인간관계

성공한 사람은 강한 인내력을 가지며 목표를 향해 질주하는 본능이 있다. 그들은 여러 과정에서 일어날 수 있는 문제점을 해결하면서 능력을 키운다. 특정한 방법이나 수단, 기술에 집착해서는 안 되며, 대승적 차원에서 기업을 키울 수 있는 유연함을 가져야 한다. 레스토랑을 운영한다는 것은 세부 조직의 구성원들 모두가 합심하여 성장을 이끌 수 있다. 좋은 인간관계를 유지하고 운영함으로써 성과는 빛날 수 있다. 사업자는 궁극적으로 상호작용하는 유대관계 속에서 성공을 확신할 수 있다.

3) 책임의식과 합리적 해결능력

성공하는 사업자는 조직의 모든 일에 책임을 진다. 개인적인 일이나 공적인 업무, 조직원들의 실수에서도 합리적인 태도를 가진다. 창업자는 학습하는 자세로 지식을 쌓으며 창조하는 능력을 키워야 한다. 합리성은 기회를 포착하는 것에서 시작된다. 현실적으로 일어날 수 있는 문제점들을 미리 파악하여 실패를 줄이는 것이 지혜이다.

4) 문제 해결능력

사업자는 사소한 일에도 최선을 다한다. 그냥 지나치지 않으며 문제점을 찾아 이를 해결하려 노력한다. 과묵한 행동으로 말을 아끼면서 언행일치의 모범을 보여야 한다. 자신의 능력을 바탕으로 스스로 진단할 수 있으며, 개인적인 장·단점을 파악하여 적재적소에 활

〈표 5-2〉 창업자의 자가진단표

평가 요소	세부항목	① 매우 그렇지 않다	② 그렇지 않다	③ 보통이다	④ 그렇다	⑤ 매우 그렇다
창업자 적 성	① 창업에 대한 확고한 신념을 가지고 있다. ② 평소에 창업에 대한 관심을 가져왔다. ③ 기업가 정신을 가지고 있다. ④ 창업분야와 자신의 전공이 일치하다. ⑤ 가족 간의 이해와 지원이 가능하다. ⑥ 영업력 및 과거의 경영 경험이 있다. ⑦ 창업은 선택이며 궁여지책이 아니다. ⑧ 성공에 대한 확신을 가지고 있다 ⑨ 창업에 필요한 기술을 가지고 있다. ⑩ 시장조사를 통한 계획과 준비가 되어 있다.					
창업자 자 질	① 새로운 것에 대한 도전과 모험심을 가진다. ② 가능성에 대한 집념과 끈기가 있다. ③ 업무에 대한 추진력이 있다. ④ 외향적 성격을 가지고 있다. ⑥ 학창시절, 직장, 동호회 등 리더경험이 있다. ⑦ 상·하의 관계에서 예의와 포용력을 가진다. ⑧ 실패에 대한 두려움이 없으며, 지혜로운 성격이다. ⑨ 목표달성을 위한 인내력과 학습능력을 보유하고 있다. ⑩ 기본적으로 체력이 튼튼하고 건강하다. ⑪ 타인에게 의지보다 독립심이 강하다. ⑫ 모든 일에 항상 적극적이며 능동적이다. ⑬ 창업자로서 분명한 가치와 철학을 가지고 있다.					
창업자 경험과 지 식	① 창업분야에 경험을 가지고 있다. ② 관련업종에 맞는 학습능력과 지식을 보유하고 있다. ③ 창업에 필요한 기술과 자격을 가지고 있다. ④ 과거의 경험에서 신용과 신뢰성을 쌓았다. ⑥ 창업환경을 구성하는 인력과 인간관계가 좋다.					
창업자 업 무 수 행 능 력	① 개인, 조직원, 가족 모두의 부양과 책임감이 있다. ② 사업을 경영할 능력이 있다. ③ 어려움에 대한 극복방안과 의지력이 있다. ④ 조직구성원의 통솔력과 리더십이 있다. ⑥ 경영에서의 핵심기술을 보유하고 있다. ⑦ 외식기업의 서비스마인드와 향상방안을 알고 있다. ⑧ 사회적 트렌드와 흐름을 파악하고 있다. ⑨ 운영시스템과 인력을 확보하고 있다. ⑩ 경영환경의 개선노력을 분석할 수 있다. ⑪ 경영분석과 판단능력이 있다. ⑫ 새로운 변화에 대한 수용능력이 있다.					

용해야 한다. 자가진단표를 바탕으로 창업 가능성을 확인하며, 평가방법은 5점 기준으로 4점 이상이면 성공 확률이 높지만, 3점 이하면 창업을 깊게 고민해 봐야 한다. 하지만 이는 상대적 평가방법으로 절대적인 평가기준은 아니란 점을 전제하고 있다.

4. 실패한 창업자의 유형

1) 부성석 유형

"신용은 성공의 어머니이다." 실수는 누구에게나 일어날 수 있다. 말과 행동, 습관, 학습, 기술, 대화, 고객관계 등, 어떻게 해결하느냐가 중요하다. 같은 실수를 되풀이해서는 안 된다. 불성실한 태도는 고객에게 신뢰를 잃어 영향을 미친다. 동료들과의 험담, 회사비판, 고객 모략 등은 타인의 믿음을 저버리게 한다. 이를 회복하는데 많은 시간과 비용이 들어가지만 단골고객을 잃는 데는 1분도 걸리지 않는다.

2) 완벽주의 유형

스스로 완벽한 사람으로 자부하면서 지나치게 강조하는 사람들이 있다. 현실적으로 큰 문제가 아닌데도 문제를 확대 재생산하여 포장하거나 자신의 능력을 과시하는 유형이다. 때론 환경변화를 잘못 파악하여 큰 것을 잃을 수도 있다. 유연함을 가지는 것이 강함을 가지는 것보다 더 큰 덕목이 된다.

3) 인생의 성공자는 과정을 즐기지만, 실패자는 결과만을 따진다.

- 성공하는 사람은 시간의 가치를 소중하게 여기지만, 실패자는 이를 소홀하게 대한다.
- 성공하는 사람은 자유롭게 서로 주고받지만, 실패자는 모든 일에 인색하다.
- 성공하는 사람은 마음이 활짝 열려있지만, 실패자는 문을 꽉 닫고 산다.
- 성공하는 사람은 좋은 일을 기대하지만, 실패자는 나쁜 일을 걱정한다.
- 성공하는 사람은 모든 일에 최선을 다하지만, 실패자는 적당하게 일한다.
- 성공하는 사람은 주변의 많은 사람과 협력하지만, 실패자는 경쟁한다.

- 성공하는 사람은 남을 도울 것이 무엇인가를 생각하지만, 실패자는 바라기만 한다.
- 성공하는 사람은 가능성을 말하지만, 실패자는 안 되는 것을 이야기한다.
- 성공하는 사람은 구체적인 목표와 철학에 따라 행동하지만, 실패자는 적당히 타협한다.
- 성공하는 사람은 항상 깨어있지만, 실패자는 반사적으로 반응한다.
- 성공하는 사람은 남의 성공을 기뻐하지만, 실패자는 배 아파한다.
- 성공하는 사람은 의식적으로 도전하지만, 실패자는 현재의 일에 안주한다.
- 성공하는 사람은 마음을 비우고 현실을 직시하지만, 실패자는 집착하여 붙들려 한다.
- 성공하는 사람은 늦었다고 이야기할 때 시작하지만, 실패자는 늦었다고 포기한다.
- 성공하는 사람은 스스로 노력하지만, 실패자는 해주기를 기다린다.
- 성공하는 사람은 삶의 중요성을 인식하지만, 실패자는 회의적이다.
- 성공하는 사람은 좋아하는 일을 하지만, 실패자는 돈을 위해 일한다.
- 성공하는 사람은 모든 가능성으로 해결하려 하지만, 실패자는 지출만 걱정한다.
- 성공하는 사람은 신뢰로 자신감을 가지지만, 실패자는 걱정과 의심만 한다.
- 성공하는 사람은 목표가 분명하지만, 실패자는 되는대로 살아간다.
- 성공하는 사람은 자신의 기쁨과 기분에 충실하지만, 실패자는 의무감에 따른다.
- 성공하는 사람은 모든 일에 감사하지만, 실패자는 불만이 가득하다.
- 성공하는 사람은 모든 일에 충실하여 풍요롭지만, 실패자는 돈을 따지게 된다.
- 성공하는 사람은 있는 그대로를 인정하지만, 실패자는 불평불만을 계속한다.

02 창업 아이템

1. 창업 아이템 선정

아이템(item)은 한 단위로 다루어지는 데이터의 집합, 종목, 항목을 의미한다. 항목이나 품목을 말하는 것으로 재고관리의 한 방법으로서 사용되는 유닛 컨트롤(unit control), 즉 단위품목을 지칭하는 말이다.

외식사업의 아이템이란 업종과 업태에서 분류되며, 구체적으로 판매할 수 있는 메뉴상품을 의미한다. 창업자들이 제일 먼저 결정하는 것은 업종과 아이템이다. 개인 및 프랜차이즈, 전수창업에서도 어떠한 아이템으로 운영할 것인가를 결정해야 한다. 그러기 위해서는 시장의 다양한 정보에서 타당성을 검토한 후 결정된다. 성공적인 창업가가 되기 위해서는 아이템과 입지, 점포 등 조화를 통해 성공창업을 이룰 수 있다. 어느 한 부문이 뛰어나도 특별히 잘되는 것은 아니다. 상권과 입지는 창업의 외적 요소라면 아이템은 창업가의 능력으로 내부적 요소이다. 유망한 업종을 발굴하여 선정하는 것도 중요하지만 이를 운영할 수 있어야 한다.

부산진구 남산동에 자리 잡은 작은 호두파이 가게 '윤호두 파이하우스'는 한 때 H백화점 식품코너에서 잘나가던 점포였다. 고객에게 사랑받았지만 매장 수수료와 인건비 부담으로 결국 철수했다. 맛에 자신이 있어 3층 매장에 오픈했지만 고객은 쉽게 찾아오기 어려운 위치가 문제였다. 그는 온라인 장터인 오픈마켓으로 불리한 위치를 극복하였다. <한국일보, 2012.7.9> 캘리포니아 산 통호두를 사용하여 가정용 가스오븐으로 홈메이드(Home-made) 방식을 고수하여 80겹 이상의 파이층으로 고소한 맛을 살려냈다. 하지만 호두파이가 부서지지 않으면서 신속히 배송하는 것이 문제였다. 이를 극복하기 위해 포장의 흔들림을 줄였다. 오후에 만든 파이는 저녁 7시 택배로 전국적으로 배송한다. 주문 후 24시간 배송을 원칙으로 하며, 여름철에는 아이스박스에 얼음 팩을 넣어 품질관리를 강화했다. 입소문이 나면서 옥션과 G마켓에서 파이부문 1위를 고수하고 있다.

베이커리 구민서 대표도 유사한 케이스이다. 30년 이상 충남 논산에서 제과점을 운영했다. 지방까지 대기업 빵집이 들어오면서 위기감이 커졌다. 전북 익산 함열읍에 오프라인 매장을 열면서 온라인 판매도 함께 시작했다. 롤 케이크로 유명한 일본 제빵서적으로 기술을 향상시켰으며 버터, 커피, 쑥, 치즈, 코코아, 팥 등 6가지 종류의 케이크를 개발했다. 대기업 빵집보다 30% 가량 저렴한 가격이지만 재료 본연의 맛을 살린 덕분에 아이를 둔 주부들에게 선물용으로 인기이다. 이 가운데 온라인 매출이 60% 이상이다. 직접 재배한 고구마와 팥을 사용하여 믿고 먹을 수 있는 파운드케이크와 롤 케이크를 개발하였다.

동네 빵집은 2008년 8,153개, '11년 5,290개로 35.1% 줄어들었다. 같은 기간 대기업 빵집은 3,572개에서 5,290개로 45.1%나 늘어났다. 동네빵집 중 명품으로 유명한 리치몬드 제과점(홍대점)이 문을 닫아 개인 창업자에게 큰 충격을 주었다. 기로에 선 동네빵집들은 특화상품으로 새로운 돌파구가 절실한 상황이다. 프랜차이즈 빵집의 진출로 지역 상권은 축소되었지만, 중·소도시 빵집 200여 곳이 전체 매출의 70%를 차지하고 있다. 동네빵집도 오픈마켓을 적극 활용하여 시장성을 확보할 필요성이 있다. 동네빵집이 대기업 프랜차이즈점에 밀려 고사 위기에 처한 건 어제 오늘의 이야기가 아니다. 아무리 어려워도 차별화된 아이템과 서비스로 승부한다면 성공할 수 있다는 것을 보여주고 있다. 좋은 재료로 가격을 낮추며 온라인을 적극 활용하여 틈새시장을 공략해야 한다.

2. 아이템 선정사항

예비 창업자들은 메뉴 아이템을 선정할 때 고민하게 된다. 시장에 내놓아도 인정받을 수 있는 자신만의 기술이 있다면 큰 문제가 없겠지만, 외부의 도움으로 기술 종사자를 채용해야 한다면 수익을 맞추기가 어렵다. 상품이란 도입기를 지나 여러 과정에서 순환하게 된다. 지역별로 그 사이클은 다를 수 있다. 자신이 창업하고자 하는 상품이 어떠한 입장에 있는지 확인하는 것이 중요하다. 아무리 잘 팔리는 메뉴라도 성숙기에 있다면 경쟁자가 많을 뿐 아니라 얼마가지 않아 쇠퇴기에 접어들 수 있기 때문이다.

창업 유경험자들은 도입기를 지나 성장 초기의 아이템을 선택하기를 권유한다. 이러한 상품은 창업자의 지식과 능력, 자본의 지출을 줄일 수 있다. 사이클이 어떠한가? 현재의 위치와 특징을 파악할 수 있는 지혜가 필요하다. 아이템 선정이 완성되었다면 프랜차이즈 가맹점으로 할 것인가, 독립사업을 선택할 것인가, 전수사업을 선택할 것인가를 결정해야 한다.

첫째, 자신이 잘 아는 분야의 아이템을 선정하라. 경험을 바탕으로 운영하거나 기술력, 촉진전략, 인맥구성 등은 훌륭한 자원이 될 수 있다. 인간관계를 바탕으로 평소의 관심분야를 조언받거나 자문할 수 있다. 문제가 노출되었을 때 쉽게 해결점을 찾을 수도 있다. 세상은 무한대이다. 사람들은 아는 것만 혹은 의도한 것만 받아들이려 한다. 나의 의도와 상관없이 의지가 얼마나 강한가가 중요하다. 또는 세상과의 변화에 얼마나 맞추어 살아야 하는가에서 의문을 가져야 한다. 모든 사람들은 "자신에게 성공의 기회가 안 온다."라고 한탄하지만, 이들에게 이미 기회가 와 있다는 사실을 모르고 있을 수 있다.

둘째, 시장의 흐름을 파악해야 한다. 현재 성업 중인 메뉴가 무엇인지, 소비자들에게 인기 끌 수 있는 상품이 무엇인가를 확인해야 한다. 그러기 위해서는 경기상황과 동향, 소비자의 유행과 흐름, 국제정세를 통해 침투 가능성과 틈새시장을 확인해야 한다. KBS 〈시사의 창〉은 "빅 데이터"〈KBS 시사의 창, 2012.9.16〉가 하버드 심리학 교수가 연구한 심리영상에서 놀라운 사실을 발견했다. "인간은 아는 만큼 보인다."라는 것이다. 혹은 자기가 목표한 것이나 의도한 것만 보인다는 충격적인 영상이다. 현대는 '빅 데이터' 시대로 비즈니스를 바꾸고 있다. 스마트폰의 혁명과 데이터 저장능력, 전송기술의 발달로 사람들의 일상적인 행동이나 습관을 활용하고 있다. 과거에 수집하기 어려웠던 미시적인 정보까지 수집하여 활용 가능하기 때문이다. 앞으로는 더 많은 영역에서 빅 데이터를 얼마나 잘 활용하는가에서 승패가 결정될 것이다.

IBM의 CEO 버지니아 로메티는 '빅 데이터시대'가 가져올 충격과 변화를 암시하고 있다. "미래의 기업 환경은 고객을 더 잘 이해하는 차원을 넘어 스스로 깨닫지 못하는 잠재된 욕구마저 찾아내어 제품화하며, 서비스하는 기업만이 살아남을 수밖에 없다."라고 했다. 등심과 꽃 등심에서 사람들의 생각 속에 숨은 '살살 녹는다'라는 미묘한 정서의 차이를 보지 못하거나 감기약을 만드는 제약회사가 '감기에 걸리면 서럽다'는 환자들의 숨은 정서까지 찾아내지 못한다면 판매하기 힘들다. 예전보다 훨씬 똑똑해지거나 변화무쌍해진 소비자들의 숨은 욕구를 만족시킬 수 없다면 성공할 수 없게 된다. 기업의 운명을 결정지을 거대한 패러다임으로 경쟁에서 까다롭거나 복잡한 소비자에게 한 번의 잘못된 의사결정은 운명을 가를 수 있다. 불확실한 시장 환경이 만들어지면서 구글, 야후, 마이크로소프트사, 아마존, 애플, 삼성, 페이스북 등 중요성을 인지한 글로벌 기업들은 이미 '빅 데이터'를 선점하여 그 가치를 높이기 위해 각축전을 벌이고 있다. 핵심서비스를 무료로 제공하면서 그 대가로 천문학적인 양의 데이터를 축적하고 있다.

한국은 IT강국으로 불리지만 빅 데이터에 대한 인식과 활용수준은 미흡하다. 이를 다룰 수 있는 지식과 인력기반도 취약하다. 그 충격은 아이폰의 등장으로 시작된 스마트폰에서 시작되었다. 혁명 이상의 파괴력을 보일 것으로 예상되며, 스마트폰의 수명은 2~3년에 불과하지만 수집된 자료의 가치는 수십 년간 지속될 것이다. 기업 내부에 산재한 데이터뿐 아니라 페이스 북이나 트위터를 통해 쌓여가고 있는 사소한 잡담이나 동영상, 사진들을 비롯하여 실시간 보행자의 정보를 취합한 CCTV, 차량 블랙박스 등 시시각각 축적되는 정보는 빅 데이터의 양과 형태로 헤아릴 수 없을 만큼 많아지고 있다. 경험과 직관, 관행과 감(gut)에 의존해왔던 기존의 경영은 새로운 패러다임이 만들어내는 변화 앞에서 위기를 맞고 있다. '사람'을 향하는 기술이 끊임없이 발전하면서 정보가치는 새로운 기회로 다가온다. 국내 · 외 활용사례를 통해 정보화시대가 가져올 충격과 변화에 대비해야 한다.

셋째, 전문성을 가지며 고감도 아이템을 선점해야 한다. 시장에 인기 있는 상품이라도 지식과 기술이 없다면 계속적으로 영업하기 어렵다. 기존의 상품이나 성능, 디자인을 개선하여 실생활에 활용할 수 있어야 한다. 레스토랑에서는 직원들이 설명하여 권유할 수 있는 전문지식이 있어야 한다. 그러기 위해서는 자격증, 노하우, 판매기술 등을 습득하며, 그에 따른 소비자의 거부감을 줄여 친근하게 다가올 수 있는 능력을 키워야 한다.

넷째, 수명이 짧은 아이템은 피하고, 유통 흐름과 소비과정을 관찰해야 한다. 게임방은 유행이 짧은 대표적인 아이템이다. PC방이나 노래방을 대체할 아이템으로 인기를 끌었지만 사행성 조장과 안전성 문제로 잠깐 인기를 끌었다 소멸했다. 짧은 순간 강한 빛을 발하는 아이템은 성공 확률이 낮아 사라지기가 쉽다. 조금만 인기가 있으면 불나방처럼 뛰어드는 외식시장에 경쟁우위를 차지하기 위해서는 전문성 외, 추가적인 능력을 키워야 한다. 사업은 부딪히면서 배워간다지만 개인의 적성이나 학습을 통해 연습할 여유가 없다. 부단히 노력하지 않으면 성공하기 힘들다.

다섯째, 아이템의 상품력을 가져야 한다. 누구나 좋다고 생각하는 아이템은 피하는 것이 좋다. 2004년 선풍적인 인기를 끌었던 파 닭은 상권 안에 여러 개의 프랜차이즈 가맹점이 뛰어들면서 초기의 창업자 외, 폐업의 쓴맛을 보게 되었다. 누구나 좋다고 생각하는 사업은 쉽게 할 수 있는 아이템으로 경쟁자가 많다. 특정 능력을 가진 점포만이 경쟁력을 가질 수 있다. 레스토랑에서 상품자체가 고객에게 줄 수 있는 편익이 무엇인가를 확인해야 한다. 맛, 양, 가격, 분위기, 조망권, 이용목적에 맞는 공간 활용성, 신속성, 편의성 등 구체적으로 줄 수 있는 가치가 있어야 한다.

여섯째, 확인되지 않은 아이템은 피해야 한다. 프랜차이즈 본사가 추진하는 마케팅 촉진 전략의 규모와 광고횟수, 비용에 따른 효과는 의문시된다. 예를 들어, 전기밥솥은 압력밥솥이 처음 나왔을 때 밥솥만을 전문적으로 생산하는 기업임에도 중소기업이라는 이유로 소비자의 신뢰를 얻지 못했다. 김희애라는 스타를 모델을 기용하여 TV 화면에 대대적으로 광고함으로써 주부들에게 참신한 이미지와 긍정적인 모습이 어필되어 밥솥 브랜드로 자리 잡게 되었다. 좋은 아이템이나 수익성이 있어도 전국적인 인지도를 확보하는데 많은 광고와 홍보의 촉진비용이 들어간다. 아이템 선정은 창업의 성공과 실패를 결정할 수 있다. 충동적이거나 조급한 마음을 버리고 철저한 조사를 통해 준비되어야 한다.

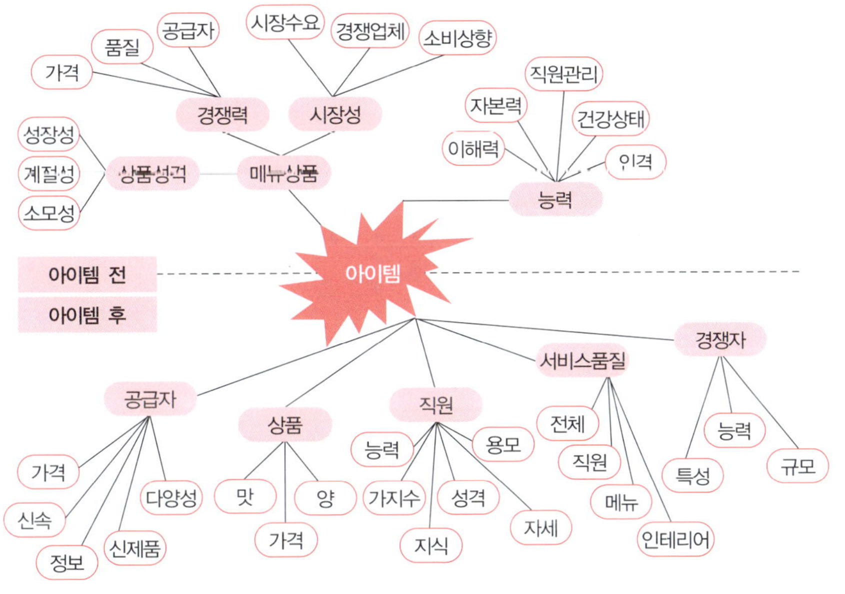

그림 5•2

아이템 선정 전·후

CASE
"공짜 화장품 샘플로 월 2억을 버는 소셜 커머스계의 봉이 김선달!"

유명 화장품회사의 고가 샘플을 공짜로 구입한 뒤 월 2억원의 매출을 올리는 이가 있다. 화장품 전문 스크립션 커머스(scription commerce) 업체이다. 일정액의 월 회비를 내면 알아서 상품을 골라 정기적으로 보내주는 새로운 방식이다. 사업을 시작한지 3개월 만에 1만 명의 유료회원을 확보했다. 알짜 정보를 선점하여 전해주는 신문처럼 까다로운 안목으로 전문가들이 제품을 골라주는 모델로 승부했다. 공짜로 물건을 받아 판다는 아이디어는 세계적인 지인을 통해 얻었다. 화장품은 록시탕(loccitane), 겔랑(guerlain), 비쉬(vichy)같은 유명회사 10여 곳에서 무상으로 제공한다. 화장품 회사와 이해관계가 맞아떨어진 결과이다.

2012년 2월부터 공짜 견본(샘플)을 소비자에게 제공하지 못한다는 것을 법으로 제정했다. 화장품회사들은 소비자가 아닌 서브스크립션 커머스업체에 무료로 제공하고 회사가 이를 유료로 전달하는 것은 가능하다. 회사 입장에서 중간에 미미박스가 끼면 샘플을 무료로 제공하는 것과 같은 효과를 누릴 수 있다. 화장품회사가 특정 회사를 활용한 것이다. 공짜로 얻은 화장품을 판매하지만 매월 1만6천5백원의 회비를 받으면서 회원들에게 보내는 양은 10만 원어치 정도의 샘플과 상품을 담고 있다. 소비자는 시가의 20%도 안 되는 회비로 구매한 셈이다.

초기에는 어려움이 많았다. 회사대표 전화로 무작정 담당자를 연결해달라고 하였으나 모두에게 거절당했다. 손수 포장하여 홍보를 강화했으며, SNS를 활용한 입소문에 주력했다. 비용을 줄인 결과 첫 달부터 이익을 내기 시작했다. 시간이 흘러 새로운 판매기법으로 소개되면서 유명브랜드 기업에서 먼저 화장품을 대주겠다는 제안이 들어왔다. 서비스 폭을 넓혀 아기용, 남성용, 군인용으로 확대할 계획이다. 유기농 농산물 업체에서도 같은 비즈니스 모델을 활용하고 싶다는 연락이다. 소비자들에게 가치 있는 정보와 상품을 제공하는 것이 지속적으로 성장하는 비결이다.

중앙일보 2013.4.12

서브스크립션 커머스(Subscription Commerce)

월간지를 정기구독하면 매달 잡지가 배달되어 오는 것처럼, 매달 일정회비를 내면 화장품 등을 배달해 주는 판매기법이다. 2010년 미국에서 시작된 버치박스(Birch Box)가 대표적인 업체이다.

3. 아이템 선정원칙

아이템이란, 특별한 것이라고 생각하는 사람들이 많다. 주위의 일상생활 속에서 작은 불편함이나 불만족스러웠던 경험에서 이를 해결하는 과정에서 훌륭한 아이템이 된다. 크고 작은 일에서 존재하며, 메뉴개발과 직원관리, 물류시스템, 구매과정 등의 불편함에서 아이템이 된다. 직장생활에서 일어나는 출근과 근무과정, 퇴근단계 등을 유심히 관찰하는 습관에서 불편함을 찾을 수 있다. 이러한 아이디어를 소개하면 다음과 같다.

첫째, 변화의 흐름을 파악해야 한다. 트렌드를 확인했다면 세부적으로 발생하는 변화를 감지하는 것이 중요하다. 현대는 스마트폰 시대이다. 모든 일을 대신할 수 있는 스마트폰

기능은 언제 어디서나 필요한 정보와 기술, 지식으로 해결할 수 있다. 또한 부가적인 아이템으로 자신의 개성과 특성을 살려 타인들과 쉽게 공유할 수 있다.

둘째, 상품의 다양화이다. 생활 속에 불편함을 느낄 수 있다. 디자인이나 색상이 진부하여 식상할 수도 있으며, 대체상품을 구할 수 있다 해도 상용화하는 데는 한계가 있다. 외식업은 기존의 메뉴에서 부가적인 식재료를 추가하여 품질수준을 높이고 있다. 데커레이션, 식기 등을 달리하면서 가격을 인상하기도 한다. 음식을 디테일하게 차별화하기는 어렵지만 그릇의 크기나 종류, 무늬, 색상 등을 바꾸는 방법으로 대신할 수 있다. 중식에 짬짜면을 도입하여 한 번에 먹고 싶은 욕구를 반영한 아이템이 인기이다. 하지만 기능이 단순하다면 누구나 쉽게 따라하여 차별화가 어렵다. 때론 한 가지 기능으로 특화하여 전문적인 이미지를 심어주는데 한계를 가질 수 있다.

셋째, 공급자의 가격 차별화이다. 추진하는 아이템은 시장에서 어떻게 존재하는지 특성을 파악하는 것이 중요하다. 어떤 메뉴를 선정할 것인가? 생산지, 유통구조, 도매점, 직영점, 소매점의 거래단위를 확인하여 저렴하게 공급받는 것이 전략이다. 좋은 제품을 싸게 공급받는 것도 실력이다. 많이 팔고 결제를 잘해주면 공급자들은 귀신같이 찾아온다. 거래처들은 월말, 연말 등 새로운 연도가 시작되기 전에 재고품을 처리하고자 한다. 때론 현금의 필요성으로, 경쟁사의 신제품 출시로, 싸게 판매하는 행사를 정기적으로 시행한다. 이러한 정보를 잘 전달해주는 공급자와의 관계가 중요하다.

넷째, 판매방법의 진화이다. 원가절감을 통한 이익극대화는 여러 경로를 통해 가능하다. 인터넷을 통한 판매방식이나 예약고객에 대한 할인, 테이크아웃 등 다양하게 이루어진다. 하지만 실용화하기가 어렵기 때문에 매의 눈으로 사물을 관찰해야 한다. 점심메뉴를 저녁으로 돌린다든지 식사용을 안주용으로 전환하는 방법도 있다. 그렇게 함으로써 고객이 선호하는 쪽으로 변화를 줄 수 있다. 세트상품을 개발하여 최적화할 수 있다. 이왕이면 본인이 좋아하는 일과 취미를 통해 자신이 가장 잘하는 일을 하는 것이 좋다.

휴 매클라우드(Hugh Macleod)의 '이그노어(IGNORE : 너만의 생각을 키워라)'에서 "좋은 아이디어는 힘의 관계에서 균형을 변화시킨다."라고 했다. 아이디어는 처음에 항상 저항을 받게 된다. 좋은 아이디어는 강한 저항감 속에서 쉽게 실행하기 어려운 점으로 소수의 사람들에게서 시작된다. 아이템을 찾아내는 것은 쉬운 일이 아니다. 항상 생활 속에서 관심을 가지고 꾸준한 노력과 집중을 하면 얻을 수 있다.

"불황기엔 튀어야 산다." 식품업계 신제품 러시.〈2013.7.19〉 컵라면 용량은 1.5배 늘리며, 마시는 비타민, 아동용 홍삼, 젤리 입힌 아이스크림이 등장했다. 디저트상품도 틈새시장을 공략하며, 패키지상품으로 교체하기도 한다. 경기침체의 골이 깊어지면서 유통업계가 고전을 면치 못하고 있다. 이러한 와중에 식품업체들은 앞 다투어 신상품을 선보이면서 공격적으로 추진하고 있다. 롯데제과는 신제품과자 20가지를 선보였다. 2012년 한해 총 신제품(빙과 제외)의 수는 각각 44개였다. 크리스마스가 낀 하반기에 초콜릿과자 신제품이 증가한다는 점을 감안하면 예년보다 증가했다. 농심, CJ제일제당, 대상, 한국야쿠르트 등도 신제품 출시를 늘리고 있다. 경기가 어려우면 줄어들 것이라는 예상과 달리 불황에 신제품을 늘리는 전략을 채택하고 있다. 불황기에 신제품 개발을 늘리는 것은 결국 살아남기 위한 발버둥이라 하겠다.

❶ 불황기의 신제품은 튀어야 산다.

불황기에 출시되는 신제품은 예전에 볼 수 없었던 참신함을 가지고 있어야 한다. 농심은 소용량 컵라면(65g)보다 1.5배 몸집을 키운 101g짜리 '블랙신컵'을 선보였다. 특허 출원한 돼지뼈 수프 제조공법을 살려 구수한 향을 살렸다. 혼자서 식사를 해결하는 젊은 세대의 라이프스타일에 맞추어 계획했다. 롯데제과의 '까바까바'는 업계 최초 '껍질을 까먹는' 빙과류이다. 바나나 모양의 우유아이스크림 위에 노란 젤리를 입혀 진짜 바나나처럼 껍질을 깔 수 있으며, 깐 껍질도 먹을 수 있다. CJ제일제당은 딸기, 밀감, 포도 등 과일을 주원료로 하는 워터젤리 '쁘띠첼'을 출시했다.

3조원 규모로 예상되는 커피시장보다 디저트시장이 틈새시장으로 각광받는다. 국민소득이 늘어나 디저트문화가 대중적으로 확산됨에 따라 잠재력이 크다. 다른 제품과 차별화를 위해 프리미엄 제품을 출시했다. 대상은 '신안섬 보배소금의 꽃'은 신안지역 1,004개 섬에서 유네스코가 생물권 보전지역으로 지정한 도초도(島)에서만 생산되는 천일염을 사용했다. 바닷물이 증발할 때 수면 위로 잠깐씩 떠오르는 극소량의 순수 소금입자로 국내산 천일염에서도 전체 생산량이 0.01%밖에 안 된다. 입자 하나하나를 수작업으로 채취하기 때문에 상품화가 쉽지 않았지만, 웰빙을 우선하는 트렌드에 잘 맞다. 한국야쿠르트는 음료수처럼 마시는 비타민 샷과 친환경유기농 식품브랜드인 레퓨레는 어린이들을 대상으로 유기농 '키즈 홍삼 키우미'로 좋은 반응을 얻고 있다.

❷ 패키지도 변화의 바람이다.

패키지상품도 용기, 포장지 등 교체가 활발하게 진행 중이다. 샘표는 5년 만에 대표 상품인 간장 패키지를 고유의 CI(기업이미지)를 반영하여 육각형으로 교체했다. 서울우유는 2005년부터 이어온 상표를 7년 만에 태극문양으로 교체했다. 롯데칠성도 천연 광천수 '아이시스 8.0'의 패키지를 바꿨다. 높이는 키우고, 둘레는 줄이는 한편 제품 허리부분을 오목하게 하여 미끄럼방지를 위해 손이 작은 여성 소비자들이 편하게 쥘 수 있도록 했다. 패키지 교체는 신제품보다 투자비가 저렴한 반면, 시각적인 효과가 크다.

1) 아이템 선정사항

첫째, 경쟁자의 아이템을 확인해야 한다. 상권 내 경쟁자가 많다면 아무리 훌륭해도 유망한 아이템이라 할 수 없다. 수요와 공급을 조절할 수 있는 시장의 크기와 경쟁자수를 확인해야 한다. 장·단점을 확인하며 시장에서 획득한 정보는 진입 후 가질 수 있는 위험성과 반비례하기 때문에 이를 줄일 수 있어야 한다. 상권 내 규모가 비슷한 동종 경쟁자를 확인하므로 사업성과 미래의 발전성을 예측할 수 있다.

휴대폰 매장이 변신하고 있다. 삼성은 앵그리 버드를, LG는 창고형 인테리어시설, KT는 공연 및 체험장으로 주도권 선점으로 분투하고 있다.〈한국일보, 2012.4.4〉 삼성은 딜라이트숍에 아시아 처음으로 앵그리버드 매직존을 설치했다. 스마트폰 인기게임 캐릭터로 공간을 꾸며 근거리통신(NFC)을 활용했다. 게임 아이템을 무료로 제공했으며 100개까지 확대할 예정이다. 팬택은 유통 자회사 라츠(Lots)를 설립하여 블랙 리스트제에 대응하고 있다. 스마트폰뿐만 아니라 디지털카메라, 넷북, 아이폰 등 다양한 제조사 제품을 구비한 것이 특징이다. 구매한 제품을 매장에서 직접 수령하거나 반품, 교환이 가능하도록 했다. LG는 276곳의 베스트숍 직영점에 모바일센터를 확대하여 체험 후 구입할 수 있게 했다. SK텔레콤은 T월드 카페 1호점에 이어 부천에 공장 느낌을 주는 카페를 결합한 'T월드 플러스'를 오픈했다. 농장에서 수확되는 커피콩과 첨단 제조과정을 거친 스마트폰이 고객에게 전달되기까지 유사한 유통과정에 착안하여 인테리어로 꾸몄다. 종로와 일산에 3, 4호점을 여는 등 15곳의 체험형 매장을 추가로 오픈할 예정이다.

LG유 플러스는 롱텀에볼루션(LTE)을 전국망서비스 개통을 기념하여 지방을 중심으로 체험하는 행사를 벌이고 있다. 2,300여 개에 달하는 U+스퀘어 매장에 속도측정 애플리케이션을 이용하여 3G와 와이브로 LTE의 속도를 비교할 수 있다. KT는 커피매장과 공연장, 체험장으로 올레스퀘어를 운영 중이다. 하루 평균 3,000명이 찾는 신촌, 강남을 비롯하여 해운대에서도 올레 애비뉴(alleh avenue)를 운영하고 있다.

둘째, 창업자의 성격과 적성에 맞는 업종을 선택해야 한다. 사업자들은 돈이 되는 일이라면 무슨 일이든지 한다. 초보자일수록 돈을 추구하는 경향이 높다. 개인적으로 좋아하는 일을 한다면 더 없이 좋겠지만 원하는 대로 되는 것은 아무것도 없다. 사람의 능력은 무한하다. 시장의 요구에 빨리 적응하여 변화를 감지할 능력을 가져야 한다. 민감한 업종일수록 사전준비가 필요하다.

셋째, 성장 가능성이 있어야 한다. 상품의 라이프사이클은 일반적으로 도입기, 성장기, 성숙기, 쇠퇴기로 진행된다. 도입기는 특정 상품이 시장에 출시되어 고객들에게 알려지기 시작하는 단계이다. 인지도가 낮아 광고, 홍보의 촉진비용이 많이 들어간다. 고가격으로 형성되어 판매가 저조하다. 성장기는 동종 레스토랑이 출현하면서 수요가 급증하는 단계이다. 소비자의 인지도가 상승하여 점유율이 높아진다. 성숙기는 이익이 극대화되지만 동종 레스토랑의 출현으로 경쟁이 심화되는 단계이다. 먼저 진입한 레스토랑들은 단골고객을 확보하여 경쟁력을 가진다. 쇠퇴기는 인기가 없으면서 이익도 없는 구조로 시장에서 철수하거나 리뉴얼로 새로운 도입기를 만들어야 한다.

넷째, 자금조달 능력이 있어야 한다. 개인적 능력을 충분히 가졌다 해도 자금이 부족하면 아이템을 실행하기가 어렵다. 상권의 위치, 업종, 업태, 규모를 선정할 때 자본력을 고려해야 한다. 가능한 자신의 능력범위 안에서 진행하는 것이 좋다. 철저한 계획과 조사, 정보수집 없이 진행하다보면 실수할 수 있다. 마음에 드는 점포를 찾았지만 임대료가 너무 비싸 결정을 내리지 못할 수도 있다. 이러한 능력부족에 한숨 쉬는 사람들도 많다. 많은 창업자들은 벌어가면서 해결할 수 있다고 생각한다. 하나의 방법은 될 수 있지만 매출이 생각만큼 오르지 않을 수 있기 때문에 본인의 능력범위 안에서 해결할 수 있는 규모를 권장한다.

다섯째, 외식업은 가족의 이해가 필수적이다. 특히 개인 독립점포는 더욱 그렇다. 직원 대신 가족들과 운영함으로써 인건비 외 책임감, 고객을 대하는 태도, 노동력, 희생정신 등 우위를 차지할 수 있다. 직원들의 근무태만이나 결근, 조퇴 등을 대비하여 유용하게 활용할 수 있다.

여섯째, 충분한 지식과 경험을 통한 창업이 되어야 한다. 예비 창업자들은 프랜차이즈 본부만 믿고 자신과 상관없는 업종을 선택할 수 있다. 자신의 능력을 100% 활용할 수 있다면 좋겠지만, 그렇지 않다면 계속적으로 경영할 수 있는가를 고민해야 한다. 성장성이 높은 업종이라도, 다른 사람이 성공하고 있다 해도 나도 그렇게 할 수 있는 것은 아니다. 동종업계의 경험이나 직장생활, 이전의 창업경험 등은 중요한 자산이 된다. 어려운 문제에 직면하였을 때 이러한 경험은 해결의 실마리가 된다. 예를 들어, 기본적인 말과 행동, 복장, 태도에서 서비스 자세가 묻어나온다. 오랫동안 타인에게 배려하는 마음가심과 행동은 충분한 경험과 실수를 통해서 체계화된다.

일곱째, 인 · 허가에 문제가 없어야 한다. 법적인 인 · 허가와 사업면허가 없으면 창업을 못할 수도 있다. 예비 창업자들은 자신이 하고자 하는 업종이 법적으로 문제가 없는지, 요구사항이 무엇인지 확인해야 한다. 단순히 사업자등록증만으로 영업이 가능한지, 수도와 전기, 오폐수 용량은 문제가 없는지, 그렇지 않다면 관련 자격증을 취득하는 것이 좋다. '복요리' 같은 법적 자격증이 필요하다면 관련 자격증을 소지하거나 직원을 채용해야 한다. 이러한 부분을 잘 확인해야 어려움을 대비할 수 있다.

여덟째, 실패 가능성이 높은 업종인지 확인한다. 위험성이 높은 사업일수록 수익성이 크다. 리스크가 높기 때문에 경쟁자가 상대적으로 적지만 실패 확률도 높다. 이익이 적더라도 계속적으로 유지할 수 있다면 그러한 업종을 선택하는 것이 현명하다. 실패 가능성이란 더 큰 업종과 작은 업종이 따로 정해져 있지 않다. 누가 어떤 상권에서 어떠한 업종으로 어떻게 경영하는가에 따라 달라진다.

CASE
"특산물 가공식품, 잘 나가요!"

양평 뽕잎 차, 가평 잣 막걸리, 이천 명품김밥 등이 호평을 받고 있다. 특허 출원하여 지역 특산물을 판매하고 있다. 이들은 판매에 그치지 않고 상품개발에 나서고 있다. 양평군은 뽕잎을 이용하여 음료수를 개발했다. 건강에 관심이 많은 소비자들로부터 큰 호응을 얻었으며, '내 몸엔 발효 뽕잎차'는 친환경 오디 재배농가의 소득보전을 위해 영동 지방공사가 뽕잎과 뽕나무 가지를 전량 수매한 뒤 고혈압과 당뇨 등에 좋은 기능성 음료를 개발한 것이다. 잣으로 유명한 가평군은 특허청의 지원을 받아 '가평 잣 막걸리'의 지리적 표시 단체표장사업을 추진했다. 특정 지역 특산물의 표시권을 배타적으로 보호하는 것으로, 상표가 등록되면 타 지역에서 임의적으로 판매할 수가 없다.

쌀과 복숭아의 고장 이천은 쌀 소비감소에 따른 농가소득 보전을 위해 김 생산지로 유명한 완도군과 양해각서(MOU)를 맺어 명품 김밥생산을 추진 중이다. '임금님 표 이천 쌀'을 제공하여 완도 소안수협의 '만나리 참 김'을 공급해 명품김밥을 생산한다. 농업기술센터는 복숭아의 풍미를 최대한 살려 젤리, 머핀, 마들렌, 타르트 등의 요리법을 개발했다. 광주시는 토마토를 이용하여 발효고추장을 특허 출원했다. 고추의 매운맛을 완화시켜 아이들과 외국인 입맛에 맞게 만들었다.

각 지역의 특산물은 보관 및 저장의 한계로 계절에 따른 수확량은 변화가 크다. 이를 가공식품으로 아이템을 전환하여 농가의 안정적인 수입원으로 활용하고 있다. 이러한 가공식품은 고정적인 수익창출과 지역 브랜드를 알리는 데 큰 역할을 한다.

한국일보 2013.7.9

2) 아이템 선정시 기피해야 할 업종

업종이나 업태를 선정할 때 피해야 하는 아이템도 있다. 마진폭이 낮으면서도 투자비가 많이 들어가는 업종은 투자금 회수기간이 길어질 수 있다. 장기적인 투자보다는 단기적인 상품계획으로 빠른 변화에 적응하는 것이 중요하다. 메뉴의 수명은 관련 기술자를 확보하는데 어려움을 가질 수 있다. 특정 메뉴는 주방장의 기술이나 능력에 의존해야 되는 문제점으로 대체인력의 한계에 직면할 수 있다. 특히 모방이 쉬워 어려움을 가중시킬 수 있는 업종과 업태는 피해야 한다. 대형 레스토랑의 출현 가능성이나 고급 인테리어시설, 놀이방, 웨이팅 룸 등의 부가시설 설치와 가격 차별화에 따른 경쟁력 등을 고려해야 한다.

첫째, 보조메뉴 및 세트메뉴가 보완재이다. 바쁜 생활과 주머니 사정을 고려하여 신속하게 해결할 수 있는 메뉴가 경기불황의 대체상품으로 인기이다. 운영상 시간별 · 계절별 · 요일별 매출액이 기대에 미치지 못할 때가 있다. 이러한 때 보조메뉴나 세트메뉴로 보완할 수 있다. 예를 들어, 강남에서 국수집을 운영하는 박수은 씨는 덮밥 메뉴와 국수를 판매하고 있다. 국수가 한 끼 식사로 부족하다는 점에 착안하여 덮밥 메뉴를 보완했다. 이러한 아이템의 전환은 매출을 크게 증가시켰다.〈중앙일보, 2012.7.5〉

국수는 경기가 좋지 않을 때 관심을 받는다. 서민들에게 저렴한 한 끼의 식사는 단번에 사람들의 관심을 끌었다. 신용카드 대란으로 내수가 침체되던 2000년 초반, 세계적 금융위기인 '08년에도 주머니가 가벼워진 서민들로 북적했다. 국수와 보완관계로 다양한 보조메뉴와 세트메뉴가 개발되었다. 회전율이 높아 작은 매장에서 매출을 올리는데 효과적이다.

대치동 은마아파트 인근에 위치한 '김용만의 닐니리 맘보'는 잔치국수와 해물국수 등 10여 종의 국수를 맛볼 수 있다. 김효은(40) 사장은 약 15평 남짓한 점포에 국수메뉴와 직화덮밥으로 월 4,000만원의 매출액으로 1,000만원 정도 순이익을 올리고 있다. 미국 발 금융위기 직후 '09년 개업하여 월매출 3,000만원에 평균 800만원 정도 이익이 났지만 이후 매출액은 하향세를 보였다. '11년 말 매출과 이익이 창업 초기보다 40% 줄면서 전망도 비관적이었다. 이러한 때 보조메뉴인 덮밥을 선보였다. 배를 채울 수 있는 제육덮밥, 오징어덮밥, 낙지덮밥 같은 메뉴를 추가했다. 경기가 좋은 시절에는 배가 빨리 꺼지는 국수가 간식거리로, 끼니때 찾는 사람이 적다는 점을 보완했다. 겨울에는 국수매출이 떨어진다는 점을 고려하여 매운 덮밥을 출시했다.

보조메뉴는 단점을 메워주는 아이디어이다. 누구나 좋아할 수 있는 대중적인 메뉴를 선택하여 보완재 역할을 한다. 볶음밥, 돈가스 등 보완재가 되지만 너무 종류가 많으면 국수집이 아니라 '국수 파는 분식집'으로 전략할 수 있다. 상대적으로 저녁에 손님이 덜 오는 프랜차이즈 만복국수는 막걸리를 접목시켰다. 점심은 국수, 저녁은 막걸리와 안주가 주 메뉴이다. 멸치국수는 국내산 남해멸치로 육수를 내어 오뎅탕과 땡초장육, 돼지 숙주볶음 등 안주류를 갖춰 동동주와 사케를 판매하고 있다.

더운 여름은 콩국수집 앞에 손님들이 장사진을 친다. 고객의 눈높이가 올라가는 시점에 '국내산'이란 것은 영업의 불문율이다. 국물에 두유나 두부를 섞지 않으며, 100% 콩만 써야 경쟁력을 가진다. 신촌 근처 양푼이 국수를 운영하는 허은주(45) 씨는 국산 검은콩국수를 7,500원에 판매한다. 콩국수 가격치고는 상대적으로 비싸지만, 창업 초기부터 100% 무농약 국산 검은콩을 사용하여 단골손님이 전체의 60~70%를 차지한다. 겨울이 문제였다. 대체 메뉴로 양푼이 칼국수는 새로 태어났다.

국수전문점의 창업비용은 49.5m²(15평)의 점포로 구입비용을 제외하고 인테리어비, 주방 설비비, 집기 구입비, 가맹비 4,000만~6,000만원이 든다. 같은 크기의 점포에서 6,000만~9,000만원 정도 들어가는 베트남 쌀국수 전문점이나 일본식 라면 전문점과 비교하면 30~50% 정도가 저렴하다. 젊은 층을 타깃으로 하기 때문에 역세권이나 유동인구가 많은 곳에 있어야 하지만 이러한 입지로부터도 상대적으로 자유롭다. 부부 혹은 가족이 밥을 해먹기

귀찮을 때 슬리퍼를 신고 가는 곳이 국수집이다. 누구나 쉽게 찾아가 가볍게 한 그릇으로 식사를 때울 수 있는 그런 장소면 가능하다. 굳이 좋은 입지를 찾아가지 않더라도 괜찮다. 국수전문점에 주의할 점은 간식메뉴로 팔겠다는 전략이다. 라면 · 떡볶이 같은 분식업과 경쟁해야 하므로 가격 면에서 떡볶이와 같은 분식메뉴에 비해 2,000~3,000원 정도 비싸다. 이에 성공하려면 일본의 라멘이나 우동, 베트남 쌀국수처럼 국수가 한 끼 식사로 부족함이 없어야 한다.

둘째, 실력이 없는데 뻥만 치면 사기꾼이지만, 실력이 있으면서 뻥을 치면 사업가이다. 아이템 하나로 디즈니랜드를 사로잡은 젊은이들이 있다. 디즈니가 모시러 온 '용감한 녀석들'이다. 네모난 종이인형으로 대박 난 '모모트'이다. <중앙일보, 2012.7.19>

서울 논현동 모모트 사무실에서 이준강 · 박희열 · 손경식 · 이흔태 · 홍인기 씨는 대학 선 · 후배로 2009년 달랑 50만원 갖고 시작한 회사가 창업 3년 만에 연매출 10억원, 직원 10명의 기업으로 성장했다. 모교인 대학 강의실 한편에서 시작했지만 강남에 99m^2(약 30평) 사무실로 이사했다. 미국 디즈니와 국내 공동사업을 추진 중이며, 글로벌기업으로 아이템이 논의되고 있다. 모모트는 '네모네모 로보트'의 줄임말이다. 얼굴이 네모난 '종이인형(페이퍼 토이)'을 만드는 회사이다. 호서대 산업디자인과 재학시절 과제로 제출했던 아이템을 사업화시켰다. 창업 동기는 남달랐다. 박 대표는 '취업을 못해서'라고 쉽게 이야기 한다. 취업은 안 될 것 같고 잘할 수 있으면서도 즐길 수 있는 아이템으로 창업을 결정했다. "1인분에 3,000원짜리 삼겹살 사주고 과에서 1,2등 하던 애들을 끌어들였다."며 "1년 동안 취업 안하고 동업하면서 돈 벌게 해주겠다고 했더니 넘어가더라."며 웃었다.

처음엔 나이키, MCM, KT & G, 후지제록스 같은 기업들과 사업을 했다. 마케팅용 제품 모형을 종이로 만들어 공급했지만 원하는 것이 못되었다. 좀 더 큰 도전을 꿈꾸게 되면서 디즈니 같은 곳과 손을 잡게 되었다. 세계시장으로 나가보자는 꿈을 가지고 서울 역삼동 디즈니코리아를 찾아가 담당자에게 무작정 제안서를 밀었다. 디즈니 캐릭터를 종이인형으로 만들어 국내시장에서 팔 테니 허락해 달라는 것이다. 처음엔 담당자들이 의심스러운 눈으로 쳐다봤다. "미안하지만 당신이라면 지방대 출신에 모자를 눌러 쓴 나이 어린 친구를 믿겠느냐"는 반응이었다. 박 대표는 이렇게 설득했다. "실력이 없는데 뻥만 치면 사기꾼이고, 실력은 있는데 뻥을 치면 사업가이다. 페이퍼 토이 분야에선 우리가 확실한 실력이 있으니 믿어 달라."라고 했다. 결국 디즈니의 자회사 마블코믹스의 '어벤저스' 주인공을 종이 인형으로 만들게 되었다. 석 달이 걸려 내놓은 첫 물량 1만 개는 내놓자마자 팔렸다.

모모트의 제품이 인기를 끌면서 현대 · 롯데 · 신세계 같은 백화점에서까지 이들의 제품을 팔고 있다. 제품이 히트하자, 이번엔 디즈니 본사가 모모트를 주목하게 되었다. 이달 초 미국 본사 담당임원이 이들의 사무실을 직접 찾아와 디즈니의 다른 캐릭터를 모모트가 종이인형으로 만들어 전 세계에 판매하는데 합의했다. 독특한 아이템으로 글로벌사업이 추진된 것이다.

모모트의 성공은 피규어(관절이 움직이는 플라스틱 장난감) 같은 키덜트 상품이 잘 팔리는 '때'를 잘 만난 것도 하나의 이유이다. 하지만 성공에 이르기까지 박 대표는 수많은 역경을 겪었다. '모모트' 이전에 액세서리를 파는 노점을 두 번 차렸다가 접었다. 초창기에는 이름 없는 투자자의 꼬임에 빠져 1,000만원을 날렸다. "그릇이 안 되면 창업하면 안 된다고 생각한다." 창업에 그만큼 어려움도 많으며, 책임질 일도 많다는 얘기다.

5월엔 서울대에서 강의를 했다. 교육과학기술부가 주최한 학생 창업 특강이다. 그는 "저보다 다 똑똑한 사람들 앞에서 강의하는 게 웃기는 것 같다."면서도 "제 말을 듣고 한두 명이라도 창업하려 하든가 꿈과 도전을 가지고 시작한다면 보람된 일"이라 했다. 그의 꿈은 호서대 후배들을 포함하여 1만 명을 고용할 수 있는 회사를 만드는 것과 한국의 레고가 되고 싶다는 꿈을 이야기했다.

5

Summary 요약

[1] 창업자 정신이란, 외부 환경변화에 민감하게 대응하면서 새로운 기회를 추구하려는 마음가짐으로 그 기회를 잡기 위해 혁신적인 사고와 행동하는 실천정신을 말한다. 이러한 행동은 시장에서 새로운 가치를 창출하려는 일련의 과정으로 새로운 성취 욕구를 달성하기 위한 도전과 모험정신이라 할 수 있다.

[2] 성공한 사업자는 도전과 개척정신, 근검절약과 신용 제일주의, 신념으로 경영하는 반면, 실패한 사업자는 탐욕과 낭비, 불성실, 신용결여, 피해망상, 인내력과 도전 · 개척정신과 신념부족 등의 특징을 가지고 있다.

[3] 레스토랑을 운영한다는 것은 결국 세부조직의 구성원들이 자신의 직무를 충실히 수행하는 데서 이루어진다. 좋은 인간관계를 통해 고객과 직원 입장에서 이해하고 운영함으로써 그 성과는 빛날 수 있다. 창업가는 궁극적으로 훌륭한 인간관계를 통해 상호작용하는 유대관계를 형성해야 한다.

[4] 개인적 능력을 충분히 가졌다 해도 창업에 필요한 자금이 부족하면 아이템을 실행하기 어렵다. 상권의 위치, 업종, 업태, 규모를 선정할 때 자본력을 고려할 수밖에 없다. 가능하면 자신의 능력범위 내에서 진행하는 것이 좋다.

[5] 법적인 인 · 허가와 사업면허가 없으면 창업을 못할 수도 있다. 예비 창업자들은 자신이 하고자하는 업종이 법적으로 문제가 없는지, 법적 요구사항은 무엇인지 확인해야 한다. 단순히 사업자등록증만으로 영업이 가능한지, 그렇지 않다면 관련 자격증을 취득하는 것이 좋다.

[6] 위험성이 높은 사업일수록 수익성이 크다. 리스크가 높기 때문에 경쟁자가 상대적으로 적기 때문이다. 이러한 업종일수록 실패할 확률도 높다. 이익이 적더라도 계속적으로 유지할 수 있다면 그러한 업종을 선택하는 것이 현명한 방법이다.

5

Practice 연습문제

1 창업자에게 필요한 마음가짐과 7가지 습관에 대해 논의해 보자.

2 레스토랑을 사업하려면 경영자로서 가져야 할 마음가짐이 중요하다. 경영자로서 가져야 하는 마음가짐에 대해 논의해 보자.

3 창업의 구성요소에 대해 설명하고, 각각의 요소에 대해 구체적으로 논의해 보자.

4 아이템 선정시 고려해야 할 사항에 대해 논의해 보자.

5 세계적으로 성공한 창업자의 예를 들고, 그 사람의 기업가 정신에 대해 논의해 보자.

CHAPTER 6

사업계획서 작성과 타당성분석

용기 있는 한 사람이 다수의 힘을 갖는다.

– *Andrew Jackson*, 미국 대통령

Objective

- 사업계획서 작성의 필요성을 학습한다.
- 사업계획서의 용도와 종류를 학습한다.
- 사업계획서 작성방법과 절차를 파악한다.
- 사업계획서 구성요소를 학습한다.
- 사업타당성분석의 필요성을 학습한다.

01 사업계획서 작성

1. 사업계획서 의의

1) 사업계획서 정의

사업계획서를 작성하는 것은 '시작한다'는 의미이다. 사업자가 회사를 설립하여 운영하는 과정으로 성장과 이익을 계속적으로 영위하기 위한 기본적인 자세라 할 수 있다. 구체적인 목표를 설정하거나 사명과 비전, 의지에 따라 직원들의 마음가짐, 자세, 애사심 등 체계적으로 확립하는 단계이다. 규정과 규칙을 준수하며, 시장우위를 확보하기 위한 경쟁관계 속에서 나아갈 방향을 제시할 수 있다. 레스토랑 경영은 고객의 욕구충족을 어떻게 해결할 것인가가 중요하다. 구체적인 계획과 목표, 해결조건 등을 잘 갖추었다 하더라도 임대차를 비롯하여 인테리어시설, 메뉴관리, 가격, 촉진전략, 고객관리 등 운영에 어려움이 있을 수 있다. 그렇기 때문에 사업을 시작하기 전에 그 내용과 세부일정을 구체적으로 작성한 사업계획서를 통해 실패를 줄일 수 있다.

목표고객을 선정하여 시장특성과 경쟁자를 분석하며, 필요자금과 운영방법, 마케팅 촉진전략 등을 설계해야 한다. 시간과 요일, 월, 계절에 따라 필요인원을 확보하며, 수입과 지출, 세금 및 공과금, 재무적인 관리까지 체계적으로 운영할 수 있어야 한다. 이와 같이 일상적인 생활 속에서 고객들은 어떠한 욕구를 중요하게 생각하는지 그 내용을 포함해야 한다. 다양한 채널을 통해 정보를 수집하며 객관적이고 체계적인 방법으로 분석되어야 한다. 때론 수위의 조언자를 통해 아이디어를 얻거나 관련 책으로 부족한 지식을 해결할 수 있다. 이러한 계획은 사업타당성과 성장 가능성, 수익성, 환금성, 미래의 가치까지 고려되며, 불확실성과 위험요소를 제거했을 때 가능하게 한다.

첫째, 우선순위를 설정하는 것이다. 창업자는 무엇을 먼저 해야 될까? 창업을 준비하다 보면 일의 우선순위를 결정하기가 쉬운 일이 아니다. 짧은 시간 많은 문제점들이 선택과 결정을 기다린다. 제대로 운영할 수 있을까 하는 걱정에서부터 수익은 낼 수 있을까, 성장은 할 수 있을까, 손님은 올까 등 수많은 고민 속에서 시작된다. 이러한 불안은 충분한 자료의 조사를 통해 해결할 수 있다. 명확하게 구별하여 분석하기는 어렵지만, 특정 프로세스를 확인하면서 관찰할 수 있다. 둘째, 사업계획서 작성은 실패를 줄이는데 사용된다. 상호 연관성을 가지고 있어 역할의 우선순위가 정해져 있지 않다. 타당성분석은 창업에 앞서 성공 가능성을 분석하는 자료가 된다. 상권의 입지와 상품성, 시장성, 접객력, 안정성, 발전 가능성, 수익성에 있어 위험 정도를 평가하는 총체적인 경영활동으로 정성적 분석과 정량적 분석으로 나눌 수도 있다.

2) 사업계획서 필요성

사업은 창업자 자신이 하는 것이다. 처음 마음먹었던 것과 같이 계획대로 진행되면 좋겠지만 다르게 운영될 수 있다. 그러므로 사전에 충분한 조사를 통해 검토되어야 한다. 계획서는 진행과정상 체계적이지 못한 문제점들을 파악할 수 있지만 아무리 좋은 계획서라도 실행하지 못하면 무용지물이다. 내용이 잘 설계되어 있더라도 제대로 표현되지 못하면 평가자들은 이해할 수가 없다. 계획대로 이루어지지 않으면 자금조달이나 인력, 식재료의 손실을 비롯하여 투자자, 고객 등을 실망시키게 된다. 이러한 사업계획서는 창업자 자신을 위한 것이지만 투자자나 동업자, 관련기관에 제출할 때 진정성이 담겨져 있어야 한다. '보여주기 위한 쇼'가 아니라 그 내용과 형식이 중요하기 때문에 철학이 있어야 한다.

첫째, 사업계획서는 레스토랑을 경영하는 지침서이다. 매장을 운영하기 위해서는 주방의 식재료 구입에서부터 검수, 저장, 재고관리, 설비시설, 장비, 조리생산, 홀 관리에 이르기까지 각자 맡은 역할이 중요하다. 개인적 지식과 기술을 갖추고 있지 않으면 세련된 서비스를 제공하기가 어렵다. 목표를 달성하는 과정에서 발생하는 문제점들은 교육을 통해 개선되어야 한다. 둘째, 조직원의 업무를 이해시키는 역할을 한다. 직원들의 능력은 사람들마다 다르다. 조직 내 능력을 충분히 발휘할 수 있는 작업환경과 분위기, 공간연출 등 쾌적한 시설을 만들어야 한다.

셋째, 자본조달의 목적으로 활용된다. 은행이나 증권, 보험, 정부 및 자치단체 등 기관으로부터 필요자금을 확보할 수 있다. 그 내용을 구체적으로 제시해야 타당성을 확보할 수 있다. 설득의 도구로써 구체적인 표현과 사실적인 내용을 담아야 한다. 결론적으로, 사업계획서는 무슨 일을 언제, 어디서, 어떻게 할 것인가를 담아야 한다. 효율적으로 경영하기 위해서는 평소에 자신의 생각을 잘 정리하여 구체화할 수 있어야 한다. 이러한 계획서를 통해 시간과 비용을 줄일 수 있다.

(1) 승자의 법칙

창업을 준비하는 모든 사람들은 승자가 되기를 희망한다. 빠른 승진이나 각종 대회 입상, 아이템 공모전 등 탁월한 실력으로 1등을 하고 싶어 한다. 국가 및 기업, 개인 등 경쟁은 예외가 없다. 국가 지도자를 뽑는 장관, 기관장, 대법관, 총리 등 경영자의 자질과 자격을 검증하는 과정에서 후보자의 비리가 드러난다면, 그 자리에 오르더라도 실추된 명예로 직책을 수행하기가 어렵다. 명령을 하달하더라도 일사분란하게 움직이기 어렵다. 미술품이나 각종 경매장에서도 종종 이런 현상이 생긴다. 분위기에 휩쓸려 낙찰을 받았는데, 나중에 너무 비싸게 샀다는 것을 알면 후회만 남는다. 승자가 되어도 상처뿐인 영광은 있기 마련이다.

그렇다면 승자의 저주는 왜 일어날까?<동아일보, 2013.6.7> 에너지 회사에서 만들어진 '승자의 저주'는 석유시추권을 놓고 여러 기업들이 경합하면서 시작되었다. 석유가 적게 매장되어 있을 것이라고 추정하는 기업은 낮은 가격에, 매장량이 많을 것이라고 추정하는 기업은 높은 가격에 입찰할 것이다. 경매는 높은 가격의 기업이 승리한다. 그렇다면 실제 매장량은 어떨까? 입찰에 참여한 기업들이 추정하는 매장량의 평균 정도가 된다. 낙찰을 받은 기업은 승자가 되지만, 시추를 해보면 자신이 예상했던 것보다 적게 나와 손실을 입을 확률이 높다. 이것이 승자의 저주이다.

미국 애틀랜틱리치필드(ARCO : atlantic richfield company) 에너지회사의 기술자들이 1971년 발표한 논문에서 소개되었다. 1954~1969년 멕시코만에서 이뤄진 1,223개의 석유 시추권 임대결과 62%의 지역은 석유가 전혀 나오지 않았다. 16%는 석유가 나왔지만 세후 이익에서 손실을 보았다. 22% 지역에서만 수익성이 있는데 18.74%였다. 전체적으로 보면 큰 손실이 났던 것이다.

승자의 함정은 2010년 영화 블라인드사이드(Blind side)의 샌드라 블록, 2009년 더 리더(the reader)의 케이트 윈즐릿, 앙코르(walk the line)의 리스 위더스푼, 힐러리 스왱크, 줄리아 로버츠, 할리 베리, 기네스 팰트로, 샬리즈 시어런 등 오스카 여우주연상을 받은 후, 배우자 혹은 연인과 결별했다. 최근 12년간 무려 9명의 배우가 '오스카의 저주'에 희생되었다. 왜 이런 현상이 나타났을까? 오스카상을 받은 후 여배우들의 지위가 갑자기 높아져 배우자의 외도로 인해 화목한 가정에 문제가 발생되기 때문이다. 바빠진 부인의 일정 때문에 가족과 멀어져 결혼생활에 치명적인 문제가 발생한 것이다. 오스카의 저주와 같은 승자의 함정에서 벗어나려면 승자가 되고 나서 이루려는 목표가 무엇인지를 따져야 한다.

첫째, 현재 자신이 속한 기업목표가 인수했을 때 얻을 수 있는 전략상 이익과 부합하는지 확인해야 한다. 기업을 인수하는데 성공한 뒤 자금고갈로 실패한 경우가 많다. 둘째, 승자가 되기 전 자신의 상황을 잘 판단해야 한다. 기업은 인수합병 전 자금상황이 충분치 않은 데도 무모하게 시도되지 않았는지 파악해야 한다. 셋째, 승자가 되는 과정에서 지나친 부정은 없는지 확인해야 한다. 경쟁과정에서 치열한 공방전은 불가피하다. 비열한 방법을 사용하면 승자가 될 수는 있으나 후유증이 커진다.

넷째, 승자가 된 후 발생 가능성이 높은 문제점들을 미리 생각해둬야 한다. 인수 후 피인수 기업문화와 충돌하면서 의사소통이 어려워져 직원들은 떠나버린다. 처음 의도한 시너지효과는 자연스럽게 없어진다. 마지막으로, 승자가 된 후 평정심을 잘 유지해야 한다. 점령군처럼 행동하거나 비이성적인 판단으로 비리를 저지르기가 쉽다. 결국 신뢰를 잃어 조직원과 주위의 이해관계자들에게 협공을 당하면서 실패하게 된다.

(2) 승자의 전략

첫째, 초심을 잃지 말아야 한다. 르네상스시대에 메디치(Medici) 가문을 크게 일으켰던 코시모 데 메디치(Cosimo di Medici)는 다른 사람들에게 자신의 마음을 보여주기 위해 언제나 당나귀를 타고 이동했다. 항상 겸손한 마음으로 초심을 잃지 않는 지혜가 필요하다. 둘째, 계영배를 주위에 두어라. 중국 춘추시대 오패 중의 한 사람인 제나라 환공은 술잔에 술을 가득 채울 수 없도록 계영배(戒盈杯)를 애용했다. 술을 7할까지 채울 때는 괜찮지만, 그 이상을 채우면 술이 옆 구멍으로 빠져나가게 하는 술잔이다. 평소에 욕심이 지나치다고 생각되면 승자의 함정에 빠지기가 쉽다. 이를 벗어나기 위한 방법으로 절제하는 환공의 마음을 이해하듯 계영배를 주위에 두고 새기면서 살아가면 좋은 교훈이 될 것이다.

2. 사업계획서 구성요소

1) 사업계획서 내용

사업계획서를 작성할 때는 본래의 취지와 그 의미를 포함해야 한다. 투자자나 금융기관의 대출, 정부 및 자치단체, 관련협회, 소호창업, 프랜차이즈 창업 등 자금을 지원받기 위해 제출하는 경우가 많다 특별하게 정해진 절차와 형식이 존재하여 정형화된 양식을 강요하지는 않는다. 하지만 사용 목적에 맞는 계획서를 작성하여 활용하는 데에 의미가 있다.

(1) 사업계획서란 무엇인가?

당신의 사업에 대한 미래의 청사진이다. 사막의 한가운데서 길을 안내해주는 지도와 같다. 캄캄한 어둠에서 희망의 빛을 안내하거나 망망대해의 뱃길을 안내해주는 등대와 같다. 그러므로 그 내용은 창업목적과 일치하게 작성되어야 한다.

(2) 왜 작성하는가?

현대사회는 금융기관을 통하지 않으면 하루도 생활하기가 어렵다. 전화, 전기, 통신요금을 비롯하여 인터넷, 카드, 공과금 등 손안의 스마트폰으로 해결할 수 있다. 이러한 사회적 변화는 은행을 비롯하여 보험, 창업 투자기관, 지원센터, 일반 투자자 등을 통해 자본금을 충당하게 된다. 금융기관은 개인 신용상태에 따라 이자율이 다르게 적용되지만, 우리가 모르는 무엇인가를 그들은 잘 알고 있다. 창업한지 1년 내 폐업할 확률이 80% 이상이라는 사실과 채무자의 변상능력을 걱정하고 있다. 많은 창업자들은 계획서를 작성하지 않고 시작한다. 개인적인 기술이나 지식, 아이템에 안주하여 혼자 결정하고 있지만 시간과 노력, 금전상의 손실을 위해 철저히 분석되어야 한다.

(3) 어떻게 도움을 주는가?

사업을 경영하다보면 아주 사소한 것에서부터 심각한 문제까지 다양한 문제점들이 노출된다. 이러한 문제를 해결하는 과정에서 새로운 기회를 만들 수 있다.

첫째, 사업계획서는 인력확보 수단으로 훌륭한 재원을 발굴할 수 있다. 현대는 아이템만으로 승부할 수는 없다. 기업의 CEO들은 미래의 성장 가능성과 발전성을 제시할 수 있어야 한다. 인재는 만들어지기도 하지만 선천적으로 타고날 수 있다. 비용을 줄일 수 있는 방법은 훌륭한 인재를 선발하는 것에서 시작된다. 그들을 통해 수익을 창출할 수 있기 때문이다. 둘째, 기업경영의 보물지도와 같다. 목적을 달성하기 위해서는 일관된 관심과 동기부여가 필요하다. 불확실한 영역에서 조직의 이탈을 최소화할 수 있으며, 오류를 방지할 수 있다. 새로운 사업의 방향을 제시할 수 있다. 셋째, 자신감으로 성장을 촉진할 수 있다. 공급업체와 금융권, 지역사회 등의 유대관계는 신용사회의 첫걸음이다. 넷째, 대화의 수단이 된다. 말로 설명하여 표현하는 것도 중요하지만, 글로 제시하는 것이 더 큰 영향을 미친다. 계획서를 통해 실천할 수 있으며, 동업자를 비롯하여 직원, 투자자, 잠재적인 소비자 등을 설득할 수 있다.

(4) 어떤 내용을 포함시켜야 하는가?

사업계획서는 성공을 위한 지침서로 모든 정보를 담아야 한다. 목표와 비전, 전략, 경영관리, 생산계획, 독창성, 경영자의 개인적 능력과 실적, 특성, 마케팅 운영능력, 재무관리 등을 포함해야 한다.

첫째, 무엇을 작성하는가는 시장의 성격과 경쟁관계에 따라 달라질 수 있다. 사업체는 보이는 것 위주로 그 내용을 담게 된다. 때론 여러 단계의 절차를 요구할 수도 있지만 지역의 상공회의소, 경쟁업체, 회계, 세무, 투자자 등을 통해 귀중한 정보를 획득할 수 있다. 새로운 진입자들은 틈새시장을 발견하면서 성장 가능성을 파악한다. 둘째, 얼마의 분량으로 작성되어야 하는가? 계획서란 1쪽부터 100쪽까지 다양하게 존재하며, 일반적으로 10쪽 내외의 분량으로 작성되고 있다. 규정하여 명문화되어 있지는 않지만 능력이나 콘셉트에 따라 달라질 수 있다.

(5) 언제 필요한가?

사업은 사이클이 있다. 출생에서 죽음에 이르는 단계가 있듯이 그에 맞게 전략을 수립해야 한다. 어떤 단계에서든지 규칙을 무시하거나 소홀해서는 안 된다. 일반적인 사업단계는 다음과 같다.

첫째, 사업타당성을 구상하는 단계이다. 창업 전에 자사의 장 · 단점을 통해 시장의 기회와 위협요인을 파악하며, 사업에 이르는 전 과정의 정보를 수집하게 된다. 둘째, 시작하는 단계이다. 작성단계부터 오픈할 때까지 많은 문제점이 노출될 수 있다. 이를 해결하면서 경험을 쌓게 된다. 때론 위험에 노출되어 존폐위기가 올 수도 있다. 셋째, 성장단계이다. 사업을 시작한지 6개월이 자나면 경영상 어려움을 극복하고 안정되는 시점이다. 넷째, 안정단계이다. 창업한지 1년이 지나면 단골고객이 늘어 계속하여 수익을 창출할 수 있는지 알 수가 있다. 자본금을 회수하기 위한 노력도 하지만 때론 초심을 잃어 나태해지기가 쉽다. 지나친 자신감으로 고객들에게 달라진 모습을 보일 수 있기 때문에 새로운 변화를 필요로 한다. 다섯째, 쇠퇴기이다. 시장상황이나 개인능력에 따라 사업방향을 전환하거나 리뉴얼을 통해 혁신할 수 있다.

깐깐한 평가, 빵빵한 지원, 여기는 청년창업사관학교.<중앙일보, 2016.7.20> 경기도 안산시에서 유준희(34) 만드리테크 대표는 창업 준비과정을 설명하며 1차 평가를 받았다. 3층 복도에는 노트북을 뚫어지게 보거나, 원고를 외우는 이들이 많다. 졸업을 위한 첫 관문인 1차 평가를 앞둔 예비 창업자들이다. 경쟁률 5.6대 1을 뚫고 청년창업사관학교에 입학했지만 통과하지 못하면 짐을 싸야 한다. 휴대용 냉장약 보관기를 발명한 오순옥(37 · 여) 리앤원 대표는 평가실로 들어서자 5분 발표시간을 알리는 시계가 돌아가기 시작했다. 제한 시간 3초를 남기고 시제품 설명은 끝났다.

안산을 비롯하여 전국 5개 지역에서 매년 240~310명을 뽑는다. 입학했다고 졸업과 혜택이 보장되지는 않는다. 10~15%는 탈락하며, 외부전문가 5명이 참여하는 3번의 평가를 통과해야 졸업할 수 있다. 지난해 278명이 입학해 26명 탈락했다. 핵심은 사업성이다. '제품이나 기술의 경쟁력이 있느냐'와 '시장 확장성이다' 국내 시장에 경쟁사가 3~4곳이 있으면 사업성이 없다고 평가위원들이 혹평한다. 기술과 지식이 전혀 없는데 고도의 기술이 필요한 사업 아이템을 밀어붙이려는 예비자는 탈락시킨다. 전문가를 영입해 팀을 먼저 만들라고 조언한다. 중요한 것은 당신이 연구 개발자인지, 사업가인지의 결정이다. 전문가라는 이유로 기술적인 문제만 따지고 시장 확장성을 등한시하는 경우가 많다. 창업에 실패하지 않으려면 기술뿐 아니라 시장의 발전 가능성을 고민해야 한다.

최원우(56) 청년창업사관학교장은 "당장은 불편하겠지만 이것도 교육의 일부"라면서 "예비 창업자들이 업체를 운영할 때 불필요한 비용을 줄이고 직원들의 구매내역을 제대로 감시할 수 있어야 한다." 하였다. 대박을 터뜨린 졸업생도 있다. 1기 김구현(42) 아이탑스 오토모티브 대표는 자동차부품 회사를 차려 지난해 180억원 매출을 올렸다. 현대자동차 연구소를 10년 넘게 다니다가 2011년 입학했다. 들어가기 전에는 아이디어와 기술만 있었는데, 교육과 자금을 지원받아 본격적인 제품 개발과 생산이 가능해졌다. 변리사부터 회계사, 세무사 등 전문가들이 찾아와 절세부터 거래처 분쟁 등 일대일 코칭으로 진행되었다.

청년창업사관학교는 2011년도 설립되어 중소기업진흥공단에서 운영하며, 광주시와 안산, 천안, 창원, 경산의 5곳에서 만 39세 이하 예비창업자 또는 창업 3년 이하 신생기업인을 모집한다. 현재까지 졸업생 1,215명과 총 매출액 4,599억원, 지적재산권 2,145건이 등록되었다.

2) 사업계획서 구성요소

(1) 창업계획 과정

사업은 계획서를 작성하는 것에서부터 시작된다. 성장성과 발전 가능성에 따른 미래수요를 예측하며 목표고객을 설정할 수 있다. 외부로부터 자금조달과 투자자들에게 확장 가

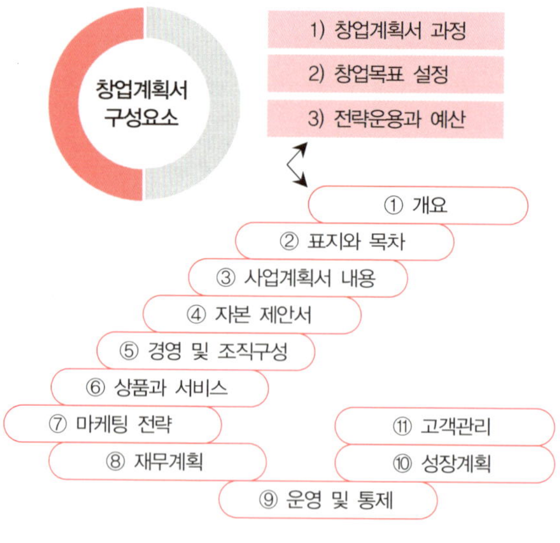

그림 6•1 창업계획서 구성요소

능성을 보여주기 위해 분석하게 된다. 시장은 유동적으로 위협 속에서 기회를 찾을 수 있다. 자사의 약점을 보완하여 효과적인 성공사업을 실행할 수 있다. 목표를 설정하여 창업자의 능력에 따른 수익과 매출달성을 이룰 수 있다. 비즈니스를 활성화시켜 규모를 키울 것인가, 내실화하여 이익을 추구할 것인가, 위험성은 없는가, 안전한 경영관리가 가능한가를 결정하게 된다.

첫째, 기존의 비즈니스가 갖는 강점과 약점을 통해 시장의 기회와 위협 요인을 파악해야 한다. 시장에서 어떠한 위치에 있는가, 어떻게 목표를 달성할 것인가, 우리가 감당해야 될 문제는 무엇인가, 미래의 수요를 위해 갖추어야 할 조건은 무엇인가, 현재의 위협은 존재하는가, 어떻게 탐색하여 기회를 창출할 것인가, 상품이나 서비스품질은 어떻게 확장할 수 있는가 경쟁업체와의 가격, 판매촉진, 팔 수 있는 시장의 크기, 방법 등을 파악해야 한다. 둘째, 재무적 문제이다. 통상적인 이익과 현금수준으로 자본원천은 유용한가, 상품과 서비스 능력, 그에 따른 손익구조와 대차대조표를 분석해야 한다.

셋째, 직원관리이다. 자사의 경영조직에서 구성원 간의 관계는 협력적인가, 그들이 가지는 차이는 무엇이며 어떠한 능력이 존재하는가, 무엇이 그들로 하여금 최선을 다하게 할 수 있는가, 최악으로 일하는 사람은 없는가, 임금은 어떻게 결정되는가, 시설물과 건물구조, 기계장치, 영업용 차량비품은 유효적절하게 이용되고 있는가, 효율적으로 사용 가능한가. 넷째, 타깃으로 하는 소비자는 누구인가, 그들은 어떤 상품의 성능과 서비스를 원하는가, 품질과 서비스 차원의 가격은 어떻게 구성되어 있는가, 가격대비 촉진전략은 어떠한가, 소비자들은 왜 우리점포를 방문하는가, 그에 따른 시장규모와 성장성은 있는가.

다섯째, 우리의 경쟁업체는 누구인가, 어느 정도의 규모와 위치에서 비즈니스가 가능한가, 고객에게 제공할 수 있는 적정이윤은 얼마인가. 여섯째, 자사가 보유한 기술은 무엇이며 변화는 가능한가. 일곱째, 기업의 대외적인 경기전망은 어떠한가, 글로벌화에 따른 세계적 진출은 가능한가, 환경변화에 영향을 미치는 요소는 없는가 등이다.

(2) 목표설정

기업목표는 발전 가능성을 나타내게 된다. 사회, 경제, 문화, 정치, 법률 등의 환경에 따른 자사의 능력에서 그 가능성을 발굴하는 것이다. 제한적이거나 저해할 수도 있지만 주제의 초점이 벗어나서는 안 된다. 궁극적으로 기업이 나아가고자 하는 목표설정은 경쟁자와 무엇이 다른가? 식별 가능한 목표시장에서 상품과 서비스가 어떻게 다른가를 보여줄 수 있어야 한다. 경영자는 달성 가능한 목표를 설정하여 전 직원들과 혼연일체가 될 수 있게 해야 한다.

(3) 전략운용과 예산

목표를 설정하여 달성할 수 있는 과업은 복잡하거나 어려워해서는 안 된다. 전략이란 각기 다른 부서간의 협조를 통해 달성하게 되는데 가격, 조직원 역할, 식재료 조달 능력 등에서 달라질 수 있다. 전략수립 후 제품이나 서비스방법을 개선하면서 과업을 달성하게 된다. 시설과 장비, 조명, 음향 등 다른 형태의 투자로 창의성을 발휘하며, 문제를 해결하는 과정에서 자원의 한계를 느끼거나 포기할 수도 있다. 피드백 과정을 통해 새로운 방법을 창안해 내며 최종적으로 수익에 대한 재무적 위험부담이나 건전성을 따지게 된다.

예산수립의 최대 장점은 기업방향을 세부적으로 파악할 수 있다는 점이다. 문제점을 파악하여 분석하는 것은 투자자들 대부분이 은행으로부터 차입하기 때문이다. 이자율과 원금 상환능력도 중요하지만, 은행은 초과이윤을 배분하는데 관심이 있는 것이 아니라 자금을 회수하지 못할까 걱정한다. 최악의 사태에서 어떻게 만기일까지 대출금을 회수할 수 있을 것인가를 그들은 걱정한다. 벤처투자기관의 사업계획서는 심사기준이 훨씬 정교하다. 접수된 신청서류 중 하나 둘 정도만 채택된다. 투자자가 요구하는 수익과 잠재성이 확인된 기업을 찾으며 매력을 느낄 때 투자하게 된다.

사업계획서 체계는 겉장에는 목차, 개요, 경영조직, 상품, 서비스, 마케팅 전략, 재무계획, 운영 및 통제관리, 성장계획, 부록 등으로 구성된다. 이러한 순서에 따라 창업자가 추구하는 방향을 확인할 수 있다. 읽는 사람이 무엇을 알고 싶어 하는지 논리적으로 기술되어야 한다. 판단하는 사람들은 그 사업을 운영하는데 필요한 능력을 보여주기를 원한다.

첫째, 사업자들은 재무와 마케팅에 관한 사항들을 궁금해 한다. 반면, 평가자들은 판매하는 상품의 시장성을 알고 싶어 한다. 얼마나 팔 수 있을 것인가, 사업을 통해 얼마만큼의 수익이 가능한가, 그러기 위해서는 자본이 있어야 한다. 창업계획서의 수치에서 신뢰성이 없다면 다른 것들은 아무 소용이 없다. 둘째, 분량에 대해 물을 수 있다. 계획서란 최대한 간결하면서도 알기 쉽게 서술되어야 한다. 가능성 높은 아이템임을 알려 주어야 하며, 어떻게 수익을 창출할 것인가가 기술되어야 한다. 현대사회는 상품의 사이클이 짧아 그 예측의 신빙성이 그만큼 낮다. 중요한 내용만을 서술하거나 간략정보만으로 활용할 수 있다. 세부적 내용은 따로 준비해 두었다가 추가요청 시 제출할 수도 있다.

❶ 미국벤처캐피탈 기업들이 제시하는 사업계획서 항목

- 사업계획서는 투자자가 호기심을 가질 수 있도록 제안 내용을 분명하고 정확하게 요약할 수 있어야 한다.
- 사업계획서 개요 : 당신의 사업이 어떤 면에서 독특한지 보여줄 수 있어야 한다.
- 투자자는 다음 사항을 중시한다.

  회사주소, 전화번호, 산업분류, 담당자, 설립년도, 상품현황, 향후 진행사항과 일정, 생산중인 정보, 상품위치와 규모, 성장률, 수요와 용도, 경쟁자의 정보와 매출현황, 점유율, 촉진전략, 유통과 가격, 생산과정의 비용, 공정성, 부가가치 등을 제시해야 한다. 특이사항이나 사무직, 생산직, 판매직 등 그 수와 경영진과의 관계, 노동조합, 공급자, 하도급자, 협력업체 관계, 시설 및 장비 보유현황, 구입하려는 장비, 고정자산 가치, 소유물의 동산, 부동산, 리스자산, 공장규모, 평당 가격, 회사가 출연하였거나 보유중인 특허권, 상표권, 개발에 투자된 비용, R & D, 계류 중인 소송과 잠재적 결과, 규제사항, 관련부서와 관계, 이익과 갈등상황, 가입된 보험과 계약 건, 법인세, 부가세 등 회사가 부과하는 세금 종류 등이 포함되어야 한다.
- 사업구조 : 법적 구조와 유형, 지역, 사업자등록증 등에 대한 정보를 포함해야 한다.
- 소속협회 : 소속된 협회나 협회가 발간한 잡지, 신문 등에 대한 정보가 있어야 한다
- 경영관리 : 사업에 중요한 인력정보와 임원, 직원들의 이력이 소개되어야 한다. 문서상의 임직원과 업무, 보상 등을 기록해야 한다. 실행하고 있는 스톡옵션과 주주와의 관계, 주식 및 금액에 관한 내용, 고용계약에 대한 구체적인 사항이 기록되어야 한다.
- 자금조달 : 투자자에게 제시하는 조건은 잔여기간, 보통주, 우선주, 옵션 등과 자금조달 전 · 후의 구조적 관계, 보통주, 장기부채 등과 담보권 여부, 회사 차원의 보장내용을 기록해야 한다. 자금조달 조건과 내용, 형식, 용도에 대한 구체적인 명시를 필요로 한다. 기존 주주와 벤처캐피탈이 소유하게 될 지분, 새로운 투자로 인해 희석되는 변화를 설명해야 한다. 소요되는 중개비용과 법적비용에 대한 지출 여부, 투자자가 이사회에 참여할 수 있는 권한 여부 등을 포함하여야 한다.

- 위험요소 : 기업에 투자함으로써 안게 될 위험요소와 재원, 경영능력 부족 등과 시장 및 생산 활동의 불확실성, 현금유동성, 주요임원 의존도 등을 의미한다.
- 투자수익 : 투자자로부터 얻게 될 수익정보는 시장에서 상장시키는데 필요한 공개 및 매각 지분을 벤처캐피탈 기업으로부터 재매입, 수익률 등에 대한 정보를 제공할 수 있어야 한다.
- 운영계획 : 과거 경영실적과 향후 운영계획을 제시해야 한다. 전년도 손익계산서와 향후 추정 손익계산서를 통한 재무 분석이 전제되어야 한다. 또한 발생 가능한 채무의견이 기록되어야 한다.
- 재무보고서 : 향후 1년간 현금 흐름표와 5년간 재무계획의 자료를 제시해야 한다.
- 기타 : 브로셔, 출판물, 보도자료 등과 부록(Appendix)

❷ 글로벌 벤처캐피탈 투자관련 조사 · 연구자료

- 글로벌 벤처캐피탈 기업은 국가 및 지역별 투자규모, 연역, 연도, 실적, 트렌드 등을 조사 · 분석하여 발간한 자료이다. 과거의 패턴과 실적, 동향 등 외자 유치를 원하는 기업들이 필요로 하는 정보들을 담고 있다. URL 주소를 통해 pdf 형태로 다운로드 할 수 있다.
- 글로벌 벤처캐피탈 트렌드(Global Trends In Venture Capital 2006, www.evca. com) : 전 세계 주요 국가의 11개 벤처캐피탈협회의 지원을 받아 505명의 벤처캐피탈 리스트를 대상으로 조사한 후 벤처투자 트렌드를 분석한다.
- 전 세계 벤처투자 동향(Science, Techonology and Industry Scoreboard 2005, lysander. sourceoecd.org) : 2000년 이후 누적통계를 기준으로 GDP 대비 벤처캐피탈 투자비중을 분석했다.
- 글로벌 벤처캐피탈 리포트(Global Venture Capital Insight Report 2006, www.cetim. org) : 2006년 세계 각 지역별 벤처캐피탈 투자동향 분석 및 주요 벤처캐피탈 리스트 인터뷰 등을 수록했다.
- 실리콘밸리 정보(Index Silicon Valley, www.jointventure.org) : 1995년부터 2009년까지의 실리콘밸리 통계자료와 기타 실리콘밸리 지역 벤처투자 규모 및 산업동향, 영업분석 등을 조사했다.

❸ 글로벌 벤처투자 참조사이트

- 미국벤처캐피탈협회(NVCA), www.nvca.org
- 미국벤처캐피탈연구소(The Venture Capital Institute), www.vcinstitute.org
- 유럽벤처캐피탈협회(EVC Association), www.evca.com
- 홍콩벤처캐피탈협회(HKVCA), www.hkvca.com.hk
- 레드허링(Red Herring)/미국 IT주간지, www.redherring.com
- 미국엔젤캐피탈협회(Angel capital association), www.angelcapitalassociation.org
- 아시아벤처캐피탈 저널(Asia Venture capital Journal), www.asianfn.com
- 실리콘밸리 네트워크(Silicon Valley Network), www.jointventure.org
- 미국비즈니스 인큐베이팅협회, www.nbia.org
- 미국중소기업 투자기업협회, www.nasbic.org
- 실리콘밸리뉴스, www.siliconvalley.com
- 다우존스벤처원, www.ventureone.com

3. 사업계획서 용도와 종류

1) 사업계획서 용도

사업계획서란, 사업자들이 자신의 목표와 꿈을 이루기 위해 설계하거나 계획, 운영할 수 있는 지침서이다. 구체적인 정보를 객관적으로 기록하며, 수익성을 확보하기 위한 자금조달과 운영, 인력확보, 기술 등을 포함한다. 용도에 따라 창업자, 동업자, 직원 등 내부용으로 활용할 것인가? 투자자, 금융, 세무, 재무, 공공기관, 사회단체국가 등 외부용으로 활용할 것인가에 따라 달라질 수 있다.

2) 사업계획서의 내 · 외부적 용도

사업계획서는 쓰이는 용도에 따라 최고경영자, 관리자, 직원 등의 운영 매뉴얼이나 경영방침, 목표와 비전을 제시하는 것이다. 공공기관의 인 · 허가와 투자유치, 자본조달, 세금,

사회단체, 언론 등 그 목적에 따라 다르게 이용될 수 있다. 성공적으로 운영하기 위해서는 다양한 정보 원천을 필요로 한다. 실제 용도에 맞는 목표설정과 이를 달성하는 노력, 열정, 끈기와 집념에서 성공 가능성을 확인할 수 있다.

계획서란 현실적인 정보를 바탕으로 꿈과 희망을 실현할 수 있다. 아무리 머릿속에 많은 아이디어를 가지고 있더라도 이를 구체화하지 못하면 의미가 없다. 실행단계에서 노출될 수 있는 문제점을 확인하면서 기회를 만들어야 한다. 실행과정이란 자연스럽게 노출되는 문제점을 해결하는 것이다. 사업 분석을 별도로 하지 않더라고 진행과정에서 나타날 수 있는 여러 가지 사건들을 해결할 수 있다. 대부분의 사업은 상호간의 정보교환으로 이루어져 말로 전달하는데 한계가 있다. 아이디어를 제안하는 사람들 모두를 만족시키기는 어렵지만 정확한 조사를 통해 성공 가능성을 확인할 수 있다.

〈표 6-1〉 사업계획서의 내 · 외부적 용도

내부용 사업계획서	사업타당성	• 사업계획서를 작성하면서 계획한 목표를 달성할 수 있다. • 대외적인 기회와 위협요인을 분석함으로써 사업타당성을 검토할 수 있다.
	사업매뉴얼	• 사업을 시작하기 전 설계했던 계획서는 진행하면서 각 부문별 입지, 규모, 시설, 원재료, 인력, 자본, 마케팅, 판매 등의 지침서 역할을 한다.
	업무역할	• 사업에 참여하는 조직인력은 기술, 자본, 생산, 판매관리 등을 포함한다.
외부용 사업계획서	사업 인 · 허가	• 사업의 계획승인 : 국가, 지방정부, 관련기관 등 • 국가 및 지방의 상업시설, 다운타운, 역세권, 터미널, 동네 상권 등
	자금조달	• 은행, 보험, 증권, 우체국, 신협, 마을금고 등 차입에 필요한 기관
	관련기관	• 정부 및 자치단체, 관련과 부서, 세무 등

첫째, 금융권과 정부 및 자치단체의 관련기관을 통해 부족한 자본금을 조달하는데 필요한 지원 여부를 결정하게 된다. 둘째, 외부 투자자들의 올바른 결정과 이해관계자들의 유용한 정보로 활용된다. 셋째, 창업자와 구성원들 능력을 평가하는 자료가 된다. 투자자들은 사업계획서를 통해 투자해야 할 기업현황과 대표자, 목표와 비전, 직원능력, 환금성, 발전가능성 등에 따른 숨은 가치를 판단하게 된다. 경영자를 비롯하여 직원들의 능력이나 환경조사, 평판, 성장 가능성, 시장흐름, 동종경쟁자의 동향, 경쟁상태, 기술을 바탕으로 한 독자적인 아이템과 창의성을 평가하게 된다. 넷째, 사업타당성 여부를 판단하게 된다. 투자자가 의사 결정하는데 필요한 정보를 획득하듯이 사업을 계획하고 운영하는 자료로 활용된다.

(1) 일반적인 사업계획서

일반적으로 고정형 사업계획서를 널리 사용하고 있다. 그 형식과 내용이 잘 갖추어져 있으며, 창업을 전문적으로 도와주는 컨설팅, 투자회사, 프랜차이즈, 금융기관, 정부기관, 자치단체, 관련협회 등 형식을 미리 정해놓고 신청자들로 하여금 주어진 공란을 채우는 방식이다.

(2) 자유형 사업계획서

자유형은 사업계획서는 작성하는 사람이 형식에 구애받지 않으며, 일부 산업에서 제한적으로 사용하고 있다. 독창적 아이템이나 기술을 바탕으로 제시할 수 있어 긍정적인 면과 부정적인 면을 함께 가진다. 형식을 파괴하여 파격적으로 제시할 수 있는 창의성을 가진 반면에 제한된 문서로 평가자를 설득하는데 한계가 있을 수 있다.

4. 사업계획서 작성방법

1) 세부계획서 작성의의

사업계획서는 사업자 자신을 위한 것이다. 주먹구구식으로 치열한 경쟁사회에서 생존하기 어렵다는 인식으로 사전에 준비하는 계획서를 말한다. 기술을 확보할 수 있는 능력을 가지거나 창의성, 독창성, 신뢰성을 전제하고 있다.

첫째, 아이템을 수행하는 신체적·심리적 힘을 의미한다. 학습된 것일 수도 있지만 생활 속에서 획득할 수 있다. 능력이란 지능과 유사한 개념으로 각종 과제를 인지적·정서적으로 수행하는 것이다. 특별한 훈련 없이도 외부적 상황의 허용범위 내에서 일정하게 수행할 수 있는 힘을 말한다. 적성이란 일정한 훈련에 의해 도달할 수 있으며, 개인적 기술이나 지식, 경험, 학위, 발명, 수상경력 등을 통해 성공적인 경영을 이끌 수 있다.

둘째, 창의성이란 새로운 사실을 지각하거나 비범한 아이디어를 산출하는 것이다. 전통적인 사고 유형에서 새로움을 추구하는 것이다. 독창적인 아이디어나 작품을 만들어내는 지적 능력과 그와 관련된 특성을 활용하게 된다. 예를 들어, 길포드(Guilford)가 제시한 '지능구조 모형'과 Allen이 만든 'ARP', Torrance & Barron이 만든 '창의적 성격검사' 등이 널리 이용된다. 토랜스는 창의성 과정을 어떤 문제의 결핍과 격차 등에 민감한 것과 관련된 곤란함, 어려움으로 제시했다. 가설 검증은 교육훈련에 따라 그 목표를 달성하기 위한 프로그램으로 활용된다.

셋째, 독창성이란 모방의 파생이 아니라 유기적인 원리에서 자발적으로 생기는 것이다. 기술을 바탕으로 상품의 우수성과 경영방법, 표적시장 등 기존 사업과 다른 점을 제시하는 것이다.

넷째, 신뢰성이란, 상품의 기능과 안정성으로 일정기간 유지하거나 사고에 이르는 과정으로 내구성 있게 설계되어 충분한 정보가 제공되는 것이다. 투자자나 경영자, 직원, 공공기관 등 관련자들이 그 내용을 믿고 결정할 수 있게 해야 한다.

(1) 창업 가능성 검토

사업은 창업자의 적성에 맞아야 한다. 관련지식에 맞는 전문성을 가져 도전정신과 창의성을 바탕으로 그 가능성을 검토할 수 있다. 소요자금은 자기자본과 타인자본 비율을 7 : 3 이내로 해야 어려움에 직면했을 이를 원만하게 해결할 수 있다. 사업장의 입지와 규모, 조건, 유동인구, 주변 상권, 타깃고객층, 경쟁점포, 접근의 용이성 등을 파악해야 한다. 최근 글로벌 경제위기로 성장성이 둔화되면서 저성장의 늪에 빠지고 있다. 이러한 불확실성은 타인자본 비율이 높아지면 경영에 부담이 되기 때문이다.

(2) 사업타당성 검토

성공 가능성에 따른 선택은 2~3개 업체로 범위를 좁혀 비교할 수 있다. 독립점포로 운영할 것인가, 프랜차이즈 점포로 운영할 것인가를 결정해야 한다. 사업타당성에 따른 안정성은 업종분포와 현황, 개별점포의 매출에서 긍정적인가를 확인할 수 있다. 성장성이 높은 업종은 현재의 위치가 어느 단계인가에서 파악할 수 있다.

(3) 수익성 검토

현금흐름표상 투자금액은 2년 이내에 회수 가능할수록 좋다. 재무제표 상 월 고정비가 너무 높으면 운영의 어려움이 생긴다. 영업이익이 최소 35% 이상이 되어야만 당기순이익은 기대에 미칠 수 있다.

2) 계획서 작성절차

사업을 성공적으로 이끌기 위해서는 창업자가 원하는 목표와 비전, 달성 가능성, 방법 등을 파악해야 한다. 아이템의 타당성을 검증하지 않은 상태에서 수행한다면 초기의 계획단계에서 이루고자 했던 목적을 달성하기가 어렵다. 현실적으로 실현가능한 아이템인지 그에 대한 분석과 문제점을 찾아야 한다. 창업 목적에 맞는 일반적인 절차를 제시하면 다음과 같다.

첫째, 목적에 맞는 용도를 확인해야 한다. 기업을 운영하는 목적과 콘셉트, 인테리어시설, 외부환경과 조경, 상호, 간판글자와 크기, 색상, 디자인 등을 의미한다. 둘째, 계획서 활용에 대한 점검이 필요하다. 어떠한 용도와 목적에 맞는 내용인가를 확인해야 한다. 개인적으로 사용할 목적이라면 형식과 무관하겠지만 금융기관, 정부 등에 제출하는 것이라면 창의성을 발휘하여 비교우위를 가져야 한다. 셋째, 계획서를 실행하는 것이다. 창업자의 아이디어가 객관적으로 표현될 수 있는 순서와 체계를 갖추어야 한다. 계획이란 오픈에 맞추어 정해지지만 규모에 따라 참여하는 인력과 운영에 문제가 발생할 수 있다.

넷째, 온·오프라인 시장에서 자료를 수집할 수 있다. 평소에 수집한 자료를 정리하거나 부족한 자료를 보충하면서 획득하게 된다. 다섯째, 수집된 자료는 상호간의 협조와 조정, 통제할 수 있다. 사전 확인을 통해 양식에 맞게 작성하며, 그 내용이 목적에 맞지 않거나 일관성이 떨어질 수도 있다. 여섯째, 디자인은 처음 계획했던 목적과 어울려야 한다. 이용대상자를 비롯하여 담당자, 관리자들이 쉽게 이해할 수 있어야 한다.

3) 작성시 유의사항

사업계획서란, 계획을 통해 실현가능한 아이템과 운용능력을 평가하는 사람들에게 제공하는 것이다. 누구나 새롭게 시작하는 사업은 그 내용이 부정적으로 비춰지는 것을 싫어한다. 기술이나 경영능력, 끈기와 집념, 도전정신 등 자신감을 가지고 설득할 수 있기를 바란다. 핵심적인 내용은 원래의 목적에 맞게 전달되어야 한다. 지나친 의욕이 앞서거나 과장된 표현은 현실성이 떨어질 수 있다. 근거가 불충분하거나 비논리적인 추정은 문제점을 확대할 수 있다.

첫째, 계획했던 사업내용의 핵심은 단순화시켜야 한다. 지나치게 많으면 스스로 모든 것을 다할 수 있다는 느낌을 줄 수 있다. 타깃시장 내 주력상품의 역할과 차별성, 성장성, 창의성 등 집중적으로 부각시켜야 한다. 둘째, 작성과정에서 문제점을 숨기거나 감추려 해서는 안 된다. 문제점이란 항상 존재하며, 가장 합리적인 방법을 찾다보면 자연스럽게 해결할 수 있다. 객관적으로 해결하지 못할 경우 아무런 문제가 없는 것처럼 속여서는 안 된다. 막연한 표현보다는 구체적으로 경험한 사례를 제시할 수 있어야 한다. 셋째, 계획된 사업의 잠재력, 성장 가능성, 기술 등 핵심 내용만을 제시해야 한다. 자본금을 유치할 목적이라면 투자자의 관심을 끌 수 있는 내용을 담아야 한다.

넷째, 경영자의 이력을 확실하게 보여주어야 한다. 투자자들은 대표자가 누구인지 궁금해 한다. 성실함, 근면함, 도전정신, 창의성 등 문제가 노출되었을 때 이를 해결할 수 있는 능력을 평가한다. 다섯째, 투자자들은 회계, 재무적 문제가 노출되었을 때 이를 해결할 수 있는가를 알고 싶어 한다. 해결자가 조직 내 사람인가, 자신인가, 모든 문제를 외부인에게 의존한다면 매력 있는 사업으로 생각하지 않는다. 능력은 긍정적인 마인드로 자신감을 보여줄 수 있으며, 객관적인 자료를 통해 구체화할 수 있다.

02 사업타당성분석

1. 사업타당성분석 의의

타당성분석(feasibility analysis)이란, 계획하는 사업에 자본을 투입하여 원하는 수익을 확보할 수 있느냐 여부를 판단하기 위해 분석된다. 창업자는 자본금과 기술, 시간, 비용을 투입하여 수익을 얻을 수 있을까를 고민하게 된다. 이러한 물음에 답을 얻기 위해 정성적 분석이나 정량적 분석을 하게 된다. 투자자가 요구하는 수익률은 자본에 대한 기회비용까지 포함된다. 경제적 · 물리적 · 법적 문제까지 포함하며, 경제성이 있는가의 여부는 어떠한 창업이든지 시작 전에 반드시 분석되어야 한다.

사업자의 능력을 검증하는 절차는 투자수익률(이익 / 투자금액)이 목표에 도달할 수 있는가를 확인하는 것이다. 성공적인 사업은 능력과 기술, 시장성, 상품성, 안정성, 위험도, 추진력, 리더십, 공공성 등을 평가하는 총체적인 활동이다. 체크리스트 표를 작성하여 판단할 수 있는 정성적 분석과 투자금액과 매출액에 따른 소요경비 등을 대상으로 투자에 대한 확신과 수익률, 회수기간 등을 파악하는 정량적 분석으로 나눌 수 있다.

예를 들어, 2억원을 투자하여 레스토랑을 창업하였다. 1년에 5천만원의 수익을 얻고 싶다면 목표로 하는 수익률은 25%가 된다. 이를 월 수익으로 계산하면 월 416만원이 된다. 이러한 계산으로 투자금액에 대한 이익을 달성할 수 있는가를 분석할 수 있다.

2. 사업타당성분석 필요성

대부분의 창업자들은 타당성분석의 필요성은 인식하지만 이를 간과하는 경우가 많다. 대규모 투자금액을 수반하는 것이 아니라 소자본, 소규모, 부부, 형제, 가족창업, 친구, 동료 등 인간관계의 테두리 내에서 형성되기 때문에 계산에 소홀하기가 쉽다. 분석의 필요성은 느끼지만 이를 무시하는 경향이 있다. 스스로 능력이 부족하거나 주먹구구식으로 투자에 대한 수익률을 산출하기도 한다. 때론 어려운 과정의 절차나 복잡한 내용으로 포기하는 경우도 있다. 외부의 전문기관이나 제3의 인물한테 의뢰하면서 그 역할은 다했다고 생각하기도 한다.

첫째, 투자금에 대한 수익률을 산출하려면 자본금의 총계가 나와야 한다. 사업경험이 풍부하다면 이익달성 가능한 금액을 쉽게 산출할 수 있다. 프랜차이즈 사업이라면 가맹본부에서 분석해주기 때문에 판단할 수 있는 능력만 있으면 된다. 하지만 초보자라면 문제는 달라진다. 투자금액을 결정하는 것도 쉽지 않을 뿐 아니라 점포의 보증금, 권리금, 인테리어 비용, 설비시설, 장비와 주방기기, 기물, 공조시설, 식기류, 식자재, 인건비 등 다양한 요소를 확인해야 한다.

둘째, 자본금이 결정되면 점포에서 획득할 수 있는 매출액과 이를 만들어내는데 들어간 판매비와 관리비, 감가상각비, 보험료 등을 계산할 수 있다. 매출액을 만들어내는데 들어간 비용을 하나도 빠짐없이 찾아내야 한다. 식재료비, 인건비, 기타 경비로 크게 나누지만 세부적으로 제세공과금, 세금, 이자, 임대료 등을 포함하여 지출비용을 정확하게 산출하도록 해야 한다. 구체적인 매출대비 비용을 계산하는 것이 아니라 컨설턴트나 인터넷 정보, 프랜차이즈본부, 주변의 지인 등에 의존하여 예측하는 경우가 많다. 자신을 비롯하여 가족의 인건비, 파트타임, 부가가치세, 4대 보험료, 차량 유지비, 환경 부담금, 신용카드 수수료, 관리비, 청소비, 인터넷 비용, 홈페이지 관리비, 신문, 전화비 등 준조세 성격의 지출을 절대로 간과해서는 안 된다. 이러한 항목들은 매출액의 10% 이상을 상회할 수 있다. 초기의 영업이익률이 30%라 해도 실제 단기순이익은 10% 내 · 외가 된다. 이는 다양한 지출비용을 고려하지 않았기 때문이다.

셋째, 이익은 매출액에서 총비용을 차감하여 계산할 수 있다. 투자금액과 매출액에 따른 총비용을 정확하게 계산할 수 있다면 쉽게 매출이익이나 영업이익, 경상이익, 세전이익, 순이익을 계산할 수 있다. 넷째, 투자수익률은 이익에서 투자액을 나누어 계산할 수 있다. 투자수익률을 계산할 수 있다면 언제까지 회수 가능한지 판단할 수 있다. 이와 같이 보유한 자본의 규모를 정확하게 파악하는 것이 중요하다. 보유자금은 회사에 투자하는 것이 유리한지, 채권 · 펀드 · 회사채 · 보험 · 정기적금에 투자하는 것이 유리한지 따져야 한다. 타당성을 분석할 능력만 있다면 창업을 빨리하는 것이 중요한 것이 아니라 철저하게 준비를 통해 실패를 줄이는 것이 중요하다는 점을 이해하게 된다.

CASE
"1년에 107만여 명이 창업하고, 86만여 명이 문을 닫는다!"

서울 중구 중앙시장에서 5년째 폐업을 운영하는 김호빈(56) 사장을 통해 창업자들의 자화상을 엿볼 수 있다. 폐업 연락이 오면 견적서를 작성한다. 서로의 눈높이가 맞으면 가게의 물품을 가져와 중고물품으로 판매한다. 서울 회현동 주상복합건물 1층 피자가게에서 김사장은 손가락을 입에 갖다 댄다. 말을 조심해서 폐업하는 주인의 마음을 아프게 하지 말아야 한다는 것이다. 오픈한지 3개월 만에 폐업을 했다. 오전 11시 200kg이 넘는 피자오븐이 트럭에 실리면서 9평의 피자가게 폐업 작업은 끝났다. "4년이 넘어가지만 남의 불행이 내 생업이니까 마음이 편하지 않다." 한다. 수천만 원을 들였는데, 100~200만원 견적이 나오면 그 자리에서 통곡을 한다. 그렇다고 값을 더 쳐줄 수도 없다. 중고시세가 엄격하니까 채산성을 따져야 하기 때문이다.

본사 횡포에 못 이겨 1년만에 문 닫는 프랜차이즈 커피숍. 유리문에는 "매장 내부수리로 휴무합니다."라고 적혀 있다. 1년도 안되어 '망했다'고 쓰기는 창피하다는 김혜주(40) 사장의 말이다. "이 조그만 탁자 6개랑 의자 6개가 1,000만원, 말이 돼요?" 가게를 오픈하면서 투자한 돈은 2억3,000만원, 보증금 5,000만원을 돌려받아도 1억8,000만원을 고스란히 날렸다. 인테리어시설이 4,125만원, 각종 기기와 물품이 8,000만원, 커피머신이랑 오븐 등 10개에 4,800만원 등 본사에서 가져갔다. 나중에 인터넷으로 가격을 찾아보니까 다 합쳐 1,500만원이에요. 이 정도 남겨먹으면 사기꾼 아니에요?"

프랜차이즈에 밀려 7년만에 문 닫는 케이크 카페! 18살 때 처음 제빵 기술을 배운 이모 사장은 호텔과 대형 제과점에서 일하다 7년 전 결혼과 함께 케이크집을 열었다. 오는 손님들은 단골이지만, 대부분의 고객들은 습관처럼 유명 브랜드 빵집만을 찾는다. 포장지만 봐도 마음이 아프다. 별다른 장식이나 그림 없는 밋밋한 연두색 포장지로 제작업체가 "대기업 위주의 대량 주문만 받아서 영세상인은 싸구려 포장지밖에 못 쓴다."라고 했다. 단골손님한테 문 닫는다는 얘기도 못하고 조용히 사라지려는 것이다. 일요일에 작업해 달라고 부탁하여 오전 10시에 시작된 작업은 2시간도 안 되어 끝났다. 부부는 "시원하다"는 말을 반복했지만 "그래도 제 가게잖아요."라며 지켜보고 있다.

조선일보 2013.5.22

3. 사업비 내역

높은 매출액을 달성하고도 이익을 내지 못하는 점포들이 있다. "앞으로 남고 뒤로 까진다."는 말이 있듯이 이익을 실현하기 위해서는 지식을 필요로 한다. 창업을 위한 준비 항목들은 사전에 파악하여 지출비용을 줄이는 것이 좋다. 과다하게 책정되지 않았는지 철저한 계획으로 손익분기점을 확인해야 한다. 투자에 대한 회수기간을 단축하기 위해서는 조리의 준비단계에서부터 판매에 이르기까지 원가절감의 마인드를 가져야 한다. 이러한 내용을 확인했다면 지출비용의 추정으로 이익을 산출할 수 있다. 결론적으로, 사업자들은 투자안에 대한 다양한 방법으로 타당성을 분석해야 한다. 기업에서 사용하는 분석기법들은 복잡하여 개인이 사용하기에 어려울 수 있다. 하지만 창업자들은 타당성분석을 통해 이익을 달성하는데 게을리 해서는 안 된다.

〈표 6-2〉 창업 항목의 내역서

분 류	항 목
점포임대차 비용	임차보증금, 권리금, 부동산 중개료, 각종 공과금(수도, 전기, 가스) 등의 정산
실내 외 인테리어	설계비, 간판(돌출, 정면, 네온 등), 주방설비, 내부 인테리어, 외부 조경, 전기용량, 상 · 하수도, 도시가스, 공조시설, 음향, 조명, 환기, 칸막이, 커튼, 주차장, 대기실 등
집기 및 비품 구입	냉장고, 냉동고, 가스레인지, 싱크대, 주방기기, 조리기구, 식기류, 냉 · 난방기, 식탁 및 테이블, 의자, POS시스템, 유니폼, 메뉴북, 사무용품, 금전출납부, 소모품, 디자인 등
식재료 구입	초기 식재료, 음료, 주류, 커피, 디저트, 과일 등
광고 촉진비	판촉물, 개점 이벤트, 광고 및 판촉물 인쇄비, 개업 촉진비용 등
기타 비용	인터넷, 전화설치비, 가맹비(프랜차이즈), 접대비, 보험료, 교통비 등
예비비	인건비, 재료비, 경비 등 6개월 정도의 점포 운영비

4. 자금계획과 조달방법

자본금에 대한 타당성을 분석할 때 자금계획은 언제부터 수립하는 것이 좋을까? 글로벌 경제위기로 인한 국가의 경기상황은 불황을 거듭하면서 매출부진으로 어려움을 겪고 있다. 유럽발 재정위기는 또다시 많은 사람들로 하여금 새로운 일자리를 찾게 한다. 고용 없는 세계적인 불황은 제2의 인생을 준비하는 50대 전 · 후의 세대들에게 어려움을 가중시키고 있다. 이러한 상황을 갑작스럽게 맞이한 예비창업자들은 자신뿐만 아니라 가족, 친지, 주위의 지인들까지 우려와 걱정을 끼치고 있다. 이들은 충분한 정보와 지식, 경험, 자본력을 준비하지 못하고서 시장에 뛰어들고 있는 것이 현실이다.

현실은 생각처럼 녹록하지 않다. 평생 일군 자신의 퇴직금에 아파트 담보 대출금, 가족과 주변 지인들로부터 차입한 일정금액, 정부 및 자치단체, 관련협회의 창업 지원금 등을 활용하고 있다. 이와 같이 창업을 준비하는 사람들은 자금구조가 급조되었다면 그 결과는 쉽게 예상할 수 있게 된다.

1) 자금계획 시 고려사항

첫째, 총 투자비 받는 비용은 자기자본 비율의 20% 이하를 권장한다. 자기자본 비율이 높을수록 구매, 직원관리, 경영관리가 유리하다. 사업을 운영하다보면 뜻하지 않는 어려운 상황을 맞이할 수 있다. 자본에 여유가 있다면 좋은 재료를 저렴하게 구입하여 경쟁력을 높일 수 있다. 둘째, 높은 매출에 대한 환상을 버려라. 초기에는 선물을 증정하거나 할인이벤트 등을 실시하여 많은 사람들로 북새통을 이룬다. 이들은 얼리어답터(early adopter)도 있지만 경쟁사, 친지, 친구, 동료 등 친분 있는 사람들이 축하를 위해 모여들기 때문에 기대 이상의 매출을 올릴 수 있다. 이러한 매출액을 순수 판매금액으로 착각해서는 안 된다.

셋째, 자금은 신중하고 냉철한 머리로 집행해야 한다. 준비과정에 많은 유혹의 정보들이 밀려온다. 계획하지 않은 집행은 지출비용을 늘어나게 한다. 막상 전단지를 비롯하여 플랜카드 등 기본적인 판촉비용을 지불하지 못해 어려움에 직면할 수 있다. 넷째, 자본금을 차입해야 한다면 국가 및 자치단체, 제1금융권, 창업지원센터 등을 활용하기를 권상한다. 무리한 창업으로 제3금융권이나 사채를 이용하여 심적 · 물적 · 신체적 부담감에 어려움이 가중될 수 있다. 다섯째, 운영자금의 여유가 있으면 좋다. 손익분기점에 도달하는 기간은 대체로 2년 내로 설정할 수 있다. 하지만 국가의 경기상황이나 지역의 상권과 입지, 업종에 따라 오랜 시간이 걸릴 수 있다.

2) 자금계획과 지원제도

(1) 자금계획

창업자금에는 순수한 자기자본과 투자자 및 금융권의 차입금으로 조성된 타인자본으로 분류할 수 있다. 투자자로부터 유치한 자본은 배당금을 지급해야 하지만 수익금이 발생하지 않으면 별도의 비용을 지급하지 않아도 된다. 투자비에 대한 지급계획 뿐 아니라 점포운영에서 발생하는 제반경비까지 계획을 수립해야 한다. 식재료비를 비롯하여 인건비, 판매관리비, 경비 등 추정손익계산서를 통해 파악할 수 있다.

첫째, 초기 투자비용으로 자기자본과 타인자본, 은행대출금, 지인으로부터의 차용 등 분류하여 관리해야 한다. 둘째, 운영경비는 식재료비, 인건비, 제세공과금, 세금, 대출이자 등을 통해 손익계산서를 작성해야 한다. 셋째, 점포를 임대할 때 발생하는 권리금은 기존 임차인에게 지불하는 것으로 건물주와는 상관없다. 시장조사를 통해 적정한 보증금과 임대료, 권리금, 가스시설, 인테리어비 등을 파악하여 낮추려 노력해야 한다. 넷째, 설비시설을 비롯하여 장비, 조리기구, 식기, 비품 등 많은 투자가 필요하므로 사전에 충분한 조사를 통해 낭비적 요소가 발생되지 않도록 해야 한다.

(2) 자금조달과 지원제도

정부는 일자리 창출을 위해 발 벗고 나섰다. 대기업과 중소기업, 개인 창업에 이르기까지 다양한 지원제도와 인센티브로 고용창출을 장려하고 있다. 이럴 때 지원제도를 잘 활용하는 창업자가 있는가 하면, 지원 금액이 소액이거나 이용의 불편으로 접근을 못하는 사업자도 있다. 특히 조건이 제한적이라는 점과 서민들이 접근하기 어렵다는 등 기대에 미치지 못하지만 이를 잘 활용하는 것도 전략이다. 그렇다면 자금조달 방법과 지원제도는 어떤 것이 있을까?

❶ 자금조달 방법

첫째, 금융기관은 자금을 확보할 수 있는 공식적인 기관이다. 돈을 빌리는 방법은 동산 및 부동산의 담보물에 의한 대출과 개인의 신용대출로 나눌 수 있다. 이율은 은행마다 조금씩 차이가 있지만, 개인신용도에 따라 차이가 있다. 하지만 그 절차와 구비서류는 유사하다. 둘째, 보증보험으로 대출받는 방법이다. 창업할 때 기술과 아이템은 우수하지만 담보능력이 부족할 경우, 보증보험회사로부터 증권을 발급받아 대출받게 된다. 월정액의 보증료를 내며, 증권을 담보로 개인 신용도에 따라 차등의 금리를 적용하여 은행에서 대출받는다.

셋째, 신용보증재단은 직접 지원해주는 제도가 아니라 타인자본의 차입을 보증해주는 제도이다. 사업자의 채무를 보증해주기 위해 설립된 기관으로 '신용보증재단'과 '기술신용보증재단'으로 분류된다. 특히 외식기업 창업자들은 담보능력의 한계에 부딪혔을 때 널리 유용하게 사용된다. 넷째, 매입 채무는 중소기업 또는 소규모의 사업자가 승계받아야 되는 원재료를 비롯하여 장비, 기기 등 대금을 지불하지 않고 부채를 안고 계약이 이루어지는 제도이다. 기술산업의 발달로 신용담보가 확산되고 있다. 외식업은 식재료 및 장비, 조리기구 등 매입채무를 안고서 거래를 유지하면서 빚을 차감해가는 방법이 있다.

다섯째, 리스(lease)는 일정한 시설 및 장비를 빌려주고 사용료를 받는 제도이다. 기술은 있지만 자본금이 없는 중소 창업자들은 고가의 장비를 구입하지 않고 운용할 수 있다. 창업자들 입장에서 보면, 사업자금을 직접 조달하지 않은 장점도 있지만 매달 정기적인 사용료를 지급해야 하기 때문에 운영에 부담이 될 수 있다. 특히 리스상담 - 신청 - 심사 - 계약체결 - 발주 - 인도 - 수입허가(외국산) - 계약체결 - 완료 순으로 진행되기 때문에 복잡한 전개과정으로 외면받았지만 자동차업계를 중심으로 활성화되고 있다.

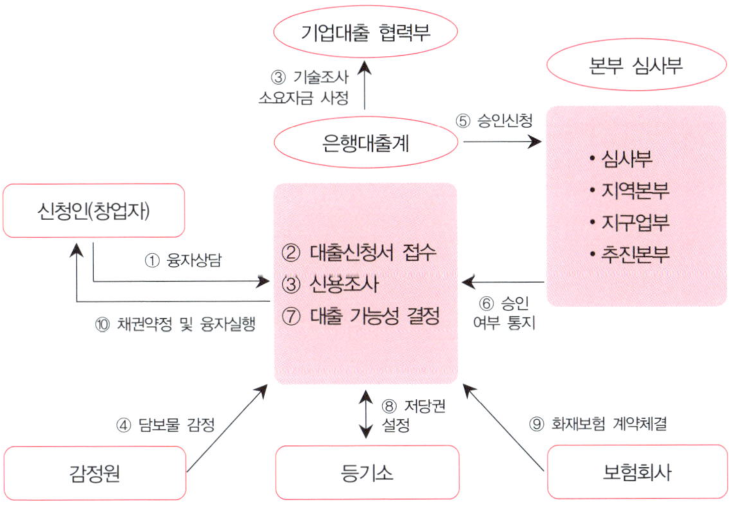

그림 6•2 은행융자 진행절차

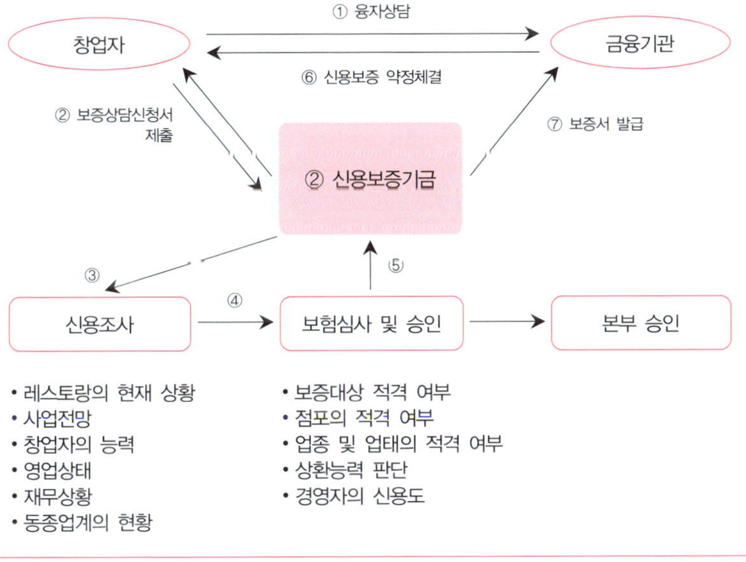

그림 6•3 신용보증 절차

❷ 자금지원기관

창업지원 제도는 국가 및 지방자치단체, 관련협회 등에서 다양하게 이루어지고 있다. 경제 활성화와 고용창출을 위해 경영에 필요한 지원을 장려한다. 이를 한마디로 정의하기는 어렵지만 자금의 원천이 개인인가, 단체인가, 기업인가, 투자자인가에 따라 그 기준은 달라진다. 융자만으로 가능한가, 투자와 융자가 함께 가능한가를 판단해야 한다. 친척이나 친구, 동료 등을 통해 조달하는 방법도 있지만, 프랜차이즈 본사와 은행, 소상공인 지원센터, 창업투자회사, 서울, 경기 및 지역 창업센터, 여성창업, 청년창업, 실버산업, 중소기업 진흥공단, 신기술사업, 신용보증기관, 리스, 보험회사, 저축은행, 증권회사 등 다양한 방법으로 지원받을 수 있다.

한편 은행들은 프랜차이즈 본사의 신용등급에 따라 등급별로 대출해주고 있다.

CASE

"유망한 프랜차이즈? 은행 신용대출 등급이 힌트이다!"

공단에서 퇴직한 임모(56) 씨는 고민이다. 군 제대 후 복학할 아들을 생각하면 돈을 벌어야 하기 때문이다. 집 빼고 이것저것 끌어 모으면 9,000만원 정도 여윳돈이 있지만, 무엇인가를 시작하기에 부족한 자금이다. 동네의 감자탕집과 프랜차이즈 커피숍이 어떻겠느냐는 말도 들었지만 판단이 서질 않는다. 전국 프랜차이즈 가맹점수는 17만926개(2011.12)에 달한다. 전년 대비 15% 늘어났다. 그렇다면 어떤 프랜차이즈 사업이 유망할까? 브랜드가 2,400개에 달하므로 선택하기가 쉽지 않다. 정답이라고 할 순 없지만, 돈에 눈이 밝은 은행들이 어떤 평가를 내리는가를 참고한다면 도움이 될 수 있다.

조선비즈 2013.5.30

〈표 6-3〉 A은행의 프랜차이즈론 대출한도

구 분	대출한도	브 랜 드
1군	2억원	파리바게트, 뚜레쥬르, 도미노피자, 온누리약국, 롯데리아, GnB영어전문학원, 원할머니보쌈 · 박가부대찌개, GS슈퍼마켓, 아리따움
2군	1억원	놀부(보쌈 · 부대찌개, 항아리갈비), 레드망고, 본죽 · 본비빔밥, 대학로 김가네 김밥, GS25편의점, 훼미리마트편의점, 콜드스톤 크리머리, 착한고기, 완산골명가, 백년보감, 대성N스쿨 · 대성초등제넥스, BBQ · BHC, 잉글리쉬 무무, 카페베네, 초록마을, 세븐일레븐, 탐앤탐스
3군	5,000만원	존앤존 PC방, 교촌치킨, 이지은 레드클럽, 간이역, 고스트캐슬PC방, 이삭토스트, 미니골드, 멕시카나, 치킨더홈, 한솥도시락, 본스치킨, 피쉬앤 그릴, 전복예찬, 짚동가리 쌩주, 핫썬치킨, 아이비스 PC방, 명인만두

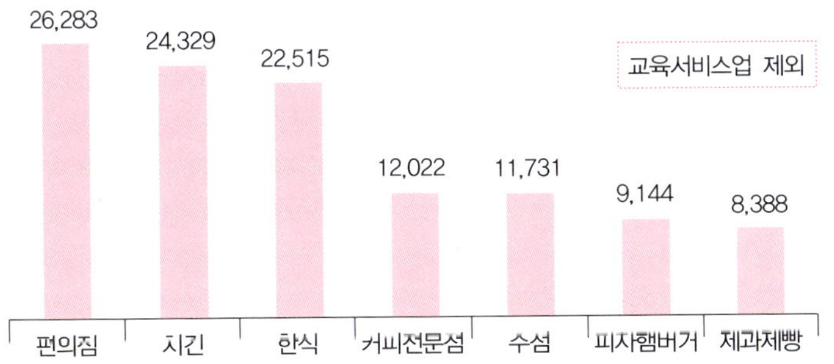

자료 : 공정위 가맹정보시스템, 2015.12.30

그림 6•4 각 산업별 프랜차이즈 가맹점 현황

❶ A은행

빵집 프랜차이즈 기업을 최고로 우대한다. 프랜차이즈 창업자들에게 브랜드 등급을 3개 군으로 나눠 신용대출 한도를 차별화하고 있다. 1군 브랜드 점포는 2억원까지, 2군은 1억원까지, 3군은 5,000만원까지 대출 해주고 있다. 은행이 판단하여 프랜차이즈 회사의 등급을 매긴 것이다. 이 명단에 없는 기업을 창업할 땐 순전히 개인 신용도에 따라 한도가 정해진다. 1군에는 파리바게트, 뚜레쥬르, 도미노피자, 롯데리아, 원할머니보쌈, 박가네 부대찌개, GS슈퍼마켓, 아리따움, 온누리약국, G & B 영어 전문학원 등의 업체가 자리한다. 2군에는 GS25, C & U, 세븐일레븐, 카페베네, 탐앤탐마켓, 놀부, 본죽, 본비빔밥, 김가네김밥, 배년보감, 착한고기, 안산골명가, 콜드스톤 크리미리, 레드망고, BBQ, 대성N스쿨, 대성초등세넥스, 잉글리쉬부부, 조독마을 등과 3군엔 존앤존 PC방, 고스트 캐슬 PC방, 아이비스 PC방, 교촌치킨, 맥시카나치킨, 본스치킨, 이삭토스트, 한솥도시락, 피쉬앤그릴, 명인만두, 전복예찬, 짚동가리쌩주, 간이역, 이지은레드클럽, 미니골드 등이다. 1군에 빵집이 많지만 2군에는 편의점, 커피전문점, 3군에는 PC방, 치킨점이 많은 게 특징이다.

같은 업종이라도 브랜드의 인지도나 본사의 재무상태, 가맹점수에 따라 등급이 다르다. 같은 치킨점이지만 BBQ는 2군에, 다른 치킨점은 3군에 자리 잡고 있다. 프랜차이즈 대출은 은행과 가맹점 본사가 협약을 맺어 가맹점주에게 돈을 빌려 주는 형식이다. 1~3군 명단에 이름을 올린 것만으로 은행과 거래할 수 있을 만큼 신용상태가 검증되었다는 것을 의미한다. 은행은 "본사가 얼마나 오래 유지되고 있는지가 등급 구분의 기준이 되며, 가맹점의 폐업률과 사양화 여부가 중요한 판단기준"이라 했다. 따라서 과당경쟁의 우려가 있거나 발전 가능성이 크지 않는 업종은 대출받기가 어렵다.

❷ B은행

편의점 · PC방은 홀대, 65개 프랜차이즈 업체와 협약을 체결하여 한도를 5단계로 나눴다. 뚜레쥬르 등 빵집 체인점 등은 2억원, 카페베네 등 커피전문점 등은 1억원, 더페이스숍 등 중저가화장품 체인 등은 7,000만원, 교촌치킨 등 치킨전문점은 5,000만원, 잉글리쉬 무무 등 학원업체는 3,000만원까지 빌려준다. 이 은행은 편의점 업체들을 1억원까지 빌려주는 2군에 배치한 A은행과 달리, GS25, C & U, 세븐일레븐, 바이더웨이, 미니스톱 등 5개 대형 편의점을 5,000만원까지 대출해주는 4그룹에 배치했다. PC방은 5,000만원까지 빌려주지만, 등급표엔 PC방 체인이 아예 없다. B은행이 A은행에 비해 편의점과 PC방 업종을 좀 더 보수적으로 평가한다는 의미이다.

- 소상공인 정책자금(http://www.seda.or.kr)
- 신용보증재단(햇살론) (www.koreg.or.kr)
- 서울시청년창업지원(2030.seoul.kr)
- 여성창업센터(www.wesc.or.kr)
- 경기중소기업창업지원센터(http://www.gsbc.or.kr)
- 기타 지원센터
  - 한국장애인기업지원종합센터(http://www.debc.co.kr)
  - 국가보훈처창업지원센터(http://www.vent.go.kr) (제대군인지원센터)
  - 미소금융창업지원센터(전국 1544-2129)

CASE
"창업자금, 공짜로 지원받는 방법은 없을까?"

계명대 창업지원단은 '정부지원 무상 창업자금을 받는 방법'을 안내해주고 있다. 중소기업청 지정 계명대(총장 신일희)는 성서캠퍼스 산학협력관에서 '정부지원 무상 창업자금을 지원받는 방법 세미나'를 개최했다. 예비 창업자들이 정부의 창업자금과 정책지원에 대한 정보를 제대로 알지 못한다는 점을 감안하여 퇴직자, 주부, 직장인, 장애인, 복지기관과 사회적 기업, 임직원, 대학생 등을 대상으로 실시했다. 현재 중소기업청, 중소기업진흥공단, 전국 18개의 창업선도대학, 소상공인지원센터, 테크노파크, 창업진흥원 등에서는 차별화된 아이디어와 기술을 갖고 기존 창업자 또는 예비 창업자들을 지원하여 그들의 창업을 돕고 있다.

김영문 계명대 창업지원 단장은 정부지원 무상창업자금을 지원받기 위해 준비해야 될 서류 등을 설명했다. "사업계획서 작성과 근거서류를 준비하면 내년에 다양한 정부지원 자금을 받는 데 유리하다."라고 조언했다. 이번 세미나와 관련된 내용은 창업지원단(cafe.daum.net/ekubic)과 창업길라잡이(cafe.daum.net/isoho2jobs)에서 확인할 수 있다.

한국대학신문 2013.12.17

5. 정성적 · 정량적 분석

1) 정성적 분석

사업타당성을 분석하기 위해서는 사업의 종류와 형태, 운영방법, 업종 등 그 중요성에 따라 내용과 형식은 다르게 분석되어야 한다. 팔릴 수 있는 상품인가, 소요자금은 얼마가 필요한가, 기술적으로 문제는 없는가, 수익성은 있는가에 따라 결정될 수 있다. 레스토랑에서 목표로 하는 원가가 얼마이며, 경쟁자와 차별화가 가능한가를 파악하여 목표수익을 분석할 수 있다. 공익적 목적에 따라 경제성, 사업성, 시장성, 성장성, 기술성, 공공성, 기여성, 안정성을 평가하게 된다.

첫째, 시장 환경은 창업자의 아이템과 맞아야 한다. 글로벌 경제위기로 인한 경기불황은 많은 사람들에게 어려움을 가중시키고 있다. 둘째, 아이템이 창업자의 능력과 적합한가? 업종, 업태에 따른 자본력, 규모, 위치, 메뉴력, 상품력 등은 자신의 기술과 경력, 적성에 따라 운영 가능한가를 검토해야 한다. 셋째, 창업자의 마인드가 적합한가? 개인적인 경험과 타고난 성품, 자질, 학습된 지식 등 서비스 마인드를 갖추어야 한다. 특히 성공하겠다는 굳은 의지와 포기하지 않은 도전정신을 갖추고 있어야 한다.

넷째, 창업자의 지식과 기술을 가지고 있어야 한다. 기술을 확보하고 있다는 것은 차별화를 가능하게 하는 것이다. 다섯째, 경영전략과 능력이 있어야 한다. 예를 들어, 외식사업을 준비하는 창업자들은 자신이 많이 먹어보았다는 경험을 능력으로 확대 해석하는 경우가 종종 있다. 경영능력이란, 기업의 미래와 트렌드를 예측하는 것으로 나아갈 방향과 비전, 목표를 설정하는 것이다. 인적관리부터 마케팅 능력, 전략과 전술에 따른 실행능력을 포함하고 있다. 여섯째, 상권 및 입지분석을 해야 한다. 외식기업은 '몫이 반이다'라는 말이 있다. 아이템이 상권과 적합한가, 경쟁자는 없는가, 성장 가능성은 있는가, 위치는 어떠한가, 방향은 가로인가 세로인가, 주 출입구의 방향과 통로의 넓이는 어떠한가? 일곱째, 장기적인 비전을 제시할 수 있어야 한다. 계속적으로 영업할 수 있는가, 계절적으로 유행을 타는 업종인가, 그에 따른 성장성은 있는가?

여덟째, 자신의 자금으로 운영할 수 있는가이다. 자기자본과 타인자본 비율 중 어느 것이 높은가? 아홉째, 아이템을 계속적으로 성장시킬 수 있으며, 개발능력은 있는가? 열 번째, 수익성은 있는가. 각종 협회나 단체, 통계청에서 제시하는 '업종별 표준수익성'을 의미한다. 기업은 봉사활동을 하기 위해 존재하는 것이 아니다. 이익이 있어야 계속적으로 경영할 수 있다. 열한 번째, 공공성을 가져야 한다. 나 혼자 독불장군은 없다. 공익성에 반하지 않으면서 지역사회에 기여할 수 있어야 한다. 열두 번째, 위생과 청결에 대한 마인드가 있어야 한다. 안전한 식사는 국민건강과 국가의 미래를 책임지는 중추적인 역할을 한다. 마지막으로, 자연환경을 저해하지 말아야 한다. 각 국가의 이상기온은 생태계를 파괴하고 있다. 미래를 위해 소중하게 보존해야 할 책임이 있다. 이상을 바탕으로 사업타당성에 대한 체크리스트를 제시하면 다음과 같다.

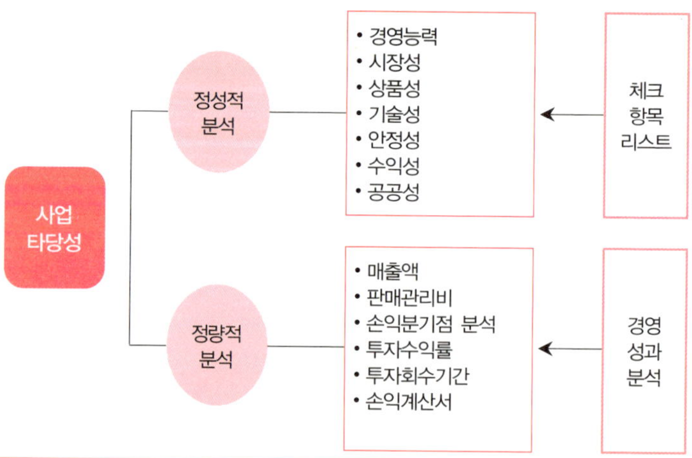

그림 6•5 사업타당성분석

〈표 6-4〉 사업타당성분석을 위한 체크리스트

주항목	평가요소	세 부 항 목	평 가			종 합
경영 능력	경영 능력	경영에 필요한 지식과 서비스 마인드를 가졌는가?				
		기업 목표와 비전을 제시하는 리더십이 있는가?				
		고객을 유치하려는 능력과 인간관계를 중시하였는가?				
		성공하겠다는 굳은 신념과 의지, 목표, 철학이 있는가?				
		다양한 판매촉진 전략을 개발하거나 추진할 능력이 있는가?				
	창업 적합성	사업경험과 지식을 보유하였는가?				
		사업에 필요한 기술과 자격증을 획득하였는가?				
		대인관계를 중시하는 친절성을 가졌는가?				
		사업수행 정도에 따른 영업능력은 있는가?				
		업종에 맞는 경력과 적성이 있는가?				
시장성	성장성	시장 내 목표고객의 증가 가능성은 있는가?				
		잠재고객(경쟁자)은 증가할 가능성이 있는가?				
		새로운 경쟁자의 출현이 예상되는가?				
		소비자의 성향과 트렌드에 맞는 시장인가?				
	시장 규모	상권은 전체시장의 규모와 크기가 있는가?				
		시장의 규모와 점포 크기가 맞는가?				
		타깃고객의 수요가 있는가?				
	시장의 경쟁자	경쟁점포와 차별화 가능성이 있는가?				
		경쟁업체의 시장점유율은 측정 가능한가?				
		경쟁제품과의 가격 비교는 가능한가?				
		자사와 경쟁자의 서비스품질 비교는 가능한가?				
상품성	상품의 매력성	상품은 경쟁력이 있는가?				
		식재료의 희소성에 따른 매력은 있는가?				
		자연 식재료를 활용한 식기와 소재가 잘 어울리는가?				
		식기의 데커레이션 능력은 있는가?				
		식재료 구입의 용이성과 독점력은 가졌는가?				
		조리하기 용이한 메뉴인가?				
	상품의 적합성	메뉴가 상품으로서 가치가 있는가?				
		정부 및 자치단체의 인 · 허가 규제는 없는가?				
		자사의 점포와 메뉴가 잘 어울리는가?				
		상품이 상권의 입지와 연관되어 있는가?				

주항목	평가요소	세 부 항 목	평 가			종 합
기술성	기술 보유력	창업자는 원천기술을 보유하고 있는가?				
		기술이 독점적인가?				
		기술은 누구나 획득할 수 있는가?				
	기술의 장래성	기술이 계속적으로 수익을 창출할 수 있는가?				
		시대의 흐름에 맞는 기술을 확보하였는가?				
안정성	위험도	국가의 경기상황에도 안전한 상품인가?				
		경쟁자의 출현에도 대처능력이 있는가?				
		경쟁력이 없을 때 전환이 용이한가?				
	자본의 안전성	자본의 투자범위가 창업자의 능력에 맞는가?				
		운영자금 및 예비자금에 여유가 있는가?				
		손익분기점에 도달할 수 있는 기간이 적정한가?				
	재고수준	식재료 관리가 용이한가?				
		재고관리에 따른 부패성은 없는가?				
		수요와 계절성에 따른 어려움은 없는가?				
		재고관리 능력은 있는가?				
수익성	상품의 효율성	식재료의 원가가 적정한가?				
		식재료는 요리하는데 효율성이 있는가?				
		식재료 구입이 용이한가?				
	이익의 보장성	식재료 구입이 유통상 문제점은 없는가?				
		정직원, 파트타임, 아르바이트의 구성은 적정한가?				
		임대료는 적정한가?				
		관리비 및 부대비용은 적정한가?				
공공성	지역 참여성	지역사회의 봉사활동에 참여하는가?				
		각종 단체 및 모임에 가입되어 있는가?				
	지역 기여성	지역행사를 위해 점포를 무상으로 제공하는가?				
		관내 불우이웃을 위해 무상으로 상품을 제공하는가?				
합 계						

(1) 시장 분석

시장 분석은 사업을 준비하는 모든 창업자들이 분석하는 방법이다. 시장은 항상 유동적이기 때문에 변화의 흐름과 정보를 분석하는데 시간과 노력을 게을리 해서는 안 된다. 고객특성과 시장 환경, 경쟁자 동향, 트렌드, 신제품 출시, 상권변화와 발전 가능성, 경쟁자의 정보를 수집하며, 대응할 수 있는 능력을 갖추는 것이 중요하다. 이러한 정보는 창업의 기초자료로 활용되며, 기존 사업자에게는 변화를 수용하는 경쟁력이 된다.

첫째, 시장조사를 통해 달성하고자 하는 목표가 명확해야 한다. 둘째, 문제점을 파악하여 해결하려는 노력이 있어야 한다. 셋째, 미래를 대비하는 준비된 자세가 필요하다. 넷째, 정보 수집을 위한 계획과 인력구성, 도구, 비용 등을 책정해야 한다. 다섯째, 진행 현황은 상황에 맞게 구체화시켜야 한다. 여섯째, 분석결과의 시사점을 통해 실행할 수 있어야 한다.

(2) 기술성 분석

기술성이란 조리를 직접 할 수 있는가, 타인의 기술을 빌려 운영할 것인가를 비롯하여 경영 노하우와 실천의지, 직원관리, 우수한 식재료 구매력, 가격구조 등에서 경쟁력을 가지는 것도 훌륭한 기술이다. 독자적인 기술을 확보하여 특별한 맛이나 비법을 갖추고 있다면 차별화된 경쟁력을 가지는 것이다. 타인의 기술과 능력으로 운영한다면 지출비용은 그만큼 늘어나게 된다. 점포의 모양과 형태에 따른 입지선정도 중요하지만 시설과 장비, 레이아웃과 포지션은 생산 활동을 효율적으로 설계하는 것에서 시작된다.

식재료를 비롯한 음료와 주류 등 구매에 따른 수급 안정성도 능력이다. 좋은 식재료를 저렴하게 구입하여 적재적소에 공급함으로써 맛과 품질이 우수한 음식을 생산할 수 있다. 특정 외식기업의 식재료는 계절에 따라 희소성을 가질 수 있다. 식재료 공급에 따른 거래처 관리가 필요하며, 좋은 제품을 저렴하게 구입하는 능력도 훌륭한 기술이 된다.

(3) 수익성 분석

수익성이란, 매출액을 만드는데 들어간 비용을 제외하고 남는 이익을 분석하는 방법이다. 일별, 주별, 월별, 분기별, 연 매출액을 추정하거나 비용을 산정하여 이익을 계산할 수 있다. 이러한 분석은 원가관리, 회계, 재무의 지식을 필요로 한다. 사전에 충분한 학습을 통해 대차대조표나 손익계산서의 계정과목을 파악하여 작성하는 습관이 중요하다. 사실적인 내용을 그대로 분석하여 기록하는 것이 좋다. 막연한 기대와 희망을 가지게 과장해서는 안 된다. 과장되게 부풀려 제시하는 것보다 보수적으로 작성하는 것이 좋다. 계획서를 작성하다보면 항상 파악하지 못한 부분이 있기 마련이다. 이를 어떻게 해결하느냐가 중요하다. 특히 부정적인 부분을 먼저 제시함으로써 사전에 예방하는 효과가 있다.

2) 정량적 분석

사업타당성을 분석하기 위해서는 시장의 경제성에 따른 성장성과 기술, 수익, 발전 가능성을 따져야 한다. 공공의 역할에 따라 자료를 수집하고 결과를 시각화하여 매출을 추정하는 정량적 분석을 실시해야 된다. 사업자의 능력에 따라 수익을 창출하거나 창출하지 못할 수도 있다. 이러한 결과를 뒷받침하기 위해 산술적으로 계산된 결과를 평가하게 된다. 이를 바탕으로 아이템을 구체적으로 결정하며, 안전한 경영을 위해 신뢰성과 타당성을 확보할 수 있다.

일간, 주간, 월간 매출액을 얻기 위해 들어간 식재료비에 대한 원가요소와 인건비, 기타 경비 등 고정비와 변동비를 통해 손익분기점을 분석할 수 있다. 또한 손익계산서를 통해 투자대비 수익성에 대한 경제성을 확인할 수 있으며, 회수기간법(payback period method), 회전율(turnover rate)을 산출할 수 있다. 이러한 분석은 사업의 성장성을 보여줄 수 있기 때문이다. 모든 투자자들은 현재가치보다 미래의 가능성을 보고 싶어 한다. 그렇다면 제일 먼저 파악해야 되는 것은 무엇일까? 그것은 수익성이다. 경영자들이 수익을 얻기 위해 하루 종일 판매해야 될 매출액을 고민하고 있다.

상황에 따른 매출액 추정법

- 통행 인구를 통한 내점률 추정법
  월매출액 = 통행인구수 × 내점률 × 객단가 × 월 영업일수
- 경쟁점포 방문객수에 따른 비교 추정법
  월매출액 = 1일 방문 고객수 × 객단가 × 월 영업일수
- 독점세대의 매출 추정법 : 독점세대 매출액 = 독점 세대수 × 이용률 × 구매빈도 × 구매단가
- 가망세대 매출 추정법
  가망세대 매출액 = (가망 세대수 / 경쟁 점포수) × 이용률 × 구매빈도 × 구매단가
- 입지창출 매출 추정법
  월 매출액 = 좌석수 × 객단가 × 좌석점유율 × 회전율 × 월 영업일수

※ 출처 : 박정환(2007), 실전! 상권분석과 점포개발

(1) 손익계산서 분석

예상매출액의 추정이 끝났다면 실제 비용을 확인해야 한다. 손익계산서는 기업의 경영성과를 파악하기 위해 일정기간 내에 발생한 모든 수익과 비용을 대비시켜 당해 기간의 순이익을 계산하여 확정한 보고서이다. 지출비용을 확인하기 위해서는 경영에 필요한 항목을 미리 파악해야 한다. 기업회계기준에서 준하는 원칙에 따라 작성되며, 이를 구체화하면 다음과 같다.

첫째, 음식점 경영의 주비용은 식재료비와 인건비, 임대료, 가스비, 각종 공과금, 기타경

〈표 6-5〉 예상 손익계산서를 통한 타당성분석

항 목	내 용
매출액	• 월 매출액은 정기휴무를 제외한 영업 가능일수를 감안하여 산출한다. • 매출액은 메뉴상품 + 음료 + 주류로 분류(현금매출 + 카드매출 + 직불카드) • 동종상권 내 경쟁업체 매출액은 현장조사로 확인하여 추정할 수 있다.
매출원가	• 메뉴상품을 조리하는데 필요한 식재료(양념류 포함), 음료, 알코올성 음료 등 • 메뉴상품을 만들기 위한 식재료, 음료, 주류, 디저트 등의 재료
매출이익	• 매출액에서 매출원가를 차감한 금액
판매비와 일반관리비	• 매출액을 만들기 위해 지출되는 모든 비용을 의미한다. • 인건비(급료, 보너스), 임대료, 광고비, 수도광열비(전기, 수도, 가스), 통신비(전화, 인터넷, 모바일 폰), 세금 및 공과금, 감가상각비, 소모품비, 수선비, 연구개발비, 각종 수수료, 협회 가입비 등의 월정 납입액 등 • 매출액의 2.7%인 카드수수료, 기타 영업을 위한 정기납입금 등이다.
영업이익	• 매출액에서 판매관리비를 차감한 금액
영업외수익	• 영업활동 외의 수익으로 예금이자, 임대수익, 주식투자수익, 환차익 등의 수익부분을 의미한다
영업 외 비용	• 영업활동 외 지출비용으로 대출금이자, 임차비용, 주식투자 손실, 환차손 등
경상이익	• 영업이익 + 영업 외 수익 – 영업 외 비용
특별수익	• 영업활동 외 천재지변 등으로 인해 발생하는 수익
특별비용	• 영업활동 외 천재지변으로 인해 발생하는 비용
세전이익	• 경상이익 + 특별수익 – 특별비용
법인세	• 법인은 법인세, 개인은 종합소득세 등의 세금 종류
순이익(순손실)	• 법인세 차감 전 이익(세전이익) – 법인세
타당성분석	• 올바른 분석방법은 수익성을 충분히 조사하여 손익분기점을 정확하게 제시해야 한다. • 투자한 금액 대비 목표수익률이 초과하면 긍정적이다. • 업종, 업태에 따라 이익률은 차이가 있다(통계청자료 비교). • 부가가치세, 카드수수료, 각종 월 지출비용 등 손익계산서에 반드시 기록되어야 한다. • 손익분기점 분석은 고정비의 임대료, 정직원 인건비, 감가상각비 등과 변동비의 식재료비, 파트타임 인건비, 광고비, 수도광열비, 각종 수수료 등을 세분화 할수록 정확해진다.

비로 구성된다. 세부적으로 고정비와 변동비를 분류되며, 이를 통해 손익분기점을 확인할 수 있다. 둘째, 비용항목은 식재료비, 음료, 주류 등의 매출원가와 인건비를 포함하며, 판매관리비, 임대료, 수도광열비, 신용카드 수수료, 건물 공동관리비, 제세공과금, 차입금 이자, 각종 기기의 대여금 등에서 발생하는 비용으로 구분된다.

셋째, 부가가치세는 가격에 포함하여 일괄적으로 수납해야 한다. 매출액에서 차감된 부가가치를 납부해야 하기 때문에 예수금 비용으로 처리한다. 이상을 바탕으로 기업회계 원칙에 따른 매출대비 비용계정으로 나타낼 수 있다.

(2) 손익분기점 분석

일반적으로 매출액을 산출했다면 지출비용을 확인할 수 있다. 예상이익을 산정했다면 수익성에 대한 분석이 이루어진 상태이다. 총 매출선에서 총비용선이 만나는 손익분기점을 산출할 수 있다. 산출된 비용항목을 고정비와 변동비로 구분하여 손익분기점상 순이익(순손실)을 산출할 수 있다. 이러한 계산은 한 기간의 매출액이 당해기간 총 비용과 일치하는 점을 말한다. 매출액이 손익분기점 이하로 감소하면 손실이 나지만, 그 이상으로 증가하면 이익을 가져오는 기점을 가리킨다. 이러한 분석에는 비용을 고정비와 변동비(비례비)로 분류하여 매출액 관계를 확인할 수 있다. 따라서 생산계획이나 조업도, 상품결정 등 각 분야에서 다양하게 이용할 수 있다.

손익분기점은 다음과 같은 공식으로 계산할 수 있다.

- 손익분기점을 산출하는 공식

$$매출액 = 고정비 \div (1 - \frac{변동비}{매출액})$$

- 일정한 매출액을 달성하였을 때 발생하는 손익액 계산

$$필요매출액 = (고정비 + 목표이익) \div (1 - \frac{변동비}{매출액})$$

- 특정 목표이익을 얻기 위해 필요로 하는 매출액을 산출하는 공식

$$손익액 = 매출액 \times (1 - \frac{변동비}{매출액}) - 고정비$$

비용을 고정비와 변동비로 구분하는 것은 편의적인 방법이지만 논리적인 계산에서 범위는 제한적이 된다. 예를 들어, 조업도가 극단적으로 높을 경우 비용곡선 자체가 다른 커브를 나타내게 된다. 이러한 부분적인 결과는 나머지를 유추하는데 힘들게 한다. 손익분기점의 정밀한 분석은 기업의 경영환경을 고려해서 결정해야 한다. 매출액과 지출비용이 같아 이익이 제로가 되는 점으로 매출액을 구하기 위해서는 다음과 같이 계산할 수 있다.

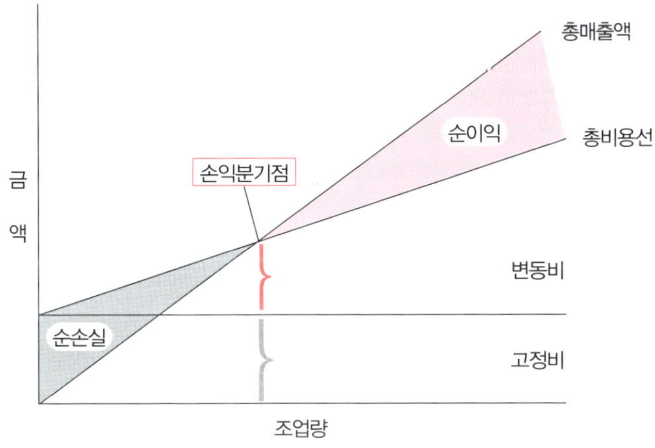

그림 6•6

손익분기점

- 손익분기점이란 이익 = 0(zero)이 되는 시점으로 매출액 - 총비용이다.
- 순이익은 매출액 - 총비용으로 계산할 수 있다.
- 매출액은 매출수량 × 품목 단위당 가격으로 계산할 수 있다.
- 총비용은 변동비 × 고정비로 구성된다. 따라서 매출액은 총비용과 이익을 포함한다.
- 변동비는 단위당 변동비에서 매출수량을 곱하여 계산할 수 있다.
- 고정비는 매출수량 × (단위품목당 가격 - 단위당 변동비)로 계산할 수 있다.
- 매출수량은 고정비 / (단위품목당 가격 - 단위품목당 변동비)로 계산할 수 있다. 이를 바탕으로 매출수량 × 단위품목 가격 = (단위품목당 변동비 × 매출수량) + 고정비로 계산된다.
- 공헌이익은 단위가격 - 단위 변동비를 차감하여 계산할 수 있다.
- 손익분기점 매출수량 = 고정비 / 단위품목당 공헌이익으로 계산할 수 있다.

문제

다음은 K레스토랑의 판매가격(단위품목당)이 1만원이며, 1메뉴 당 변동원가(재료비, 판매비, 관리비 등)는 3천원이다. 1개월간의 고정원가(인건비, 임대료, 대출이자, 보험료, 감가상각비, 공과금 등)는 7백만원으로 손익분기점에 도달해야 되는 수량과 매출액은 얼마일까?

해설

첫째, 공헌이익은 10,000 - 3,000 = 7,000원이 된다.

둘째, 손익분기점당 매출수량은 7,000,000 / 7,000 = 1,000개를 판매해야 한다. K레스토랑은 한 달에 1,000개의 메뉴를 판매해야 손익분기점에 도달할 수 있다.

셋째, 단위당 가격을 곱하면 손익분기점에 도달해야 할 매출액을 구할 수 있다. 1,000개 × 10,000원 = 10,000,000원이 된다.

3) 창업비용 내역

높은 매출액을 달성하고도 이익을 내지 못하는 점포가 있다. 경영은 이익을 실현하는 것이다. 창업비용의 구체적인 내용은 다음과 같다.

첫째, 초기 투자금액이 과다하게 책정되지 않았는지 확인해야 한다. 둘째, 창업을 준비할 때 항목들을 사전에 파악하여 지출비용을 최소화해야 한다. 셋째, 철저한 계획으로 손익분기점의 매출액을 낮추어야 한다. 넷째, 투자회수기간을 단축해야 한다. 다섯째, 조리준비에서 판매까지 원가절감의 마인드를 가져야 한다. 이러한 마인드로 매출액을 증가시키며 지출비용을 줄여 이익을 달성할 수 있다.

창업자들은 다양한 방법으로 타당성을 분석하고 있다. 기업에서 사용하는 분석기법들은 복잡하여 개인이 사용하기에 어려운 점이 있다. 하지만 성공적인 경영을 위해서는 타당성 분석을 게을리 해서는 안 된다.

4) 투자금액의 타당성분석

투자금액에 대한 경제성을 분석해야 한다. 미래의 수익에 대한 현금흐름을 파악함으로써 목표를 달성할 수 있다. 측정항목의 현금흐름을 통해 투자금액에 대한 가치와 시간비용 등을 확인할 수 있다.

첫째, 회수기간법(PPM : payback period method)은 투자금의 현금 유입액으로 완전히 회수하는데 소요되는 기간을 비교하여 투자 안을 평가하는 방법이다. 일반적으로 년수를 표시하여 계산할 수 있다.

둘째, 회계적 이익률(ARR : accounting rate of return)은 추정 재무제표나 회계자료에 근거하여 지출금액의 장부가액과 투자로 기대되는 이익을 비율로 표시하여 수익성을 평가하는 방법이다. 투자로 나타나는 장부상의 납세 후 평균 순이익과 투자액의 비율로 계산하는 방법이다. 연평균 순이익과 전체 투자액의 비율로 계산할 수 있다.

셋째, 순현가법(NPV : present value method)은 투자로 기대되는 미래의 순현금 유입을 자본으로 할인하여 현재 금액에서 순현금의 유출에 대한 현재 금액을 공제한 값이다. 투자로 인해 발생할 수 있는 미래의 현금흐름을 적절히 할인하여 현재가로 나타내게 된다. 투자를 결정하는 방법 중의 하나이다. 할인율이란 투자에서 요구되는 최저 수익률에서 소비되는 자본의 기회비용을 의미한다.

넷째, 내부수익률(IRR : internal rate of return)은 투자로부터 기대되는 현금유입의 현재가를 말한다. 현금유출의 현재가를 일치시키는 할인율이나 미래의 현금흐름으로 순현재가를 0으로 만드는 것이다. 투자안의 내부 수익률을 구할 수 있으며, 이를 요구수익률과 비교함으로써 의사결정에 이용할 수 있다.

〈표 6-6〉 사업타당성 판단기준

사업성 판단기준	월 투자수익률	투자비 회수기간
매우 우수	4% 이상	2년 이내
우수	3% 이상	3년 이내
보통	2% 이상	4년 이내
불량	2% 이하	4년 이상

자료 : 박경환(2007). 실전! 상권분석과 점포개발

6

Summary 요약

[1] 계획서란, 사업을 시작하기 전에 창업자가 추진하는 구체적인 내용과 세부적인 계획일정 등을 기록하는 목록표이다. 목표고객을 설정하면서 시장특성과 경쟁자의 이해 속에서 필요한 자금운영과 방법, 마케팅 촉진계획 등을 제시할 수 있다. 이를 운영하는 조직구성원들을 비롯하여 시간, 요일, 월, 계절에 따른 필요인원을 확보해야 한다. 수입과 지출, 세금, 공과금 등 회계, 재무적인 관리까지 체계적으로 운영할 수 있다.

[2] 사업계획서는 그 쓰이는 용도에 따라 내 · 외부적으로 나누어진다. 최고경영자, 관리자, 현장직원 등 운영 매뉴얼이나 경영방침, 목표와 비전 등을 제시하는 것과 외부용으로 공공기관의 인 · 허가, 투자유치, 자본조달, 세금, 사회단체, 언론 등 그 목적에 따라 이용될 수 있다.

[3] 계획서 작성은 목적에 맞는 용도를 파악해야 한다. 외식기업을 운영하는 목적과 콘셉트, 내부적인 인테리어시설, 외부적 분위기와 조경, 상호의 의미, 간판, 글자크기, 색상, 디자인 등을 의미한다. 즉 초기에 설정한 목적을 실행하기 위해 추진했던 타당성도 일정상의 계획에 따라 달라질 수 있다.

[4] 사업계획서는 기업운영의 보물지도와도 같다. 특정 목적을 달성하기 위해서는 일관되게 관심을 불러일으킬 수 있는 혜택을 제공해야 한다. 불확실한 영역에서 조직이탈을 최소화할 수 있으며, 오류를 방지할 수 있다. 새로운 영역의 진입을 가능하게 하며, 이는 사업방향과 진행과정을 신중하게 판단할 수 있는 근거가 된다.

[5] 타당성분석이란, 사업자의 능력을 검증하는 절차로 창업하려는 자본의 투자수익률(이익 / 투자금액)이 목표치에 도달할 수 있는가를 확인하는 것이다. 성공적인 사업을 추진하기 위해서는 사업자의 능력, 기술, 시장성, 상품성, 안정성, 위험도, 추진력, 리더십, 공공성 등을 분석하여 평가하는 총체적인 활동을 필요로 한다.

6

Practice 연습문제

1 사업계획서 작성의 필요성에 대해 논의해 보자. 특정 업종 하나를 선택하여 본인이 오너셰프(owner chef)라는 가정 하에 사업계획서를 작성해 보자.

2 사업계획서의 종류를 제시하고, 각각의 장·단점을 논의해 보자.

3 사업계획서 구성요소를 나열하고, 각각의 요소들에 대해 구체적으로 논의해 보자.

4 자신이 구상하고 있는 아이템을 바탕으로 사업계획서 작성방법에 따라 계획서를 작성해 보자.

5 사업타당성분석의 필요성과 타당성분석이 무엇인가를 논의해 보자.

CHAPTER 7
상권과 입지 분석

당신이 잘 하는 일이라면 무엇이든지 행복에 도움이 된다.

– *Bertrand Russell*, 영국 철학자

Objective

- 상권의 정의와 개념을 학습한다.
- 상권 형성의 조건을 학습한다.
- 상권의 유형을 학습한다.
- 입지의 개념과 중요성을 학습한다.
- 상권과 입지의 포트폴리오 전략을 학습한다.

01 상권분석

1. 상권

1) 상권의 정의와 개념

(1) 상권의 정의

상권(trading area)은 일정한 지역을 중심으로 재화와 용역, 서비스, 유통이 이루어지는 공간적 범위를 말한다. 점포나 상가가 흡인할 수 있는 지역적 거리로서 소비자가 존재하는 권역을 의미한다. 또한 상업적 활동이 가능하도록 지역적 조건을 갖춘 공간적 넓이에서 소비자의 생활에 맞는 경제적인 편익을 획득할 수 있다. 소비자들의 행동은 넓은 범위로 지역경제 활성화에 영향을 미친다. 특정한 점포의 상행위가 이루어지는 범위로 실질적으로 구매력을 보유하고 있으며 수요가 존재하는 공간이다. 일반적으로 점포를 방문하는 고객의 지리적 범위를 기준으로 구분된다.

예를 들어, 건대상권은 건대역 주변에 모여 있는 점포들의 집합체로 2호선, 7호선, 강변터미널 등을 포함하여 한양대, 건국대, 세종대의 배후지역을 수용하는 권역을 말한다. 점포의 세력공간으로 고객을 흡입할 수 있는 지리적 영역이자 마케팅 촉진전략을 추진할 수 있는 공간적 범위이다. 이러한 상권은 혼용되어 사용되지만, 세부하면 다음과 같이 분류할 수 있다.

- 거래권 : 거래의 대상자인 고객의 소재지를 기준으로 범위를 나눌 수 있다.
- 판매권 : 소매점이 판매대상으로 삼고 있는 지역적 범위를 말한다.
- 상세권 : 특정집단의 시장권, 상점권, 역세권, 다운타운권 등 세력이 미치는 지역적 범위를 의미한다.
- 협의의 상권 : 1개 상점이 고객을 흡인할 수 있는 지리적 범위를 말한다.

(2) 상권의 개념

상권은 거래가 이루어지는 권역과 상거래의 권한이 미치는 범위로 소비자와 판매자가 상품을 거래하는 공간적 개념이다. 소비자는 구매하는 상품에 따라, 구입하는 소비자의 수준이나 여건에 따라, 수요와 공급에 따른 만족도는 다르게 나타난다. 동일상권 내 각 상품에 대한 소비자의 반응은 다르지만 비슷한 유형을 나타내기도 한다.

상권은 다음과 같은 개념을 가진다.

첫째, 특정 지역을 이용하는 소비자수는 거리에 따라 차이가 난다. 둘째, 소비자가 여러 지역을 이용하는 것은 상품의 종류와 질이 다르기 때문이다. 셋째, 쇼핑지역의 흡인력은 경쟁지역의 거리에 영향을 미친다. 상권과 유사한 말은 시장권, 세력권, 의존권, 영향권, 지배권, 상세권으로 분류된다. 시장권은 수요권과 공급권으로 경영학 쪽보다는 경제학에서 의미가 더 크게 부각된다. 기업의 주체가 되어온 지리학에서는 의존권, 세력권으로 사용된다.

협의의 상권은 상품이 유통되는 일정한 지역을 의미하며, 상세권이라고도 한다. 다양한 관점으로 분류될 수 있으며, 중심지의 성격에 따라 도시의 상설 시장권과 농어촌 지역의 정기 시장권으로 분류할 수 있다. 유통되는 재화나 용역의 종류를 기준으로 분류되며, 특성에 따라 다양하게 나누어진다. 상권을 크기에 따라 대 · 중 · 소상권으로 나눌 수 있다.

대상권은 큰 소비장소를 가지고 있느냐, 생산지로부터 대량으로 반입된 상품이 그 지역에서 소비되는 능력과 다른 지역으로 반출되는 것을 말한다. 중상권은 도매와 소매가 함께 이루어지는 상권으로 인근 지역 물산의 집산지로 지방의 중소도시에서 형성된다. 소상권은 상설시장의 발달로 미약하지만, 소매 위주로 소도시 및 정기시장에서 형성된다. 이러한 몇 개의 소상권은 중 · 대상권으로 그 지역상인들이 일종의 독점권을 확립하였음을 의미한다.

일정한 수요를 기반으로 소속 상권에 속하지 않는 상인의 거래는 여러 가지 상업적 관행과 특권에서 제한되거나 저지될 수 있다. 동일상권 내 상인 간에는 자본의 대차나 신용거래, 가격조절, 정보교환 등 상업적 관행이 정착되어 유지하거나 강화될 수 있다. 특히 상권이 잘 형성되어 있는 곳일수록 상인 간의 결속력과 친목이 강화되어 제도적으로 발전하게 된다.

2) 상권의 중요성

창업을 준비하거나 상행위를 할 때 상권의 규모와 크기에 따른 시장 환경을 분석할 필요성이 있다. 특정 상권은 어떤 업종이 소비자들에게 잘 전달되어 그 역할을 하는지 파악되어야 한다. 상가의 점포를 빌려 영업할 때는 어느 위치에서 어느 정도의 크기와 업종으로 얼마만큼 투자되어 이익을 달성할 수 있는가? 그렇다면 창업자의 자원을 바탕으로 어떻게 운영했을 때 성과를 낼 수 있는가를 판단해야 한다. 특정지역 안에서 위치한 점포를 선택할 때 상권이 형성하는 시장성과 성장성, 발전 가능성, 안정성이 중요하다. 한 번 점포를 결정하면 바꾸거나 옮기는 일은 쉽지 않다. 많은 손실과 재투자 비용이 필요하므로 선택 시 결정에 후회가 없어야 한다. 오랜 경험을 가졌다 하더라도 우수한 상품력과 서비스 품질을 확보하여도 상권과 입지를 잘못 선택한다면 실패 가능성이 높아진다.

사업이란, 창업자가 아무리 노력해도 통제할 수 없는 부분이 있다. 상권의 다양성 또한 경쟁관계 속에서 유용하게 작용하며 혼자 잘할 수는 없다. 고객은 자신의 편익적 가치에 따라 방문하기 때문에 항상 경쟁점포와 시장 환경을 비교하게 된다. 무엇보다 중요한 것은 상권이 매출에 직접적으로 영향을 미치기 때문에 상권이 곧 돈이라는 등식이 성립된다. 사업을 준비하는 단계이거나 영업 중인 경영자는 예상고객을 분석해야 한다. 고객 유입은 매출과 직결되기 때문에 정확한 예산을 산정할 수 있다. 이러한 분석은 경쟁점 현황을 파악하는 데서 시작된다. 상권은 진화한다. 미시적이든, 거시적이든 사업자의 태도와 능력에 따라 살릴 수도 죽일 수도 있다. 보이는 것이 다는 아니지만 항상 파악할 수 있어야 한다.

첫째, 상권분석은 면과 선, 점으로 구성되어 있다. 면이란 상행위가 이루어지는 일정한 넓이와 지역을 의미한다. 크기와 색깔, 형태를 정하는 것으로 점포의 규모에 따라 면도 넓어지거나 줄어들 수 있다. 업종과 업태는 고객에 따라 색깔과 형태가 달라질 수 있다.

둘째, 상권에는 선을 그려야 한다. 사람들의 움직임을 나타내는 동선(動線)과 대중교통, 전철 및 역세권 등 운송수단들을 의미한다. 움직임은 반복적이면서도 규칙적으로 어떻게 이동하는지 파악하는 것이 중요하다.

셋째, 점은 포인트(point)이다. 필요한 면과 선을 연결하는 것으로 최종적인 입지를 포지셔닝 할 때 사용된다. 점포를 결정하는 일이 점을 찍는 마지막 일이다. 인체에는 364군데의 맥과 혈이 있다. 각각의 기능과 역할은 다르지만, 점포를 설계하고 운영하기 위한 점을 찍는 일은 성패를 좌우할 만큼 중요하다. 따라서 어떤 모양의 그림을 완성시킬 것인가를 결정해야 한다.

CASE

"명불허전, 서울의 유명상권 월세 · 권리금들이 상승 중이다!"

서울의 7대 상권은 전년 대비 월세가 증가했다. 명동은 27.32%, 대학로는 31%, 신림동만 1.5% 내렸다. 부동산 위기로 생계형 창업이 늘면서 서울시내 유명 상권의 점포는 경기침체에도 월세, 권리금이 강세를 보인다. 유동인구가 많으면서도 상권을 찾는 대부분의 고객이 소비 목적의 수요층으로 매출액을 발생시키기 때문이다. 불경기일수록 안정적인 수익을 창출하는 경향이 높아 유명 상권에 대한 선호도가 높다.

점포라인과 창업부동산 정보원은 매물로 등록된 913개를 분석했다(2012년 1~12월). 점포 면적 3.3m^{2}당 가장 많이 오른 지역은 명동으로 지난해 10만7,800원에서 13만7,246원으로 27.32% 상승했다. 대학로 7만5,556원에서 8만9,737원으로 18.77%, 강남역 상권 8만3,472원에서 9만6,961원으로 16.16%, 건대입구 상권은 6만2,311원에서 6만9,691원으로 11.84% 올랐다. 신촌 · 이대 상권은 6만7,730원에서 7만3,726원으로 8.85%, 홍대 상권은 7만5,408원에서 8만1,354원으로 7.89%, 신림 상권은 6만4,867원에서 6만7,105원으로 3.45%로 올랐다. 이들은 수요 대비 공급이 적어 대기수요자가 넘치고 있다.

한국창업연구소는 "불경기에도 상권의 임대료가 상승한 것은 기업들의 로드숍 수요 때문"이라며 "개인 창업자들은 점포양수 시 계약만료 이후 점포의 양도가 원만하게 이루어질 것까지 염두에 두어야 한다."고 조언했다. 점포라인에 따르면 7곳 중 권리금 상승률이 가장 높은 곳은 대학이다. 3.3m^{2}당 권리금은 지난해 289만908원에서 379만1,065원으로 31.14%, 1층에 자리한 99m^2 점포라고 가정할 때 2,700만원 오른 셈이다. 명동은 명실상부한 국내 최고의 상권으로 411만3,200원에서 515만7,758원으로 25.40%, 권리금 수준 자체가 월등히 높다. 타지역 대비 3.3m^{2}당 100만원 이상 높은 것으로 집계되었다.

건대입구는 324만6,310원에서 391만832원으로 20.47%, 홍대 상권은 334만7,153원에서 378만4,196원으로 13.06%, 강남역 상권은 267만9,049원에서 296만1,872원으로 10.56%, 신림동 상권은 300만6,600원에서 301만2,904원으로 0.21% 각각 올랐다. 신촌 · 이대 상권은 258만9,183원에서 254만9,936원으로 1.52% 하락했다. 이웃의 홍대 상권에 밀려 쇠퇴하는 양상으로 권리금도 소폭 내렸다. 이화여대 방면이 외국인 관광지로 명성을 얻으면서 장기적으로 볼 땐 긍정적이라는 것이 전문가들의 평가이다.

점포라인 김창환 대표는 "자영업을 준비할 때 염두에 둘 것은 창업자 본인이 동원 가능한 자금 수준을 미리 알아두어 여기에 맞춰 점포를 알아봐야 한다."라고 했다. 7대 상권이라 해서 모든 점포들이 비싼 것은 아니기 때문에 직접 발품을 팔거나 전문가의 도움을 받아 형편에 맞는 점포를 인수할 때 영업에 무리가 없어진다.

매일경제 2013.11.27

2. 상권의 특성

상권은 항상 변화한다. 사회, 경제, 문화, 정치, 법률적인 환경과 시간에 따라 공간적 요소는 진화하게 된다. 통제할 수 없는 외부적 요인으로 인구, 세대수, 주거형태, 교통량의 증감에 따른 양적 요인과 소득수준, 세대구성, 도시계획, 거리동선, 대중교통에 따른 이용현황과 통행방향 등 질적 요인은 영향을 미친다. 이러한 문제점들을 파악하여 적극적으로 대처해야 할 필요성이 있으며, 상권의 크기나 형태, 주변 환경 등을 고려해야 한다.

1) 상권의 일반적 특성

상권을 분석하는 방법은 연구자에 따라 조금씩 다르다. 정형화된 형식을 요구하는 것은 아니지만 궁극적으로 정확한 수요를 예측하여 성장성과 발전성 · 안정성으로 수익을 창출하는데 그 목적이 있다. 널리 이용되는 상권의 약도를 비롯하여 지형과 지세, 교통상황, 업종과 업태, 배후지의 특성, 유동인구, 가격, 권리금, 점포의 내 · 외부, 점포수, 경쟁점포, 매물 등을 파악해야 한다.

일반적으로 지형과 지세가 낮은 곳이나 배후지가 넓은 곳은 상권의 점포수가 많거나 규모가 커 보인다. 편의품이나 생필품을 판매하는 점포는 규모가 작지만 선매품이나 전문품을 판매하는 점포는 규모가 크다. 대형상가, 쇼핑몰 등이 입점한 점포는 상권의 범위가 넓다. 대규모의 접객시설과 인접한 점포는 교통여건이 좋아 대중적인 시설과 인접하거나 주차장 시설이 잘되어 있다. 유명브랜드나 지명도가 높은 점포들이 많은 지역은 그 범위가 넓다. 상권을 유형별로 본다면 도심, 역세권, 유흥가, 전문가, 동네상권 순으로 넓은데 상품의 종류가 다양하거나 품질, 서비스, 고객관리, 마케팅, 가격 등은 경쟁력이 된다.

창원 상남 지역의 명암이 바뀌고 있다. 불법, 탈법이 난무한 유흥가로, 주변 상권을 삼키는 블랙홀이 되었다.〈국제신문, 2012.2.5〉 경남 최대 번화가인 창원시 성산구 상남 지역은 지나치게 확장되면서 주변 상권을 위축시켰다. 13년 전 근로자의 휴식공간으로 조성된 지역이 유흥주점 밀집도가 전국에서 가장 높다. 도가 넘치는 호객행위로 근절운동과 자정 노력에도 무용지물이다. 정부가 전국 최초 '계획도시' 창원을 만들었다. 근로자들의 휴식공간에서 지나치게 비대해져 유명세만큼이나 그늘도 짙다. 그렇다면 상남 지역의 현주소와 주변 상권을 보호할 수 있는 대안은 없을까?

❶ 불야성 이루는 최대의 번화가이다.

상남 지역은 '74년 창원 국가공단 배후도시로 25만5,000m^{2}로 확정되었다. 면적기준으로 최대를 자랑한다. '98년부터 부지조성을 완료하고 각종 상업빌딩이 들어서면서 전체 건물 입주율은 96%다. 유흥주점 482곳, 단란주점 38곳, 일반음식점 794곳 등 그 수가 1,602곳에 달한다. 유흥주점 밀집도 면에서 전국 최대 규모이다. 횟집, 고깃집 등 일반음식점과 베이커리점, 커피점이 잇따라 들어서면서 창원을 대표하는 상권이 되었다.

인천국제공항을 통해 입국하는 외국인들도 택시를 타고 상남동까지 온다. 전국적 · 세계적 유명세를 타고 있다. 함안 · 밀양 · 김해지역 주민과 주말마다 친구들과 이곳을 찾는 쇼핑객들은 없는 게 없을 정도로 놀기에 안성맞춤이라는 것이다. 통합시의 강남으로 '노른자위'에 위치한 지역적 특성이 크다. 창원시청과 경남도청, 경남도경 등 20개 행정기관과 성원 · 대동아파트 등 2만여 세대, 단독주택 밀집지역이다. 롯데백화점, 롯데마트, 이마트, 대동 백화점 등 초대형 유통시설과 금융기관이 집결되어 시너지 효과를 높인다. 승용차로 5분 거리에 서울과 연결되는 KTX역이 들어서 통합시의 최대 접객유발 시설들이 든든한 배경이다.

❷ 주변의 상권을 빨아들이는 블랙홀이다.

통합 시 110만 인구를 빨아들이면서 주변 상권을 위협하고 있다. 전통적인 중앙동 · 용호동 상업지역에서 명곡동 상업지역도 부도심 역할을 했다. 옛 마산지역의 중심가는 오동동 · 창동이었지만, 10년 전부터 지형도가 바뀌어 균형발전을 저해하고 있다. 손님들의 발길이 줄어들면서 빈 점포가 생겨나기 시작했다. 어느 순간에 모든 것을 상남 지역에 빼앗기면서 매물이 쏟아지고 있다. 가장 큰 문제는 그 부담이 통합시민들에게 전가된다는 점이다. 주변 상권을 회복시키기 위해 혈세가 투입되었다. 2008년 중앙동 상인들의 요구에 따라 시비 5억원을 들여 지상 3층짜리 공영주차장을 지었다. 고객유치를 위한 상인들의 눈물겨운 노력을 지원한 것이다. 시청 옆 용호동(문화의 거리)은 '09년 6월부터 시비 51억원을 들여 분수의 거리, 간판정비, 녹지조성을 진행했다. 가음정 시장, 마산 어시장 등 전통시장의 현대화사업에 수백억원이 투입된 것이다.

- 창원 상남 상업지역 식품접객업소 현황 : 유흥주점 482, 단란주점 38, 노래연습장 25, 일반음식점 794, 휴게음식점 199, 숙박업소 64 등 합계 1,602개이다.

- 창원 상남 지역 행정처분 현황
  - 행정처분 내용: 허가취소 15, 영업정지 26, 시정명령 2, 시설개수 3, 과태료 2, 과징금 5, 형사고발 52 등 합계 105개이다.
  - 위반 내용: 청소년 고용, 호객행위, 성매매 알선, 업주 건강진단 미필, 종업원 명부 기재누락, 시설기준 미비, 무허가영업 등이다.

2) 상권형성 요인

첫째, 양적 요인으로, 상권 내 세대수와 세대 당 가족수, 인구 유입과 유출을 통해 인구밀도를 분석해야 한다. 대형 소매점을 비롯하여 집객시설 현황과 관공서, 학교현황을 분석하며, 대중교통 수단과 교통량을 파악해야 한다. 둘째, 질적 요인은 상권 내 인구분포에 따른 연령과 성별, 직업, 주거형태, 수입, 세대구성, 유동인구와 소비수준, 패턴 등을 파악해야 한다. 사업하고자 하는 업종은 어떻게 구성되어 있는지 보완재와 대체재를 통해 활성화 가능성, 경쟁점포의 범위와 규모를 파악해야 한다. 도로현황과 횡단보도, 지하도, 육교, 정류장, 지하철 등의 동선에 따른 통행량과 방향을 분석하며 지형과 지세, 행정구역상 도로망과 도시계획상의 변화를 파악해야 한다.

셋째, 상권 내 점포의 규모와 크기, 업종과 업태, 가격, 서비스 종류, 메뉴 종류 등에 따라 영향을 미친다. 매장은 어떻게 구성되어 있는지, 진열상태와 레이아웃, 간판 종류, 색상, 글자크기, 글자체 등을 파악해야 한다. 고객을 유치하는 시설과 접객시설, 대기시설, 주차장 등과 판매촉진 방법, 이벤트 등에 따른 전략을 필요로 한다. 넷째, 점포 내 문화시설과 공공시설, 휴식 공간, 위락시설 등을 파악해야 한다. 연계하는 점포와 업종, 적립 포인트, 할인 유무 등 효율적인 운영을 위해 분석되어야 한다.

다음은 상권분석을 통해 죽은 상권이 살아난 대표적인 사례이다.

CASE

젠트리피케이션(gentrification) 사례

대구도심은 재생(再生)사업으로 활기를 띠고 있다. 사람들의 발길을 유도해 죽어가는 도심을 되살리자는 운동이다. 대구경북연구원은 2008년 효율적인 도심재생 효과를 위해 흩어진 문화시설 중 성격이 비슷한 것을 한데 묶거나 특성을 살리는 활용방안을 제시했다. 수많은 장소가 이사업으로 변화를 거듭하였다. 도심공동화로 신음하던 중구는 변화했다. '근대 골목'은 어둡고 후미진 옛 골목에서 스토리를 입혀 전국에서 찾아오는 명소로 탈바꿈한 성공적인 사례이다. 하지만 또다시 문제가 발생했다. 뜨는 상권으로 치솟는 임대료를 감당하지 못해 원주민이 밀려나는 현상(gentrification)이 발생했기 때문이다. 혈세를 들여 지자체가 만든 공간에서 상인들을 보호하는 장치가 없다. 최근 행정기관의 힘이 커지면서 사업의 입김이 상권에도 반영되고 있다. 지자체의 근본적인 지표부재로 나타난 결과물이다.

둥지 내몰림

젠트리피케이션(gentrification)은 1964년 영국의 사회학자 글래스(Glass)가 노동자들의 거주지에 중산층이 이주해오면서 지역 전체의 구성과 성격이 변하는 것을 설명한 용어이다. 도시의 한 추세로, 주거나 상업 공간에서 통용된다. 우리나라는 2000년 중반부터 이 단어가 등장했다. 서울 성동구를 시작으로 지역 상권의 안정화와 공동체의 생태계를 유지하자는 차원에서 예방조례 제정 되어 이슈가 되었다. 전국 37개 지자체들은 한국프레스센터에 모여 젠트리피케이션 방지와 지속가능한 도시재생의 협약을 맺기도 했다. 이러한 사회적 문제에 공공이 나섰다는 점에서 긍정적인 신호라는 전망인 반면, 상권 활성화만을 목표로 둔 지자체들의 피상적인 사후 대책에 불과하다는 회의적인 반응도 있다. 취지는 좋지만, 지자체의 개입이 경제 순환과정에서 역효과를 낼 수 있다는 지적이다.

외부투자자들의 잔치장(場)

중구 방천시장은 여느 때처럼 조용하다. 2~3년 사이 시장 내에 들어선 술집들은 낮에는 셔터 문을 닫아 적막하다. 장을 보러온 손님은 문을 열어둔 시장상인 30여 명보다도 훨씬 적다. 같은 시각 옆의 김광석 길은 대조적이다. 방학을 맞은 대학생과 청소년, 가족 등 100명이 기념사진을 찍으며 즐거운 시간을 보내고 있다. 이곳은 중구가 추진 중인 '지역공동체 상호협력 및 지속가능발전 구역 지정에 관한 조례(젠트리피케이션 방지) 제정'의 전형적인 모델로 뽑힌 장소이다. 방천시장에서 20년 넘게 음식점을 운영해온 주인은 '조례제정'에 "지자체의 선심성 행정일 뿐 이제 와서 달라지는 게 있느냐?" 볼멘소리다. 임대인과 임차인이 자발적인 상생 협약을 맺는다하더라도, 기존 보증금과 월세의 세배 이상을 부르는 대형 프렌차이즈 업체 등 막강한 외부 투자자에게 속수무책이란 것이다. 양심에 맡기는 단편적인 조례는 무용지물로 끝날 것으로 예상된다.

소매시장인 방천시장(667m^2 규모 · 134개 점포)의 변화는 2009년 2월 중구가 전통시장의 상권 활성화를 위해 예술가 등 문화사업과 연계하면서 시작되었다. 비어있던 점포 60곳 중 40곳을 예술가 20여 명에게 예술의 창작공간으로 내줬다. 2011년까지 '별의별 시장'과 '문전성시' 프로젝트 등 7억여 원의 사업비를 들여 다양한 문화 행사를 진행했다. 상권 효과를 보기엔 역부족이었다. 우연찮게도 프로젝트 사업 중 하나로 조성했던 '김광석 다시그리기 길'이 2012년 부상하면서 분위기는 달라졌다. 사람들이 몰려들면서 '뜨는 동네'가 되자 땅값이 눈에 띄게 상승했다.

국토교통부 부동산정보조회시스템의 김광석 길 주변 개별공시지가를 분석한 결과, 입소문을 탄 2013년 전년보다 평균 7% 상승을 기록했다. 2015년 개별공시지가는 3년 전보다 평균 31%의 상승했다. 사람들이 몰리면서 건물 소유와 수익률 등 기대이익이 시장을 지배하면서 가격 상승세가 나타났다. 돈 많은 사람들의 자본이 투입되면서 원주민들은 오히려 삶의 터전을 잃었다.

박힌 돌 뽑는 굴러온 돌

김광석 길이 연간 100만 명이 다녀가는 명소로 자리 잡기까지는 채 5년도 걸리지 않았다. 2009년 당시 임대료가 109m^2(33평) 기준 5~20만원 수준이었다. 권리금, 보증금이 없는 골목 사이 자투리 공간의 액세서리 공방과 소품가게, 꽃가게 등 20여 곳이 모여들었다. 주변은 낡은 건물이 허물어지고 3~4층의 세련된 건물들이 하루가 다르게 들어섰다. 카페 숲을 이룰 만큼 전문점이 많아졌다. 다양한 연령층을 끌어안은 김광석이란 인물의 파워로 주변일부 건물주들은 임대료를 3.3m^2(1평) 당 10만원 수준으로 잡았다. 건물주들이 상권 부흥의 단물을 독식하는 시장경제원리 속에서 기존 영세 상인들은 밀려났다.

2009년 70여 명이었던 상인은 현재 30명이 되지 않는다. 떠난 사람들 중에선 지자체의 요청으로 참여했던 예술가들도 포함됐다. 문전성시 프로젝트에 참여했던 정세용 작가는 "방천시장에 남아있는 프로젝트 참여 예술가 중에선 나를 포함해 2명 뿐"이라며 "지자체가 원했던 문화와 연계한 상권 활성화는 성공했을지 몰라도 자본의 논리에 밀려 투기가 성행하고, 알맹이 없이 껍데기만 남은 골목은 예전 같은 활기를 잃었다."고 말했다.

맞춤형 상생정책 나와야

정부와 대구시는 약령시를 지키고자 2011년부터 4년여 동안 40억원의 사업비를 투자했다. 근처에 들이신 현대백화점 대구점이 들이시면서 임대료가 3배 이상 올라 210곳이었던 한약 관련 가게들이 179곳으로 줄었다. 임차인을 보호하자는 논의가 진행되었지만, 답을 찾긴 어렵다. 중구의회는 젠트리피케이션 방지에 관련 조례 제정을 추진했지만 입점 업체나 건물주 등의 사유재산 등 기본권 침해 소지로 부결되었다. 중구청 경제과 관계자는 "상생하자는 차원에서 바라봐야 될 조례이며, 의원들을 설득해 전진되도록 노력하겠다." 하였다. 전문가들은 이슈에 따른 막무가내식 조례 제정보다 정확한 실태조사가 우선이라고 조언한다. 지자체도 도시재생으로 이 장소가 활성화될지 예측하지 못한 것으로 분석된다. 엎질러진 물을 조금이라도 주워 담기 위해선 김광석 길과 약령시 등 임대료 상승과 피해 점포수와 액수 등을 면밀히 조사해 맞춤형 상생 정책을 펼쳐야 한다.

대구신문 2016.7.18

3. 상권형성 조건

상권이 형성되기 위해서는 다음과 같은 조건이 충족되어야 한다.

첫째, 풍부한 상품력이나 구색을 갖추어야 한다. 생산물의 자원이 자급자족을 넘어 상품화할 수 있으며, 생산지역과 유대관계를 강화하여 지역경제 활성화에 기여하게 된다. 생산력이 낮은 사회에서 직접적인 물물교환이 이루어지기 힘들지만, 15세기 후반 전라도와 경상도의 경계에서 처음으로 개설되었다. 흉년에 고통받던 주민들이 서로 필요한 물품을 교환하는 데서 시작되었다. 처음에는 상품교환의 원리가 제대로 작동되지 못했지만 사회구조상 다량의 상품 유입이 지역경제에 미칠 영향 차원에서 화폐, 용역 등을 촉진시키기가 어려웠다. 개항 이후 대외무역의 발전은 상업 중심지였던 인천, 부산, 원산, 군산, 마산, 목포, 진남포, 신의주, 청진에 집중되었다. 경제력이 미약한 상권은 약화되었으며, 개항장을 중심으로 크고 많은 교환이 일어나면서 새로운 상권이 형성되었다.

둘째, 소비력이 왕성해야 된다. 인구는 수요창출과 밀접한 관계가 있으며, 인구밀도는 상권형성과 분할, 확대를 하면서 좌우하게 된다.

셋째, 교통수송은 성장의 기본이다. 유통은 구매자의 접근을 용이하게 한다. 강 · 바다 포구를 중심으로 강경, 칠성포, 상주를 중심으로 성장했다. 육상교통이 발달하면서 영등포, 천안, 조치원, 대전, 김천, 이리, 송정리, 나주, 사리원은 경제적 이점에 따라 새로운 중심지로 떠올랐다. 고속도로는 철도상권을 위축시키면서 새로운 변화를 맞이하게 하였다. 인근 지역을 중심으로 번창하던 도 · 소매업은 활기를 잃었으며, 도시 자체가 쇠퇴하게 되었다.

넷째, 행정구역은 역사적 배경에 따라 형성된다. 반드시 일치하지는 않지만 도청, 시청, 구청, 군청 소재지는 지역상권의 중심지가 된다. 상품을 화폐로 활용했던 시대일수록 행정적 · 군사적 요충지에 따라 상권의 변화가 컸다.

다섯째, 자본의 소재와 크기에 따라 형성되기도 변화하기도 한다. 큰 자본이 많이 모이는 곳이 강한 상권이다. 최초의 시장은 490년 신라 소지왕 12년 경주에 시전을 설치하여 사방의 물자를 교역했다. 그 이전에도 정치 · 군사의 중심지에 시전 형태의 시장이 개설되었다. 고려시대는 개경에 시전이 설치되어 관청의 물자를 조달했다. 지방은 향시가 개설되어 행정과 교통의 중심지가 되었다. 조선은 800여 칸의 시전 건물을 짓고 특권 상인으로 하여금 관청의 물자를 조달하거나 일반인의 필수품을 공급하도록 했다. 상인에 대한 규제는 『경국대전』에 실려 부유한 상인들의 활동이 기록으로 전해진다. 나주, 전주, 경주와 같은 도시는 관아에서 설치한 시사(시장의 거리가게)를 중심으로 큰 규모의 상거래가 이루어졌다. 이러한 핵심은 지방경제의 중심지로 다른 지방의 주산물이 정기적으로 공급되어 집산기능을 했다. 각종 정보가 교환되었으며, 통혼권(通婚圈)이 겹치기도 했다.

여섯째, 개항 이후 엄청난 자본의 유입은 기존 상권을 재편시켰다. 재래시장을 중심으로 변화하게 되었으며, 교통 중심지로 자연스럽게 모였다. 광복 이후 경제성장에 따라 인구의 도시 집중과 분화, 통신의 발달은 자본수요와 더불어 다양화 되었다. 인구 밀집지역의 전문시장으로 강남, 잠실, 영등포로 확대되었다. 대형 백화점과 재래시장을 중심으로 남대문, 동대문, 세운상가, 경동 한약시장, 가락동 농수산물 등 전문시장으로 성장하였다.

4. 상권유형

상권은 이용 목적에 따라 다양한 유형으로 분류된다. 지역 점포의 물권이 미치는 영향권으로 고객을 흡입하는 지리적 영역에서 소비자들이 선호하는 범위 내 판매할 수 있는 1 · 2 · 3차 상권으로 나눌 수 있다. 이러한 분류방법은 상권을 분석할 때 실무적으로 이용되는데 상권 범위 내 상주하는 소비자수와 배후지의 인구수, 동종 경쟁자수와 거리, 교통상황, 통행량, 집객시설, 하천, 혐오시설 등을 포함하고 있다.

건대상권(블럭에 따른 1 · 2 · 3차 상권

3차 상권

- 3차 상권(tertiary trading area)
- 도보 30분, 고객의 5~10% 흡입
- 패스트푸드 및 테이크아웃(1,500m 이내)
- 패밀리(3,500m), 캐주얼(5,000m)

2차 상권

- 2차 상권(secondary trading area)
- 도보 20분, 고객의 15~25% 흡입
- 패스트푸드 및 테이크아웃(1,000m 이내)
- 패밀리(1,500m), 캐주얼(2,500m)

1차 상권

- 1차 상권(primary trading area)
- 도보 10분, 고객의 60~70% 흡입
- 패스트푸드 및 테이크아웃(500m 이내)
- 패밀리(1,000m), 캐주얼(1,500m)

그림 7•1 상권 분류

첫째, 1차 상권은 점포 이용고객의 60~70%를 차지하는 지역적 범위로 소비자들이 가장 많이 분포되어 있다. 1인당 판매액이 가장 높은 지역으로 통상적인 500m 이내의 편의품을 위주로 형성된다. 둘째, 2차 상권은 점포 이용고객의 15~25%를 차지하며, 1차 상권의 외곽에 위치한다. 1,000~1,500m 범위의 지역으로 선매품과 전문품 위주로 형성된다.

셋째, 3차 상권은 이용고객의 5~10%를 차지하며, 거주지역이 분산되어 있다. 반드시 원의 형태로만 이루어지는 것은 아니라, 지역특성과 형태, 지세, 도로사정, 경계, 규모, 구조, 내용에 따라 다양한 모양으로 분류할 수 있다. 그 외 상권 유형들은 다음과 같다.

- 지역 특성에 따라 : 도심 상권, 역세권, 대학가 상권, 아파트단지 상권, 주택지 상권, 오피스 상권, 유흥가 상권, 특수 상권 등으로 분류할 수 있다.
- 도시발전 구조에 따라 : 도심 상권, 부도심 상권, 지역 · 지구 상권, 근린 상권, 상업지구 상권 등 행정상의 목적으로 분류할 수 있다.
- 유통 업태별로 : 백화점 상권, 대형마트 상권, 전문점 상권, 전통시장 상권 등으로 나눌 수 있다.

1) 도심상권

행정중심의 블록이 형성된 상권으로 특별시, 도청 소재지, 시청, 구청 등 다운타운 중심에 위치하고 있다. 교통이 발달되었으며, 시설이 다양하게 이루어져 원스톱 생활문화를 가능하게 한다. 20,000m^2 이상의 쇼핑센터가 형성되어 있을 뿐 아니라 생활 전체 기능을 충족할 수 있어 가족을 비롯하여 전 세대 이용이 가능하다. 백화점, 쇼핑센터, 문화, 체육시설 등이 포함되어 한 번에 해결할 수 있다. 대형 유통시설이나 공공기관, 접객시설의 집중화가 이루어진 상권이다. 대중시설이 편리하여 유동인구가 많다. 테이크아웃, 패스트푸드, 대형 소매점, 전문서비스업, 백화점, 영화관 등 복합시설이 형성되어 있다.

2) 역세권

역세권은 거점형 상권으로 복수의 대중교통을 중심으로 상업지 하나에 독립형 쇼핑센터 기능을 구성하고 있다. 지하상가, 역, 상점가 등 분산된 상권으로 음식점과 주류, 테이크아웃 커피점, 저가 화장품, 의류 등이 판매된다. 지역의 교통 중심지로 지하철, 터미널, 기차역 주변 등의 입지를 의미한다. 지역 특성과 교통여건, 역사와 입지에 따라 상이하게 발전되고 있다. 김밥, 라면, 우동, 짜장 전문점과 찌개 전문점, 베이커리, 커피 등의 업종을 구성한다. 간이음식점, 휴게실, 생활서비스업 등이 포함되어 있다.

3) 대학가

대학가 상권은 학교 주변을 중심으로 다양한 업종이 형성되었다. 저렴한 가격에 많은 양과 넓은 시설을 필요로 한다. 면, 찌개, 저가 육류, 도시락, 분식류, 탕 등으로 형성되었다. 대학교 및 전문대학, 기숙사, 원룸, 환승 교통시설, 통행량, 교통여건 등에서 차이가 있다. 인근 상권의 규모와 성숙 정도에 따라 다를 수 있으며, 일반음식점, 레스토랑, 짜장, 우동, 라면, 김밥, 스파게티, 햄버그, 패스트푸드, 커피, 생과일주스, 고깃집 등이 유망하다.

4) 아파트단지

아파트 상권은 인구분포가 30~50대를 중심으로 이루어지며, 비교적 품질과 가격, 신선도 등 위생에 영향을 미친다. 주부 고객층의 선택이 중요하며, 1차 상권으로 접객력이 높은 생활 편의품, 대형 소매점, 생선, 과일 등을 재료로 한 가족중심 점포들이 유리하다. 단지의 규모와 형태, 평형, 주변의 상권 발전과 대중교통에 따라 차이가 있다. 특히 퇴근 방향과 주·정차, 주 출입로 여부에 따른 활성화 정도에서 부동산, 베이커리, 슈퍼, 약국, 미용실, 과일 전문점, 치킨, 커피점, 도시락 점포 등이 활성화되었다.

5) 주택가

주택가 상권은 주거지를 중심으로 형성되었다. 지역민의 욕구와 커뮤니티를 형성하며, 실용적인 생활 업종인 가족형 음식점이 유리하다. 대중시설의 위치와 구조, 재래시장, 접객시설, 도로의 이동방향에 따라 차이가 있다. 신도시로의 이동에 따른 주택가의 슬럼화, 재개발 등에서 변화가 크다. 슈퍼마켓, 미용실, 과일 전문점, 식료품점, 자장면, 분식, 국수, 찌개전문점, 도시락점 등이 활성화되어 있다.

6) 오피스가 상권

주간과 야간, 주중, 주말의 고객 분포에 큰 차이가 있다. 점심식사를 위한 접객행위나 한 끼의 식사 해결을 위한 점포, 고급 음식점, 패스트푸드, 저가 메뉴 등 다양하게 분포되어 있다. 퇴근 후 한 잔의 유혹으로 생맥주를 비롯한 주류점 등이 복수의 교통기관을 중심으로 활성화되어 있다. 고층 건물들이 많은 외관부터 다른 지역과는 다른 특성을 가진다. 낮과 밤 시간의 상주인구에서 차이가 있으며, 야간, 주말은 도심 공동화 현상이 나타난다. 찌개전문점, 레스토랑, 커피전문점, 편의점, 테이크아웃, 패스트푸드, 분식점, 스파게티, 퓨전 및 고급한식전문점 등이 활성화되어 있다.

7) 유흥가 상권

유흥가 상권은 업종, 업태, 영업시간 등에서 차이가 뚜렷하다. 야식전문점, 해장국, 뼈다귀 해장국, 분식, 국수, 중국집, 노래방, 편의점, 포장마차 등이 활성화되어 있다.

CASE
"여의도 1.5배 크기의 서울 지하가 변화하고 있다!"

당신의 발밑이 바뀌고 있다. 고속버스터미널 지하상가 고투몰(gotomall)은 1년여 간의 리모델링 공사를 끝내고 손님을 받았다. 삼삼오오 몰려든 사람들로 북적였으며, 문을 연지 32년이 된 고투몰은 3만1,566m²에 620개 점포가 모여 서울의 대표적 지하상가이다. 친구들과 찾은 김자영(33) 씨는 "이전에는 건물이 낡아 퀴퀴한 냄새로 꺼렸는데, 리모델링 후 분위기가 확 달라진 데다 휴게공간도 생겨 앞으로 자주 찾을 것 같다."했다. 땅 밑이 심상치 않다. 땅 위의 상가는 한파가 불고 있지만, 지하상가는 개발 열기로 후끈하다. 낡고 오래된 상가를 앞 다투어 교체하면서 쾌적한 공간으로 조성하고 있다.

대표적 지하상가로 코엑스몰(18만2,000m²)의 22배, 여의도 면적(윤중로 제방 안쪽)의 1.5배에 달한다. 가장 눈에 띄는 곳은 용산이다. 서부 이촌동 · 한강로 일대에 조성되는 국제 업무단지에는 지상 건물을 땅 밑으로 연결하는 연면적 97만m²의 초대형 지하상가가 쇼핑시설, 문화레저 시설이 함께 조성된다. 완공 후 하루 평균 40만 명 이상의 유동인구가 몰릴 것으로 전망한다. 강남권도 지하철을 잇는 개발을 추진 중이다. 양재역, 강남역, 논현역, 신사역으로 이어지는 3.8km에 멀티플렉스, 공연장, 쇼핑시설이 들어설 예정이다. 중구는 '도심 지하공간 네트워크 구축사업'이 추진되고 있다. 숭례문, 을지로, 회현, 명동의 지하를 연결하여 동대문야구장, 밀리오레, 청계천을 연결하는 6,000m² 규모의 지하공간을 음식점, 쇼핑시설과 함께 디자인 관련 문화광장으로 꾸밀 예정이다. 목동은 신시가지와 아파트단지를 연결하는 콤팩트시티(compact city)를 추진하고 있다.

지하개발은 세계적 추세이다. 미국 · 캐나다 · 일본 등은 주요 철도(전철)역을 중심으로 대형 상가가 조성되었다. 캐나다는 몬트리올 역을 중심으로 지상의 60여개 건물을 연결하는 359만m²의 지하상가가 자리한다. 지하철 수요가 폭발적으로 늘어나면서 역을 중심으로 개발된다. 그 이유는 부족한 땅 때문으로 대규모 상가를 조성할 땅이 적어 빈 땅을 찾아도 가격이 비싸 엄두를 못 낸다. 특히 강남은 상가를 지을 수 있는 상업용지 값이 3.3m²당 1억원이 넘는다. 1억원이 넘으면 분양가는 2억원을 봐야 하는데 부담이 커 추진하기 어렵다. 땅 밑 개발은 자금 부담이 덜하다. 지하 40m 이하 개발은 토지보상을 하지 않아도 되며, 현행법상 소유를 한정하는 법이 없어 개발하면 관행적으로 40m 이하 토지는 보상하지 않아도 된다. 국토부는 지하공간을 효율적으로 활용하기 위해 「지하공간기본법」을 만들고 있다.

서울시도 2009년 도심 지하공간 기본계획을 세워 강서구 마곡지구, 영등포구 등지에 지하상가 개발을 추진 중이다. 기술발달도 영향을 미친다. 환기시스템의 발달은 공기 정화에 대한 우려를 줄였으며, 설계기술로 채광이 좋아졌다. 용산 국제업무단지는 지하 3층까지 햇빛이 들어오도록 설계된다. 하지만 지하공간 개발에 관한 규정이 마련되지 않아 안전에 대한 우려의 목소리가 높다. 지하는 지상보다 지진, 침수재해의 위험이 크기 때문이다. SK건설 김한수 부장은 "지하공사는 축적된 데이터가 많지 않아 초고층 공사보다 어렵다."라고 했다.

중앙일보 2013.7.5

5. 상권조사 분석

창업자는 사업계획서에 따라 기초분석이 끝났다면 상권, 입지분석을 실시해야 한다. 간혹 학생들은 이렇게 질문한다. "창업을 준비할 때 상권이 먼저입니까? 입지가 먼저입니까?" 어떤 것을 먼저 해야 된다는 정답은 없다. 상권이 좋다면 좋은 입지의 점포를 찾기가 어려울 것이다. 왜냐하면, 기존의 영업자가 점유하고 있거나 임대료가 감당하기 어려울 만큼 비쌀 수 있기 때문이다. 점포를 가지고 있거나 먼저 구입했다면 그에 맞는 아이템을 선정해야 한다. 이는 정확한 조사를 통해 선택이 가능해진다.

아이템과 기술이 있다면 동종 경쟁자가 있더라도 부담은 줄어들 수 있다. 상권이 살았는지 죽었는지 분석하며, 경쟁자의 능력을 파악해야 한다. 무엇보다 상권을 먼저 분석해야 되며, 아이템이 아무리 좋아도 상권이 죽었다면 나 홀로 안정된 수익을 창출하기가 힘들게 된다. 상권 내 위치하는 입지를 폭넓게 지정하여 고객 특성을 파악해야 한다. 규모에 따라 통행인구수, 교통량, 경쟁점포, 관공서, 지역부동산 등을 통해 향후 발전 가능성과 대규모 유통점의 입점 가능성에 따른 변화를 파악할 수 있다. 소상공인진흥원 상권정보시스템(sg.seda.or.kr)과 중소기업청 상권정보시스템(sg.smba.go.kr)에서 분석할 수 있다.

1) 상권 규모와 범위

상권을 분석하려면 지도를 펴놓고 목표로 하는 범위를 확인해야 한다. 아침, 점심, 저녁 하루 종일 붐비는 지역인지 아니면 점심, 저녁으로 한정되었는지, 외부지역에서 유입 가능성이 있는지, 업종 · 업태가 골고루 분포되어 있는지, 동종경쟁자와 입지조건은 어떠한가를 파악해야 한다. 이용하는 사람들에 따라 1, 2, 3차로 나눌 수 있다. 여기에서 유의해야 할 점은 상권입지는 원형으로 나타나지는 않는다는 것이다. 지역의 지세와 지형, 도로상황, 행정구역, 대형 생활시설, 건물의 크기 등에 따라 이용객들은 다를 수 있다. 상권의 크기와 규모는 취급하는 상품 종류와 업종에 따라 달라질 수 있다.

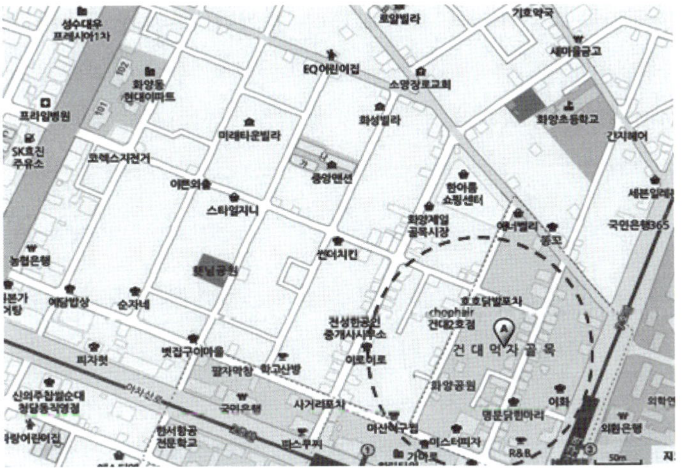

건대 상권의 규모와 범위

2) 인구통계적 조사 분석

인구통계적 조사는 점포 앞에서 단순히 많은 사람들이 오고가는 통행 인구의 양을 파악하는 것이 아니라 고객의 성향과 구매 특성과 가능성을 분석하는 것이다. 연령, 성별, 직업, 주거형태, 수입, 라이프스타일 등을 파악할 수 있는 자료가 된다. 단순히 사람들의 이동이 많은 지역인지, 방문객인지, 쇼핑객인지 파악하는 것이 아니라 궁극적으로 본인의 아이템을 구매할 가능성이 높은 고객을 찾는데 의미가 있다. 가능성 높은 잠재고객을 판단하기 위해서는 이용 목적에 따른 통행인의 숫자와 보행속도, 머무는 시간, 환승 여부 등 주중, 주말, 아침, 점심, 저녁을 시간대별로 조사해야 한다. 해당 업종의 고객이 몰리는 시간대를 정확히 파악하는 것이 포인트이다. 연령이나 직업에 따라 구분하기가 모호하며, 제대로 평가하기 힘들 때도 있다. 정확한 자료를 활용하기 위해서는 현장에 직접 실사하는 것이 중요하다.

첫째, 상권의 범위와 인구수, 성별, 세대수, 연령, 거주형태, 지출규모, 인구증감 등을 조사해야 한다. 자사의 업종과 아이템에 어울리는 고객층인지 파악할 수 있기 때문이다. 둘째, 행정구역상 지번과 도로의 넓이에 따라 점포에 미치는 영향을 분석해야 한다. 여기에는 관공서의 계획도에 따라 지구지정, 지구개발 등을 파악할 수 있다. 특정 지역은 신규창업이나 업종을 전환하는데 제한을 받기도 한다. 시장 및 구청장, 군수 등 자치단체장의 교체나 국가의 기본법 제정 등으로 바뀔 수 있다.

셋째, 고객 분석은 매출과 직접 연관되어 있다. 개인저 지출현황은 라이프스타일에 따라 그 방식과 소비패턴은 다를 수 있다. 소득수준, 주거현황, 수입에 따라 분석되는 소비자들의 마음을 정확하게 규명하기는 어렵지만 지속적으로 확인해야 한다.

3) 교통 및 도로현황

사업자가 창업하는 후보지역의 교통량과 도로, 차량종류 등을 조사해야 한다. 교통 현황과 통행량은 점포의 접근성, 가시성, 입지를 분석하는데 영향을 미친다. 고객이 대중교통을 이용할 때 쉽게 찾을 수 있는 접근성은 방문을 용이하게 하기 때문에 '좋다, 나쁘다'의 기준이 된다. 자동차 고객들은 주차공간이나 넓은 위치를 선호한다. 자가 주차시설인가, 공용 주차장인가를 따지며, 도로상태가 편도 4차선, 2차선, 1차선, 인도인가에 따라 이용객들은 달라진다. 만약 트럭이나 화물차 등 대형 차량들이 많이 다니는 곳이라면 입·출입의 위험성과 소음, 배기가스 등으로 좋은 입지라 할 수 없게 된다.

〈표 7-1〉 통행인구 및 교통량 조사

구 분		10대	20대	30대	40대	승용차	버스	화물차	기타
주중	6~9시								
	11~14시								
	18~20시								
주중 계									
주말	7~10시								
	11~15시								
	16~19시								
주말 계									

4) 경쟁점포 조사

사업자들이 두려하는 것은 동일상권 내 경쟁자의 현황이다. 규모와 크기, 운영기간, 단골 여부, 위치(입지)에 따라 다르게 평가된다. 직접 경쟁해야 할 상대자뿐 아니라 유사 업종을 파악하는데도 영향을 미친다. 상호간의 경쟁관계인지 보완관계인지 또는 경쟁자의 점포를 조사할 때 규모와 크기, 위치, 고객을 접객하는 직원들의 능력, 영업시간, 메뉴 종류, 테이블 종류, 룸의 크기와 개수, 방문객의 연령층, 성향, 메인 시간대 수용능력 등을 조사하여 상관관계를 비교해야 한다.

첫째, 경쟁력에 대한 체크리스트를 작성하여 지도를 펼쳐놓고 입지를 분석해야 한다.

둘째, 경쟁점포의 위치와 입지, 규모, 넓이, 영업시간, 휴무일, 직원수, 좌석수와 룸의 크기, 개수, 판매촉진 방법, 단골고객, 활성화 정도, 인지도 등을 확인해야 한다. 방문자의 동기 목적이 무엇인지, 주 고객이 기업, 관공서, 학생, 주부, 이동고객인지 정확히 알아야 한다. 이러한 파악은 옷맵시, 스타일, 이미지, 보폭, 동행인 등으로 확인할 수 있다.

셋째, 경쟁점포를 방문하여 확인해야 한다. 메뉴의 종류와 가격, 양, 품질, 인테리어시설, 화장실, 대기실, 환기, 음향, 소음 등 눈으로 확인할 수 있다. 메뉴북을 통해 그 종류와 가격 구성은 어떻게 이루어졌는지 주문받는 직원들의 접객태도나 자세, 용모, 복장, 언어 등을 검증해야 한다.

넷째, 경쟁자의 매출액을 추정할 수 있어야 한다. 점심이 주 고객이라면 12시에서 2시 이전까지 테이블을 차지하는 정도와 회전수를 평균 메뉴가격, 스타 메뉴가격을 곱하여 추정할 수 있다. 또한 납품업자를 통해 일별, 주별, 월별 구매 양에 따라 주문량을 확인할 수 있다. 주 메뉴가 삼겹살이라면 구매하는 양의 '판'수(판으로 판매됨)를 보고 파악할 수 있다. 생맥주집이라면 생맥주통(20ℓ)의 개수, 면류는 밀가루 양(20kg)으로 추정할 수 있다. 보다 정확한 방법은 영업마감 직전의 전표번호를 확인하여 테이블 단가를 곱하여 계산할 수 있다. 이러한 분석은 자사에 맞는 전략을 수립하는데 유용히게 활용할 수 있다

5) 상권변화

상권을 분석했다 하여 창업 준비가 모두 끝난 것은 아니나. 후보지의 안정성과 발전 가능성을 확인해야 한다. 사람들은 미래의 불확실성을 두려워한다. 가능성이나 성장성에 대한 희망의 불씨가 있다면 과감하게 도전할 것이다. 결혼도 마찬가지이다. '현재의 경제력이 여유 있는 사람을 선택할 것인가?', 지금은 가난하지만 발전 가능성이 높은 '미래의 그를 선택할 것인가?'에 대한 답은 분명하다. 많이 보유한 재산도 어떻게 관리하느냐에 따라 10년, 20년 후는 달라진다. 상권은 항상 살아있는 생물과 같아서 변화한다.

5km 범위 내 새로운 지구나 상업지, 대형마트, 백화점, 영화관, 쇼핑센터 등이 들어서면 상권은 변하게 된다. 랜드마크가 될 수 있는 상징적인 건물이 입점한다면 현재의 상권이 최고라 해도 계속적으로 좋은 상권이라 하기 힘들다. 소비자의 트렌드와 유행에 따라 변할 수도 있으며, 때론 행정 분할이나 도로 확장, 지하도, 교차로, 횡단보도 등이 생기거나 폐쇄로 인해 변하게 된다. 후보지에 속한 상권은 향후 어떻게 발전할 것인지를 파악해야 한다. 상권은 확대되거나 축소될 수 있어 미래의 활성화는 매출액이나 이익, 권리금에 영향을 미친다.

편의점의 인기상품은 지역별로 차이가 있다. C & U(훼미리마트)는 서울 25개구 1,546개 편의점에 1만4,000여 개 데이터를 분석하여 인기상품 순위와 지역별 특징을 분석했다.〈동아일보, 2013.6.7〉 유흥업소가 많은 서울 강남구는 숙취해소 음료, 학원 밀집지역인 노원구는 삼각 김밥, 고시원이 많은 관악구는 도시락이 잘 팔린다. 강남구는 숙취해소 음료와 신사양말, 건강음료의 판매 비율이 전체에서 높다. 잦은 야근과 회식에 시달리는 직장인들의 비애가 묻어나는 대목이다. 숙취해소 음료를 찾는 고객이 많다보니 이 지역 점포에는 별도의 매뉴얼이 적용된다. 음료는 일반 냉장고에서 판매되지만, 강남지역은 카운터 옆에 배치한다. 종로구는 부드럽고 씹기 쉬운 소프트 쿠키와 국산차(쌍화차, 둥굴레차 등)가 인기다. 고령자들이 즐겨 찾는 탑골공원과 인사동이 있어 판매비중이 높다. 종로구는 조촐한 다과를 준비해 공원 벤치에 둘러앉아 담소를 나누는 노년층을 쉽게 볼 수 있다.

서대문구는 속옷과 화장품, 위생용품, 용산구는 와인, 맥주, 치즈, 애견용품 등 외국인이 즐겨 찾는 상품비중이 높다. 서대문구는 레지던스 호텔이 생기면서 잠깐 들렀다가는 외국인과 용산은 상주인구가 많기 때문이다. 노원구는 10대 청소년이 즐겨 찾는 삼각 김밥, 20대

대학생과 고시생이 많은 관악구는 한 끼를 든든하게 채울 수 있는 도시락과 간편식 라이스 매출이 높다. 이러한 특성을 감안하여 노원구는 1+1 행사를 시행하고 있다.

관악구는 추가 증정보다 할인행사를 시행한다. 초·중·고교생들은 친구들과 편의점을 찾지만 대학생, 고시생은 혼자 찾는 탓에 할인행사를 실시한다. 영등포는 일확천금을 노리는 '로또'가, 강남구는 500만원씩 20년간 수령할 수 있는 '연금복권'의 판매비율이 높다. 지역별 특성을 고려한 맞춤형 마케팅으로 외국인이 많은 용산구는 9종의 수입음료와 40종의 수입과자에 생산국가의 택(tag)을 붙여 판매한다.

6) 상권분석도 작성

상권분석도란 실제 사진과 약도, 지도를 활용하여 관련 정보를 구체적으로 표시하는 것이다. 고객들이 모이는 곳은 분명한 이유가 있다. 상권분석도를 통해 이를 정확하게 파악하는 것이 중요하다.

02 입지분석

1. 입지

1) 입지의 정의

입지는 경제활동을 하기 위해 선택하는 장소를 말한다. 인간이 생활하는 경제활동은 사회, 경제, 문화, 법률, 정치, 환경, 기술 등 그 종류에 따라 다르게 결정된다. 각 점포의 지형과 지세, 지가를 비롯하여 기후, 온도, 날씨 등의 환경적 요인과 임대료, 거리, 교통 편의성에 영향을 미친다. 수익성은 경제적 요인과 연령층, 소득수준, 주거형태의 문화적 요인, 교통 환경에 따른 도로상황, 통행량의 접근성과 주차 공간, 소비형태, 입지, 결정자의 심리적 정서 등에서 달라질 수 있다. 이러한 입지는 지역이 차지하는 위치와 자연조건, 인문적 조건으로 구성된다.

자연조건은 지형과 지세, 지질을 기반으로 기후와 온도, 습도, 경관 등을 포함한다. 주거지의 자연환경은 겨울에 따뜻하고 여름에 시원하며, 도로보다 약간 높고 건조한 곳이 좋다. 인문적 요건은 주변에 기피하는 시설이나 도움이 되는 건물, 인근 지역의 사회적 구성요소, 주택형태, 이동거리 등을 포함하고 있다.

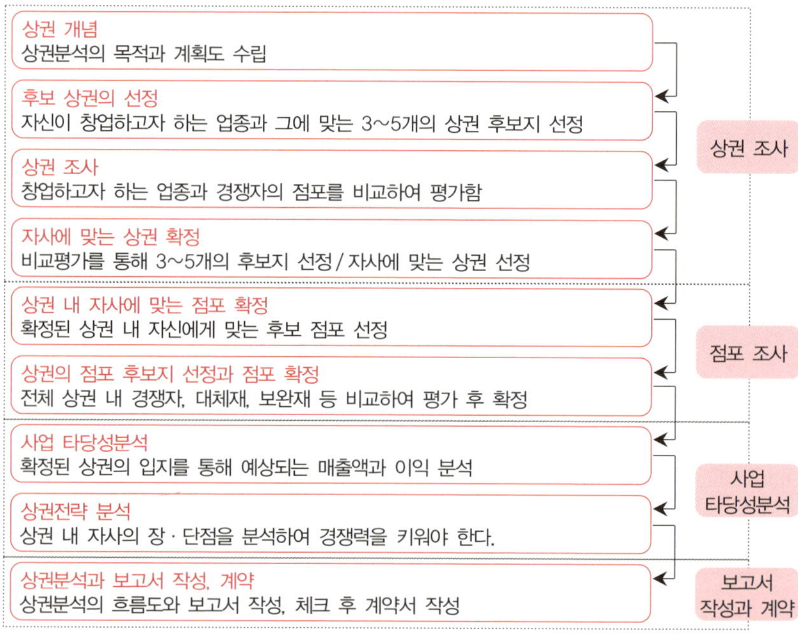

그림 7·2

상권분석도 작성

법과 행정적 요건은 규제상태, 위법 여부 등 입지결정에 영향을 미친다. 그렇다면 외식업에서 의미하는 입지란 무엇일까? 대지나 물권, 점포 등이 위치한 조건을 의미한다. 평가척도에 따라 A, B, C급지로 나눌 수 있으며, 수확체감의 법칙(law of diminishing returns)에 따라 중심지로부터 멀어질수록 임대비용은 낮아진다. 이러한 조건은 접근성, 편리성, 가시성, 출입하는 지형과 지세, 점포형태, 구조, 인상, 규모와 형태, 가로×세로의 균형과 층수, 전기, 가스, 수도, 환기시설, 햇볕, 소음 등 물리적 요소까지 포함하고 있다.

레스토랑의 상품과 고객이 만나는 장소는 생산과 소비가 동시에 이루어지는 공간적 특성을 가진다. 매출을 결정하는 것은 경쟁자가 임의로 모방하여 경쟁력을 키울 수 있는 것이 아니다. 한 번 결정한 입지는 메뉴와 인테리어 시설처럼 변경하거나 이동이 쉽지 않기 때문에 독점적 위치를 구축할 수 있어야 경쟁력이 높다. 입지선정 시 고려해야 될 사항은 다음과 같다.

첫째, 입지는 매력성을 가져야 한다. 현재와 미래가치에 대한 잠재력으로 판매량을 결정할 수 있다. 둘째, 자사에 방문하는 구매고객의 성향과 특성을 파악해야 한다. 연령, 직업, 가격, 성별, 방문시간 등을 조사하여, 예상고객의 수요와 매출액, 구매물품의 양을 결정할 수 있다.

셋째, 입지상 경쟁점포와의 관계를 파악해야 한다. 대중교통 상황, 도로여건과 형태, 유동인구, 혼잡정도, 요일별 · 시간대별 변화, 주차공간, 블록상 위치, 도로폭, 경사면, 상가의 좌 · 중 · 우의 위치 등을 고려해야 한다. 넷째, 상권을 형성하는 주위의 업종이 보완관계가 있는가, 고립된 건물인가 등을 고려해야 한다.

2. 입지의 중요성

대한민국은 전국 반나절 생활권으로 어디에서나 원하는 일을 할 수 있다. 퇴근하면서 속초로 출발, 회를 먹고, 동해를 보고, 귀가하는 연인들의 모습은 일상화되었다. 혹자는 이렇게 이야기한다. "맛만 좋으면 산속에 숨어있는 곳까지 어떻게든지 알아서 찾아간다."고, 그곳이 사람들에게 알려질 때까지 얼마나 많은 어려움을 겪었을까를 생각하지 못하고 결과만을 평가한다. 하지만 소비자들은 그러한 과정을 알 필요가 없다. 그들은 자신이 좋아하는 것을 구매하면 되기 때문이다. 사업을 준비하는 예비자들은 나름의 입지와 상권을 분석한다. 구체적으로 왜 분석하느냐고 물어보면 쉽게 답을 내리지 못하지만 그렇게 하지 않으면 불안하기 때문이다.

실패를 줄이기 위한 노력으로 유동인구나 주변 환경의 변화와 조건, 상권 내 인구수, 주거형태, 교통량, 도로상황 등을 파악하지만 정확하게 어떤 목적으로 조사해야 하는지 알지 못한다. 의무감으로 기존의 점포를 방문하여 시식하거나 확인하고 있다. 경쟁자의 점포는 좋은 상권에서 먼저 선점하고 있다. 때론 "별것 아닌데 손님이 많다."며 질시(疾視)할 수도 있다. 창업자는 손님이 왜 많을까를 생각해야 한다. 그것이 중요하다.

첫째, 창업자의 투자금액은 상권의 입지와 관계있다. 변수 x와 y에서 x의 값이 정해지면 y값이 정해진다. 이 때 y는 x의 함수라 한다. 투자금액은 상권의 입지에서 수익성에 양향을 미치며, 자본력에 따라 위치를 결정할 수 있다. 둘째, 상권은 그 범위가 정해져 있지 않아 업종과 업태에 따라 경영자의 능력은 달라질 수 있다. 테이크아웃, 카운터서비스, 객단가, 서비스에 따라 나쁜 지역에서도 번성하는 점포들이 생긴다. 셋째, 좋은 입지는 매출을 극대화시킨다. 특정한 상권에서 얼마만큼의 매출을 달성할 수 있는가를 파악하는 것은 예비 창업자들이 조사하는 궁극적인 이유가 된다.

넷째, 점포를 결정하는 기초자료로 활용된다. 메뉴를 선택하고 입지를 찾는 입지론적 접근법과 우수한 입지를 먼저 찾은 후 해당 입지에 맞는 아이템을 찾는 적지론 접근법이 있다. 적합한 아이템을 보유한 입지를 선택하는 것이 일반적인 형태이다. 다섯째, 상권입지에 대한 비용구조를 파악하기 위해서이다. 보증금, 임대료, 권리금 등이 적정한가를 판단하며 이를 통해 경쟁력과 주변상황을 확인한다. Nelson이 제시한 입지선정 원칙은 다음과 같다.

점포 입지의 잠재력
고객을 유입시킬 수 있는 크기

점포의 접근 가능성
고객이 유입될 수 있는 편리성

입지의 성장 가능성
상권의 발전 가능성에 따른 점포의 성장성

점포의 중간 저지성
고객을 중간에서 차단할 가능성

입지의 누적 흡인력
업종과 업태가 같거나 유사한 점포가 몰려 있어 고객유입을 확대할 가능성

입지의 양립성 원칙
업종이 상호보완관계인 점포가 고객의 유입을 높임

경쟁 점포 회피 전략
기존 점포와의 경쟁에서 우위확보 가능성

입지 경쟁력
수익과 비용에 따른 이익

그림 7·3

1) 입지의 잠재력

창업하는 점포가 상권 내 달성할 수 있는 수익성의 확대 가능성을 말한다. 입점하는 지역 내 경쟁자와 자신이 판매할 수 있는 예상 점유율을 기준으로 잠재력을 추정할 수 있다. 상권 내 차지하는 비중이 50%가 넘으면 과점상태라 할 수 있다. 이러한 상권은 점유율을 확장하는 것보다 유지하는 것이 목표가 된다. 점유율이 10% 미만이라면 성장 가능성은 있지만 상권 내 리더점포가 될 확률은 낮다.

핵심 상권은 1km 범위 내 중심상가를 이루지만, 점포가 차지하는 비중에 따라 새로운 개발이나 마케팅 촉진전략으로 고객을 흡인할 수 있는 잠재력을 가진다. 지역 내 새로운 아파트 단지가 형성되거나 관공서, 문화시설 등이 추가로 들어섰을 때, 잠재력은 커질 수 있다. 인구증가가 이루어질 수 있는 점포인지, 새로운 수익구조로 소득증가가 기대되는 입지인지 파악하는 것이 중요하다.

2) 접근 가능성

상권 내 점포의 잠재력은 고객을 어느 정도 끌어들일 수 있는가의 문제로 주변의 유동인구들이 얼마나 접근 가능성이 편리한가를 말한다. 역세권 입지는 유동인구가 많아 충동구매를 가능하게 하지만, 그 유형에 따라 다음과 같이 분류할 수 있다.

첫째, 입지 창출형이다. 상권의 다양한 정보와 광고, 홍보, 판매촉진 활동에서 새로운 고객을 창출할 수 있는 점포이다. 집객 할 수 있는 백화점이나 할인점, 대형마트, 시장형성, 테마파크, 쇼핑센터, 영화관 등 접근 가능성의 편리성에서 결정된다.

둘째, 근린시설 내 입지적응 유형이다. 상권의 고유한 능력만으로 흡인하는데 한계가 있기 때문에 주위의 업종이나 업태에 따라 유지되는 편리성을 말한다.

셋째, 통행량에 의존하는 독립점포 유형이다. 유동성, 충동성, 편의성에 따라 쇼핑이 가능할 뿐 아니라 10만 명 이상이 되어야 쇼핑몰의 입점이 가능한 상권력을 말한다.

3) 성장 가능성

입지에는 개방형, 폐쇄형으로 나눌 수 있다. 개방형 입지는 성장 가능성은 높지만 폐쇄형보다 안정적이지 못하다. 주변에 개발될 수 있는 유휴지나 나대지, 창고, 공장 등의 부지가 있다면 향후 개발 가능성이 높아 성장성이 예상된다. 하지만 개발이 완료된 지역은 인구증가의 정체성이 생긴다. 이 지역은 리모델링, 재건축이 진행되면서 새로운 수익구조가 형성될 수 있지만 파이를 나누어야 하기 때문에 잘못하면 슬럼화현상이 일어날 수 있다.

성장 가능성이 높은 개방형은 신규 수요를 흡수하여 계속적으로 성장할 수 있다. 하지만 향후 대기업이나 자본력을 앞세운 대규모의 크기나 경영능력을 앞세운 거대시장이 개설될 확률이 높기 때문에 주위의 개발이나 입점상황에 따른 변화를 주목해야 한다.

4) 중간 저지성

중간 저지성이란, 고객을 중간에서 차단할 가능성을 말한다. 배후의 세대 주민들은 경쟁력 있는 상권으로 몰리는 현상이 있다. 상업지와 주거지 사이에 있는 점포는 중간자의 역할에 따라 차단할 수도 있다. 반면에 경쟁력 있는 상권에 인접하여 있거나 영향권 내 속한다면 오히려 흡수될 수 있다.

어느 정도의 거리를 두거나 지역 내 생활시설, 도로, 교통상황에 따라 저지되거나 한쪽으로 쏠리는 현상이 발생된다. 지하철, 버스 등의 접근성이 좋거나 유동성 높은 입지나 주택지에서 입지의 불리함을 극복하고 중간에서 얼마나 차단할 수 있는가에서 결정된다.

5) 누적 흡인력

누적 흡인력이란, 업종과 업태가 비슷하거나 유사한 점포가 몰려 있어 고객의 흡인력을 확대할 가능성이 높은 입지를 말한다. 교통상황이나 유동인구에 따라 자연스럽게 고객들이 모이는 곳을 흡인력이라 한다. 이러한 상권은 자연스럽게 특정지역이나 점포의 전문성을 가져 타운을 형성할 수 있다. 취급상품이 분산되어 있는 경우보다 모여 있을 때 유인효과가 크다. 중간 저지성의 입지를 선택할 것인지, 누적흡인력이 높은 입지를 선택할 것인지, 양립성입지를 선택할 것인지 결정해야 한다.

예를 들어, 집객력이 높은 재래시장을 분석하다보면 전문상가 형태로 운영되는 입지를 발견할 수 있다. 중소형 점포들이 타운을 형성하여 전문성을 확보하면서 비교 구매를 가능하게 한다. 이러한 업종에는 전자, 전기, 가구, 공구, 한약재, 음식, 정육, 청과, 수산물 등이 불리한 입지를 극복하면서 고객 인지도를 높여 구매력을 향상시키고 있다.

6) 양립성

양립성이란, 업종이 서로 다른 상호보완 관계에 있는 점포가 고객의 흡인력을 높일 수 있는 가능성을 말한다. 상권이 활성화되었거나 규모가 커질 때 자연스럽게 생성되지만 실제 번화가인 경우 도로변을 제외한 상가보다 보도에 인접한 점포가 활성화된다. 최근 들어, 대형 할인점이나 백화점, 쇼핑몰, 아울렛 등에 형성된 식당가의 음식점들은 다양한 종류의 메뉴와 인테리어시설, 가격대로 고객들에게 긍정적으로 평가받고 있다.

커피전문점, 화장품, 헬스케어, 여성전용 미용점 등 서로 다른 업종이 중심지로 모여 활성화시키고 있다. 택지개발 상가는 도로변 상가를 선호하는 것도 중요하지만 향후 안쪽 지역이 중심가로 변화할 수 있다. 특정 상품의 점포가 다양하게 구색을 갖추면 상호 보완적인 관계 속에서 호혜업종으로 시너지효과를 낼 수 있다.

7) 경쟁점 회피전략

신규창업자가 기존 시장에 뛰어들었을 때 우위를 확보할 수 있는가, 진입이 자유로운가를 확인하는 것이다. 경쟁자가 적을수록 유리하며, 가급적 경쟁하지 않는 것이 좋은 전략이다. 열세인 중소형 점포들은 대형 점포나 동종 업종이 존재할 경우 자사의 활성화에 큰 어려움을 겪는다. 할인점의 경우 도보권으로 1km 내, 80% 이상 매출액을 발생시키며, 백화점은 유명브랜드의 입점을 방해하기 때문에 신촌, 명동, 영등포 등 도심의 쇼핑몰 개발을 저해하게 된다. 대형점 주변에는 업종선정에 주의해야 한다. 유동성이 높은 대형점에 인접하여 위치한다면 활성화 방법은 상호 보완관계에 있는 업종을 선택하는 것이 좋다

8) 입지의 경쟁력

입지는 크게 두 가지 측면에서 분석할 수 있다. 유동객이 많은 지역에서 비싼 임대료를 지불하면서 작게 운영할 것인가? 가격이 싼 지역에서 건물을 크게 짓거나 임대해 고객을 끌어들일 것인가를 선택해야 한다. 경제성을 따지는 정량적 분석으로 사업성을 충분히 조

사한 뒤 선정하는 것이 좋다. 투자 수익률에 대한 분석은 계약기간 내 획득할 수 있는 수익금과 부동산을 팔았을 때 기간 동안의 차익, 이익금 누계를 합산하여 비교할 수 있다. 따라서 외식업은 부동산과 연계해야만 장기적인 수익전략을 설계할 수 있다.

3. 입지조사 분석

입지조사는 특정 지역 내 점포를 선정하기 위해 조사하는 것이다. 매출액을 결정하는데 절대적인 영향을 미치므로 사업자에게 가장 중요한 일이다. 입지조건은 상권 내 특정 지역에서 점포가 차지하는 위치를 말한다. 내부적 · 외부적으로 고객이 듣고, 보고, 느끼면서 판단할 수 있는 접근성, 가시성, 통행량과 방향, 유동인구 등을 조사해야 한다.

1) 접근성

레스토랑의 점포는 고객이 접근하는데 편리해야 된다. 쉽게 찾을 수 있는 위치의 입지는 편리하게 이용될 수 있다. 차량으로 점포를 방문하는 경우 접근성이나 주차할 수 있는 공간, 진입로에서 자유로워야 한다. 지하철, 버스정류장과 가깝거나 쉽게 찾을 수 있는 접근성은 경쟁력이 된다. 대표적인 건물이나 대형 빌딩, 관공서, 영화관 등은 유동인구가 많아 고객에게 좋은 입지조건으로 인식될 수 있다.

2) 가시성

사업자들은 점포가 어디에서나 잘 보일 수 있는 입지를 선호한다. 누구나 쉽게 볼 수 있으며, 방문하기 좋은 장소로 점포 앞 건물이나 가로수, 보호수, 기타 장애물이 가로막혀 시야를 막지 않는 것이 좋다. 전면이 주위보다 들어가 있거나 가로보다 세로로 좁게 설계되었다면 외부에서 볼 수 있는 시야가 좁아 점포가 작아 보일 수 있다. 이러한 구조에서는 정면 간판의 가시성이 낮아 돌출 간판의 추가 제작이 필요하다. 점포의 가시성을 돋보이게 하는 건물의 외벽과 구조체, 정면의 파사드(facade)를 강조하여 인테리어 비용 등이 추가적으로 들어갈 수 있다.

3) 홍보성

홍보하는 방법은 외부로부터 자연스럽게 볼 수 있는 점포 그 자체의 입지조건이 최고의 경쟁력이다. 잘 보일 수 있는 위치나 가시성, 접근성은 좋은 몫으로 인정받는다. 간판으로 크기나 형식, 위치, 고정식 및 이동식, 색상과 글씨체, 문양, 모양의 형태를 결정하는 것은 경쟁력을 키우기 위해서이다. 업종과 업태에 따른 종류와 가격, 오픈(open)과 클로즈(close) 등을 안내할 수 있어 노출 정도에 따라 홍보에 중요한 역할을 한다.

점포의 위치와 구조에 따라 평면과 돌출, 이동식으로 활용할 수 있으며, 입구의 사인 보드판, 메뉴안내판, 시식메뉴, 견본메뉴, 특별식, 계절식 등을 POP 광고로 홍보할 수 있다. 이러한 방법은 내점 고객들의 선택을 용이하게 하며, 만족 유무에 따라 구전되기 때문에 홍보 효과가 높게 나타난다.

4) 기능성

입지의 기능은 점포주변 환경과 행정적 규제, 용도, 이용 가능성, 제한, 한계 등과 관련되어 있다. 점포 주변에는 호혜적인 업종이나 보완적인 업종이 공존할 때 좋은 입지라 할 수 있다. 대형 유통단지나 쇼핑센터가 있을 때 그에 따른 통행량은 접근성을 높이게 된다. 특히 노점상이 있는 지역은 유동인구가 많은 지역으로 상권 형성이 잘된 입지로 평가된다. 반면 주위에 저가매장, 슈퍼마켓, 과일, 야채, 생선, 세탁소, 빵집, 약국, 분식점 등이 밀집되어 있는 지역은 소비수준이 낮은 상권으로 볼 수 있다. 전문적인 기술을 필요로 하는 지물포, 세탁소, 카센터, 세차장, 간판점, 문구점, 이발소, 미용실, 부동산, 배달 전문점, 중국집, 족발집 등이 있다면 활성화되지 못한 상권이라 하겠다.

5) 인력조달의 원활성

외식기업의 어려운 점은 인력문제이다. 기업은 일할 사람들이 없다고 야단이지만 구직자들은 일자리가 없다고 한다. 이것이 현실이다. 직원들을 쉽게 채용할 수 있는 지역은 유동인구가 많거나 교통이 편리하다. 직원채용이 원활하지 않을 경우 점포를 운영하기가 어렵다. 업종과 업태에 따라서 회전율이 높거나, 저가메뉴, 운반하기 힘든 식기류, 밑반찬이 많거나 시외 및 교통상황이 어려운 지역은 기피하는 현상이 뚜렷하다. 이를 극복하고자 기숙사, 원룸, 아파트 등을 제공하면서 만족을 강화시키고 있다. 이러한 직원만족을 통해 고객지향적인 접객태도가 가능하기 때문에 고객의 근무환경을 고려해야 한다.

CASE

"외식 및 유통업계는 복합문화 공간으로 재구성하고 있다!"

전자기기를 이용한 체험형 매장들이 등장하면서 융합(convergence)은 좋은 반응과 매출 증대로 이어진다. 단순히 서비스 차원이 아니라 새로운 문화를 경험하는 역할 차원에서 시너지 효과를 내고 있다. 탐 & 탐스 부천영상 단지점은 오락기기와 놀이방을 설치하여 온 가족이 찾을 수 있는 휴식공간으로 자리 잡았다. 매장에는 전자식 다트기계를 놓아 커피가 나오기를 기다리는 고객들의 무료함을 배려했다. 한 달에 500여 명이 이용하는 다트기계는 점심시간이 되면 기계 앞에 줄을 서고 있다. 일정 점수를 넘기면 상품을 주는 이벤트도 함께 시행하고 있다. 놀이방으로 어린이 고객을 위한 동화책과 케이블TV 전용 애니메이션이 방송되는 영상 시설을 갖추어 젊은 주부들에게 인기다. 학창시절 문구점 앞의 소형 오락기가 여러 대 설치되어 어린이뿐 아니라 과거의 향수를 기억하는 성인 이용객들도 있다.

'판타스틱 스튜디오'로 나들이 고객들을 위해 온 가족이 함께 즐길 수 있는 오락거리를 마련했다. 신사점, 부산 광안리점은 컬러프린터를 무료로 이용하도록 했다. 사진은 1인당 2장, 일반 문서는 무제한으로 사용할 수 있는 컬러프린터를 설치하여 스마트폰으로 금방 찍은 사진을 출력할 수 있게 했다.

투썸 플레이스 강남점은 매장 내 엠넷(M.net)존을 설치하여 일반 음반매장과 접목시킨 새로운 형태의 점포를 선보이고 있다. 같은 그룹계열사의 엠넷 소속 가수들의 최신 앨범 6종을 무제한으로 들을 수 있는 청음시설 뿐 아니라 해당 가수들이 직접 사인한 CD를 판매하고 있다. "젊은이들이 많이 찾는 지역인 만큼 최신 음악과 관련한 수요가 클 것으로 판단하여 고객서비스 차원에서 설치했다."

롯데마트는 미국의 토이저러스와 라이센스 계약을 맺고 구로점 외 5개 점포에서 운영 중이다. 최대 330m^2(1,000평) 규모의 매장에는 기존 마트가 보유한 1,000여 종의 완구보다 많은 8,000권에서 1만여 개의 상품을 보유하고 있다. 직접 작동할 수 있는 품목과 전자 완구뿐 아니라 소형 트랙을 설치하여 무선자동차를 조종하는 것에서부터 어린이 전용 자전거까지 규모와 시연은 물론 질적인 면에서 차별화하고 있다.

서울경제신문 2009.10.15

4. 상권 및 입지 포트폴리오

특정 지역상권을 분석하고 입지를 선택할 때 그 기준이나 내용을 파악하는 것은 어려운 일이다. 비용이 들어가야 하는 일이기 때문에 다양한 요소들을 고려하기가 힘들 수 있다. 창업자들은 처음부터 끝까지 결정해야 할 일들이 많다. 목적을 달성하기 위해 구체적으로 설계하거나 계획을 세워 학문적 지식을 갖추어야 한다. 하지만 그렇지 못하기 때문에 오류를 범할 수 있다. 실제 분석해야 될 내용들은 다양한 요소에서 다르게 나타날 수도 있다. 달성 가능한 매출액이나 그에 맞는 수익성, 직원관리, 식자재 구입, 기초설계에까지 지출비용 등 문제점들을 판단하기 위한 분석이 필요하다. 고객 접근성을 비롯하여 편의성, 가시성, 성장성 등 입지의 좋고 나쁨이 결정되기 때문에 다음과 같은 유형으로 분류할 수 있다.

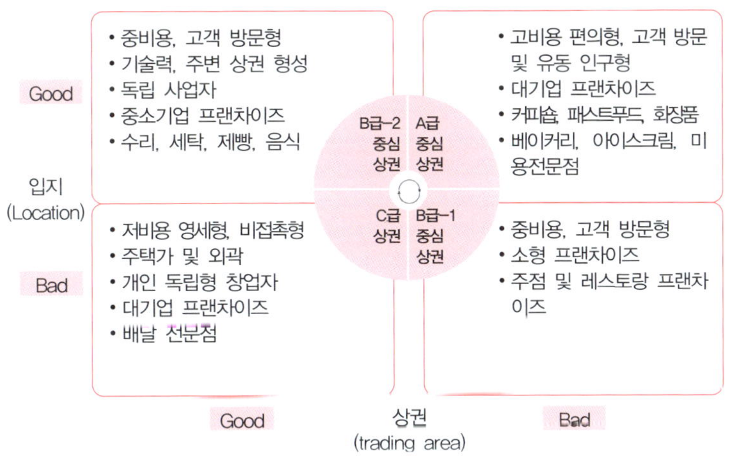

그림 7•3 상권과 입지의 Matrix

1) 상권과 입지의 포트폴리오

첫째, A급 중심상권이다. 주위의 대형 유통점들이 입점해 있거나 백화점, 마트, 영화관 등이 형성된 상권을 말한다. 유동인구가 많을 뿐 아니라 문화생활을 즐길 수 있어 인프라가 잘 구축된 접근성, 가시성을 가지고 있다. 이러한 점포는 초기비용이 많이 들어가는 커피전문점을 비롯하여 패스트푸드, 중저가화장품, 아이스크림 전문점 등 편의성의 아이템이 적합하다. 회전율이 높은 중저가 메뉴 음식들이 인기이며, 대기업들이 입점하여 상징적인 이미지를 심어준다. 안정적으로 수익을 창출할 수 있어 고위직 정년 퇴임자를 비롯하여 임원급, 전문직 종사자 등의 자본으로 운영되고 있다.

둘째, B-1 중심상권으로 유동인구가 많지만 중심에서 조금 벗어난 지역을 말한다. 중심상권에 속하지만 접근성, 가시성이 낮아 좋은 입지는 못되지만, 중간 규모의 자본금에서 중소형 프랜차이즈 점포나 맥주, 주점 등이 적합하다. 한식전문점을 비롯하여 다양한 형태의 먹거리가 형성된다. 기술이 있다면 경쟁력은 높아질 수 있다.

셋째, B-2 중심상권이다. 입지는 좋지만 상권은 좋지 않은 지역이다. 접근성, 가시성은 있지만 방문할 수 있는 고객이 제한적이라 개인적인 기술이나 경영능력이 없다면 어려울 수 있다. 독립 창업이나 중소형 프랜차이즈 기업이 적당하다. 중간 수준의 자본금으로 고객이 직접 방문하는 사업으로 테이크아웃점이 유리하다. 유동인구가 중간 정도로 경영자의 노력과 기술, 능력에 따라 달라질 수 있다.

넷째, C급 상권은 상권도 입지도 좋지 않은 지역이다. 주택가나 교외지역의 낮은 비용으로 창업이 가능하지만 노하우가 없다면 실패할 확률이 높다.

2) 포트폴리오 전략

"목이 안 좋을수록 독특함으로 차별화하라!" 모든 사업자들은 적은 자본으로 높은 수익을 기대하면서 작지만 경쟁력 있는 점포를 운영하고자 한다. 상권의 입지는 이미 다양한 업종과 업태가 좋은 자리에서 안정되게 운영하고 있다. 운 좋게 좋은 자리를 찾아도 권리금이나 보증금, 임대료는 상상 이상으로 높다. 충분하지 않은 자금으로 자신의 꿈과 이상을 펼칠 곳은 골목상권이거나 대로변에서 떨어진 지역이다. 그러한 곳에서도 안정된 매출을 올리고 있다. <조선일보, 2013.4.12>

첫째, 경쟁력 있는 소규모 점포 전략은 차별화에서 시작된다. 외식업은 일반적으로 손쉽게 창업할 수 있어 경쟁자가 많다. 주택가에서 49.5m^2(15평)의 매장에 1억 미만의 자금으로 월 1천만원의 수익을 올리는 김혁재(46) 사장이 있다. 한때 유행했던 일본식 선술집 이자카야의 분위기에서 프랑스 소스의 퓨전메뉴를 개발했다. 주 메뉴의 가격을 1만5천원대에서 8천원으로 낮추어 일본요리와 프랑스요리 중간 콘셉트를 선정했다. 여기에 도수 낮은 알코올성 음료를 준비해 여성 손님들을 잡는데 성공했다. 여성들이 전하는 입소문은 대단하다. 지하철역, 쇼핑센터, 상가도 없는 동네상권이다. 월 120만원이라는 비교적 싼 임대료로 운영할 수 있어 메뉴의 차별화와 낮은 가격으로 승부한다.

둘째, 요리의 맛과 성분, 데커레이션 등 스토리가 있어야 한다. 점포의 주인이나 서빙직원은 메뉴상품에 대해 문의가 들어왔을 때 막힘없이 대답할 수 있는 지식과 자신감을 가져야 한다. 특화된 배달 서비스도 소형 점포일수록 생존율은 높다. 수제 닭강정 전문점, 줄줄이 꿀닭, 뼈 없는 닭강정, 순살치킨 등은 only take out으로 승부한다. 작은 컵에 1,000원, 큰 컵에 2,000원으로 남녀노소 누구나 고객이 될 수 있다. 배달 및 서빙직원의 인건비가 나가지 않는 장점으로 알찬 수익을 올린다.

세종대 후문을 끼고 있는 군자역은 건대상권에 밀려 빛을 발휘하지 못했다. 뚜레쥬르(Tous les Jours) 카페를 운영하는 김수연(43) 씨는 빵 박사로 유명하다. 베이커리는 전국 어디서나 찾아볼 수 있는 브랜드이다. 빵과 커피를 연상하면서 휴식개념으로 찾는 고객들은 별로 없다. 열악한 환경에서 안정된 매출을 올리는 방법은 빵 종류와 식감, 맛 등을 설명하는 시간이 빵을 판매하는 시간보다 더 길다. 1년이 지나면서 학생들과 동네 사람들이 자연스럽게 이용하는 휴식공간으로 자리하면서 덩달아 매출도 늘어났다. 최근 옆 가게를 확장하여 테이블과 좌석을 늘려 휴게공간으로 사용된다.

셋째, 전문가를 단골로 만드는 방법이다. 좋은 입지는 목목이 그 자리를 차지하고 있다. 하지만 틈새시장은 있기 마련이다. 소규모 점포일수록 특성에 맞는 종류와 가격, 정시를 고려하여 밀착서비스가 가능하다. 대로변이나 중심상권에서 멀어진 점포는 독특한 개성으로 특정 고객층들에게 사랑방 역할을 한다. 사람들의 이목이나 시선을 의식하는 소비자들은 언제나 존재한다. 소수의 유명인들이 방문할 수 있는 특화된 장소는 그를 추종하는 많은 사람들을 자연스럽게 모을 수 있다.

넷째, 불리한 조건을 장점으로 승화할 수 있는 아이템을 개발한다. 2층이나 지하층의 점포에도 불리한 여건은 장점이 될 수 있다. 1층에 비해 방문고객수는 줄어들 수 있지만 대상자의 목적에 맞는 고객을 확보할 수 있다. 혼잡하고 복잡한 지역의 점포를 싫어하는 고객들에게는 더 좋은 장점이 될 수 있다. 신길역 사거리에 케이크 커피숍은 3층 건물로 66m^2(20평)이다. 단 하나의 케이크를 운영하는 김재수(45) 사장이 있다. 엘리베이터도 없는 3층 건물에 남녀들이 연신 오르락내리락 한다. 가구점이나 공방처럼 고객이 직접 개성 있는 나만의 케이크를 만드는 곳이다. 20대가 선호하는 아이템으로 연인들을 위한 이벤트나 선물, 기술을 습득할 수 있다. 목적형 고객들은 자신의 정보를 최대한 활용하여 꼭 찾아서라도 방문한다. 이들은 눈으로 확인하면서 목적을 달성하는 소비자들이다. 목적이 맞다면 불리한 위치에서도 매장을 찾지 못한 고객들은 전화나 인터넷으로 확인하여 찾아오게 마련이다. 젊은 층 사이에 입소문이 나면서 안정된 매출을 올리고 있다.

5. 입지전략

성공적인 전략을 수립하기 위해서는 입지가 가지는 단점을 극복하는 것이 중요하다. 레스토랑을 경영할 때 입지(목)는 성공과 실패를 좌우한다. 좋은 입지를 선택하는 것은 무조건적으로 중요하다. 접근성, 편의성, 가시성, 즉시성은 잠재력이나 수익성을 결정한다. 좋은 입지는 출입이 용이한 입구 쪽인가, 중간쯤인가, 빠져나가는 길목인가에 따라 달라질 수 있다. 입지 전략을 수립하기 위해서는 사업가의 마인드가 중요하다. 아이템의 선정에서부터 시작된다.

「임대차보호법」은 임대보증금의 법적 보호와 계약만료 시 돌려받을 수 있는 금액을 의미한다. 임대료는 월별로 건물주에게 지급하는 소멸성 비용이다. 기업은 계속적으로 경영하기 위해서는 이익금을 창출해야 한다. 월 지출액이 많으면 경영에 어려움을 가진다. 권리금은 영업과정에 확보한 고정고객이나 설비시설, 인테리어, 간판, 내·외부 조경에 대한 사용상의 이익을 말한다. 법적 보호와 법률적인 근거 없이 상거래 상 일정부분의 영업권리를 인정하지만 계속적으로 영업할 수 있다는 점에서 관행적으로 실시하고 있다.

상권 내 지출비용을 구성하는 수도료, 가스료, 전기세 외 공동사용료 등도 파악해야 한다. 통계청이나 중소기업청, 동사무소 등에서 제공하는 자료를 참고하여 인구수와 세대수, 아파트, 원룸, 오피스텔, 단독주택 등을 파악해야 한다. 통행조사를 위한 연령, 성별, 시간대별 소비수준, 차량수와 종류, 이동량 등을 조사해야 한다.

1) 수익과 비용을 추정하는 기초자료 활용

모든 정보는 포지셔닝 하는 위치가 어디인가에 따라 전략수립의 유용한 자료가 된다. 매 순간 "끝이다."라는 생각으로 최선을 다해야 한다. 한 번 정한 입지는 좀처럼 바꾸기 힘들다. 여유자금을 전제하면서 창업하는 것이 아니라 "이번에 망하면 죽는다."는 생각으로 전략을 실행할 때 성공할 수 있다. 촉진전략을 수립하는 것은 수익성 높은 입지를 발견하는 데서 시작된다.

2) 합리적인 구매

소비자들은 합리적으로 구매하려 한다. 똑같은 한 끼의 식사에도 효용성을 따진다. 어떠한 것이 중요한 가치를 제공해 줄 것인가를 고민하게 된다. 기업은 이들에게 색다른 가치와 혜택을 제공해 줄 수 있어야 한다. 고객욕구를 충족시키기 위해 테마파크, 상권의 군집화로 경쟁력을 키울 수 있다. 특정한 업종이나 업태가 모여 방문객들의 욕구를 충족시킬 수 있으며 만족감을 증대시킬 수 있다.

첫째, 특정 업종이나 업태가 모여 검증된 맛을 가진 점포들이 모여 있다는 것 자체가 경쟁력이다. 수원갈비, 이동갈비, 담양 떡갈비, 송탄 부대찌게, 의정부 부대찌개, 춘천 닭갈비, 장충동 왕족발, 신당동 떡볶이, 라멘, 케이크면 등 특정 지역을 대표하게 된다.

둘째, 정기적으로 특정 메뉴에 대해 인기투표를 실시해야 한다. 투표결과 인기가 없으면 퇴출시키기 때문에 높은 수준의 음식을 제공하게 된다.

셋째, 음식 외 다양한 볼거리를 제공하고 있다. 맛있는 음식을 먹을 수 있을 뿐 아니라 특정 지역의 시설물이나 전시관 등 볼거리를 통해 어린이들과 어른들에게 학습의 장을 제공하고 있다.

넷째, 적은 비용으로 높은 접근성을 나타낼 수 있다. 테마파크는 교외의 체험형으로 주변의 쇼핑몰이 위치한 시설이나 명성으로 활용된다. 숍인숍(shop in shop)인가에 따라 달라질 수 있다. 넓은 공간이 필요 없는 시설은 효율성에 따라 지출비용을 줄일 수 있다.

다섯째, 지역경제 활성화에 효과적이다. 일본은 B급 음식점 '경연대회'를 열었다. 실력을 겨루고 이들을 통해 자신들의 지역을 홍보하는 'B-1그랑프리' 대회이다. 전역으로 확장된 푸드파크는 라멘으로 유명한 삿포로에 '라멘 테마파크', 스위트 점포들이 모여 있는 지유가

오카에는 '스위트 테마파크'가 지역 특성을 살려 관광객들을 끌어들이고 있다.

3) 다점포전략

대기업들은 도심 및 교통의 중심지에 동일한 업종을 노출시켜 시선을 집중함으로써 유동인구를 유혹하고 있다. 충동구매는 휴식을 찾는 젊은이들에게 최고의 전략으로 평가받는다. 기존 매장에서 제 살 깎기 식으로 고객들을 나눠먹는 측면도 있지만 커피업계는 옆 건물에 타사브랜드 커피전문점들이 들어선다는 점에서 파이를 키운다는 논리이다. 트렌드나 유행을 선도하는 업종들을 통해 그 효과를 나타내고 있다.

카페베네, 스타벅스 등은 경쟁적으로 다점포전략을 추진하고 있다. 고객의 높은 인지도를 바탕으로 유인전략을 추진한다. 1,500원짜리 김밥에 4,000원짜리 아메리카노 커피를 마시는 트렌드를 반영한 대표적인 사례이다. 밥은 먹지 않아도 커피는 마셔야 되는 사회적 현상을 반영하면서 추진하고 있다.

스타벅스는 2002년 이후 서울의 주요 빌딩 1층 로비에 커피매장을 입점시켰다. 전국 50호점까지는 점포를 구하기가 쉽지 않았다. 커피가 하나의 문화로 정착되면서 시간과 공간, 여유, 맛, 분위기를 고려한 감성마케팅이 주효하면서 사람들이 모이기 시작했다. 이러한 점을 착안하여 점포 개발팀들은 "건물의 가치가 자연스럽게 높아진다."라는 전략으로 건물주들을 설득했다. 권리금 한 푼 내지 않고 목 좋은 상권에 최고의 신규매장을 대규모로 오픈할 수 있게 되었다.

최근에는 같은 블록에 점포를 개설하여 인지도를 높여 경쟁사의 진입을 원천봉쇄하고 있다. 부동산 전문가들을 통해 마케팅 촉진전략을 추진했다. 핵심 상권을 스타벅스 간판으로 바꾸면 인센티브를 주어 그들을 일조하게 했다. 눈에 가장 잘 띄는 곳에 간판을 걸어 도심의 가장 번화한 곳에는 스타벅스가 있다는 것을 상징적으로 보여주고 있다. 부동산 중개업자들이 좋은 몫의 입지를 선점해오면 평소보다 추가적인 수수료를 지급하면서 점포 개발팀으로 확보하여 운영하는 효과를 보고 있다. 이러한 전략은 다음과 같은 역할을 한다.

- 브랜드의 인지도를 향상시켰다. 노출빈도가 많아지므로 가망 고객이자 잠재고객들을 끌어들이는 효과가 있다.

- 최고의 상권에 입점함으로써 고급브랜드 이미지를 심어줄 수 있다. "좋은 몫은 ○○커피점이 있다."는 식이다.
- 중심지를 이용하는 직장인들은 대체로 얼리어답터(early adopter)들이다. 유행에 민감할 뿐 아니라 시대를 선도하는 고객층으로 여론을 형성하고 있다. 이들은 타인의 구매행동에도 영향을 미친다.

7

Summary 요약

[1] 상권(trading area)이란, 일정한 지역을 중심으로 재화와 용역, 유통이 이루어지는 공간적 범위를 의미한다. 점포 및 상가가 흡인할 수 있는 지역적 거리로서 소비자가 있는 권역이다. 상업적 활동을 성립시키는 지역으로 조건이 구비된 공간적 넓이를 말한다.

[2] 사회, 경제, 문화, 정치, 환경, 시간적 요인에 따라 상권을 형성하는 공간적 요소는 변하게 된다. 통제할 수 없는 외부적 요인으로 상권 내 인구 및 세대수, 주거형태, 교통량의 증감에 따른 양적 요인과 소득수준, 세대구성, 도시계획, 거리동선, 대중교통에 따른 이용현황, 통행방향 등은 영향을 미친다. 이러한 문제점들을 파악하여 적극적으로 대처할 수 있는 전략이 필요하다.

[3] 상권의 유형은 그 목적에 따라 다르게 분류된다. 일반적으로 지역이나 점포의 물권이 미치는 영향권을 의미한다. 고객을 흡입하는 지리적 영역으로 소비자들이 선호하는 범위에서 판매될 수 있는 비율을 고려하여 1차, 2차, 3차 상권으로 나누고 있다.

[4] 1차 상권은 점포의 이용고객이 60~70%를 차지하는 범위로 고객수가 가장 많이 포함된다. 1인당 판매액이 가장 높은 지역으로 통상적으로 500m 이내의 편의품을 위주로 형성된다. 2차 상권은 점포 이용고객의 15~25%를 차지하는 범위로 1차 상권 외곽에 위치한다. 1,000~1,500m 범위의 지역으로 선매품과 전문품 위주의 상권을 형성한다. 3차 상권은 이용고객의 5~10%를 차지하며 거주지역이 매우 분산되어 있다.

[5] 경쟁사의 점포를 조사할 때 점포의 규모와 크기, 위치, 고객을 접객하는 서비스품질, 영업시간, 직원수, 메뉴종류, 테이블 종류, 룸의 크기와 개수, 방문고객의 연령층과 성향, 메인 시간대 수용능력 등을 조사하여 자사의 능력에 따른 상관관계를 파악해야 한다.

[6] 레스토랑의 점포는 고객이 접근하는 데 편리해야 한다. 쉽게 찾을 수 있는 점포의 위치나 입지, 고객들이 편리하게 이용할 수 있어야 한다. 특히 차량으로 점포를 방문하는 경우 접근성이나 주차할 수 있는 공간, 진입로 등 출입에서 자유로워야 한다. 지하철이나 버스정류장과 가깝거나 쉽게 찾을 수 있는 상권의 입지는 경쟁력이 높다.

7

Practice 연습문제

1 상권의 개념 및 중요성에 대해 논의해 보자.

2 상권의 일반적 특징에 대해 논의해 보자.

3 상권의 내·외부 요인에 대해 논의해 보자.

4 상권이 형성되기 위해서는 여러 가지 조건이 필요하다. 상권의 형성 조건에 대해 구체적으로 논의해 보자.

5 상권을 분류하고 1차, 2차, 3차 상권으로 나누어지는 특징을 논의해 보자. 또한 각각의 상권에 위치할 수 있는 업종과 업태를 조사해 보자.

6 입지의 개념 및 중요성에 대해 논의하고, 본인이 경영자로서 입지선정 시 우선적으로 고려해야 할 3가지를 이야기해 보자.

CHAPTER 8

메뉴관리

자유는 용기에 근거를 둔 제도이다.

– *Charles Peguy*, 프랑스 시인

Objective

- 메뉴의 정의와 역할을 학습한다.
- 메뉴의 구성요소와 선택방식에 따라 분류해 본다.
- 메뉴계획 시 고려사항을 학습한다.
- 메뉴디자인의 시선과 이동방향을 학습한다.
- 메뉴분석에서 Kasavana와 Smith의 Menu Engineering을 학습한다.

01 메뉴역할과 구성요소

1. 메뉴의의

1) 메뉴

레스토랑의 모든 운영은 메뉴에서 출발한다. 경영자, 매니저, 셰프, 서빙직원, 납품업자, 고객에 이르기까지 전반적인 운영과 경영에 영향을 미친다. 식재료는 누가 얼마만큼의 양과 아이템으로 만들어져 언제, 어디서, 누구에게 조리되어 제공할 것인가? 조리된 음식은 어떤 입지의 조건에서 어떤 직원에서 서빙되어 섭취할 수 있게 할 것인가? 서빙과정에 무엇을 필요로 하며, 그들의 욕구는 무엇인지 알 수 있어야 한다. 일정규모 이상의 공간이나 시설과 디자인을 갖춘 특정장소에서 기업이 제공하는 촉진전략을 통해 평가하게 된다.

메뉴란, 요리의 종류나 순서를 적은 일람표, 차림표, 식단표라 한다. 15세기경 프랑스에서부터 시작되었으며, 각종 연회행사의 요리수가 많아지면서 좋아하는 요리가 나오는 순서를 파악하여 식사 양을 조절하기 위해 사용되었다. 편리하다는 것이 알려지면서 일반화되었으며, 처음 정찬용은 1장으로 사용되었으나 차츰 소형화되면서 각자의 테이블에 놓이게 되었다.

식단은 파티의 성격, 주최자의 성향, 계절, 시간, 고객연령, 성별 등에 따라 다르게 구성된다. 정식의 디너에서 애피타이저, 수프, 생선요리, 메인(고기), 과일, 커피 순으로 제공된다. 각각의 요리에 알맞은 술이 추천되며, 풀코스로 진행되기도 한다. 테이블마다 놓이게 되며, 식사가 끝나면 손님이 가지는 것이 상식이었으나 현대는 호텔 및 고급레스토랑, 대중음식점 등 메뉴판이 고급화되면서 점포에서 보관되어 운영된다.

2) 메뉴의 어원

메뉴는 라틴어 'Minutus'에서 영어의 'Minute'가 되었다. "상세히 기록하다."라는 의미로 하나하나의 요리를 상세히 기록했다는 'Detailed Record', 혹은 'Detailed List'를 의미한다. 조리장이 식재료의 구매에서 조리방법까지 먹는 사람에게 상세히 기록하여 소개한 것이 시초이다. 이후 1540년 프랑스의 헨리8세 시절, '후랑위그' 백작이 손님을 초대하여 준비한 요리 내용과 순서를 메모하여 식탁 위에 놓고 차례로 즐기게 되었는데, 이것이 다른 백작들에게 좋은 평가를 받으면서 귀족 간에 유행하게 되었다. 이후 유럽의 정식 차림표로 사용되었으며, 프랑스의 'Carte'라 불리며 세계적인 공통어가 되었다. 현대적 의미는 내부적인 통제와 판매, 광고, 촉진전략을 포함한 마케팅 도구로 활용된다.

3) 메뉴의 중요성

메뉴는 업종 및 업태, 접객태도, 서비스방법과 실내장식에 따른 분위기 등 그 특성에 따라 다를 수 있지만 모든 레스토랑의 성격과 특성에서 핵심적인 역할을 한다. 고객은 레스토랑을 방문할 때 배고픔이라는 생리적 욕구만을 해결하는 것이 아니라, 즐거운 식사와 함께 얻을 수 있는 친교와 편안함, 비즈니스, 축하와 상견례 등 자신이 중요하게 생각하는 가치에 따라 평가된다. 메뉴의 종류와 가격, 중량, 특성, 원산지, 지리적 표시 등 구입에 필요한 정보는 생산과 유통, 신선도 등 먹거리에 대한 안전한 구매를 통해 신뢰를 형성한다. 원가관리 측면에서 보면 내부 통제수단이 되지만, 고객과 연결하는 도구로 이익에 영향을 미친다. 상품안내와 가격을 나타내는 단순한 목록표가 아니라, 품질을 나타내는 촉진수단이 된다.

호텔 및 외식업체에서 취급하는 메뉴는 그 내용이 무엇인가에 따라 식재료의 구매와 저장, 재고, 직원관리, 작업계획, 음식조리에 영향을 미친다. 범위에 따라 공간 활용이나 조리기기, 설비시설, 셰프 능력 등은 조정된다. 중식당은 센 불로 단시간에 조리하는 특성으로 화구가 필요하듯이 업종에 따라 주방의 크기나 설비시설을 결정하게 된다. 홀과 공간배치, 레이아웃은 접객하는데 직접적으로 영향을 미친다. 때문에 창업을 준비할 때에 구성하는 점포 종류와 경영방침, 콘셉트 등 철학이 담겨져 있어야 한다.

2. 메뉴역할

1) 최초의 판매수단

고객이 레스토랑을 방문하여 처음으로 선택하는 것은 메뉴를 고르는 것이다. 여러 가지 중에서 자신에게 적합한 메뉴를 선택하며, 차림표에서 나타내는 메시지의 정보를 통해 결정된다. 고객과 상호작용하는 커뮤니케이션 수단으로 판매도구의 역할을 할 뿐 아니라 TV, 라디오, 신문, 잡지, 지하철 무가지, 구전(word of mouth), 인터넷 등 호기심을 자극하며, 재방문을 결정하는데 영향을 미친다.

〈표 8-1〉 메뉴역할

메뉴역할	
• 레스토랑의 콘셉트 표현 • 요리 안내 • 서비스인력에 따른 정보 제공 • 주방 및 업소의 시설물을 결정한다. • 접객서비스에 필요한 기물 결정	• 식재료 파악과 구매, 검수, 저장, 재고관리 • 메뉴에 맞는 서비스 절차와 제공 방법 • 원가관리 • 음식문화와 외식 트렌드 파악 • 점포수준과 역할

2) 마케팅 도구

레스토랑의 모든 경영은 메뉴에서 시작된다. 어떤 종류의 홍보보다 중요한 역할을 하며 핵심요소이다. 상품을 고객에게 전달하는 촉진수단으로 기업에서 나타내는 품질로 확신을 심어줄 수 있어야 한다. 내부적으로는 메뉴상품이 어떤 것인가를 직원에게 알려주어 그에 맞는 역할을 수행하게 한다. 외부적으로는 판매 가능한 음식 종류와 가격, 맛, 품질, 분위기 등 그 가치를 전달할 수 있다. 단순히 품목과 가격결정이 아니라 고객과 레스토랑을 연결하는 무언의 전달자이자 촉진자이다. 따라서 개인 및 조직의 목표를 달성하기 위한 아이디어와 서비스 제공자로서 마케팅 도구가 된다.

3) 고객과의 약속

고객이 음식을 주문할 때 모든 메뉴를 눈으로 다 확인하기는 어렵다. 음식을 직접 보는 대신에 메뉴판의 사진이나 설명, 가격, 과거경험, 구전, 추천 등 기호에 맞게 선택하게 된다. 메뉴를 통해 그 종류와 품질을 확신한다. 만족감이라는 가치를 줄 수 있을 것이라는 무언의 약속을 통해 신뢰를 형성하게 된다.

4) 내부통제 수단

메뉴는 레스토랑 경영의 모든 영역에서 통제수단이 된다. 고객에게는 콘셉트와 이미지를 전달하지만 경영관리 측면에서는 식 · 음료 구매를 위한 주문과 검수, 입고, 저장, 재고관리, 출고, 다듬기 등 전 과정의 직무수행과 원가관리, 가격결정에 영향을 미친다.

〈표 8-2〉 메뉴요인

메 뉴 요 인	
• 서비스방법과 형태, 고객수와 수용능력 • 좌석 회전율과 객단가 • 메뉴에 맞는 분위기와 시설장비 • 시장의 경쟁 환경과 유형 • 가격수준과 고객 품격 • 직원교육과 훈련, 직무배치와 인건비	• 레스토랑의 콘셉트 • 주방의 면적과 장비, 설비시설과 구매관리 • 주방 기물의 형태와 양, 영업시설과 서비스 스테이션 • 식재료 양과 품질, 다듬기 • 식 · 음료 원가관리와 레이아웃 • 보상과 직원관리

CASE

"셋째를 낳으면 2,000만원 주는 직장이 있다!"

두 자녀 이상은 매월 양육비를 지급하며, 전문 트레이닝 교육과 부모님 용돈, 골프모임 등을 지원한다. 구직 · 구인난 속에서 대기업의 쏠림 현상이 뚜렷한 가운데 중 · 소 외식 · 품업체들이 대기업 못지않은 파격적인 복지제도를 앞세워 인재 확보에 나섰다. 직원을 위한 친화적인 기업문화와 복지제도로 기를 살리면서 신바람 나는 직장을 만들고 있다.

굽네치킨은 파격적인 자녀 출산장려 정책으로 직원들의 건강을 챙기는 복지제도를 도입했다. 둘째 자녀를 출산할 경우 1,000만원, 셋째 자녀 2,000만원을 지급하며, 두 자녀 이상은 한 자녀 당 매월 20만원씩 양육비를 지급한다. 웰빙 트렌드를 선도한다는 브랜드 가치와 사내 헬스장으로 업무시간 중 매일 1시간씩 전문 트레이너에게 지도받게 해주고 있다. 천호식품은 첫째 출산시 100만원, 둘째 200만원, 셋째 500만원을 축하금으로 지원한다. 출산 직원에게 2년 동안 매월 30만원씩 양육비를 지원한다.

카페베네는 부모님 통장을 만들어 매달 10만원씩 용돈을 지급하며, 생신, 어버이날에 본사가 직접 꽃 배달로 감사의 마음을 전한다. 가족이 편안해야 회사 일도 잘된다는 경영방침에 따라 매월 첫째 주 금요일은 가정의 날로 지정, 4시에 조기 퇴근하도록 한다. 행복한 일터는 휴식이 수반되어야 한다는 철학을 지키고 있다. 본죽은 종합 휴식공간인 본 어플리케이션을 마련했다. 간단하게 음료나 간식을 먹을 수 있는 카페와 휴식, 수면실은 대기업 못지않은 공간을 자유롭게 이용할 수 있게 하였다. 경력 직원들은 월 2회, 차장급은 월 1회 골프모임의 경비를 지원해주고 있다.

원할머니 보쌈은 책을 읽거나 휴식할 수 있도록 별도의 북 카페를 신설했다. 스포츠 룸, 야외 정원, 아카데미 등 다양한 편의시설을 즐기면서 일할 수 있게 했다.

높은 실업률에도 중소기업이 인력난에 허덕이는 것은 구직자와 기업의 눈높이가 차이가 있기 때문이다. 구직자들에게 눈높이를 낮추라고 주문하기보다 스스로 기업문화를 개선하거나 복지제도의 수준을 강화하여 눈높이에 맞추려는 노력이 필요하다.

서울경제 2013.3.13

3. 메뉴구성과 분류

1) 메뉴구성과 선택방식에 따른 분류

첫째, 정식메뉴(Table d'hote menu)는 1인분에 대한 정량과 가격, 영양, 식감, 종류 등 시각적인 측면에서 미각적인 균형과 조화를 이룬다. 정해진 종류와 가격으로 순서대로 제공되며, 한 끼의 식사순서로 표시되어 고객 누구나 차림표를 보면서 쉽게 주문할 수 있다. 메뉴에 대한 기본적인 지식 없어도 가능하지만 고객 입장에서는 선택의 폭이 좁다. 코스에 따라 전채(appetizer), 수프(soup), 생선(fish), 메인(main), 샐러드(salad), 디저트(dessert) 순으로 제공된다.

둘째, 일품요리(a la carte menu)는 고객의 기호에 따라 원하는 메뉴를 선택하여 구성하게 된다. 레스토랑의 주된 메뉴가 모두 포함되지만 원하는 메뉴만으로 식사할 수 있다. 고객 입장에서 선택폭이 넓다. 가격은 비싸지만, 레스토랑을 운영하는 관리자나 경영자 입장에서나 식재료의 원가관리 측면에서 메뉴관리가 어렵다.

셋째, 오늘의 메뉴(daily special menu)는 그날의 시장상황에 맞는 식재료를 선택하여 가격, 영양, 품질 등 경쟁력 있으면서도 고객이 신뢰할 수 있는 메뉴를 제공하는 것이다. 신선하고 위생적인 재료를 이용하여 요리사의 기술과 트렌드를 반영하여 식욕을 자극할 수 있다. 단일메뉴나 4~7가지 코스로 제공되며, 준비된 상품은 고객이 흥미를 유발할 수 있다.

넷째, 뷔페메뉴(buffet menu)는 고객이 일정한 요금을 지불하고 레스토랑에서 준비한 여러 음식 가운데 취향에 따라 골라먹을 수 있다. 셀프서비스 방식의 식사 형태로 밥, 죽, 육류를 비롯한 한식, 해산물, 중식, 일식, 양식, 에스닉푸드, 베이커리, 아이스크림, 각종 과일과 커피, 전통차 등 개인적 기호에 맞게 식사할 수 있다.

다섯째, 연회메뉴(banquet menu)는 예약을 접수할 때 행사내용과 성격, 주최, 계약자의 요구조건 등에 따라 정식메뉴, 뷔페메뉴, 일품요리의 장점을 혼합하여 만든 메뉴이다. 연회시작 전 가격과 품질을 결정하며, 모임의 성격이나 등급에 따라 그에 맞는 격식과 서비스 방법, 시설 장비, 메뉴 종류, 후식 등을 결정할 수 있다. 때론 고객과의 협의로 빼거나 추가하기도 한다. 품목을 결정한 후 정식메뉴를 제공할 수도 있다.

2) 메뉴변화에 따른 분류

첫째, 고정메뉴는 레스토랑에서 연중 지속적으로 제공되는 정기메뉴로 변하지 않는 요리이다. 대부분의 식당에서 사용하며, 장 · 단점은 다음과 같다.

〈표 8-3〉 고정메뉴의 장 · 단점

장 점	단 점
• 효율적인 통제가 가능하다. • 원가절감 효과가 있다. • 수요예측의 용이성으로 비용을 절감할 수 있다. • 고객으로부터 메뉴의 안정감을 준다. • 조리사들의 노동력을 절감할 수 있다. • 조리사들의 메뉴 숙련도가 향상되어 있다.	• 많은 메뉴가 재고에 포함될 수 있다. • 변화를 요구하는 추세를 반영하지 못할 수 있다. • 숙련된 조리사의 인력을 필요로 한다. • 메뉴가 진부하거나 권태로울 수 있다.

둘째, 순환메뉴는 일정한 주기로 월, 계절에 따라 변화하는 메뉴이다. 호텔 및 레스토랑을 비롯하여 카페테리아, 단체급식(병원, 학교, 기업, 사회시설, 교도소) 등에서 사용된다. 주기적으로 변화를 주기 때문에 새로운 느낌을 줄 수 있다. 계절적으로 조절하기 때문에 새로운 식감과 고객감성에 따른 만족도를 증가시킬 수 있다.

한편, 계절에 따라 바뀌는 메뉴를 생산하기 때문에 숙련된 조리장과 조리사가 필요하다. 구매 담당자의 식재료에 대한 지식과 변화를 수용하면서 능력에 맞는 생산이 가능하다.

셋째, 일시적 메뉴는 특별한 행사기간에 판매되는 메뉴로 페스티벌 메뉴, 계절 메뉴, 건강식 메뉴, 가벼운 메뉴, 야채 메뉴 등이 있다.

4. 메뉴관리

메뉴는 레스토랑 경영의 통제수단으로 매출 향상에 영향을 미친다. 광고, 홍보, PR 등

촉진전략으로 이익을 달성할 수 있다. 직원관리와 운영 매뉴얼 등 조정과 통제로 계속적인 성장을 가능하게 한다. 고객은 단순히 무엇을 구매하는 일상적인 생활에서 벗어나 어디서, 얼마만큼 조리된 음식으로 누구와 기념하면서 추억을 쌓을 것인가의 스토리를 중시한다. 반면에 기업은 목표달성을 통해 지속적인 이익을 창출하고자 노력한다.

목표시장의 욕구에 부응할 수 있는 경쟁력은 기대를 충족시켜 주는 것이다. 메뉴가 추구하는 콘셉트와 일치하지 않거나 특성을 제대로 반영하지 않을 수도 있다. 하지만 창업을 염두에 둔 예비자라면 누구나 잘 알고 있어야 한다. 음식에 대한 맛과 식재료의 생산과정은 다양한 요소를 고려해야 하므로 풍부한 경험을 가졌다 해도 이를 충족시켜주지 못할 수 있다. 따라서 고객만족 없이는 목표를 달성하기 어렵다.

1) 고객욕구 파악

레스토랑에서 타깃으로 하는 표적시장 고객은 누구인가? 누구를 대상으로 할 것이며, 좋아하는 메뉴는 무엇인가? 다 같을 수는 없기 때문에 음식에 대한 기호와 취향, 선호도를 파악해야 한다. 눈으로 확인할 수 있는 외적 요소 외 다양성을 포함해야 한다.

첫째, 안정적인 식재료 구입이다. 메뉴를 계획하기에 앞서 음식에 대한 이해와 식재료의 공급 원활함을 파악해야 한다. 경영 관리자들은 적정한 가격에 좋은 품질을 구입할 수 있는 거래처를 확보해야 한다. 메뉴를 기획하는 사람은 사용되는 식재료가 무엇인지, 계절적으로 구입에 문제는 없는지, 수입품인가, 보관은 용이 한가 등을 따져야 한다. 특히 기업의 콘셉트에 맞는 설계는 시장변화를 반영하는 것에서 시작된다. 변동이 심한 품목들은 그에 따른 조절이 필요하다.

둘째, 원가와 수익성이다. 원가는 레스토랑의 이윤과 직결되기 때문에 구매와 검수, 저장, 재고관리, 다듬기, 요리에 이르기까지 총체적인 관리과정이다. 기업이 목표로 하는 매출증가와 이익창출은 고객에게 사랑받는 메뉴를 통해서 달성하게 된다. 고객은 원가가 높으면 부담을 느낄 수 있다. 고가격으로 책정되었다면 색다른 기대를 할 것이다. 가격대비 지출비용에 대한 효과를 기대하므로 메뉴를 계획하는 사람들은 목표로 하는 원가를 염두에 두고 설계해야 한다.

셋째, 다양성과 매력성이다. 매력이란 고객이 점포를 선택할 때 고려하는 우선적인 요인이다. 개별 레스토랑의 다양한 요소 중 기업이 제공해 줄 수 있는 가치를 기대한다. 볼거리와 재질, 색깔, 테이블 유형, 착석방법 등 선택과 범위를 넓혀줄 수 있다. 내방고객에게 체험할 수 있는 경험과 공유할 수 있는 가치, 화목과 친교의 공간으로 이미지를 심어 줄 수 있다. 현대의 고객들은 다양한 정보원천을 확보하고 있다. 개인적인 기대를 수용하는 점포를 선호하며, 이러한 가치에서 매력을 느낀다.

넷째, 영양적인 요소이다. 음식은 사람을 위해할 수도 보양할 수도 있다. 건강에 대한 관심 증가로 개별 고객에 맞는 식재료의 우수성은 원산지의 출처와 지리적 표시, 무공해, 친환경요소에서 관심이 높다. 고객은 배고픔 해결에서부터 환담할 수 있는 쾌적한 공간과 음악, 향기, 조경 등 볼거리를 원한다. 저염식, 저칼로리와 같은 건강식을 선호한다. 고지방의 식재료를 멀리하는 흐름은 well-being, slow food, LOHAS, color food가 등장하면서 새로운 유형의 음식에 관심을 가진다.

다섯째, 조리기구와 조리방법이다. 메뉴계획의 준비 단계부터 요리를 만드는 장비와 기기, 설비 등 주방의 규모와 레이아웃, 시설물은 알맞은 용량과 특성으로 효율적인 생산을 가능하게 한다. 일정수준의 품질을 유지하면서 개선방법과 시간단축 등 적절한 배치에서 비용을 절감할 수 있다.

여섯째, 조리와 서비스인력이다. 새로운 메뉴는 직원들의 업무능력을 고려해야 한다. 아무리 맛있는 요리도 서빙직원들이 제대로 설명해주지 못하면 효과가 없다. 효율적인 인력관리는 메뉴와 규모, 가격, 분위기 등에서 평가된다. 서비스능력은 개인별 능력과 자질에 따라 달라지기 때문에 그에 맞는 채용을 필요로 한다.

일곱째, 외식기업의 동향을 분석해야 한다. 레스토랑의 콘셉트에 따라 지향하는 성격은 다르다. 다양한 품목을 취급하는 기업일수록 시장변화에 흔들리지 않는다. 단품으로 취급하는 전문점의 경우 고객 취향과 변화를 수용하지 못할 수 있다. 특히 재해에 따른 광우병, AI, 후쿠오카 원전사고 등은 기업의 사활이 될 수 있다.

결론적으로, 경영은 고객의 존재를 무시하고서는 하루도 살아남기 힘들다. 시장은 분명한 먹거리의 존재를 필요로 하며, 사랑받으면서 이익을 창출하는 방법을 연구해야만 한다.

2) 메뉴계획 시 고려사항

메뉴계획은 제공하는 음식 종류에 따라 다르게 결정된다. 주방의 조리장 책임 하에 이루어지지만 최고 경영자를 비롯하여 서빙관리자, 직원들의 의견을 반영해야 한다. 조리사들은 결정된 메뉴를 토대로 요리하게 된다. 일별, 요일별, 월별, 분기별, 계절별, 명절, 기념일에 따라 다르게 결정될 수 있다. 그렇다면 메뉴계획의 첫 번째 요소는 무엇일까? 그것은 고객욕구 파악이다. 이용 가능한 식재료의 구입과 원가, 직원배치, 시간 등을 고려한 수익성과 조리기구, 시설, 장비 등의 활용에서 결정된다.

첫째, 생리적 욕구이다. 음식을 섭취하는 것은 사람이 살아가는 기본이다. 욕구충족은 영양적인 면과 건강, 위생을 고려한 안전한 먹거리에서 시작된다. 주방의 조리사들은 기술과 작업 인력관리, 기기와 설비 등을 결정한다. 식재료에 대한 충분한 지식과 고객의 필요에서 시작되며, 식재료의 선입선출(FIFO : first in, first out)을 원칙으로 한다.

둘째, 심리적 욕구이다. 메뉴 계획자는 식재료의 구입 가능성과 품질 특성, 활용성, 고객 반응성을 살펴야 한다. 재료의 합리성과 다양성, 즉시성은 원가절감에서 가능하다. 원하는 시기에 필요량을 구매할 수 있으며, 즉시 공급받을 수 있는 거래처를 통해 가격, 신선도, 위생, 청결 등 안전성을 확보해야 한다. 고객의 정서를 고려하며, 시각적인 청결과 색상의

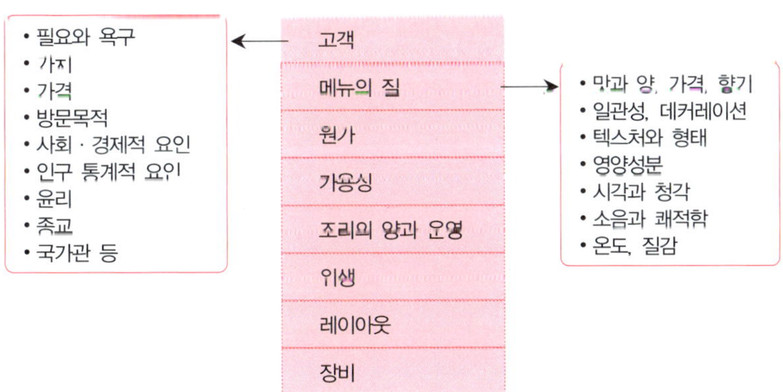

출처 : Ninemeier, J. D.(1995). Planning and control for food and beverage operations(3rd ED.)의 자료를 바탕으로 저자가 재구성

그림 8·1 메뉴계획 시 고려사항

아름다움, 촉각의 부드러움, 소리, 냄새까지 조화를 이루어야 만족시킬 수 있다.

셋째, 사회적 욕구이다. 레스토랑에서 제공하는 요리는 사회생활의 매개자 역할을 한다. 개인적 욕구와 기호에 따라 다양하게 수용될 수 있으며, 그들의 평가를 충족시켜 주어야 한다. 사회적 분위기를 고려한 트렌드는 가격, 디자인, 식기 종류, 인테리어, 음향, 소음 등에서 영향을 미친다.

〈표 8-4〉 메뉴계획의 기본 원칙

메뉴계획의 원칙
• 같은 식재료로 2가지 이상 요리를 만들지 않는다. • 같은 색의 요리를 반복적으로 사용하지 않는다. • 비슷한 소스를 중복해서 사용하지 않는다. • 같은 조리방법(cooking method)을 두 가지 이상 같은 요리에 사용하지 않는다. • 요리의 제공 순서는 경식(light dish)에서 중식(heavy dish)으로 균형을 맞춘다. • 요리와 곁들여지는 식재료와의 배합, 배색에 유의한다. • 계절적인 식재료와 특산물의 성격을 고려하여 용도와 감각을 살려야 한다. • 코스요리는 식재료의 특성을 고려하며 색상, 온도, 식기 적합성, 업종별 균형을 맞춘다. • 메뉴를 구성할 때는 영양적인 면을 고려하여 작성한다. • 메뉴표기 문자는 요리 내용에 따라 각국의 고유 문자를 사용하지만 나라 명, 지방, 사람 이름 등 고유명사는 대문자로 표기한다. • 식품위생을 고려하여 계획한다.

CASE

"커피에 빵 곁들인 2,000원짜리 세트메뉴로 '대박'!"

돈을 벌려는 가게와 돈을 아끼려는 고객, 이는 영원한 평행 관계이다. 얼핏 충돌하는 것처럼 보이는 이 둘을 동시에 만족시키는 점포들이 등장했다. 박리다매를 전략적으로 추진하여 저가로 승부하는 곳이 늘어가고 있다. 수익성이 떨어져 오래 가지 못할 수 있지만, 가격파괴와 수익성이라는 두 마리 토끼를 잡은 창업주가 있다. 이들은 '무조건 싼 가격'이 아니라 '가격 대비 만족도'를 높인다고 생각한다.

커피에투온 종각점은 고객들이 줄을 서서 오늘의 커피 & 스콘 세트를 구입한다. 테이크아웃 전용인 2천원짜리 메뉴로 인기를 끌자, 방문객이 늘어 다른 메뉴의 매출도 덩달아 증가했다. 커피전문점에서 '아메리카노' 가격은 4천원이다. 소비자 불만이 점점 높아져 가는 것은 당연하지만 점포 임대료 때문에 값을 낮추기가 어렵다. 청계천로 점은 테이크아웃 세트를 개발하여 성공한 케이스다. 원두커피(블랙) 한 잔에 스콘 빵 1개를 곁들여 2,000원이다. 커피는 싼값을 내세워 '오늘의 커피'로 주목받고 있다. 스콘 빵은 매장에서 직접 구워 값을 낮추었다. 점심시간에 주변 직장인들이 줄을 길게 늘어설 정도이다. 1식으로 샌드위치 + 커피(4,800원) 세트와 팥빙수를 컵에 담아 판매하는 컵 팥빙수(2,800원)도 인기다. 일반적인 팥빙수는 8~9천원대이다. 양을 줄이고 가격을 낮추어 합리적인 타협점을 찾았다. 박은수(24) 점장은 "세트메뉴로 객단가를 낮추지 않으면서도 고객만족도를 높인 것이 성공의 비결이다." 했다.

육쌈 냉면은 냉면집과 비슷한 6천원에 판다. 냉면을 시키면 숯불돼지고기를 서비스로 주는 것으로 차별화했다. 고기를 먹은 뒤 식사로 냉면을 주문하는 식인데, 이를 거꾸로 뒤집어 보통 크기 냉면에 고기를 작은 접시에 딸려 내놓고 있다. 고객들은 '냉면값에 고기까지 먹는다'라고 생각한다. 고기의 원가는 물과 육수를 직원이 서빙하지 않는 셀프서비스로 절감했다. 드립커피와 더치커피를 시중보다 30~40% 저렴한 3~4천원에 판매한다. 둘 다 에스프레소에 추출하는 기계를 사용하지 않고 손으로 내린 커피이다. 전문가를 따로 두어 인건비의 비중은 높지만 핸드 드립커피와 더치커피는 비싼 이유를 고객들이 잘 알고 있다. 교육을 통해 점주를 바리스타로 만들어 가격을 낮추었다.

티바 두마리치킨은 한 마리 가격인 1만7,000~1만9,000원에 두 마리를 세트로 판매한다. 한 마리 양은 부족하고, 두 마리는 남는다는 것이 일반적인 4인 가정의 '치킨 딜레마'였다. 이 점을 공략했다. 시중의 1kg 내외 10호 닭 대신에 8호 닭을 사용하여 4인 가구가 먹기 알맞은 '2마리' 분량으로 맞춘 것이다. 이 브랜드는 10년간의 유통 노하우로 공급자와 직거래에서 가능했다. 떡볶이와 튀김을 판매하는 '버벅이네'는 김말이 튀김값을 인하하여 좋은 반응을 얻고 있다. 식품공장에서 공급받던 김말이 튀김을 직접 만들자 중간단계가 줄어 4개 2천원에서 5개 2천원으로 낮출 수 있었다.

불황이라고 무조건 값을 내리기보다 한두 개의 주요 아이템으로 가격을 낮추는 것이 고객만족도를 높이는 동시에 점포의 수익성을 향상시키는 지름길이다.

중앙일보 2013.6.7

02 메뉴디자인과 평가

1. 메뉴디자인

1) 메뉴디자인의 심리학

차림표는 레스토랑의 매출을 올리는 정보 안내자이자 마케팅 도구이다. 점포 특성을 반영하여 재료와 양과 가격, 영양을 제시하고 있다. 업종과 업태에 따라 다르게 나타낼 수 있으며, 해당 점포의 목표를 달성하는데 영향을 미친다. 계속적인 관계 유지는 적정이윤을 보장할 수 있는 디자인에서 가능하다. 성과는 사전에 충분한 계획을 통해 기업의 방향과 일치할 때 가능하다. 그래픽과 디자인, 레이아웃이 완성되었다면 고객이 원하는 음식을 선택할 수 있게 되었음이다. 어떤 메뉴로 포맷할 것인가, 변경하지 않고 계속적으로 사용할 수 있는가, 아이템을 통해 예측할 수 있다.

훌륭하게 디자인된 특정 아이템은 경영자가 더 많이 팔기 위해, 어느 부분에 위치할 때 효과적일까? 어떤 위치에 포지셔닝 하는가에 따라 달라진다. 이것이 메뉴의 심리학이다. 여러 메뉴를 다 강조하다보면 레스토랑에서 원하는 성과를 기대하기 어렵다. 차림표의 한 구석에 위치해 있는 것보다 훨씬 더 많이 팔 수 있는 심리적 테크닉을 필요로 한다. 심리학이란 인기가 없는 메뉴를 인기 있는 메뉴로 바꾸는 전략이다.

경영자들은 메뉴의 포트폴리오를 통해 더 많은 매출과 이익을 달성하고자 메뉴표를 작성한다. 차림표는 레스토랑의 유용한 정보로 경영자의 기대치를 반영할 수 있다. 매출수준을 일정하게 유지할 뿐 아니라 주방의 조리시설과 기기, 과부하가 걸리지 않도록 조정할 수 있다. 이와 같이 지불금액의 부담을 줄여 고객 유입에 따른 좌석수, 영업시간, 회전율, 머무는 시간 등을 고려하여 선택행동을 용이하게 할 수 있다.

표지는 레스토랑의 전경이나 이미지, 실내장식의 특징, 제공되는 음식형태, 가격 범위를 나타낼 수 있다. 고객이 무엇을 기대하는가에 따라 정확한 정보를 심어주며, 애매모호하게 헷갈리게 해서는 안 된다. 결론적으로 메뉴의 테크닉은 고객의 관심을 끄는데 의미가 있다. 식재료의 원가가 높거나 낮은 순서를 제시하거나 공헌이익이 큰 메뉴나 기여순서에 따라 조리가 용이한 아이템을 강조하게 된다. 어떤 메뉴든지 중요하지 않은 메뉴는 없다. 특별히 강조할 아이템을 선정할 때는 심리적인 요소를 고려해서 결정해야 한다.

2) 메뉴판의 디자인과 제작

메뉴판의 디자인과 제작은 인쇄의 양식이나 크기, 종이 재질, 색깔, 바탕, 마감재, 그래픽, 디자인, 삽화, 도해에 따라 달라질 수 있다. 실제 메뉴의 심리학에서 강조하는 테크닉은 차림표의 어느 부분에 고객의 관심을 유도할 것인가이다. 무작위로 해당 메뉴를 보여주는 것보다 더 많이 선택할 수 있는 위치에 색상, 글자크기 등 포인트로 주어야 한다. 차림표는 어떤 이유든지 많이 팔고자 하는 진열장이다. 고객의 관심으로 선택하게 되며, 비싼 삽화나 그래픽, 디자인, 용지 등은 영향을 미친다. 때론 가죽이나 컬러 재질, 페이지 수 등에서 달라진다. 음식대회에서 입상한 메뉴의 아이템을 가지더라도 개별 업장의 특성과 판매 전략을 제대로 활용하지 못할 수 있다. 특정 아이템은 백화점에서 팔려고 전시해 놓은 상품과 같다. 기업은 자사가 제시하는 메뉴를 고객들이 다 볼 수 있기를 기대한다.

3) 시선이동

메뉴의 심리학은 고객시선을 끄는 위치를 중요하게 생각한다. 레이저 빔을 이용한 기구를 이마에 부착하여 차림표상 눈의 위치를 분석한 '눈의 시선이동(gaze motion study)'에서 메뉴의 디자이너 겸 컨설턴트인 William Doefler를 비롯한 연구자들은 메뉴의 페이지 수에 따른 초점(focal point)과 시선의 이동방향이 차이가 있음을 발견했다. 그 내용은 [그림 8-2, 8-3]과 같다.

첫째, 1페이지 메뉴판은 수평으로 2등분한 지점에 초점이 모이는 것으로 나타났다.

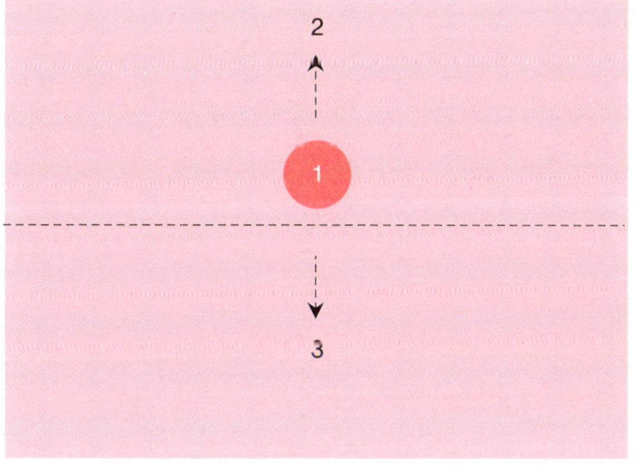

그림 8•2

focal point와 시선의 이동방향(1)

둘째, 2페이지로 된 메뉴는 연구자에 따라 조금씩 차이가 있지만, 대체로 오른쪽 페이지의 중앙부분으로 초점이 맞추어져 이동한다. 시선은 오른쪽 페이지의 상단에서 왼쪽 페이지 상단, 왼쪽 페이지 하단, 중앙을 가로 질러, 오른쪽 페이지 상단, 오른쪽 페이지 하단으로 이동하는 것으로 나타났다. 본인이 원하는 아이템을 찾을 때까지 여러 번 메뉴의 중앙지점을 지나가게 된다.

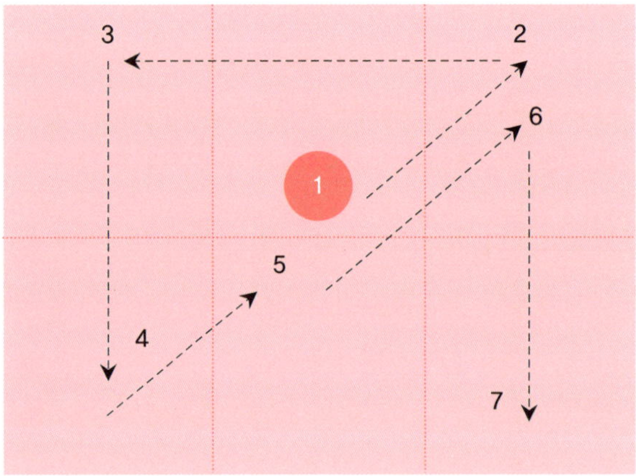

그림 8•3

focal point와 시선의 이동방향(2)

셋째, 3페이지로 된 메뉴는 가운데 페이지의 중앙부분에서 초점이 맞추어 진다. 오른쪽 페이지의 상단, 왼쪽 페이지 상단, 왼쪽 페이지 하단, 가운데 페이지 중앙, 오른쪽 페이지 상단, 오른쪽 페이지 하단, 가운데 페이지 중앙으로 이동한다. 고객들은 본인이 원하는 아이템을 찾을 때까지 여러 번 중앙지점을 지나며, 최초에 중앙지점과 초점을 본 후 최소한 2번 더 통과하게 된다. 가운데 부분은 업소에서 많이 팔기를 원하는 메뉴이거나 전략적인 메뉴를 위치시켜야 효과를 나타낼 수 있다.

넷째, 고객의 시선은 정지된 것이 아니라 계속적으로 이동한다. 메뉴판 디자인에서 특정 메뉴를 강조하거나 시선을 끌기 위해 사용된 그래픽, 사진, 컬러, 활자, 서체, 모양, 이모티콘 등 소홀한 측면이 강하다. 그러므로 임의적으로 시선이동을 유도할 수 있다. 시선의 자성(eye magnet)을 이끌어내어 가장 많이 팔기를 원하는 아이템들을 위치시키는 것이 유리하다. 흥미로운 것은 초등학교 1학년 때부터 읽기 시작한 페이지는 왼쪽 상단부터이다. 이는 특별히 시선을 유도한 것도 아니지만 자연스러운 현상이 되었다. 고객들은 해당 페이지를 재빨리 한 번 훑어본 후에 왼쪽의 윗부분부터 주의 깊게 읽기 시작한다. 시선이동의 긍정적 효과는 '최고와 최신의 원리(principle of primacy and recency)'에서 강조한다.

사람들은 보고 들은 것 중 처음과 나중을 기억한다. 이러한 원리는 시선이동과 함께 메뉴의 디자인에서도 적용할 수 있다. 시선을 특정 페이지나 아이템에 끌어들일 수 있다. 처음 가는 곳에 팔고자 하는 메뉴를 위치시켜야 한다. 차림표를 읽으면서 최초 또는 최종 메뉴를 기억하여 더 많이 주문하게 된다. 레스토랑의 권유 판매보다 더 효과적이다. 메뉴 아이템은 보드판, 실물안내 쇼케이스, drive-through에서도 적용할 수 있다.

맥도날드(Mc Donald's)의 첫 번째 위치는 레귤러 햄버거가 아니라 광고하는 샌드위치이다. 다음은 빅맥, 점보 햄버거 순으로 배열되어 있다. 이러한 아이템은 더 많이 팔기 위해 익숙한 메뉴를 첫 번째로 위치시켜 눈에 띄도록 하는 것이다. 대부분의 패스트푸드 업체들은 음료를 기록할 때 작은 것부터 기록하지 않는다. 가격이 비싼 큰 사이즈를 더 많이 팔고 싶어 하기 때문이다.

다섯째, 강조되는 아이템 위치는 배열순서에 따라 그 내용이나 종류가 많을 경우, 첫 번째나 두 번째, 마지막에 위치한 메뉴를 선택할 횟수가 높다. 판매가격에 관한 이론에서 가격위치에 따라 객단가가 차이가 있다. 특별히 선호하는 메뉴가 없을 경우 싼 가격을 선택하게 된다. 이러한 점을 보완하기 위해 각 메뉴의 설명이 끝나는 지점에 가격을 표시한다. 한편 경쟁 메뉴와 쉽게 비교할 수 없도록 시선을 분산시키고 있다. 판매 증대를 위한 아이템은 특정 메뉴의 촉진을 강조하기보다 차림표의 외형이나 미적인 면만을 강조하게 되므로 실제 경제적인 운영을 저해할 수 있다.

여섯째, 초점은 고객 시선이 집중되는 곳이다. 제일 먼저 집중되는 지점이 'focal point'이다. 메뉴의 포맷과 페이지 수, 패널 수에 따라 달라지지만 첫 번째 시선이 머무는 곳을 의미한다. 고객의 초점이 집중되는 곳으로 레스토랑에서 가장 많이 팔기를 원하는 아이템을 위치시켜야 한다. 좋은 메뉴는 고객으로부터 인기가 있으면서도 수익성이 높다. 이러한 메뉴는 다음의 특징을 가지고 있다.

업소를 찾는 고객으로부터 인기가 있어 고객들이 자주 주문하여 공헌이익이 높다. 판매 믹스 비중이 높아 전체적으로 수익창출에 기여하게 된다. 이는 판매가에서 원가를 제외한 공헌이익이 높은 메뉴로 수익성이 높다. 인기는 높지만 수익성이 낮은 메뉴를 전략적으로 배열함으로써 전체 매출의 증가에 기여하게 된다. 특히 전문점일 경우 해당 메뉴를 먹기 위해 업소를 방문하기 때문에 간판메뉴의 위치보다 시선이 덜 가는 쪽으로 유도하면서 수익성 높은 메뉴를 보게 한다.

메뉴분석에 따라 조정이 가능할 경우 아이템 가치에 따른 접근성을 용이하게 한다. 표준 식재료 원가율과 가중치에 대한 공헌이익이 높은 메뉴는 가격을 인상하거나 분량을 조절하여 포인트를 줄 수 있다. 식재료 원가율과 가중치에 대한 공헌이익이 낮을 경우, 더 많이 주문할 수 있게 위치를 조정하거나 관심을 끌 수 있는 방법으로 이동할 수 있다.

4) 잘못된 메뉴디자인

레스토랑에서 메뉴판을 디자인할 때 범하기 쉬운 실수들은 다음과 같다.

첫째, 너무 작은 차림표이다. 크기가 작은 메뉴판에 많은 종류의 메뉴를 배치시키면 조화를 이루지 못해 주목받지 못할 수 있다.

둘째, 작은 활자이다. 모든 방문객들의 시력은 2.0이 아니다. 특정 점포의 조명은 메뉴를 돋보이게 하기 위해 밝기를 어둡게 배치한다.

셋째, 설명의 누락이다. 차림표상 메뉴와 아이템만을 나열하는 것은 충분하게 배려하지 못한 것이다. 고객들은 색다른 흥미와 나만의 정보를 얻으려 노력한다.

넷째, 메뉴의 통일성이다. 디자이너들은 수익성이 높거나 잘 팔리는 아이템으로 시선을 끌 수 있기를 바란다. 목표로 하는 표적고객에게 정확하게 포지셔닝 되어 특별한 메뉴로 보여지지 못할 수 있다.

다섯째, 식 · 음료 누락이다. 점포에서 제공하는 메뉴 외의 음료나 와인, 기타음료의 종류를 차림표에 포함시키지 못할 수 있다. 이러한 누락은 새로운 음료가 출시되었을 때 생길 수 있다. 경영관리자들은 지속적인 관심을 가져야 한다.

여섯째, 클립 온(clip on)은 팁 온(tip on)이다. 레스토랑 및 바(Bar)에서 사용하는 '삽입카드'이다. 메뉴에 카드를 덧붙이거나 삽입하는 조그마한 카드로 특별 음식을 안내할 때 사용된다. 특별요리의 판촉을 위해 브로슈어나 메뉴위에 끼워 놓는 조그마한 인쇄물이다. 차림표상에서 다른 아이템을 덮어버리지 않도록 해야 한다. 디자인과 질이 같거나 독특함,

조잡하거나 대충 인쇄하여 사용하면 잘 디자인된 메뉴를 손상시킬 수 있다.

일곱째, 점포의 규정과 규칙, 영업안내 등 누락할 수 있다. 상호, 주소, 전화번호, 영업시간, 결제방법, 홈페이지 등 기본적인 정보와 페이스북, 카톡, SNS 사용방법이 누락될 수 있다.

여덟째, 아이템을 기록하지 않은 빈 페이지를 마련하는 것도 한 가지 방법이다. 맨 뒷장을 빈 페이지로 하여 추가 메뉴를 안내하거나 빈 공란(떼었다 붙였다)으로 제안사항을 활용할 수 있다. 전문점에서는 주 메뉴의 기능과 효능을 설명하여 고객의 학습욕구를 충족시키고 있다. 특히 건강을 고려하여 '천연, 친환경' 식재료 사용을 강조하며, 역사와 전통, 특별함을 소개하고 있다.

2. 메뉴평가

1) 메뉴평가

관리자들은 메뉴디자인이 성공적으로 개발되어 운영되고 있는지 주기적으로 파악한다. 메뉴평가는 성공적인 경영을 전제한다. 고객욕구 충족의 도구로 활용되며, 세부적으로 선호도를 검증할 수 있다. 이러한 평가는 영업 활성화와 매출증대, 수익창출을 가능하게 한다.

〈표 8-5〉 메뉴평가 내용

메뉴설계에 대한 평가	다양성 평가	수익성 평가
• 메뉴 내용 • 메뉴의 시각적 효과 • 메뉴의 품질과 가격 • 메뉴판의 제작	• 상품의 다양성 • 서비스의 다양성 • 분위기의 다양성 • 직원서비스 평가 다양성	• 메뉴별 구성과 평가 • 메뉴의 수익성 • 수익에 대한 신축성 • 메뉴의 유연성

(1) 밀러의 메뉴평가

밀러(Miller)가 제시한 메뉴평가는 디자인 과정에서 고려되는 항목들을 수용하면서 레스토랑 평가에 도움이 되었다. 외식업에서 공통적으로 적용할 수 있는 것은 아니지만 특정 상황에 적합한 기준을 만들어 메뉴 자체를 평가할 수 있도록 40개 항목을 구성하였다. 각

항목에 5점씩 부여하여 총 200점이 되며, "어느 점수는 나쁘다, 좋다"라는 기준은 없다. 각 항목은 모든 업소에서 공통적으로 적용될 수 있는 것은 아니지만 일반적으로 참고할 수 있다.

〈표 8-6〉 밀러(Miller)의 평가항목

1. 메뉴의 아이템에 따른 향미와 온도, 색깔, 부드러움 등은 조화를 이루고 있는가?
2. 메뉴를 조리하는데 필요한 주방의 장비와 기기들은 충분히 갖추어져 있는가?
3. 식재료 원가는 메뉴 아이템별로 공평하게 분배되어 있는가?
4. 메뉴 준비에 시간이 많이 걸리는 아이템인가, 또는 높은 수준의 스킬을 필요로 하는가?
5. 메뉴를 만드는 아이템이나 쿠킹 방식이 반복되며 단조로운가?
6. 과다한 식재료 상승을 유발하는 아이템이거나 구매에 제한적인가?
7. 매출 증진을 위한 특별한 아이템으로 서명을 판매촉진에 이용하는가?
8. 아이템 중에서 특별한 숙련도와 도구를 필요로 하는가?
9. 고객들이 각 메뉴를 적절한 비율로 선택하는가? 그 반응을 알기 위해 선호도 분석하고 있는가?
10. 고객을 유인할 수 있는 메뉴의 가격범위를 고려하였는가?
11. 고객에게 잘 알려지지 않은 아이템이나 이해하지 못하는 메뉴에 대해 설명이 충분한가?
12. 메뉴의 양과 질, 원산지, 지리적 표시 등에 대한 설명이 되어 있는가?
13. 특별한 메뉴는 VIP 고객이나 특별 행사의 주빈을 위해 잘 활용되고 있는가?
14. 레스토랑의 조명이나 분위기에 맞게 메뉴표의 디자인이나 활자 등 잘 선택되었는가?
15. 다양한 고정 메뉴에서 오늘의 특별 요리를 선보이고 있는가?
16. 메뉴는 레스토랑의 역사와 전통, 지역입지와 위치를 고려하여 독창적이며 창의적인가?
17. 오늘의 특별요리가 clip-on 메뉴로 사용되는 경우, 아이템이 메뉴표에 있거나 중복되지 않는가?
18. 표적고객의 흥미를 유도하기 위해 최근의 음식흐름을 반영하는 메뉴로 구성되었는가?
19. 메뉴 아이템에서 가격의 오름차순, 내림차순, 많이 팔기를 원하는 순서로 구성되었는가?
20. 메뉴의 아이템에 대한 판매가는 고객이 지각하는 가치와 일치하는가?
21. 수정된 판매가격을 표시하기 위해 종이로 오려 붙여 표시하고 있지는 않는가?
22. 수익성 없는 메뉴, 즉 실제 주방에서 요리가 불가능한 아이템이 메뉴표에 있는가?
23. 메뉴의 판매가격은 경쟁사의 판매가에 비해 경쟁력이 있는가?
24. 특정 아이템은 수익성이 높은 메뉴와 유사한 특징으로 판매에 방해되지 않는가?
25. 계절적인 식재료를 적절하게 반영하는가? 싼 식재료를 위해 메뉴를 교체하는가?
26. 메뉴를 생산하는 주방직원의 업무가 공평하게 이루어지는가?
27. 원가절감을 위해 편의식품을 사용하는가?
28. 레스토랑의 독특한 개성을 표현하기 위해 메뉴표 제작에 디자인, 색깔, 로고를 사용하는가?
29. 차림표 자체의 소재나 색상, 디자인이 레스토랑의 테마(theme)와 데코(decor)에 일치하는가?
30. 메뉴 아이템 설명을 위한 사진이나 견본품 등은 실제 제공되는 음식과 같은가?
31. 메뉴 아이템의 카테고리는 삽화, 일러스트레이션(illustration), 사진에 의해 구분되어 있는가?
32. 수익성이 높거나 시선을 집중시키는 메뉴는 특정 위치에 배열되어 있는가?
33. 메뉴에 사용된 활자는 쉽게 읽을 수 있는가?

34. 메뉴 아이템에 대한 설명이 정확하며 진실한가?
35. 메뉴표는 공간 내 레스토랑을 알리기 위한 충분한 배려가 있는가?
36. take-out을 위해 적절한 시설과 장비, 포장 재료를 준비하였는가?
37. 과거 3개월 동안 식재료의 원가와 인건비, 기타 비용의 변화를 분석했으며, 그 결과를 반영하였는가?
38. 차림표는 업소의 분위기와 스타일, 장식에 적합하며, 그 종류와 글자의 크기 등은 고려되었는가?
39. 차림표는 견고하며 추가 및 제거에 쉽게 가능하도록 제작되었는가?
40. 음식의 진열이나 배열에 따른 분류를 적절하게 활용하고 있는가?

출처 : 밀러(Miller)의 메뉴평가 항목을 본 연구에 맞게 연구자가 수정하였음, pp. 206~207.

(2) Kreck의 메뉴평가 항목

Kreck은 밀러의 40개 항목을 기초하여 8개의 대분류와 세부항목을 구성했다. 예술성, 디자인, 레이아웃, 글씨체, 카피, 상품화, 마케팅, 기계적, 창의성으로 분류했다.

2) 메뉴 아이템의 평가

고객방문을 늘리기 위해 개별점포의 특성을 강화해야 한다. 맛과 영양, 데커레이션, 식기 등 전문가를 동원하여 주 메뉴의 관능검사와 소비자들의 감각과 기호, 선호도를 평가하고 있다. 식재료의 종류와 조리방법, 맛과 양, 모양, 색깔, 냄새, 촉감, 온도 등의 가치를 평가하게 된다.

〈표 8-7〉 전문가집단의 맛 평가방법

목표 양 :			일　시 :		
구　분 :	매우 좋지 않음	←	보통	→	매우 좋음
모양(데커레이션)	①	②	③	④	⑤
음식의 조화	①	②	③	④	⑤
우수한 질감	①	②	③	④	⑤
향긋한 냄새	①	②	③	④	⑤
감칠 맛	①	②	③	④	⑤
전반적인 느낌	①	②	③	④	⑤
접객서비스 능력	①	②	③	④	⑤

첫째, 전문가 집단의 맛 평가이다. 현장에서는 경험이 풍부하거나 미각이 뛰어난 전문가들을 구성하여 정기적으로 평가하여야 한다. 아이템은 계절에 따라 가변성이 있기 때문에 정기적인 평가를 필요로 한다. 둘째, 고객의 맛 평가이다. 영업장에서는 신규메뉴를 개발할 때 평가한다. 맛을 직접 테스트하는 방법과 설문하는 방법이 있다. 점포의 입구나 테이블에 놓아 필요시 또는 식사 중에 고객에게 의뢰하여 건네질 수 있다. 참여에 대한 보상이 주어진다면 그 내용의 질은 높아질 수 있다. 고객은 레스토랑에 관심을 가진다. 여러 가지 요소에서 흥미를 가지며, 발전적인 모습을 보여주기를 원한다.

셋째, 고객평가를 위한 설문서는 단순하면서도 쉬운 용어를 선택하는 것이 좋다. 항목수가 지나치게 많다거나 어려운 용어는 싫증을 느낄 수 있다. 이러한 사항들을 보완하여 맛과 서비스품질, 운영 매뉴얼, 접객태도, 분위기, 응대방법, 고객환송 등의 과정으로 제시된다.

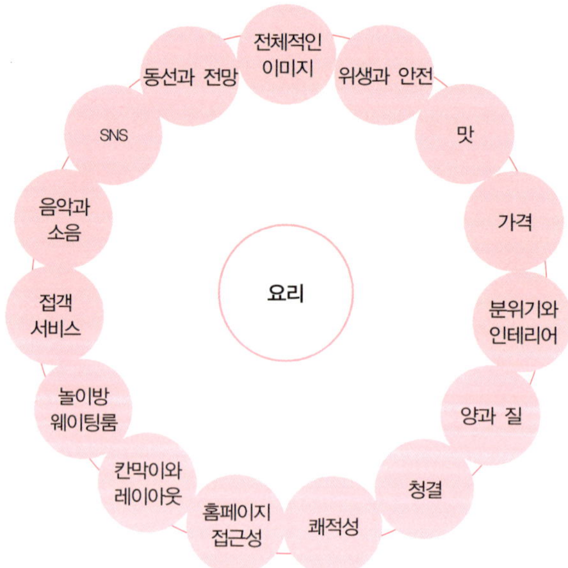

그림 8•4

맛 평가 요인

3) 메뉴디자인 평가

메뉴의 종류와 식기 재질, 데커레이션, 색상의 조화 등은 레스토랑의 분위기와 이미지를 나타낸다. 경시되거나 외면받을 수 있는 요소와 상황적 요인을 반영하며, 충분한 경험과 지식으로 설계되어야 한다. 이러한 평가는 사람이 아닌 메뉴가 되어야 한다. 디자인은 업종에 따라 다르게 구성되지만 제공하는 아이템은 표적고객에게 맞게 포지셔닝 되어야 한다. 메뉴의 종류와 가격, 디자인은 점포를 잘 모르는 사람이 평가할 때 중립적으로 판단할 수 있다.

첫째, 디자인의 평가는 심미성을 추구하는 것이다. 레스토랑의 얼굴인 만큼 활자나 도형, 크기, 색상, 재질 등 전체적인 분위기를 표현할 수 있다. 외형적으로 표현되는 아름다움과 유연함, 경제성에서 기존에 없는 독창적인 새로움을 반영해주어야 한다. 고객은 자신이 추구하는 콘셉트와 부합되는 소재, 재료 등이 감각적일 때 공감하게 된다. 사고의 틀을 벗어나 합리적으로 콘셉트와 어울리도록 구성되어야 한다.

둘째, 메뉴는 레스토랑의 얼굴로 다양한 정보를 담고 있다. 전체적인 인상과 분위기는 업종과 업태, 가격, 서비스방법 등을 나타낸다. 서비스 형태와 품질은 시각적 효과에 따른

〈표 8-8〉 메뉴 평가요인

구 분	메뉴 계획 시 고려사항	메뉴디자인 시 고려사항
변 수	• 목표시장의 고객욕구와 기호 파악 • 레스토랑의 전체적인 콘셉트 설정 • 과거의 기록과 분석자료 활용 • 레스토랑에서 판매하는 메뉴수 • 메뉴의 다양성과 그에 맞는 소스개발 • 지역특성에 맞는 메뉴개발 / 건강과 웰빙 아이템 • 계획하고 있는 품질수준과 시장상황 / 메뉴 수준 • 홀 서빙직원과 주방과의 거리, 인원수 • 직원들의 능력과 역할 • 레스토랑의 주방 공간과 레이아웃 • 메뉴에 맞는 서비스형식 / 메뉴가격의 다양성 • 계절에 맞는 메뉴와 식재료 • 레스토랑의 독특한 개성과 차별화 • 레스토랑 경영의 경제성 / 수익성 • 동종 경쟁자의 변화 수용력 • 식재료 공급의 원활화 • 레스토랑의 저장 상태와 재고관리	• 메뉴의 디자인과 전문성 • 레스토랑의 콘셉트에 맞는 디자인 • 친근하게 접근할 수 있는 디자인 • 메뉴의 데커레이션과 외형 • 메뉴의 양과 사이즈 • 메뉴의 레이아웃 • 메뉴디자인과 색상의 조화 • 메뉴의 유지 상태와 관리 상태 • 메뉴설명의 용이성과 진실성 • 메뉴카피의 독창성 • 메뉴디자인의 독창성 • 메뉴 아이템의 독특함 • 클립 온 다양성 • 메뉴 교체의 유연성 • 판매가격과 메뉴 포지션에 따른 위치 선정 • 인기도에 따른 순환 배치 • 메뉴디자인의 균형과 조화

분위기로 동선과 레이아웃을 결정할 수 있다. 외식업소에서 생산하는 상품은 정보전달과 기업방향을 제시할 수 있다.

셋째, 메뉴 카피는 설명이나 조리법, 시각적 요소를 포함한다. 글자크기나 글씨체, 도형, 사진 등 커뮤니케이션 수단으로 헤딩(heading), 서술적 카피(descriptive copy), 상업적 카피(merchandising copy)로 분류된다. 특히 세부적인 설명으로 이해와 폭을 넓히며, 홍보를 위한 판매계획서 역할을 한다.

03 메뉴분석의 실제

1. 메뉴분석

1) 메뉴분석 중요성

메뉴는 레스토랑의 목표와 콘셉트를 결정하기 때문에 지속적인 관심과 관리가 중요하다. 창업 초기의 메뉴는 완성도가 낮아 맛과 양은 실제와 차이가 있어, 고객욕구를 반영하면서 정착하는데 시간이 걸린다. 계속적으로 성장하기 위해서는 상권의 변화와 경쟁 상황, 식재료 변화와 운영 방침, 사회 · 문화적인 요소들을 고려해야 한다. 이는 기존 메뉴를 삭제하거나 추가시키는데 영향을 미친다. 제대로 판매되고 있는가? 얼마만큼 이익은 발생하는가? 차원에서 그 중요성이 제시된다.

2) 분석방법

메뉴 분석기법이 도입된 것은 보스톤컨설팅그룹(BCG : Boston consulting group)에서 '70년 초반 개발한 모형(Matrix)이 일반적이다. 경영전략을 수립하는데 있어 하나의 도구로 포트폴리오 전략을 활용하였다. BCG매트릭스는 자금의 투입과 산출을 바탕으로 사업단위별 상황을 파악하여 그에 맞는 처방을 내리기 위한 분석방법이다. 성장과 점유율 매트릭스라 하며, X축의 상대적 점유율과 Y축의 성장률을 표시한다. 점유율과 성장성이 좋은 사업을 스타, 미래가 불투명한 사업을 물음표, 투자에 비해 수익이 월등한 사업을 캐시카우(cash cow), 점유율과 성장률이 낮은 사업을 도그(dog)라 한다. 사업성격을 단순화하거나 유형화하여 어떤 방향으로 운영할지 결정하게 된다. 상대적인 점유율과 성장률에 대한 분석으로 지나친 단순화의 오류에 빠지기 쉽다는 단점이 있다.

첫째, 스타(star)사업이다. 대표적인 성공 아이템으로 수익성과 성장성이 높다. 계속적인 투자관리로 수익을 창출할 수 있다. 둘째, 캐시 카우(cash cow)는 기업의 수익 창출원이다. 기존의 투자비용으로 수익을 계속적으로 실현시키는 자금 확보 원천이다. 시장의 성장률은 낮으나 투자금액에 대한 유지와 보수 차원에서 오래도록 지속시킬 수 있다. 자금의 투입보다 산출이 많아 효자산업이라 할 수 있다.

셋째, 물음표(question mark)는 신규사업, 신상품으로 상대적 점유율이 낮지만 높은 성장률을 달성한다. 경영전략에 따라 스타사업이 되거나 도그 사업으로 전환할 수 있다. 투자가 결정되었다면 높은 점유율을 확보하기 위해 많은 광고와 홍보로 지출 비용이 늘어난다. 넷째, 도그(dog)사업이다. 성장성과 수익성의 한계로 철수해야 되는 사업을 말한다. 기존의 투자에 매달리기보다 새로운 기회를 찾아 아이템을 창출할 필요성이 있다. 철수기회를 잃어 많은 비용이 발생할 수 있기 때문에 과감한 결단이 필요하다.

GE의 사업계획 메트릭스를 재구성한 Jack Miller는 '80년도에 발표한 분석기법으로 여러 연구자들에 의해 개선되었다. 외식업에서 활용되는 기법은 Michael Kasavana와 Donald Smith의 Menu Engineering(1982)과 David Pavesic의 Cost / Margin 메뉴분석기법(1983, 1985)과 David Hayes와 Lynn Huffman의 메뉴별 손익계산을 이용한 분석(1985) 등이 있다. 본 연구에서는 Kasavana와 Smith의 Menu Engineering을 제시하고자 한다.

2. 메뉴분석 모형

1) Kasavana와 Smith의 Menu Engineering

'82년 Kasavana와 Smith에 의해 개발된 'menu engineering'은 가격결정과 메뉴의 판매 믹스에 대한 공헌이익, 메뉴 아이템에 포지션을 두어 개발한 프로그램이다. 매출액에 대한 총수익의 상관관계를 파악하여 메뉴별 원가와 판매가, 판매량을 기준으로 한다. 각 아이템과 공헌이익, 전체 판매량에 따른 메뉴별 팔린 수량을 기준으로 수익성과 선호도를 분석할 수 있다. 분석에 요구되는 정보는 판매가와 원가, 팔린 수량을 파악할 수 있다.

각 아이템의 공헌이익과 판매량(수요량)에 따라 전체 수량을 기준으로 수익성과 선호도를 4개 그룹으로 분류할 수 있다. 수익성과 선호도가 높은 아이템을 스타로 공헌이익과 수익성이 낮은 아이템을 도그라 한다. 발표 초기에 학계와 업계로부터 많은 호응을 얻었지만, 식재료 원가율을 강조하던 과거의 원가관리에서 공헌이익을 강조하는 현대에 적용하는데 몇 가지 문제점으로 지적된다.

첫째, 높은 공헌이익을 위한 메뉴 아이템은 낮은 식재료 원가율을 의미한다. 여기에는 판매가를 낮게 책정하기 때문에 구매단가에서부터 문제가 생길 수 있다. 높은 공헌이익은 저렴한 식재료의 구입으로 질 낮은 생산으로 이어질 수 있다. 둘째, 높은 공헌이익의 아이템을 좇다보면 높은 판매가의 유혹에 빠지기 쉽다. 고객으로부터 수요 감소를 가져와 수익성이 낮아진다. 이러한 단점에도 불구하고 학계와 업계에서 주로 사용되고 있다.

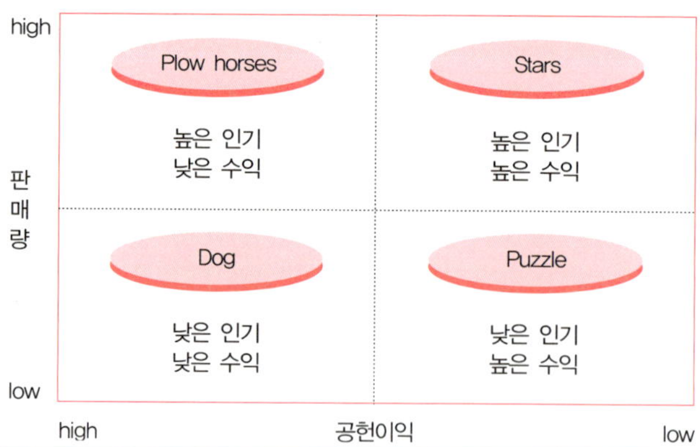

그림 8-5

① plow horses 메뉴이다.

공헌이익은 낮으나 선호도가 높아 찾는 고객이 많은 인기 메뉴를 의미한다. 중간 대 가격으로 변화에 민감하다. 고객은 특정 메뉴를 좋아하지만 경영자 측에서 보면 점포에 대한 기여도가 낮아 공헌이익을 높이고자 한다. 더 많은 관심으로 스타(stars) 메뉴가 될 수 있어 공헌이익을 높일 수 있다. 판매가를 인상하면 고객들은 빠르게 인지하여 수요를 감소시킬 수 있다. 여기에는 수요 테스트(test for demand)를 통해 정확한 측정과 반영이 필요하다. 직접 노무비에 대한 인건비와 분량 조절, 가격 인상을 시도할 수 있다. 반면 판매량을 증가시켜 원가를 낮추거나 인지도가 낮은 메뉴와 결합하여 세트 메뉴를 개발하는 것도 하나의 방법이다.

② puzzles 메뉴이다.

공헌이익은 높으나 찾는 고객이 적어 인기가 없는 메뉴를 말한다. 경영자들은 공헌이익이 높기 때문에 이 메뉴를 팔고 싶어 한다. 주문고객을 증가시키기 위해 수요를 파악하거나 가격인하를 고려할 수 있다. 한편, 부가가치를 높일 수 있는 분량의 사이즈나 식재료 변화, 사이드 메뉴, 가니시, 디저트 등의 조정으로 최고의 품질을 만든다면 인기는 상승할 수 있다. 수요를 충족시켜 이익이 높은 아이템으로 전환할 수 있다.

③ 스타 메뉴이다.

스타 메뉴는 공헌이익과 인기도가 높은 아이템이다. 표준명세서를 유지하면서 식재료의 변화와 접객태도, 부가서비스 등 품질수준을 바꾸지 말아야 한다. 경영자들이 팔고 싶은 메뉴이지만 차림표상 눈에 띄지 않더라고 고객은 쉽게 찾게 된다. 인기를 저하시키지 않으면서 가격인상, 세트 메뉴로 판매를 극대화할 수 있다.

④ 도그 메뉴이다.

공헌이익과 인기도가 낮은 아이템이다. 경영에서 가장 바람직하지 않은 메뉴로 수준 높은 기술이나 식재료의 변화를 주어도 인기가 없으면 삭제해야 한다. 한편 리포지셔닝(repositioning)하여 plow horses, start 메뉴가 되도록 하거나 식재료를 추가하여 조리법을 개선하는 등 새로운 아이템을 만들어야 한다.

3. 메뉴별 손익분석 실제

해이스(Hayes)와 호프만(Huffman)은 각 메뉴 아이템에 따른 손익분석 기법을 제시하였다. 기업의 목표는 이익을 창출하는 것이다. 분석을 통해 바람직하지 않는 메뉴를 선별하며, 이를 유지할 것인지 제거할 것인지의 결정을 통해 성공적인 경영을 할 수 있다. 각 아이템에 대한 수익성을 평가하기 위해 대차대조표와 손익계산서를 활용하며, 이를 아이템별로 적용할 수 있다.

식재료원가에서 아이템별 고정비와 변동비를 계산할 수 있다. 손익계산에 따른 이익(손실)을 확인하며, 점포에 기여하는 순서대로 정리할 수 있다. 최종적으로 목표가치 분석(GVA)을 통해 각 아이템의 순수익 달성에 기여한 정도를 확인하는 방법이다. 각 아이템에 대한 손익계산을 분석하기 위해 추가적으로 필요한 고정비와 변동비는 원가관리의 중요성을 감안하여 재고조사를 실시한 후에 결정하는 것이 좋다.

문제

한국레스토랑의 2016년 7월 1일 매출 총 집계표이다. 〈표 8-9〉는 10개의 아이템에 대한 손익분석 결과이다. 이를 참조하여 원가와 원가율, 고정비와 변동비, 총수익을 계산하여 조정 및 제거해야 될 메뉴를 분석하시오. 단, 고정비(임대료, 정직원 급여, 보험료, 지급이자, 감가상각비 등)는 총매출액의 20%이며, 변동비(식재료 원가를 제외한 파트타임 인건비, 전기세, 수도세, 가스비 등)는 30%이다.

〈표 8-9〉 대한 레스토랑의 메뉴 분석자료

메 뉴	판매량(개)	식재료 원가(원)	판매가(원)
메뉴 ①	30	4,550	15,000
메뉴 ②	35	6,850	18,000
메뉴 ③	22	10,550	24,000
메뉴 ④	40	5,850	16,000
메뉴 ⑤	35	7,500	20,000
메뉴 ⑥	28	6,500	18,000
메뉴 ⑦	18	5,450	20,000
메뉴 ⑧	10	11,750	30,000
메뉴 ⑨	60	10,550	16,000
메뉴 ⑩	20	2,650	5,000

해설 1. 매출액과 고정비, 변동비 계산

① 총매출액은 5,172,000원이 된다.

메뉴별 판매량에서 판매가를 곱한 값을 더해 총 매출액을 산출할 수 있다.

② 고정비는 총 매출액의 20%를 적용하면 1,034,400원이 된다.

10개의 메뉴로 나누면 하나의 메뉴당 고정비는 103,440원이 된다.

- 5,172,000원 × 0.20 = 1,034,400원(10개 메뉴의 고정비)
- 1,034,400원 / 10개 메뉴 = 103,440원(각 메뉴별 고정비)

③ 변동비는 총 매출액의 30%로 가정했다.

매출액에 따라 변하기 때문에 각 메뉴 별 매출액에 30%를 곱하면 변동비가 된다.

〈표 8-10〉 대한 레스토랑의 원가와 고정비, 변동비, 총매출액

메 뉴	판매량(개)	식재료 원가(원)	고정비	변동비	판매가(원)	매출액(원)
메뉴 ①	30	4,550	103,440	135,000	15,000	450,000
메뉴 ②	35	6,850	103,440	189,000	18,000	630,000
메뉴 ③	22	10,550	103,440	158,400	24,000	528,000
메뉴 ④	40	5,850	103,440	192,000	16,000	640,000
메뉴 ⑤	35	7,500	103,440	210,000	20,000	700,000
메뉴 ⑥	28	6,500	103,440	151,200	18,000	504,000
메뉴 ⑦	18	5,450	103,440	108,000	20,000	360,000
메뉴 ⑧	10	11,750	103,440	90,000	30,000	300,000
메뉴 ⑨	60	10,550	103,440	288,000	16,000	960,000
메뉴 ⑩	20	2,650	103,440	30,000	5,000	100,000
합 계	295					5,172,000원

해설 2. 원가율 계산

메뉴별 손익계산은 3가지 요소로 제시할 수 있다. 이미 알고 있는 식재료원가, 고정비, 변동비를 더하여 총원가를 산출한다. 매출에서 원가를 공제하면 이익 또는 손실이 된다. 이를 정리하면 〈표 8-10〉과 같다.

메뉴 ①에 대한 총매출액은 450,000원이다. 식재료 원가는 136,500원으로 매출액의 30.3%이다. 고정비 103,440원은 총고정비 10개 메뉴로 나눈 값으로 매출액의 23%에 해당한다. 변동비 135,000원으로 30%에 해당한다. 이를 계산하면, 총원가는 매출액의 83.3%에 해당하는 452,020원이 된다. 이를 표로 나타내면 다음과 같다.

〈표 8-11〉 대한 레스토랑의 메뉴 ①에 대한 원가 및 원가율

매 출	450,000	백분율
식재료원가 고정비 변동비	136,500 103,440 135,000	30.3% 23% 30%
총원가	374,940	83.3%
순수익(손실)	75,060	16.7%

메뉴 ②에 대한 총매출액은 630,000원이다. 식재료 원가는 239,750으로 매출액의 38.1%에 해당된다. 고정비 103,440원으로 매출액의 16.4%이다. 변동비 189,000원으로 매출액의 30%에 해당한다. 이를 계산하면, 총원가는 609,770원으로 매출액의 84.5%에 해당한다. 이를 표로 나타내면 다음과 같다.

〈표 8-12〉 대한 레스토랑의 메뉴 ②에 대한 원가 및 원율

매 출	630,000	백분율
식재료원가 고정비 변동비	239,750 103,440 189,000	38.1% 16.4% 30%
총원가	532,190	84.5%
순수익(손실)	97,180	15.5%

메뉴 ③에 대한 총매출액은 528,000원이다. 식재료 원가는 232,100원으로 매출액의 43.9%이다. 고정비 103,440원으로 매출액의 19.6%와 변동비 158,400원으로 매출액의 30%에 해당한다. 이를 계산하면 총원가는 493,940원으로 매출액의 93.5%가 된다. 이를 표로 나타내면 다음과 같다.

〈표 8-13〉 대한 레스토랑의 메뉴 ③에 대한 원가 및 원율

매 출	528,000	백분율
식재료원가 고정비 변동비	232,100 103,440 158,400	43.9% 19.6% 30%
총원가	493,940	93.5
순수익(손실)	34,060	6.5%

메뉴 ④에 대한 총매출액은 640,000원이다. 식재료 원가는 234,000원으로 매출액의 36.6%에 해낭된다. 고정비 103,440원으로 매출액의 16.1%와 변동비 192,000원으로 매출액의 30%에 해당한다. 이를 계산하면, 총원가는 529,440원으로 매출액의 82.7%가 된다. 이를 표로 나타내면 다음과 같다.

〈표 8-14〉 대한 레스토랑의 메뉴 ④에 대한 원가 및 원율

매 출	640,000	백분율
식재료원가 고정비 변동비	234,000 103,440 192,000	36.6% 16.1% 30%
총원가	529,440	82.7%
순수익(손실)	110,560	17.3%

메뉴 ⑤에 대한 총매출액은 700,000원이다. 식재료 원가는 262,500원으로 매출액의 37.5%가 된다. 고정비 103,440원으로 매출액의14.8%와 변동비 210,000원으로 매출액의 30%에 해당한다. 이를 계산하면 총원가는 575,940원으로 매출액의 82.3%가 된다. 이를 표로 나타내면 다음과 같다.

〈표 8-15〉 대한 레스토랑의 메뉴 ⑤에 대한 원가 및 원율

매 출	700,000	백분율
식재료원가 고정비 변동비	262,500 103,440 210,000	37.5% 14.8% 30%
총원가	575,940	82.3
순수익(손실)	124,060	17.7%

〈표 8-16〉 메뉴별 손익분석 집계표

메 뉴	판매량 (개)	메뉴별 판매원가(원)	고정비	변동비	총원가	순이익/손실	매출액(원)
메뉴 ①	30	136,500(30.3)	103,440(23)	135,000(30)	374,940(83.3)	75,060(16.7)	450,000
메뉴 ②	35	239,750(38.1)	103,440(16.4)	189,000(30)	532,190(84.5)	97,180(15.5)	630,000
메뉴 ③	22	232,100(44)	103,440(19.6)	158,400(30)	493,940(93.5)	34,060(6.5)	528,000
메뉴 ④	40	234,000(36.6)	103,440(16.1)	192,000(30)	529,440(82.7)	110,560(17.3)	640,000
메뉴 ⑤	35	262,500(37.5)	103,440(14.8)	210,000(30)	575,940(82.3)	124,060(17.7)	700,000

메 뉴	판매량(개)	메뉴별 판매원가(원)	고정비	변동비	총원가	순이익/손실	매출액(원)
메뉴 ⑥	28	182,000(36.1)	103,440(20.5)	151,200(30)	436,640(86.6)	67,360(13.4)	504,000
메뉴 ⑦	18	98,100(27.3)	103,440(28.7)	108,000(30)	309,540(86)	50,460(14)	360,000
메뉴 ⑧	10	117,500(39.2)	103,440(34.4)	90,000(30)	310,940(103.6)	−10,940(3.6)	300,000
메뉴 ⑨	60	633,000(53.4)	103,440(10.8)	288,000(30)	1,024,440(106.7)	−64,440(6.7)	960,000
메뉴 ⑩	20	53,000(53)	103,440(103.4)	30,000(30)	186,440(186.4)	−86,440(86.4)	100,000
합 계	295	2,188,450 (42.3%)					5,172,000

해설 3. 한국레스토랑의 매출에 대한 순수기여도

〈표 8-11, 12, 13, 14, 15〉에서 산출된 개별 손익계산에 따른 순수기여도를 정리하면 〈표 8-16〉과 같다. 총 순수익은 396,920원으로 총매출 5,172,000원의 7.7%에 해당된다.

〈표 8-17〉 10개 메뉴의 순수익 기여도

메 뉴	순수익
⑤	124,060
④	110,560
②	97,180
①	75,060
⑥	67,360
⑦	50,460
③	34,060
⑧	(10,940)
⑨	(64,440)
⑩	(86,440)
Total	396,920

분석결과, 메뉴 아이템별 순수익(손실)을 확인하여 교체 여부를 판단할 수 있다.

- '한국레스토랑'의 식재료원가율은 42.3%이다.
- 평균 객단가는 17,532원(총매출 5,172,000원 / 295개)이다.
- 순이익은 총매출의 7.70%인 396,920원이 된다.

영업 목표를 달성하기 위해 이익이 발생한 메뉴는 계속적으로 유지해야 하지만, 손실이 발생한 메뉴는 교체 여부를 판단해야 한다. 여기에서 실제 레스토랑을 경영하는 사람들의 입장에서 보면 ⑨번 메뉴에 눈길이 간다.

실제 ⑨번 메뉴를 보면, 판매 개수가 한국레스토랑에서 올리는 매출에 큰 역할을 하는 것으로 나타났다. 판매가격 16,000원에 비해 순수한 식재료 원가(10,550원)는 34.1%로 나타났지만, 고정비와 변동비를 포함한 총 원가에서는 1,024,440원(106.7%)으로 매출액을 능가한다. 이러한 현상은 대부분의 레스토랑에서 겪고 있는 문제로 고객을 유인할 수 있는 미끼상품으로 제시할 수 있다. 하지만 경영자 입장에서는 실제 이익이 나지 않기 때문에 신중한 조정을 고려해야 한다. 특히 일만 많고 이익이 나지 않는 구조는 메뉴의 위치를 조정하거나 가격인상, 식재료 조정, 세트메뉴 개발 등으로 변화를 주어 개선시킬 수 있어야 한다.

해이스(Hayes)와 호프만(Huffman)은 손실이 발생한 아이템도 그 메뉴를 찾는 고객을 끌어들일 수 있다고 하였다. 몇 명의 고객이 다른 일행(단체고객)과 내방하면서 이익을 발생시킬 수 있기 때문이다. 때론 특정 메뉴를 고집하는 단골고객이 있기 때문에 철수는 신중하게 고려해야 한다. 그렇지만 손실이 발생하는 메뉴는 이익을 발생하는 메뉴의 비용을 잠식하기 때문에 경영자는 신속히 결정을 해야 한다.

'한국레스토랑'은 7.7%의 순이익을 달성하고 있다. 전체적으로 유지하는데 큰 무리가 없어 보이지만 실제 ⑧, ⑩의 메뉴는 총매출액에서 (-)를 달성하기 때문에 제거하는 것이 좋다.

8

Summary 요약

[1] 메뉴의 현대적 의미는 내부적인 통제수단일 뿐만 아니라 판매, 광고, 촉진을 포함한 마케팅 도구로 활용된다.

[2] 메뉴는 레스토랑 경영에서 핵심적인 역할을 한다. 모든 영역에서 영향을 미치며, 고객에게는 레스토랑 콘셉트와 이미지를 전달한다. 경영자 측면에서는 식 · 음료 부문은 물론 식자재 구매를 위한 주문과 검수, 입고, 저장, 재고관리, 불출, 다듬기 등 가격정책이나 메뉴결정, 원가관리와 깊은 연관성으로 내부 통제수단이 된다.

[3] 메뉴(차림표)는 레스토랑의 매출을 올리기 위해 제공하는 정보 안내자이면서 마케팅 도구이다. 메뉴 디자인은 점포의 개별 특성을 반영하며, 음식의 재료와 양, 가격, 영양, 아이템 등을 제시하고 있다. 특히 기업의 업종과 업태를 나타낼 수 있으며, 해당점포의 매출 목표를 달성하는데 영향을 미친다.

[4] 레스토랑에서 메뉴에 대한 설명이나 조리법, 시각적인 요소 등을 포함한 내용을 담을 수 있어야 한다. 글자의 크기나 글씨체, 도형, 사진 등으로 표현한 것을 메뉴 카피라고 한다. 메뉴판은 레스토랑을 처음으로 방문하는 고객에게 보여줄 수 있는 커뮤니케이션 수단이다. 메뉴카피는 헤딩(heading), 서술적 카피(descriptive copy), 상업적 카피(merchandising copy) 등으로 분류된다.

[5] 메뉴분석 방법으로 1982년 Kasavana와 Smith에 의해 개발된 'Menu Engineering'은 가격 결정과 메뉴의 판매믹스에 대한 공헌이익, 메뉴 아이템에 포지션을 두고 개발한 패키지 프로그램이다. 4가지 포지션으로 구분되며 첫째, plow horses 메뉴는 공헌이익은 낮으나 선호도가 높아 찾는 고객이 많은 인기 메뉴를 의미한다. 둘째, puzzles 메뉴는 공헌이익은 높으나 찾는 고객이 적어 인기가 없는 메뉴이다. 셋째, stars 메뉴는 공헌이익과 인기도 모두 높은 아이템이다. 넷째, dogs 메뉴는 공헌이익과 인기도가 모두 낮은 아이템을 의미한다.

8

Practice 연습문제

1 메뉴의 중요성과 역할에 대해서 논의해 보자.

2 정식메뉴, 일품메뉴의 개념과 장·단점을 파악해 보자.

3 메뉴계획 시 고려하는 사항과 원칙에 대해 논의해 보자.

4 메뉴가 제공해야 하는 정보 및 메뉴카피에 대해 논의해 보자.

5 메뉴의 분석방법 Kasavana와 Smith의 Menu Engineering에서 인기도와 수익성에 따른 star, plowhorse, puzzle, dog의 4가지 분면으로 구분되어진다. 각각의 분면에 대해 향후 메뉴를 어떻게 구성해야 할 것인지 대책을 논의해 보자.

CHAPTER 9

사업 인 · 허가와 관련법규

승리하면 조금 배울 수 있고 패배하면 모든 것을 배울 수 있다.

– *Christy Mathewson*, 미국 야구스타

Objective

- 사업절차 및 인 · 허가를 알아본다.
- 외식업에서 사업계획의 의미를 알아본다.
- 영업신고 및 인 · 허가에 대해 이해한다.
- 영업신고 시 구비서류를 알아본다.
- 「상가임대차보호법」에 대해 이해한다.
- 원산지 표시와 지리적 표시의 도입배경을 이해한다.

01 사업절차 및 인 · 허가

1. 사업절차

창업을 하기 위해 아이템을 선정하고 상권과 입지, 점포를 분석하는 것은 실전 창업에 들어가기 전에 반드시 거쳐야 하는 과정이다. 사업을 위한 인 · 허가 부분이 그것인데, 업종별로 다를 수 있기 때문에 반드시 필요한 부분을 숙지하거나 메모하여 창업 후 일어날 수 있는 문제점을 사전에 예방할 수 있어야 한다. 또한 여러 상황에서 여의치 않을 수도 있으며, 전문가의 도움을 받아야만 해결될 수도 있다.

외식사업을 준비하다보면 「식품위생법」 제22조에 의한 영업신고에서부터 각종 인 · 허가 사항을 접하게 된다. 영업신고서, 영업시설 및 설비개요서, 위생교육 필증 등을 제출해야 한다. 신규 영업사항에서 액화석유가스를 사용하는 경우, 액화석유가스 사용신고서와 필증, 정화조의 준공 필증(신규), 그 외 주류 판매업 신고 등을 해야 한다. 사업자등록신청서를 내기 위해서는 임대차계약서 사본과 주민등록증만 제출하면 등록증을 바로 교부받을 수 있다. 이러한 창업절차 과정과 인 · 허가 사항을 확인하는 것이 중요하다.

사업자들에게 꾸준한 관심을 받는 아이템은 편의점이다. 다양한 제품을 판매하기 때문에 상품에 맞는 인 · 허가를 받아야 한다. '주류 판매면허, 쓰레기종량제 봉투, 담배판매업, 복권판매업, 교통카드 충전과 판매업' 등은 시 · 군 · 구 담당부서를 통해 해당 소매인의 지정을 받아야만 된다. 휴게음식점의 영업허가는 식품조리 가공판매는 가능하지만, 주류 판매는 불허한다. 보조식품, 건강식품, 지역특산품을 판매할 때에는 「건강기능식품법」에 의해 관련 부서에 신고해야 한다

인터넷 PC방, 오락실 등은 「학교보건법」에 의해 '학교 환경위생 정화구역'에 해당되는지 따져봐야 한다. 정화구역 내 영업이 불가능하며, 학교나 설립 예정지로부터 200m까지 설정되어 점포 개업에 제한을 둔다. 커피숍, PC방, 노래방, 음식점, 어린이집 등의 사업은 창업에 앞서 인 · 허가 사항을 사전에 확인해야 한다. 이러한 제도는 행안부 '온라인 인 · 허가 자가진단' 서비스로 쉽게 확인할 수 있다. 자가진단은 국민의 식품관련 영업신고 등 99

종의 인 · 허가에 대해 가능한 지역과 관련 규제 정보를 지도와 함께 안내받아 필요요건을 검토해 볼 수 있다. 구비서류와 관련된 법령, 지방세 체납 여부, 기타 관련된 사항을 함께 파악할 수 있다.

또한 주변의 유사업종 분포와 현황은 쉽게 알 수 있다. 예비사업자는 상권을 분석하여 위치를 선정하는데 도움이 된다. 생활 공감서비스는 인 · 허가 민원신청이 보다 간편하게 진행되고 있어 민원인의 시간과 비용이 줄어들 뿐 아니라, 공무원들의 응대시간까지 절감하는 효과가 있다. 스마트폰에서도 이용할 수 있는 애플리케이션 서비스를 다운받아 생활 공감 대표사이트인 www.gmap.go.kr와 민원24 홈페이지(www. minwon.go.kr)를 통해 이용할 수 있다.

〈표 9-1〉 창업절차 과정과 포인트

절차단계	• 인 · 허가 절차과정의 체크포인트
사업계획	• 사업계획을 위한 기초조사 단계
시장조사	• 업종과 업태(개인적 능력 고려) 결정, 타깃 지역상권과 입지조사
상권분석	• 동종 타깃시장의 세부적 상권조사 – 성장성, 안정성, 잠재적 주변의 변화
입지분석 (점포분석)	• 도시계획확인원 • 건축물대장(건물용도와 위법 여부) • 건물등기부등본(소유주 관계) • 정화조(용량) • 수도(지하수), 전기용량, 가스(천연, 액화, 체적가스) • 종전 영업상황(허가취소, 폐업 여부)
설비시설	• 「식품위생법」에 의한 시설기준 준수 • 「소방법」에 의한 시설기준 준수(소방시설 완비증명서) • 액화석유가스 사용시설과 필증 • 관련 법령에 의한 시설기준 준수 • 기타 관련시설
위생교육	• 음식점중앙회 및 각 지역의 지회 등 업종에 따른 위생교육
영업신고	• 시 · 군 · 구 위생과 영업허가 신고 및 서류 제출(증지 및 수수료 납부) • 이중신고 및 같은 장소의 허가취소 여부 확인 • 신고증 교부, 채권 매입, 면허세 납부
사업자등록증	• 「부가가치세법」에 따른 영업 신고증을 첨부, 세무서에서 사업자등록증 첨부
사업시작	• 「근로기준법」, 「청소년보호법」, 「여신전문금융업법」 등에 따른 영업활동 개시
영업관리	• 직원관리 및 고객관리

사업을 희망하는 사람들이나 기업에게 필요한 정보를 종합적으로 제공하는 '중소기업청 사업지원과', '소상공인지원센터'에서는 준비절차와 인 · 허가, 의무신고사항, 관련 세제지원, 정보지원정책 등을 종합적으로 수록하여 희망자와 초기 기업인들에게 정보를 쉽게 찾아 볼 수 있게 한다. 기업 설립은 중소기업청 법인 설립팀에서 원스톱 행정으로 절차과정을 안내하고 있다.

2. 사업계획 확인

사업계획은 사업자가 가지고 있는 자본, 아이템, 인력, 기술을 바탕으로 시장을 조사 분석하는 단계를 말한다. 구체적인 목적과 비전을 설정하며, 투입자본에 대한 인적 · 물적 자원을 바탕으로 성공 가능성을 확인하면서 위험요소를 줄이는 것이다. 외식사업은 창업한 지 1년 이내에 폐업률이 60%를 차지하며, 30%는 현상유지, 10%만 돈을 번다는 정설이 있다. 성공률이 낮은데도 외식업을 희망하는 사람들이 많은 이유는 무엇일까?

정부 및 자치단체들은 세수를 확보하기 위해 다양한 혜택의 지원제도를 장려하고 있다. 성공은 개인적인 노력과 경험, 지식, 자본에 따라 다르지만, 체계적인 준비과정은 성공 가능성을 높일 수 있다. 계획의 기초단계는 사업을 성장시키겠다는 구체적인 의지에서 시작된다. 분석을 위해 진행과정을 확립하는 법적 · 제도적 장치와 사회 전반적인 변화를 수용하는 것이다. 소비욕구, 신기술, 경쟁자와 관계, 직원관리, 촉진전략 등이 필요하다. 사업과 관련된 지식은 목표 고객과 시장상황을 확인하는 것이다. 소요자금과 세부일정, 운영매뉴얼 등 체계화된 계획서를 통해 성과를 달성할 수 있다. 이러한 단계는 다음과 같다.

첫째, 자신의 사업목적에 적합한 업종, 업태를 선정하여 정리한 조사계획서이다. 둘째, 사업 준비단계로 자본과 기술, 인력자원을 나타내며, 관련부서나 조직대상을 설득하는 역할을 한다. 셋째, 각종 자본금을 충당하기 위한 수단으로 은행, 보험, 증권 등 그 내용을 구체적으로 표현하여 설득할 수 있다.

넷째, 사업계획은 점포를 어떻게 운영하겠다는 지침서이다. 다섯째, 계획과 일정을 정리한 목록표이다. 결론적으로 사업계획은 언제, 어디서나 일관된 목표를 가지고 어떻게 준비하여 운영할 것인가에 대한 절차상의 과정을 말한다.

3. 영업신고 및 인 · 허가

1) 영업신고

(1) 영업신고 근거

레스토랑 경영은 영업 종류별 허가업종과 신고영업으로 구분된다. 일반음식점 영업은 「식품위생법」상 영업 종류 중 식품접객업에 속한다. 「식품위생법」 제36조와 동법시행령 제21조에 따라 신고하는 영업이다. 일반음식점 영업은 허가제였으나 규제완화 차원에서 1999년 11월 13일 「식품위생법시행령」(대통령령 제16595호)을 개정하여 신고제로 전환했다. 「식품위생법」상 일반음식점을 운영하려는 자는 누구든지 시장 · 군수 · 구청장에게 신고함으로써 영업할 수 있다. 특별한 제한 없이 영업을 신고한 후 누구나 경영할 수 있다. 사업하고자 하는 사람은 영업을 관할하는 시장 · 군수 · 구청장에게 영업신고에 따른 구비서류를 갖추어 신고함으로써 영업할 수 있다.

일반음식점 영업을 신고한 후 성명과 주소, 전화번호, 상호 등의 변경사항이 발생할 경우 변경신고를 해야 한다. 신고를 받은 관청은 구비서류를 검토 및 공부 확인 후 지체 없이 영업 신고증을 교부해야 한다. 관청은 관리대장을 작성 · 보관하거나 전산에 입력하여 관리한다. 해당 영업소의 시설에 대한 확인이 필요할 경우 신고증을 교부한 후 15일 이내에 확인해야 한다. 확인 후 조사결과가 부적절한 사항이 발견될 때에는 필요사항에 대한 시정명령을 요구할 수 있다.

(2) 영업신고 제한

「식품위생법」상 일반음식점 영업을 하려는 자는 시장 · 군수 · 구청장에게 신고함으로써 영업할 수 있다. 특별한 제한 없이 영업신고 후 영업할 수 있는 것을 원칙으로 하지만, 제한을 두지 않으면 다음과 같은 부당한 결과가 초래될 수 있다.

예를 들어, 기존에 일반음식점 영업을 하던 사람이 법을 위반하여 영업소가 폐쇄될 경우, 그 사람이 곧이어 일반음식점 영업신고로 영업을 재개한다면 법집행의 실효성이 크게 낮아질 것이다. 그에 따른 피해는 일반소비자들에게 돌아가기 때문에 부당한 결과가 초래될 수 있다. 따라서 「식품위생법」의 위반 사례가 있는 경우 영업신고를 제한하고 있다.

❶ 영업신고 제한요건

위법사례를 방지하고 공익을 보호하기 위해 「식품위생법」 제38조 제2항은 다음과 같은 사항에서 영업신고를 할 수 없도록 규정하고 있다.

첫째, 「식품위생법」령 위반으로 영업소의 폐쇄명령을 받은 후 6개월이 경과하지 아니한 경우, 그 영업장소에서 같은 종류의 영업을 하고자 할 때 제한을 둔다. 다만, 영업시설의 전부를 철거하여 영업소 폐쇄명령을 받은 경우 제한요건에 해당되지 않는다.

둘째, 청소년을 유흥접객원으로 고용하여 유흥행위를 함으로써 폐쇄명령을 받은 후 1년이 경과하지 아니한 경우 제한을 둔다. 셋째, 병든 고기 등의 위해식품, 기준 · 규격이 고시되지 않은 화학적 합성품, 유독기구 판매 등을 이유로 영업소 폐쇄명령을 받은 후 5년이

〈표 9-2〉 창업에 필요한 인 · 허가 구비서류

인가사항	항목 및 구비서류
보건증	• 「식품위생법」상 식품 채취, 제조, 가공, 조리, 운반, 판매업에 종사하는 사람들을 정기적인 건강진단을 받도록 한다. • 관할보건소 및 위생과 등 위생검열 시 – 제출의무, 행정처분 및 벌과금 • 배달직원 및 아르바이트사원 보건증 필수, 매장 비치
외식업 종사하지 못하는 질병	• 소화기전염병(제1종 전염병) • 결핵(제3종 전염병) – 비전염성인 경우 제외 • 피부병 및 화농성질환(나병, 포도상구균, 화농증 등) • B형 감염 단, 비활동성 간염은 제외 • 후천성 면역결핍증(HIV 감염)
위생교육필증	• 「식품위생법」 제27조, 통법 제37조, 위생교육(6시간)을 필해야만 영업신고증 취득 • 교육일정 문의(www.ekra.or.kr / 02-3672-3231) – 각 지부별 장소와 시간은 차이
영업허가증 발급	• 관할 시 · 구 · 군청 위생과 • 구비서류 : 위생교육필증, 건축물관리대장 1통, 도시계획확인원 1통, 영업허가신청서, 소방필증, 가스안전검사 확인증 • 소방허가 필요한 시설 – 매장이 지하일 경우 $66m^2$ 이상 – 지하 2층 이상일 경우 $100m^2$ 이상일 경우 소방 방화시설 완비증명서 필요 • 소방시설 – 매장 내 모든 자재는 방화 재질 750×1,500mm 이상의 탈출구, 완강기 설치
사업자등록증	• 관할세무서 • 영업허가증 사본 1부, 주민등록등본 1통, 임대차계약서 1부, 도장
간판신고 및 허가	• 관할 시 · 군 · 구청 도시계획과 • 전면 간판은 신고사항, 돌출 및 도로변은 허가사항 • 간판설치 전 사진, 시방서, 컬러도안, 설계서, 사전 안전점검 필증(안전도검사 위탁업체) • 간판업체에서 대행해주지만, 간판설치비 외 허가 비용이 들어감

경과되지 아니한 자(법인인 대표자 포함)가 폐쇄명령을 받은 영업과 같은 종류의 영업을 하고자 할 때 제한을 둔다.

❷ 영업신고시 구비서류

일반음식점을 영업하기 위해서는 필요시설을 갖춘 후 신고서와 「식품위생법시행규칙」 제27조 제1항에 정한 서류를 첨부하여 제출해야 한다. 식품접객업 공통시설기준 및 업종별 시설기준을 갖춘 후 시행규칙 제37호 서식에 따라 신고서를 작성하여 관할 관청에 제출해야 한다. 신고받은 관청의 공무원은 행정정보의 공동이용을 통해 토지이용계획 확인원 및 건축물대장을 확인해야 한다. 제출서류는 다음과 같다.

- 교육이수증(미리 식품위생교육을 받은 경우)
- 수질검사(시험) 성적서
- 액화석유가스 사용시설 완성검사필증
- 유선, 도선(수상구조물) 사업면허증 또는 신고필증
- 안전시설 등 완비증명서
- 국유재산 사용 및 수익허가서 : 국유철도의 정거장시설에서 영업하려는 경우 또는 군사시설에서 일반음식점 영업을 하려는 경우

신고면제

영업장 내부계단으로 연결된 복층구조는 제외하며, 지상 1층, 지상과 직접 접하는 층에 설치되어 그 영업장이 주된 출입구가 건축물 외부의 지면과 직접 연결된 곳에서 영업하는 경우는 신고에서 제외된다.

(3) 영업시설의 기준

일반음식점 영업을 위해서는 「식품위생법」(제36조)에서 정하는 공통시설기준과 업종별 시설기준에 적합한 시설을 갖추어야 한다.

첫째, 영업장은 독립된 건물이거나 식품접객업 영업허가 또는 신고를 한 업종 외, 용도

로 사용되는 시설과 분리되어야 한다. 다만, 「축산물가공처리법시행령」 제21조 제6호에 따라 '식육판매업의 영업'을 하려는 경우에는 분리되지 않아도 된다. 둘째, 영업장은 연기, 유해가스 등의 환기가 잘 되도록 해야 한다. 음향 및 반주시설을 설치하는 영업자는 영업장 내부의 노랫소리가 외부에 들리지 않도록 방음장치를 해야 한다. 공연장은 휴게음식점, 일반음식점, 단란주점의 영업자는 무대시설을 영업장 안의 객석과 구분되고, 객실 안에 설치해서는 안 된다.

셋째, 객실에는 잠금장치를 설치할 수 없다. 넷째, 객실 안에는 무대장치, 음향 및 반주시설, 우주볼 등 특수조명시설을 설치해서는 안 된다. 다섯째, 객석에는 높이 1.5m 미만의 칸막이(이동식 또는 고정식)를 설치할 수 있다. 설치시는 2면 이상을 완전히 차단하지 않아야 하며, 다른 객석에서 내부가 서로 보이도록 해야 한다.

(4) 시설의 개수명령

시장 · 군수 · 구청장은 영업자에게 그 영업시설이 「식품위생법」에 따른 시설기준에 적합하도록 기간을 정해 개수를 명할 수 있다. 「식품위생법」 제74조 제1항에 의해 건축물 소유자와 영업자가 다른 경우 건축물의 소유자는 시설개수 명령에 따른 시설개수에 최대한 협조해야 한다. 시설개수 명령에 따르지 않는 영업자는 500만원 이하의 과태료가 부과되며, 시설기준을 위반한 영업자는 3년 이하의 징역, 3천만원 이하의 벌금에 처할 수 있다.

(5) 영업신고 수수료 및 면허세

첫째, 각종 법령에 기재된 허가(면허)를 받는 자는 그 허가(면허)의 종류마다 면허세를 납부해야 한다. 「지방세법」에서 '면허'란 각종 법령에 규정된 면허 · 허가 · 인가 · 등록 · 지정 · 검사 · 검열 · 심사 등 특정한 영업실비 또는 행위에 대한 권리설정으로 해제, 신고의 수리 등 행정상의 행위를 말한다(지방세법 제160조, 지방세법시행령 제124조). 둘째, 수수료(수입증지)의 매입처는 시 · 군 · 구청 종합민원 처리과에서 판매한다. 수수료는 해당 지방자치단체의 '수입증지'로 납부하며, 정보통신망을 이용하여 전자화폐, 전자결재 등의 방법으로 납부할 수 있다(제97조 제2항).

셋째, 영업신고 수수료 외에 면허세를 납부해야 한다. 영업신고 시 28,000원의 수수료를 납부한다(식품위생법 제92조, 제97조). 신규면허를 받거나 그 면허를 변경받는 자는 면허증서를 교부 또는 송달받기 전까지는 해당 면허에 대한 효력이 없다. 영업장 또는 사무소가 있는 면허는 소재지 면허장소로 선정하며, 영업장 또는 사무소가 없는 면허는 '면허를 받은 자의 주소지'를 관할하는 시 · 군에 면허세를 신고 납부해야 한다. 넷째, 면허세율(지방세법 제164조)은 영업장의 면적에 따라 구분된다. 면적이 1,000m^2 이상인 경우 제1종, 500m^2~1,000m^2 미만은 제2종, 300m^2~500m^2 미만은 제3종, 300m^2 미만인 경우 제4종으로 구분되며, 자치단체별로 다르게 책정되었다.

〈표 9-3〉 면허세율 구분

구 분	인구 50만 이상의 시	그 밖의 시	군
제1종	45,000원	30,000원	18,000원
제2종	36,000원	22,500원	12,000원
제3종	27,000원	15,000원	8,000원
제4종	18,000원	10,000원	6,000원
제5종	12,000원	5,000원	3,000원

2) 영업허가

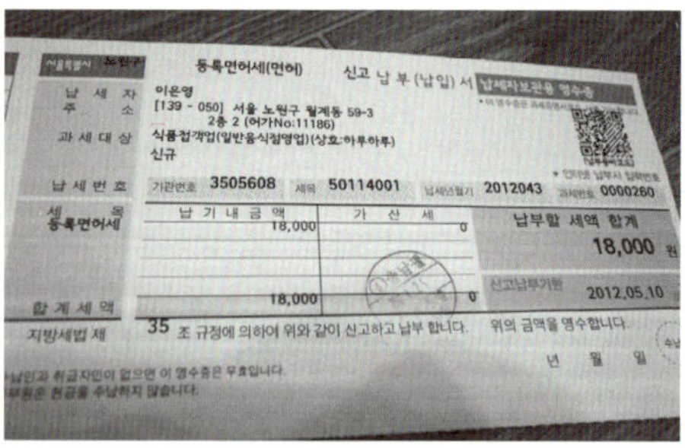

영업신고서(등록면허세)

식품의 제조, 가공, 운반, 판매와 관련된 업종으로 창업하려는 사람들은 시작 전 관할 관청에 영업신고를 하거나 허가를 받아야 한다. 영업허가란 일반적으로 금지된 영업에 대해 일정 요건을 갖춘 경우 그 금지를 해제하여 적법하게 영업할 수 있도록 하는 행정행위이다. 금지된 영업을 하려는 사람은 영업의 종류별 또는 영업소별로 식품의약품안전처장이나 특별자치도지사, 시장, 군수, 구청장에게 신고하도록 하는 행정행위를 의미한다(식품위생법 제37조 제1항).

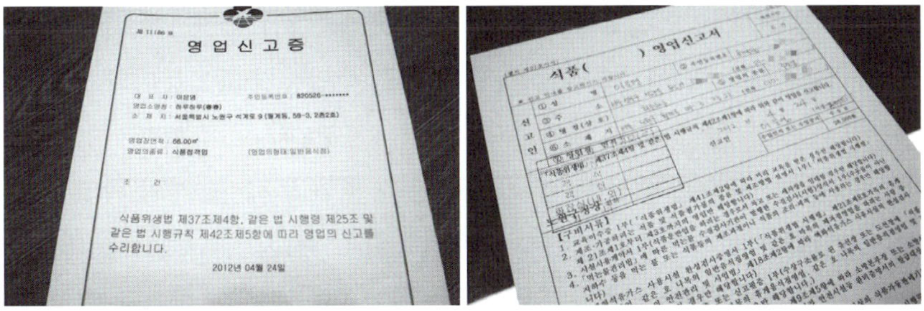

영업신고서 서류 및 영업신고증

(1) 영업허가를 받아야 하는 업종 및 허가기관

첫째, 식품 조사처리업: 방사선을 쬐어 식품의 보존을 물리적으로 높이는 것을 업으로 하는 영업은 식품의약품안전처장의 허가를 받아야 한다. 둘째, 단란주점과 유흥주점업은 특별자치도지사, 시장, 군수, 구청장의 허가를 받아야 한다.

(2) 허가절차

영업허가를 받으려는 자는 다음의 서류(전자문서 포함)를 허가관청에 제출해야 한다(식품위생법시행규칙 제40조 제1항).

❶ 신규영업허가 신청

첫째, 식품영업허가 신청서(전자문서로 된 신청서 포함), 둘째, 건축물관리대상, 셋째, 액화석유가스 사용시설 완성검사증명서는 단란주점업, 유흥주점업으로 해당지역 한국가스안전공사에서 실시한다. 넷째, 교육 이수증(교육을 미리 받은 경우만 해당된다), 다섯째, 유선 및 도선사업 면허증 신고필증(수상 구조물로 된 유선장, 도선장에서 단란주점 영업, 유흥주점 영업을 하려는 경우 해당된다).

여섯째, 먹는 물 수질검사기관이 발행한 수질검사(시험) 성적서는 수돗물이 아닌 지하수 등을 먹는 물 또는 식품의 제조과정이나 조리세척 등에 사용하는 경우 해당된다. 일곱째, 소방본부장 또는 소방서장이 발행하는 소방방화시설 완비증명서, 지하 66m^2 이상, 2층 이상 99m^2 이상, 1층 제외(해당지역 소방서), 여덟째, 조리장 내 충분한 환기시설을 갖추고 있어야 하며 조리시설의 후드를 설치해야 한다. 아홉째, 건강진단 결과서는 건강진단 대상자에 해당된다. 열 번째, 영업신고서(신분증), 열한 번째, 영업장 면적에 따른 주택채권 매입필증(10평 이상), 열두 번째, 기타 수수료(면허세, 수입증지 등) 등이다.

- 신청을 받은 허가관청은 행정정보의 공동이용을 통해 토지이용계획 확인서 및 건축물 대장을 확인해야 한다(식품위생법시행규칙 제40조 제1항).
- 허가관청은 영업을 허가할 경우 식품 조사처리업 영업허가증, 단란주점 영업 또는 유흥주점 영업 허가증을 발급해야 한다.
- 해당지역 시 · 군 · 구청별로 차이가 있다(별도 문의 요망).

〈표 9-4〉 영업허가 절차

구 분	일반음식점	휴게음식점
영업 내용	• 음식류를 조리, 제조, 판매하는 영업으로 음주행위를 허용	• 음식류를 조리 판매하는 영업으로 음주행위 불허 • 다방, 제과, 패스트푸드, 아이스크림, 떡집 등
건축물대장	• 제2종 근린생활시설	• 제1종 근린생활시설
위생교육기관	• 한국음식중앙회(02-3672-3231~3)	• 휴게교육 : 02-598-5384~6 • 제과교육 : 02-745-2483

❷ 행정절차

첫째, 식품접객업, 즉 음식업, 다방, 제과점업 등을 하던 장소인 경우, 구청 환경위생과 위생팀에게 폐업처리 유무를 확인한다. 둘째, 건축과 해당지역 구청민원실에서 관리대장 1부를 발급받아 건물용도 확인, 위법건축물 유무 확인, 종전 영업사항(폐업, 허가 취소 여부 확인), 오수 정화시설, 원인자 부담금 등의 납부 유무를 확인한다. 셋째, 건축물관리 대장을 확인하여 적합 유무를 확인한다. 넷째, 기타 구비서류를 준비하여 신청한다.

❸ 허가사항의 변경허가

첫째, 변경 허가신청서, 둘째, 허가증, 셋째, 영업시설의 변경내역서

❹ 영업승계

첫째, 영업자의 지위승계 신고서, 둘째, 양도 · 양수서, 셋째, 양도인의 인감증명서, 넷째, 위생교육 필증

❺ 영업허가증 재교부

첫째, 허가증 재교부 신청서, 둘째, 사유서(분실의 경우), 셋째, 훼손된 허가증(훼손의 경우)

❻ 휴업 및 재개업, 폐업

첫째, 영업의 휴업(폐업 · 재개업)신고서, 둘째, 허가증

❼ 조건부 영업허가

첫째, 조건부 영업허가 신청서, 둘째, 시설배치도, 셋째, 교육필증, 넷째, 유신 또는 도선 사업 면허증 신고필증, 나섯째, 식품위생 기관이 발행한 수질검사 성적서, 여섯째, 소방 · 방화시설 완비증명서

❽ 영업허가 수수료 및 제비용

- 영업허가 및 신고(영업자 지위승계 포함) – 신규 : 10,000원, 변경 : 5,000원
- 허가증(신고증) – 재교부 : 5,000원
- 조리사면허 – 신규 : 5,000원, 재교부 : 3,000원

❾ 영업자 지위승계

사업자 명의 변경으로 기존의 허가 또는 신고 업소를 다른 사람으로부터 권리를 넘겨받아 구청에 영업주의 변경을 신청하는 절차를 의미한다. 첫째, 행정처분(예정사항 포함) 시창, 점검, 상호변경 신고즉시 처리, 둘째, 양도인 · 양수인이 함께 신분증을 지참하여 영업허가증(양도인), 위생교육필증(양수인), 영업자 지위승계 신고서작성, 셋째, 양수인만 같은 경우에는 양도인의 인감증명서와 그 도장이 찍힌 양도 · 양수 계약서를 가지고 가야 한다. (위생교육관련 사이트 – http://www.ekra.or.kr)

4. 위생교육

일상적으로 방문하는 음식점을 세무서에 접수나 신고만하면 사업을 할 수 있는 것으로 오해하는 사람들이 있다. 위생교육을 비롯하여 보건증, 임대차계약서, 신분증을 준비한 후

시설과 장비, 기기구입이 완료되면서 해당구청 및 시청의 위생과 실사를 통해 허가증을 발급받게 된다. 특히 불법건축물이나 정화조 용량과 규모, 혐오시설 등에 따라 인·허가가 나지 않을 수도 있다. 허가를 받고 난 후 관할세무서에서 사업자등록증을 신청할 수 있다.

위생교육은 미리 알아보고 준비해 두어야 착오가 없다. 급하게 받으려면 해당지역이 아닌 타 지역까지 받아야 하는 번거로움이 있다. 추가적인 비용이 발생할 수 있으므로 사전에 확인하여 준비하는 것이 좋다. 외식사업의 신규영업자는 행정적으로 우선시해야 되는 위생교육과 근무자 개인의 보건증이 있어야 한다. 기존 영업자들은 온라인의 위생교육으로 대신할 수 있지만, 신규영업자들은 중앙회를 비롯하여 지회의 사전교육 이수증을 통해 사업자를 신청할 수 있다.

외식사업자들은 일반사업자들과 달리 전 국민의 건강과 보건, 생명을 지킨다는 투철한 사명감과 봉사정신을 가지고 있어야 한다. 먹거리 불안에 대한 위생과 청결, 안전에 대한 건강을 책임지기 때문에 창업 이전에 관련교육을 받아야 한다(식품위생법 제41조 제2항). 교육은 중앙회를 비롯하여 지회에서 실시하며, 통상적으로 오전 9시부터 오후 4시까지 6시간의 교육으로 이뤄진다(지참서류 : 신분증, 사진 1매, 수료비 23,000원).

- 일반 음심점은 한국외식업중앙회(http://www.efa.or.kr)
- 휴게음식점은 휴게 음식업중앙회(http://efa.or.kr/newindex)

사전 위생교육이 면제되는 경우가 있다. 조리사나 영양사가 식품접객업을 하려는 경우나 신규 위생교육을 받은 자가 위생교육을 수료한 날로부터 2년 이내에 유사한 동일업종으로 영업하려는 경우에는 면제될 수 있다(식품위생법 제41조 제4항).

〈표 9-5〉 음식점중앙회 및 전국지회

지회 지부명	주 소	전 화
서울중앙회	서울 관악구 봉천동1659-2 청동빌딩 202호	02)425-6126~8
중부지회	서울 중구 을지로3가 110-1 서울빌딩 306호	02)2266-9362
동부지회	서울 광진구 중곡동, 158-24 용마빌딩 305호	02)415-1869
서부지회	서울 영동포구 당산동 3가 398-20 신원일빌딩 202호	02)2633-0323
남부지회	서울 광진구 중곡동 158-24 용마빌딩 305호	02)415-1869
경기도지회	경기 수원시 장안구 정자2동 80-17 수원상공회의소 203호	031)243-3003

지회 지부명	주 소	전 화
강원도지회	강원도 춘천시 중앙로3가 67-1 춘천시민 복지회관 5층	033)254-5876
충북지회	충북 청주시 흥덕구 사직동 257-16	043)250-9939
충남지회	충남 아산시 권곡동 543-21(2층)	041)545-9942
경북지회	경북 김천시 남산동 23-13	054)434-3967
경남지회	경남 김해시 서상동 27-27	055)326-8016
전북지회	전북 전주시 덕진구 인후동1가 765-1	063)243-2226
전남지회	전남 목포시 대성동 129-13	061)242-3996
제주지회	제주시 삼도1동 519-6	064)753-7840

5. 보건증

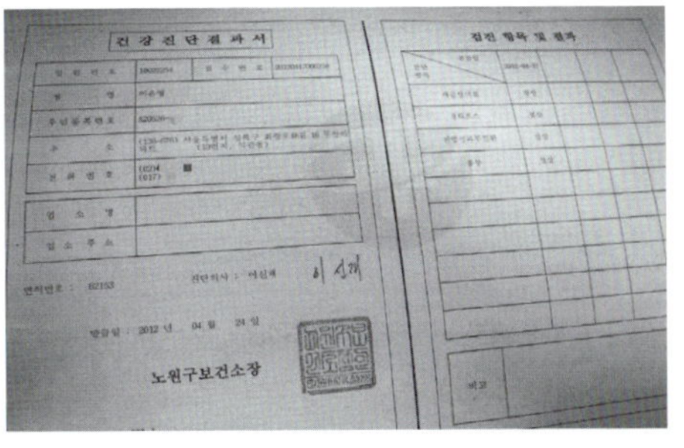

건강진단서(보건증)

식품 및 식품첨가물을 채취, 조리, 제조, 가공, 저장, 운반 또는 판매에 종사하는 자는 공중위생을 위해 건강진단을 받아야만 종사할 수 있다(식품위생법 제40조, 제41조). 이를 위반할 때는 영업허가 취소 및 영업정지, 500만원 이하의 과태료를 부과받게 된다. 식품의 조리 및 제조, 판매 등에 근무하는 자는 연 1회 건강진단을 받아야 한다. 식품접객업 중 다방업은 여자 직원들이나 유흥주점의 접객원들은 위생분야 종사자 등에 대한 진단규칙이 정한 기준에 따라 건강검진을 받아야 한다(보건복지부령 제1호).

음식점 경영자는 건강진단을 받지 않고 업무를 수행했을 때 타인에게 위해를 끼칠 우려가 있는 질병의 직원은 영업에 종사시켜서는 안 된다. 위반 시 「식품위생법」 제78조 제1항에 의해 영업허가 취소 및 6개월 내의 영업정지, 폐쇄의 행정처분을 받을 수 있다. 즉석판매 제조가공업에 종사하는 영업자 및 직원들도 포함된다. 건강진단 항목에는 장티푸스, 결핵, 전염성 피부질환으로 연 1회의 횟수를 정해주고 있다. 영업을 신고할 때나 영업 중에는 1년에 한 번씩 보건소에 가서 건강검진을 받아야 한다. 대표자는 보건증을 직원별로 확보하고 있어야 하며, 관련기관의 요구 시 반드시 제출해야 한다. 이를 위반했을 때는 「식품위생법」 제101조 제2항에 의해 500만원 이하의 과태료를 부과받을 수 있다.

6. 사업자등록증

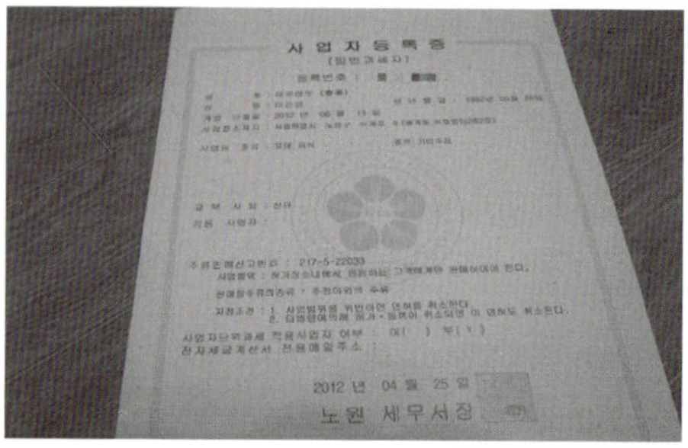

사업자등록증

사업자등록증이란, 납세의무자에 해당하는 사업자를 정부의 목록대장에 수록하는 것을 의미한다. 「부가가치세법상」의 사업자등록증은 세적(稅籍)에 관한 일종의 증표라 할 수 있다. 신규로 사업을 개시하는 자는 사업장마다 사업 개시일로부터 20일 이내 관할세무서에 등록을 해야 한다. 사업을 하기 위해서는 가장 기본적으로 사업자등록증을 발급받아야 한다. 그러기 위해서는 업종선택과 사업자 유형, 허가 및 등록 서류가 필요한 업종인지 면세업종인지 구별해야 한다.

(1) 업종선택

첫째, 과세업종인가 면세업종인가, 부가가치세가 과세되는 사업자일 경우, 과세사업자등록, 부가가치세가 면제되는 사업자는 면세사업자등록, 과세사업과 면세사업을 겸업할 경우 과세사업자등록을 한다. 부가가치세는 납세의무자에 대해 장부의 비치와 기재, 세금계산서 발행, 복잡한 세액계산 및 신고 등의 부담을 준다. 영세사업자에게는 곤란한 점이 많으므로, 일반사업자와 달리 특례를 인정하고 있다. 일정한 영세사업자에 대해서는 간이과세가 인정되며 간이세율이 적용된다.

첫째, 과세사업자는 주로 소액으로 거래하는 사업자에게 세금계산서의 발행, 교부의무를 강제하기에는 무리가 있다. 최종 소비자를 대상으로 하기 때문에 전단계 세액공제법에 의한 신고납부 대상에서 제외해도 부가가치세의 본질을 훼손하지 아니한다고 본다. 영수증을 교부하도록 하는 특례제도이다. 매출액에 업종별 부가가치율을 적용하여 납부세액을 계산하는 방법이다. 둘째, 간이과세 배제업종은 광업, 제조업, 도매업, 부동산매매업, 특별소비세 과세의 유흥장소 영위사업(특별시 · 광역시, 시 등 국세청장 고시지역 소재사업자),

부동산임대업(특별시 · 광역시에 소재하는 국세청장이 정한 규모 이상 임대), 변호사, 회계사, 세무사 등 특정 사업을 제외한 자이다. 직전 1역년(曆年)의 부가가치세를 포함한 공급대가가 4천800만원 미만인 사업자를 간이과세자라 한다. 재화와 용역의 공급에 대한 대가가 일정금액에 미달하는 사업자이다. 신규로 사업을 개시한 개인사업자 등은 일정한 기준에 따라 간이과세자로 할 수 있다(동법 제25조).

셋째, 납부세액 산출방법은 납부세액 = 당해 과세기간의 공급대가 × 직전 3년간 신고된 업종별 평균 부가가치율 감안하여 100분의 10~50의 범위 안에서 정한다. 당해 업종의 부가가치율 × 100분의 10의 산식에 의해 계산한 금액을 원칙으로 납부세액을 결정한다. 둘 이상의 업종을 경영하는 경우, 각각의 업종별로 계산한 금액의 합세액을 납부세액으로 한다. 그 밖에 간이 과세자가 다른 사업자로부터 세금계산서 또는 신용카드 매출전표를 교부받아 매입처별 세금계산서 합계표 등을 관할세무서장에게 제출한다. 이 경우에는 일정금액을 납부세액에서 공제하며, 기타의 경우는 특례로 인정된다(부가가치세법 제25조).

(2) 사업자 유형

개인사업자인가 법인사업자인가, 일반과세자인가 간이과세자인가에 따라 분류될 수 있다.

첫째, 개인사업자는 매출액의 규모에 따라 일반과세자인가 간이과세자인가를 선택하게 된다. 둘째, ① 일반과세자는 간이과세자를 제외한 개인사업자로 세금계산서가 필요할 경우, 무조건 일반과세자로 신고해야 한다. ② 간이과세자는 연간 매출액이 4,800만원 미만인 개인사업자를 의미하지만 예외업종도 있을 수 있다.

셋째, 사업자등록에 필요한 구비서류는 주민등록등본, 사업허가증사본, 점포 임대차계약서 등의 서류를 구비하여 관할세무서에 제출하면 등록신청 내용에 따라 사업자등록증을 즉시 발급해준다. 부가가치세과에 인계하여 신청 · 확인을 거친 후 즉시 교부하거나 또는 3일 내 우편으로 송달해준다. 넷째, 등록 후 정정은 사업자등록증에 기재된 상호, 성명, 대표자명의 업종 주소, 주민번호 등 변동내용이 있는 경우 지체 없이 관할세무서에 정정 신고하여 사업자등록증의 내용을 수정해야 한다.

다섯째, 사업자등록의 근거법은 사업자등록을 하면 매출액의 10%를 판매금액에 포함하여 소비자에게 징수한다. 소비자를 대신하여 국가에 부가가치세를 납부하게 된다. 여기에는 사업자가 구매한 식재료비 등을 매입하면서 납부한 부가가치세를 차감하고 납부하면 된다. 부가가치세 납부세액 = 매출세액 - 매입세액으로 산출하게 된다. 외식업에서는 소비자에게 별도의 부가가치세를 징수하지 않고 음식의 판매금액에 포함하여 일률적으로 징수한다. 사업자들은 이 부분을 간과할 수 있다. 예를 들어, 매출액을 자신의 수익으로 착각하여 영업의 타당성을 분석한다는 점이다. 매출액은 부가가치세가 포함되어 있는 금액으로 수익성을 분석할 때도 이 부분을 차감하여 분석되어야 한다.

〈표 9-6〉 사업자등록증 필요 구비서류

개 인	1. 사업자등록 신청서 1부 2. 임대차계약서 사본(사업장을 임차한 경우에 한함) ※ 단, 전대차계약인 경우는 전대차계약서 사본(계약서 사본에 건물주의 동의 또는 승낙 표시) 3. 허가(등록, 신고)증 사본(해당 사업자) - 허가(등록, 신고) 전에 등록하는 경우 허가(등록)신청서 등 사본 또는 사업계획서 4. 동업계약서(공동사업자인 경우) 5. 재외국민 외국인 입증서류 - 여권 사본 또는 외국인등록증 사본 - 국내에 통상적으로 주재하지 않는 경우 : 납세관리인 설정신고서
영리법인(본점)	1. 법인설립신고 및 사업자등록신청서 1부 2. 법인등기부등본 1부 - 담당공무원의 확인에 동의하지 아니하는 경우 신청인이 직접 제출해야 하는 서류 3. (법인명의)임대차계약서 사본(사업장을 임차한 경우에 한함) 1부 4. 주주 또는 출자자명세서 1부 5. 사업허가 등록 · 신고필증 사본(해당법인에 한함) 1부 - 허가(등록, 신고) 전에 등록하는 경우 : 허가(등록)신청서 등 사본 또는 사업계획서 6. 현물출자명세서(현물출자법인의 경우에 한함) 1부
비영리 내국법인(본점)	1. 법인설립신고 및 사업자등록신청서 1부 2. 법인등기부등본 1부 ※ 담당공무원의 확인에 동의하지 아니하는 경우 신청인이 직접 제출해야 하는 서류 3. (법인명의)임대차계약서 사본(사업장을 임차한 경우에 한함) 1부 4. 사업허가등록 · 신고필증 사본(해당 법인에 한함) - 허가(등록, 신고) 전에 등록하는 경우 : 허가(등록)신청서 등 사본 또는 사업계획서 5. 주무관청의 설립허가증사본 1부
내국법인 국내지점	1. 법인설립신고 및 사업자등록신청서 1부 2. 법인등기부등본 1부 ※ 담당공무원의 확인에 동의하지 아니하는 경우 신청인이 직접 제출해야 하는 서류 ※ 등기부에 등재 안 된 지점법인은 지점설치 사실을 확인할 수 있는 이사회 회의록 사본(직매장 설치 등 경미한 사안으로 이사회 소집이 어려운 경우 대표이사 승인을 받은 서류 사본) 3. 임대차계약서 사본(사업장을 임차한 경우에 한함) 1부 4. 사업허가 등록 · 신고필증 사본(해당 법인에 한함) - 허가(등록, 신고) 전에 등록하는 경우 : 허가(등록)신청서 등 사본 또는 사업계획서

외국법인 국내지점	1. 법인설립신고 및 사업자등록신청서 1부 2. 외국기업 국내지사 설치신고서 사본 1부 3. 국내사업장을 가지게 된 날의 대차대조표 1부 4. 본점 등기에 관한 서류 5. 정관 사본 1부 6. 허가(등록, 신고)증 사본 – 허가(등록, 신고) 전에 등록하는 경우 : 허가(등록)신청서 등 사본 또는 사업계획서
교회, 사찰 등 고유번호 신청	1. 법인이 아닌 단체의 고유번호 신청서 2. 교단 등의 소속확인서 3. 단체의 정관 또는 협약 4. 임대차계약서 사본(사업장을 임차한 경우에 한함) 1부 5. 교단 등의 법인등기부등본(세무서에서 확인이 가능한 경우는 제외)
동업기업 과세특례 신청	1. 동업기업 과세특례 적용신청서 2. 동업기업 과세특례 포기신청서

자료 : 국세청 세무서식

02 임대차계약과 관련법규

1. 점포 임대차계약

1) 임대차계약

「상가임대차보호법」이란, 영세상인들의 상가임대에 따른 보호 차원에서 마련된 법안이다. 이 제도는 2002년 11월부터 시행되어 상가의 임대료 및 보증금을 올릴 때 기존 금액의 9%를 초과할 수 없게 제한하고 있다. 일정금액 이상의 상가임대차보증금은 다른 채권에 앞서 돌려받을 수 있는 제도이다. 상가의 세입자들도 주택의 전세처럼 세무서에서 확정일자를 받으면 경매, 공매 시 후순위 권리자보다 보증금을 우선변제 받을 수 있다. 확정일자만 받아놓으면 상가임대차보증금 → 국세 → 담보물권이 설정된 채권 → 일반채권 순으로 돌려받을 수 있다.

음식점사업은 반드시 업종에 따른 부동산의 권리분석이나 보증금 회수 가능성에 대한 임대인의 신원확인서와 국토이용 계획원을 확인해야 한다. 특히 사업자가 점포계약을 체결할 때에는 관련 법규를 꼼꼼하게 검토하는 것이 중요하다.

임대차계약이란, 임대인이 임차인에게 목적물을 사용하여 수익할 것을 약정하며, 임차인은 이에 대해 차임을 지급할 것을 약정함으로써 성립하는 계약이다(민법 제618조). 타인의 물건을 사용하여 수익하는 점에서 소비대차 계약이나 사용대차 계약과 같지만, 임차인이 그 임차물 자체를 반환해야 하고 그 소유권을 취득하지 않는다는 점에서 소비대차 계약과는 다르다. 즉 사용하는 수익대가로 차임을 지급해야 한다는 점에서 사용대차 계약과 다르지만 임대차에서는 사용, 수익과 차임이 결정된다.

2. 임대차보호법

1) 상가임대차보호법 및 지역별 보증금액

주택 임차인은 「주택임대차보호법」에 의해 특별히 보호받고 있다. 상가 임차인은 일반적인 「민법」의 임대차 규정에 적용받기 때문에 보호정도가 미약했다. 건물임대차는 사회적 약자인 임차인들의 임대료 인상문제나 임대인의 해지권한 남용, 임대기간의 불안정, 월세 산정 시 고이자율 적용, 보증금 미반환, 임차건물에 대한 등기어려움 등 각종 형태의 불이익을 감수하였다. 하지만 사회적으로 보호받기 위한 법적 장치가 없었다. 이에 임차인을 보호할 법적 · 제도적 장치(2001.12.29)를 법률 제6452호로 제정, 국민들의 경제적인 생활안정을 도모하기 위해 시행하고 있다.

대항력을 가지기 위해 점포 임차 시 사업자등록증을 신청함과 동시에 확정일자를 받아야 한다. 확정일자는 건물 소재지 관할 세무서장이 그 날짜에 임대차 계약서의 존재사실을 인정하는 것으로 계약서에 기입한 날짜를 의미한다. 사업자등록자가 확정일자를 받아두면 등기를 한 것과 같은 효력을 가지므로 경매나 공매로 넘어갈 때 확정일자를 기준으로 보증금을 우선적으로 변제받을 수 있다. 확정일자는 「상가건물임대차보호법」에 의해 환산보증금으로 보호받을 수 있으며, 건물에 대한 지역별 보증금액은 다음과 같다(2016.7.20).

① 서울특별시 4억원, ② 「수도권정비계획법」에 따른 과밀억제권역(서울특별시 제외) 3억원, ③ 광역시(「수도권정비계획법」에 따른 과밀억제권역에 포함된 지역과 군 지역은 제외), 안산시, 용인시, 김포시, 광주시 등은 2억 4천만원, ④ 그 외 지역 1억8천만원 등이다. 여기

서 말하는 수도권정비계획법에 따른 과밀 억제권은 인천광역시(강화군, 옹진군, 서구, 대곡동, 불로동, 마전동, 금곡동, 오류동, 왕길동, 당하동, 원당동과 인천경제자유구역, 남동국가공단, 의정부, 구리시, 남양주의 호평동, 평내동, 금곡동, 일패, 이패, 삼패동, 가운동, 수석동, 지금동과 하남시, 고양시, 수원시, 성남시, 안양시, 부천시, 광명시, 과천시, 의왕시, 군포시, 시흥시는 제외되었다.

계산하는 방법은 보증금 1억원에 월 임대료가 150만원이면 환산보증금은 2억5천만원(1억원 + 150만원 × 100)이 된다. 보증금 5천만원에 월 임대료가 180만원이면? 환산보증금은 2억3천만원이 된다. 확정일자 구비서류는 관할세무서의 민원 봉사실에 신청하면 된다. 신청 시 대표자 및 소재지 등을 잘못 기재했을 경우 보호받을 수 없기 때문에 등기부등본을 확인하고 기재해야 한다. 임대차계약서는 당사자의 서명 또는 날인이 있는 문서의 원본을 원칙으로 한다. 그 내용의 변경, 갱신 시 확정일자를 다시 받아야 효력을 가진다.

〈표 9-7〉 확정일자 신청 시 구비서류

신규 사업자	기존 사업자
• 본인 신분증(대리시 위임장과 대리인 신분증) • 사업자등록 신청서 • 임대차계약서 원본 • 사업허가증, 사업자등록증 또는 신고필증 • 사업장 도면(건물 공부상 구분등기가 표시된 부분의 일부만 임차한 경우)	• 본인 신분증(대리시 위임장과 대리인 신분증) • 사업자등록증 • 임대차계약서 원본 • 확정일자 신청서(실제 임대차계약 내용과 사업자등록 사항이 다른 경우 사업자등록정정 신고서) • 사업장 도면(건물 공부상 구분등기가 표시된 부분의 일부만 임차한 경우)

2) 임대차계약 체결 시 유의사항

(1) 공부열람 및 확인

첫째, 상가건물의 권리관계와 소유주를 확인해야 한다. 임대차계약을 하기 전에 등기소 및 인터넷등기소(www.iros.go.kr)에서 해당 상가건물에 관한 부동산 등기부등본상의 건물, 토지, 집합건물을 발급받아 부동산에 설정된 행정행위와 기입된 근저당권 설정, 가압류, 가처분 등 각 설정의 채권금액을 확인해야 한다. 부동산 등기부등본에 기재된 소유자와 명의자를 직접 확인해야 한다. 둘째, 부동산 및 상가건물의 용도를 확인해야 한다. 시·군·구청 민원실 또는 민원24(www.minwon.go.kr)에서 건축물관리대장, 토지대장을 발급받아

지번, 면적, 소유자 등을 확인하고 등본의 내용과 다른 점이 있는지 토지이용 계획 확인원을 발급받아 해당 건물의 용도와 지구지정 등 앞으로의 개발계획 수립 여부 등을 체크해야 한다. 이와 같이 상권 내 상가건물이 자신이 선택한 업종의 허가 또는 신고가 가능한지 그 여부를 확인해야만 안전하게 영업할 수 있다.

(2) 권리분석

권리분석이란, 임대차보증금의 회수 가능성을 판단하는 것이다. 부동산 등기부에 설정된 근저당권, 가등기, 가처분, 가압류 등이 기입된 건물은 임대차보증금 회수 가능성이 낮아지기 때문에 피하는 것이 좋지만, 반드시 그럴 필요는 없다.

예를 들어, 상가건물에 근저당권이 설정되어 있으면, 채권의 최고액과 선순위 임차인의 임대차 보증금이 얼마인가를 확인해야 한다. 본인의 임대차보증 금액이 점포의 매매시세 70% 이상을 초과한다면 보증금 회수 가능성이 낮은 것으로 판단해야 한다. 매매시세의 비율은 점포의 특수사정에 따라 달라질 수 있다. 하지만 상가건물 주변의 공인중개사 등에 문의하면 쉽게 알 수 있다. 대부분의 건물들은 근저당이 설정되어 있거나 우선채권 변제대상에서 제외될 수 있다. 금융권에서 과도하게 근저당의 최고금액을 잡고 있으므로 이를 해당은행에서 확인하는 것이 좋다. 임대보증금과 상가 특성, 주인의 직업, 수입, 안전성에 따라 달라질 수 있기 때문에 꼼꼼한 권리분석이 필요하다.

(3) 임대차계약의 체결

❶ 임대인의 신원을 확인

- 임대인은 실제 소유자라고 주장하는 자가 아니라, 부동산 등기부상에 기재된 명의의 소유자와 임대차계약을 체결해야 한다. 가급적 해당 소유주와 직접 계약을 체결하거나 중개인의 입회하에 하는 것이 안전하다.

❷ 임대인의 신원

- 등기부등본상 주민등록등본, 주민등록증, 등기권리증을 대조하여 확인하는 것이 안전하다. 주민등록증이나 등기권리증 등을 위조하는 경우가 있으므로 부동산중개사(중개인 이름, 주민번호, 사업자번호, 동일 여부 확인)의 입회하에 작성하는 것이 좋다.

❸ 대리인이 출석할 때 확인해야 할 사항

- 상가건물의 소유자를 대신하여 대리인이 출석한 경우 임차인은 소유자로부터 대리권 수여에 관한 위임장과 인감증명서를 확인해야 한다.

❹ 계약내용의 결정 및 계약서 기재사항

- 목적물 표시 : 다가구, 다점포일 경우 건물의 호수를 정확하게 기재해야 한다.
- 부동산 등기부등본상 건축물대장과 일치하도록 기재해야 한다.
- 대금의 액수와 지불시기, 방법, 임대인과 임차인의 성명, 주민등록번호, 주소, 연락처, 임대차기간, 상가건물이 인도시기 등을 기재해야 한다.
- 가급적 권리금, 시설비, 동일건물 내 중복업종의 제한과 규정 등 계약서에 기재하는 것이 좋다.
- 특이사항은 위약 시 책임과 해약조건, 충분한 임차기간의 보증을 명시해야 한다. 임차권과 등기권리 설정과 협조, 하자, 보수문제 등을 명확히 기재해야 한다.

❺ 계약서 작성요령

- 매매대금은 한글, 한자로 표기하되 아라비아숫자와 병행해서 표기해야 한다.
- 애매한 문구는 삼가고 객관적으로 보아 누구라도 이해하고 알기 쉽게 작성하는 것이 좋다.
- 특이사항은 계약체결 후 건물 인도기간 사이에 설정되는 근저당 설정, 가등기, 가압류, 가처분 등의 문제가 발생 시 계약을 해제할 수 있으며 그와 동시에 위약금 등을 명시하는 것이 좋다.
- 계약서 내용 중 일부 문구를 정정하고자 할 경우, 두 줄을 그어 그 위에 정정할 내용을 기재하고 임대인과 임차인 모두 날인을 해야 한다.

❻ 중도금 잔금지급과 이사일

- 계약을 체결하기 전 중도금 및 잔금지급 일정과 건물의 점포 인도일을 조정하게 되며 인테리어 및 영업설비와 설치 등을 위해 이사일 및 건물 출입일을 협의해야 한다.
- 임대차계약서를 작성한 후 다시 한 번 계약 내용을 살펴보고 이상이 없으면 기명날인한다. 임대차계약서가 두 장 이상인 경우, 각 장의 접속부분에 임차인, 임대인의 간인을 모두 찍어야 한다.

❼ 임대차 계약의 갱신

- 임대차계약 기간이 만료한 후 임차인이 임차물을 계속하여 사용, 수익하는 경우에 임대인이 상당한 기간 내에 이의를 제기하지 아니한 때에는 전 임대차와 동일한 조건으로 다시 임대차한 것으로 본다. 이를 임대차계약의 묵시적 갱신이라 한다. 당사자는 언제든지 계약해지의 통고를 할 수 있다. 임대인이 해지를 통고한 경우 6개월, 임차인이 해지를 통고한 경우에는 1개월의 기간이 경과하면 해지의 효력이 생긴다. 임대인은 임차인이 최초의 기간을 포함한 전체 임대차기간이 5년을 초과하지 않는 범위 내에서 계약을 하게 된다. 임대차기간 만료 전 6월부터 1월 사이에 행하는 계약갱신 요구에 대해 정당한 사유 없이 이를 거절하지 못한다.

❽ 임대차 계약의 대항력 취득

- 임차인이 자신의 권리를 임대인뿐만 아니라 제3자에 대해 주장할 수 있는 권리를 의미한다. 임대차기간 중 임차상가 건물의 소유자가 변경되어 임대인의 지위가 새로운 소유자에게 포괄적으로 승계된 경우에도 임차인은 계약기간 동안 계속 사용할 수 있다.
- 임차인은 목적물의 양수인에 대해 임차권을 가지고 대항할 수는 없다. 하지만 임차권이 등기된 경우 양수인 및 제3자에 대해 대항할 수 있다(민법 제621조 제1항).
- 점포의 인도와 사업자등록 신청에 따른 상가건물 임대차는 그 등기가 없는 경우에도 다음날부터 제3자에 대해 효력이 생긴다(임대차보호법 제3조 제1항).

3. 영업시설과 법규

1) 바닥 권리금, 시설 권리금, 영업 권리금

권리금이란, 점포를 사용하는 권리에 대한 자릿값을 의미한다. 그 값에 대한 비용을 재화로 환산하여 지불하게 된다. 임차인 입장에서는 사업을 위해 점포를 인수받을 때 지불하게 되는 점포가치에 대한 비용이라 하겠다. 건물주에게 지불하는 임대료와 상관없이 기존의 이권을 획득한다는 측면에서 지급하는 점포가치를 의미한다. 대체로 비어있는 점포에서 시설을 투자하여 영업을 시작하게 되는데, 매출이 일정하게 도달할 때까지 들어가는 촉진비 등 투자된 시간과 비용의 대가라 할 수 있다. 성업 중인 점포를 그대로 인수받을 경우 해당점포에 대한 인지도와 투자비용, 단골고객, 시간, 매출 등의 비용까지 포함한다. 권리금을 세부적으로 구분하면 바닥 권리금, 영업 권리금, 시설 권리금으로 나눌 수 있다.

- 바닥 권리금은 대로변인가, 코너인가, 횡단보도 앞인가, 유동인구가 많은 지역인가, 상권이 발달된 지역인가 등 좋은 입지조건에서 발생하는 권리를 말한다. 상권과 입지의 좋고 나쁨에 따라 누리는 권리로 차이가 있을 수 있다.
- 영업 권리금은 점포가 확보한 고객수와 매출액이 얼마나 되는가에 따라 단골고객을 그대로 넘겨받을 수 있는 권리를 말한다. 업종이나 업태에 따라 차이가 발생하지만 기존에 확보된 고정고객이 많을수록 점포가치는 높게 측정된다. 하지만 전임 임차인이 확보한 고객들은 후임자의 능력에 따라 줄어들거나 늘어날 수 있다.
- 시설 권리금은 점포의 인테리어 시설이나 조경, 상징물, 각종 집기 등에 투자된 가치 등이다. 생활환경의 변화에 따라 영향력이 줄어드는 것을 감안하여 계산하게 되는데, 순수한 시설가치에 대한 비용을 의미한다. 하지만 그 시설을 새로운 임차인이 그대로 인수받는다고 할 경우 해당되지만, 동종 업종인가 타 업종인가에 따라 차이가 있다. 예를 들어, 커피전문점을 현 업종 그대로 영업하는 경우, 커피추출에 필요한 머신기, 그라인더, 로스팅기, 피처, 데미타스 잔, 샷잔, 머그잔 등을 그대로 사용할 수 있다. 하지만 타 업종일 경우 필요하지 않을 수 있어 전혀 도움이 되지 못하게 된다.

권리금은 임대보증금과 다르게 법적으로 인정받을 수 있는 금액이 아니라 점포주와 무관한 임차인끼리 주고받는 금액이다. 점포주에게 반환을 요구할 수 없으며, 일반적으로 관여하지 않고 있다. 점포주에 따라 계약이 만료되었을 때 원상태를 약정하는 경우가 많아 분쟁의 소지가 된다. 특히 공실점포에 바닥권리를 요구하는 경우나 암묵적으로 묵인하는 등 정해진 것이 아니므로 주변의 시세에 비해 비싸지 않은지, 점포를 내놓을 때 돌려받을 수 있는지 검토하는 것이 좋다.

점포를 계약할 때에는 계약서를 작성하지만 권리금을 지불하는 경우에는 계약서를 작성하지 않는다. 점포의 가치에 따라 협상을 통해 지불하므로 인테리어 시설과 집기 등 마찰이 없도록 세부적으로 꼼꼼하게 작성하는 것이 좋다. 하지만 실행하기는 쉽지 않다.

2) 영업시설과 관련법규

일반음식점을 운영하기 위해서는 법에서 규정하는 식품접객업의 공통시설 기준과 업종별 기준에 적합한 시설을 갖추어야 한다. 기준에 미치지 못하면 적합하도록 기간을 정해 개수를 명할 수 있다. 건축물의 소유자와 영업자 등이 다른 경우 건축물의 소유자는 시설 개수명령에 따라 최대한 협조를 해야 한다. 이러한 개수명령에 따르지 않으면 영업자는 500만원 이하의 과태료를 부과받게 된다.

(1) 식품접객업(일반음식점) 공통시설 기준

일반음식점을 포함하여 식품접객업에 공통적으로 적용되는 시설기준은 다음과 같다.

〈표 9-8〉 식품접객업 시설기준(1)

구 분		시 설 기 준
공통 시설기준	영업장	• 독립된 건물이거나 식품접객업의 영업허가, 영업신고를 한 업종 외, 시설과 분리되어야 한다. • 영업장은 연기, 유해가스 등의 환기가 잘 되도록 해야 한다. • 음향 및 반주시설을 설치하는 영업자는 내부의 노랫소리가 외부에 들리지 않도록 방음장치를 해야 한다. • 휴게음식점, 일반음식점, 단란주점 영업자는 무대시설을 영업장 안에 객석과 구분되게 설치해야 한다.
	조리장	• 조리하는 장소는 그 내부를 볼 수 있는 구조를 갖추어야 한다. • 조리장의 바닥에 배수구가 있는 경우 덮개를 설치해야 한다. • 조리장 안에 취급하는 음식은 위생적으로 조리하기 위한 시설과 세척, 폐기물 용기 및 손 씻는 시설을 갖추어야 한다. 폐기물 용기는 오물악취 등 누출되지 않도록 뚜껑이 있는 내수성 재질을 사용한다. • 조리장에는 주방용 식기류를 소독하기 위한 자외선, 전기 살균소독기, 열탕 세척소독 시설을 갖추고 있어야 한다. 특히 식중독을 일으키는 병원성 미생물 등 살균할 수 있는 시설이어야 한다. • 충분한 환기를 시킬 수 있는 후드시설을 갖추어야 한다(점검사항). • 식품기준과 규격, 보존과 기준에 적합한 온도가 유지될 수 있는 냉장, 냉동시설을 갖추어야 한다.
	급수시설	• 「수돗물 및 먹는 물 관리법」 제5조 규정에 의한 수질기준에 적합한 지하수 등 시설을 갖추어야 한다.
	화장실	• 화장실은 콘크리트로 내수 처리해야 한다. 공중시설의 역, 터미널, 유원지 등의 화장실은 위치한 업소, 공동화장실이 설치된 건물 내에 있는 업소, 인근에 사용하기 편리한 화장실은 따로 설치하지 않을 수 있다. • 화장실은 조리장에 영향을 미치지 않는 장소에 설치해야 한다. • 정화조를 갖춘 수세식 화장실을 설치해야 한다. 단, 상 · 하수도가 설치되지 않은 지역에서는 수세식이 아닌 화장실을 설치할 수 있다. • 화장실에는 손을 씻는 시설을 갖추어야 한다.

자료 : 광진구 보건위생과 식품위생

〈표 9-9〉 식품접객업 시설기준(2)

구 분		시 설 기 준
개별 기순	휴게음식점 제과점	• 휴게음식점(제과점)에는 객실을 둘 수 없다. 객석은 높이 1.5m 미만의 칸막이(이동식, 고정식)를 설치할 수 있다. 2면 이상을 완전히 차단하지 않아야 하고, 다른 객석에서 내부가 보이도록 해야 한다. • 영업장에는 손님이 이용할 수 있는 자막용 영상장치 또는 자동반주 장치를 설치해서는 안 된다.
	일반음식점	• 일반음식점의 객실에는 잠금장치를 설치할 수 없다. • 영업장에는 손님이 이용할 수 있는 자막용 영상장치 또는 자동반주 장치를 설치해서는 안 된다. • 일반음식점의 객실 안에는 무대장치, 음향, 반주시설, 우주볼 등의 특수 조명시설을 설치해서는 안 된다.
	단란주점	• 영업장 안에 객실, 칸막이를 설치하고자 하는 경우 다음과 같은 기준에 적합해야 한다. – 객실 설치 시 중앙에서 내부가 전체적으로 보일 수 있도록 투명한 유리로만 설치해야 한다. 통로, 복도형태로 설치해서는 안 된다. – 객실로 설치할 수 있는 면적은 객석면적의 2분의 1을 초과할 수 없다. – 객장 안의 높이 1.5m 미만의 칸막이(이동식 및 고정식)를 설치할 수 있다. 이 경우 2면 이상을 완전히 차단하지 않아야 하며, 다른 객석에서 내부가 서로 보이도록 해야 한다. • 객실에는 잠금장치를 설치할 수 없다.
	유흥주점	• 객실에는 잠금장치를 설치할 수 없다.

자료 : 광진구 보건위생과 식품위생

(2) 다중이용업소 안전관리

2013년 2월 23일부터 다중이용업소는 화재로 인해 타인의 신체나 재물에 손실을 입혔을 때 보상해주는 화재보험 가입을 의무화하고 있다. 「다중이용특별법」으로 제정되어 시행되고 있으며, 이를 위반했을 때는 2백만원 이하의 벌금에 처한다. 법안추진 배경은 화재발생 시 피해자에 대한 피해보상이 원활하게 이루어질 수 있도록 다중이용업소를 운영하는 자로 하여금 배상책임 보험에 의무적으로 가입하도록 안전관리에 관한 특별법이 개정되었다(제11336호, 2012.2.22 공포). 과태료 등 법률에서 위임된 사항과 그 시행을 정하고 있다.

현재 휴게음식점, 제과점, 일반음식점 등 바닥 면적이 100m^2 이상의 업소와 지하층 사업장은 66m^2 이상의 점포가 여기에 해당된다. 단, 지하 1층이 지상과 접하는 층에 있는 영업장은 제외된다. 학원, 목욕탕, 찜질방, 게임 제공업, PC방, 복합유통 등 면적의 요건은 조금씩 다를 수 있으므로 직접 확인하는 것이 중요하다.

❶ 안전시설 범위 조정(제9조)

다중이용업을 운영하는 자로 하여금 비상벨과 자동화재 탐지설비 중 하나를 선택하여 설치 · 유지하도록 하고 있다. 노래반주기 등 영상 음향장치를 사용하는 영업장에는 자동 화재 탐지 설비를 의무적으로 설치하도록 한다. 단란주점 영업, 유흥주점 영업 등은 내부 피난통로를 설치하도록 하는 등 안전시설의 범위를 합리적으로 조정하는데 그 목적이 있다.

❷ 화재배상 책임보험 보상(제9조 제2항)

다중이용업소에서 화재발생 시 피해자에 대한 실효성 있는 피해보상이 이루어질 수 있어야 한다. 사업자가 가입해야 하는 화재배상 책임보험의 금액을 피해자 1명당 사망은 1억원, 부상은 2천만원의 범위에서 보상된다. 재산상의 손해인 경우 사고 1건당 1억원의 범위에서 피해자에게 발생한 손해액으로 정하고 있다.

❸ 주민등록번호 등 고유 식별 정보처리(제22조 제2항)

소방방재청장, 소방본부장 및 소방서장 등은 법령상 사무수행을 위해 필요한 고유 식별 정보를 처리할 수 있는 법적 근거를 마련했다.

❹ 화재배상 책임보험 가입의무 위반에 대한 과태료 부과

화재배상 책임보험에 가입하지 아니한 경우, 가입하지 않은 기간에 따라 최대 200만원의 과태료를 내야 한다. 보험회사가 화재배상 책임보험 계약체결을 거부한 경우에는 200만원의 과태료를 부과하도록 했다.

○ 소방시설

- 소화설비는 주방용 자동소화 장치, 자동 확산소화 장치, 간이 스프링클러 설비(캐비닛 형, 간이 스프링클러 설비포함) 등을 영업장에 설치해야 한다.
- 경보설비는 비상벨, 자동화재 탐지설비(노래반주기 등 영상음향 장치를 사용하는 영업장에는 자동화재 탐지설비를 설치해야 한다) 등을 갖추어야 한다. 가스누설 경보기는 가스시설을 사용하는 주방이나 난방시설이 있는 영업장에만 설치한다.
- 피난설비는 간이 완강기와 같은 설비를 말하며, 피난 유도선은 다음의 영업장에 설치한다(단란주점영업, 유흥주점, 비디오 감상물, 노래연습장, 산후 조리업, 고시원업 등).
- 기타 소방시설 : 유도등, 유도표지, 비상조명, 휴대용 비상조명 등

○ 비상구

– 주 출입구 외 해당 영업장 내부에서 피난 층 또는 지상으로 통하는 직통계단이 주 출입구로부터 영업장의 긴 변의 길이가 2분의 1 이상 떨어진 위치에 설치된 경우이다. 피난 층에 설치된 영업장으로 사용하는 바닥 면적이 $33m^2$ 이하인 영업장 내부에 구획된 방이 없으며, 전체가 개방된 구조이다. 각 부분으로부터 출입구까지의 수평거리가 10m 이하인 경우이다.

(3) 하수처리시설

음식점 사업은 오수 및 하수처리시설의 정화조를 갖추어야 한다. 해당건물의 용도에 적합한 규격과 용량을 갖추어져야만 영업허가를 받을 수 있다. 영업신고가 하수처리시설이 갖춘 건물인지 사전에 업종과 관련하여 이를 확인한 후 계약을 체결해야 안전하다.

❶ 개인 하수처리시설의 설치

오수를 배출하는 건물에는 개인 하수처리시설이 설치되어 있어야 한다. 구역 밖에서 1일 오수 발생량이 $2m^3$를 초과하는 건물 및 시설 등에 설치하려는 자는 오수처리시설(개인 하수처리시설로서 건물에서 발생하는 오수처리시설)을 설치해야 한다. 하수처리구역(합류식 하수관리 설치지역만 해당) 안에서 수세식 변기를 설치하려는 자는 정화조를 설치해야 한다(하수도법시행령, 제24조 제2항). 오수를 배출하는 건물 · 시설 등을 설치하는 자는 단독 또는 공동으로 설치해야 한다. 폐수종말처리시설에 유입하여 처리하거나 분류식 하수관거에 연결하여 공공시설에 유입하는 등의 경우는 면제된다(하수도법 제34조 제1항).

> 하수처리구역이란, 관할 지방자치단체가 공공하수도의 사용을 개시하려는 경우, 그 사용개시 시기와 함께 공고하는 배수구역을 말한다(하수도법, 제2조 제15호).

❷ 정화조의 용량 확인

첫째, 정화조 용량의 적합성을 확인한다. 건축물의 용도에 따라 처리할 수 있는 하수량이 있기 때문에 음식점 사업 시 해당건물의 정화조에 대한 용량을 확인해야 한다. 하수량의 부족으로 인해 영업허가에 문제가 발생할 수 있다. 예를 들어, 물을 많이 쓰는 한식, 중식은 처리해야 할 하수가 많기 때문에 정화조 용량이 커야 한다. 이전의 업종이 물을 적게 쓰는 베이커리, 찻집인 경우 일반음식점으로 바꾼다면 정화조 용량 문제로 영업허가에 문제가 있을 수 있다. 환경부나 국민권익위원회, 각 시 · 군 · 구 홈페이지 게시판을 통해 확인할 수 있다. 영업을 위해 계약한 후 정화조 용량이 맞지 않아 인 · 허가를 못 받는 경우가 있다. 특정 음식점은 반드시 계약 전에 시 · 군 · 구청 민원실에서 건축물대장을 발급받아 환경위생과(청소팀)에 정화조 용량의 적합성을 확인해야 한다.

둘째, 정화조 용량 확인방법 및 산정기준은 건축물관리대장 뒷면에 해당건물 전체의 정화조 용량에 나와 있다(예 : 100인 또는 200인용 등). 해당건물에 어떤 점포들이 있는지 확인해 두어야 한다. 상호에 관계없이 일반음식점, 사무실 등 건축물 용도로 분류하며, 상세 내역은 환경부고시 '건축물 용도별 오수발생량 및 단독정화조 처리대상인원 산정기준'에 나와 있다. 기준에 따르면 한식 · 중식, 일반음식점, 서양식 · 정통일식 및 찻집 등으로 분류된다.

〈표 9-10〉 건축물 용도별 오수발생량과 단독 정화조 처리대상 인원 산정기준

분류번호	건축물 용도			오수발생량		단독 정화조 처리대상 인원	
				1일 발생량	BOD농도(mg/ℓ)	인원 산정식	산정 단위
3	판매 및 영업 시설	식품 즉석제조 판매점, 제과점		40ℓ/m^2	130	n=0.2A	n : 인원(인) A : 연면적(m^2)
		음식점	오염 부하량 높은 경우 (한식, 중식)	80ℓ/m^2	330	n=0.4A	n : 인원(인) A : 연면적(m^2)
			낮은 오염 부하량 (양식, 일본식 음식점, 찻집)	35ℓ/m^2	130	n=0.175A	n : 인원(인) A : 연면적(m^2)
			기타 음식점 (상기 외 음식점)	60ℓ/m^2	210	n=0.3A	n : 인원(인) A : 연면적(m^2)
9	위락 시설	무도 유흥주점	나이트클럽, 카바레	60ℓ/m^2	150	n=0.3A	n : 인원(인) A : 연면적(m^2)
		일반 유흥주점	룸살롱, 단란주점, 요정, 스탠드바	46ℓ/m^2	250	n=0.23A	n : 인원(인) A : 연면적(m^2)
		무도장, 무도학원, 콜라텍		16ℓ/m^2	150	n=0.08A	n : 인원(인) A : 연면적(m^2)

출처 : 법제처 2009.12.10. 기준(환경부고시 제2009-197호 해당부분 발췌)

※ 연면적 : 해당 용도로 사용되는 바닥면적(부설주차장 제외한 공용면적 포함) 합계
※ 한식 · 중식 음식점은 오염 부하량이 높으며, 양식 · 일본식 음식점 · 찻집 등은 낮다. 그 외 음식점의 경우 기타 음식점 적용
※ 정화조 용량확인 사례(70m^{2}의 점포가 5개인 건물의 정화조 용량이 '100인'인 경우)
- 그 중 4개는 음식점, 나머지 1개는 사무실인 경우
  $(70m^2 \times 0.3 \times 4) + (70m^2 \times 0.08) = 89.6$인 < 100인 → 용량 충분
- 현재 사무실로 사용 중인 1개의 사무실을 임차하여 음식점으로 하는 경우
  $70m^2 \times 0.3 \times 5 = 105$인 > 100인 → 용량 부족

※ 사무실은 정화조 용량초과로 일반음식점으로 영업신고가 되지 않는다.
- 각 점포별 적정 정화조 용량을 계산하면 건축물관리대장 상의 정화조 용량과 비교하여 그 이하인지 이상인지 알 수 있다.
- 현재 건물이 오수처리시설이 되어 있는 경우라면 용도변경은 가능하나, 오수처리 환경 분담금 문제가 발생하게 된다.
- 단독건물이라면 정화조 용량을 늘리거나 정화조의 청소횟수를 늘리는 방법이 있다.
  첫째, 정화조 용량을 늘리는 방법이다. 건물바닥을 뜯어내어 확장하는 방법으로 초기의 설치비용은 많이 들어간다. 둘째, 정화조의 청소횟수를 늘리는 방법이다. 매년 정기적으로 정화조의 청소를 해야 한다. 만약 그 용량이 20% 이내일 경우만 가능하지만 그렇지 않다면 정화조의 용량을 넓히는 공사를 다시 해야 한다.
- 단독 정화조가 아니고 '오수 정화처리시설'이 되어 있는 건물인 경우 인원산정 필요 없이 영업신고 및 영업허가가 가능하다. 오수 정화처리시설이 되어 있는지는 건축물관리대장을 확인하면 된다.

4. 원산지 표시

1) 원산지

FTA 등 개방화로 값싼 외국 농산물이 무분별하게 수입되고 있다. 이들 농산물은 국산으로 둔갑하여 소비자의 위생과 안전을 위협하고 있어 그 해결책을 요구한다. 공정한 거래질서를 확립하고 생산 농업인과 소비자를 보호하기 위해 '농산물 원산지 표시제도'를 '91년 7월 1일부터 도입했다.

원산지란, 농산물의 생산 및 채취된 국가 또는 지역을 말한다(농수산물 원산지 표시에 관한 법률 제2조 제4항). 국제적인 거래에 있어 원산지는 그 상품이 생산된 국가와 지역을 의미하는 정치적 실체를 나타내고 있다. 국내적으로는 지역 또는 지방을 의미한다. 원산지

는 가공, 생산, 공정, 재배 등의 과정을 거치지 않으며, 단순히 그 국가를 통해 거래되었음을 의미한다. 경유국, 적출국, 수출국과는 다른 개념이다.

첫째, 농산물은 동일 작물, 동일 품종이라도 재배지역의 기후, 토질, 재배방법, 시기 등에 따라 그 품질은 달라진다. 예를 들어, 이천쌀, 안성포도, 한우(횡성, 안성, 대관령, 상주 등), 나주배, 청송사과, 인삼(국내산, 중국산), 소고기(미국산, 호주산, 뉴질랜드산) 등에 따라 차이가 있다.

둘째, 가공품은 원료의 원산지 및 가공법에 따라 품질의 차이가 있다. 이러한 원산지 표시제도는 국제적인 규범에서 허용하는 제도로 미국, EU, 일본 등 대부분의 국가에서 운영하고 있다.

2) 음식점 원산지 표시

「농산물품질관리법」에서는 공정한 거래질서 확립과 생산자 및 소비자보호를 위해 조리 및 가공하여 판매하는 소고기, 돼지고기, 닭고기, 쌀, 배추김치 등에 대해 식품접객업 및 단체급식소에서는 원산지 표시를 의무화하고 있다. 그에 따른 음식점의 원산지 표시제 대상품목은 소고기, 돼지고기, 닭고기, 오리고기, 쌀(밥류), 배추김치, 넙치, 조피볼락, 참돔, 미꾸라지, 뱀장어, 낙지 등 조리에 사용되는 모든 식재료를 말한다.

(1) 대상음식점

- 일반음식점은 음식류를 조리하여 판매하거나 식사류와 함께 음주행위가 허용된 일반음식점, 뷔페, 예식장, 장례식장 등을 의미한다.
- 휴게음식점은 패스트푸드점, 분식점 형태의 음식물을 조리판매하며, 음주행위는 허용되지 않는다.
- 위탁급식은 영업계약에 의해 집단급식소 내 조리, 가공하여 제공하는 단체급식을 의미한다.
- 집단급식소는 영리를 목적으로 하지 않으며, 계속적으로 특정 다수인(상시 1회 50명 이상)에게 음식물을 제공하는 급식소(학교, 기업체, 기숙사, 공공기관, 병원 등)를 의미한다.

(2) 일반적인 표시방법

❶ 휴게음식점 및 일반음식점 영업

원산지는 소비자가 쉽게 알아볼 수 있도록 메뉴판 및 게시판에 표시해야 한다. 그 밖에 푯말 등 다양한 방법으로 추가적으로 표시할 수 있다. 다만, 영업장의 면적이 $100m^2$ 미만인 경우에는 메뉴판 · 게시판 또는 푯말 중 하나를 선택하여 표시할 수 있다.

❷ 위탁급식영업을 하는 영업소 및 집단급식소

식당이나 취식장소에 월간 메뉴표, 메뉴판, 푯말 등을 사용하여 이용자가 쉽게 볼 수 있도록 표시해야 한다. 교육 · 보육시설 등 미성년자를 대상으로 하는 영업소 및 집단급식소의 경우에는 원산지가 적힌 주간 또는 월간 메뉴표를 작성하여 가정통신문으로 알려주거나 인터넷홈페이지에 추가로 공개해야 한다.

❸ 장례식장, 예식장, 병원

여러 사람이 이용하는 장소에 설치 · 운영하는 영업소나 집단급식소는 취식자가 쉽게 볼 수 있는 장소에 푯말, 게시판 등을 표시해야 된다.

❹ 글자 크기

글자 크기가 메뉴판이나 게시판에 적힌 음식명 글자 크기의 1/2 이상으로 한다.

❺ 축산물을 조리하여 판매할 목적

조리하기 전 냉장고 등에 보관하는 경우 제품 포장재에 표시하거나 냉장고 앞면에 일괄적으로 표시할 수 있다.

❻ 원산지가 같은 경우

원산지가 같은 경우에는 메뉴판 및 게시판에 일괄하여 표시할 수 있다.

- 우리업소에서는 '국내산 쌀'만 사용합니다.
- 우리업소에서는 '국내산 한우소고기'만 사용합니다.
- 우리업소에서는 '덴마크산 돼지고기'만 사용합니다.
- 우리업소에서는 '국내산 넙치'만을 사용합니다.

(3) 축산물의 원산지 표시방법

축산물의 원산지는 국산 또는 국내산(이하 "국내산"이라 한다)과 수입산으로 구분한다.

❶ 소고기

- 국내산은 '국내산'으로 표시하고, 식육의 종류를 한우, 젖소, 육우로 구분하여 표시한다. 다만, 수입한 소를 국내에서 6개월 이상 사육한 후 국내산으로 유통하는 경우에는 '국내산'으로 표시하되, 괄호 안에 식육의 종류 및 수입국가명을 함께 표시한다.
  예 소갈비(국내산 한우), 등심(국내산 육우), 소갈비 국내산(육우, 호주산)
- 수입산의 경우에는 수입국가명을 표시한다.
  예 소갈비(미국산), 항정살(호주산), 갈비살(칠레산), 차돌박이(뉴질랜드산) 등
- 원산지가 다른 소고기를 섞은 경우에는 그 사실을 표시한다.
  예 갈비탕(국내산 한우와 호주산을 섞음), 설렁탕(육수는 국내산 한우, 고기는 호주산), 국내산 한우 갈비뼈에 호주산 소고기를 접착한 경우 : 소갈비(갈비뼈 국내산 한우와 소고기 호주산을 섞음) 또는 소갈비(호주산)

❷ 돼지고기 · 닭고기 · 오리고기

- 국내산의 경우 '국내산'으로 표시한다. 수입한 돼지를 국내에서 2개월 이상 사육한 후 국내산으로 유통하거나 수입한 닭 또는 오리를 국내에서 1개월 이상 사육한 후 국내산으로 유통하는 경우, 국내산으로 표시하되 괄호 안에 수입국가명을 함께 표시한다.
  예 삼겹살(국내산), 삼계탕(국내산), 훈제오리(국내산), 삼겹살 국내산(돼지, 덴마크산), 삼계탕 국내산(닭, 프랑스산), 훈제오리 국내산(오리, 중국산)
- 수입산은 수입국가명을 표시한다.
  예 삼겹살(덴마크), 삼계탕(중국산), 오리(중국산)
- 원산지가 다른 돼지고기 또는 닭고기를 섞은 경우 그 사실을 표시한다.
  예 고추장불고기(국내산과 미국산 돼지고기를 섞음), 닭갈비(국내산과 중국산을 섞음), 오리불고기(국내산과 중국산을 섞음)
- 배달을 통해 판매 · 제공되는 닭고기
- 닭고기를 조리하여 배달을 통해 판매 · 제공하는 경우, 그 조리한 음식에 사용된 닭고

기의 원산지를 포장재에 표시한다. 다만, 표시하기 어려운 경우에는 전단지, 스티커 또는 영수증 등에 표시할 수 있다.

예 찜닭(국내산), 양념치킨(브라질산)

❸ 쌀(찐쌀을 포함)의 원산지 표시방법

쌀의 원산지는 국내산과 수입산으로 구분하고, 아래와 같이 표시한다.

- 국내산의 경우 '쌀(국내산)'로 표시한다.
- 수입산의 경우 쌀의 '수입국가명'을 표시한다.

  예 쌀(미국산)
- 국내산 쌀과 수입산 쌀을 섞은 경우 쌀(국내산)과 수입국가명을 함께 표시한다.

  예 쌀(국내산과 중국산을 섞음) 등 2012.4.11부터 탕용 · 찌개용 배추김치, 수산물 6종 (넙치, 조피볼락, 참돔, 미꾸라지, 뱀장어, 낙지 등)에 확대 시행되었다.

❹ 넙치, 조피볼락, 참돔, 미꾸라지, 뱀장어, 낙지의 원산지 표시방법

수산물의 원산지는 국내산, 원양산 및 수입산으로 구분하고, 다음 각 항목의 구분에 따라 표시한다.

- 국내산은 '국산, 국내산, 연근해산'으로 표시한다.

  예 넙치회(국내산), 참치회(연근해산)
- 원양산은 '원양산, 원양산(해역명)'으로 한다.

  예 참돔 구이(원양산), 넙치 매운탕(원양산, 태평양산)
- 수입산은 수입국가명 표시한다.

  예 참돔회(일본산), 뱀장어구이(영국산)
- 원산지가 다른 동일품목은 그 사실을 표시한다.

  예 조피 볼락회(국내산과 일본산을 섞음), 낙지볶음(국내산과 중국산을 섞음)

(4) 영업자 준수사항

첫째, 음식점 영업자는 축산물 구입영수증을 매입일로부터 6개월 간 업소에 비치 · 보관해야 한다(위반 시 과태료 20만원 부과). 둘째, 영업자가 원료공급자에게 속아서 원산지

위반이 발생한 경우, 원산지가 기재된 구입영수증, 거래명세표 등으로 소명하여 위반에 대한 책임을 면제받을 수 있다.

(5) 원산지 표시위반에 대한 처벌

첫째, 소고기, 돼지고기, 닭고기, 오리고기, 쌀, 배추 김치류의 원산지를 거짓 표시하거나, 국내산 소고기는 식육의 종류를 거짓 표시한 경우 7년 이하의 징역 또는 1억원 이하의 벌금이 부과된다. 둘째, 원산지 및 소고기의 종류를 표시하지 아니한 경우에 1천만원 이하의 과태료가 부과된다.

(6) 원산지 위반신고 포상제도

첫째, 음식점에서 원산지를 거짓으로 표시한 것을 알게 되었을 때, 가까운 국립농산물품질관리원에 직접 신고하거나 아래 전화나 인터넷으로 신고할 수 있다.

- 신고전화 : 전국 어디서나 1588-8112번
- 인터넷 신고 : www.naqs.go.kr

둘째, 신고포상금은 단속공무원이 신고사실에 대해 위반 여부를 조사하며, 원산지 허위표시로 확인되면 최고 200만원까지 포상금을 지급한다. 미표시 위반자 신고에 대한 포상금은 5만원으로 정하고 있다.

〈표 9-11〉 원산지 위반 시 과태료

위반사항	과태료		
	1회	2회	3회
1. 소고기의 원산지 · 식육의 종류 모두 미표시	150만원	300만원	500만원
2. 소고기의 원산지만 미표시	100만원	200만원	300만원
3. 소고기 식육의 종류만 미표시	30만원	60만원	100만원
4. 돼지고기, 닭고기, 오리고기, 쌀, 배추김치의 원산지 미표시 5. 넙치, 조피볼락, 참돔, 미꾸라지, 뱀장어, 낙지의 원산지 미표시	30만원	60만원	100만원
6. 영수증 미비치	20만원	40만원	80만원
7. 상기 원산지 표시방법을 위반한 경우 미표시 과태료의 1/2 부과			

5. 근로기준법

1) 근로기준법의 정의

헌법에 따라 근로조건의 기준을 정하고 있다. 근로자의 기본적 생활을 보장하며, 복지향상과 균형 있는 국민경제 발전을 도모하기 위해 제정한 법이다(2010.6.10 법률 제10366호). 1953년 법률 제286호로 제정된 뒤 11차례가 개정되었다. 1997년 법률 제5305호는 폐지되고 제5309호로 새롭게 제정된 뒤 2010년 법률 제10366호까지 22차례 개정되었다. 상시 5인 이상의 모든 사업장에 적용한다. 동거하는 친족만을 사용하는 사업장과 가사 사용인에 대해서는 적용하지 않는다.

2) 근로조건(연소자 포함) 및 법규

연소근로자는 일정한 연령에 달하지 아니한 근로자를 의미한다. 근대국가의 노동법은 예외 없이 연소근로를 금지 또는 제한하고 있다. 우리나라는 원칙적으로 15세 미만인 자를 근로자로 사용할 수 없으며, 18세 미만인 경우 그 연령을 증명하는 호적증명서, 친권자, 후견인의 동의서를 비치하도록 의무화한다. 근로시간, 휴일, 야간업무, 위험 · 유해업무 제한, 갱내 근로금지 등 일반근로자와 다른 기준으로 보호하고 있다(근로기준법 제5장).

법이 정한 근로조건은 최저기준으로 그 기준을 이유로 근로기준을 저하시킬 수 없다. 사용자는 근로자에 대해 성별 · 국적 · 신앙 · 사회적 신분을 이유로 차별적 대우나 처우를 해서는 안 된다. 계약 중 법정기준에 미치지 못한 근로조건은 무효로 한다. 사용자는 근로계약을 체결하거나 변경할 때 근로조건을 명시해야 한다. 계약 불이행에 대한 위약금, 손해배상액을 예정하는 계약을 체결하지 못한다. 강제저축, 저축금의 관리를 규정하는 계약을 체결하지 못하며, 정당한 이유 없이 해고 · 휴직 · 정직 · 전직 · 감봉 기타 징벌을 못한다.

긴박한 경영상의 필요에 의해 근로자를 해고하는 경우, 해고를 피하기 위한 노력을 해야 한다. 합리적이고 공정한 해고 기준을 정해 대상자를 선정하며, 최소 50일 전에 예고해야 한다. 퇴직급여제도는 근로자 「퇴직급여보장법」에 따라 임금 · 재해보상금, 기타 근로관계로 채권에서 우선변제 된다. 최저임금은 6,470(2016년)원으로 「근로기준법」상 18세 미만의 청소년이 하루 최대 8시간을 근무할 경우 6,470원×8시간=51,760원이다. 이를 주당 최대

40시간 근무할 경우 258,800원이 된다.

사용자는 매월 1회 이상 일정기일을 정해 근로자에게 임금을 지급하며, 휴게시간을 제하고 40시간을 초과할 수 없다. 근로시간은 탄력적 근로와 선택적 근로시간제가 인정된다. 근로시간이 4시간인 경우 30분 이상, 8시간인 경우에는 1시간 이상의 휴게시간을 근로 도중에 주어야 한다. 1주일에 평균 1회 이상 유급휴일을 주며, 1년 동안 8할 이상 출근한 근로자에 대해서는 15일의 연차 유급휴가를 주어야 한다(월차 유급휴가 조항은 2003년 개정 때 삭제). 15세 미만은 고용노동부장관이 발급한 '취직 인허증' 소지자로 한다. 여자와 소년의 근로는 특별하게 보호되며, 임신이나 출산 전·후를 통해 90일의 보호휴가를 주어야 한다. 생후 1년 미만의 유아를 가진 여성근로자가 청구하면 1일 2회 30분 이상의 유급 수유시간을 주어야 한다.

근로자의 업무상 재해는 요양보상, 휴업보상, 장해보상, 유족보상, 장의비 등을 지급해야 한다. 상시 10인 이상의 근로자를 사용하는 경우 취업규칙을 작성하여 고용노동부장관에게 신고해야 한다. 취업규칙은 법령 또는 단체협약에 반할 수는 없다. 부속기숙사 근로자는 기숙사 규칙을 작성하고 건강, 풍기와 생명유지에 필요한 조치를 강구해야 한다. 근로기준을 확보하기 위해 고용노동부 및 소속기관에 근로감독관을 둔다. 근로자는 사업 또는 사업장에서 위반사실을 고용노동부장관 또는 근로감독관에게 통고할 수 있다. 「근로기준법」은 제12장으로 제116조 부칙으로 이루어져 있다.

국가인권위의 실태보고(국가인권위원회 2013년 3월 보고서)

국가인권위원회에 의하면 15~19세 청소년 329만 4천 명 중 일하는 청소년은 21만 3천 명으로 보고된다. 12만 명(64%)은 최저임금에도 못 미치는 열악한 근로조건에서 착취당하며, 청소년 아르바이트생 5명 중 1명은 주 48시간 이상 근무한다. 고용, 건강보험, 퇴직금, 시간 외 수당 등을 적용받는 경우는 10% 미만에 불과하다. 현재 「청소년보호법」에 의해 나이와 근로시간의 제한만 존재한 실정이다.

고용노동부의 '2010 연소근로자 사업장 감독실적' 통계에 의하면, 대상사업자 1,545곳 중 84.1%(1,300곳)가 「근로기준법」을 위반하고 있다. 최저임금 미달 및 고지의무 위반이 971건, 연소자증명서 미비치 432건, 야간 및 휴일근로 미인가 209건이다. 2011년 경제활동 인구는 23만6천 명, 취업자는 21만3천 명, 실업자는 2만2천 명이다. 경제활동 참가율(경제활동인구 ÷ 생산가능인구 × 100)은 7.2%이며, 고용률(취업자 ÷ 생산가능 인구 × 100)은 6.5%이다. 실업률은 (실업자 ÷ 경제활동인구 × 100)은 9.5%이다.

〈표 9-12〉 주요 고용지표

(단위 : 천 명, %)

	15세 이상 생산가능 인구	경제활동 인구	취업자	실업자	비경제활동 인구	경제활동 참가율	고용률	실업률
전체	43,387	27,303	26,603	975	15,864	63.5	61.1	3.5
남자	21,298	15,736	15,901	600	5,396	74.7	74.7	3.8
여자	22,144	11,568	11,676	374	10,468	52.7	52.6	3.2

자료 : 통계청, 경제활동 인구조사 부가조사(2016년 7월 기준)

3) 근로계약에 필요한 서류

「근로기준법」 제22조에 의한 보존 및 대상서류는 다음과 같다.

- 대통령령으로 정하는 근로계약에 관한 서류는 다음의 서류를 말한다(제42조).
  - 근로계약서, 임금대장, 임금결정, 지급방법과 임금계산의 기초에 관한 서류, 고용·해고·퇴직에 관한 서류, 승급·감급에 관한 서류, 휴가에 관한 서류
- 제42조 따른 근로계약에 관한 보존기간은 각 호에 해당하는 날부터 기산한다.
  - 근로자 명부는 근로자가 해고되거나 퇴직 또는 사망한 날, 근로계약서는 근로관계가 끝난 날, 임금대장은 마지막으로 써넣은 날, 고용·해고·퇴직에 관한 서류는 근로자가 해고되거나 퇴직한 날, 승인이나 인가에 관한 서류는 승인이나 인가를 받은 날, 서면 합의 서류는 서면 합의한 날, 연소자증명에 관한 서류는 18세가 되는 날
  - 그 밖의 서류는 완결한 날을 말한다.

4) 퇴직금

노동정책 자료에 의하면, 2013년 1월 1일부터 상시근무 4인 이하의 사업장에도 1년 이상 계속 근로하다 퇴직한 근로자의 경우 법정수준 이상의 퇴직금을 받을 수 있다. '10년 12월 1일부터 퇴직급여제도를 확대 적용했다. 사업장이 영세성을 고려하여 급여 및 부담금 수준을 단계적으로 상향하도록 특례 규정을 두어 운영하고 있다. '10년 12월 1일부터 12월 31일까지 법정퇴직금의 100분의 50 이상을 지급받을 수 있었으나, '13년 1월 1일 이후 기간에 대한 퇴직금은 법정퇴직금의 100분의 100 수준으로 상향되었다.

'13년 1월 1일부터는 사업장의 규모와 상관없이 계속 근로기간이 1년 이상인 퇴직 근로자는 1년에 30일분 이상의 평균 임금을 퇴직금으로 지급받을 수 있다.

4인 이하 퇴직금의 예

근로자는 법정퇴직금 기산일이 2010년 12월 1일로 11월 30일까지는 퇴직금을 받을 수 없다. 하지만 본 시행 이전에 이미 근로계약서에 법정퇴직금을 주기로 약정하였거나 관행상 법정퇴직금을 지급해왔다면, 개정법의 시행을 이유로 퇴직금 지급금액을 50%로 줄여서 지급할 수는 없다. 퇴직금 계산 시에 해당지급 청구자가 「근로기준법」상 근로자에 해당해야 한다. 그 계산의 근거가 되는 평균임금은 실비의 변상적 금품 등은 포함되지 않는다. 4대 보험가입 여부와 퇴직금 지급은 무관하다.

(1) 퇴직금 계산

「퇴직급여보장법」 제8조 제1항 규정에 의해 사용자는 계속 근로 연수 1년에 대해 30일분 이상의 평균임금을 퇴직금으로 지급하는 제도를 설정했다. 계속 근로 연수는 근로계약을 체결하여 고용된 날부터 퇴직할 때까지 기간을 의미한다. 퇴직금 산정기준이 되는 평균임금은 같은 법 제19조에 의한 사유가 발생한 날 이전의 3월간 근로에 대해 지급된 임금총액을 그 기간의 총일수로 나눈 금액을 말한다. 이러한 방법으로 산출된 평균임금액이 당해 근로자의 통상임금보다 적은 금액일 경우 임금액 평균으로 해야 한다.

임금총액은 3개월 동안의 근로 대가로 지급되었거나 지급사유가 발생하여 지급받아야 할 세액으로 공제전의 임금을 의미한다. 총일수는 평균임금 산정의 사유발생일 이전 3개월을 역으로 소급하여 계산한 기간의 일수를 말한다. 월의 대소에 따라 89~92일이 될 수 있다. 평균임금 및 퇴직금 산정방식은 다음과 같다.

- 평균임금 =(산정사유 발생일 이전 3월 간의 임금총액) / [3개월 간 역일수(총 날짜수)]
- 퇴직금 = 평균임금 × 30일분 × [(　)년 + (　)일 / 365)]

  근속년수는 휴업, 휴직, 징계기간 불문하고 취업한 날부터 퇴직, 해고, 사망한 날까지 근로관계가 종료한 날까지의 총 기간으로 계산한다(2013.1.1 고용노동부 관계법령).
- 법정퇴직금 = (평균임금 × 30일 × 근속일수) ÷ 365

(2) 근속일수

근무일수는 휴일을 포함하여 입사부터 퇴사까지 총 재직일수이다. 재직기간 중 병가, 결근, 휴직, 산재요양, 쟁의기간 범죄행위로 구속된 기간, 연수(교육)기간 등 모두 재직기간에 포함된다.

(3) 평균임금

평균임금은 퇴직, 해고 등 평균임금을 산정해야 할 사유가 발생한 날을 기준으로 3개월 전에 지급한 임금총액을 그 기간의 총일수로 나눈 금액을 말한다. 취업 후 3개월 미만도 이에 준하여 기본금, 직무수당, 직책수당, 자격수당, 시간외수당, 휴일수당, 야간수당, 상여금 등을 포함한다.

퇴직금

퇴직금이란, 「근로자 퇴직급여 보장법」 제8조 제1항에 의해 '1년에 대해 30일분 이상의 평균임금'을 의미한다. 2013.1.1부터는 사업장 규모에 관계없이 계속근로기간이 1년 이상인 퇴직근로자는 1년에 대해 30일분 이상의 평균임금을 퇴직금으로 지급받을 수 있다.

※ 참고 : 고용노동부 홈페이지 > 알림마당 > 팸플릿 · 브로슈어

6. 영업자 준수사항

1) 메뉴판 및 옥외 가격표시제

보건복지부 「식품위생법 시행규칙」 제6호에 의하면, 접객업자의 준수사항을 다음과 같이 제시하고 있다. 면적이 150m² 이상인 일반음식점, 휴게음식점에서는 내부와 외부에 볼 수 있는 가격표를 붙이거나 게시해야 한다. 누구나 쉽게 볼 수 있도록 영업장의 가격표(부가가치세 포함)를 붙여야 한다.

가격표란 손님이 실제 계산해야 되는 표시된 가격을 말한다. 가격 확인이 쉽게 음식점 밖에서도 볼 수 있게 표시해야 한다(식품위생법 시행규칙 개정, 2013.1.31 시행).

(1) 메뉴판 표시 위치

첫째, 일반적 기준: 외부에서 볼 수 있는 가격표시물은 영업소의 입구나 주 출입문 주변 등 소비자가 쉽게 볼 수 있는 곳에 게시해야 한다. 둘째, 입지별 기준으로는 도로변에 접한 영업장은 원칙적으로 주 출입문 또는 그 주변에 게시해야 한다. 창문, 외벽면 등 건물 밖 도로상에서 보이는 위치에 게시해도 무방하다. 빌딩 등 대형건물의 2층 이상 또는 지하층은 소재한 영업장의 경우 개별영업소 이동통로(1층 로비, 1층 엘리베이터 입구) 등에 게시해도 무방하다.

(2) 메뉴판 표시대상

첫째, 외부가격 표시제는 소비자가 해당서비스를 제공받기 위해 지불해야 하는 최종가격으로 부가가치세, 봉사료 등이 포함된 실제 지불가격을 의미한다. 둘째, 외부가격 표시대상품목 단위는 타 재화나 서비스에 부수적으로 이용되는 것이 아니라 독립적인 이용 가능한 재화나 서비스를 말한다.

※ 음식점의 공기밥, 라면사리 등은 옥외 가격표시의 단위품목에 해당되지 않는다. 품목수는 영업장에서 제공하는 품목 중 최소 5개 이상 표시해야 하며, 5개 미만일 경우 모두 표시해야 한다.

(3) 가격게시방법

첫째, 외부가격표시는 「옥외 광고물관리법」 등 관련법령 및 조례에 위반되지 않는 방법으로 해야 한다. 둘째, 외부가격 표시물 가격과 변동내용은 수정해야 한다.

셋째, 품목명과 가격정보와 무관한 사항은 표시할 수 없다. 넷째, 가격표 디자인의 크기는 소비자가 알아볼 수 있는 범위 내 자치단체별로 자율적으로 시행할 수 있다.

(4) 업종별 세부가격 표시

첫째, 서비스의 단위가 1인분이 아닌 경우, 주문 가능한 최소단위 인원과 가격을 표시할 수 있다. 둘째, 기존 메뉴판(책자형 포함)을 활용하여 외부에 게시할 수 있다.

셋째, 투명한 창문 출입문 등 내부에 직접 부착하여 옥외 게시물과 동일하게 볼 수 있도록 한 경우는 외부에 표시한 것으로 본다. 넷째, 푸드코트 등 별도 출입문이 없는 경우 계산대 주변에 게시할 수 있다.

(5) 메뉴판 정책 위반 시

1차 경고 : 시정명령, 2차 경고 : 영업정지 7일, 3차 경고 : 영업정지 15일 및 행정처분(과징금 대체 가능)이 부과된다.

2) 최종 지불가격 표시

고객이 지불하는 최종 결제금액은 부가가치세(VAT)가 포함된 가격으로 표시해야 한다. 현재까지는 '부가가치세 별도' 같은 형식으로 부가세나 봉사료 등을 따로 표시하여 소비자가 정확한 가격을 알 수가 없게 하였다. 하지만 2013년부터는 소비자에게 정확한 가격정보를 제공하기 위해 메뉴판에 최종소비자 가격을 표시해야 한다. 음식점, 커피전문점 등 부가세, 봉사료를 포함하여 최종 소비자가격으로 표시해야 한다.

현행

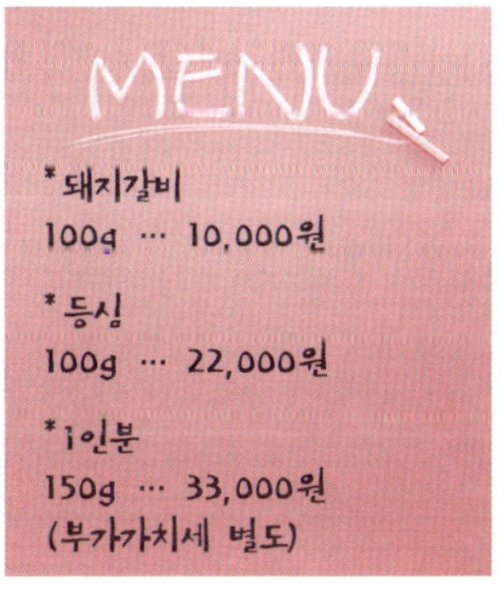

변경

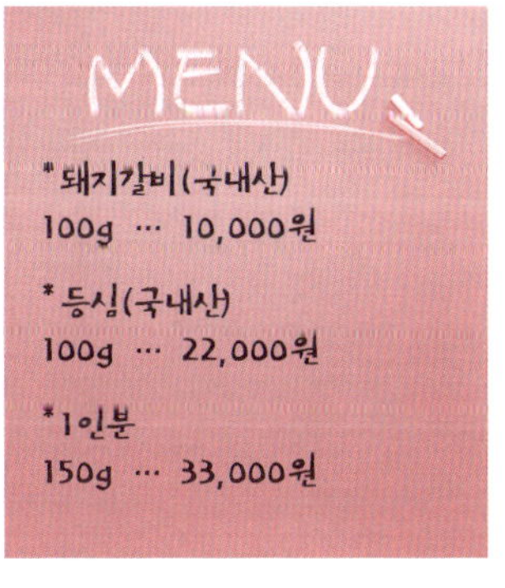

가격 게시방법

CASE
"음식값, 부가세 따로 계산하지 마세요!"

메뉴판에서 부가세 별도라는 용어가 사라지면서 가격표시를 옥외에도 게시하도록 의무화했다. 메뉴판의 가격을 헷갈리게 하는 행위가 금지된다. 음식점에 들어가기 전에 소비자들이 미리 알 수 있도록 옥외에도 가격을 표시하는 제도를 시행한다. 「식품위생법 시행령」에 따라 2013년 1월 1일부터 음식점, 커피전문점, 제과점 등 모든 식품접객업소의 메뉴판에 '최종 지불가격 표시제'가 시행되고 있다. 모든 음식점은 부가세나 봉사료 등을 포함한 최종가격을 메뉴판에 표기해야 한다.

고기가격 표시도 달라진다. 소비자들이 쉽게 비교할 수 있게 100g 단위의 가격을 표시하며, 1인 분량의 중량과 가격을 표시해야 된다. 면적 150m^2 이상인 음식점은 가게 외부에 가격표를 게시하며, 5개 이상 주요 메뉴의 최종 지불가격을 표시해야 한다. 옥외광고 문의는 관련 법령에 위반되지 않는 방법으로 소비자들이 알아보기 쉬운 주출입구에 게시해야 한다.

서울시는 전체 음식점의 11% 가량인 1만5,000개 업소가 여기에 해당된다. 최종 지불가격표시제를 이행하지 않으면 자치단체의 행정처분이 가능하다. 서울시는 2013년 4월까지 현장방문을 통해 집중홍보, 계도기간을 거쳐 시행하고 있다.

한겨레 2014.1.1

9

Summary 요약

[1] 메뉴 아이템과 상권의 점포, 입지 등에 대한 분석이 끝났다면 실전에 돌입하기 전에 반드시 거쳐야 하는 과정이 있다. 사업과 관련된 인 · 허가 부분을 확인해야 한다. 업종별로 인 · 허가 부분이 다를 수 있기 때문에 필요한 부분을 반드시 숙시해야 한다.

[2] 사업계획은 사업자가 가지고 있는 자본, 인력, 기술자원을 바탕으로 음식점사업이 가능하다는 전제 하에 시장을 조사하여 분석하는 단계를 의미한다. 사업의 구체적인 목적과 아이템을 점검하며, 자신의 투입자본에 따른 인적 · 물적 요소를 바탕으로 성공 가능성을 확인하면서 기회요인을 찾을 수 있다.

[3] 사업계획을 위한 기초단계는 자신의 사업을 성장시키기 위한 구체화된 의지로서 체계적인 조사와 자료 분석에 따라 진행과정을 확립하는 설계서에서 가능하다. 사업과 관련된 법적 · 제도적 요소와 사회 전반적인 변화, 소비자 욕구, 새로운 기술, 경쟁자와 관계, 직원관리, 마케팅 촉진전략 등에 따른 과정을 문서화한 준비단계를 의미한다.

[4] 사업자등록증이란, 납세의무자에 해당하는 사업자를 정부의 목록대장에 수록하는 것을 말한다. 부가가치세법상의 사업자등록증은 세적(稅籍)에 관한 일종의 증표라 할 수 있다. 신규로 사업을 개시하는 자는 사업장마다 개시일로부터 20일 이내에 관할세무서에 사업자등록을 해야 한다.

[5] 「상가임대차보호법」이란, 영세상인들의 상가임대에 따른 보호 차원에서 마련된 법안이다. 이 제도는 2002년 11월부터 시행되어 상가의 임대료 및 보증금을 올릴 때 기존 금액의 9%를 초과할 수 없게 제한하고 있다. 일정금액 이상의 상가임대차보증금은 다른 채권에 앞서 돌려받을 수 있는 제도이다.

[6] 원산지란, 농산물의 생산 및 채취된 국가 또는 지역을 의미한다(농수산물 원산지 표시에 관한 법률 제2조 제4항). 국제적인 거래에 있어 원산지는 일반적으로 그 상품이 생산된 국가와 지역을 의미하며, 정치적 실체를 나타내고 있다.

9

Practice 연습문제

1 창업에 필요한 사업절차 과정과 인·허가 과정의 체크포인트를 논의해 보자.

2 창업에 필요한 인·허가 항목 및 구비서류에 대해 논의해 보자.

3 일반음식점 영업을 위한 「식품위생법」에서 정하는 공통시설기준과 업종별 시설기준에 적합한 시설을 갖추어야 한다. 이에 대해 논의해 보자.

4 「상가임대차보호법」은 영세상인들의 상가임대에 따른 보호 차원에서 마련된 법안이다. 구체적인 법안과 내용에 대해 논의해 보자.

5 원산지 표기의 도입 배경과 원산지 표기가 왜 필요한지에 대해 논의해 보자.

6 「식품위생법」에 의한 행정 규제와 지시를 받는 외식사업자들은 제44조 제1항에 의해 영업의 위생관리와 국민보건, 위생, 건강증진을 위해 준수해야 할 규칙이 있다. 그 내용에 대해 논의해 보자.

Part 03
주방 및 위생관리

CHAPTER 10

외식업 주방과 식자재관리

스스로를 신뢰하는 사람만이 다른 사람들에게 성실할 수 있다.

– *Erich Fromm*, 미국 정신분석학자

Objective

- 외식업에서 주방관리의 개념을 이해한다.
- 주방의 형태 및 종류에 대해 이해한다.
- 주방 내에서 직무에 따른 주요 업무를 이해한다.
- 조리인의 기본적인 자세와 조리법을 이해한다.
- 주방의 시설관리 및 주방설계의 레이아웃을 이해한다.
- 외식업에서 구매에서 출고에 이르기까지 식자재 경영관리를 이해한다.

01 외식업 주방관리

1. 주방의 직무와 조리법

1) 주방의 개요

(1) 주방관리

외식업체에서 주방관리의 개념을 설명하기에 앞서 일반적인 개념을 살펴보고자 한다. 기업에서 관리란 다수의 인간활동의 결합으로 특정 목적을 달성하는 행위를 의미한다. 일반적으로 '관리'란 사람을 통제하고 지휘 감독하는 것이다. 시설이나 물건의 유지, 개량 따위를 꾀하는 것과 일을 맡아서 처리하는 등으로 설명할 수 있다. 이러한 관리는 인간이 주체가 되어 제한된 인적·물적 자원을 합리적이면서도 복합적으로 결합하여 경제적 가치를 창출할 목적으로 하는 일련의 과정이다. 즉 다수인의 인간 활동에서 특정 목적을 달성하고자 하는 행위로 타인으로 하여금 일을 하도록 하는 것이다.

외식사업의 주방관리는 일반적인 관리와 크게 다르지 않다. 외식주방이란 일정한 공간을 중심으로 고객에게 제공될 상품을 가장 경제적으로 생산하여 최대의 이윤을 창출하는 데 요구되는 제한된 인적 자원과 물적 자원을 관리하는 과정이라고 할 수 있다.

(2) 주방의 정의

외식업소는 고객에게 식·음료를 제공하기 위한 공간으로 홀과 주방으로 구성된다. 과거의 주방은 쉽게 눈에 띄지 않는 형태의 밀폐형 주방(close kitchen)이 주된 형태였지만, 현대의 주방은 고객입장에서 음식을 만드는 과정을 쉽게 볼 수 있게 설계한 오픈주방(open kitchen)이 대세이다. 기존의 밀폐형 주방은 문이 닫히는 순간 비밀의 공간이 될 수 있기에, 소비자들로 하여금 음식에 대한 신뢰성을 확보하지 못한 측면이 있었다. 조리기술과 음식에 대한 고객들의 기호도가 다양해지면서 그 형태도 변하고 있다. 조리상품을 만들기 위해서는 각종 조리기구와 저장시설, 설비를 갖추고 있어야 한다. 위생적이면서 다양한 기능성을 발휘하는 조리작업은 고객에게 판매할 음식을 생산하는 작업공간이다. 여기에는 조리기능, 판매기능, 목적에 맞는 분위기 연출로 효율적인 운영에 영향을 미친다.

(3) 주방기능

현대의 주방은 생산과 소비의 동시성으로 상황 변수가 많은 독특한 장소이다. 외식경영에서 주방이 차지하는 비중은 매우 크며, 대부분 인적 자원에 의해 결정되는 음식은 다품목 소량 생산체계로 품질의 균질화가 어렵다. 식재료의 구매관리를 비롯하여 운영에 중요한 부분을 차지하며, 특히 최상의 재료를 적정가격에 구매하여 양질의 음식을 생산하여 고객 섭취에서 구전이나 재방문을 결정하게 된다. 따라서 단순히 식·음료 생산에 그치는 것이 아니라 품질관리와 고객만족까지 그 중요성이 제시된다.

2) 주방의 형태 및 종류

(1) 주방의 형태

주방의 형태는 음식의 상품가치와 함께 고객에게 제공되는 과정으로 수량, 가격, 서비스 시간, 형태 등에 따라 다음과 같이 나누어진다.

첫째, 전통형 주방이다. 식재료를 구매하여 조리전의 준비와 음식을 만드는 장소가 같은 장소에서 이루어진다. 둘째, 혼합형 주방이다. 조리전의 식재료 준비와 음식을 만드는 장소가 같은 공간에 이루어지지만, 서로 구획을 구분하고 있다. 셋째, 분리형 주방이다. 조리전의 식재료 준비와 조리업무를 수행하는 공간이 서로 공간적으로 떨어져 운영된다. 넷째, 편의형 주방이다. 완전 또는 반 가공된 식재료만 구입하기 때문에, 마무리 조리주방만 있는 형태이다.

(2) 주방의 종류

외식업체의 주방 설계는 업종과 업태에 따라 그 목적에 부합되도록 설계되어진다. 업종에 따라 주방 설계와 설비가 달라진다. 외식업에서의 주방은 호텔 주방과 유사한 측면이 있다. 다만, 규모면에서 작고 호텔 주방을 축소한 형태라고 할 수 있다. 호텔 주방을 기초로 하여 주방의 종류를 설명하고자 한다.

❶ 중심지원 주방(central kitchen)

주방에서 가장 핵심적인 역할을 하는 형태로 메인 주방이라고도 한다. 육수, 소스, 드레싱, 육류, 어패류의 정선작업 등 다른 영업주방에서 이용하는 기본적인 식재료를 먼저 처리하는 곳으로 규모가 크고 세분화되어 있다. 호텔에서는 영업 주방을 지원해주는 동시에 연회행사를 주로 담당한다.

첫째, 더운요리 주방(hot kitchen)은 열을 이용하여 음식을 만드는 주방으로 기본육수, 소스, 스테이크, 수프 등 더운 음식을 생산하는 주방이다. 연회행사에서는 주로 더운 전채요리와 메인요리를 담당하게 된다. 둘째, 찬요리 주방(cold kitchen)은 열을 이용하지 않고 버무리거나 데쳐서 만들어지는 찬 전채요리, 샐러드와 샐러드에 곁들여지는 드레싱 등을 담당한다. 셋째, 어육가공 주방(butcher)은 각 연회장에서 필요한 각종 생선이나 해산물, 육류, 가금류 등을 일차적으로 정선하여 주문한대로 부위별 모양과 크기, 양을 조절하여 지원해주는 주방이다. 넷째, 제과 & 제빵 주방(bakery kitchen)은 호텔에서 메인 주방과 가까이 위치하며, 영업 주방이나 연회행사에 필요한 각종 디저트를 만드는 곳으로 케이크 · 빵 · 파이 · 쿠키 등과 제과류, 계절과일을 준비하거나 아이스크림, 셔벗, 무스와 같은 디저트를 만든다. 다섯째, 기물세척 주방(steward)은 모든 기물에 대한 세척 및 공급관리를 담당하고 있다.

❷ 영업주방

음식을 만드는 주방과 판매할 수 있는 홀이 있는 주방의 형태로서 메인 주방에서 일차적으로 만들어진 육수, 드레싱, 고기, 생선, 디저트 등을 제공받아 고객의 주문에 따라 완성, 판매하는 주방이다. 그러므로 지원주방과 유기적 관계를 구축하는 것이 중요하다.

첫째, 커피숍 주방은 프렌치 · 이태리 스타일의 메뉴이다. 조식, 중식, 석식 및 룸서비스의 메뉴까지 포함하는 경우가 많다. 최근 들어, 브런치 메뉴도 커피숍에서 판매하는 경우가 늘고 있으며, 호텔에서는 규모가 가장 큰 레스토랑이라고 볼 수 있다. 둘째, 전문식당 주방은 한식, 일식, 중식, 이태리, 프렌치 스타일의 고유한 레스토랑을 말한다. 이태리 레스토랑은 이탈리아인들이 즐겨먹는 밀가루, 올리브오일, 토마토, 치즈, 해산물, 라구소스, 생선, 육류 등의 식재료를 토대로 파스타, 피자, 생선요리, 스테이크요리 등을 주된 메뉴로 판매한다. 이처럼 전문식당에서는 각국에서 생산되는 다양한 식재료를 토대로 해당 국가의 음식을 판매하는데, 이렇게 만들어진 음식에서는 각국의 식문화를 엿볼 수 있다. 셋째,

연회 주방은 메인(hot, cold, butcher, bakery) 주방과 유기적인 업무체계를 구축하며 협조가 중요하다. 연회 행사에서 제공되는 메뉴에 따라 기물 선택도 중요하며, 사용될 기물에 대한 부분들도 사전에 관리부서와 협의해 미리 준비되어 있어야 한다.

3) 주방의 직무분석

직무명	주 요 업 무
총 주방장 (Executive Chef)	• 실질적인 주방의 운영자로서 주방 업무를 총괄한다. • 조리사들의 인사관리를 한다. • 식재료 구매의 결정과 결재를 한다. • 메뉴의 개발 및 원가관리를 한다.
조리장 (Sous Chef)	• 총주방장을 보좌, 총주방장 부재시 주방의 모든 업무를 책임진다. • 소속 주방과 조리사들에 관련된 모든 업무를 관장한다. • 주방의 메뉴관리, 위생관리, 재고관리 등을 한다. • 주방기기와 기물의 관리 및 점검한다. • 조리사들의 근태관리를 한다.
부 조리장 (Chef de partie)	• 조리장을 보좌한다. • 조리사들이 음식을 준비하는 과정과 조리된 음식에 대한 검사를 한다. • 조리사들에게 메뉴에 대한 교육 및 훈련을 한다. • 식재료의 점검 및 신청을 한다.
주임 조리사 (Demi chef de partie)	• 부조리장의 부재시 대행한다. • 부분업무 책임자로서의 업무를 수행한다. • 위생, 안전상태 체크 및 보고업무를 수행한다. • 조리장 혹은 부조리장의 지시사항을 수행한다.
1급 조리사 (1st Cook)	• 음식소비량을 예측하고 메뉴계획을 작성한다. • 요리재료를 신청하기도 한다. • 하급직원을 감독하면서 음식을 같이 준비한다.
2급 조리사 (2nd Cook)	• 소속 파트장(주임조리사)과 1급 조리사의 지시에 따라 업무를 수행한다. • 선임 조리사의 조리업무를 보좌한다. • 주방 내 업무에 필요한 제반사항을 준비한다.
3급 조리사 (3rd Cook)	• 2급 조리사와 같은 일을 수행한다. • 파트장의 지시에 따라 정리정돈, 식자재 수령, 각종재료의 손질 및 정선 등의 업무를 수행한다.
조리 보조 (Cook Helper)	• 아르바이트생이나 인턴직원들에 해당된다. • 조리사에게 필요한 기본적인 업무를 교육적 차원에서 수행한다. • 전처리, 칼 갈기, 냉장고 정리, 주방 내 조리기구의 정리정돈 등을 한다.
담당과장 (Chief Steward)	• 각종 주방기기 및 식기류의 구매를 의뢰한다. • 기물 관리부서의 인력관리와 교육을 담당한다.
식당 정비원 (Steward)	• 담당과장의 지시에 따른다. • 기물 및 장비를 세척하고 식기를 관리한다. • 원활히 조리작업이 진행될 수 있도록 지원한다.

4) 조리인의 기본자세

조리사란 여러 가지 식재료를 이용하여 고유의 맛을 유지하면서 식단을 계획하고 재료를 다듬으며, 양념을 조미하여 음식의 모든 부분을 최적상태로 창조적인 맛을 내는 사람이다. 「식품위생법」을 이해하고 적용할 수 있어야 하며, 재료의 양과 가격을 산출할 수 있는 수리능력을 필요로 한다. 육안으로 맛을 보아 완성된 요리의 재료, 질감, 품질을 확인 · 검사할 수 있어야 하며, 조리기구를 기술적으로 사용하는 능력과 예술로 승화할 수 있어야 한다.

(1) 조리사가 갖추어야 할 기본자세

첫째, 예술적인 자세이다. 조리사는 식재료를 이용하여 요리하므로 예술적 감각을 발휘해야 한다. 기초적인 이론과 기술, 기능, 미적 감각의 배양을 위해 끊임없이 노력해야 한다. 둘째, 위생관념을 가져야 한다. 조리는 그 자체가 소비자의 건강과 직결되기 때문에 복지후생 및 여가를 즐길 수 있는 좋은 매개체 역할을 한다. 음식을 만들 때는 항상 개인위생, 주방위생, 시설위생, 식품위생 등 청결성을 가져야 한다. 셋째, 원가절감의 자세를 가져야 한다. 다량의 식재료를 구매하여 단시간에 사용하는 소비형 생산과정이기 때문에 모든 식재료와 에너지, 시설을 절약하는 역할이 필요하다. 원가절감 정신은 호텔 및 외식기업의 경영인 자세라 할 수 있다. 넷째, 상호 유기적인 협조를 가져야 한다. 주방의 조리업무는 매우 복잡하기 때문에 구성원 간 인간관계가 중요하다. 동류와 동료 간, 상하 간, 업장 간 등 서로 존중하는 마음과 협동하는 자세로 직무에 임해야 된다. 다섯째, 성실한 자세를 가져야 한다. 자신의 역할에서 최선을 다하는 자세가 필요하다. 모든 생활태도가 항상 올바르게 하도록 해야 한다. 여섯째, 건강관리와 심신을 올바르게 해야 한다. 건강한 신체에서 올바른 정신을 가질 수 있다는 점을 명심해야 한다. 일곱째, 정성을 다해야 한다. 최고의 요리는 최선을 다했을 때 고객은 감동하게 된다. 고객의 기호는 다양하기 때문에 가격과 영양 등 적정한 품질관리가 중요하다. 여덟째, 철저한 시간관념을 가져야 한다. 정확한 시간관념을 갖는다는 것은 자기관리의 기본임을 명심하며, 일상적인 생활 중에 투철한 사명감으로 임해야 한다. 아홉째, 바르고 순화된 언어를 사용해야 한다. 아름다운 언어와 올바른 마음가짐에서 행복을 찾을 수 있다. 열째, 꾸준한 연구와 상품개발을 필요로 한다. 시대가 변하면서 고객들이 추구하는 패턴도 변화를 보인다. 이러한 추세를 반영하기 위해서는 항상 새로운 요리의 트렌드에 대해 연구개발이 선행되어야 한다.

(2) 조리업무의 이해

조리업무는 식재료의 구매와 상품생산, 판매서비스에 이르는 전 공정과 인력관리, 주방관리까지 포함된다. 조리업무는 다음과 같이 나눌 수 있다.

첫째, 조리업무의 의사결정은 전년도 매출기록과 예약현황, 요일, 날씨, 그날의 특이상황 등을 통해 예상고객의 식수를 결정하게 된다. 식자재의 구매와 신메뉴 개발 · 작성 등을 비롯하여 시장조사를 통해 구매와 검수, 저장, 재고량조사 등을 해야 한다. 둘째, 상품생산 단계는 조리공정 과정을 의미한다. 고객욕구를 충족시키면서 품질관리에 신경을 써야 하는 단계로 부적격한 생산은 사전점검으로 낭비를 최소화할 수 있다. 셋째, 고객관리 단계는 요리의 판매관리 단계로 고객욕구를 최대화하며, 이를 위해서 신속, 정확하게 전달되도록 해야 한다. 고객만족도를 점검하며, 시장조사를 통해 메뉴개발의 기초자료로 활용된다. 특히 대체품목 개발은 고객관리에 영향을 미치므로 최선을 다해야 한다.

(3) 조리의 중요성 인식

조리의 중요성은 크게 위생적, 사회적 측면으로 나눌 수 있다. 인류의 질병 중 80%는 소화기질환으로 식생활과 밀접한 관계가 있다. 조리는 소비자의 건강과 위생, 안전측면에서 매우 중요하다. 각 개인의 올바른 지식을 바탕으로 행동에 옮길 수 있어야 하며, 개인위생에 관한 교육과 훈련이 철저하게 이루어져야 한다. 사회적 측면은 경제발전은 소득수준의 향상으로 성인병과 비만 같은 질병을 증가시키고 있다. 따라서 새로운 조리방법을 개발하여 국민건강에 기여할 수 있어야 한다.

5) 조리법

(1) 기본조리법

❶ 데치기(Blanching)

액체를 이용한 조리방법으로 채소를 끓일 때 순간적으로 넣었다가 건져 흐르는 찬물에 식히는 방법이다. 채소 및 고기류의 좋지 못한 냄새를 제거시키며, 조직을 연화시키는 작용을 한다. 시금치는 색을 강렬하게 나타내거나 단백질을 응고시켜 급격히 부패되는 것을 방지하여 독소를 빼내는 데 이용된다. 채소에 소금을 첨가하면 비타민, 무기질, 색소의 손실을 막을 수 있다. 이와 같이 데치기 할 때는 식품형태가 변하지 않도록 하며, 단백질이 많은 식품은 오래 데치면 안 된다. 갑각류는 20% 정도 소금물에 삶으면 색이 선명하다.

첫째, 물에 데칠 경우 찬물에 끓여 짧게 데친다. 뼈나 자른 고기, 절인 고기, 햄 등 표면의 불순물 세서와 피 등을 빼내고 강한 맛을 덜하게 하기 위해서이다. 둘째, 물을 100℃까지 끓게 한 후 식품을 잠깐 넣어 익힌다. 데친 후 얼음물이나 찬물에 넣고 식힌다. 야채의 기공을 닫아 색과 영양을 보존하기 위해서 사용된다. 시금치, 청경채, 감자, 베이컨 등 물과 식품비율은 10 : 1 정도다. 셋째, 기름에 데칠 경우 생선, 채소, 육류의 온도는 130℃ 정도가 적당하며 물에 데칠 때와 같은 방법으로 꺼내면 된다.

❷ 끓이기(Boiling)

100℃까지 끓여 가열 조리하는 방법이다. 식품을 연하게 하며, 겉표면이 거칠거나 딱딱할 경우, 감자 등 수분을 흡수하여 골고루 익히기 위해 사용된다. 더운물은 빨리 익히며 영양적으로 비타민 보전과 고유의 색을 보존할 수 있다. 스톡에 요리하는 경우 재료를 넣고 끓이는 방법으로 더운 물로 끓이느냐, 뚜껑을 열고 끓이느냐에 따라 달라진다. 감자나 뼈, 건조한 야채 등은 찬물에 뚜껑을 덮고 끓인다. 이는 물을 흡수하여 표면상 경도나 질김을 막고 골고루 익힐 수 있다. 야채를 조리할 때 사용하며 비타민, 무기질, 색깔 등을 유지할 수 있다. 스톡에 뚜껑 없이 끓이는 방법은 비등점 이하에서 조리하는 것이다. 소고기, 가금류 등 끓는 물에 2~3분간 넣었다 건져낸 다음 다시 끓인다. 이것은 고기 표면의 불순물을 제거하고 단백질 유실을 방지하기 위해 기공을 막는 방법이다.

❸ 글레이징(Glazing)

글레이징은 살라만더(salamander)나 오븐(oven) 또는 팬에 육수, 버터, 설탕을 첨가하여 서서히 졸여 색을 내는 방법으로 윤기가 나게 한다. 글라세(glacer)가 불어로 '얼음'을 뜻하므로 얼음과 같이 윤기가 나야 한다. 당근, 무, 작은 양파의 조리에 이용된다.

❹ 찌기(Steaming)

아주 쉽게 사용하는 조리방법이다. 뚜껑이나 증기실의 문을 밀폐하여 내용물이 물에 직접 닿지 않게 주변의 증기나 압력에 의해 조리된다. 생선, 갑각류, 육류, 야채, 후식 요리와 짧은 시간에 다량의 조리가 가능하다. 물에 삶는 것보다 풍미나 영양 손실이 적으며, 고유의 맛을 유지할 수 있다. 증기압을 이용하는 요리는 신선도 유지나 식품조리에 이용된다. 200~250℃의 온도에 압력을 주는 것과 압력을 주지 않는 방법이 있다. 찌는 것은 재료를 산 채로 조리하거나 커버 씌운 팬에 조리하는 것을 의미한다.

다양한 스팀방식

첫째, 기압방식은 찜통에서 직접 가열하는 방식이다. 증기가 발생하거나 분리된 보일러에서 증기를 내보내는 등 간접적으로 가하거나 뚜껑이 있는 팬으로 이용된다. 둘째, 고압방식은 고압증기를 초고속으로 조리되도록 만든 찜통을 사용한다. 채소나 가공육의 조리에 사용된다. 셋째, 증기 및 훈제 오븐은 저장식육이나 작게 자른 재료에 더운 연기를 가하여 조리하는 오븐으로 스팀 사이클이 있다. 가스나 전기버너로 톱밥을 태워 그 연기를 환풍식으로 순환시킨다.

❺ 볶기(Sauteing)

프라이팬에 적은 양의 기름을 두르고 가열한 후 음식을 넣고 센 불에 빠르게 볶는다. 소테팬은 볶기로 사용되며 소테는 기름맛, 철판맛, 식품에서 나온 즙이 조화 있게 합쳐져 세 가지 맛이 나와야 한다. 크기에 따라 계란프라이, 생선튀김, 채소볶기 등과 기름에 살짝 튀기는 것을 소테라 한다. 기름을 이용하면 deep fat frying, 프랑스어로 'frife'라 한다. 푸른 채소는 단시간 가열하면 비타민 손실이 적으며 색이 아름다워진다. 소테는 재료의 물기를 완전히 제거하며, 육류 조리시 스테이크를 팬에 놓았을 때 팬이 충분히 가열되지 않으면 고기육즙이 유출되어 내용물이 퍽퍽해진다. 식품의 수분양은 감소되며 기름이 침투되어 기름향이 증가된다. 또한 고기나 채소는 색이 난 후의 향기는 독특하다.

❻ 튀기기(Deep fat frying)

튀기는 조리는 기름을 140~190℃ 정도의 고온에 가열하여 대류열 열전도에서 조리된다. 고온에 단시간 처리하므로 영양소나 열량이 증가된다. 수분, 단맛의 유출을 막고 기름을 흡수하여 풍미를 더해준다. 쇼트닝, 버터 등으로 가금류, 채소, 생선조리에 이용된다. 채소는 영양성분이나 다른 수용성 물질이 용출되어 손실이 적다. 수분이 많은 채소는 140~150℃, 커틀릿, 크로켓은 180~190℃, 튀김껍질이 없는 것은 130~140℃ 정도에서 조리한다. 사용 후 식었으면 뚜껑을 덮는데, 이는 최소의 기름 흡수와 수분 손실을 최소화할 수 있다. 보기 좋은 노릇노릇한 색깔이 나면 표면이 바삭바삭해진다. 튀기기 전 음식을 빵가루나 밀가루에 반죽에 묻혀 보호막을 만들고 색깔과 맛, 바삭거림을 좋게 한다. 빵가루와 밀가루의 질에 따라 맛을 결정한다.

❼ 오븐 굽기(Baking)

식품을 오븐에 넣어 공기의 대류현상을 이용하여 건열 조리하는 방법으로 170~240℃에서 이루어진다. 조리속도는 느리지만 음식물의 표면에 접촉되는 건조한 열은 그 표면을 빠르게 구워 은은한 맛을 높여준다. 제과에서 빵을 구울 때 쓰는 용어로 두꺼운 틀에 반죽을 담아 오븐에 굽는다.

❽ 시머링(Simmering)

시머링은 85~95℃의 열로 은근한 불에서 서서히 끓이는 방법이다.

(2) 육류요리법

육류요리에서 우선적으로 고려해야 될 사항은 고기의 질을 파악하는 것이다. 소고기는 색이 빨갛고 윤기가 나며 충분한 수분을 함유해야 한다. 일반적으로 육색이 진한 경우 너무 오래되었거나 늙은 고기이다. 돼지고기는 윤기가 나고 기름진 것이 좋으며 색이 엷어야 한다. 좋지 않은 고기는 색이 빨갛거나 썰었을 때 물기가 많다. 고기가 질기고 연함에 따라 조리방법을 달리 적용한다. 질긴 경우 물을 넣어 끓여 요리하는 것이 대부분이지만, 연한 고기는 간단한 구이로 널리 이용된다. 육류조리법은 다음과 같다.

❶ 브레이징(Braising)

브레이징은 찜과 비슷한 조리법으로 간접 열을 이용하며, 다소 질긴 부위에 적합하다. 육질을 촉촉하고 부드럽게 하므로 연결조직을 다량 함유한 부위에 적합하다. 오븐 속에서 가열하는 소스나 채소에 육류, 생선을 넣고 끓인 상태로 자작하게 한다. 소스 온도가 너무 세면 육질이 질겨지므로 200℃ 정도에서 소스를 계속 뿌려주면서 익힌다. 두꺼운 팬이나 캐서롤 팬에 오일이나 지방, 버터를 약간 두르고 갈색이 될 때까지 익힌다. 갈색으로 익힌 식육을 야채 위에 얹거나 야채와 섞은 후 물을 약간 넣는다. 뚜껑을 덮고 스토브나 오븐에서 약한 불로 서서히 조리한다. 조리가 끝나면 야채를 건어내고 남은 액체로 소스를 만든다.

❷ 스튜잉(Stewing)

간접 열을 이용하는 것으로, 고기를 작게 혹은 사각으로 썰어 뚜껑을 덮은 후 낮은 온도에서 소량의 소스를 넣고 조리하여 익힌다. 주로 생선, 야채, 과일, 육류 등 120~140℃ 정도가 바람직하다. 질기지만 서서히 조리하면 연해지고 육즙이 풍부해지는 부위에 적합하다. 브레이징보다 낮은 온도에서 이루어지며, 스튜를 만들 때는 물을 넣기 전에 식육을 갈색이 되도록 조리하는데, 이는 색깔이나 맛이 좋아진다.

❸ 로스팅(Roasting)

육류, 가금류 등 고기를 오븐에서 덩어리째 또는 썰어서 굽는 방식이다. 등심, 닭, 칠면조, 등갈비 등을 조리하는 데 이용한다. 주변의 수분이 적어지므로 수용성 성분이 용출될 우려가 적으며 표면의 수분이 적어 겉이 타면서 풍미가 생긴다. 직접 불이 닿는 석쇠구이, 철판구이와 팬, 오븐, 베이킹, 로스팅 등 간접구이가 있다. 가열온도는 맛이나 색에 영향을 미치며, 생선과 고기는 저온에서 장시간 구우므로 지방이나 단맛 성분이 손실되고 수분도 손실되어 분량이 줄어든다.

❹ 브로일링, 그릴링(Broiling / Grilling)

기름이나 물 같은 것을 이용하지 않고 복사열을 이용하며, 위쪽이나 아래쪽에서 불을 직접 가열하여 굽는 방식이다. 석쇠나 철판을 이용하는데, 이 방법에서 변형되어 숯불 그릴링, 바비큐, 팬 그릴링 등이 있다. 석쇠나 철판을 이용할 때는 바닥을 달구어 음식이 붙지 않게 구어야 한다. 육류는 줄무늬가 나도록 구우며, 일반적으로 숯을 많이 이용한다. 참숯은 특유의 맛을 더해준다. 처음에는 220~260℃ 정도에서 석쇠를 올려놓고 서서히 식히면서 굽는 것이 좋다. 고기가 얇으면 중불에 두꺼우면 은근해야 좋다. Broiling은 석쇠

위에서 직접 불에 굽는 방식이지만, Grilling은 간접적으로 가열된 금속 표면에 굽는 방법이다.

❺ 푸왈레(Poeler)

140~210℃의 오븐을 조절해 가면서 뚜껑 있는 팬을 이용하여 채소와 함께 가금류, 육류를 조리하는 방법으로 반드시 뚜껑을 덮어야 한다. 소스를 계속 육류에 뿌려주면서 익힌 후 고기를 꺼내 백포도주나 갈색소스를 첨가한 후 걸러서 소스로 사용한다.

(3) 생선요리법

생선 및 해물요리는 무엇보다 신선도가 중요한다. 생선은 살을 눌러 탄력성이 있어야 하며 눈이 맑거나 광택이 있어야 한다. 아가미가 빨가며, 비늘이 단단하고 반짝거리는 것이 좋다. 양식에는 광어, 도미, 연어, 대구, 가자미, 갑각류 등 조리법은 다음과 같다.

❶ 그라탱(Gratin)

그라탱은 요리의 마무리작업으로 직접 열을 이용한다. 요리할 음식 위에 버터, 치즈, 달걀, 소스 등을 올려서 살라만더, 오븐 등에 열을 가해 색깔을 낸다. 불의 세기는 250~300℃가 적당하며, 생선과 해물요리에 이용된다. 육류, 가금류, 감자, 파스타 등의 요리에 적용되며, 사기그릇을 주로 사용한다.

❷ 삶기(Poaching)

삶기는 소량의 물이나 육수를 넣고 비등점보다 약간 낮은 90~94℃의 온도에서 서서히 익히는 습식가열법이다. 삶는 온도는 끓는 온도보다 낮아야 하며, 단시간 내 조리한다. 육수의 표면이 아주 약하게 살짝 끓어올라 거품이 터져 오르지 않아야 한다. 어류 · 계란 등 연한 음식을 조리하는데 이용되지만, 육류의 역한 냄새를 없애줄 때 사용된다. 특히 마지막 조리 전에 음식을 굳히는 데 이용된다. 연결조직이 적은 연한 부위가 적합하며 음식이 건조되는 것을 막아준다. 80℃ 이상의 온도에서 알부민의 손실과 단백질 파괴가 시작된다. 육수나 쿠르브용 포도주를 이용하여 익히는 경우, 되도록 적은 양의 액체를 사용하여 형태가 흐트러지지 않도록 해야 한다.

❸ 뮈니에르(Meunier)

소금과 후추로 간을 하고 밀가루를 살짝 묻힌 생선을 프라이팬에서 버터를 넣어 익힌다. 생선의 비린내 제거를 위해 레몬즙을 곁들이며, 생선은 버터를 이용한다.

❹ 브래사지(Braisage)

야채를 팬 밑바닥에 깔고 위에 생선을 놓고 국물을 조금 붓고 찌는 조리법이다.

❺ 포우차지(Pochage)

생선을 삶은 국물에 포도주를 넣고 끓여서 익혀주는 조리법이다.

2. 주방의 시설관리

1) 주방바닥

주방의 바닥은 시공하기 힘들고 복잡하다. 바닥에는 배수관과 가스 · 전기 등 배관이 묻혀 있거나 다양한 기구를 설치해야 하므로 하중이 튼튼하도록 시공되어야 한다. 바닥재는 주방의 안전과 위생에 있어서 중요하기 때문에 올바른 선택을 해야 한다. 각 재질마다 장 · 단점이 있으므로 선택 시 다음과 같이 고려되어야 한다.

첫째, 바닥재의 유공성이다. 유공성이란 수분을 흡수할 수 있는 정도이다. 바닥재로 수분이 흡수되면 자체에 손상을 주어 미생물과 세균 번식의 온상이 된다. 주방과 창고의 바닥재는 반드시 유공성이 적은 재질을 써야 한다. 흡습성이 낮은 재질은 대리석, 테라조, 자연석 타일, 아스팔트가 있다. 둘째, 바닥재의 탄성이다. 탄성은 충격에 견디는 힘을 의미한다. 리노륨, 아스팔트, 목재류, 비닐계통으로 탄성이 거의 없는 재질로는 콘크리트, 대리석, 자연석타일, 테라조 등이 있다. 현대에는 유공성은 적고 탄성이 좋은 에폭시가 바닥재로 개발되어 널리 이용된다. 다른 재질에 비하여 비용이 저렴하며 미끄럼방지 및 안전사고의 효과를 가지고 있다. 셋째, 바닥과 벽 사이의 틈새는 세균과 해충이 서식할 가능성이 높다. 페인트칠만으로 틈새를 없앨 수 없으므로, 타일조각 등으로 완전히 메워준다.

(1) 주방바닥 설계 시 기본방향

- 주방은 식재료를 다루기 때문에 청소하기가 용이해야 한다.
- 다양한 주방장비 및 기물을 설치하므로 바닥의 하중에 견딜 수 있는 재질로 시공한다.
- 바닥은 물과 기름기를 흡수하지 않는 재질로 시공되어야 한다.
- 작업 시 미끄럼방지를 위해 식재료의 반입구, 냉장 · 냉동고의 바닥 등의 높이가 달라야 한다.
- 바닥의 배수구 설계 시 1/100의 경사로 시공하여 청소 후 물고임 없이 자연스럽게 빠져 나가게 설계되어야 한다. 배수구의 폭은 20cm가 적당하다.

2) 주방 벽

벽은 유공성이 적고 흡습성이 낮아 탄성이 좋은 재질을 사용해야 한다. 장식용뿐 아니라 위생에도 효과적인 재질을 사용하며, 쉽게 청소할 수 있어야 한다. 소음을 최대한 흡수하며, 먼지가 잘 보일 수 있는 색을 선택하는 것이 바람직하다. 가능한 밝은 색으로 조명이 멀리 퍼질 수 있어야 한다. 벽 재료로는 세라믹타일과 스테인리스 스틸재가 주로 이용된다. 세라믹타일은 표면이 매끄럽고 방수가 잘되며 타일 사이를 잘 메워줘야 한다. 스테인리스 스틸재는 내구력이 뛰어나고 수분에 강해 조리대 주변과 같이 습도가 높고 쉽게 더러워지는 곳에 사용하기에 좋다.

페인트칠은 벽 마감재로 습도가 낮은 곳에 사용하기 때문에 습기가 많은 조리대 주변은 사용해서는 안 된다. 특히 납 성분의 페인트는 절대 사용해서는 안 되며, 유독성 페인트뿐만 아니라 쉽게 벗겨져 각질이 일어나는 페인트는 물리적으로 오염시킬 수 있으므로 사용하지 않는 것이 좋다. 일반적으로 사용되는 마감재는 자기타일, 모자이크타일, 내수합판, 금속판, 합성수지 등이다.

3) 주방 천장

주방의 천장은 조명기구 · 배선 등이 부착되어 화재의 위험성이 높으므로 석면 계통의 재료를 사용하고 바닥에서 천장까지 높이를 적절하게 고려해야 한다. 천장의 소재는 내습성과 내열성에 강한 내화보드나 코팅 처리된 불연성 석면 계통이 사용된다. 따라서 「식품위생법」상에 천장에 대한 규정은 다음과 같다.

- 바닥면에서 2.5미터 이상의 높이로 한다.
- 이중천장 구조로 평평하여 청소하기 용이하게 한다.
- 밝은 색채로 도색을 한다.

4) 주방 창문과 출입구

창문과 출입구는 주방과 홀이 서로 상호연락이 용이하도록 설치해야 한다. 「식품위생법」상 창문과 출입구에 대한 규정은 다음과 같다.

- 조리장과 객실은 화장실과 격리시키고, 출입구에는 자동 개폐문을 설치한다.
- 문의 사용 여부에 따라 방충망의 설치, 크기, 모양, 문 여는 방법 등을 고려한다. 창문의 위치는 건물 외관상 디자인을 참고하며 크기, 높이, 위치 등을 결정한다. 가능하면 자연광을 이용하는 것이 이상적이다.

5) 환기시설

환기시설이란, 주방 내부에서 음식을 조리하는 동안 발생한 증기, 기름냄새, 가스, 열 등을 주방 밖으로 배출하는 것을 말한다. 새로운 공기를 주방 안으로 공급하여 조리작업의 쾌적한 환경을 조성하고 분위기를 유지해주는 역할을 한다. 따라서 환기시설의 기능은 다음과 같다.

- 공기 중에 포함되어 있는 오염물질을 제거한다.
- 주방 내 먼지가 쌓이는 것을 방지한다.
- 조리 중 발생하는 가스나 음식냄새를 줄여준다.
- 주방 내 습기를 제거해 줌으로써 곰팡이가 생기는 것을 방지한다.
- 축적된 기름때로 인한 화재를 예방한다.

6) 조명시설

주방 내 조명은 업무의 효율적 운영을 가능하게 설계되어야 한다. 업무의 원활한 흐름을 유지시켜 주면서 청결함을 돋보이게 해야 한다. 조명을 설치하는 데 요구되는 사항은 색깔에 따라 음식 고유의 색상이 변할 수 있으므로 주의해야 한다. 조명의 방향에 따라 눈부심이 발생할 수 있으므로 이를 고려해야 한다. 주방 특성상 습기가 많으므로 조명기구의 설치는 천장이나 벽에 매립형으로 설치하고 뚜껑을 설치하는 것이 좋다. 따라서 「식품위생법」상에 조명에 대한 규정은 다음과 같다.

- 작업대 위의 모든 면이 조도 40럭스(lux), 창문면적이 바닥면적의 1/4 이상, 자연광을 충분히 받아들일 수 있는 구조여야 한다.
- 원재료의 보관 장소 안은 신문활자를 읽을 수 있는 정도의 조도로 바닥에서 1m 정도의 높이에 50럭스 이상 설치해야 한다.

7) 주방시설물 관리

(1) 주방시설물 설비관리 유의사항

- 주방 내 사용되는 모든 조리기구와 장비는 사용방법을 충분히 숙지해야 한다.
- 조리기구 및 장비에 문제가 있을 때에는 작동을 멈추고 신속하게 조치를 취한다.
- 조리기구 및 장비에 무리가 가지 않도록 사용에 주의하며 용도에 맞게 사용한다.
- 조리기구의 보너에 물이나 이물질이 들어가지 않도록 주의하며 청결하게 사용한다.
- 조리기구 및 장비의 전기 사용량과 일치 여부를 확인하며 안전에 유의한다.

(2) 주방시설물 선택의 일반원칙

첫째, 시설물의 필요 여부를 검토해야 한다. 조리기구 및 장비, 기물 등에 대한 사용방법, 성능, 유지법 등 관리가 중요하다. 업종과 업태에 맞는 규모와 인원, 설비는 달리 적용해야 하며, 사전에 시설물에 맞게 검토되어야 한다. 둘째, 성능이다. 조리기구 및 장비, 기물은 가격대비 성능이 우수한 제품을 구입해야 한다. 여러 업체가 있을 경우 가격과 성능을 꼼꼼히 비교하여 적합한 제품을 구입해야 한다. 셋째, 구입비용의 평가항목은 최초의 가격과 운반 · 설치 · 사후서비스, 작업인원, 생산가치 등을 고려하며, 일반적인 장비의 수명은 15~20년이다. 넷째, 조리기구 및 기물의 선택조건은 안전성, 모양과 디자인, 타 장비와의 조화성, 위생처리기능 등을 포함해야 한다.

(3) 주방기기의 레이아웃

주방기기의 레이아웃을 설계할 때는 크기와 인원, 업종, 업태 등을 우선적으로 고려하며, 식재의 입고에서 전처리 조리와 서비스 등 일련의 순서를 참조해야 한다. 따라서 다음과 같은 관계를 고려해야 한다.

첫째, 식자재의 반입구와 주방의 관계, 둘째, 저장고 · 냉장고와 주방의 관계, 셋째, 작업동선과 주방과의 관계, 넷째, 각종 방향과 주방과의 관계 등이다.

(4) 주방기기

주방의 조리기구 및 설비 등이 잘 갖추어진 주방환경은 업무를 효과적으로 달성할 수 있다. 조리사의 기능과 숙달정도, 품질관리, 원가관리 등에서 도움이 된다. 새로 오픈한 주방에는 처음부터 많은 주방기기를 배치하지 않는 것이 바람직하다. 최소의 조리기구로 최대의 효율성을 발휘할 때 투자비와 운영비를 줄일 수 있다. 조리작업을 하기 위한 동선은 짧을수록 좋다. 따라서 다음과 같은 항목들을 고려하여 선택하는 것이 바람직하다.

첫째, 식자재와의 연관성, 둘째, 작업습관, 셋째, 시각적 관점, 넷째, 용수 및 전기 등에 관한 경제적 관계, 다섯째, 작업자의 신체적 특성을 고려해야 한다.

3. 주방 공간 및 디자인

1) 주방의 공간구성 및 동선계획

(1) 주방작업 통로 공간

주방 공간에서 조리사 한 사람이 작업에 필요한 통로 공간의 넓이는 61~92cm를 확보해야 한다. 두 명의 조리작업자들은 뒤에서 서로 크로스되면서 작업이 진행되는데, 필요한 최소한의 작업통로 공간은 1.07m이다. 통로 공간을 위한 오차는 포함하지 않았으며 대부분의 경우 15~30cm의 오차를 두고 계획하고 있다.

(2) 조리작업대의 공간 및 높이

조리작업대의 표면은 0.61m 넓이와 1.22m 길이로 할 수 있다. 가벼운 일을 할 때 남자는 99~104cm, 여자는 94~99cm가 적당하다. 무거운 일을 할 때는 대체적으로 86~91cm의 높이로 설정하는 것이 작업을 효율적으로 할 수 있다.

(3) 기물류의 저장공간과 조리작업 준비대

기물류의 저장공간은 허리와 어깨높이의 사이가 적당하다. 선반이나 캐비닛은 바닥 위로부터 1.8m를 넘지 않게 조절하여 사용하는 것이 바람직하다. 작업 준비대는 싱크대 바닥으로부터 작업자의 팔꿈치 아래로 25~30cm 내로 디자인되어야 한다. 싱크대는 부피가 있는 프라이팬, 냄비, 기물류 등을 세척해야 하기 때문으로 일반적으로 싱크대의 물이나 기물을 담아야 되는 바닥깊이는 40~45cm가 적당하다.

(4) 주방의 환경요소

- 주방의 권장온도는 여름철(20.6~22.8℃), 겨울철(18.3~21.1℃)과 습도는 40~60%가 적당하다.
- 주방의 조명시설에 대한 권장조도는 323~430럭스이며, 설계 시 주방과 근접장소 사이의 밝기비율이 3 : 1을 넘지 않을 때 최대 효과를 낼 수 있다. 일반적으로 가정의 부엌 권장 조도는 161~215럭스이며, 조리작업이 복잡하고 넓은 공간을 필요로 하는 기업체와 차이가 있다.
- 조리작업장의 표준소음은 50데시벨 이하가 적당하다.

2) 주방설계의 레이아웃

주방은 다양한 조리시설과 식자재, 저장시설 등을 갖추어 고객의 주문에 따라 판매할 음식을 만들어내는 공간이다. 레이아웃을 결정하기 전에 점포의 업종, 업태, 서비스방법 등을 고려하여 점포와 메뉴 콘셉트를 먼저 설계해야 한다. 효율적인 주방을 만들기 위해서는 레스토랑에 맞는 메뉴를 개발해야 한다. 특히 콘셉트에 따라 주방의 규모와 크기, 조리기구, 레이아웃은 달라져야 한다.

(1) 최적의 주방 위치

주방과 스테이션의 위치를 결정하는 것은 고객서비스의 효율성과 직원피로, 비용절감, 동선의 혼잡성 등을 고려하여 설계되어야 한다. 레스토랑마다 처한 건축적 환경이 달라 그 해결책은 간단하지만은 않다. 규모에 따라서 작은 레스토랑은 쉽게 정할 수 있다고 생각할 수 있지만, 규모와 상관없이 지속적으로 운영할 수 있는 영업공간이기 때문에 효율성이 중시된다.

(2) 홀서비스 스테이션

중·대형 레스토랑의 주방은 출입구와 가까운 곳에 위치할 경우 고객 동선과 서비스 동선을 고려하여 배식구와 퇴식 통로를 다른 쪽으로 분리해야 한다. 대형 레스토랑의 경우 홀 중심부에 적정규모의 서비스 스테이션을 배치해두어야 한다. 그렇게 함으로써 서비스는 보다 빠르게 전개되어 혼잡성을 줄일 수 있다.

(3) 팬트리 공간

팬트리(fantry)는 주방에 대한 고객시선을 차단하여 레스토랑의 청결이나 분위기가 안정적인 느낌이 들도록 하는 것이다. 중·소형 레스토랑의 경우 디시업(dish up) 기능을 담당하는 팬트리 공간은 주방의 앞쪽에 배치하는 것이 효율적이다. 특히 피크타임에 캐셔의 디시업 지원을 위해 소형 레스토랑에서는 팬트리 공간을 계산대 가까이에 배치하는 것이 유리하다.

3) 주방설계를 위한 구획

(1) 반입 구역 및 검수 공간

주방에서 사용하는 모든 식재료의 반입은 메인 주방의 저장창고와 가까운 거리에 공간을 설정해야 한다. 식재료를 선별하고 신속·정확하게 검수하는 공간 역시 운반차량의 진입이 용이한 곳이어야 한다.

(2) 저장창고

저장은 식재료를 손실 없이 보관하는 과정으로 본래의 의도대로 사용할 수 있게 보존하는 것이다. 보관창고용 냉동고와 냉장고, 메인 주방과의 거리를 고려하여 청결성을 유지할 수 있어야 한다. 통풍이 잘되면서 직사광선을 피할 수 있는 곳이 적당하다.

(3) 다듬기 구역

식재료의 다듬기 공간은 저장 공간과 가까운 곳에 설치하는 것이 효율적이다. 이 공간은 물의 사용이 많으며 환기, 상하수도 및 배수시설이 원활해야 한다.

(4) 온요리 구역

주로 스토브를 사용해 전열의 온도유지에 지장 없이 이루어지며, 환기시설을 잘 갖출 수 있는 공간이어야 한다. 내열과 내수재에 의해 천장까지 열이 퍼지며 재질의 사용에 유의해야 한다.

(5) 냉요리 구역

음식을 일정시간 신선하게 유지할 수 있으면서도 보관이 용이한 냉장 · 냉동실이 준비되어야 하는 공간으로, 조리사들의 작업정도가 매우 정밀하게 진행되어 작업대의 배치와 높이 설정이 중요하다.

(6) 식기세척 공간

식기세척은 물과 함께 사용되므로 상 · 하수도 시설이 잘 갖추어져야 하고, 잔반처리를 할 수 있는 공간 확보가 중요하다.

(7) 주방사무실 및 라커룸, 화장실

주방에서 일하는 조리사는 종일 서서 작업하기 때문에 그 피곤함은 육체적 · 정신적으로 중노동에 포함된다. 그러므로 라커룸은 직원수와 비례하여 설계되어야 하며, 이들이 충분히 쉴 수 있으면서 위생 또한 철저하게 할 수 있어야 한다.

02 외식업의 식자재관리

1. 구매관리

1) 식재료관리

우리나라는 각 지역에 따라 다양한 식재료를 생산하고 있다. 지역을 대표하는 특산품은 식품 성분표에 의해 1,130여 종으로 분류하고 있다. 레스토랑의 식재료비는 급식원가의 절반가량을 차지하는 비용으로 좋은 품질의 식재료를 적정가격으로 구입하는 것이 중요하다. 품질은 음식의 맛과 영양을 결정하는 요소이다. 메뉴에 따라 적정한 종류를 구입, 보관하여 이를 사용하기 위한 방법을 시스템화 하여 급식운영을 원활하게 하는데 그 목적이 있다.

2) 식재료관리 업무

식재료는 제철에 나온 것이 영양가면에서 우수하고 가격 면에서도 경쟁력이 있다. 각 지방에서 출하되는 농수산물의 작황을 인지하여 구매를 효율적으로 해야 한다. 물가변동에 따라 식재료관리에 영향을 미치기 때문에 계절, 기후, 농수산물 상황 등을 파악하여 가격에 맞는 선택기준을 설정할 수 있다. 따라서 식재료 관리업무는 다음과 같은 요소들을 점검해야 한다.

첫째, 공급업체 선정과 구매의 합리화, 둘째, 발주업무와 재고파악, 셋째, 검수 담당자의 납품전표에 따른 식재료의 양과 질 확인, 넷째, 보관과 입고·출고·보관기준에 따른 식재료의 입·출고량 통제(유통기한 등 표시), 다섯째, 식재료비 예산의 통제와 계획, 예산에 맞는 관리를 해야 한다.

다음은 유전자 재조합식품에 대한 사례이다.

CASE

"준비 안 된 GMO 표시제, 물가만 끌어올린다!"

식품의약품안전청은 4년간 묵혀두었던 GMO(유전자 재조합식품)의 표시확대 문제를 다시 꺼내들었다. 실효성은 없으면서 소비자의 물가만 올린다는 반응이다. 식약청에 따르면, 최근 GMO 표시 확대와 관련하여 업계와 소비자 단체 등 의견 제출을 요구했다. 표시제는 식약청이 소비자의 알권리 차원에서 GM 원료를 사용한 식품에 'GMO'라고 표시하도록 규정한 제도이다. 단, 유전자재조합 DNA나 외래단백질이 남아있는 식품에 대해서만 GMO 표시를 하도록 했다. 이는 검출기술의 한계상 단백질이 있어야 GM 원료의 사용 여부를 판별할 수 있기 때문이다. 2008년 기름이나 당류, 주류 등 DNA 성분이 없는 식품에 대해서도 예외 없이 GMO 표시를 하도록 표시기준의 개정안을 입안 예고했다. 이 안은 규제규격위원회에서 식품업계에 부담이 가중되며, 사후관리가 어렵다는 이유로 4년째 심사가 보류 중이다. 이를 식약청이 다시 추진하고 있다.

식품업계에서는 4년 전과 상황이 변한 것이 없는데, 표시 확대를 추진하는 것은 이해하기 어렵다는 반응이다. "아직까지 DNA가 없는 식품에서 GMO를 검출할 수 있는 기술이 개발되지 않았다."며 "사후관리에 문제가 생길 가능성이 높다."고 지적했다. 식약청은 원료 이력추적으로 사후관리를 할 수 있다고 주장하지만, 업계에서는 "완제품 형태로 수입해 오는 제품들이 GM 원료를 사용하고 이를 표시하지 않아도 현실적으로 검증할 방법이 없다."며 우려를 표시했다. 특히 GMO 표시 확대는 물가상승요인으로 작용할 수 있다는 점이다. 현재 사용하고 있는 GM 원료를 Non-GM 원료로 변경할 경우 식용유, 간장, 당류 등 해당제품의 가격이 약 20% 인상될 수 있다는 것이다. 이는 전체 식품가격을 1.9% 상승시키는 결과를 초래할 수 있다. 식약청은 GMO 표시 확대가 물가상승 요인이 될 수 있다는 점을 알고 있지만 소비자의 알권리를 충족하면서 이를 보장하는 것이 중요하다고 판단하여 표시제 확대를 추진하고 있다.

이데일리 2012.5.31

- GMO(유전자재조합식품)란 : GMO(genetically modified organism)는 생산량 증대나 유통, 가공 상의 편의를 위해 유전자를 인위적으로 분리하거나 결합하여 만든 생물체(농산물)를 의미한다.
- GMO 표시대상 식품 : 유전자 재조합 DNA나 외래단백질이 남아있는 식품으로서 두부, 고추장, 된장, 전분, 과자, 빵 등을 말한다.
- GMO 표시확대 대상 식품 : 유전자 재조합 DNA나 외래단백질이 남아있지 않은 식품으로서 식용유나 간장, 전분, 당, 설탕, 소주 등을 말한다.

3) 구매관리 활동과정

(1) 구매관리 의의

구매관리란, 레스토랑의 기능을 유지하기 위해 필요한 시기에 최소의 비용으로 최적의 상품을 구입하여 운영하는 경영활동이다. 식재료 구매는 계절의 변화와 물가변동, 경제적 요인이 직접적으로 영향을 미친다. 레스토랑의 담당자는 유통구조와 식품감별법, 특성, 영양성분, 보존기간, 변질 등에 관하여 지식을 확보하고 있어야 한다. 특히 구매활동을 원활하게 하기 위해서는 생산과정에서 조리, 판매에 이르기까지 다양한 상황들이 연출된다. 따라서 합리적이면서 효율적인 구매관리를 위해서는 정기적인 교육과 조사가 선행되어야 한다.

(2) 구매집행 과정

구매를 결정하기 위해서는 적정한 재고량을 파악해야 한다. 구매량의 결정은 메뉴확정을 의미한다. 품질기준의 설정이나 납품업자 선정, 구매가격 결정(최소의 비용으로 최고의 상품구매), 결재조건과 납품시기, 송장점검(구매조건의 내용과 송장기록표 대조), 검수작업(식재료 확인, 대조), 기록 및 관리(문서사본 및 청구서, 물품인수장부, 검사, 반품장부)가 이루어져야 한다.

(3) 식재료 구매 시 주의사항

첫째, 신선해야 된다. 좋은 음식이 되기 위해서는 맛과 영양을 고려한 신선한 식재료에서 가능하다. 둘째, 위생적이어야 한다. 위생적으로 안전한 식재료를 구매한다. 셋째, 안전해야 한다. 농약이나 중금속, 유해첨가물 등 허용기준치를 초과해서는 안 된다. 넷째, 적정한 가격이어야 한다. 품질대비 적정한 가격선에서 구매계약이 이루어져야 한다.

(4) 구매방법

❶ 계약에 따른 방법

- 경쟁입찰은 견적서를 제출하여 가장 높은 가격의 사람이 낙찰자로 선정된다.
- 수의계약은 경쟁입찰이 아니라 계약을 이행할 수 있는 자격을 가진 업체를 선정하여 계약을 체결한다.

❷ 구매기간에 따른 방법

- 수시구매는 식재료가 필요할 때마다 수시로 필요한 만큼 구매하는 방법이다.
- 정기구매는 기간별, 주, 월별로 소모량을 파악하여 정기적으로 구매하는 방법이다.
- 장기계약 구매는 쌀과 같이 계속적으로 대량수요가 필요한 경우 구매하는 방법이다.
- 위탁구매는 식재료의 종류는 다양하고 소량일 경우, 구입단가를 명확하게 책정하여 특정업자에게 일괄적으로 구매하는 방식이다.

❸ 구매 주체에 따른 방법

- 중앙구매 : 구매담당자나 구매부서에서 일괄로 구매하는 방법이다.
- 비중앙구매 : 관련부서나 팀 내에서 독자적 식재료를 구매하는 방법이다.
- 공동구매 : 소규모 영업점끼리 모여 공동으로 구매하는 방법이다.

2. 검수관리

1) 검수관리의 의의

검수관리는 납품업자로부터 배달된 식재료를 구매명세서와 비교하여 검사하고 수령하는 관리활동이다. 검수관리의 원칙은 납품되어진 물품이 주문한 내용과 맞는지, 또는 불량품 유무를 확인해 적절한 조치를 취하는 것이다. 발주에 따른 물품은 주문내용과 일치하는지 확인하며 검사하는 일체의 과정으로 인수 → 확인 → 서명의 과정을 거친다.

2) 검수관리의 기능

- 식재료의 중량 · 크기 · 신선도 · 위생상태 · 유효기간 등을 체크한다.
- 식재료 품목 및 수량이 구매명세서 내용과 일치하는지 체크한다.
- 중량의 부족 여부나 불량품 등 반품 여부를 확인한다.
- 납품가격의 적절성과 대금 지급방법을 확인한다.

3) 식자재의 검수기준

(1) 공통 검수기준

구 분	내 용
품질 및 수량	• 발주 수량과의 동일 여부(박스나 비닐을 제거 후 실중량으로 측정) • 식재료 품질상태(납품 요구사항 및 신선도 판단) • 납품온도 준수 여부 • 유통기한 준수 여부 • 납품하는 식품에 이물질이 섞이거나 묻어있지 않도록 한다. • 식품 간 교차오염이 일어나지 않도록 품목별로 따로 납품한다.
사양 및 규격	• 입찰용 현품설명서 사양방법, 규격 준수 여부 • 위생적인 포장상태 • 발주서와 동일한 원산지 제품, 원산지 표시 여부 • 납품식품은 국내산을 원칙으로 한다.
성실도	• 납품시간 준수 여부 : 납품시간은 오전 8시이며, 신선상태가 급변하는 식품은 영양사가 지정한 시간에 납품하도록 한다. • 반품처리 시 재납품 이행 및 신속처리(개봉하여 사용하다가 이상이 있을 때 동일품으로 교체) • 구비서류 제출 이행(식재료 반품확인서 작성)
기타	• 운반차의 청결 및 냉동 · 냉장차의 구비 • 납품업체 운반자의 위생적인 복장 착용 • 검수 후 포장박스 등은 접어서 지정한 장소에 놓는다.

(2) 품목별 검수기준

구 분	기 준	비 고
농산물 (야채류)	• 국산상품(일부 명시품목 제외) • 품목별 사양 및 규격 준수 • 원산지 표시제품	• 원산지 표시 – 국산 또는 생산 시 · 군명 – 포장지에 인쇄 및 스티커 표시
수산물	• 국내산 상품(단, 일부 명시품목 제외) • 품목별 사양 및 규격준수, 원산지 표시제품 • 머리, 지느러미, 아가미, 내장 제거작업 후 사양대로 납품 • 위생적 작업 및 포장 납품 • 납품 시 식품온도 : 5℃ 이하 유지 • 조개류는 해감시켜 납품 • 건어물은 위생 포장된 제품	• 원산지 표시 – 국산 또는 원양산 – 수입산인 경우 수입국가명 표시 – 포장지에 인쇄 및 스티커 표시 – 납품서에 표기 • 유통기한 또는 제조일자 표시
잡곡류	• 품목별 사양 및 규격 준수 • 유통기한 표시(제조일자), 기한 내 제품 • 규격 포장된 제품은 훼손되지 않은 제품 • 개봉하여 품질에 이상이 없으며 불순물이 섞이지 않은 제품	

구 분	기 준	비 고
공산품 냉동 · 냉장품	• 품목별 사양 및 규격 준수 • 유통기한 표시(제조일자), 유통기한 이내 제품 • 포장이 훼손되거나 찌그러지거나 녹슬지 않은 제품 • 동결상태에서 제품모양이 부서지거나 손상이 없는 제품 • 해동시킨 후 재냉동시키지 않은 제품 납품 시 식품온도 – 냉장식품 : 10℃ 이하 유지 – 냉동식품 : 얼은 상태 유지, 녹은 흔적이 없을 것 • 내부의 형태, 맛, 향이 그대로 유지, 불순물 섞이지 않은 제품 • 캔류 : 내용물 새어나온 흔적 없이 표면이 부풀지 않은 제품	• 유통기한 또는 제조일자 표시 • 원산지(성분 및 함량) 표시
축산물	• 소고기 : 축산법 제28조에 따른 등급판정 결과 육질등급이 2등급 이상인 한우암소로 한다. – 선홍색, 결이 곱고 지방질 저당, 연하고 잡내 없는 것, 지방색은 유백색이 좋다. – 도축검사증명서, 등급판정확인서 첨부 : 원본 대조필 – 납품시 식품온도 : 5℃ 이하 유지 – 기름이나 비계는 최대한 제거한 후 납품 • 돼지고기 : 축산법 제28조에 따른 등급판정의 결과 B등급 이상으로 한다. – 연분홍색의 신선한 것으로 잡내가 없는 것 – 납품시 식품온도 : 5℃ 이하 유지 – 기름이나 비계는 최대한 제거한 후 납품 – 도축검사증명서, 등급판정확인서 첨부 : 원본 대조필 • 닭고기 : 축산법 제28조에 따른 등급판정 결과 품질등급이 1등급 이상으로 한다. – 개봉 후 크림색으로 윤기가 있으며, 잡내나 상한 냄새가 없는 것 – 유통기한 이내의 제품 – 납품시 식품온도 : 5℃ 이하 유지 – 도축검사증명서 첨부 : 원본 대조필 • 달걀류 : 축산법 제28조에 따른 등급판정의 결과 품질등급이 2등급 이상으로 한다.	• 병든 고기, 이상증세 있는 축산물 고기는 안 되며, 불법으로 도살하여 유통된 것은 안 된다. • 소고기, 돼지고기의 유전자검사(수의계약시는 검사수수료를 업체가 부담함을 계약서에 명시) – 소고기 품종 식별(한우, 육우, 젖소) – 소고기 성 판별(한우암소, 수소) • 검사방법 : 계약기간 내 수거한 시료를 냉동 보관하여 무작위로 뽑아 검사기관에 의뢰
과일류	• 국산상품(단, 일부 명시품목 제외) • 품목별 사양 및 규격 준수 • 원산지 표시제품	• 원산지 표시 – 국산 또는 생산 시 · 군명 – 식품포장에 인쇄 및 스티커 표시

4) 검수관리 절차

- 구매요구서 및 구매명세서
- 납품된 물품과 구매청구서의 대조
- 배달된 물품과 거래명세서의 대조 : 식재료의 수량과 가격

- 물품의 인수 또는 반품 : 가격과 품질이 적합하면 인수, 부적합하면 반품
- 꼬리표 부착 : 입고일, 납품업자, 무게, 수량, 가격 등을 기입한 택(tag)을 부착
- 입고 및 운반 : 선입선출, 후입선출의 원칙에 따라 정리 보관
- 검수일지 작성 및 확인 : 납품서는 구매부서에서 발주부서와 대조하여 이상이 없으면 한 장은 대금지불을 위해 경리부서에 넘기고, 한 장은 발주서에 보관

5) 검수방법

(1) 송장 검수법(invoice receiving)

보편적인 방법으로 구매명세서의 송장에 기록한 내용에 따라 수량, 품질, 특성, 가격 등을 검수하여 입고시키는 방법이다.

(2) 표준순위 검수법(standing order receiving)

송장 검수법과 비슷하지만 느슨하며, 송장 대신에 배달 티켓이 물품과 함께 검수원에게 보내는 방법으로 동일한 물품을 정기적으로 보낼 때 사용된다.

(3) 무표식 검수법(blind receiving)

물품정보 외 다른 정보 없이 품목별 이름, 가격, 수량, 특징 등을 기록하여 보내진 자료를 보고 검수하는 방법이다.

(4) 우편배달 검수법(mailed deliveries receiving)

항공에 의해 배달될 경우 화물표가 송장 대신 그 역할을 한다.

(5) 대금상환 검수법(code deliveries receiving)

검수원이 배달원으로부터 물품을 직접 받는 동시에 대금을 지불하는 방법이다.

3. 저장관리 및 출고관리

1) 저장관리

(1) 저장관리의 의의

식재료의 사용량과 일시가 결정되면 구매관리를 통해 구입한 식재료를 검수과정을 거쳐 출고할 때까지 변질, 손상되지 않은 상태에 그대로 보관·관리하게 된다.

(2) 저장관리의 목적

저장관리의 목적은 다음과 같다.

첫째, 손실을 최소화함으로써 적정재고량을 유지한다. 둘째, 물품의 적절한 분류·보관을 통해 체계적이고 위생적인 안전상태를 유지한다. 셋째, 원활한 입·출고 업무를 수행하기 위해서 필요하다. 넷째, 식자재의 도난 및 부패방지를 위해서 필요하다.

(3) 저장고의 기본요건

- 생산지역과 검수지역의 거리가 가까운 곳에 위치해야 한다.
- 운반동선을 고려하면 납품장소와 저장고가 가능한 직선단거리에 위치하는 것이 효율적이다
- 저장고를 입출고가 용이한 장소에 위치하는 것이 바람직하다.
- 한 건물, 같은 층에 검수지역과 저장고, 생산지역이 가까운 곳에 있으면 보다 효율적으로 운영할 수 있다.

(4) 저장방법

- 냉장실에 저장하는 식재료는 저장기간이 길지 않은 식재료가 대부분으로 냉장고의 보존온도가 5~10℃ 이하의 식품들을 저장할 수 있도록 유지되어야 한다.
- 냉동실 저장의 식재료는 저온상태에서 장기간 저장을 필요로 하는 냉동식품이다. 식품의 변질, 세균번식 방지 등 품질저하를 억제시켜야 하므로 온도관리를 철저히 해

야 한다. 적정온도는 18℃ 이하를 유지하고, 냉동식품 저장공간을 충분히 확보해야 한다.

- 식품창고에 저장할 수 있는 식재료는 곡물, 건물류, 조미료류, 근채류 등 상온에서 보존이 가능한 식품을 저장하는 방법이다. 25℃ 이하, 습도는 50~60%가 적당하다.

2) 출고관리

(1) 출고관리의 의의

저장된 식재료를 각 사용부서에 공급하는 일련의 과정으로서 담당자의 책임과 권한이 동시에 부여된다. 식재료관리 활동에서 가장 마지막 단계에 이루어지는 활동으로 기본방향과 목적은 매일 적정 재고량을 유지하면서 출고하는 데 있다.

(2) 출고관리의 절차

- 식재료청구서 내용에 의한 식재료 출고관리는, 사용부서에서 작성한 식재료청구서(food requisition)의 작성내용에 의거하여 출고가 이루어진다.
- 출고업무 담당자의 처리과정은 저장창고에서 출고되는 식재료의 원활한 출고업무를 위해 품목별로 청구서를 각각 구분하여 출고할 수 있도록 해야 한다.
- 식재료 청구서의 처리순서는 제출된 수령의뢰서 순서에 따라 출고가 이루어진다. 그러나 예약이 없었던 행사가 갑작스럽게 생겨 추가적인 물품청구가 있을 경우, 예외적으로 조치할 수 있다.
- 물품취급에 따른 업무 효율성은 출고관리자가 식재료를 취급할 경우 일의 능률과 위생을 위해서 손수레 등을 이용하는 것이 바람직하다.
- 식재료 출고 이후의 사후관리는 물품청구서의 내용에 따라 출고시킨 뒤, 그 내용을 장부에 기록하여 접수한 계원의 사인을 받아 보관해야 한다. 특히 재고관리 차원에서 중요하다.

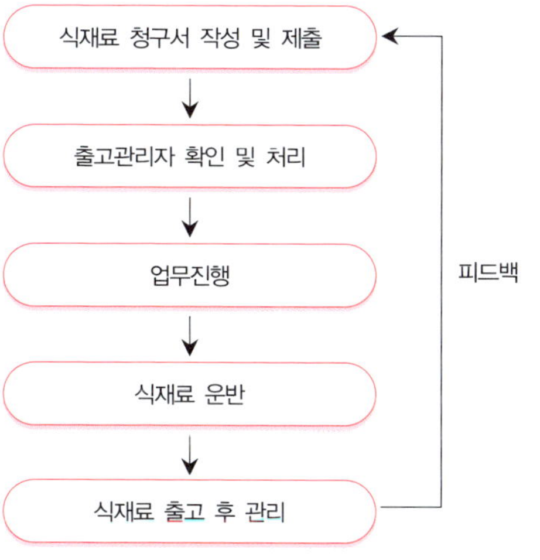

그림 10•1

출고관리 절차

(3) 출고관리방법

- 선입선출법(FIFO : first-in first-out)은 먼저 입고되었던 식재료부터 순서에 따라 출고하는 방법이다. 보편적인 식재료 출고방법으로 구매에서부터 출고 전까지 생산일자, 구입일이 빠른 식재료를 선별하여 출고하는 방법이다.
- 후입선출법(LIFO : last-in first-out)은 나중에 입고된 식재료를 먼저 출고하는 방법이다. 이는 입장의 특별행사, 사전예약이 되어 있지 않은 경우 등으로 인해 진행될 수 있는 출고방법이다. 가능하다면 후입선출법의 사용은 자제하는 것이 바람직하다.

10

Summary 요약

[1] 주방이란, 조리상품을 생산하기 위해 각종 조리기구와 저장장비, 설비를 갖추어 기능적이면서 위생적인 조리작업으로 고객에게 판매할 음식을 생산하는 작업공간을 말한다. 외식업소에서 주방은 음식물을 생산하는 작업장으로서 조리기능, 판매기능, 음식의 목적에 맞는 분위기로 효율적인 운영에 가장 큰 영향을 미친다.

[2] 주방관리에서 주방이란, 일정한 공간을 중심으로 고객에게 제공될 상품을 가장 경제적으로 생산하여 최대의 이윤을 창출하는데 요구되는 제한된 인적 자원과 물적 자원을 관리하는 활동이다.

[3] 주방의 형태는 음식의 상품가치와 함께 고객에게 제공되는 과정으로 음식의 수량, 상품가격, 서비스 시간, 서비스 형태 등에서 전통형 주방, 혼합형 주방, 분리형 주방, 편의형 주방으로 구분된다.

[4] 중심지원 주방은 주방에서 가장 중요한 핵심적인 역할을 하는 주방으로서 보통 메인 주방이라고 한다. 육수, 소스, 드레싱, 육류의 정선작업 등 다른 영업 주방에서 이용하는 기본적인 식재료를 먼저 처리하는 곳으로 규모가 크고 세분화되어 있다. 호텔에서는 영업 주방을 지원해주는 동시에 연회행사를 주로 담당한다.

[5] 주방기기의 레이아웃을 설계할 때 주방 크기와 근무 인원, 업종, 업태 등을 우선적으로 고려해야 한다. 주방에 식자재가 입고되어 전처리를 하고 조리하여 서비스하기까지 일련의 순서들을 고려하여 레이아웃은 설계되어야 한다.

[6] 주방의 레이아웃을 결정하기 전에 점포의 업종, 업태, 서비스방법 등을 고려해야 한다. 레스토랑의 점포 콘셉트와 메뉴 콘셉트가 먼저 세워져야 한다. 조리에 필요한 효율적인 주방을 만들기 위해서는 레스토랑의 점포 콘셉트를 바탕으로 레스토랑에 맞는 메뉴를 개발해야 한다.

[7] 외식업에서의 식자재 경영관리는 구매관리, 검수관리, 저장관리, 출고관리, 재고관리의 순서로 이루어진다.

10

Practice 연습문제

1. 주방 내의 직무에 따른 세부 업무에 대해 논의해 보자(본인이 1급 조리사(1st Cook), 2급 조리사(2nd Cook)라면 어떠한 일들을 해야 하는지 토의해 보자).

2. 식재료 검수 시 고려해야 될 사항이 무엇인지 파악해 보자.

3. 조리사로서 갖추어야 할 기본적인 자세와 자질에 대해 논의해 보자.

4. 주방의 레이아웃을 설계함에 있어서 어떠한 사항들을 고려해야 효율적으로 업무를 수행할 수 있는지 논의해 보자.

5. 본인이 오너 셰프로서 50평 규모의 이태리 레스토랑을 경영하고자 할 때, 주방의 동선 및 설비를 어떻게 해야 할지 계획서를 작성해 보자.

6. 식재료의 출고관리를 어떻게 하면 효율적으로 운영할 수 있는지 파악해 보자(FIFO, LIFO).

CHAPTER 11

외식업 위생 및 안전관리

삶은 천천히 나아지고 빨리 나빠지며, 큰 재난만 분명히 눈에 보인다.

– *Edward Teller*, 물리학자

Objective

- 외식기업의 위생개념과 구성요소, 필요성을 이해한다.
- 식중독을 이해한다.
- 외식기업에서 HACCP의 개념, 도입의 필요성, 효과에 대해 이해한다.
- 주방의 위생관리 개념과 목적에 대해 이해한다.
- 위생관리에는 어떠한 것들이 있는지 살펴본다.
- 주방의 안전관리에 대해 살펴본다.

01 외식업 위생관리

1. 위생관리 의의

1) 위생의 개념

위생(sanitaion)이란, 건강한 상태를 유지하거나 조성하는 것으로, 라틴어 Sanitas에서 유래되었으며 '건강'을 의미한다. 세계보건기구(WHO)에서는 식품위생을 재배, 생산, 제조로부터 최종 사람들에게 섭취될 때까지 모든 단계의 안정성, 건전성, 건강성을 확보하기 위한 수단을 말한다. 우리나라의 「식품위생법」에는 식품 및 식품첨가물, 기구, 용기, 포장을 대상하는 음식물에 관한 위생을 의미한다. 즉 해당식품의 생산, 제조, 유통과 소비에 이르기까지 위생관리를 철저히 하여 오염으로 인한 각종 질병을 방지하는 기술과 지식이라 할 수 있다.

그렇다면 위생관리의 궁극적인 목적은 무엇일까? 식용 가능한 식품을 이용하여 메뉴상품을 만들어가는 과정으로 조리사와 장비, 비품, 설비시설 등 취급상 인체에 위해를 방지할 수 있도록 하는 것이다. 음식을 재료로 고객에게 제공하거나 유통시키는 것으로 사람에 의해 이루어지기 때문에 관여하는 사람들의 위생관이 중요하다.

2) 위생관리 필요성

주방의 위생은 조리사들이 다양한 식재료를 이용하여 음식을 조리하고, 고객에게 제공하는 과정에서 일어날 수 있는 「식품위생법」상 위해요소를 방지하여 고객안전을 보장하는 것이다. 위생관리의 범위는 조리사들에 대한 개인위생, 주방위생, 환경위생, 식품위생이라 할 수 있으며, 이러한 위생관리는 어느 한 부분도 소홀할 수 없다.

위생관리는 식품위해요소중점관리(HACCP : Hazard Analysis Critical Control Point)제도가 활성화되어 있다. 식품을 취급하는 모든 사업장에 적용되며, 식품의 원재료에서부터 제조, 가공, 보존, 유통과정을 거쳐 최종 소비자에게 도달할 때까지 각 단계에서 발생할 우려가 있는 미생물의 위해요소를 사전에 파악하여 이를 방지하기 위한 감시를 수행하며 식품의 안전성, 건전성을 확보하기 위한 방법이다.

3) 위생관리 중요성

식품을 취급하는 일에 직접 관계되는 직원들은 위생관념을 철저히 지켜야 한다. 주방의 조리사들은 고객의 정신적 · 신체적 안전을 위한 위생관리는 호텔, 외식업체, 단체급식 등 조리업무 전반에서 중요성이 제시되며, 음식이 만들어지는 과정에서부터 위생적으로 안전하게 제공되어야 한다. 특히 주방직원들은 정신적 · 육체적으로 건강한 사고를 가지며, 투철한 사명감과 위생관념, 규정, 규칙을 준수하는 자세가 필요하다. 주방에서 사용되는 다양한 조리시설과 설비, 기기(기물)들은 안전하게 배치되어야 한다. 반입되는 식품을 검수, 조리하는 과정에서 비위생적 취급은 오염 가능성을 유발시키기 때문에 개인위생, 시설위생, 식품위생은 어느 한 부분도 소홀히 할 수 없다.

2. 위생관리 종류

1) 주방위생관리

주방위생관리는 식 · 음료에 관련된 조리기구 · 그릇 · 설비 등의 청결, 식재료의 검수 · 저장에 있어서 위생, 식중독 및 해충에 대한 지식 및 위생적인 처리, 조리사 위생교육 등을 포함한다. 음식제공을 안전하고 위생적으로 하기 위해서는 조리업무를 담당하는 주방장 · 조리사, 기타 조리업무와 관련된 직원을 포함하여 업무과정에서 오염원이 될 수 있는 사람 및 조리기구 · 그릇 · 설비 등의 청결상태를 항상 유지해야 하며, 위생에 대한 전반적인 지식을 가지고 있어야 한다. 외식업소의 조리기구 및 설비는 조리업무에 효율성이 있으면서 청소에 용이한 제품을 사용하는 것이 바람직하다. 아무리 좋은 시설이라도 청소하기가 어렵고 번거롭다면 세균과 오염의 온상이 될 수 있기 때문이다.

식품가공기술 발달로 인해 저장기간을 늘리고 보관이 용이하도록 만들어진 상품들이 출시되고 있다. 하지만 이러한 부분은 부분적으로 안전한 음식을 제공하는 데에는 기여하겠지만 음식의 안전성과는 전혀 별개의 것이다. 식중독사고를 미연에 방지하기 위해 식품안전에 대한 지식과 더불어 주방환경에 대한 관리를 철저히 하여 식품의 안전성을 확보하는 것이 필요하다. 주방의 위생관리는 식품위생, 개인위생, 시설위생으로 나눌 수 있다.

2) 주방위생관리의 목적

주방에서 조리 · 생산되는 모든 음식을 위생적인 상태에서 위생적인 조리기구와 설비를 사용하여 조리되어질 때 식중독을 미연에 방지할 수 있고, 맛을 일정하게 유지하여 매출신장에 기여하게 된다. 주방위생관리의 목적은 다양한 식재료를 사용하여 음식을 조리 · 생산하고, 고객에게 제공하는 과정에서 일어날 수 있는 식품위생상의 위해를 방지하고 고객의 안전과 쾌적한 식생활 공간을 보장하는 데 있다. 외식업체에서 주방위생을 철저히 관리해야 하는 궁극적인 이유는 주방위생관리가 곧 한 업소의 영업관리와 직결되기 때문이다. 안전한 음식을 공급하기 위한 위생적인 주방시설과 체계적인 위생교육, 그리고 직원들 각자 위생에 대한 관심을 갖게 하고 상호감시를 통한 관리를 실시하여 위생관리를 철저히 해야 한다. 관리자는 주기적으로 주방시설물과 조리사들의 위생상태를 점검하고, 교육을 시킨 대로 위생규칙에 따르고 있는지 확인해야 하며, 부족하다고 판단되는 부분이 있다면 새로운 규칙을 만들어 보강할 필요가 있다.

3) 식품위생

주방의 식품위생이란 식품, 첨가물, 기구 또는 용기, 포장을 대상으로 하는 위생을 말한다. 음식물의 변질, 오염, 유독, 유해물 등의 혼입을 방지하고 음식물과 관련된 나머지 부분에 대해서도 비위생적인 요소를 제거하여 위해요소를 방지하면서 건강을 유지, 향상시키는 것이다.

(1) 식품의 보존방법

주방위생을 위해 식품을 잘 보관하는 방법은 고유의 특성을 파악하여 변질 및 부패가 되지 않도록 하는 것이다. 신선하고 위생적인 상태로 오랫동안 사용할 수 있도록 보관 · 관리하는 것이 중요하다. 따라서 식재료별 보존방법은 다음과 같다.

첫째, 과일류는 사과, 배와 같이 효소에 의한 갈변이 생기기 쉬운 과일은 설탕물에 담가 방지할 수 있다. 메론, 수박과 같은 과일은 사용 후 랩에 포장하여 공기가 접촉되지 않도록 해야 한다. 바나나는 냉장고에 보관하는 것이 아니라 상온에서 보관한다. 둘째, 야채류는 쉽게 상하므로 선입선출을 원칙으로 한다. 셋째, 냉장식품류는 유통기한이 짧기 때문에 온도관리와 보관에 주의해야 한다. 넷째, 냉동식품류(냉동 육류, 냉동 해물류)의 녹인 식재료는 다시 얼려서는 안 되며, 유통기한을 지켜서 사용해야 한다. 다섯째, 소스류는 사용하기 편리하도록 플라스틱이나 유리용기에 적정량을 담아 사용하고 유통기한을 잘 체크해야 한다. 여섯째, 양념류는 플라스틱이나 유리용기에 보관하며 양념 사용 후 뚜껑을 잘 덮어 습기로 인해 딱딱하게 굳지 않도록 보관한다. 일곱째, 캔류는 개봉하여 사용할 경우 사용하고 남은 재료는 캔에 그대로 담아 보관하는 것이 아니라, 반드시 다른 용기에 담아 유통기한을 표시하여 밀폐 후 보관한다.

〈표 11-1〉 식재료의 유통기한

식재료	냉장보관(0~4℃)	냉동보관(-18℃)
식육류(돈육, 삼겹살 등)		6개월
가공육(소시지, 햄 등)	1주	15일
가금육(오리, 닭 등)		6개월
어패류(도미, 조개, 새우 등)		3개월
달걀(메추리알)	1주	
슬라이스 치즈(모차렐라 치즈)	6개월	
냉동 튀김류		3~6개월
돈가스 소스	2개월	
우유	5~7일(제조일 기준)	
버터	2주	
탕수육 소스, 케이준 소스, 드레싱	4개월	
골뱅이 초장, 볶음 소스	6개월	
부대찌게, 오뎅 수프	12개월	
야채류(컷팅 상태)	3~4일	

〈표 11-2〉 식재료의 반품사항(예시)

반품사항 여부	비 고
진공포장 상태가 풀린 경우	훈제연어, 소시지, 햄 등
봉지가 팽창한 경우(수프 및 소스류)	적정온도에서 보관하지 않은 제품은 제외
유통기한이 지난 경우	매장관리 부주의 제외
변색이 되거나 곰팡이가 생긴 경우	매장관리 부주의 제외(유통기간 이내)
캔류나 유리용기가 파손되어 내용물이 흐를 경우	배송직원의 부주의나 제품이 불량한 경우(당일 반품)

4) 개인위생

주방에 근무하는 조리사들의 위생관리가 무엇보다도 중요하다. 주방에 들어와서는 항상 손 씻는 것을 생활화하여 여러 가지 오염균들을 사전에 차단해야 한다. 조리사는 항상 개인 건강관리에 신경을 쓰고 청결한 상태를 유지하여 각종 병원균에 감염되지 않도록 노력해야 한다. 음식을 조리할 때에도 안전한 음식이 손님에게 제공될 수 있도록 해야 한다.

(1) 개인위생관리

첫째, 항상 청결을 유지하고 위생복이 지저분할 경우 세탁하여 청결하게 관리한다. 둘째, 조리시작 전 화장실 출입 후, 쓰레기 및 청소도구 취급 후, 전화사용 후, 조리 중 얼굴이나 머리를 만진 후 반드시 비누를 사용하여 손을 씻는다. 셋째, 정기적으로 신체검사와 예방접종을 하고 1년에 1회 이상 보건소나 지정된 의료기관에서 건강진단을 받는다. 넷째, 손은 항상 청결하게 유지하면서 상처가 있을 때에는 즉시 치료하고 직접적으로 조리는 하지 않는다. 다섯째, 손톱은 짧게 정리하고 반지나 시계는 착용하지 않는다. 여섯째, 바지는 청결하고 항상 다리미질을 하여 입는다. 일곱째, 머리는 단정하게 하고 위생복, 위생모, 스카프 등을 항상 착용한다. 여덟째, 음식을 맛볼 때에는 손가락으로 찍어 맛을 보는 것이 아니라 작은 용기에 담아 맛을 본다. 아홉째, 과로, 수면부족, 과음, 흡연 등은 피하며 건강관리에 힘써야 한다. 열 번째, 식중독사고 및 질병예방에 관련된 지식을 꾸준히 습득한다.

5) 시설위생

시설위생이란, 조리공간을 차지하는 주방의 설비시설 및 식품을 다루는 모든 조리기구와 장비 등으로 조리과정에 직 · 간접적으로 관련 있는 시설을 말한다. 주방의 설비를 선택할 때는 위생적인 측면을 고려해야 한다. 상 · 하수도의 배관, 화장실, 세면장, 쓰레기 처리시설, 해충의 침입방지시설, 정기적인 소독 등으로 시설 및 기구의 위생상태를 점검해야 한다. 별도의 시설 및 장비는 기록카드를 만들어 관리하는 것이 바람직하다.

(1) 시설위생관리

첫째, 주방 내의 온도는 16~20℃, 습도는 70% 정도가 적합하며, 통풍을 위해 환기시설을 갖추어야 한다. 둘째, 바닥 · 벽 · 천장의 표면은 효율적인 청소를 위해 단단하고 매끄러운 것이 좋다. 파손되었을 경우 즉시 보수한다. 셋째, 식재료 반입 시 들어 온 빈 상자를 주방에 적재해 두지 않음으로써 해충의 서식을 막는다. 넷째, 주방의 조명도는 50~100lux 정도가 적당하다. 채광이 잘 되도록 창문을 설계하는 것이 좋다. 다섯째, 정기적으로 소독을 실시하여 각종 해충들의 위해요소를 사전에 차단한다. 여섯째, 주방은 1일 1회 이상 청소하며, 사용한 폐유는 하수구에 버리지 않는다. 일곱째, 주방 내 잡담을 삼가며, 담배를 피우거나 침을 뱉지 않도록 한다. 여덟째, 주방직원 및 관계자 외 외부인의 출입을 금지한다.

(2) 조리기구 · 설비의 위생관리

칼, 도마, 행주는 분리하여 사용해야 한다. 특히 칼, 도마는 어육류 및 채소용으로 구분하여 사용하며, 사용한 후에는 반드시 닦아서 온장고나 자외선 소독고에서 건조시킨다. 도마의 2차 오염은 식중독의 원인이 되므로 색을 구분하여 사용하는 것이 바람직하다. 조리된 식품은 무색(흰색), 육류는 붉은색, 야채용은 연두색, 생선류는 파란색으로 분류한다.

식기류는 사용 후 즉시 세척하여 온장고에서 120℃, 30분간 살균 건조시킨다. PVC 쟁반은 자외선으로 소독한다. 냉장 · 냉동실의 문 개폐는 빠르고 횟수를 적게 한다. 10초 개폐 시 15분간 경과 후 정상온도로 복귀한다. 뜨거운 식품은 완전히 식혀서 적당한 간격을 두고 보관하며, 식품별 보관장소는 1호 냉장실은 채소류, 2호 냉장실은 김치 및 잔식, 3호 냉장실은 육류 및 생선으로 한다. 주 1회 이상 청소하여 항상 청결을 유지하며, 출 · 퇴근 시 온도를 체크한다. 적정온도는 냉장고 5℃ 이하, 냉동고 -18℃ 이하로 하며, 잔식은 당일 처리를 원칙으로 하여 위생적으로 관리한다. 날음식은 냉장실 하부에, 가열조리식품은 위쪽에 따로 보관한다. 냄새를 흡수하는 식품(달걀, 우유)과 냄새가 나는 식품(생선 등)은 따로 저장한다. 냉장고에 음식을 너무 많이 저장하면 청소하기 힘들고 공기순환이 되지 않으므로 온도유지에 장애가 될 수 있다. 따라서 조리가 되지 않은 식자재와 조리를 마친 식품은 반드시 랩으로 포장하거나 뚜껑을 덮어 보관한다.

소독방법

- 열탕 소독은 완전히 세정된 조리기구 및 기물을 끓는 물속에 넣어 5분 이상 삶아 낸 다음 그대로 물기를 빼서 위생적으로 자연 건조시킨다.
- 약제 소독은 락스를 300배로 묽게 한 용액 속에 조리기구 및 기물을 넣고 10분 이상 담근 후 물에 헹구어 내고 닦는다.

3. 식중독

1) 식중독의 정의

식중독은 식품섭취로 인해 인체에 유해한 미생물 또는 유독물질에 의해 발생하였거나 발생한 것으로 판단되는 감염성 또는 독소형 질환을 의미한다(식품위생법 제2조 제10호). 세균, 독소 등에 오염된 식품을 섭취한 후 발생할 수 있으며, 살모넬라, 캠필로박터, 대장균(O-157), 리스테리아 등이 있다. 이러한 세균은 장내질환을 일으키거나 심각한 질병을 유발할 수 있다. 바이러스의 경우 식품을 매개로 질환을 일으킬 수 있으며, 감염된 사람과 2차 감염을 일으킬 수 있다.

2) 식중독의 분류

식중독은 원인물질에 따라 세균성, 바이러스성, 화학성, 자연독 식중독으로 분류되며, 기타 기생충도 포함된다. 원인물질에 따라 다양한 증세를 유발한다.

〈표 11-3〉 식중독의 분류

분 류	종 류	원균 및 물질
세균성 식중독 (미생물 식중독)	감염형	살모넬라, 장염비브리오균, 병원성대장균, 캠필로박터, 여시니아, 리스테리아 모노사이토제네스, 클로스트리디움 퍼프린제스, 바실러스 세레우스
	독소형	황색포도상구균, 클로스트리디움 보툴리눔 등
바이러스성 식중독 (미생물 식중독)	공기, 접촉, 물 등의 경로로 전염	노로바이러스, 로타바이러스, 아스트로바이러스, 장관아데노바이러스, 간염A 바이러스, 간염E 바이러스 등
자연독 식중독	동물성 자연독에 의한 중독	복어독, 사가테라독
	식물성 자연독에 의한 중독	감자독, 버섯독
	곰팡이 독소에 의한 중독	황변미독, 맥가독, 아플라톡신 등
화학성 식중독	고의 또는 오용으로 첨가되는 유해물질	식품첨가물
	본의 아니게 잔류, 혼입되는 유해물질	잔류농약, 유해성 금속화합물
	제조, 가공, 저장 중에 생성되는 유해물질	지질의 산화생성물, 니트로스아민
	기타 물질에 의한 중독	메탄올 등
	조리기구, 포장에 의한 중독	녹청(구리), 납, 비소 등

3) 식중독균의 특성

(1) 살모넬라균

사람이나 동물의 장관, 특히 대장에는 변 1g당 수천억 개의 세균이 서식하고 있다. 건강한 사람은 여러 종류의 세균이 균형 있게 분포되어 설사를 일으키지 않으나, 일단 살모넬라와 같은 균이 침입하면 이상증식으로 식중독을 일으킨다. 살모넬라는 열에 약하며, 저온살균(62~65℃)에서 30분간의 가열로 사멸시킬 수 있다. 조리식품에 의한 2차 감염이 없다면 식중독은 발생되지 않는다. 식중독의 원인은 모든 식품이 원인이 될 수 있다. 이는 가열이 충분치 못했거나 2차 오염에 기인한 것이다. 원인식품은 식육과 난류가 많지만, 실제로 발생사례를 보면 특정 식품에 국한되지 않고 다양하게 나타나고 있다. 이는 식단 메뉴로 식육제품들을 비롯하여 계란을 비롯한 난류를 널리 섭취하기 때문이다.

(2) 황색포도상구균

자연계에 널리 분포되어 있는 세균 중의 하나로 식중독뿐만 아니라 피부의 화농 · 중이염 · 방광염 등 화농성질환을 일으키는 원인균이다. 살모넬라 식중독 및 장염비브리오 식중독 다음으로 많이 일어나는 식중독이다. 포도상구균은 수십 종이 있지만, 그중에서도 황색 색소를 생산하는 황색포도상구균이 원인균이며, 기타 포도상구균은 식중독 발생 사례가 현재까지 없다. 비교적 열에 강한 세균으로 80℃에서 30분이면 사멸되나, 황색포도상구균이 생산한 장독소(Enterotoxin)는 100℃에서 30분간 가열해도 파괴되지 않는다. 살모넬라균과 달리 7% 정도의 소금농도, 10~45℃ 영역에서 발육할 뿐만 아니라 다른 세균에 비해 산성, 알칼리성에서도 생존력이 강하다.

포도상구균 식중독은 식품 중에 증식하는 과정 중 독소를 생산하고 이 독소가 함유된 식품을 섭취함으로써 위나 장에 흡수되어 구토 · 설사 · 복통을 일으킨다. 대부분 세균성 식중독은 7~9월에 집중적으로 발생하지만, 포도상구균은 겨울철에도 발생한다. 자연계에 널리 분포되어 여러 종류의 식품 증식이 가능하기 때문에 그 원인은 다양하다. 식생활 행태와 차이가 있어 원인식품은 서로 다르지만 일반적으로 곡류, 가공품, 복합조리식품, 유제품 등에서 많이 발생된다.

(3) 병원성대장균

병원성대장균은 설사, 장염을 일으키는 대장균으로서 해외여행자에서 자주 일어나는 여행자 설사의 원인균으로 주목된다. 유아에 증상이 심하며, 성인은 오염이 심한 식품을 섭취할 경우 급성장염 등으로 나타내게 된다. 대장균은 사람 및 동물의 대장 내에 분포되어 있는 식품에 검출되었다면 분변에 오염되었다는 사실을 시사한다. 원칙적으로 사람에게는 무해하지만 식품이나 물과 함께 섭취되어도 질병을 일으킨다. 또한 어떤 원인균에 의해 숙주의 국소, 전신저항이 저하된 환자에게는 혈액 중 패혈증을 일으킨다. 가축, 애완동물, 건강보균자 외 자연환경에 널리 분포되어 있기 때문에 햄, 치즈, 소시지, 샐러드, 도시락, 두부 등 여러 종류가 원인식품이 될 수 있다. 이질이나 장티푸스와 같이 물을 매개로 한 집단 발생도 있다.

(4) 장염비브리오균

장염비브리오균은 육지에서 비교적 가까운 바다나 갯벌에 분포되어 있다. 수온이 20℃가 넘으면 왕성하게 증식하지만, 저온에서는 활동이 둔화되어 5℃ 이하에는 거의 증식하지 않지만 완전 사멸하지는 않는다. 열에 약하여 60℃에서 15분, 100℃에서 수분 내로 사멸된다. 바닷물의 식염농도와 유사한 3%에서 활발히 증식하지만, 소금을 함유하지 않은 물에는 약하다. 어류의 표면이나 아가미 등 수돗물로 깨끗이 씻는 것만으로도 상당량의 균수를 줄일 수 있다. 특히 다른 식중독균에 비하여 증식능력이 매우 크기 때문에 식중독을 일으킬 수 있는 균량까지 도달하는 시간이 매우 짧다. 바닷물 온도가 상승함에 따라 증식이 활발해지지만 저온과 산성상태에서 둔화된다. 소금성분을 매우 좋아하고 여름철 근해산 고등어, 문어, 오징어, 피조개 등 표피 · 내장 · 아가미 등에 부착된 장염비브리오균이 조리과정에 오염되거나 시간이 경과함에 따라 증식하여 식중독을 일으킨다. 어패류에 부착된 균은 냉장고, 도마, 행주, 칼, 조리사의 손을 통해 오염시킨다. 따라서 균이 증식된 식품을 섭취함으로써 2차 오염의 식중독을 일으킨다.

(5) 캠필로박터

캠필로박터는 산소가 충분한 호기성 조건에서는 완전 발육하지만, 산소가 없는 혐기성 조건에서는 발육하지 않는다. 산소가 소량 함유된 환경에서 발육하는 미 호기성 세균이다. 발육에 필요한 산소농도는 대기 중 21%보다 낮은 3~15%에서 5%(미 호기적 조건) 정도가 최적이다. 또한 대기 중 호기조건 하에서 균을 놔두면 서서히 사멸된다. 식품 종류나 보관 온도에 따라 사멸하는 정도는 다르지만 일반적으로 10℃ 이하의 저온에 보관하는 경우 호기적 조건 하에서도 상당히 오랜 시간 생존할 수 있다.

사람의 식중독 원인균으로 다른 식중독균과 차이가 있다. 최저 발육온도는 약 30℃에서 최고 46℃이다. 살모넬라와 장염비브리오 등 식중독균이 증식 가능한 실온 25℃에서는 증식할 수 없다. 사람, 가축, 가금, 애완동물, 야생동물, 어패류 및 하천 등 자연환경에 널리 분포하는 균이다. 동물의 분뇨가 우유, 하천수, 우물 등을 오염시키거나 가축, 가금류의 도살, 해체시 식육에 오염되어 이를 섭취한 사람이 걸리게 된다. 원인식품 및 주요 오염경로는 식육 및 그 가공품, 샐러드, 음료수, 쥐, 바퀴 등에 의한 오염이 있다. 개, 고양이, 새 등의 애완동물과 소, 돼지, 닭 등에 의한 접촉 감염, 사람과 사람 간 전염 등 다양한 경로가 있다.

(6) 노로바이러스

노로바이러스는 NLVs(Norwalk-like viruses)라 불리며, 미국 오하이오주 노워크(Norwalk)

지역에서 집단 발병한 이후 그 지역 이름을 따서 명명되었다. 바이러스에 의한 위장염은 심각한 건강상 위해는 없으나 대부분의 경우 장기간 합병증 없이 1~2일 후에는 완전히 회복된다. 어린이나 노인의 경우, 구토, 설사로 인해 손실된 수분을 충분히 보충해주지 못하여 탈수증세가 나타날 수 있다. 크기가 작아 식품이나 음료수에 쉽게 오염되지만 적은 숫자로 많은 사람들에게 질병을 일으킨다. 사람 몸 밖에서는 증식을 할 수 없지만 식품이나 물을 통해 전염될 수 있다. 특히 감염자의 구토물이나 채변에서 발견되며 손이나 다른 시설, 장비 등에서 식품접촉으로 오염시킨다. 감염된 식품이나 음료수를 섭취하거나 오염된 물건을 만진 손으로 입을 만졌을 때, 감염된 사람을 간호할 때, 식품, 기구 등을 함께 사용했을 때 오염될 수 있다.

(7) 바실러스 세레우스

호기성 세균으로 토양, 수중, 공기, 식물 표면, 곡류 등 자연계에 널리 분포되어 있다. 그람양성 간균으로 내열성 아포를 형성하며, 다른 균주의 포자에 비하여 어느 표면이든 잘 들러붙어 세척과 소독이 어렵다. 식중독의 원인식품으로 조리 후 냉각과정 동안 수 시간 상온에 방치된 고기, 야채, 쌀, 수프 등에서 포자의 발아로 증식된다. 특히 볶음밥, 쌀밥, 스파게티, 면류와 소맥분으로 된 식품류가 주요 원인이다. 보통 음식에는 10 CFU/g 이하 가량 존재하므로 질병을 일으키지 않으나, 생육조건이 맞으면 106 CFU/g 이상까지 증식하여 식중독을 일으키는 기회성 균이다. 저온 살균 후의 낙농제품인 우유, 치즈 등에서 발아할 수 있다.

CASE
GAP(Good Agricultural Practices)인증제도란?

'농산물우수관리 인증제도'로 농산물의 생산단계부터 수확 후 포장단계까지 농업환경(토양, 수질 등)과 농산물에 잔류할 수 있는 위해요소(농약, 중금속, 미생물 등)를 관리하는 제도이다.

최근 5년('10~'14년) 간 국내에서 발생한 식중독사고는 총 1,370건으로 원인불명이 588건에 이른다. 원인이 밝혀진 782건 중에서는 세균 554건, 바이러스 212건, 기타 16건으로 식중독균에 의한 사고가 70.8%에 해당한다.

최근 국제적으로도 농산물에 오염된 식중독균으로 인해 대형 식중독사고가 발생하는 추세에 있다. 미국의 경우, 식품별 식중독 발생건수 당 평균 환자수로 농산물이 2위를 차지하고 있다. 위생과 안전이 최우선인 단체급식에서 이제 'GAP농산물'에 대해 제대로 알아야 하며 GAP 인증을 위해서 필요한 부분을 알아보자.

첫째, 토양과 수질관리가 기본이다. 토양과 함께 농사를 짓기 위해 사용하는 물도 아주 중요하며, GAP는 용수를 중점관리사항에 포함시켜 물의 오염도나 토양의 수분을 관리토록 하고 있다. 실제로 GAP인증을 받기 위해서는 농업용수 분석결과를 기록하고 관리했는지 여부를 확인받아야 하는 등 물관리 항목의 까다로운 기준을 통과해야 한다.

둘째, 농약, 보관·관리가 중요하다. 농약보관함은 반드시 잠금장치가 있어야 하고, 파손된 농약용기로 인해 농약이 흡수될 수 있는 나무재질은 금지사항이다. 유효기간 경과 농약 사용 여부 및 처리방법도 관리돼야 하며, 농약유출사고에 대비 모래함도 갖추도록 엄격한 기준을 적용하고 있다.

셋째, 농자재별 분리관리는 필수이다. 농약뿐만 아니라 농기계와 비료 등도 분리된 공간에서 관리한다. 지금까지 각종 농자재를 한 곳에서 개인의 상황에 따라 보관해 왔다. 농약사용 여부보다 더 심각한 세균, 미생물, 곰팡이 등의 오염요소를 한 공간에 넣고 기준 없이 사용해 온 측면을 간과할 수 없다.

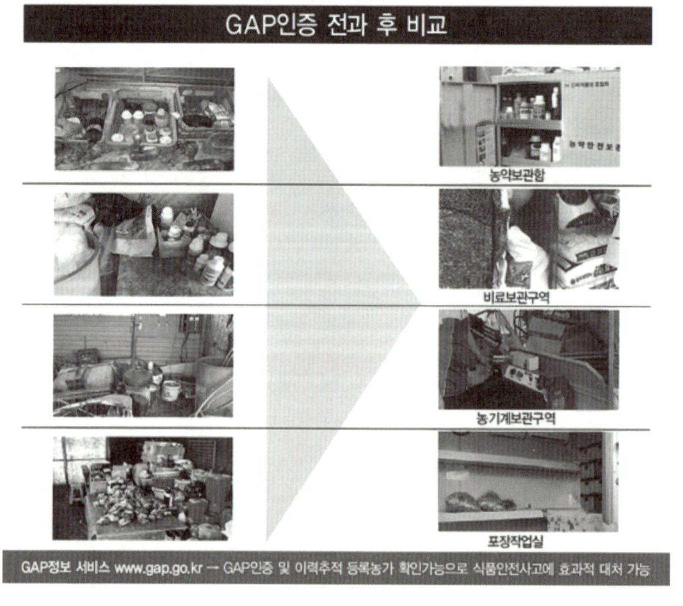

대한급식신문 2016.7.25

4) 외식업소 식중독 발생현황

국내 외식사업은 '77년 400억원에서 '79년 1.67조원으로 417% 성장했다. '85년 성장률이 잠시 주춤했지만 '86년 아시안게임과 '88년 서울올림픽을 기점으로 시장의 활성화를 이루었다. 큰 행사를 치룬 후 계속된 불황과 광우병, 조류독감, 불량만두 파동 등의 사건이 발생하면서 성장세가 주춤했다. '97년 외환위기 후 국민소득의 증가와 주 5일 근무제가 정착되면서 2008년 그 규모는 외식업체수 75만 개, 연간매출액 약 58조원으로 국내 총생산액의 4.5% 수준으로 증가했다. 최근 식재료의 원산지 표시가 의무화되면서 식품의 성장과 생산, 제조, 섭취되는 진 과정에서 위생과 안전에 대한 관심이 높아졌다. 또한 높은 수준의 고객 욕구 파악과 변화에 직면하면서 한 단계 도약하는 계기가 되었다. 그리고 체계적인 위생관리와 안전한 먹거리 확보가 중요해졌다. 향후 외식사업은 변화의 속도가 더욱 빨라질 것으로 예상된다. 경쟁은 더욱 치열해지며 의식수준은 높아져 서비스품질, 가격, 맛 외 위생적 관리와 안전을 요구하고 있다.

급속한 경제성장과 국민소득의 증가는 생활양식과 의식구조를 변화시켰다. 삶의 질과 추구하는 편익, 가치관, 건강에 대한 관심이 높아졌다. 반면 불량 식재료, 비위생적 조리과정, 식품 취급자의 허술한 개인 및 위생, 불결한 환경 등은 식중독 위험에 대한 보고가 현대사회의 다양한 매체를 통해 고발되면서 일상화되었다. 국내 외식사업의 팽창은 식중독 사고의 증가로 이어졌다. 식품의 안전한 취급이나 교차오염의 예방보다 시설위반, 보존, 유통기간 등 일부 내용에 대해서 형식적으로 단속하는 것에 그치고 있다. 현행 「식품위생법」에서는 단속된 외식업소라 할지라도 적은 액수의 과징금만 부과되어 다시 영업할 수 있기 때문에 단속을 두려워하지 않거나 심각하게 생각하지 않는 실정이다. 따라서 식중독 현황을 다음과 같이 제시할 수 있다.

첫째, 식중독에 대한 감수성이 높은 노인과 면역부전환자의 증가이다. 둘째, 외식문화의 확산으로 가정 밖에서 발생한 식중독이 전체 식중독 발생률의 80%를 차지한다. 셋째, 기술발달에 따른 대규모의 중앙집중화와 식품가공업에 의해 생산된 식품이 더 넓게, 멀리 확산되어 그 규모가 대형화되고 있다. 넷째, 해외여행 및 활발한 국제무역의 증가로 식중독 범위가 국경을 초월하여 세계화하는 추세이다. 다섯째, 식중독을 일으키는 미생물의 항생물질에 대한 저항성이 증가하므로 식중독에 대한 예방이 부각되고 있다. 여섯째, 경제발전으로 토지 이용이 증대되어 대규모 생산시설에서 발생되는 오염물질은 수질과 토양을 오염시켜 성장과 생산에 영향을 미친다. 일곱째, 정부와 국민의 식중독에 대한 인식부족으로 재정투자가 축소되거나 예방의식이 결여되고 있다.

매년 식중독 발생건수 및 환자수가 증가하고 있다. 현황을 보면, 단기간에 양적으로 성장한 음식점과 학교 및 기업체 등 집단급식소가 전체 식중독 발생의 대부분을 차지하고 있다. 2003년도 집단급식소 식중독 발생 환자수가 전체 식중독 발생 환자의 95.7%, '06년 92.7%, '07년 10월은 83.1%로 다소 낮아졌지만, 여전히 높은 수준이다. 이와 같이 지속적인 대형 식중독사고가 발생되고 있기 때문에 이에 대한 대책이 필요하다.

원인별 식중독 현황은, 2003년에는 장염 비브리오균에 의한 식중독사고가 22건, 환자수가 732명으로 가장 많았다. 살모넬라, 황색포도상구균에 의한 식중독 발생이 그 다음으로 많았으며, 2006년 이전까지는 식중독 발생의 주된 원인이 살모넬라, 황색포도상구균, 병원성 대장균 등 식품의 공장이나 조리시설에 대한 미생물 제어가 중요한 원인으로 차지했다. 하지만 '07년과 '08년은 노로 바이러스가 각각 97건(2,345명), 65건(2,105명)으로 식중독 발생의 원인이 되었으며, 병원성 대장균이 62건(1,945명), 36건(1,278), 그 다음이 살모넬라, 황색포도상구균으로 나타났다. '10년에는 노로 바이러스에 의한 식중독이 높았다. 이는 개인위생과 밀접하게 연관되어 있어 조리직원들의 위생관리가 중요하다.

최근 식중독의 발생 원인이 다양해졌다. 발생원인 경로가 상이하며, 잠복기 이후 보고 될 때까지 일정시간이 경과된 후 원인을 규명하여 늑장 대처하고 있다. 그러므로 원인 규명 시 감안해야 할 사항과 예외적인 변수가 많아 규명에 어려움을 겪고 있다. 계절별로는 5, 6월에 갑자기 증가하다가 8, 9월에 최고조로 증가하는 양상을 볼 수 있다. 식중독 원인이 대부분 세균성으로 나타나고 있다. 특히 장염비브리오균은 해산물의 생식으로 인한 여름철에 집중적으로 발생하기 때문에 식품의 조리방법과 섭취에 대한 예방교육이 절실하게 요구된다.

4. 위생의 중요성

위생교육이란, 식품의 안전을 확보하기 위해 개인위생, 시설·설비 관리, 온도, 시간, 교차오염, 세척과 소독 등 식품 취급자가 지켜야 할 행동요령을 습득하는 것이다. 식중독은 세균, 바이러스, 화학물질, 자연독 등에서 오염된 음식물을 섭취함으로써 발생되지만 실제 오염이 된 식재료와 시설 등의 문제가 아닌 사람의 잘못으로 발생할 수 있다. 이와 같이 오염이 되지 않은 안전한 식재료 선택, 오염된 경우라도 세척 및 살균 · 소독으로 제거할 수 있는 능력도, 안전하게 보관하기 위해 냉장 · 냉동시설을 관리하는 것도 결국 사람이 하는 것이다. 칼, 도마의 구분사용으로 교차오염을 방지하며, 미생물이 사멸될 수 있도록 온도 및 시간을 관리해야 한다. 특히 조리된 음식의 경우 세균이 생장하지 않도록 빨리 배식하거나 적정온도를 관리해야 한다.

위생교육이란 식품위생을 잘 모르고 있거나, 잘못알고 있던 지식 및 정보를 올바르게 제공하여 인식과 행동변화를 일으켜 위생수준을 향상시키는 데 그 목적이 있다. 이러한 교육은 단 한 번으로 그치는 것이 아니라 훈련을 통해 지속적으로 실천할 수 있도록 해야 한다. 잘 할 수 있을 때까지 반복적인 학습이 필요하며, 현재 법규상 위생교육은 「식품위생법」 제27조에 의해 법적으로 규정하고 있다.

그림 11-1 식품위생법 제27조에서 규정하는 교육

1) 위생교육

- 영업자 및 대통령령이 정하는 유흥종사자를 둘 수 있는 식품접객업 영업자의 식원은 매년 위생에 관한 교육을 받아야 한다(2004.1.20).
- 제21조 규정에 의해 영업하고자 하는 자는 미리 위생에 관한 교육을 받아야 한다. 부득이한 사유로 미리 교육을 받을 수 없는 경우에는 영업개시 후 보건복지가족부 장관이 정하는 바에 따라 교육을 받을 수 있다(2008.2.29).
- 책임자를 지정하는 경우 제1항 및 제2항의 규정에 의한 위생교육을 받아야 하는 자중

영업에 직접 종사하지 아니하거나 2곳 이상의 장소에서 영업을 하고자 하는 자는, 그 종업원 중 식품위생에 관한 책임자로 하여금 교육을 받게 할 수 있다. 집단급식소에 종사하는 조리사 및 영양사가 식품위생에 관한 책임자로 지정되어 제40조 제1항 단서의 규정에 따라 교육받은 때는 제1항 및 제2항의 규정에 따른 당해년도의 위생교육을 받은 것으로 본다(2006.9.27).

- 제2항 규정에 불구하고 조리사 또는 영양사의 면허를 받은 자가 제21조 제1항 제3호의 식품접객업을 하고자 하는 때는 위생교육을 받은 것으로 본다(2000.1.12).
- 영업자는 특별한 사유가 없는 한 제1항 규정에 의한 위생에 관한 교육을 받지 아니한 자를 그 영업에 종사시키지 못한다.
- 제1항 및 제2항의 규정에 의한 위생에 관한 교육의 실시기관 및 내용 등은 보건복지가족부령으로 정한다(2008.2.29).

2) 교육대상자

- 법 제21조 규정에 의해 영업하고자 하는 자(영업에 직접 종사하지 아니하거나 2 이상의 장소에서 영업을 하고자 하는 자로서 그 종업원 중 식품위생에 관한 책임자를 지정하는 경우에 그 책임자)
- 「전염병예방법」 제2조 규정에 의한 전염병이 식품으로 인해 유행되거나 집단식중독 발생 및 확산 등으로 국민건강상 위해가 발생할 우려가 있어 보건복지부 장관이 위생교육이 필요하다고 인정되어 교육을 명한 해당업종의 영업자 및 종업원
- 「식품위생법」 또는 이 법에 의한 명령을 위반하여 행정처분을 받은 영업자(과징금 처분을 받은 영업자 포함)

5. 안전관리

1) 안전관리의 개요

외식기업은 다양한 조리설비의 도입과 더불어 규모가 대형화되고 있다. 이러한 시스템은 다양화되면서 위험요소가 늘어나 각종사고를 유발하여 인명 또는 재산상 손실을 불러

일으키고 있다. 업무를 담당하는 직원들은 안전관리가 무엇보다 중요하다. 각 업장에서 발생하는 신체적 · 재산적 피해를 사전에 예방할 수 있는 대책과 실행으로 개인적으로 발생할 수 있는 사고를 줄여야 한다. 안전수칙에 따른 주의를 통해 감소시킬 수 있으며, 현대화된 조리장비는 업무능력을 향상시키는데 도움을 주지만 잘못된 기기작동은 사고가 유발할 수 있다. 불을 이용한 작업이 많기 때문에 항상 주의를 기울여 사고발생을 줄일 수 있다.

2) 안전수칙

(1) 주방 안전수칙

첫째, 칼을 사용할 때에는 정신을 집중하여 안정된 자세로 작업해야 한다. 둘째, 칼을 부주의로 바닥에 떨어뜨린 경우 한 걸음 물러나야 한다. 셋째, 칼이나 기타 위험한 조리기구는 안전한 보관함을 이용한다. 넷째, 칼을 보이지 않는 곳에 두거나 물이 들어 있는 싱크대에 두지 않는다. 다섯째, 주방바닥은 미끄러지지 않도록 항상 마른 상태를 유지하고 기름기나 물기를 제거한다. 여섯째, 뜨거운 용기를 잡을 때는 마른행주나 안전장갑을 이용한다. 일곱째, 작업장 내 아무리 바빠도 절대 뛰지 않는다. 여덟째, 뜨거운 음식을 옮길 때는 주위를 환기시켜서 충돌을 방지한다. 아홉째, 유니폼과 안전화는 청결하게 관리하고 몸에 맞는 것을 착용하며, 미끄럼방지 표시가 있는 신발을 착용한다. 열째, 구급함을 비치하며 정기적으로 점검한다. 열한 번째, 무거운 물건을 들 때는 허리를 구부려 드는 것보다 쪼그려 앉아서 들고 일어나야 한다.

(2) 일반 안전수칙

첫째, 손에 물이 묻어있거나 물이 있는 바닥에 서있을 때는 전기기구를 조작하지 않는다. 둘째, 조리기구 청소 시 스위치를 확인하고 콘센트를 뽑은 다음 닦는다. 셋째, 물청소를 할 때는 전기플러그나 각종기계의 스위치에 물이 튀지 않도록 한다. 넷째, 각종기계는 작동순서와 안전수칙을 완전히 숙지하고 사용해야 한다. 다섯째, 육가공 절단기를 사용할 때는 안전장비를 갖추고 이용한다. 여섯째, 전기장비를 다룰 때는 스위치를 끈 다음 만진다. 일곱째, 룸 냉장고, 냉동실은 안에서 갇히게 될 경우를 대비하여 안에서 잠금장치를 해제할 수 있는 장치가 있어야 한다. 여덟째, 슬라이서 기계를 청소할 때 칼날이 손이 닿지 않도록 주의하며, 사용하지 않을 때에는 전원을 꺼놓는다.

(3) 가스 안전수칙

첫째, 가스의 성질에 대한 지식을 충분히 숙지한다. 둘째, 가스기구를 사용하기 전에 환기하는 습관을 갖도록 한다. 셋째, 가스냄새가 나면 밸브를 꼭 잠그고 환기시킨다. 넷째, 가스기구의 불을 켜놓은 채로 자리를 뜨지 않는다. 다섯째, 가스기구 주변에 가연성 물질을 놓지 않는다. 여섯째, 연소기 주변을 정기적으로 청소하여 이물질이 생기지 않도록 한다. 일곱째, 가스안전 교육을 정기적으로 실시하여 예방의식을 강화한다.

(4) 화재예방 안전수칙

첫째, 한 개의 콘센트에 여러 개의 전열기구 사용을 금한다. 둘째, 소화기는 눈에 잘 띄는 곳에 설치하며 사용법을 숙지한다. 셋째, 용량에 맞는 전기기구와 가스기기를 사용한다. 넷째, 가스시설, 전기시설, 유류시설에 대한 정기적인 안전점검을 실시한다. 다섯째, 실내 소화시설을 완비하고 비상구를 확보한다. 여섯째, 외출 시에는 가스밸브 및 모든 화기의 안전을 점검한 후 외출한다.

(5) 화재발생시 대응요령

첫째, 당황하지 말고 침착하게 행동한다. 둘째, 주위사람에게 알린다(큰소리로 "불이야"! 하고 반복해서 외친다). 셋째, 전원스위치 및 열원을 차단하고 소화기구를 이용하여 초기에 진압한다. 넷째, 비상관제실에 통보한다.

02 HACCP

1. HACCP

HACCP은 식품의 생산, 가공, 유통단계에 이르는 전 과정에서 인간에게 위해(危害)할 수 있는 요소를 분석하여 이를 사전에 중점 관리하는 선진화된 예방적 관리시스템이다. 1959년 NASA(미항공우주국)의 요청으로 안전한 우주식량을 만들기 위해 필스버리(Pillsbury)사와 미육군 나틱(Natick)연구소가 공동으로 실시한 것이 시발점이 되었다. '80년대에 들어 식품회사를 중심으로 일반화되었다. 우리나라는 '95년 12월 29일에 「식품위생법」에 HACCP 제도를 도입하였으며, 제32조에 의해 위해요소중점관리기준에 대한 조항을 신설했다. 식품의 안전성 확보, 식품업체의 자율적 · 과학적 위생관리방식의 정착, 국제기준, 규격과의 조화를 도모하고자 했다.

HACCP은 식품의 위해요소분석(Hazard Analysis; HA)과 중요관리점(Critical Control Point; CCP)의 두 부분으로 구성되어 있다. 위해요소분석(HA)은 위해 가능성이 있는 전공정(생산, 가공, 유통)의 흐름에 따라 분석, 평가를 한다. 중요관리점(CCP)은 확인된 위해요소들 중에서 중점적으로 관리해야 할 위해요소를 의미한다. HACCP은 전공정에서 CCP를 설정하고 CCP의 설정기준에 따라 이를 관리하여 위해요소를 사전에 예방하고 식품의 안전성을 확보하는 데 있다. 즉 식품의 원재료생산에서부터 제조, 가공, 보존, 유통 등 최종 소비자가 섭취하기 전까지의 각 단계에서 발생할 우려가 있는 위해요소를 규명하고, 이를 중점적으로 관리하기 위한 중요관리점을 결정한다. 자주적이고 효율적인 관리로 식품의 안전성, 건전성 및 품질을 확보하기 위한 과학적인 위생관리기법이다.

2. 국내 HACCP 현황

식품의 위생과 안전, 보증평가에 관한 종래의 방식을 대체하도록 하는 UN의 FAO와 WHO의 결정, 미국 FDA 등 관련기관에서 식품 제조 · 유통에 대한 적용 · 권고에 의해 1990년대 초에 이르러 HACCP시스템이 국제적으로 널리 도입되었다. 국내에서는 식품의 안전성과 국제경쟁력을 확보하기 위해 정부 차원에서 '95년 「식품위생법」 개정을 통해 규정을 신설하여 '96년 '식품위해요소중점관리기준(HACCP)'을 마련하게 되었다.

국내에서 도입하는 HACCP시스템은 식품안전에 관한 관리체계가 일원화되어 있지 않고 분산되어서 시스템의 적용에 따른 인증절차가 여러 부서에 나뉘어 관리되고 있다. 식품의 제조 · 가공과 단체급식에 관여하는 보건복지부(식품의약품안전처), 도축장과 축산물관리에 관여하는 농림수산식품부(국립수의과학검역원, 축산물 HACCP기준원), 수출 수산물에 관여하는 해양수산부(국립수산물품질검사원)의 관장 등으로 분산되어 있다.

HACCP시스템은 식품의 위해요소를 사전에 예방할 수 있으며, 식품생산 시 문제의 근본 원인을 정확하고 신속하게 규명할 수 있다. 책임소재가 분명할 뿐 아니라 식품의 미생물학적, 유독·유해물질에 대한 안전성 확보에 있어서 무엇보다도 체계적이고 과학적인 방법을 통해 식품을 생산할 수 있다. 따라서 식품의 위생과 안전성에 높은 신뢰성이 있기 때문에 그 도입과 적용이 권장된다.

〈표 11-4〉 정부의 HACCP 추진현황

구 분	일반가공식품	축산물 및 축산가공품
법적 근거	「식품위생법」 제48조 (위해요소중점관리기준) (1995.12)	축산물가공처리법 제9조 및 동법시행규칙 제7조(위해요소중점관리기준) (1997.12)
관련 고시	식품위해요소중점관리기준(1996.12)	축산물위해요소중점관리기준(1998.8)
운영 주체	식품의약품안전청	농림부(국립수의과학검역원)
담당 부서	보건복지부 〉 식품의약품안전청 〉 안전과	농림부 〉 국립수의과학검역원 〉 안전과
적용 품목	• 어육가공품 중 어묵류(1997.10) • 냉동수산식품 중 어류, 연체류, 패류, 갑각류, 조미가공품(1998.2) • 냉동식품 중 기타 빵 및 떡류, 면류, 일반 가공식품의 기타 가공품 및 빙과류(1999.6) • 의무적용 품목에 대한 법적 근거 마련(2002.8) • 의무적용 대상업소 지정 : 어묵류 등 6개(2003.6) • 집단급식소와 식품접객업소의 조리식품, 도시락류(2003.6) • 레토르트식품, 비가열음료(2002.6) • 김치절임 식품, 저산성 통조림, 두부류 또는 묵류, 빵류, 소스류, 건포류, 특수영양식품(2005.6)	• 식육가공품 중 햄, 소시지류(1996.12) • 유가공품 중 우유, 발효유, 가공치즈, 자연치즈(1998.5) • 도축장(1998.8) (시 · 도로 이관) • 유가공품 중 우유류, 발효유류, 가공유류, 버터류(2000.2) • 식육가공품 중 포장육(2001.6) • 식육가공품 중 양념육류, 분쇄가공육제품, 유가공품 중 저지방우유류, 아이스크림류(2002.9) • 식육포장처리업, 집유장, 축산물 보관장, 축산물 운반업소, 축산물 판매업소 추가(2004.1) • 갈비가공품, 건조 저장육류 추가(2006.3) • 농장(닭 등) 추가(2007.12)

자료 : HACCP 이해와 적용(2010), 이병철 외

1) HACCP 도입 필요성

최근 식중독사고가 증가하고 있어 수입육, 냉동식품, 아이스크림류 등에서 살모넬라, 병원성대장균 O-157, 리스테리아, 캄필로박터 등의 식중독세균이 빈번하게 검출되고 있다. 농약이나 잔류항생물질, 중금속 및 화학물질(다이옥신 등의 환경오염물질)에 의한 위해 발

생도 광역화되고 있다. 우리나라는 더 이상 위해요소에 대한 안전지대가 아니라는 우려가 확산되고 있다. 식품의 위생안전성에 대한 관심이 그 어느 때보다 높다. 이러한 시점에 세계의 각국은 기업의 수출경쟁력 확보를 위해 위해요소를 효과적으로 제어할 수 있는 새로운 위생관리기법인 HACCP을 도입하여 식품분야에 추진하고 있다.

3. HACCP시스템의 구조와 체계

HACCP시스템을 효과적으로 실행하기 위해서는 식품을 위생적으로 생산할 수 있는 시설 설비와 GMP(good manufacturing practices, 우수제조기준)의 여건 하에서 SSOP(sanitation standard operation procedure, 표준위생관리기준)를 준수해야 한다. 만일 GMP와 SSOP가 적절하게 설계, 관리되지 못하면 이로 인해 HACCP시스템이 제대로 가동할 수 없게 된다. HACCP시스템은 기본적인 위생관리가 효과적으로 수행된다는 전제조건 하에 중점적으로 관리해야 할 점을 파악하여 직접 관리하는 시스템이기 때문이다. GMP와 SSOP가 선행되지 않고서는 HACCP시스템이 효율적으로 가동될 수 없으므로 GMP와 SSOP를 HACCP 적용을 위한 선행요건프로그램이라고 할 수 있다. 따라서 HACCP 계획을 효율적으로 운영하기 위해서는 다음과 같은 선행요건프로그램이 작성되고 운영되어야 한다.

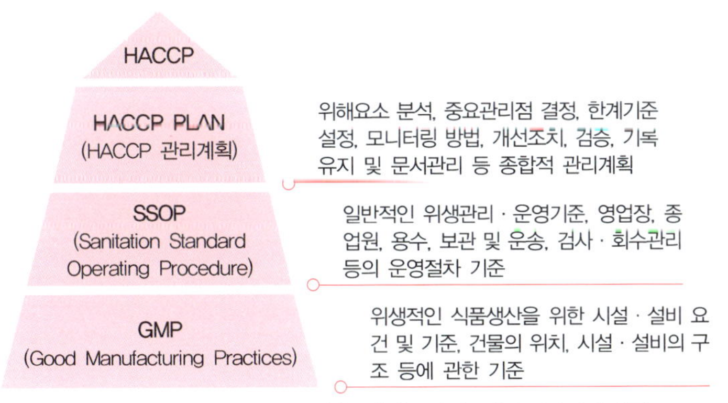

자료 : HACCP 적용 가이드라인, 식품의약품안전청, 2005.

그림 11·2 HACCP시스템의 구성

- GMP(우수제조기준) : 위생적인 식품생산을 위한 시설 설비요건 및 기준, 건물의 위치, 설비구조, 재질요건 등에 관한 기준이다.
- SSOP(표준위생관리기준) : 일반적인 위생관리운영기준, 영업장관리, 종업원관리, 용수관리, 보관 및 운송관리, 검사관리, 회수관리프로그램 등의 운영절차이다.

HACCP시스템을 적용하여 식품의 안전성을 확보하기 위해서는 제조·조리 공정과정을 단계별로 생물학적·화학적·물리적 위해요소의 유입 정도를 파악해야 한다. 해당 위해요소를 안전한 수준까지 감소시키거나 완전히 제거할 수 있도록 관리체계를 구축해야 한다. 이러한 관리체계의 구축은 선행요건프로그램을 개발하여 시행하면서 이를 토대로 식품의 중요한 위해요소를 중점적으로 관리함으로써 안전한 식품이 공급될 수 있도록 식품별 HACCP 관리계획인 HACCP 플랜을 개발해야 한다. 이와 같이 HACCP 관리계획을 개발하기 위해서는 미리 수행해야 하는 5가지 준비단계와 단계별로 적용되는 7가지 원칙을 거쳐야 한다. 이를 HACCP의 7원칙 12절차(준비단계 5가지 + 적용원칙 7가지)라 한다. HACCP 적용원칙은 〈표 11-5〉와 같다.

1) HACCP시스템의 적용 원칙(7원칙 12절차)

〈표 11-5〉 HACCP 준비 5단계, 실시 7원칙(12단계)

절차 1	HACCP팀을 구성한다.
절차 2	식품의 설명서 작성(안정성, 유효기한, 포장, 유통 형태)을 확인한다.
절차 2	제품(대상 식품)의 사용용도 및 방법을 명확히 한다.
절차 4	제조공정 흐름도 및 평면도를 작성한다.
절차 5	제조공정 흐름도 및 평면도가 작업현장과 일치하는지 검증한다.
절차 6	위해요소를 분석한다(원칙 1).
절차 7	중요관리점(CCP)을 설정한다(원칙 2).
절차 8	중요관리점에 대한 한계기준(CL : Critical Limit)을 설정한다(원칙 3).
절차 9	중요관리점 관리를 위한 측정(모니터링)방법을 확립한다(원칙 4).
절차 10	개선조치(Corrective action)를 확립한다(원칙 5).
절차 11	HACCP시스템의 검증(Verification)절차 및 방법을 설정한다(원칙 6).
절차 12	문서화 및 기록유지시스템을 확립한다(원칙 7).

2) HACCP 도입의 효과

(1) 식품업체 측면

HACCP을 도입함으로써 다음과 같은 효과를 볼 수 있다.

첫째, 자주적인 위생관리체계를 구축할 수 있다. 기존의 정부주도형 위생관리에서 자율적으로 위생관리를 수행할 수 있다. 즉 체계적인 위생관리기법의 확립이 가능하다. 둘째, 위생적이면서 안전한 식품의 제조과정 중 예상되는 위해요인을 과학적으로 규명하고 이를 효과적으로 제어함으로써 안전성이 충분히 확보된 식품생산이 가능하다. 셋째, 위생관리 집중화 및 효율성을 도모할 수 있다. 해당업체에서 수행되는 모든 단계를 광범위하게 관리하는 것이 아니라 위해가 발생될 수 있는 단계를 사전에 선정하여 집중적으로 관리함으로써 위생관리체계의 효율성을 극대화할 수 있다. 넷째, 경제적 이익을 향상시킬 수 있다. 본 기법의 적용초기에는 시설, 설비 보완 및 집중적 관리를 위한 많은 인력과 소요예산 증대가 예상되나, 장기적으로는 관리인원의 감축, 관리요소 감소 등이 기대된다. 이는 제품 불량률과 반품, 폐기량 감소 등 궁극적으로 품질향상 및 비용절감 효과가 있어 경제적 이익증가를 나타낸다. 다섯째, 회사의 이미지 제고와 신뢰성을 향상시킨다. 지정업소는 HACCP 마크 부착과 적용품목에 대한 광고가 가능하므로 소비자에 의한 회사의 이미지와 신뢰성이 향상된다.

(2) 정부 측면

정부 차원에서 위생감시와 효율성을 극대화할 수 있다. 객관적으로 위생감시를 위한 지침이 제공되므로 위생적으로 안전한 식품확보를 위한 관리기준이 제공된다.

(3) 소비자 측면

HACCP 마크 표시로 위생적이고 안전한 식품의 선택기회가 가능하며, 안전하게 구매할 수 있어 신뢰성을 확보할 수 있다.

- HACCP은 식품안전 확보를 위한 최선의 방법으로 그 도입, 적용을 통해 안전을 확보할 수 있는 가장 효과적인 방법이다.

- HACCP은 위해요소가 높은 공정 및 원료 등을 중점적으로 관리함으로써 안전을 집중 관리할 수 있다.
- HACCP은 사전 예방체계이므로 위해를 미리 예측, 관리하는 것이 가장 큰 특징이다.
- HACCP은 전 부서원이 참석해야 하므로 작업자의 위생마인드를 향상시키는 데 크게 기여한다.
- HACCP은 집중적 관리함으로써 장기적으로 관리인원의 감축, 관리요소의 감소 등이 기대되며, 제품 불량률과 반품, 폐기량 감소 등으로 제품 품질향상 및 생산비용 절감효과를 얻을 수 있다.

11

Summary 요약

[1] 위생이란, 건강한 상태를 조성하고 유지하는 것을 말한다. 위생의 어원은 라틴어의 'Sanitas'에서 유래되었으며 '건강'을 뜻한다. 세계보건기구(WHO)에서는 "식품위생이란 재배, 생산, 제조로부터 최종적으로 사람이 섭취될 때까지 모든 단계를 의미한다. 식품의 안전성, 건전성, 건강성을 확보하기 위한 모든 수단으로 정의된다.

[2] 위생관리는 조리사들이 주방에서 다양한 식재료를 이용하여 음식을 조리하며, 조리된 음식을 고객에게 제공하는 과정으로 식품위생상 위해요소를 방지하여 고객안전을 보장하는 데 있다. 위생관리 범위는 조리사들에 대한 개인위생, 주방위생, 환경위생, 식품위생으로 분류할 수 있다. 이러한 위생관리 중 어느 한 부분이라도 소홀히 여겨서는 안 된다.

[3] 식중독은 식품섭취로 인해 인체에 유해한 미생물 또는 유독물질에 의해 발생하였거나 발생한 것으로 판단되는 감염성 또는 독소형 질환을 의미한다. 세균 또는 독소 등에 오염된 식품을 섭취한 후 발생하는데 주로 살모넬라, 캠필로박터, 대장균(O-157 : H7), 리스테리아 등이 있다.

[4] HACCP은 식품의 위해요소분석(Hazard Analysis; HA)과 중요관리점(critical control Point; CCP)의 두 부분으로 구성되어 있다. 위해요소분석(HA)은 위해 가능성이 있는 전공정(생산, 가공, 유통)의 흐름에 따라 분석 · 평가를 한다. 중요관리점(CCP)은 확인된 위해요소들 중에서 중점적으로 관리해야 할 위해요소를 의미한다. HACCP은 전 공정에서 CCP를 설정하고 CCP의 설정기준에 따라 이를 관리하여 위해요소를 사전에 예방하고 식품의 안전성을 확보하는데 있다.

[5] HACCP은 식품의 원재료 생산에서부터 제조, 가공, 보존, 유통 등 최종 소비자가 섭취하기 전까지의 각 단계에서 발생할 우려가 있는 위해요소를 규명하고, 이를 중점적으로 관리하기 위한 중요관리점을 결정하는 것이다. 자주적이고 효율적인 관리로 식품의 안전성, 건전성 및 품질을 확보하기 위해 과학적인 위생관리기법이다.

[6] 위생관리에는 식품위생, 개인위생, 시설위생이 있다. 식품위생이란 식품, 첨가물, 기구 또는 용기, 포장을 대상으로 하는 음식에 관한 위생을 말한다. 음식물의 변질, 오염 및 유독, 유해물, 위해물 등의 혼입을 방지하고 음식물과 관련된 부분에 대해서 비위생적인 요소를 제거하여 위해를 방지하는 것이다. 개인위생이란, 주방에 근무하는 개개인은 건강관리에 신경을 쓰고 청결한 상태를 유지하여 각종 병원균에 감염되지 않도록 안전한 음식이 손님에게 제공될 수 있도록 하는 것이다. 시설위생은 조리공간을 차지하고 있는 주방의 설비시설 및 식품을 다루는 모든 조리기구와 장비 등으로 인한 조리과정에 직 · 간접적으로 관련이 있는 위생을 말한다.

11

Practice 연습문제

1 외식업 주방 내 조리작업 시 필요한 위생에 관하여 논의해 보자.

2 HACCP의 개념에 대해 논의해 보고, 우리나라에서 HACCP이 언제 들어와서 현재 어떻게 실행되고 있는지 논의해 보자.

3 HACCP의 도입 효과에 대해 식품업체 측면, 소비자 측면, 정부 측면에서 나누어서 논의해 보자.

4 식중독의 개념과 식중독의 종류에 대해 논의해 보자.

5 위생관리의 개념에 대해 논의하고, 어떤 부분에서 위생관리가 이루어져야 하는지 세부적으로 논의해 보자.

6 본인이 오너 셰프로서 안전관리를 위해 어떠한 점들을 고려하여 관리해야 되는지 논의해 보자.

Part 04
마케팅 전략 및 고객관리

CHAPTER 12

마케팅 전략

언제부터 천재가 존경받았는가?

– *Elizabeth Barrett Browning*, 영국 시인

Objective

- 외식기업의 마케팅 필요성과 개념을 이해한다.
- 마케팅의 발전과정에 대해 이해한다.
- 시장의 STP(segmentation, targeting, positioning) 전략의 개념에 대해 알아본다.
- 시장세분화의 조건을 알아본다.
- 표적시장 선정기준을 알아본다.
- 포지셔닝 전략을 알아본다.

01 마케팅의 필요성과 발전과정

1. 마케팅 필요성과 개념 정의

1) 마케팅 필요성

외식업은 국가의 경제발전과 더불어 다양한 업종으로 성장하고 있다. 글로벌 경제체계는 새로운 이국적 문화를 받아들일 수 있게 상요되고 있다. 업태의 경계가 보호해지면서 자연스럽게 고객욕구를 반영한 트렌드가 형성되고 있다. 기업은 생존을 위해 변화된 현실을 수용하지 않으면 안 된다. 고객의 이용동기와 목적, 특성을 파악하고자 노력하며, 그들에게 제공할 수 있는 편익적 가치와 혜택을 극대화시키고자 노력한다. 반면에, 고객은 추억할 수 있는 즐거움이나 기쁨, 쾌적함, 친교 할 수 있는 분위기, 특이한 인테리어시설, 식품의 위생과 안전, 경제력, 인간관계 등을 통해 상호작용하게 된다.

현대의 소비자들은 개인적인 생활여유가 증가하면서 자기개발에 대한 투자를 아끼지 않고 있다. 가족 간의 관계와 자기발전을 강화하고 있다. 새로운 취미나 건강, 재테크 등에 관심을 가지며, "잘 놀아야 일을 잘할 수 있다."는 휴식문화로 새로운 패러다임을 만들고 있다. 이러한 현상은 자연스럽게 레저산업의 발전을 이끌고 있다. 욕구변화에 따라 호기심을 자극할 수 있는 경험이나 지적충족에 관심을 가진다. 국가 간의 신념이나 종교, 철학 등을 넘어 글로벌 세상을 선도하는 외식기업은 단일시장으로 형성 된지 오래되었다. 인간이 살아가면서 계속적으로 섭취해야만 생존할 수 생명의 원천으로 영양학적인 보고와 일상의 생리적 현상을 해결하는 학문으로 발전을 선도한다. 이에 식재료의 생산에서부터 구매, 유통, 조리생산, 직원관리, 판매에 이르기까지 다양한 촉진전략을 이해해야 될 필요성이 있다.

대한민국에서 외식업이 차지하는 비중은 엄청나다. 직장인들의 대부분은 제2의 직업을 선택할 때 음식, 음료(커피), 알코올성 음료를 선호하고 있다. 이러한 요구에도 불구하고 마케팅에 대한 체계적인 관리와 고객의 목소리를 반영하여 기업전략을 추진한 것은 불과 30년 전이었다. '80년대 이전까지만 해도 판매방법이나 광고 정도로 인식하였다.

일제 강점기와 한국전쟁으로 인한 궁핍한 생활 속에서 상품공급이 절대적으로 부족했던 시대의 불균형은 어떻게 하면 많은 상품을 만들 수 있을까 하는 것이 전략이었다. 특히 생산부서의 역할이 기업조직의 전체를 대표하면서 생산지향적인 시대가 되었다. 그로부터 판매지향적인 시대로 전환되면서 판매자가 독점적 주도권을 갖게 되었다. 시장은 빠르게 변화되었으며 고객들은 돈으로 상품과 서비스를 충분히 가질 수 있다는 것을 알게 되었다. 구매하면서부터 획득할 수 있는 편익과 품질을 따지게 되면서 지출비용 대비 가치에 대한 만족도를 평가하기 시작하였다.

산업혁명에 따른 기계화는 과학기술과 정보통신, IT기술의 발달을 가속화시켰다. 자동화는 대량생산을 가능하게 하였으며, 소비할 수 있는 개인 간의 경제력에 대한 한계는 빈부격차를 심화시켰다. 기술발달 속도가 빨라지면서 상품을 소비하는 시간은 자연스럽게 길어져 재고가 쌓이게 되었다. 수요자의 선택폭은 넓어졌으며, 바야흐로 생산자 중심에서 소비자가 주도하는 시장으로 변화하였다. '고객은 왕이다'라는 트렌드가 사회 · 경제적으로 형성되면서 대변화를 촉진하였다.

최근에는 최상의 품질을 제공하더라도 좋은 평가를 받기가 어렵다. 최고의 품질과 최상

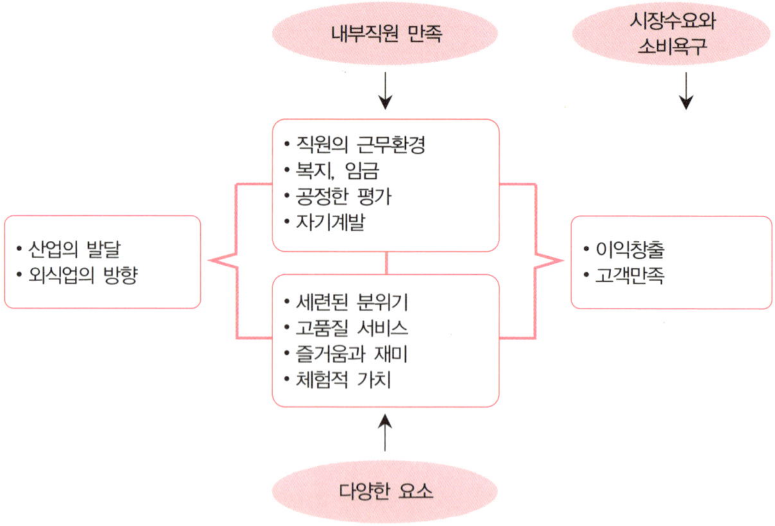

그림 12•1
외식경영에서 마케팅의 필요성

의 접객서비스를 제공하더라도 재방문 횟수가 늘어나지 않고 있으며, 맛과 분위기가 우수하더라도 고객을 만족시키기는 더욱 어려워졌다. 이와 같이 타산업보다 고객에 대한 접객태도가 중요하게 인식되기 시작하였다. 대규모의 체인기업에서부터 소규모의 개인 자영업자들에게까지 그들이 원하는 지식과 정보는 수용하기 어려울 만큼 넓어졌다.

현대인들은 일상생활 속에서 필요한 욕구를 충족해주기를 원한다. 기업은 자사의 우수한 자원을 활용하여 효율적으로 운영하고자 노력하지만 전반적으로 마케팅전략의 부재로 창의적인 사고를 제시하지 못하고 있다. 이와 같이 고객성향을 분석하여 목표고객을 점내로 끌어들이는 설득자로서 그 역할을 다하는데 있어 마케팅촉진 전략을 필요로 한다.

2) 마케팅의 개념

(1) 마케팅의 정의

마케팅은 다음과 같이 정의하고 있다. "생산에서 소비에 이르는 전 과정의 재화나 용역, 서비스가 창출되는 기업 활동"으로 국제마케팅협회(NAMT : national association of marketing teachers, 1936년)에서 정의하고 있다. 미국마케팅협회(AMA : American marketing association, 1948년)는 "생산자로부터 소비자 또는 사용자에게 상품 및 재화, 용역, 서비스가 유통되도록 하는 기업 활동"이라 했다. 이후 연구자들에 따라 조금씩 상이하게 해석되고 있지만, 마케팅의 아버지라 불리는 코틀러(Philip Kotler)는 "개인과 조직의 필요를 파악하기 위해 시장을 조사하며, 이를 상품, 가격, 유통, 촉진전략을 바탕으로 욕구를 충족시키는 활동 과정

〈표 12-1〉 마케팅과 판매 개념 비교

특 성	판매 개념	마케팅 개념
출발	상품	소비자의 필요와 욕구
생산	만들어서 판매한다.	만들기 전에 고객이 필요로 하는 욕구를 조사하고 목표고객을 선정하여 팔릴 수 있는 상품을 기획하여 실행한다.
방법	직전적 판매, 촉진	순환적 통합마케팅
자세	고압적이며 일방적이다.	저압적이며 고객의 이해를 돕는다.
트렌드	판매기업의 요구사항을 강조	경쟁시장의 필요와 욕구사항을 강조
지향성	대내적이며 기업지향적이다.	대외적으로 시장지향적이다.
성과	단기계획과 단기성과	장기계획과 고객만족 지향

이라 했다. 환대산업에서는 물리적 증거(physical evidence), 과정(process), 인적 자원(people)을 추가하여 연구하기 시작했다. 선행연구자들이 제시하는 마케팅 정의를 종합하면 다음과 같다.

"개인과 집단이 상품과 가치를 창출하기 위해 타인과의 교환이 발생하며, 그들이 원하는 필요와 욕구를 파악하여 이를 충족시켜주는 일련의 활동과정"이라 했다.

한국마케팅학회(KMA : Korean marketing association)에서 제시하는 정의와 특징은 다음과 같다. "개인과 조직이 자신의 목적을 달성하기 위해 교환을 창출하며, 이를 유지할 수 있도록 시장을 관리하는 조직 활동"이라 했다.

한국마케팅학회(KMA)는 다음과 같은 특징을 제시하고 있다.

첫째, 마케팅의 주체는 개인 또는 조직이 될 수 있으며, 이익추구와 상관없이 모든 조직을 포함한다. 둘째, 개인과 조직은 거래를 통해 교환되며, 자신의 목적을 달성할 수 있다. 셋째, 유형적인 상품과 무형적인 서비스, 아이디어, 사람, 조직, 장소, 국가, 상징성 등 개인과 조직이 제공할 수 있는 내용을 포함한다.

넷째, 고객과의 상호교환을 통해 신규 고객, 고정 고객과의 계속적인 관계를 유지하는 것이다. 다섯째, 마케터가 수행하는 활동은 성공적인 기업목표를 달성하기 위해 시장에서 이를 적절히 이끌어가는 기본적인 과업이다. 여섯째, 시장을 관리한다는 것은 마케터가 자신이 원하는 방향으로 행동할 수 있도록 하는 것이다. 여기에는 상품개발과 가격결정, 유통, 촉진, 커뮤니케이션, 여론형성, 트렌드 등 자치단체나 정부의 노력 속에서 빛날 수 있다. 이러한 특징은 새로운 환경이 생성되면서 마케팅믹스 요인이 창출된다.

(2) 마케팅의 개념

마케팅의 개념은 넓은 의미와 세분된 협의의 개념으로 분류할 수 있다.

첫째, 광의의 마케팅 개념은 코틀러(Kotler)의 정의를 기본으로 한다. 개인 또는 조직의 교환을 통해 소비자의 필요와 욕구를 충족시키도록 유도하는 일련의 행동과정으로 제품이나 서비스가 생산자로부터 소비자에게 이르는 전 과정의 유통과 사회현상이라 했다. 둘째, 개별 기업의 마케팅 활동으로 소비자들은 기업을 통해 자신이 원하는 목적을 달성시키려 노력한다. 시장은 경쟁회사보다 더 많은 편익적 혜택을 제공하려 노력하며, 이를 충족시켜주는 과정에서 기업이 추진하는 활동을 협의의 개념으로 정의한다.

셋째, 마케팅의 개념은 필요와 욕구이다. 가장 핵심적인 개념은 개인과 조직이 필요로 하는 욕구를 파악하는 것이다. 필요란 인간의 생리적인 욕구를 해결하는 차원에서 부족함을 느끼는 상태를 말한다. 사람들이 배가 고프면 음식을 섭취하며, 추위를 느끼면 옷을 입고 해가 저물면 집으로 돌아가 휴식을 취한다. 욕구는 필요를 충족시켜 줄 수 있는 구체적 동기에서 수단과 방법으로 그 해결책을 제시하는 것이다.

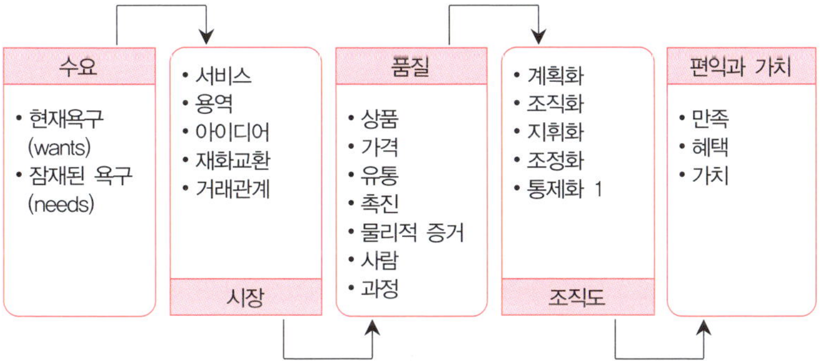

자료 : Kotler, Bowen & Makens(1996), Marking for Hospitality & Tourism, prentice hall, p.23의 자료 참조; 백남길(2012), 외식마케팅의 자료를 수정하여 정리

그림 12•2

마케팅의 핵심 개념

예를 들어, 허기진 배고픔을 해결하기 위해서는 제일 먼저 빵이나 라면, 김밥, 햄버거, 치킨, 과자 등의 필요가 떠오른다. 하지만 먹기 위한 구체적인 방법으로 어떠한 빵을 어디서, 누구와 어떤 장소에서 먹을 것인가에 직면하게 된다. 이러한 문제를 구체적으로 해결하기 위해서는 인간의 욕구를 먼저 파악해야 한다.

인간은 누구나 생리적 욕구(Abraham, H. Maslow, 1908~1979)를 해결하려 한다. 이를 바탕으로 안전의 욕구와 사회적 욕구, 존경의 욕구, 자아실현의 욕구 등이 실현된다. 욕구충족은 상호간의 교환을 통해 형성되며 여기에서 창출되는 결과를 평가하게 된다. 이러한 사회적 현상에 필연적으로 생성되는 다양한 요소를 수용하면서 마케팅을 이해할 필요성이 있다.

최근 앨빈 토플러(1928년) 등 미래학자들이 예견한 기업의 생산자와 소비자를 합성한 프로슈머(prosumer)가 활발하게 진행되고 있다. 소비는 물론 상품의 개발과 유통과정, 판매에까지 직접 참여하는 소비자를 말한다. 기업은 신제품을 개발할 때 일방적으로 기획하기보다 소비자의 욕구를 먼저 파악하여 생산하고자 한다. 생산에서 고객만족을 강조하는 단계로의 전환을 의미한다. 이러한 프로슈머는 소비자가 직접 상품개발과 아이디어를 제안하여 기업이 수용하면서 생산하는 것이다.

고객만족을 최대화시키는 전략으로 과거에는 제품평가를 통해 생산과정에서 의견을 반영하거나 목표고객을 대상으로 간접적인 영향력을 행사했다. 하지만 디지털시대의 프로슈머는 직접적으로 때론 과격한 방법으로 자신의 의견을 반영하기를 원한다. 인터넷을 통해 댓글이나 평가 후기를 작성하는 등 활발하게 의견을 개진하고 있다. 심지어 불만족에 대한 평가와 불매운동, 사이버 시위도 서슴지 않고 있다.

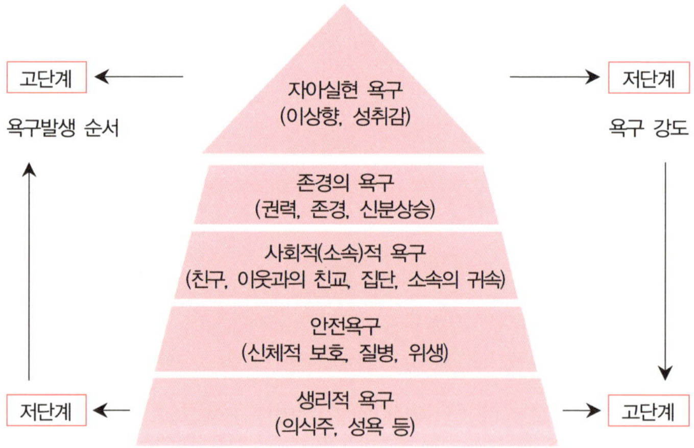

그림 12•3

Maslow의 욕구 5단계

반면에, 기업은 고객의 필요와 욕구를 충족시키기 위해 다양한 방법을 찾고 있다. 제품이나 서비스를 개발하는 프로슈머마케팅(prosumer marketing)을 적극 활용하는데 외식기업은 소비자와 가교역할을 하는 제3의 프로슈머를 활용하는데 주목해야 한다. 기업의 개선사항을 제안하는 수준을 넘어 나아갈 방향과 싱크 탱크역할을 한다. 이러한 역할에서 고객의 소리에 귀 기울이는 지향성으로 마케팅활동은 강화하고 있다.

프로슈머를 활용한 업체에는 놀부NBG가 있다. 2008년부터 '놀부 서포터즈'를 모집하여 전국 지정매장을 방문하여 서비스품질 등 다양한 아이디어를 제안하고 있다. 대학생, 주부로 구성된 서포터즈는 '내가 마케팅 담당자라면 혹은 CEO라면 이렇게 개선하겠다'라는 제안사항을 작성하여 제언한다. 의견은 담당부서에서 CEO까지 전달되어 장·단기적인 계획에 반영하고 있다. 다양한 아이디어를 수용하면서 문제의 원인을 소비자로부터 직접 청취하는 것은 물론 대안까지 제시받는다는 점에서 효율적인 전략이라 하겠다.

CJ푸드빌도 'Tasty Club 체험단'을 모집하여 메뉴개발에 앞장서고 있다. 미스터피자는 SNS로 '미스터피자 Mayor'를 운영하고 있다. 관련 트윗의 생성과 온라인 활동에서 신제품, 매장체험, 아이디어 공모까지 다방면으로 이용하고 있다.〈식품외식경제, 2013.1.28〉

2. 마케팅 발전과정

1) 고객 지향적

기업이 계속적으로 성장하기 위해서는 고객의 필요를 파악하는 것이 중요하다. 그들의 욕구를 충족시켜주면 그에 따른 이익은 늘어나기 때문에 고객지향성을 최대의 목표로 삼고 있다. 고객은 자신의 기대이상의 결과를 제공해주었을 때 만족하게 된다. 원하는 제품과 서비스를 교환하는 과정에서 상호간의 인간관계나 서비스품질, 이미지 등 그에 따라 구선하거나 재방문하게 된다.

소비자의 요구는 점점 까다로워지고 있다. 정보기술의 발달은 더 많은 고급정보를 쉽게 갖게 됨으로써 선택할 수 있는 폭이 넓어졌기 때문이다. 자신의 특성과 취향을 고려하지 않은 기업전략은 실망감을 느끼게 된다. 혁신적인 사고와 아이디어, 창의성을 지향하지 않으면 고객으로부터 외면받게 된다.

2) 이익 지향적

외식사업은 배고픔이라는 생리적인 욕구를 해결하는 사업이다. 고객의 필요에 따라 장소를 제공하고 쾌적한 식사공간에서 친교 할 수 있는 편익적 가치를 통해 이윤을 창출하게 된다. 레스토랑 특성상 음식을 생산하는 주방의 청결함과 인테리어시설이 잘되어 있는 분위기, 직원들의 접객력은 고품질로 소개된다. 이러한 물리적 환경 내 상징물이나 접근성, 주차시설 등은 고객을 끌어 들일 수 있는 경쟁력이 된다.

고객은 자신이 투입한 비용 대비 혜택 차원을 따지며 경쟁기업과 비교하면서 만족 여부를 평가하게 된다. 기업은 음식과 음료, 알코올성 음료, 직원서비스를 판매하면서 근무환경의 개선이나 복지혜택, 보상, 승진, 인센티브 등을 강화해야 한다. 교육훈련이나 자기개발을 할 수 있는 여건을 만들어야 만족도를 향상시킬 수 있다. 내부직원의 만족도는 장기적인 관점에서 이익을 확보할 수 있는 수단이 된다. 이는 가격을 낮추어 더 많은 사람들의 방문을 유도하는 것과 같기 때문이다. 따라서 기업의 사회적 책임에 따른 참여와 기여를 통해 전체적인 이미지를 향상시킬 수 있지만 궁극적으로 이익을 지향하고 있다.

(1) 통합과 조정

외식기업은 타 산업과 달리 인적 자원의 의존도가 높다. 직원들은 고객과 직접적인 접촉이 많아 상호간의 인간관계와 감정상태, 호불호가 자연스럽게 형성된다. 서비스상품은 직원들의 능력에 따라 차이가 있으며, 개별 점포마다 다른 구조와 형태 속에서 통합과 조정이 필요하다. 각 영업장은 다른 특징을 가지고 있다. 품질을 생산하는 커뮤니케이션은 레스토랑을 방문하려는 순간부터 시작된다. 홈페이지를 통한 접근성, 메뉴안내, 각종혜택, 예약방문에 따른 배려, 놀이방, 방문 후기, 질문의 즉각적 답변, 가격, 사실적인 메뉴설명, 직원들의 주문과 서비스형태, 조리과정, 환송 등 모든 것을 평가하게 된다. 이러한 과정에서 유형적인 물리적 시설물이나 접객과정의 부가서비스 등 실제와 다를 때 불만족을 느끼게 된다.

경영관리자들은 고객과 기업, 고객과 직원, 고객과 고객 간 양방향 커뮤니케이션을 통해 목적을 달성할 수 있는 대고객 서비스 자세와 기능적 조정을 필요로 한다. 이와 같이 레스토랑의 직무는 사람 간의 관계를 통해 수행되기 때문에 인적 자원의 원활한 수급과 서비스 마인드, 세련된 친절성 등 체계적인 시스템으로 통합과 조정을 필요로 한다.

(2) 장소적 역할

모든 산업은 그들만의 고유한 영역이 있다. 시장을 형성하는 구성원과 자사에서 소구하는 대상이 누구인가를 파악해야 한다. 모두가 우리의 고객은 될 수가 없다. 기업은 모든 소비자를 대상으로 하는 것이 아니라 나의 고객, 즉 우리의 고객을 찾아야 한다.

입지는 시장의 다양성으로 장소의 역할 차원에서 평가된다. 유형성과 무형성을 포함하여 마음속에 존재하는 가상의 고객까지 유인할 수 있어야 한다. 마케팅 전략을 추진하는 기업은 조직 목표를 달성하기 위해 경쟁기업과 시장, 고객을 지속적으로 파악해야 한다. 이러한 노력은 장소적 역할뿐 아니라 고객확보를 위한 전략 차원에서 중요하다.

(3) 소비자 구성

소비자는 정보 탐색자, 구매자, 사용자로 분류할 수 있다. 시장에서 존재하는 소비자는 기업이 제공하는 상품을 실제 구매하는 실제 소비자와 현재는 상품을 구매하지 않지만 관심을 가지거나 구매할 가능성이 높은 잠재적 소비자로 분류할 수 있다. 이와 같이 시장의 특정 메뉴상품을 필요로 하는 실제 이용자와 미래에 이용 가능성이 높은 예상 소비자로 나눌 수 있다.

3) 시장의 정보적 역할

시장에서 고객이 구매를 결정할 때 사용하는 정보는 규칙적이다. 마케팅 관리영역에서 의사결정을 활용할 목적으로 사내 및 사외의 모든 부문으로부터 수집되는 관련정보를 시스템적으로 설계한 인간, 기계, 절차 등 상호작용하는 복합체를 마케팅정보시스템(MIS : marketing information system)이라 한다(Cox & Good, 1967). 기업은 경쟁우위를 확보하기 위해 자사의 재정 상태와 조직도, 기술 등 우수함을 시장에서 나타내고자 한다. 효율적으로 구매할 수 있는 촉진방법이나 사람, 정보, 시설, 재화 등을 통합적으로 시행하게 되는데 일반적인 정보시스템의 기능은 다음과 같다.

첫째, 고객의 서비스를 개선하는 기능을 한다. 둘째, 마케팅 전략을 수립하는데 유용한 정보를 제공한다. 셋째, 자사의 충성고객과 신규고객을 파악하는 기능을 한다. 넷째, 기업의 수익성을 높여주는 기능을 한다. 다섯째, 고객의 인구통계적인 특성을 파악하는 기능을 한다. 여섯째, 고객의 의사결정을 도와 시장의 촉진기능을 제공한다.

4) 거래의 재화적 역할

재화는 시장의 상품과 서비스, 아이디어, 용역 등의 거래과정에서 일어나는 매개물로 생산자, 판매자, 소비자 간의 교환에서 일어난다. 재화는 사회, 문화, 경제적인 환경 속에서 영향을 받는다. 시장은 재래시장을 비롯하여 다운타운, 대형마트, 백화점뿐 아니라 온라인몰, 레스토랑, 호텔, 여행사, 놀이시설, 리조트, 컨벤션, 카지노, 은행, 병원, 골프장, 관광지, 떡볶이 가게, 노점상 등에까지 모든 거래의 교환에서 재화가 창출된다. 사이버상의 거래에서 발생하는 금전적 · 비금전적 시장까지 포함하고 있다.

글로벌 환경에서 시간과 공간을 초월한 거래는 교환을 통해 재화가 발생되며 여기에서 이루어지는 모든 거래행위를 의미한다. 국가와 지방, 도시, 시골 등 지구촌 어디서든지 시장은 형성될 수 있다. 아이디어와 실용성을 바탕으로 상품의 교환에 따른 재화는 계속적으로 창출되며 먹고, 입고, 즐기는 거래관계에서 발생된다. 이와 같은 재화는 '움직이면 돈'이라는 말을 증명하듯 거래의 도구이자 시장의 절대적 존재자가 된다.

02 시장의 STP 전략

1. 시장세분화

1) 시장세분화 의의

기업은 자사의 고객을 선정하기 위해 시장을 나누게 된다. 세분된 고객은 선택과 집중으로 표적고객을 공략함으로써 기업이 원하는 목표를 달성할 수 있다. 기업은 자원이 한정되어 있다는 점에서 능력을 최대한 활용할 수 있는 전략이 필요하다. 시장세분화(market segmentation)는 각기 다른 이질적인 전체시장을 동질적인 몇 개의 작은 시장으로 나누는 것이다. 각 시장의 수용능력에 따라 마케팅 전략을 전개하는데 의미가 있다. 세분화는 STP (Segmentation, Targeting, Positioning) 전략의 출발점으로 전체시장을 보다 작은 시장으로 나누다보면, 그 가운데 충족되지 못한 새로운 매력적인 시장을 발견하게 된다. 그 시장을 표적으로 하여 자사가 원하는 필요와 욕구를 충족시켜 줄 수 있다. 이러한 세분화는 효율성을 높이는 전략으로 표적고객에게 유용한 혜택을 제공하게 된다.

기업은 표적고객으로 적합한 잠재시장을 찾아야 한다. 여러 시장 가운데 마케팅 전략을 추진하는데 필요한 매력적인 표적을 선정하며, 선정된 표적은 그들의 욕구에 적합한 마케팅믹스 전략을 통해 포지셔닝되어야 한다. 동질적인 집단으로 구성된 시장에서 차별적인 마케팅 믹스전략이 가능하기 때문에 이질적인 전체시장을 동질적인 여러 세분시장으로 나누어 목표를 달성하게 된다.

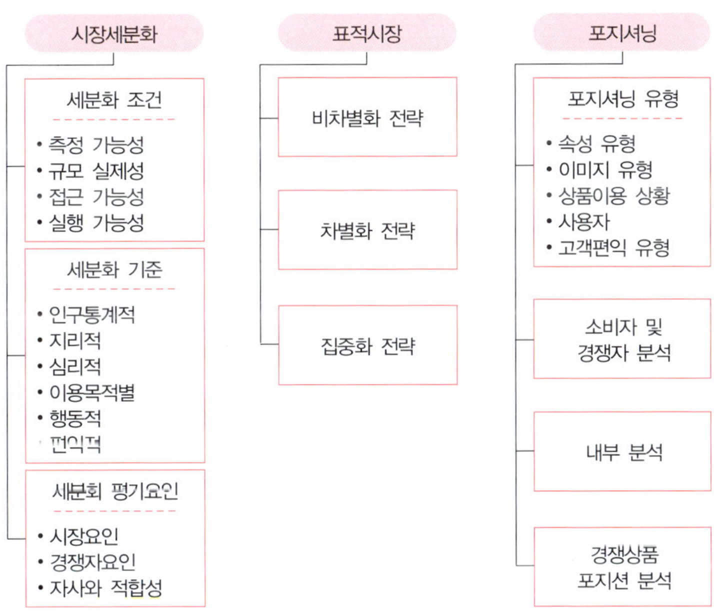

그림 12•4 STP 마케팅 전략분석 흐름도

2) 시장세분화 조건

세분화는 이질적인 전체 시장에서 전개하는 마케팅 믹스전략으로 제한된 자원과 능력을 집중하여 효율적으로 목표를 달성하는데 그 목적이 있다. 전체를 대상으로 하지 않으므로 자사의 자원을 한곳에 집중하여 시장의 수요변화에 신속하게 대처할 수 있다. 하지만 세분화가 가능하다해서 무조건 세분화해서는 안 된다. 기업이 가지는 최적의 자원을 배분하여 마케팅믹스 전략을 효과적으로 수행하는데 의미가 있다. 궁극적으로 고객만족을 추구하는 기업의 목적을 달성하는데 있으며, 절대적으로 필요한 전략을 전개하기 위한 조건은 다음과 같다.

(1) 측정 가능성(measurability)

측정 가능성이란, 기업이 목표로 하는 대상을 찾기 위해 전체시장을 각각의 작은 세분시장으로 나누는 것이다. 규모의 크기와 위치, 잠재력, 구매력, 편익 등을 정확하게 측정하여 비교할 수 있어야 한다. 측정에 대한 객관적인 근거는 마케팅 활동을 계획하고 수립하는 기준이 된다. 기업의 마케터와 경영자들이 의사결정을 하거나 전략을 수립하는데 필요한 정보자료를 통해 측정 가능한 수요를 제시할 수 있다.

(2) 접근 가능성(accessibility)

기업은 시장의 여러 환경적 요소를 고려하여 고객을 만족시킬 수 있는 전략을 추진하고 있다. 신규고객 확보와 고정고객을 유지하기 위한 노력을 통해 매출을 증가시키고 있다. 정보제공은 대상고객의 접근을 용이하게 하는 것이다. 시장은 접근에 필요한 규정과 규칙을 준수하도록 한다. 법률적 규제에 따른 유통흐름의 제약이나 윤리적 · 도덕적 위해요소 차원에 직면할 수 있다. 이와 같이 시장은 고객이 쉽게 접근할 수 있어야 하며, 접근이 어려운 시장은 세분화하는데 의미가 없어진다.

(3) 규모의 실제성(substantiality)

시장은 이익을 가져다 줄 충분한 규모가 있어야만 효율적인 마케팅믹스 전략을 추진할 수 있다. 개별시장에 적용할 수 있는 크기와 규모, 성장성은 실질적인 영업과 판매를 통해 수익을 창출할 수 있는 근거가 된다. 같은 시장이라도 활성화 정도는 다르다. 지속적으로 성장할 수 있는 시장만이 기업에 이익을 줄 수 있다. 따라서 시장의 규모와 크기를 고려한 잠재력과 활성화는 실제 존재 여부를 통해 확인할 수 있다.

(4) 행동 가능성(actionability)

기업의 마케터가 특정 고객을 대상으로 믹스전략을 추진하는 것은 잠재고객을 점포 내로 끌어들이기 위해서이다. 자사의 장점을 효과적으로 활용하기 위해 마케팅 믹스전략을 수립하게 된다. 기업은 이를 실행하는데 충분한 자본력과 인적 · 물적 자원을 확보하고 있어야 된다. 이들의 정보와 기술력을 가지고 실행할 수 있다. 전략을 추진할 수 있는 마케터의 능력이나 자질을 가지고 행동으로 옮길 수 있는 가능성을 말한다.

3) 시장세분화 혜택과 한계점

(1) 시장세분화 혜택

첫째, 마케팅 전략을 추진하는데 있어 보다 효율적인 접근이 가능하다. 둘째, 기업이 표적으로 하는 고객집단의 필요와 욕구를 보다 분명하게 이해시킬 수 있다. 고객이 얻고자 하는 편익은 이질적인 전체시장에서 동질적인 작은 세분집단을 통해 획득할 수 있기 때문이다.

셋째, 기업의 표적시장은 특정 세분집단을 대상으로 마케팅믹스 전략을 추진할 때 효과적인 포지셔닝이 될 수 있다. 넷째, 방송이나 활자매체를 통한 광고, 홍보, 인적판매 등의 촉진방법은 정확한 표적 고객에게 혜택을 제공할 수 있다.

(2) 시장세분화의 한계점

첫째, 고객의 기호와 선호도, 특성, 트렌드 등을 세분하여 시장에 반영하게 되므로 광고 및 촉진전략 비용이 많이 들어가게 된다. 둘째, 시장을 세분화하기 위해 인구통계적 특성, 지리적, 심리적, 편익적 특성 등 어떤 것이 수익성에 가장 효과적인지 객관적으로 측정하기 어렵다.

셋째, 글로벌시장에서 다양한 표적고객을 대상으로 성과를 내기에는 무리가 있을 수 있다. 특히 얼마나 정교하게 세분화하는지 알기가 어렵다. 넷째, 실제 추진할 수 없는 세분시장이 존재할 수 있다. 사회, 문화, 정치, 경제, 기술, 생태적 환경 등 기업의 외부요인에 의해 추진하는데 한계가 있을 수 있다.

4) 시장세분화 기준

시장을 세분화하는 기준은 전체시장을 작은 시장으로 나누기 위해 사용되는 개인 및 조직의 특성을 말한다. 국가의 지역이나 위치, 언어, 인종 등 지리적 특성과 연령, 성별 소득, 교육, 제품의 사용률, 생활주기 등으로 분류할 수 있다. 세분시장의 변수를 선택하기 위해서는 여러 요인들은 고려해야 한다. 제품에 대한 고객의 필요와 욕구, 이용목적, 동기, 편익 등 개인 특성에 따라 차이가 있다. 동일시장이라도 세분화 기준은 달라 다양하게 시장이 존재하게 된다. 본 교과에서는 인구통계학적인 변수와 지리적, 심리적, 이용목적별, 편익적 변수로 분류하고자 한다.

(1) 인구통계학적 세분화(demographic segmentation)

기업이 시장을 세분화하는데 있어 가장 쉽게 사용하는 방법이다. 고객의 성별, 연령, 직업, 소득, 교육, 종교, 가족수, 주거형태, 출생률, 사망률, 사회계층, 라이프스타일 등의 변수를 보편적으로 사용하고 있다. 고객이 레스토랑을 이용하는 행동결정과 연관되어 있으며, 일반적으로 그 분포를 살펴보면 다음과 같다. 아이들은 패스트푸드, 자장면과 치킨, 20대 전·후의 여성들은 야채샐러드, 중년층은 한식, 노년층은 건강식을 이용하는 것으로 나타났다.

인구통계학적 변수의 측정이 용이한 점은 기업 자원으로 목적에 맞는 고객수와 고객범위를 활용할 수 있다는 점이다. 선호 정도에 따라 상품유형이나 가격, 할인혜택, 부대서비스 등의 특성을 파악할 수 있다. 예를 들어, 환대산업의 호텔숙박업이나 여행사, 외식업, 리조트, 펜션 등은 고객이 실제 사용할 때 다양한 요소에서 제약을 받을 수 있다. 이러한 상황적 변수를 고려하는 방법으로 활용할 수 있다.

〈표 12-2〉 시장세분화 변수

세분화 변수	구성 변수	세부적 분류기준 항목
인구통계적 변수	성별	• 남자, 여자
	연령	• 유아, 유치원, 초등, 중 · 고등학생, 대학생, 20대, 30대, 40대, 50대, 60대 이상
	가족수	• 독신자 및 싱글족, 2인, 3~4인, 대가족 등
	소득	• 100만원 이하, 100~200만원, 300~400만원, 400만원 이상 등
	직업	• 전문직 종사자, 회사원, 공무원, 자영업자, 가정주부, 운동선수, 학생, 기타
	종교	• 불교, 기독교, 천주교, 원불교, 이슬람교, 무교 등
	교육수준	• 초등 졸, 중등 졸, 고등 졸, 대학교 졸, 대학원 졸

세분화 변수	구성 변수	세부적 분류기준 항목
지리적 변수	지역 도시규모 인구밀도 기후 인종	• 서울, 경기, 충청, 호남, 영남, 강원, 광역권, 중 · 소도시, 아프리카, 아메리카, 유럽 • 20만 이하 소도시, 50만 이하, 100만 이하, 100만 이상, 1,000만 이상 • 도시, 농촌, 역세권, 다운타운, 환승권, 터미널 등 • 온난지역, 한난지역, 열대지역, 아열대, 습윤지역 등 • 황인종, 백인, 흑인, 히스패닉(hispanic) 등
심리적 변수	사회계층 생활양식 개성	• 상류층, 중류층, 하류층 • 개혁자, 사상가, 성공자, 경험자, 신용자, 노력자, 만드는 사람, 생존자 • 개인의 행동, 태도, 취미, 특성, 사고방식, 라이프스타일
이용목적별 변수	사업 친교 화합 단체모임	• 업무나 사업상 모임 • 동료, 선후배 등의 친교모임 • 가족 간의 화합 • 조직의 단체 및 개인의 단체모임
행동적 변수	구매형태 사용량 태도 편익	• 특별구매, 일반구매, 집단구매, 당용구매, 일일구매, 주간구매 등 • 다량구매자, 소량구매자, 할인구매자, 일반구매자 • 적극적, 소극적, 무관심, 적대적, 열정적, 의기소침함 • 양, 질, 가격, 서비스가치, 경제성, 편의성, 신속성, 접근성, 가시성, 즐거움, 추억
편익적 변수	편리성 위생안전 가격 분위기	• 접근성과 편리성, 주차시설, 역세권, 교통편, 환승권, 터미널 등 • HACCEP 등 위생과 안전 • 저렴한 가격, 고가격, 적정가격, 할인가격 • 이용목적에 맞는 시설, 웅장함, 화려함, 신기함, 진귀함, 거대함, 소규모 등

(2) 지리적 세분화(geographical segmentation)

지리적 변수인 지역, 인종, 기후, 자연환경, 인구밀도, 대도시, 소도시, 지방 등은 특정 상품을 구매하는 소비자행동에 영향을 미친다. 외식업은 대도시의 광역권과 다운타운, 역세권, 환승권과 중 · 소도시의 역세권, 시장권, 농촌 및 교외시장 등으로 세분되고 있다. 지역 권역에 따라 소비자의 구매성향은 다르다. 기업은 그에 맞게 서비스를 제공하고 있으며, 특정한 지리적 영역은 각기 다른 특징과 차별성으로 향토음식이나 특산품으로 발전되고 있다.

횡성 · 대관령 · 안성 · 홍성 · 상주 한우 등을 비롯하여 보성 · 하동 녹차, 이천 · 철원 · 여주 쌀, 서산 · 의성 마늘, 충주 사과, 밀양 얼음골 사과, 창녕 양파, 함안 수박, 진도 대파, 금산 깻잎, 보은 대추, 청도 반시(감) 외, 농 · 축산물 152개 품목(2016.7 기준)은 국립품질관리원과 산림청이 공인한 지리적 표시품목으로 지역의 대표상품이다. 농수산물이 생산된 지역의 특산품임을 인증하고 지적 재산권을 보호하기 위해 도입된 제도이다.

1995년에 타결된 WTO의 TRIPs(무역관련 지적재산권) 협정은 국제 지적재산권 보호강화 움직임에 따라 자국 특산품을 보호하기 위해 시행된 제도이다. 샴페인, 보르도 와인, 코냑, 카망베르드 치즈, 스카치위스키 등은 대표적인 지리적 표시품목이다. 2009년 10월 한국과 EU(유럽연합)는 FTA(자유무역협정)를 추진하면서 지리적 표시품목이 상대국에 도용되지 않도록 보호수준을 강화하였다. 글로벌경영 체제에서 다국적 기업들은 국가와 지역, 기후, 풍토, 종교 등 음식기호가 다른 이질적인 특성을 수용하면서 새로운 시장으로 개척하여 안정되게 운영하고 있다(백남길, 2013).

지리적 표시등록 지역 외, 농수산물에는 같은 이름을 사용하지 못한다. 이름을 몰래 사용하는 경우 3년 이하의 징역과 3,000만원 이하의 벌금형을 받는다. 지리적 표시인증을 받기 위해선 국립농산물품질관리원으로부터 현장시설과 품질을 검증받아야 한다. 고품질 특산품임을 인증하는 제도로 소비자들이 안심하고 구입할 수 있는 증명서 역할을 한다. 보은대추는 충북 보은군 속리산의 청정지역 환경과 풍부한 햇빛, 큰 일교차 등의 자연조건 때문에 달고 속살이 탄탄하다. 경북 청도산 반시는 국내 유일의 씨 없는 감으로, 넓적한 쟁반처럼 생겨 '반시(盤柹)'로 불린다. 양양 송이와 장흥 표고, 상주 곶감, 가평 잣, 울릉도 미역취 등 102개 품목은 지리적 표시등록을 마쳤다. 농산물이 100개로 가장 많으며, 임산물이 42개, 수산물이 10개를 차지한다. 지리적 표시등록에 참여한 66개 지방자치단체 중 울릉군이 가장 많다. 우산 고로쇠 수액도 지리적 표시인증을 받기 위해 심의를 받고 있다(국립품질관리원). 지리적 표시품목은 지방자치단체의 지원을 받아 포장과 디자인을 개선하고 내용물 관리 등 엄격한 품질검증을 거쳐야 인증받을 수 있다.

〈표 12-3〉 지역브랜드 중 지리적 특산품 등록상품, 청도 반시

구 분	이미지(기본형)	상징물 설명(요약)	개발 및 특허일자	비 고
BI		청보반시 BI는 맑고 깨끗한 청도 자연이 키운 '감'이라는 이미지를 함축, 우리 농산물의 우수성은 물론 청도 자연의 순수함을 고스란히 담고자 하였음.	출원 06.2.9 등록 07.6.27	청도군 농산물 공동 브랜드
농산물 브랜드		청도의 믿을 수 있는 우수 농산물을 통해 언제나 건강한 삶을 누릴 수 있다는 의미를 가짐.	출원 06.2.9 등록 06.12.1	

자료 : 청도군청 농정과 유통담당

(3) 심리적 세분화(psychological segmentation)

소비자들은 인구통계학적 특성이 동일하더라도 각 개인의 심리적 특성에 따라 소비성향은 다를 수 있다. 사회계층, 라이프스타일, 개성 등에 따라 이질적인 전체시장을 동질적인 작은 집단으로 세분화할 수 있다. 사회는 개인의 가치관이나 관심, 행동양식에 따라 다른 계층이 존재한다. 고객이 레스토랑의 메뉴와 업소 브랜드를 선택할 때 개인적인 선호도와 경험, 지식, 구전은 심리적으로 결정 행동에 영향을 미친다. 라이프스타일은 세분화 기준으로 유용한 자료가 된다. 한 개인의 생활양식은 규범을 가능하게 하는 생활주기별 AIO(action, interest, opinion)로 분석된다. 이러한 분석은 소비자가 어떤 업무에 종사하면 자연스럽게 그 일에 관심을 가지며 자신의 주변세계와 다른 견해를 가진다는 원리이다.

현대사회에서 '물은 목말라 마신다' 생각하면 큰 오산이다. 오히려 눈으로 마신다는 표현이 정확하다. 세계적인 디자이너들과 협업한 프리미엄 생수가 인기이다. 프리미엄 생수는 일반 생수보다 미네랄 함량이 높아 가격이 비싸다. 탄산수, 빙하수, 해양심층수, 나무수액 등 다양한 기능성 물을 의미한다. 보통 생수병과 달리 원통이나 동그란 수류탄 모양처럼 톡톡 튀는 디자인이 인기다. 몇 년 전만 해도 스타벅스 커피를 들고 다니는 20~30대 여성들이 패션이었다면, 현대는 디자인이 독특한 프리미엄 생수를 갖고 다니는 게 상징이 되었다. 파리바게트가 출시한 생수 '오(EAU)'가 대표적이다. 소백산 지하 200m에서 끌어올린 천연암반수로 캡슐 모양이 눈길을 끈다. 유명 산업디자이너 카림 라시드의 작품으로 하루 판매량이 2만 개에 달한다.<조선일보, 2013.7.12> 프랑스 생수브랜드 '에비앙'은 영국 패션디자이너 폴 스미스와 손잡고 한정판을 생산한다. 750ml에 2만5,000원이나 하는 고가로 일반 생수(제주 삼다수)의 50배 정도 비싼데도 소장가치를 따지며 고객들이 몰려든다.

(4) 이용목적별 세분화(purpose segmentation)

이용목적별 세분화는 레스토랑을 방문하는 고객의 목적에 따라 분류할 수 있다. 사업상 모임이나 동료, 선·후배 간의 친교, 가족 간 화합, 조직의 단체, 개인의 친목, 연인 상견례, 결혼, 칠순, 돌 등 그 이용목적에 따른 세분화를 의미한다.

막걸리의 인기가 급상승하면서 호텔, 은행, 아웃도어브랜드 같은 고상한 이미지의 기업들까지 마케팅에 나서고 있다. 롯데호텔은 세 가지 종류의 막걸리 맛을 시음할 수 있는

'막걸리 플라이트'를 시행했다. 막걸리 호기심을 가진 외국인들이 맛보고 마실 수 있는 이벤트이다. 반응이 좋아 최근에는 고정메뉴로 자리 잡았다. 호텔 내 '보비런던'에 '어메이징 막걸리 존'이라는 전용 바(bar)까지 설치하여 각지의 전통 막걸리 9종을 선정하여 입맛을 사로잡고 있다. 리츠 칼튼과 임피리얼 팰리스 호텔 등은 룸서비스로 막걸리를 판매한다. 내국인뿐만 아니라 일본인 관광객이나 비즈니스맨들이 현지에서 인기를 끌고 있는 막걸리를 본고장에서 직접 맛보려고 오는 경우가 많아 객실에서 판매한다. 덕분에 해물파전, 두부김치 같은 전통음식도 덩달아 객실 안으로 진출했다.

코오롱은 최근 국순당과 '하산주(下山酒)는 막걸리로!'라는 슬로건으로 공동행사를 열었다. 북한산, 도봉산, 남한산성, 검단산과 코오롱스포츠 매장에 등산을 마친 고객들이 방문하면 국순당 캔 막걸리를 무료로 나눠준다. 예전엔 막걸리라는 이름조차 무서워하던 기업들이 앞 다퉈 공동마케팅을 제안하는 등 격세지감을 느끼게 한다.

(5) 행동적 세분화(behavioral segmentation)

행동적 세분화는 이익을 고려하는 고객행동으로 편익을 제공하는 기업 입장과 실제 그 혜택을 즐길 수 있는 구매행동을 말한다. 이를 사용하는 상품과의 관계에 초점을 맞춘 행동전략이다. 고객은 메뉴를 구매함으로써 얻게 되는 편익적 혜택은 개인별로 다를 수 있다. 품질이나 가격, 양, 서비스방법, 접객태도, 경제성 등을 따지는 반면에, 실제 소비하는 행동에서는 사용에 관계없이 최고의 메뉴를 섭취하려 한다. 경제적으로 여유가 없는 소비자들은 비용을 최소화하거나 저렴한 메뉴에 관심을 가진다. 하지만, 가치를 따지는 고객들은 가격에 맞는 분위기와 시설을 선호한다. 특히 구매량과 금액의 상관관계는 시장규모에 따라 소비 형태는 달라진다. 방문고객의 20%가 전체 매출액의 80%를 책임진다는 점에서 파레토(Pareto's)에 의해 발표된 소득분포의 불평등도(不平等度)에 관한 법칙을 적용받고 있다.

롯데백화점 부산점에서 고객관계관리(CRM)시스템을 분석한 결과, 1월부터 4월까지 정기 휴무일을 제외한 115일 간의 영업일 동안 하루도 빠지지 않고 백화점을 방문한 고정고객이 실제로 1명 있는 것으로 확인하였다. 이 고객은 백화점 인근에 거주하는 30대 후반의 여성으로 1천200만원의 매출을 발생시켰다. 구입 품목은 정육과 농산물, 가공식품 등 식품이 가장 많았으며, 다음으로 주방용품과 캐주얼, 스포츠의류 등 쇼핑시간은 오전 11~12시 사이로 나타났다. 한 달을 기준으로 총 영업일수는 29일이며, 이 가운데 25일 이상 백화점을 이용한 고객은 3명이다. 20일 이상 이용고객은 15명, 15일 이상 이용고객은 142명, 10일 이상 이용고객은 850명, 5일 이상 이용고객은 8천300여 명으로 나타났다. 이는 10년 전 2007년 4월 부산 본점을 5일 이상 이용한 고정고객 4천300여 명과 비교할 때 배로 늘어난 것이다.〈조선일보, 2015.6.17〉 한 달에 5일 이상 이용한 고정고객들이 올린 매출은 모두 104억 원으로 이들 고객이 백화점 매출증가를 이끈 주 고객이다. 백화점은 고정고객의 발길을 붙들기 위한 다양한 프로모션을 펼치고 있다.

발송우편물 제작 때 거주지와 선호품목, 성별 등 고정고객의 특성에 따라 우편물과 함께 제공되는 사은품이나 교환쿠폰, 견본상품 등을 차별화하였다. 신상품 출시 때 고정고객을 대상으로 패션쇼와 식사 초대회 등을 개최하며, 상품군의 특성에 따라 골프와 등산대회, 테마여행, 경품이벤트 등 다양한 판촉활동을 병행하고 있다. 신규고객 유치와 함께 기존 고정고객들이 이탈하지 않도록 서비스 만족을 강화하는 이벤트를 집중한다. 구매액과 빈도수가 높은 특성에 따라 다른 전략을 추진하고 있다.

(6) 편익적 변수(beneficial segmentation)

고객이 상품을 구매함으로써 얻을 수 있는 편익적 혜택은 이익을 창출하는 것이다. 고객의 필요와 욕구에 따라 얻고자 하는 구체적인 혜택을 말한다. 외식기업은 편익의 묶음을 판매한다는 점에서 유용한 기준이 된다. 호텔 및 외식기업에서 요구하는 편익은 입지에 따른 편리성, 위생, 청결, 안전, 가격, 이용 목적에 맞는 분위기와 음식의 질, 서비스 등을 의미한다. 구체적으로 파악할 수 있다는 점에서 고객에게 제공할 수 있는 편익적 혜택은 시장을 세분화하는 중요한 변수가 된다.

초복을 앞두고 다양한 삼계닭 제품들이 선보이고 있다. 사료에 항생제를 쓰지 않거나 스트레스 없이 방목한 건강한 닭, 복날 보양식을 챙기기 어려운 싱글족, 맞벌이부부를 위한 즉석 삼계탕, 한 마리에 6만원짜리 프리미엄 닭 등이 있다. 올가홀 푸드는 항생제와 성장호르몬이 없는 사료를 먹여 키운 무항생제 영계와 넓은 공간에서 스트레스 없이 키운 토종닭을 내놓았다. 롯데마트도 하림과의 계약농장으로 사육한 무항생제 닭고기를 팔고 있다. AK백화점 분당점은 6개월 간 자연에 풀어서 기른 무항생제 토종 재래 닭을 선보이고 있다. 물만 부어 끓이는 반 조리 삼계탕도 인기다. 즉석 보양식품을 모아 초복 상품전을 여는 백화점은 매출이 전년과 대비해서 대폭 늘었다.

이마트는 데우기만 하면 바로 먹을 수 있는 녹두, 들깨 삼계탕과 여성이나 아이들을 위해 반마리만 조리해 놓은 즉석 반계탕을 출시했다. 홈플러스는 흑임자, 흑미, 찹쌀, 황기, 황금(黃芩)약재 등 부재료를 달리한 흑 · 백 · 황색의 이색 즉석 삼계탕을 선보였다. 고가의 고급 닭도 등장했다. 갤러리아 백화점 명품관에서는 전북 진안 마이산자락에서 자란 토종닭을 백숙용(대)은 6만원에, 삼계탕용(소)은 3만7,000원에 팔고 있다.

강원도 화천에서 유기농법으로 키운 화천 유기농 마당 닭(18,000원)도 독점적으로 인기를 끌고 있다. 갤러리아 백화점은 "비싸지만 친환경상품에 대한 관심이 높아지면서 고객들에게 인기를 모으고 있다."라고 전한다.

5) 시장세분화 평가요인

기업은 매력적인 시장을 찾기 위해 세분화하게 된다. 이러한 시장을 선정함으로써 세분화가 완성된다. 시장을 세분화하는 평가요인은 다음과 같다.

(1) 시장요인

시장을 효율적으로 관리하기 위해 전체시장을 세분화하게 된다. 적절한 표적을 선정하는 것은 다양한 요인을 고려할 수 있기 때문이다. 즉, 시장의 조건에 부합해야 한다.

첫째, 시장의 가치와 성장성, 환금성을 평가해야 한다. 수요변화에 신속하게 대처할 수 있으며, 규모가 크다고 수익을 보장해주는 것은 아니다. 둘째, 존재하는 경쟁자의 규모와 잠재적인 성장 가능성을 평가해야 한다. 기업의 상품과 서비스품질을 개선하는 것은 매출을 증가시킬 수 있기 때문이다. 이는 내부적으로 강점과 약점을 파악하여 유리한 위치를 선점할 수 있기 때문이다.

셋째, 자사의 자원을 효율적으로 배분할 수 있어야 한다. 시장의 점유율과 성장률은 수명주기에 따라 달라질 수 있다. 사이클에 맞는 위치는 경쟁우위를 확립할 수 있는 자원이 된다. 넷째, 기업의 목표를 설정하는데 시장흐름과 트렌드가 일치하는가를 평가해야 한다. 이를 바탕으로 외부적인 기회와 위협요인을 파악할 수 있다. 다섯째, 시장세분화를 통해 표적고객을 쉽게 찾을 수 있는지 평가해야 한다. 기존 시장과 연계하여 부가적인 시너지효과를 낼 수 있어야 한다.

예를 들어, 레스토랑을 오랫동안 운영한 경영자라면 주력 메뉴상품에 대한 가격인상 유혹에 빠지기가 쉽다. 하지만 사회 · 경제적인 환경에서 고정고객이나 주변 경쟁자 등을 고려할 때 쉽게 가격을 인상하기는 어렵다. 기후와 온도, 계절에 따라 식재료의 원가가 폭등하는 사례가 많기 때문에 남들이 인상할 때 같이 인상하지 못하면 가격인상을 반영하지 못할 수 있다. 이러한 변화를 수용하는 방법으로 신 메뉴를 출시하거나 유사 메뉴를 개발하여 물가와 경기상황을 고려하여 인상하게 된다. 때론 고객에게 식재료의 폭등으로 가격인상의 불가피성을 이해시키는 것도 한 가지 방법이라 하겠다.

(2) 경쟁자요인

시장을 세분화할 때 반드시 동종경쟁자를 파악해야 한다. 시장 내 공존하는 상황이라면 더욱더 표적선정에 유의해야 한다. 그렇지 않다면 자사에 유리한 소비자와 그에 맞는 전략을 추진하는데 어려움을 가질 수 있다. 시장을 평가하는 것은 자사의 상품이나 서비스품질에 맞는 고객을 선정하여 경쟁우위를 확보할 수 있기 때문이다. 경쟁자요인을 다음과 같이 제시할 수 있다.

첫째, 현재 경쟁자가 누구인가를 파악해야 한다. 레스토랑사업을 준비하는 예비자라면 시장조사를 통해 제일 먼저 경쟁업소를 방문하게 된다. 메뉴의 종류, 가격, 인테리어시설, 분위기, 레이아웃, 테이블, 칸막이, 동선, 직원태도, 표정, 주차시설, 야외조경 등을 확인하게 된다. 경쟁사의 우위요소가 크면 클수록 더욱더 세분하여 자사의 장점을 부각할 수 있어야 한다. 때론 가격경쟁도 불사하게 되므로 기회요인을 찾아야 한다. 아무리 능력이 뛰어나더라도 단점은 있게 마련이다.

둘째, 현시점에서 눈에 보이는 전략으로 시행해야 한다. 잠재력이란 기업의 성장 가능성과 경영자의 철학, 비전, 접객태도에서 결정된다. 시장에 안전하게 정착하려면 새로운 고객유치와 고정고객의 유지 노력을 게을리 해서는 안 된다. 노력이 부족하다면 경쟁자의 진입을 촉진시키게 된다. 셋째, 기업의 경영자는 시장변화에 주목해야 한다. 현 시장에 참여하지 않을지라도 진입 가능성이 높은 경쟁자와 잠재된 예비자들은 항상 있게 마련이다. 따라서 경쟁자에 대한 마케팅 전략과 예비자에 대한 정보 수집을 게을리 해서는 안 된다.

예를 들어, 커피전문점 간 경쟁이 치열하다. 시장의 70~80%를 차지했던 스타벅스, 커피빈 양대 외국브랜드 점유율이 최근 50% 밑으로 떨어진 사이 토종 브랜드가 몸집을 늘리고 있다. 엔제리너스 커피전문점은 카페베네를 앞질러 1위를 탈환했다.〈기업CEO 뉴스, The CEO score daily, 2013.7〉

롯데그룹 계열의 커피전문점 엔제리너스는 약 4년만에 국내 커피전문점 점포수 1위를 탈환했다. 2010년 이후 줄곧 1위를 달리던 카페베네가 지난해 중복출점을 제한하는 공정거래위원회의 모범거래기준 영향으로 출점을 자제함에 따라 순위가 역전된 것이다. 최근 커피시장은 고가와 저가전략으로 양분되었다. 고가에 대한 소비자의 저항에도 불구하고 스타벅스는 2015년 기준 매출액과 영업이익(17.2%)이 계속적으로 증가하고 있다.

반면에, 저가로 제2의 상권과 골목상권 등 소규모 매장에 전략적으로 뛰어들고 있는 이디야는 전체 가맹점 규모와 영업이익율(25.5%)에서 단연 으뜸이다. 따라서 커피시장의 양극화가 더욱 뚜렷해지고 있다(금융감독원 전자공시시스템, 2016).

(단위 : 백만원)

구분	매출액			영업이익		
	2015	2014	변화율(%)	2015	2014	변화율(%)
스타벅스	773,900	617,094	25.41	47,141	40,215	17.22
이디야	135,521	116,229	16.60	16,333	13,008	25.55
할리스	108,584	80,313	35.20	6,856	5,573	23.03
카페베네	110,110	128,958	−14.62	−4,381	4,945	−188.60
커피빈	138,938	146,267	−5.01	3,912	12,362	−68.35
탐앤탐스	88,763	88,604	0.18	4,399	6,532	−32.65

출처 : 금융감독원 전자공지 시스템

그림 12•5

대한민국 대표커피 전문점의 매출현황(2016년 7월 기준)

국내 커피시장이 확대되면서 카페 창업도 확산되고 있다. 그 중심에는 프랜차이즈 카페들의 지속적인 영업망 확대가 이슈가 된다. 2014년 5조3,400억원 규모인 국내 커피산업에서 커피전문점은 절반가량(2조5천억원)을 차지했다(SK증권자료를 Coffee TV, 2016).

커피TV는 2016년 5월 국내 프랜차이즈카페 분포현황 조사를 통해 국내 카페산업을 소개하였다. 스타벅스, 이디야, 커피빈, 엔제리너스, 투썸플레이스, 카페베네, 탐앤탐스, 파스쿠치, 할리스 등, 2016년 5월 기준 각사 홈페이지에 공개된 자료를 토대로 조사하였다. 조사대상 프랜차이즈 카페의 총 점포수는 6,472개로 나타났다. 가장 많은 점포수를 기록한 이디야는 '13년까지 카페베네, 스타벅스에 이은 3위였으나, '11년 이후 성장세가 이어지면서 '14년부터는 가장 많은 점포수를 기록했다. 그 뒤를 스타벅스, 카페베네, 엔제리너스 등이 뒤따르고 있다. 스타벅스, 이디야, 할리스 등은 매출액이나 영업이익 면에서 전년 대비 큰 성장을 기록한 반면, 카페베네, 커피빈, 탐앤탐스는 정체 혹은 감소를 기록했다. 특히 카페베네는 15년 영업이익이 43억원 적자를 기록, 전년 대비 -188% 감소하였다.

최근 빽다방 등 가격 중심의 저가커피 브랜드의 공세가 강화되면서 상대적으로 고급-프리미엄 브랜드로 포지셔닝 된 스타벅스가 좋은 성과를 거뒀다. 싱글오리진 커피 등을

	스타벅스	이디야	커피빈	엔제리너스	투썸플레이스	카페베네	탐앤탐스	파스쿠치	할리스	계
서울	363	561	178	125	189	215	165	100	125	2,021
경기	163	400	31	119	132	175	86	60	95	1,261
인천	33	123	7	19	38	46	13	20	10	309
대전	33	20	3	31	28	32	12	11	13	183
대구	47	31	2	51	44	31	11	30	10	257
부산	79	171	8	96	52	45	43	21	19	534
광주	32	15	1	42	20	26	7	22	19	184
울산	17	37	2	14	19	21	5	26	6	147
세종	4		1	2	3	3	1	5	4	23
강원	14	36		20	18	30	8	4	10	140
충북	12	23	2	19	19	32	7	23	29	166
충남	11	33	1	42	21	41	24	10	9	192
경북	32	49	2	56	30	31	16	23	18	257
경남	30	84	3	102	35	46	24	17	19	360
전북	13	80		40	16	22	25	7	20	223
전남	7	16		31	12	20	14	17	12	129
제주	11	10		14	10	19	7	13	2	86
계	901	1,689	241	823	686	835	468	409	420	6,472

그림 12•6

각 사의 커피가맹점 현황

취급하는 스타벅스 리저브(reserve) 매장이 2015년 3월 42개에서 올해 4월 기준 51개로 20% 가량 증가한 점에서 확인할 수 있다.

(3) 자사와 적합성

기업이 추진하는 경영목표와 비전은 조직구성원들에게 나아갈 방향을 제시할 수 있다. 다양한 자원으로 구성된 기업조직은 시장의 필요에 따라 자사와 적합해야 한다. 인적 자원의 의존도가 높은 특성은 정기적인 교육훈련과 경영자의 능력 속에서 경쟁력을 키울 수 있다. 창조적인 생각과 행동을 실천하는 것으로 직원들의 능력을 발굴하는 데서 시작된다. 하지만 자사의 자원을 활용하여 마케팅 촉진전략을 추진하는데 한계를 가질 수 있다. 세분시장을 선정하여 평가하기 위한 규모와 위치, 자본력 등 적합성을 고려하게 되는데, 이를 조화롭게 해결하지 못하면 그 의미가 없어지기 때문이다.

2. 표적시장

기업이 표적고객을 선정하여 마케팅 전략을 추진하더라도 모든 국가와 지역, 모두를 충족시켜 줄 수는 없다. 소비자들은 다양한 특성을 가지고 광범위하게 분포되어 있다. 때문에 자사에 맞는 고객을 선정하려 노력해야 한다. 기업의 마케터들은 이들 모두에게 맞는 전략을 추진하는데 한계가 있다. 자사의 고객을 선정하여 효과적으로 전략을 추진할 필요성과 표적고객을 찾으려는 노력을 게을리 해서는 안 된다. 하나 또는 둘 이상의 세분시장을 찾아 이들을 표적으로 메뉴상품이나 가격, 유통, 촉진전략을 사용하는 표적마케팅(target marketing)과 일반대중을 대상으로 전체시장을 표적으로 하는 매스마케팅(mass marketing)으로 분류할 수 있다.

첫째, 매스마케팅은 대량생산에 따른 원가요소를 반영하여 대량판매를 통해 비용을 절감하는 전략이다. 전통적으로 기업에서 추진하는 방법은 소비자들의 성향과 구매 특성을 단순화하여 단일상품만으로 욕구를 충족시켜주고 있다. 하지만 모든 고객을 다 충족시킬 수 없다는데 한계가 있다. 둘째, 현대와 같이 복잡한 사회는 표적대상을 구체화하여 전략을 추진할 때 효과적이다. 대상자들에게 유익한 정보를 제공하여 차별적인 전략을 추진할 수 있다. 표적마케팅은 기업의 메뉴상품과 가격, 유통, 촉진전략을 효과적으로 수행할 수 있는 일련의 전략과정을 말한다.

1) 표적시장 선정기준

기업은 시장을 세분화한 다음에 평가를 통해 자사에 맞는 표적고객을 선정하게 된다. 표적시장은 기업에 최대한 이익을 줄 수 있는 공통적인 욕구와 특성을 지닌 소비 집단을 말한다. 세분화로 매력도를 평가하며, 하나 이상의 표적집단을 선정하여 진출 가능성을 높일 수 있다. 현 시장을 충분히 파악했다면 어느 시장에 진출할 것인가를 결정해야 한다.

첫째, 표적시장의 규모와 성장 가능성을 고려해야 한다. 이러한 선정과정은 잠재력을 예측할 수 있다. 기업이 공략할 수 있는 매력적인 시장을 확인하는 것이다. 둘째, 표적고객의 경쟁력을 파악해야 한다. 시장 내 강력한 경쟁자가 이미 존재한다면 경쟁우위를 점하는데 어려움이 있다. 셋째, 기업의 목표와 자원을 검토해야 한다. 특정 시장을 공략할 경우, 기업목적에 맞는지 또는 자사의 자원으로 해결할 수 있는지를 확인해야 한다.

예를 들어, 회사원 김길수(40) 씨는 뜻밖의 선물을 받고 깜짝 놀랐다. 은행창구를 지켜야 할 신협의 부장이 냄비와 육수병을 들고 회사 정문 앞에 서있기 때문이다. 냄비를 들어 보이며 "미식가들 사이에서 맛집으로 소문난 서울의 A생태찌개 가게에서 직접 공수해왔다."라며 "집에 가져가서 가족들과 즐거운 식사를 하라."는 것이다. 생태찌개 선물을 받게 된 김씨는 돈다발 선물을 받은 것보다 더 감동적이라며 고마워했다.〈조선일보, 2013.2.24〉

시민 금융회사인 신협은 끈끈한 정으로 고객을 감동시키는 마케팅 전략을 추진하고 있다. 금융회사는 차갑고 딱딱하다는 고정관념을 깨며, 가족 같은 이미지를 구축하여 고객감동 100%에 도전하고 있다. 크고 번듯한 시중은행의 흉내를 내기보다 시중은행이 못하는 것을 찾아 틈새시장의 타깃을 선정하여 파고드는 전략이다. 아산 동부신협 직원들은 토요일마다 하루도 거르지 않고 조합 인근 배방산 정상에 올라 등산객들에게 생수와 커피, 녹차 등을 나눠주고 있다. 산꼭대기에서 등산객들과 담소하면서 자연스럽게 조합을 홍보하는 전략이다. 영업점에 직접 찾아오는 고객들에겐 직원들이 직접 재배한 오이나 콩을 나누어주면서 좋은 반응을 얻고 있다. 전남 무안의 남부 신협은 직원들이 밴드를 결성하여 악기연습을 한 후 고객들을 초청하여 음악회를 여는 이색감동을 선사하고 있다. 직원들의 노력은 실적으로 이어지고 있다. 전년 대비 29%나 증가하여 처음으로 40조원을 돌파했다. 서민금융회사인 신협의 특성을 살려 고객 한 명 한 명의 타깃고객에게 정성을 다한 것이 고성장 비결이라 하겠다.

2) 표적시장 전략방법

기업은 각 세분시장을 평가한 후 표적고객을 선정한다. 분석을 통해 선정된 시장을 공략하기 위해서는 자사에 맞는 마케팅 전략을 수립해야 한다. 레스토랑에서 제시하는 표적시장 전략은 하나의 집단을 공략할 것인가, 여러 대상자를 공략할 것인가에 따라 차별적, 비차별적, 집중화 전략으로 나눌 수 있다.

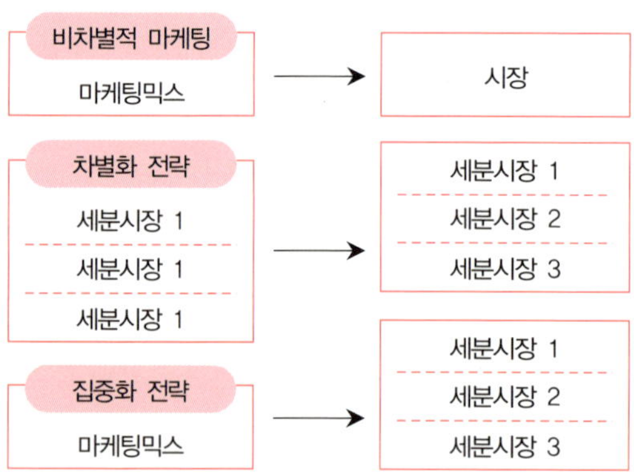

그림 12·7 표적 마케팅의 전략 유형

(1) 차별화 전략

차별화 전략(differentiated strategy)은 두개 이상의 세분시장을 표적으로 선정하여 각 세분시장에 적합한 상품과 가격, 유통, 촉진의 마케팅믹스 전략을 개발하여 실행하는 것이다. 이 전략은 세분시장에 따라 전개하는 프로그램은 다르지만 많은 자원과 그에 따른 인력확보가 중요하다. 표적시장의 소비욕구를 세부적으로 파악하여 운영하기 때문에 시장의 평가도 달라진다. 따라서 마케팅믹스 전략을 전개하여 보다 많은 수익을 창출할 수 있는 차별화를 필요로 한다.

2011년 8월 도쿄의 소녀시대 공연장은 아수라장이었다. 5,000명 규모로 기획된 콘서트에 2만2,000명이 들어섰다. 일본 NHK는 9시뉴스에 공연 현장을 소개했다. "한국 아이돌그룹의 세련된 스타일이 일본 연예계에 새로운 바람을 몰고 온다."는 논평도 함께했다.〈조선일보 살림 & 데코, 2013.11.11〉 아이돌그룹은 무한성장 가능성을 가지고 있다. 장르 불문, 특정 연령층 초월, 음악은 기본, 영화, CF, 드라마, MC, DJ, 뮤지컬, 행사, 게임 등 콘텐츠산업 전체가 그들의 활동무대이다. 오빠, 삼촌, 누나 팬과 성별, 연령을 불문하는 대단한 잡식가로 엄청난 적응력을 과시한다. 국내는 물론 중국, 일본, 태국을 점령하고 미주와 유럽까지 범위를 넓히고 있다. 한마디로 어디에나 그들이 있다. 진정한 원 소스 멀티 유즈(one source multi use)다.

이들의 힘은 어디서 나온 것일까? 철저한 기획과 우월한 개인기, 전폭적인 지원, 전략에서 그 답을 찾을 수 있다. 아이돌의 폭발적인 인기는 한국산업의 패러다임에 변화를 상징한다. 하드웨어 강국에서 소프트웨어 강국으로 발전하는 전환의 가능성을 대변하고 있다. 연예산업에 국한된 것이 아니라, 한국형 콘텐츠산업의 차별화 전략을 푸는 실마리가 되고 있다. 뛰어나면서도 개성이 뚜렷한 이들의 재능을 조합하여 국가와 민족, 문화, 종교 등의 국경을 뛰어넘는 코드가 된다.

비즈니스를 무한대로 발전시키는 한국형 아이돌산업의 차별화 전략을 보여주고 있다. 연예계의 엘리트로 댄스, 노래, 작사, 작곡, 연기, 개그 못하는 게 없는 만능인간이다. 소속사가 수년간 막대한 비용을 투자하여 길러낸 결과로 당사자와 소속사로서는 절자탁마(切磋琢磨)의 과정을 겪었다. 투박한 원석을 디자인하고 섬세한 커팅으로 명품을 만들어낸 상품기획과 R & D 결과라 하겠다.

2006년 미국 LA 한인축제 때 캐스팅 담당자는 한 청년을 눈여겨봤다. 훤칠한 키와 수려한 이목구비, 능숙한 영어까지 그의 스펙은 관계자를 사로잡았다. "아, 이 사람이구나!" 계약을 하고 '08년 데뷔시켰다. 2PM의 닉쿤이 주인공이다. 아이돌 멤버들의 우수성은 해외에서 인정받고 있다. 일본 경제주간지인 〈닛케이비즈니스〉는 소녀시대를 표지모델로 선정했다. 유력 경제지가 해외 인기가수를 커버스토리로 다룬 것은 이례적이다. 일본의 아이돌 그룹보다 월등한 실력을 갖췄다는 전문가들의 반응을 인용하면서 "한국의 엔터테인먼트는 우수한 제품과 엘리트 인재들로 글로벌시장을 겨냥한 수출기업의 특징이 엿보인다." 했다.

아이돌 비즈니스의 본고장인 일본이 실력을 인정한 셈이다. 비범한 재능의 소유자들로 자체 발광하는 스타일이다. 이들을 모아 더 큰 빛으로 재탄생시킨 결과물이다. 뛰어난 부품을 모아 시너지를 창출하며 매력적인 완제품을 만든 것이다. 성패는 기획사의 육성과 매니지먼트에 달렸다. 제2의 한류로 부상할 만큼 급속히 인지도를 늘리는 것은 대형기획사들의 치밀한 전략과 차별화가 있었기 때문이다.

(2) 비차별화 전략

비차별화 전략(undifferentiated strategy)은 시장을 구성하는 소비자의 필요와 욕구가 유사하여 하나의 마케팅믹스 전략을 전체시장으로 전개하는 방법이다. 전체시장을 대상으로 전략을 수립하기 때문에 개인적인 필요는 무관심해질 수밖에 없다. 소비자들에 대한 공통된 욕구를 찾아 전략을 수립하게 된다. 대량생산에 따른 규모의 경제성을 실천함으로써 판매비용을 절감할 수 있다는 장점이 있다. 시장조사를 통해 계획하며 일정한 대상자들에게 광고와 홍보의 촉진전략을 전개할 수 있다. 특히 방송 및 미디어매체를 통해 전국적으로 시행하기 때문에 비용절감의 효과를 기대할 수 있다.

(3) 집중화 전략

집중화 전략(concentrated strategy)은 하나의 세분시장을 선정하여 집중적으로 공략하는 마케팅 전략으로 기업의 자원이 제한되었을 때 혹은 소수의 세분시장에서 점유율을 높이려 할 때 시도하는 전략이다. 중소기업들은 거대시장의 경쟁자들 속에서 타깃고객을 세분화하여 선택한 후 집중함으로써 높은 점유율을 확보할 수 있다.

기업의 표적시장은 하나이므로 고객욕구와 시장성격을 면밀히 파악해야 마케팅 전략을 집중할 수 있다. 전문화할 수 있는 기술과 생산능력, 유통, 촉진을 통해 강력한 지위를 확보하여 독보적인 입지를 구축할 수 있다. 시장을 잘 선정하여 높은 이익을 올릴 수 있는가 하면, 규모의 범위가 좁아 원하는 수익을 얻지 못할 수도 있다. 하지만 표적시장의 욕구가 변하거나 강력한 경쟁자가 진입할 경우 큰 타격을 받을 수 있는 단점이 있다.

다음은 특정 타깃고객을 대상으로 집중화 한 사례이다.

CASE
"골목상권이 SNS 만났을 때 … 매출이 쑥쑥 올라온다!"

점포주변 고객과 실시간 소통하면서 쉽고 싸게 촉진전략을 추진하고 있다. 서울 성수동에서 커피 프랜차이즈점을 운영하는 김모(38) 사장은 창업 초기에는 고민이 많았다. 커피전문 프랜차이즈점을 열었지만 상대적으로 인지도가 낮은 업체라 손님은 기대만큼 방문하지 않았다. 궁리 끝에 위치기반 소셜네트워크서비스(SNS)인 씨온(www.seeon.kr)에 가입했다. 스마트폰과 SNS를 활용하여 직접 가게를 알리기로 마음먹은 것이다. 씨온에 가입한 고객을 대상으로 5~10% 할인쿠폰을 제공했다. 헌책 한 권을 가져오면 커피 한 잔을 주는 이벤트도 같이 진행했다. 책들이 한두 권씩 모이면서 손님들도 덩달아 늘어났다. 동네주민들에게 독서하기 좋은 모임의 공간으로 입소문이 나면서 사람들이 모이기 시작했다. 김사장은 "SNS를 활용한 덕택으로 고객이 15% 증가했다는 것이다. 스마트폰을 활용한 마케팅 전략이 창업시장에서 호평을 받고 있다. 점주들이 SNS를 통해 잠재고객들과 대화를 나누거나 실시간 할인쿠폰을 제공하는 등 24시간 촉진활동이 가능하기 때문이다.

전단지를 뿌리거나 상가책자 등에 광고하는 기존 방식에 비해 비용은 상대적으로 덜 들면서 효과는 더 크다. 침체된 골목상권을 살릴 수 있는 새로운 수단으로 평가된다. 이러한 방법의 가장 큰 장점은 점주들이 자신의 위치를 공개하기로 동의한 고객들에게 '맞춤형 마케팅 촉진 전략'을 제공할 수 있다는 점이다. 고객의 스마트폰에 내장된 '위성위치 확인시스템(GPS)'을 활용하여 점포주변에 있는 고객들을 실시간으로 확인할 수 있다. 점심시간에 주변에 있는 고객 숫자를 확인하고 이들에게 반짝 할인쿠폰을 제공하여 손님을 끌어 모으는 방식이다. 소비자들도 좀 더 싼 가격에 점포를 이용할 수 있다. 마음에 드는 점포를 등록하거나 방문 후기, 사진 등을 올리면서 현금처럼 사용 가능한 포인트가 쌓인다. 점포이용 후기를 다른 서비스 가입자들과 공유하므로 지속적으로 신규고객을 유치할 수 있다는 장점이 있다.

LG 유플러스에서 운영하는 플레이스북도 맛집, 영화관, 카페, 쇼핑몰 등을 찾을 때 유용하게 활용할 수 있는 위치기반 SNS서비스이다. 티켓몬스터나 쿠팡 같은 기존 소셜커머스 업체들도 스마트폰 이용자들을 위해 티몬나우, 쿠팡다임 같은 위치기반 SNS를 선보이면서 고객을 끌어들이고 있다

중앙일보 2013.3.15

3) 표적시장 고려요인

시장세분화에 따라 표적시장을 선정할 때는 유형에 맞는 전략을 수립해야 한다.

첫째, 기업은 자신이 가지고 있는 자원이나 능력을 고려하여 표적시장을 선정해야 한다. 자원이 충분할 경우 차별화 전략이 가능하지만, 제한적이거나 부족할 경우 집중화 전략을

추진하는 것이 바람직하다. 둘째, 기업은 시장에 진출하는 상품의 동질성을 고려해야 한다. 상품이 가지는 특성이나 기술력, 진입장벽, 자본력 등의 한계가 있거나 존재하지 않을 경우 비차별화 전략을 선택하는 것이 효과적이다.

셋째, 진출하는 상품의 수명주기가 시장에서 어떠한 위치에 있는가를 파악해야 한다. 도입기는 고객의 욕구가 다양하지 않으므로 일반적인 비차별화 전략을 추진할 수 있다. 성장기와 성숙기는 소비욕구의 다양화로 차별화 전략이나 집중화 전략을 선택하는 것이 효과적이다. 넷째, 시장특성을 고려한 선호도, 취향, 동기, 기호, 개성 등이 유사할 경우 비차별화 전략을 추진해야 한다. 이질적인 성향이 확인될 때는 차별화 전략을 시행하는 것이 바람직하다. 다섯째, 경쟁사 전략을 고려해야 한다. 경쟁사가 특정 표적을 대상으로 차별화 전략을 수행할 경우 비차별화 전략을 추진하기는 어렵다. 하지만 경쟁업체가 추진하는 경우 차별화 전략 또는 집중화 전략을 추진하는 것이 효과적이다.

여섯째, 기업은 시장의 크기와 경쟁자수를 고려해야 한다. 소비자의 필요와 욕구를 파악한 후 규모와 크기에 따라 잠재적인 수요를 예측할 수 있다. 인구통계적인 변수나 심리적, 편익적, 지리적 변수를 고려하여 경쟁자의 수가 증가하면 차별화 전략을 추진해야 한다.

3. 포지셔닝 전략

1) 포지셔닝 의의

포지셔닝 전략(positioning strategy)은 시장을 세분화하여 표적시장을 선정하며, 자사의 상품, 서비스 제공물의 이미지가 표적 대상자에게 어떻게 위치할 수 있는가를 계획하는 활동이다. 고객의 마음속에 자리 잡을 수 있는 차별적 요소와 상징성에서 포지셔닝 되는 상품의 위치를 말한다.

레스토랑의 독특한 로고, 아치, 상징물과 인테리어시설의 분위기, 이용목적에 맞는 혜택, 부가서비스 등은 경쟁브랜드와 차별화된 포지셔닝 전략이 된다. 특정상품은 소비자의 마음속에 명확히 자리 잡지 못하면 사라지기 때문에 표적고객에게 가치 있는 혜택을 심어주어야 한다. 소비자 인식을 바꿀 만한 자사의 강력한 상징성을 포지셔닝 맵으로 설정하는 것도 치열한 경쟁시장에서 살아남는 방법이라 하겠다.

도서관에서 놀라운 것을 발견하게 된다. 책상 위를 점령한 17차 때문이다. 가끔은 옥수수 수염차와 블랙빈테리피 생수가 보인다. 남양유업 17차는 녹차류가 대부분이었던 혼합음료시장에서 17가지의 몸에 좋은 차를 표방했다. 전지연을 내세워 대대적으로 광고했으며, 4~5백억 수준의 혼합차 시장을 2008년 3,000억까지 끌어올리는 1등공신이 되었다. 광동 옥수수 수염차는 17차가 등장한 1년 5개월 후, 얼굴의 V라인에 집중적으로 포커스를 맞추어 보아에 이어 김태희를 모델로 기용했다. 몸에 좋은 음료로 대변되는 옥수수 수염차는 얼굴에 포커스를 맞추었다. 두 제품 모두 잭 트라우트(Jack Trout)와 알리스(Ries)의 '마케팅 불변의 법칙'(The 22 Immutable Laws of Marketing; 영역의 법칙)을 매우 잘 설명하고 있다.

최초로 뛰어들 수 있는 새로운 영역을 개척한다는 뜻으로 17차가 등장할 무렵 녹차시장이 주류였다. 17가지 몸에 좋은 차가 소비자의 머리 속에 포지셔닝 되면서 엄청난 성공을 거두었다. 후발주자인 광동 옥수수 수염차의 포지셔닝은 몸이 아닌 'V라인 얼굴'로 추격했다. 고객의 주의를 끄는 몸을 강조한 17차와 얼굴을 강조한 옥수수 수염차는 1위 자리를 서로 주고받았다.〈이뉴스, 2013.1.10〉

두 제품 모두 다이어트에 초점을 맞춘 제품이다. 하나는 몸에 집중했지만 다른 하나는 얼굴에 집중했다. 소비자는 얼굴을 강조한 옥수수 수염차에 손을 들어주었다. 무엇보다 익숙한 맛을 선호하며 어린 시절 보리차나 옥수수차에 길들여진 입맛을 기억하게 한 것이다. '09년 초 할리우드 스타 제시카 알바가 17차를 들고 다니는 모습이 파파라치 사진과 유튜브 등 온라인상에 퍼진 뒤 대박행진이 이어졌다. 17차는 '할리우드 스타들의 물'이라는 애칭이 붙을 정도로 큰 인기를 끌었다.

2) 포지셔닝 유형

기업이 선택할 수 있는 포지셔닝 유형은 상품의 속성과 이미지, 사용상황, 소비자, 경쟁제품 등에 따라 분류할 수 있다.

첫째, 상품 속성에 의한 포지셔닝으로 자사제품의 차별적 요소나 특징이 경쟁제품과 다른 편익적 혜택으로 고객에게 알려지는 유형이다. 예를 들어, 소화가 잘되는 우유, 장에 좋은 우유, 저지방 우유, 초유성분 우유와 음성으로 전달하는 안내전화 등은 경쟁제품이 가지지 못한 우월적 기술로 차별화를 구체적으로 부각시킨 유형이다. 둘째, 가격대비 품질 유형이다. 상품의 추상적인 편익과 관련된 브랜드의 유명 정도에서 제시된다. 자동차, 아파트, 구두, 의류, 보석 등과 패밀리, 파인다이닝, 커피전문점 등이 그 예라 하겠다.

셋째, 상품 속성과 상황이 사용자에 의해 결정되는 포지셔닝으로 특정 이용자가 집단을 대상으로 하는 유형이다. 예를 들어, 생일, 결혼, 입학, 졸업 같은 축하 상황과 집들이의 각종 세재, 롤 휴지 등이나 특별한 사용자의 숙취해소 음료, 탈모방지 비듬샴푸, 무좀비누 등을 그 예로 들 수 있다. 넷째, 편익에 의한 포지셔닝으로 소비자는 구매한 상품이 구체적으로 자신에게 이익을 주었을 때 신뢰하게 된다. 소비자의 효익을 고려하여 브랜드와 연관되어 인지하도록 해야 한다. 이러한 혜택은 심리적 이점을 강조하면서 위치를 선정할 수 있다.

3) 경쟁제품 포지셔닝 전략

기업은 경쟁사와 비교 광고를 통해 암시적 · 암묵적으로 제품 특성을 고객에게 설명하고 있다. 비교유형은 경쟁상품보다 명확하게 소비자들에게 인식시키기 위해 포지셔닝 전략을 구사하게 된다.

첫째, 기업은 소비자의 마음속에 자사상품에 대한 포지션을 강화해야 한다. 어떤 후발기업이 "우리는 2등이지만 더욱 열심히 하겠습니다."라는 포지셔닝 전략을 실행하여 성공한 사례도 있다. 이러한 표현은 솔직함으로 고객의 마음을 움직일 수 있다. 둘째, 경쟁사의 광고나 홍보 전략에서 유리한 입장이 아니라면, 새로운 카테고리를 개발하여 최고의 포지션을 유지하는 전략을 수행해야 한다. 예를 들어, 매번 2등이던 농심라면 회사가 '형님 먼저, 아우 먼저'라는 카피로 1등으로 올라섰다. 이를 계기로 회사 이름도 농심으로 바꿨다. 이 광고에 코미디언들이 출현하였다. 형은 구봉서 씨와 아우는 곽규석 씨가 맡아 '형님 먼저, 아우 먼저'라면서 그릇을 서로 양보하는 모습을 보여주었다. 그러다가 형인지 아우인지, "그럼 내가 먼저, 헤헤!"라며 독차지하는 것으로 끝맺는다. 끝마무리의 얌체 짓이 얄밉지 않게 보이려 코미디 형식을 빌려 광고한 것이다.

셋째, 소비자의 마음속에 자리 잡지 못한 포지션을 공략해야 한다. 웰빙, 친환경, 무공해 식재료, 푸드테라피 등 건강과 위생, 청결의 안전한 식단으로 경쟁사의 식재료보다 우수한

속성을 가졌다는 것을 강조하는 전략이다. 넷째, 경쟁사의 상품이나 경영전략 등 벤처마킹하거나 리포지셔닝 할 수 있다. 다섯째, 일류기업의 집단에 들어가거나 그렇지 않다면 비슷한 유형의 묶음에 들어가 그룹을 형성하는 것도 경쟁력이 된다. 글로벌경영에서 세계최고, 동양최대, 한국최대 같은 수식어는 그 상품의 우수성을 암시하면서 자연스럽게 고객의 신뢰를 이끌어내는 전략이다.

4) 포지셔닝 전략

일반적인 포지셔닝 전략은 제품이나 서비스품질 등 다양한 요소를 포함하여 개발해야 한다. 표적시장 내 고객이 중요하게 생각하는 자사상품과 경쟁상품과의 차별성을 부각시켜야 한다. 포지셔닝 전략은 고객에게 정확한 상품지식과 정보를 전달하며 체계적으로 집행하는 전략이다. 효과적인 전략을 수립하기 위한 구체적인 내용은 다음과 같다.

첫째, 기업의 제품과 서비스는 차별화된 계획으로 디자인되며, 이를 통해 마케팅믹스 전략을 결합하여 포지셔닝 해야 한다. 둘째, 기업은 표적고객에게 브랜드가치와 혜택을 심어주기 위한 이미지를 결정해야 한다.

셋째, 자사상품을 구매하는 고객에게 가장 중요한 혜택이 무엇인지 이를 규명하는 자료로 삼아야 한다. 넷째, 경쟁관계에서 어떻게 차별화할 것인가를 구체적으로 설정해야 한다. 다섯째, 고객과의 약속은 신뢰할 수 있는 믿음으로 행동하는 실천에서 가능하다.

다음은 포지셔닝 전략을 잘못 선정한 사례이다.

트위트에서 유료로 전개한 마케팅 홍보 전략이 역효과를 내는 기업이 있다. 대표적인 패스트푸드업체인 맥도날드는 소비자를 대상으로 공식 트위터 계정을 운영하고 있다. 이 계정(@McDonalds)은 트위트 광고상품을 활용하여 주기적으로 해시태그(#)를 이용한 마케팅 활동을 전개하고 있다. 맥도날드는 '12년 1월 19일 24시간짜리 홍보(promotion)하는 트윗 이벤트를 실시했다. 특정 계정에서 트윗을 작성하면 팔로워들의 타임라인 상단에 보인다. 즉 트위트의 타임라인 배너광고이다. #Meet The farmers와 #McDStories라는 해시태그를 넣은 2개의 프로모티드한 트윗을 만들었다. 이벤트를 벌인지 2시간 만에 중단했다. 무슨 일이 벌어진 것일까?

햄버그에 들어가는 100%의 소고기 패티와 신선한 감자, 최상의 서비스, 양질의 음식을 제공한다는 점을 강조하는 이벤트였다. 하지만 해시태그(#MCDStories)를 사용하는데 문제가 발생했다. “당신이 자부심을 가지고 자신의 업무에 최선을 다한다면, 많은 사람들은 진정으로 이를 알아줄 것이다.”라는 메시지가 함께 담겨졌다. 감자를 제공하는 생산자의 이야기를 전하기 위해 만들어진 트윗이었다. 하지만 해당사이트는 1시간 만에 삭제되었다. 삭제 전 사이트는 텔레그래프에서 찾을 수 있었다. 이용자들은 맥도날드의 의도와 다르게 부정적인 경험을 나누는데 사용했다. 트윗을 보고 100%의 소고기와 품질 좋은 감자의 프렌치프라이에 대한 이야기보다는, 맥도날드의 불만이야기를 털어놓기 시작했다. “나는 갈색 머리카락인데 맥 치킨을 먹다가 흰색 머리카락을 발견했다. 그 이후로 먹지 않는다.”라는 식의 글이 돈을 들여 홍보한 해시태그와 공유되면서 불만을 나누는 공간이 되었다. 관계자는 계획한 방향을 수정해야 할 만큼 부정적인 효과를 내었다.

Start 트위트와 미투데이의 글로벌 소셜미디어 담당자는 이렇게 말한다. “프로모션하기 전에 SNS가 자사에 어떠한 영향을 미치며, 어떤 이야기가 퍼지는지를 확인했다면 이런 일은 충분히 예측할 수 있다.” 했다. 맥도날드의 트위터에 대한 관리 및 마케팅 전략의 실패 사례이지만 트위트를 이용한 문화의 차이라 하겠다.

미국은 해시태그를 활용하는 트위트의 마케팅활동은 일반적으로 평범하게 사용된다. 즉 #McCStories로 만든다는 것은 맥도날드의 스토리이지만 좋은 소식과 나쁜 소식을 함께 공유한다. 차라리 해피스토리, 굿 스토리처럼 구체적인 형용사를 붙이는 것이 났다는 평가이다. 2시간 만에 모든 문제를 대처할 수 있었지만, TV광고를 통해 이 일이 벌여졌다면 소비자 사이에 부정적인 인식을 감지하는데 오랜 시간이 걸렸을 것이다. 이러한 일은 트위터뿐 아니라 페이스 북에서도 얼마든지 일어날 수 있다.

(1) 내부 분석

기업의 내부 분석은 자사의 자원을 충분히 활용하기 위해 분석하는 것이다. 직원의 노동력은 가장 훌륭한 자산이다. 서비스품질을 생산하는 과정은 재무건전성이나 경영성과 물적 · 인적 자원, 노하우, 매뉴얼, 상징성 등 목표고객에 대한 가치와 수익성, 안정성, 성장성을 제공하는 수단이 된다. 직원들은 레스토랑의 메뉴상품을 개발하거나 구성원으로서 표적고객에게 봉사할 수 있는 직무를 수행한다. 레스토랑의 점포나 신 메뉴를 출시할 때 한계를 가질 수도 있지만 활용 가능한 자원을 통해 설계되어야 한다. 이러한 것은 자사의 내부분석을 통해 가능하게 된다.

(2) 소비자 분석

소비자 분석은 목표시장 내 고객이 상품에 대해 추구하는 편익적 혜택으로 기존 제품의 불만족을 해결하는 데서 시작된다. 고객의 소비욕구를 정확하게 반영하여 기업의 상품 선택과 평가기준의 속성들을 파악할 수 있다. 표적시장을 선정하여 소비자를 분석하는데 필요한 정보자료는 전반적인 수요 변화와 경영흐름, 지리적 입지 등에서 시작된다. 이를 통해 규모의 크기와 성장 가능성, 잠재력 등 시장의 소비 상태를 분석할 수 있다.

(3) 경쟁자 분석

기업은 시장의 경쟁상품 포지션을 구체적으로 파악하여 고객이 어떻게 지각하고 있는지 평가해야 한다. 다차원적인 분석방법으로 포지셔닝 맵을 설정하여 경쟁제품의 현재 위치를 파악할 수 있다. 포지셔닝 맵은 소비자의 마음속에 차지하는 제품 및 자사의 이미지에 대한 위치를 말한다. 2차원적 또는 3차원적으로 작성되며, 분석결과에 따라 시장의 기회요인을 발견할 수 있다. 경쟁사의 상품력과 우위요소를 파악하여 전략을 세울 수 있다.

CASE
"매운맛 이야기"

한국 사람은 매운맛을 유난히 좋아한다. 대형마트들은 고추장을 비롯하여 카레, 라면, 떡볶이, 쫄면 등에까지 매운맛을 선보이고 있다. 이들 제품은 매우면 매울수록 더 많이 팔리는 것으로 조사되었다. 이마트는 자체 상표부착(PL)으로 팔기 시작한 고추장을 1년간 실적을 분석했다. 분석결과 매운맛 정도가 높은 제품의 판매량이 월등히 높았다. 보통 매운맛, 매운맛, 아주 매운맛, 무진장 매운맛 등 4단계로 구분하여 판매하고 있다. 지난 1년간 팔린 매운맛 등급의 고추장 7만6,559개 중에서 가장 매운 '무진장 매운맛 고추장'의 판매 비중은 전체의 절반이 넘는 4만515개로 52.9%를 차지했다. 이어 '아주 매운맛'이 22.3%, '매운맛'(13.4%)과 '보통 매운맛'(11.3%)이 뒤를 이었다. 매운맛 정도에 따라 상품이 나뉘며 카레, 라면 등과 다른 상품에서도 이와 비슷한 현상이 나타나났다.

바로 먹는 즉석카레의 매운맛 판매 비중도 전체의 38.5%를 차지하여 가장 많이 팔렸다. 약간 매운맛이 34.0%로 뒤를 이었다. 미니라면은 아주 매운맛이 48.1%로 가장 많이 팔렸으며, 보통맛은 32.3%의 비중을 나타내고 있다. 떡볶이 맛이 나는 과자의 경우 지난 1년간 무진장 매운맛(51.3%)이 매운맛(48.7%)보다 더 많이 팔렸다. 이러한 추세는 한국 사람들이 정서적으로 매운 음식을 먹으면서 오히려 시원함을 느낀다는 것이다. 이를 통해 스트레스를 해소하는 포지셔닝 맵 전략을 사용하고 있다.

조선일보 2013.3.16

12

Summary 요약

[1] 마케팅에 대한 정의는 다음과 같다. 국제마케팅협회(NAMT : national association of marketing teachers, 1936)는 생산에서 소비에 이르는 전 과정의 재화나 용역, 서비스가 창출되는 기업의 활동이다. 미국마케팅협회(AMA : American marketing association, 1948년)는 생산사로부터 소비사 또는 사용사에게 상품 및 재화, 서비스가 유통되도록 하는 기업 활동으로 정의했다.

[2] 시장세분화는 각기 다른 이질적인 전체시장을 동질적인 몇 개의 작은 시장으로 나누는 행위를 말한다. 각 세분시장의 수용능력에 따라 마케팅 전략을 전개하는 데 의의가 있다. 여러 시장 가운데 마케팅 전략을 추진하는데 필요한 매력적인 표적을 선정하며, 선정된 표적은 그들의 욕구에 적합한 믹스전략을 통해 동질적인 집단을 구성하게 된다. 이와 같이 시장마다 차별적 마케팅 전략의 수행이 가능하기 때문에 이질적인 전체시장을 동질적인 여러 세분시장으로 나누어 기업목표를 달성하게 된다.

[3] 시장을 세분화하는 기준은 전체시장을 작은 시장으로 나누기 위해 사용되는 개인 및 조직, 집단의 특성을 의미한다. 국가의 지역이나 위치, 언어, 인종 등 지리적 특성과 연령, 성별 소득, 교육, 제품의 사용률, 생활주기 등 세부기준으로 사용되고 있다.

[4] 기업이 표적시장을 선정할 때는 첫째, 표적시장의 규모와 성장 가능성을 고려해야 한다. 이러한 선정으로 잠재력을 예측할 수 있으며, 기업이 공략할 수 있는 매력적인 시장을 확인할 수 있다. 둘째, 표적고객의 경쟁정도를 파악해야 한다. 시장 내 강력한 경쟁자가 이미 존재한다면 경쟁우위를 점하는데 어려움이 있기 때문이다. 셋째, 기업의 목표와 자원을 검토해야 한다. 특정 시장을 공략할 경우 기업의 목적에 적합한지 또는 자사의 자원으로 충족할 수 있는지 확인해야 한다.

[5] 포지셔닝 전략은 시장을 세분화하여 표적시장을 선정한다. 자사의 상품이나 서비스 제공물의 이미지가 표적 대상자에게 어떠한 위치를 차지할 수 있는가를 계획하는 활동이다. 이와 같이 고객의 마음속에 자리 잡을 수 있는 차별적 요소와 상징성에서 포지셔닝은 시작된다. 고객의 마음속에 자리 잡고 있는 기업 또는 상품의 위치를 의미한다.

12

Practice 연습문제

1 마케팅의 개념에 대해 논의해 보자. 외식업에서 마케팅이 필요한 궁극적인 이유를 설명해 보자. 성공적인 마케팅 전략으로 성장하고 있는 대표적인 외식업체 한 곳을 정하여 어떠한 마케팅 전략을 구사하고 있는지 논의해 보자.

2 외식업에서 마케팅의 발전과정에 대해 논의해 보자.

3 시장세분화의 조건, 기준, 평가요인 등에 관하여 논의해 보자.

4 각 세분시장을 평가한 후 표적고객을 선정하게 된다. 이 때 선정한 시장을 공략하기 위해서 마케팅 전략을 구사하게 된다. 차별화, 비차별화, 집중화 전략으로 구분하여 논의해 보자.

5 표적시장 선정시 고려해야 할 사항이 무엇인지 논의해 보자.

6 본인이 오너 셰프이자 오너 경영자로서 대학교 앞에서 스파게티 전문점을 운영한다고 가정할 때, 시장세분화와 표적선정, 포지셔닝 전략을 어떻게 구사할 것인지 논의해 보자.

CHAPTER 13
고객만족

정치인은 인류를 두 부류로 나눈다. 도구와 적으로

– *Friedrich Nietzsche*, 독일 철학자

Objective

- 고객의 기대와 만족에 대해 알아본다.
- 고객만족도의 3가지 구성요소를 이해한다.
- 만족도 평가와 유형에 대해 이해한다.
- 서비스회복 전략을 이해한다.
- 고객의 불평행동 개념과 유형을 알아본다.
- 고객의 불평행동을 결정하는 요인을 이해한다.

01 고객만족과 불평행동

1. 고객만족과 경영

1) 고객만족

고객만족도는 전 산업에서 이루어지고 있다. 고객 입장에서 보면, 진정으로 자신의 요구조건을 들어주는 기업이야말로 최상의 서비스기업이다. 이를 실현하면서 생존을 위해 노력하며, 만족을 통해 계속적인 성장을 가능하게 한다. 고객만족을 위한 전략을 파악하는 것은 대단히 의미가 있다. '80년대 후반, 미국이나 유럽에서부터 주목받기 시작한 만족도는 현대사회를 지탱하는 힘의 원천으로 이를 외면하고서는 하루도 생존하기 힘들다. 고객은 원하는 제품이나 서비스에 대해 충분히 만족감을 제공해주는 기업행동에서 즐거워한다. 기대 이상의 욕구충족은 재구매나 재방문을 결정하거나 구전하게 된다.

기업은 만족도를 향상시키기 위해 그들이 기대하는 품질이나 서비스, 편의성, 정보 등을 제공해주고 있다. 또한 불만을 효과적으로 처리함으로써 경영성과를 향상시킬 수 있다. 불만을 줄이는 것은 어렵지만, 구성원들에게 제공할 수 있는 소속감이나 동질감, 공정한 평가, 보상, 직무환경, 복지 등을 통해 기업환경을 개선시킬 수 있다.

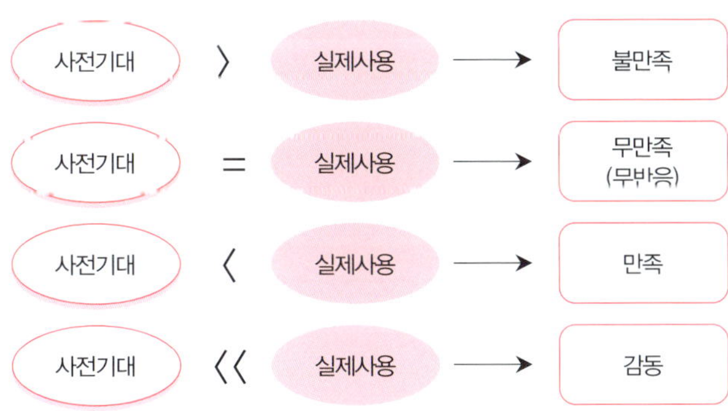

그림 13•1

고객 기대와 만족

기업의 상품은 기획단계부터 설계와 디자인, 생산, 판매, 애프터서비스에 이르기까지 그 품질로 평가받는다. 상품의 가치를 부각시키기 위해 직무환경을 개선시키거나 서비스품질을 개발하여 기업문화를 향상시키고 있다. 이러한 노력 속에서 브랜드가 되며, 고객에게 좋게 인식시킬 수 있다. 결과로, 사명감과 비전, 목표 등을 달성할 수 있다. 특히 시장의 점유율을 확대시키거나 브랜드를 상승시켜 원가절감 등 장기적으로 경영성과를 향상시키는 전략이 된다.

만족은 고객들이 상품이나 서비스를 선택하여 구매하는 과정에서 비교·평가하여 얼마나 호의적·비호의적인 감정을 경험하느냐에 따라 결정된다(Oliver, 1980). 기대성과 불일치 모형은 긍정적 불일치, 부정적 불일치, 단순한 불일치가 존재하며 이전에 기대했던 것보다 사용 후의 지각된 가치가 다르다는 것을 의미한다. 기대 불일치는 성과와 기대와의 차이다. 성과가 기대보다 좋으면 긍정적 기대 불일치를 인식하지만, 성과와 기대가 같으면 기대 일치, 성과가 기대보다 못하면 부정적 기대 불일치를 경험하게 된다. 이러한 기대불일치는 서로 관계가 없지만 만족을 결정하는데 중요한 변수가 된다. 고객은 상품이나 서비스를 구매하여 사용 후 평가가 기대이상인가, 이하인가에 따라 평가는 달라진다. 기대하는 상품 및 서비스에 대한 고객반응으로 실제 어떻게 충족하는가에 따라 결과는 달라진다. 구매한 상품이 사전기대와 실제 사용 경험의 차이에서 기대보다 큰 것인지, 적은 것인지에 따라 만족, 불만족을 결정하게 된다.

반면에, 서비스에 대한 소비자의 만족 여부는 소비자의 기대 정도에 달려 있다(Engel, Blackwell & Kollat, 1982). 만족의 크기는 제공된 서비스를 지각하는 정도에 따라 좌우된다. 소비자들은 서비스상품을 구매하기 전에 어떤 것을 기대하게 된다. 제공받는 시점에서 어떻게 지각하는가에 따라 그 품질을 인식하는 기대는 만족과 불만족으로 나타내게 된다(임종원, 2010). 서비스품질은 기대와 지각 차이를 측정하는데 문제점으로 제시되었다. 기대와 지각, 기대와 성과 간의 차이는 어느 것이 더 우수하다는 결론이 난 상태가 아니라하였다(이유재, 2011).

2) 고객입장의 만족

만족이란 특정 대상이 마음에 들어 하는 행동으로 그 주체가 느끼는 즐거운 감정이나 기쁨 등을 말한다. 이를 바탕으로 칸트(Immanuel Kant, 1724~1804)는 다음과 같이 정의했다.

첫째, 쾌적함이다. 특정 주체에서 제공하는 감각적인 것과 자극적인 것에 대한 순수함, 감수성 차원으로 이루어진다. 둘째, 직접 또는 간접적으로 좋은 것이다. 이성에 의해 결정되는 즐거움과 같이 순수함에서 실천되는 만족감을 의미한다. 셋째, 아름다운 것이다. 관성적인 즐거움으로 감성과 이성은 인간만이 가질 수 있는 특혜이다. 대상이 현실적인가와 결부되어 있기 때문에 합목적인 것이 아니라 자유로움을 말한다. 이는 계속적으로 고객과의 관계를 개선시켜 신뢰감을 준다. 기대 이상의 서비스를 제공받았을 때 특별한 감정이 생겨 만족감을 표시하게 된다.

반면, 제품과 서비스가 기대수준에 미치지 못할 때 불만족하게 된다. 기대수준은 개인마다 다르기 때문에 어느 정도 충족시켜 줄 수 있는가에서 결정된다.

첫째, 고객은 자신이 지불하는 비용대비 품질과 서비스, 접객태도에서 만족감을 기대한다. 그 일을 수행하는 직원들은 지식과 접객서비스가 잘되어 있을 것으로 기대한다. 둘째, 직원들은 항상 친절하며 직무에 대해 교육이 잘되어 있을 것으로 생각한다. 특히 서비스 직원들은 모든 일을 다 해줄 수 있는 만능인으로 생각한다. 셋째, 고객은 항상 방문한 레스토랑에서 단골로 기억해주며 환영해주기를 원한다. 하루를 방문하더라도 자신의 존재를 인정받고 싶어 한다. 넷째, 언제나 방문하여도 맛과 서비스품질에 대한 실패가 일어나지 않을 것으로 기대한다.

다섯째, 고객은 방문 순간부터 중요한 사람으로 인식되어 관심받기를 원한다. 나만의 특별한 대우를 기대하며 그 무엇을 해줄 것으로 기대한다. 여섯째, 자신이 최고이기를 바라며 존경받고 싶어 한다. 일곱째, 언제나 자신의 기대에 부응해주기를 원하며 의견을 제시했을 때 즉각적으로 수용할 것으로 기대한다. 여덟째, 언제, 어디서나 공정하면서도 일관되게 제공해주기를 기대한다. 아홉째, 자신의 개성과 특성에 맞는 욕구를 미리 파악하여 특별한 경험과 추억을 만들 수 있기를 기대한다. 열 번째, 모든 욕구에 대한 충족이 이루어지기를 원한다. 이러한 기능성은 하나의 리모컨으로 그 버튼을 누를 수 있는 권리가 자신만이 갖기를 원한다.

3) 기업 입장의 만족

기업이 존재하는 궁극적인 목적은 이익을 창출하는 것이다. 이익을 창출하기 위해서는 고객을 만족시키는 것이 우선되어야 한다. 만족은 하드웨어(hard ware)적 요소와 소프트웨어(soft ware), 휴먼웨어(human ware) 요소를 포함하여 유기적인 조화와 균형을 이룰 때 실현될 수 있다.

첫째, 하드웨어 부문은 기업의 브랜드파워와 관련된 이용객의 편의시설, 인테리어시설, 물리적 요소와 고객들의 접객시설, 매뉴얼, 관리시스템, 지원센터 등 동적인 의미를 포함한다. 둘째, 소프트웨어 부문은 레스토랑의 상품과 서비스, 부가가치 체계, 불만처리와 사전, 사후관리 등 정적인 의미를 포함한다.

셋째, 휴먼웨어 부문은 기업의 직원들이 가지는 서비스 마인드와 접객태도, 행동, 매너, 문화, 능력, 권한 등을 말한다. 이와 같은 이미지와 정보, 가치 등을 효율적으로 활용하기 위한 인간관계 속에서 상호작용하는 것이 품질이 된다.

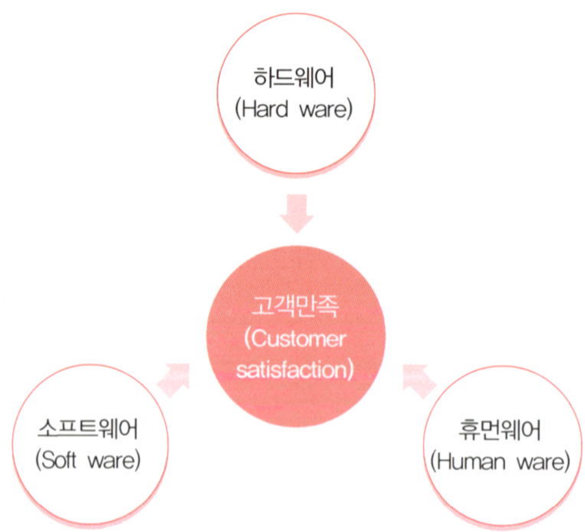

그림 13•2 고객욕구 충족의 3요소

최근 고객만족도의 변화에 따라 소비자행동에 영향을 미치는 연구들이 주류를 이루었다. 고객은 항상 진화하기 때문에 그에 맞는 전략과 경영성과를 향상시킬 수 있는 방안을 필요로 한다. 레스토랑에서 제공하는 메뉴와 서비스방법, 판매과정의 물리적 환경 등은 고객에서 평가된다. 기업은 불만원인을 파악하고자 노력하지만 불평행동은 줄어들지 않는다. 고객이 점포를 방문했을 때 느끼는 만족요소는 기대하는 수준보다 높은 품질을 제공받았을 때 가능하게 된다. 이러한 만족도는 재방문하거나 구전하면서 타인행동에 영향을 미친다.

과거의 기업들은 목표달성과 성과에 초점되어 정량적인 수치로 측정할 수 있을 때 성공여부를 판단했다. 현대의 기업들은 경쟁이 치열해짐에 따라 단기간에 이루어지는 목표달성에 주목한다. 체험하면서 느낄 수 있는 감성과 정서적인 면을 중시한다. 이러한 변화는 수익창출은 물론 고객가치를 염두에 둔 시대적 요청으로 패러다임은 변하고 있다.

그림 13•3 기업의 조직변화

레스토랑의 고객은 식재료의 원산지에서부터 생산과정의 조리와 판매, 관리에 이르기까지 개인적인 특성을 반영해주기를 기대한다. 만족도를 높이는 것은 고정고객의 이탈을 최소화하여 안정적인 수익을 창출할 수 있기 때문이다. 고객 제일주의는 급속하게 재편되고 있다. 품질과 직원서비스, 물리적 환경 등 불만족 요인은 사전에 개선되어 만족을 강화하는 기업만이 성공할 수 있다. 이러한 조직은 고객을 최상층에 두고 고객과 직접 대면하는 직원들이 기업을 대표하는 주인으로서 그 역할을 다할 때 가능하게 된다.

다음으로 관리자, 중간관리자의 순서로 최고경영자는 맨 밑에서 최일선의 직원들이 자신의 능력을 발휘할 수 있도록 지원하는 형태의 조직문화가 현대적 모델이다. 조직변화에 따라 시대적 흐름을 반영하면서 만족을 강화시키는 사례는 늘고 있다.

경영학을 공부하는 학생들이면 한 번쯤 들어봤을 법한 회사가 있다. 고객만족의 대명사로 불리는 노드스트롬(Nordstrom)백화점이다. 이 회사는 직원들에게 판매 권한을 전적으로 부여하면 모두가 주인처럼 일한다는 것이다. 고객의 실수로 문제가 발생해도 100% 환불하는 정책으로 유명하다. 제품이 아니라 고객과의 관계를 판매한다. 이러한 전통은 백화점 경영에 있어 100년의 노하우가 쌓여 IT와 접목하여 멀티전략으로 실행된다. 최고의 매출액과 서비스를 달성하는 노드스트롬을 소개하면 다음과 같다.

현재는 창업자인 존 노드스트롬의 증손자인 블레이크 노드스트롬(50)이 최고경영자이다. 미국 전역에 215개의 매장을 운영하는 백화점이지만, 한국의 소비자들에겐 비교적 낯선 이름이다. 하지만 마케팅을 공부하였거나 유통업계에서 일한 사람이라면 그 이름을 한 번쯤 들어봤을 정도로 고객만족의 대표적인 기업이다. 실제 이 기업은 세계 최고의 고객서비스로 상징된다. 콜로라도의 대학병원 로비에는 피아노를 설치한 뒤 '의료계의 노드스트롬'으로 선전한다. 캘리포니아대학이 새로운 행정시스템을 도입하면서 '학사관리의 노드스트롬'이 되겠다고 선언할 정도로 명성이 높다.

2009년 시애틀의 동네주민인 짐 도널드 스타벅스 CEO는 블레이크와 점심약속을 잡으면서, 오는 길에 노드스트롬 남성복 매장에 들러 수선을 맡긴 바지 두 벌을 찾아달라고 부탁했다. 식사자리에서 두 사람은 바지건은 깜빡 잊은 채 즐거운 대화를 나누고 헤어졌다. 그날 밤 9시, 블레이크는 바지 두 벌을 들고 도널드의 현관문을 두드렸다. 사람들은 이 같은 블레이크의 서비스정신에 감탄했다. 노드스트롬의 고객만족서비스는 CEO에 국한된 것이 아니다. 매일매일 고객을 상대하는 직원들의 몸에 습관화되었다. 공식적으로 재량권을 부여하며, 회사의 대표자는 직원이지 사무실에 앉아 있는 경영진이 아니라는 사실이다. 이러한 철학과 기업경영에서 직원들은 주인의식을 가져 매일같이 사업자처럼 일한다. 가장 중요한 실적평가는 시간당 매출액이지만 장기적으로 고객을 얼마나 감동시켜 우리사람으로 만드는 노력을 하였는가를 평가한다. 직원들은 고객에게 제품을 판매하는 것이 아니라 상호관계, 즉 인간관계를 판매한다. 그들은 입사 초기부터 현장경험을 통해 깨닫게 하는 전략으로 스스로 체화되어 있다.

최근 기업의 관심사는 오프라인과 온라인을 접목한 멀티채널 전략으로 서비스와 정보기술(IT)을 융합하는 것이다. 이를 통해 고객만족서비스를 제공하는 것이 최대의 역점사업이다. 미래의 생존을 위해선 기존의 오프라인 매장에서 펼치던 고객감동을 유지하는 동시에, 온라인과 모바일 쇼핑채널을 타깃으로 공략해야 한다. '98년부터 오픈했던 웹사이트를 대대적으로 리모델링하여 새로운 온라인사이트를 개설했다. 아이팟 터치, 아이폰 등 스마트기기를 통해 편리하게 쇼핑할 수 있도록 모바일 채널을 설계했다.

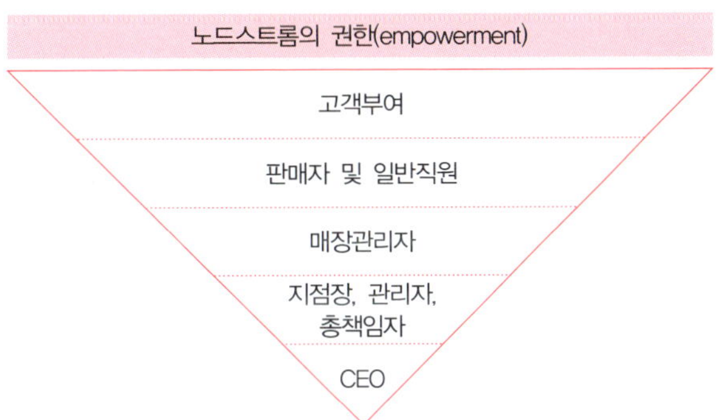

그림 13•4 노드스트롬의 조직사례

보스턴컨설팅그룹(BCG)은 다음과 같이 평가했다. "노드스트롬은 소비자들을 위해 멀티채널을 운영하며, 개선비용으로 동종업체의 경쟁자보다 약 4배를 더 지출하는 것으로 나타났다." 100년에 걸친 고객관리 노하우와 디지털 혁명이 결합되어 좋은 성과를 내고 있다. <매일경제, 2013.7.29> 향후 유통기업들이 시장에서 리더십을 차지하려면 소셜미디어, 모바일커머스, 위치기반서비스(LBS)를 활용하여 판매를 극대화시킬 수 있는 전략이 필수적이다. 얼굴을 보면서 가슴으로 고객을 섬기는 구조는 쉽게 바뀌지 않겠지만, 계속적으로 기존사업과 고객만족을 위한 기술균형을 이루어질 것으로 판단된다.

한국 사람들에게 미국 시애틀은 영화 속 도시로 잘 알려져 있다. '93년 톰 행크스와 맥 라이언이 출연한 '시애틀의 잠 못 이루는 밤'이나 한국과 중화권의 톱스타인 현빈과 탕웨이 주연의 '만추'의 배경도시로 유명하다. 이 도시는 미국을 대표하는 세계적인 기업 본사가 있으며, 마이크로소프트, 스타벅스, 아마존닷컴 등 세계적인 기업 본사나 1호점이 몰려있다. 이 중 최고는 고객서비스로 유명한 노드스트롬(Nordstrom)백화점도 이곳에 위치하고 있다.

4) 고객만족 구성요소

기업은 고객이 만족할 수 있는 구성요소를 개발하며, 기대이상의 서비스 수준을 제공하기 위해 다양한 촉진전략을 추진하고 있다. 이러한 노력 속에서 형성된 이미지는 브랜드가 되어 충성도를 높일 수 있다. 보상이나 칭찬 등의 자극은 행동반응에 영향을 미친다. 반면, 불만족한 고객은 불평행동을 강화하거나 홈페이지의 부정적인 댓글, 구전, 경쟁기업으로 이탈 등을 하게 된다. 따라서 부정적인 이미지를 회피시켜 긍정적인 행동으로 유도할 수 있는 전략을 필요로 한다.

통상적으로 불만족한 고객은 만족한 고객보다 6~10배나 더 부정적으로 구전하는 것으로 조사되었다. 만족보다 불만족한 고객들은 타인의 구매행동에 영향을 미치기 때문에 기업의 마케터들은 불만족한 요인을 해소할 수 있어야 한다. 하지만 서비스실패 후 회복과정에서 고객은 달라질 수 있다. 기업의 서비스회복 전략에 따라 만족한 결과로 전환될 수 있으며, 불만족 없이 만족한 경우보다 불만족한 후 회복과정을 통해 만족이 충족되었다면 더 호의적으로 전환되어 충성도가 높아지게 된다.

첫째, 기업이 제공한 상품 및 서비스품질에 대해 불만족한 고객은 기대이상의 서비스회복 과정을 거치면서 초기의 부정적 이미지를 상쇄시킬 수 있다. 하지만 시기와 장소, 타이밍을 놓쳐버리면 기회를 잃을 수 있다. 서비스회복 과정에서 만족도를 향상시키면 초기에 만족한 고객보다 더 높은 충성도를 나타내어 주변인에게 적극적으로 추천하게 된다.

둘째, 초기에는 불만족이 미미했지만 시간이 지나면서 부정적인 면이 더 크게 노출되면 큰 실망감을 가진다. 즉 새로운 문제가 대두되었을 때 기업의 보상노력에도 불구하고 더 많이 불만스러워한다는 점이다. 이와 같은 문제가 발생했을 때, 해결할 수 있는 현장의 직원에게 권한을 위임해야 한다. 초기에 발생한 문제점들이 확대되기 전에 조기에 해결할 수 있어야 한다. 만족도에 영향을 미치는 요인들은 다양하다. 따라서 성공적인 만족을 달성하기 위한 노력은 계속되어야 한다.

(1) 고객만족 분류

외식업 고객들의 만족요소는 크게 3가지로 분류할 수 있다.

첫째, 점포의 접근성, 편의성, 인테리어 시설, 분위기, 위치, 주차시설 등 전반적인 물리적 환경 차원으로 제시할 수 있다. 둘째, 근무하는 직원들의 친절성과 업무지식, 대응능력, 소통 가능성, 용모와 청결, 위생, 서비스정신 등 접객태도에서 평가된다.

셋째, 서비스의 기능적 품질로서 고객과 상호작용하는 과정에 미치는 영향요인들이다. 음식의 맛과 양, 가격, 품질 등 유형적인 요소에 대한 결과물이다. 이와 같이 환대산업에서 추구하는 전반적인 만족도를 그림과 같이 제시할 수 있다.

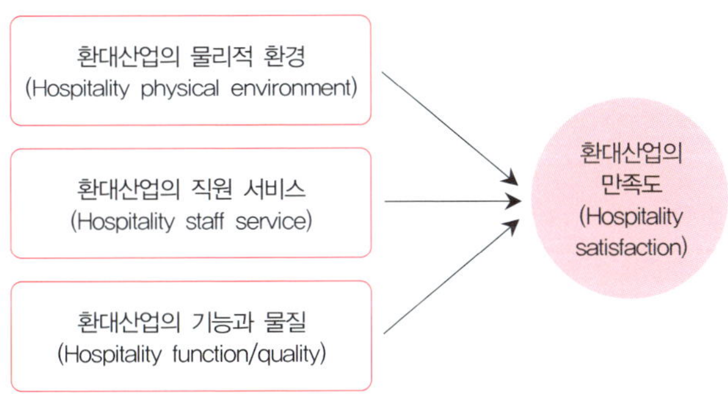

그림 13•5

환대산업의 만족도

2. 만족도 평가

1) 기대불일치 모델

고객이 상품을 구매하거나 사용할 때 사전에 기대하는 수준과 실제 경험하는 결과와 차이에서 만족, 불만족을 결정하게 된다. 이러한 결과는 객관적인 품질로 이루어지는 것이 아니라 상품에 대한 개인적인 기대치에 얼마나 부합하느냐 등 주관적인 평가에서 비교하게 된다. 고객은 자신의 경제력, 구매경험, 지식, 생활패턴, 동행인 수, 관계정도에 따라 기대수준은 달라진다.

예를 들어, 호텔 레스토랑에서 중요한 비즈니스 고객과 식사를 결정했다면, 자신의 기대수준과 목적에 맞는 위치의 입지, 분위기, 가격, 메뉴종류, 품질 등을 고려하게 된다. 평소의 경험이나 구전, 광고, 판촉물, 부가서비스, 혜택 등을 사전에 조사하거나 주변인에게 조언 받으면서 정보를 탐색하게 된다. 이러한 수준은 고객이 지각하는 품질로서 사전기대와 일치할 때 '기대일치', 기대보다 높을 때 '긍정적 불일치', 실제성과가 기대에 미치지 못할 때 '부정적 불일치'를 경험하게 된다.

기업에서 제공하는 촉진전략은 고객이 과장되게 받아들일 수 있다. 아무리 잘 갖추어진 촉진전략을 추진하더라도 고객은 비현실적으로 받아들일 수 있다. 과장된 광고를 근거로 고객이 요구한다면 이를 수용해야 한다. 고객은 항상 기대 이상의 요구를 할 준비가 되어 있다. 따라서 불평등하더라도 고객과의 약속은 반드시 지켜져야 한다.

기대불일치이론(expectancy disconfirmation model)은 고객이 지각하는 느낌과 성과를 직접적으로 포함시킴으로써 이론적이면서 실증적으로 지지받고 있다. 외식기업의 소비상황에서 고객만족을 판단하는 지각된 성과는 사전기대보다 더 중요하게 나타날 수 있다(Tse & Wilton, 1988). 이를 바탕으로 다음과 같은 문제점이 나타날 수 있다.

첫째, 현재 선호하는 제품은 없지만 그 중에 대안으로 선택한 상품이 실제상황에서는 자신의 기대에 못 미치는 미 충족기대를 보일 수 있다. 구매상품이 기대에 비해 성과가 나쁠 때 불만족하게 된다. 둘째, 신제품의 경우 광고에 의해 기대수준이 높아진 경우 실제 구매시 기대에 미치지 못해 부정적인 기대불일치를 경험할 수 있다. 따라서 기존 제품에 비해 우수하다면 만족도가 높아질 수 있지만 낮다면 실망감이 높아진다. 셋째, 제품성과가 기존 제품에 비해 월등히 우수하다면 높은 만족도를 가질 수 있다. 하지만 제품 자체로는 만족도에 직접적으로 효과를 가져올 수는 없다.

다음은 직업과 전공 불일치에 대한 기사이다.<울산매경, 2013.2.20> 울산지역발전연구원에서는 대학생을 대상으로 중요한 자료를 발표했다. 취업자 중에서 학과전공을 제대로 살린 취업자는 3명 중 1명에 불과하다는 것이다. 현대처럼 어려운 취업난에 직장을 구했다는 사실 그 자체만으로 위안을 삼을 수 있지만, 어쩔 수 없이 전공과 무관한 직업을 가졌다면 향후 직장 근무에서 성취할 수 있는 보람이나 자부심을 느끼기가 힘들다. 대학생에게서 창의성과 만족도를 기대하기가 어렵다는 점에서 문제점으로 제시된다. 이러한 기대불일치는 개인은 물론 가정의 고통과 사회, 국가적 손실로 이어지기 때문에 안타까운 일이라 하겠다.

울발연은 2012년 특성화고 및 대학(교) 이상 졸업자로 취업한 적이 있거나 취업중인 사람들을 대상으로 전공과 직업 일치도를 분석했다. 취업자의 전공 일치도는 33.3%에 그쳤다. 15개 시 · 도 취업자의 전공 일치도 평균 37.1%에 못 미치는 결과이다. 특별시 및 6개 대도시(서울, 부산, 대구, 인천, 광주, 대전)의 평균 37.2%에 미치지 못하며, 충북(33.1%)에 이어 2번째로 직업과 전공 일치도가 낮은 것으로 보고되었다. 7개 대도시 가운데 가장 낮은 결과는 가정과 학교, 지역사회 등 부정적인 영향으로 장래의 직업선택과 설계방안에 있어 새로운 해결책을 원한다.

취업자의 '직업 - 전공 불일치' 현상은 어제 오늘 일이 아니다. 최근에 더욱 심각해졌으며, 무엇보다도 청년들이 희망하는 좋은 일자리가 절대적으로 부족한 탓이다. 상당수 고등학생들은 수능점수에 맞춰 대학을 선택하고 있다. 전공이나 개인적성, 인성을 고려하지 않고 졸업 후 취업이 용이한 쪽으로 몰리는 풍토가 심화되고 있다. 그러다보니 졸업 후 기업이 요구하는 학력이나 숙련도, 개인적 지식수준, 능력, 의지력 등이 서로 맞지 않아 과잉학력문제가 발생한다. 기업들은 대학에서 배운 전공학과의 지식이 실제로는 쓸모가 없다는 불만소리가 높다. 적성과 인성에 맞는 직업과 전공 선택의 교육이 절실하다.

결론적으로, 어릴 때부터 진로교육을 단계적이면서도 체계적으로 실시해야 한다. 진로에 대한 인식단계는 초등학교 때부터 진로탐색과 선택단계인 중 · 고등학교, 전문화단계인 대학교의 전 과정을 거쳐 자신의 진로에 대한 흥미와 적성을 도와주어야 한다. 이를 위해 지도 전담교사의 양성과 부모에 대한 진로교육을 병행하며, 청년실업 문제를 위해서는 교육 활성화를 더 이상 미뤄서는 안 될 것이다.

2) 공평성이론

고객은 개인적으로 구매한 상품이나 서비스 상황에 노출되었을 때, 자신이 지불한 비용대비 성과가 공평하게 이루어졌는가를 확인하고자 한다. 기업에서 제공하는 상품은 개별 소비자들의 거래교환을 통해 재화와 용역을 발생시킨다. 고객가치와 기능성에 따라 투입한 비용대비 혜택 차원으로 산출효과를 따져 공평성을 지각하게 된다. 기대하는 수준과 같을 때나 높을 때 만족하지만 그렇지 못하면 불만족하게 된다. 이와 같이 일상적인 생활 속에서 상호간의 교환으로 비교된다. 서로의 이익이 일치할 때 공평성이 존재한다고 느끼지만 일치하지 않으면 불공정하게 인지하게 된다(Oliver & Swan, 1988).

레스토랑의 방문고객은 구매상품의 투입자원에 대한 정보탐색과 시간, 노력, 거리, 지불금액 등 품질과 가치, 만족감을 기대하게 된다. 분위기나 음식의 온도, 조명, 환기, 직원태도 등 가격대비 가치를 따지게 된다. 고객은 기업이 과도하게 이윤을 창출한다는 느낌이 들면 불만족을 가진다. 비용대비 산출이 비슷하거나 성과가 높을 때 또는 시설이나 품질, 식재료의 희소성 등이 가미되었을 때 만족도가 높아진다.

사회적 분위기와 정서를 고려한 접객사례이다. 백화점에서 "30도 이상 고개를 숙이는 인사는 하지마세요! 제가 추천해 드릴까요?" 하는 인사말을 못하게 한다. 백화점, 호텔 등 '고객응대 매뉴얼'이 바뀌고 있다. 무조건 친절하거나 적극적인 응대법이 금기시 되는 추세이다. 젊은이들이 주로 찾는 대형 패션매장에서 고개 숙여 인사하는 접객방법을 금지한 현대백화점이 대표적 사례이다. 가벼운 눈인사만 건네거나 손님이 들어오든 말든 간섭하지 않는다는 방침이다. 고객이 묻기 전에 상품 추천이나 설명도 못하게 했다. 간섭받지 않고 편안하게 쇼핑을 원하는 고객들이 많아졌기 때문이다.<조선일보, 2013.7.19>

백화점 내 베이커리 매장도 마찬가지다. "어떤 빵을 찾으세요? 이 빵을 고객들이 가장 많이 사가세요?" 등은 가장 싫어하는 말로 꼽혔다. 남성의류, 구두매장의 손님들은 매장을 둘러보는 동안 한 발 물러서서 상품을 정리하는 사원을 가장 호감 가는 직원으로 꼽았다. 이러한 흐름은 호텔까지 전파되었다. W호텔은 허리 꺾이는 각진 인사를 고개만 숙이는 '쿨(cool)'한 인사로 바꾸었다. 딱딱한 비즈니스 장소가 아니라 편하게 즐기는 곳으로 이미지를 심어주기 위해서이다. 고객들은 자신의 관점에서 마음을 읽어주는 응대방법을 원한다. 현대의 서비스는 "고객이 원하는 걸 미리 찾아 접객하는 것이 가장 중요한 서비스의 품질이며 노하우"라는 것이다.

3) 귀인이론

귀인이론(attributions theory)은 한 개인이 어떤 행동을 했을 때 그 사람이 왜 그러한 행동을 했는지 그 원인을 규명하는 것을 말한다. 어떤 사람의 행동에 대한 결과가 내부적 원인에 의해 발생하는 것인지 또는 외부적 원인에 의해 발생한 것인지 판단기준을 제공해 주는 이론이다. 소비자 행동에서 고객이 구매한 후 느끼는 만족유무는 내부적 원인에 의해 발생했다면 내부 구성원들을 통해 개선점을 찾을 수 있다.

예를 들어, 기업의 어떤 직원이 늦게 출근했을 경우 그것이 전날 밤 과음했기 때문이라면 이는 내부적 원인에 의한 행동으로 내적 귀인에 해당된다. 외부적 원인에 의한 행동은 자신의 의도와 상관없이 어쩔 수 없이 지하철이 고장 났다든지 등의 상황을 말한다. 자신의 의사와 상관없이 외부적 원인에 의해 발생하게 된 행동을 외적 귀인이라 한다. 그러나 그 원인이 내부적인 것이냐 외부적인 것이냐 하는 판단은 상황의 특이성, 합의성, 일관성의 3가지 요인에 따라 결정될 수 있다.

첫째, 상황의 특이성이다. 상황이 바뀌면 개인행동도 다르게 나타날 수 있다. 결과 여부는 달라질 수 있기 때문이다. 지각을 자주 하는 직원이라면 내부적 원인에 의한 행동으로 인식하겠지만, 어쩌다 지각한 경우라면 외부적 원인에 의해 어쩔 수 없이 지각한 행동으로 관대해지게 된다. 둘째, 상황의 합의성이다. 비슷한 상황에 놓인 사람들이 똑같은 행동을 하거나 다르게 하는 행동을 말한다. 예를 들어, 같은 노선에서 출·퇴근하는 직원들 모두가 지각했다면 이는 외부적 원인으로 어쩔 수 없는 합의성을 이루게 된다. 하지만 혼자만 지각했다면 평소에 게으르거나 근무태도가 불량한 개인적 행동으로 그 원인을 내부적 원인으로 돌리게 된다.

셋째, 상황의 일관성이다. 한 개인이 특정 행동을 계속적으로 되풀이하여 나타나는 정도를 말한다. 예를 들어, A라는 직원이 지각을 자주한다면 일관성이 높다 할 수 있다. 하지만 어쩌다 몇 달에 한 번 정도 지각한 경우라면 일관성이 낮다. 이러한 행동에서 일관성이 낮으면 외부적 원인에 의해 누구나 그럴 수 있다고 정당화할 수 있다. 하지만 일관성이 높으면 내부적 원인에 의해 근무태도가 불량한 직원으로 생각할 수 있다.

결론적으로, 구매행동에 따른 귀인이론은 비슷한 상황에서 발생할 수 있지만 그 결과는 전혀 다르게 나타난다. 모두가 유사한 원인으로 지각하지는 않으며, 어떤 사람의 행동결과를 보고 판단하는 것은 그 사람이 처한 상황과 행동이 어떻게 영향을 미쳤는가의 관계에서 결정된다. 소비자는 일상적인 생활 속에서 사건이나 타인의 행동에서 그 원인을 추론하며, 인과관계를 유추하는 경향이 있다.

특히 고객은 외식기업의 서비스상품을 구매할 때는 자신이 받은 품질수준에 의문을 가지거나 상황에 따라 즉각적으로 반응하게 된다. 훌륭한 접대나 나쁜 접객을 받았을 때 왜 그러한 대우를 받았는지 분석하여 원인과 결과를 귀인하게 된다. 따라서 서비스품질을 어떻게 귀인하느냐에 따라 만족과 불만족은 차이가 있다. 기업은 이들의 행동에서 내적 원인으로 지각하지 않도록 해야 한다. 이를 바탕으로 내적 귀인과 외적 귀인으로 분류할 수 있다.

(1) 방어적 귀인

방어적 귀인(defensive attribution)은 자존심이나 자아상을 방어하기 위한 목적으로 발생하기 때문에 동기적인 이유로 나타날 수 있다. 자신이 실패했을 때는 남의 탓으로 돌려야 자존심이 상하지 않지만 잘되었을 때는 자신의 공으로 돌려 회복하려는 본능을 말한다. 때론 이기적 귀인으로 설명된다. 어떤 상황적인 요소를 고려하지 않고 성격, 태도, 가치관 등 개인의 내부성향에서 그 원인을 찾는다. 이러한 현상은 원인을 제대로 찾지 못하는 오류 중의 하나가 될 수 있다. 사람들은 행위자 또는 관찰자 입장에서 편향적으로 평가하는데, 타인행동은 내적으로, 자신(관찰자)의 행동은 외적으로 귀인하려는 자기 방어적 경향이 있다. 귀인오류가 자신의 행동에 전혀 나타나지 않는 것은 아니지만 강 · 약 정도가 줄어든다. 따라서 이기적 성향과 연관시켜 귀인하게 된다.

인간은 자신의 행동에는 호의적으로 지각하여 행동하려는 경향이 높아 편향된 방어적 귀인이 존재하게 된다. Kelly가 제시한 3가지의 합의성은 다음과 같다.

첫째, 자기장애(self handicapping)적으로 귀인한다. 자신의 성공확률을 낮춤으로써 실패했을 때 변명의 여지를 남겨준다. 즉 "잘되면 내 탓, 못되면 조상 탓, 내가 하면 로맨스, 타인이 하면 불륜" 등이다. 둘째는 자신의 의견이나 바람직하지 않은 행동의 보편성을 과대평가하는 것으로 거짓의 합치성 효과(false consensus effect)라 한다.

셋째, 자신의 능력이나 바람직한 행동의 보편성을 과소평가하는 것으로 거짓의 특이성 효과(false uniqueness effect)가 나타난다. 사람들은 자신의 장점에는 관대하지만 단점은 일반적으로 행동할 수 있다며 너그러워진다.

(2) 내적 귀인

소비자는 자신의 학습된 지식과 능력을 통해서 사물을 판단하게 된다. 개인적인 의지력이나 성향, 동기, 취향 등에 따라 내적인 요인에서 그 원인을 찾는다. 내적 귀인(internal attribution)은 개인의 성향에 따른 이론으로 고객행동에 따른 원인을 자신의 내적인 문제,

개인행동에서 그 답을 찾는 것을 말한다. 예를 들어, 레스토랑의 접객 직원이 실수로 부딪혔다면 처음 일하는 직원이거나 당황하여 조심성이 부족해서 실수했을 것이라는 긍정적인 내적 귀인을 하게 된다.

자신의 좋은 행동에 대해서는 스스로 내적으로 귀인하는데 "원래 나는 성격이 좋아서 관대하다."라고 생각한다. 반면, 다른 사람의 좋은 행동에 대해서는 "왜 그랬을까? 무슨 의도가 있을 거야?"라고 의심하면서 외적으로 귀인하게 된다. 다른 사람의 나쁜 행동에 대해서는 내적으로 귀인하면서 "저 사람은 원래부터 나쁜 성향을 가졌다."라고 생각한다. 즉 자신의 성공은 내적으로 귀인하지만 실패는 외적으로 귀인하는 것을 말한다.

(3) 외적 귀인

외적 귀인(external attribution)은 상황적 귀인이라 한다. 행동에 대한 원인을 외부환경에서 그 원인을 찾는 이론이다. 나와 상관없는 레스토랑 직원이 접시를 떨어뜨렸다면, 손님이 많아 복잡하여 그랬거나 혹은 협소한 통로에서 바쁘게 일하다 생긴 것으로 너그럽게 이해할 수 있다. 자신의 나쁜 행동에 대해서는 외적으로 귀인하게 된다. "환경 때문에 어쩔 수 없었다."라며 정당화시킨다. 타인의 성공은 누군가의 도움으로 성공할 수 있다고 외부로 귀인하지만 실패(실력이 없기 때문에)는 내부로 귀인한다.

고객은 자신의 행동에서는 외부적인 원인을 찾아 적당한 핑계를 삼으려 하지만, 타인에서는 그가 가진 내재된 원인으로 돌리는 경향이 있다. 누구나 바람직하지 못한 상황이 발생했을 때 자신의 일에는 관대해지는 경향이 있다. 그 원인을 외부로 찾으려 하지만 타인에게는 내부적으로 그 원인을 찾는다. 이러한 귀인행동은 교육수준에 따라 다르며, 사건의 원인을 추론하는 방법으로 일관성, 구별성, 의견일치성으로 제시할 수 있다.

첫째, 특정 시설을 이용할 때 반복적으로 일어나는 일관성은 기업의 원초적인 문제로 스스로 문제가 있다고 생각한다. 일의 중요성 차원에서 어쩌다 일어나는 단순한 실수라면 외부에 노출된 어쩔 수 없는 상황으로 귀인하거나 업장 내부의 실수로 생각하게 된다. 둘째, 호텔시설을 이용한 고객은 타 호텔의 객실이나 식·음료, 바를 이용한 경험이 없다면 만족정도는 높아진다. 특별한 경험이나 상징성은 기업의 고유한 특성에서 내재된 원인으로 자연스럽게 구별된다.

셋째, 특정한 원인과 결과에 따라 모든 이용자들은 동일하게 지각하는 의견일치성을 가진다. 일치성이 높으면 특정 사건에 대한 원인과 결과를 보다 확실하게 지각하여 신뢰하게 된다. 예를 들어, 레스토랑 고객 중 자녀가 너무 시끄럽게 떠든다면 불쾌감을 가져 문제가 있다고 생각할 것이다. 그렇지만 본인의 자녀라면 그럴 수도 있다며 대수롭지 않게 인식하거나 너그럽게 이해하게 된다. 따라서 개인적으로 발생할 수 있는 긍정적 불일치가 생기면 자신이 너무 민감했거나 예민한 탓으로 그 이유를 자신에게 돌리며 관대해진다.

02 서비스회복 전략

1. 서비스실패

1) 서비스실패 개념

서비스실패는 모든 기업에서 만족 유·무와 상관없이 다양한 현상으로 발생하게 된다. 예를 들어, 가족모임 식사 중에 추가주문 하였는데 20분이 지나도 나오지 않아 알아본 결과 '30분 이상 걸린다.' 하였다. 그 과정에서 옆 테이블은 식기치우는 소리(탁탁)가 들린다. 이러한 실패는 비대칭적인 속성에서 차이가 있지만 보편적으로 경험하게 된다. 직원들은 왜 추가주문 시 요리시간을 말하지 않았을까? 왜 기물을 치우는데 소리를 낼까?

소비자들은 자신이 받을 수 있는 궁극적인 혜택 차원에서 도움이 될 수 있는 상황에서도 서비스실패를 경험하게 된다. 하지만 연관성이 별로 없는 부정적 환경에서는 관대해지는 경향이 있다. 레스토랑을 이용할 때 여러 상황 속에서 전개되는 모든 것을 다 만족할 수는 없다. 그렇지만 자신이 중요하게 생각하는 정도에 따라 오류나 실수가 크게 부각될 수 있다. 전 과정을 부정적으로 인식하여 나쁘게 구전할 수 있기 때문에 전체적인 품질을 긍정적으로 유도할 수 있게 하여야 한다.

외식업의 서비스 과정은 특정업종이나 점포를 방문하기 위한 정보탐색에서부터 시작된다. 식사 후 계산하고 점포를 벗어나는 순간까지 전 과정에서 일어나는 것을 '순환과정'이라 한다. 쉽게 접근할 수 있는 홈페이지의 접근성과 편리성, 다양한 정보안내와 혜택, 부가

서비스, 주차시설과 상징성, 입지조건 등은 신규고객을 창출하는데 영향을 미친다. 고객은 어느 하나가 잘못되면 전체적인 사이클에서 불만족한 이미지를 심어줄 수 있다. 방문시간과 메뉴종류, 동행인수, 가격과 위치 등을 고려하여 전망 좋은 창가를 선호한다. 내점 후 주문이나 식사, 음료 등이 제공될 때 자연스럽게 접객 직원과 교감하게 된다. 이러한 과정에서 태도나 복장, 언어, 용모를 비롯하여 실내의 혼잡성, 후식, 계산, 배웅, 차량탑승, 출구 등에서 노출될 수 있는 문제점을 줄여야 한다. 따라서 실패 가능성은 언제나 존재하게 된다.

반면에, 고객은 자신의 기대치에 대한 수준에서 만족감을 충족시켜 주기를 원한다. 기업의 시설 내 놓여있는 여러 상황에서 다 만족스럽게 해결해주지는 못하지만 실패가 일어나지 않기를 바란다. 어느 한 부분만 실수하거나 오류가 발생하더라도 전체를 불만족스럽게 생각할 수 있다. 불만고객은 필연적으로 존재하며, 어느 기업이든지 불가피하게 발생하는 현상으로 완전할 수는 없다. 하지만 불만스러운 문제가 발생하지 않도록 노력해야 한다. 만약 고객의 불평행동이 발생했다면 이를 얼마나 신속하게 대처하여 해결하는가가 중요하다. 고객은 레스토랑의 접객과정에서 특정한 부분에 불만족했다면 오래도록 기억하는 습관이 있다. 재방문이나 주변인들에게 영향을 미치기 때문에 이들에게 서비스실패가 일어나지 않도록 해야 한다.

그림 13•6 고객의 레스토랑 방문 순환과정

2) 서비스실패 회복요소

고객만족경영학회에서는 서비스실패 이후 시도되는 회복 노력 가운데 적절한 보상과 만족스러운 설명이 효과적이라 했다. 충성도에 영향을 미치는 회복 결정요인은 서비스실패에 따른 노력이 고객만족과 충성도에 영향을 미친다(오세구 · 정상철, 2007). 서비스회복활동은 모든 기업의 관심사이다. 고객에게 높은 품질을 제공함으로써 만족도를 향상시켜 지속적인 수익을 창출할 수 있다. 따라서 서비스를 제공했을 때 실패가 발생할 수 있기 때문에 그에 따른 대책이 필요하다.

서비스실패란, 고객과의 접점에서 불만족이 야기되었을 때 일어난다. 점포의 열악한 시설환경이나 분위기, 직원들의 전문성 부족, 접객태도 등의 실수나 고객과의 약속 불일치, 여러 형태의 오류에서 발생한다. 기업은 이러한 실수를 만회하고자 노력한다. 실패에 대한 회복활동은 긍정적으로 소개되며, 불만족을 해결하는 것에서부터 시작된다. 여기에는 신뢰, 반응, 확신, 설명, 보상의 5가지 과정으로 제시할 수 있다.

첫째, 신뢰는 고객에게 발생한 문제점들을 해결할 수 있는 신속함이나 정확성이다. 약속시간 내 문제점들을 해결해주는 것을 말한다. 둘째, 고객의 요구나 질문에 즉각적으로 반응하는 것이다. 문제점에 대한 사실인정과 시정, 처리상황을 설명해주는 것이다. 셋째, 확신은 문제발생시 이를 정확하게 해결하는 것이다. 정해진 절차나 매뉴얼에 따라 신속하게 해결할 수 있는 능력을 말한다.

넷째, 설명은 고객입장에서 문제점을 듣고 이를 이해할 수 있게 설득하는 행동이다. 고객이 보다 쉽게 이해할 수 있게 설명해주는 능력과 지식을 말한다. 다섯째, 보상은 고객이 원하는 상태로 서비스를 회복시켜 주는 것이다. 이러한 요소를 통해 회복과정은 만족에 영향을 미친다. 또한 회복 후의 만족은 충성도에 영향을 미치기 때문에 기업은 고객에 대한 서비스회복 노력을 게을리 해서는 안 된다.

2. 서비스회복 공정성

회복 공정성이란 기업이 제공하는 상품 및 서비스품질에 대한 결과가 고객이 원하는 기대에 미치지 못할 때 일어나는 행동이다. 점포에 불만족한 고객들은 여러 상황에서 서비스

만족을 회복하려 노력한다. 불만족한 고객을 만족한 상태로 되돌리는 과정으로 회복공정성을 통해 유추하게 된다. 고객은 자신이 구매한 서비스에 대해 불만족을 느끼면 그 과정을 귀인하려 한다. 자신이 받았던 과정을 회상하게 되는데, 지출비용 대비 보상이 정당한가를 따지게 된다. 따라서 서비스과정에서 발생하는 불만족스러운 소리를 듣고 이를 개선하기 위해 회복 공정성을 지각해야 된다.

공정성이론을 처음 개발한 애덤스미스(J. Stacy Adams)는 "소속된 집단이 다른 집단과의 비교를 통해 지각하는 것으로 투입한 기술이나 지식, 노력 등 여러 과정을 통해 산출되는 결과를 평가한다."하였다. 임금이나 승진, 인정, 지위 등 보상을 통해 불공정한 차이를 회복하게 된다. 보통은 산출량이 적을 때 불공정함을 인지하게 되지만, 투입보다 산출량이 적을 때 생기는 불공정성을 줄일 수 있는 방안은 산출효과를 증대시키는 방법이다. 근무시간을 단축하거나 준거기준보다 높은 불만층 대상자를 제거하는 등 이를 극복하려 노력해야 한다. 때론 홈페이지를 통해 다양한 고객의 목소리를 듣거나 설문항목을 만들어 그들을 분석하기도 한다.

결론적으로, 고객이 불만을 가져 이의를 제기했을 때 기업은 즉각적으로 반응하게 된다. 이를 해결하는 과정을 서비스회복이라 한다. 불만에 대한 불평행동은 재방문을 포기하거나 타인에게 부정적으로 구전하는 경향이 높기 때문에 긍정적으로 회복시켜주어야 한다. 여기서는 분배 공정성, 절차 공정성, 상호작용 공정성으로 분류할 수 있다.

1) 분배 공정성

분배 공정성(distributive justice)은 기업의 성과에 대한 결정으로 절차상 정확하게 분배되었는가에 대한 공정성을 확인하는 것이다. 아담스미스의 형평성이론에 근거하여 피스팅거(Festinger)의 '인지부조화'이론을 바탕으로 사회과학의 기초학문으로 사용되었다. 기업의 직원은 조직으로부터 받는 결과가 공정한가를 따지게 되는데, 이를 분배 공정성이라 한다. 고객 불만에 대한 서비스회복은 기업이 제공하는 보상을 통해 얼마만큼 공정하게 분배할 수 있을 것인가를 말한다.

분배 공정성은 형평성이론이라고도 한다. 조직 내 개인은 자신의 업무를 통해 투입된 산출효과를 근거로 준거인과 비교하여 차이가 있을 때, 동기가 유발된다. 근무하는 직원은 자신의 노력과 그 결과로 얻은 보상이 비슷한 지위의 사람들과 다를 때 불공정함을 인식하여 불평하게 된다. 고객이 지불한 편익적 혜택에 초점을 맞추어 공평성 원칙과 평등성 원칙, 욕구의 원칙으로 제시된다. 이러한 과정에서 환불이나 할인, 무료제공, 선물 등으로 회복하려 노력한다. 실패로 인해 겪어야 될 소비자들의 보상은 고객이 충분히 받았다고 지각할 수 있어야 만이 성과가 있다. 고객은 자신이 원하는 결과물이 타인과 다를 때 화내거나 따지게 된다. 따라서 보상은 시간대비 비용과 결과에 따라 공정성을 평가하게 된다.

2) 절차 공정성

절차 공정성(procedural justice)은 고객이 기업의 조직으로부터 받는 공정한 대우와 혜택을 말한다. 고객이 레스토랑을 방문하여 접객을 받는 과정에서 기업이 제공하는 교섭력이나 의사결정에 도달하는 절차, 기준에 따라 일관되게 이루어져야 한다. 편향되지 않으면서도 관심을 나타낼 수 있는 정확한 정보와 윤리성을 근거하고 있다. 서비스상품의 대부분은 유형적인 측면보다 직원들의 행동에서 나타난다. 절차와 관련하여 서비스회복 수준을 높일 수 있다 해도 자연스럽게 공정성을 인지해야만 긍정적으로 평가하게 된다.

레스토랑 고객들은 대기하거나 서비스 순서가 바뀌는 등의 상황에서도 불만족한 사례가 늘어날 수 있다. 크고 적은 불만과정이 노출되기 때문에 고객의 소리에 귀 기울여야 한다. 때론 홈페이지를 통해 의견을 수용하거나 고객평가를 설문하는 방법을 채택할 수 있다. 이러한 불만은 얼마나 신속하게 처리하느냐에 따라 반응은 달라진다. 절차과정에서 진정성을 가지고 원활하게 수행할 때 신뢰하게 된다. 따라서 다양한 보상기준에 따른 측정방법이나 과정상의 문제, 효과 등 공정성을 지각하게 된다.

3) 상호작용 공정성

상호작용 공정성(interactional justice)은 서비스 불만에 대한 처리과정으로 고객과 직원간 접점에서 일어나는 공정성을 말한다. 교환과정의 커뮤니케이션 상황에서 얼마나 만족스럽게 진행되었는가를 검증하는 말이다. 상호간의 이해와 협조, 관심, 문제해결 능력 등에서 공정하게 결정되었는가로 판단하게 된다. 신속한 서비스 제공과 진정성을 바탕으로 배려하는 서비스 마인드와 노출된 문제점에 대한 인식에서 상호작용하면서 평가하게 된다.

갈등은 누가, 언제, 어떠한 대우를 받고 있었으며, 이를 어떻게 해결하였는가에 대한 사람과 사람 간의 대면상황에서 일어난다. 상호작용 공정성은 진정성을 바탕으로 실패에 대한 설명이나 예의, 존중, 동감, 확신으로 해결할 수 있다. 레스토랑에서 제기하는 불만은 처리과정에서 미온적이거나 진정성이 결여된 직원행동에서 문제를 키울 수 있다. 고객은 지식과 능력, 경험을 갖춘 직원이 얼마나 신속하게 해결해 줄 수 있는가의 자세 등에서 상호작용 공정성을 평가하게 된다.

3. 서비스회복 패러독스

1) 서비스회복 패러독스 개념

서비스회복을 위한 패러독스(paradox)는 배리, 역리, 이율배반이라고 정의된다. 연구자들이 제시하는 명확한 역설은 분명한 진리인 'A는 A가 아니고 비(非) A도 아닌 어떤 것일 수도 없다'라는 동일률 · 배중률에 모순되는 형태로 설명하는 것이 보통이다. 이러한 주장은 거짓말쟁이의 역설로 '신약성서'에서 설명하고 있다. 디도에게 보낸 편지 제1장 12절에서 그레데인(人) 중에 어떤 선지자가 말하되, "그레데인들은 항상 거짓말쟁이다."라는 말이 있다. 선지자 자신이 그레데인이므로 이 경우 '그레데인은 항상 거짓말쟁이'라는 말을 긍정하거나 부정하든지 간에 모순을 낳는 것이므로 역설적이라 하겠다. 칸트는 '순수이성비판'에서 이율배반도 역설의 한 형태를 취한다 했다.

기업은 어려운 환경 속에서도 성장과 이익을 추구할 목적으로 고객만족을 향상시키는 노력을 계속하고 있다. 고객들에게 총체적인 만족을 제공하기 위해 다양한 형태의 촉진 전략을 진행하고 있다. A는 A가 아니듯이 만족은 만족만으로 끝나지 않는다는 역설적인 형태를 말한다. 따라서 더 나은 만족을 위해 노력해야 하며, 기업이 제공하는 만족은 아무리 잘 진행하더라도 불만족한 고객은 생길 수밖에 없다. 이러한 불만족을 어떻게 관리하는가에 따라 효과적인 서비스회복 전략은 실행된다.

2) 서비스 패러독스의 중요성

고객은 레스토랑을 선택할 때 훌륭한 메뉴와 맛, 품질, 서비스 수준도 중요하지만 접객과정에서 서비스실패가 일어나지 않기를 바란다. 실패가 일어나더라도 빠른 시간 내 회복되어 그날의 기분을 망치는 일이 없었으면 한다. 중요한 모임의 장소를 결정할 때는 본인의 지식과 경험으로 자신이 잘 알고 있으면서도 서비스실패가 절대적으로 일어나지 않는 단골집을 찾는 이유가 거기에 있다.

음식점에서 고객의 기대를 충족시켜 줄 수 있는 훌륭한 콘셉트를 개발하였거나 교육이 잘된 직원을 확보하고 있더라도 기업은 규정하는 행동지침과 매뉴얼의 교본에 따르도록 강요한다. 전문적인 지식을 갖춘 직원들이나 인테리어시설이 잘 된 분위기다. 쾌적한 시설, 음향, 환기시설 등 잘 갖추어져 있다하더라도 접객과정의 사소한 행동에서 고객은 불만족하게 된다. 약속된 시간 내 식사와 서비스가 이행되지 못했을 때 또는 기다리는 시간이 길어질 때 불만족은 높아진다.

(1) 서비스 패러독스 특징

고객들은 기업의 직원들이 지나치게 여유롭거나 무례함, 무성의한 태도, 진정성 없는 대화, 대기자세 등에서 실망감을 가질 수 있다. 기대만큼 결과가 주어지지 않았을 때 불만족하게 된다. 완벽한 서비스품질과 무결점을 추구하는 접객태도를 목표로 하더라도 고객들과의 갈등요소나 불만상황은 언제든지 생기게 마련이다. 고객을 이해하면서 유지하는 것도 중요하지만 서비스실패가 발생하지 않도록 해야 한다. 발생했다면 이를 효과적으로 해결할 수 있어야 한다. 이러한 서비스 패러독스의 특징은 다음과 같다.

첫째, 불만족한 고객들은 기업이 무엇으로 나에게 서비스를 회복시켜 줄 것인가에 주목한다. 자신이 원하는 것으로 회복시켜 줄 것으로 기대하며, 효과적인 만족을 실행할 것이라 생각한다. 음식의 품질보다 대면 순간의 직원 실수, 서비스과정의 실패에서 고객은 경쟁사로 이탈할 수 있다. 둘째, 고객은 서비스실패가 발생할 경우 빠르게 대응하여 피해를 최소화 해주기를 원한다. 가급적 문제를 즉석에서 해결되기를 희망한다. 수많은 불만전화나 과도한 항의를 받은 후 보상차원에서 제공되는 사과는 아무런 실익이 없다. 실패에 대한 빠른 대응과 해결책은 즉각적으로 보상하는 권한과 책임을 통해 감동받을 수 있다.

셋째, 고객은 불평불만을 잘 듣고 이해하면서 즉각적으로 해결해주기를 원한다. 이러한 행동은 최일선의 직원에서부터 시작된다. 규정이나 규칙을 준수하면서 재량권을 부여해야 한다. 체계적인 절차와 매뉴얼에 따르도록 교육되지만, 문제의 심각성에 따라 선 해결 후

보고를 원칙으로 한다. 고객이 원하는 것은 서비스실패에 대한 원인을 직원들이 시인하는 것이다. 보상을 하지 않더라도 적절한 설명만으로 불만족은 감소할 수 있다. 넷째, 한 번 발생한 서비스실패는 되풀이되지 않아야 한다. 실패로 난감해하거나 화가 난 상태에선 고객은 흥분하게 된다. 문제를 해결하기 전에 자신의 말을 들어주거나 이해해주기를 바라며, 진심어린 태도로 위로할 때 서비스는 회복된다. 친절한 설명에서 고객은 신뢰한다. 관련된 문제를 확인하여 시정하는 자세에서 새로운 정보를 획득할 수 있으며, 설명이 거짓이 없다는 것을 보여주어야 한다. 반면에, 이탈한 고객으로부터 학습하려는 자세가 필요하다. 무엇 때문에 우리기업을 떠났는가를 안다면 쉽게 해결할 수 있다.

정부는 창업을 실패하더라도 재기할 수 있는 제도를 마련했다. 금융위는 청와대 업무보고에서 신용 · 기술보증 중심 금융정책을 추진하고 있다. '미래창조펀드(가칭)'와 '성장 사다리펀드'를 조성하여 기업 환경을 개선하고 있다. 「금융소비자보호법」을 제정하여 불합리한 금융관행을 조사하며, 은행에 국한되었던 대주주 적격성 심사제도를 전 금융권으로 확대하여 실시한다. 금융위원회는 이 같은 내용을 골자로 한 '2014년 업무계획'을 마련했다.
〈아시아경제, 2014.4.3.〉

- 창업 준비부터 실패하더라도 재도전 할 수 있는 생태계를 조성한다. 금융위는 중소기업 지원과 금융소비자 보호, 불공정행위 근절로 대표되는 '3대 미션'을 제시했다. 미래창조 금융, 따뜻한 금융, 튼튼한 금융 실천을 정책기조로 삼았다. 정책 핵심은 창업과 중소기업의 지원문제에 초점을 맞추었다. 정찬우 금융위 부위원장은 "창업 환경을 조성하고 실패해도 재도전할 수 있도록 돕는 정책이 최우선이다." 했다. 창업부터 재도전까지 선순환 할 수 있는 환경이 우선적으로 조성되어야 한다.
  신생기업은 사업 초기부터 필요한 자금조달과 '크라우드 펀딩(crowd funding)'제도와 지식 재산권의 유동을 위한 1,000억원 규모의 펀드를 도입하기로 했다. '지재펀드'는 보유 중인 특허를 투자자에게 매각할 수 있어 기술력은 있지만 자본력이 부족한 창업자들에게 적합한 제도이다. 창업 초기 중소기업만을 위한 코넥스시장을 6월에 신설하여 첨단기술 중심으로 육성한다. 자본국장은 "기술형 기업이 자본시장을 통해 성장자금을 원활히 조달할 수 있도록 지원하는 것"이라 했다. 창업에 실패하더라도 재도전할 수 있는 장치와 보수적인 지원행태를 개선한다. 음식, 미용 등 재창업 지원 제한업종이라도 기술력만 인정되면 지원하고 있다.

제2금융권의 연대보증 폐지 방침과 관련하여 세부방안을 마련했다. IMF 외환위기 당시 연대보증을 선 피해자에 대해 신용회복을 지원하고 있다.

- 금융정책과 신용, 기술보증제도에 무게를 두며, 금융위가 창업과 중소기업 지원 등과 관련하여 신용보증기금(신보)과 기술신용보증기금(기보)을 중심으로 지원하고 있다. 보증과 투자업무가 많다보니 기관이 적격이라는 판단에서 기보의 융복합 R & D센터를 기술평가 기관으로 개편하기로 했다. 기보는 국내 모든 중소기업의 기술평가 정보를 데이터베이스 하여 '기술정보 허브'로 자리매김 한다. 신보는 기술 및 서비스기업에 대한 지식자산 평가모형을 마련하여 고부가가치 서비스산업에 대한 지원기능을 강화하도록 했다. 산업은행 민영화 무산으로 촉발된 금융정책기관의 역할에 대한 재정립과 기능의 중복성을 중점적으로 확인했다. 산업금융 과장은 "경제여건 변화를 반영하여 종합적인 개선방안을 마련할 것"이라 하였다.
- 「금융소비자보호법」(금소법) 제정을 연내 마무리한다. 부진했던 「금소법」 제정을 완료하여 「금소법」 보호기구 신설을 비롯하여 감독체계를 강화한다. 각계 각층의 의견을 수렴하며, 소비자보호를 위해 채권추심 제한요건도 완화하였다. 제도권에 등록되지 않은 대부업체의 채권을 양도하는 것을 금지하며, 등록요건을 까다롭게 만들었다. 최근 발생한 전산사고와 관련하여 같은 일이 반복될 경우 해당금융사 CEO까지 문책키로 했다. 그 책임을 명확히 하는 「전자금융거래법」 개정이 진행 중이다. 실무자뿐아니라 최고경영자도 똑같이 처벌할 수 있도록 했다.

3) 서비스회복 전략

기업이 고객에게 서비스의 불만족을 회복시켜 만족도를 향상시킬 수 있는 방법은 무엇일까? 그 전략을 제시하면 다음과 같다.

첫째, 고객의 불만을 미리 파악하는 것이다. 기업은 자사를 방문하는 고객들이 느낄 수 있게 불만요인을 미리 파악하려는 자세가 중요하다. 경쟁자의 동향과 전략, 성공모델을 미리 발견하여 수시로 모니터링 해야 한다. 실수로 인해 일어날 수 있는 불만족을 미리 발견하여 해결하려는 능력을 키워야 한다. 특히 추가적인 서비스회복 전략을 제공할 때, 대표자 및 관리자가 직접 사과를 병행함으로써 서비스실패를 빠르게 회복할 수 있다. 고객들은 최고책임자가 문제의 원인과 책임 유무를 불문하고 '문제가 발생해 죄송하다' 사과했을 때 좋은 감정을 가진다. 이러한 결과는 경영자를 비롯하여 회사 브랜드나 직원들을 신뢰하게 한다.

둘째, 고객을 대하는 첫 대면과 불만처리의 첫 단계가 중요하다. 서비스품질에 불만을 가지는 40%의 고객들은 의사표시를 하지 않는다. 기업은 이들의 말과 행동에 귀 기울여야 한다. 그들은 자신의 생각을 표현하지 않으면서 재방문도 하지 않는다. 하지만 불만을 참지 못한 10%의 고객들은 구체적인 의사표시를 하면서 레스토랑의 반응과 보상을 기대한다. 감정적으로 접근할 수도 있다. 짜증을 내거나 희생을 당했다는 느낌을 받을 경우 분노하게 된다. 때론 좌절하면서 고통스러움을 표현한다. 자신의 불만족한 사항을 신속히 처리해주지 않으면 주위 동료들에게 끊임없이 전파하여 확대 재생산한다. 타인이 갖고 있던 긍정적 마인드와 선의의 생각까지 무너뜨리기 때문에 그들이 공감할 수 있는 내용을 적절히 배합할 수 있어야 한다. 감정은 진실로 고객입장을 이해할 때 공감된다.

셋째, 접수된 불만은 공정하게 처리해야 한다. 불평불만을 초기에 해결했다 하더라도 공정한 대우를 받지 못했다면 증폭하게 된다. 고객이 중요하게 생각하는 것은 과정상의 공정한 대우와 결과의 공정성을 지각하는 것이다. 서비스회복을 통해 체계적이면서도 윤리적인 기준과 태도를 가져야 한다. 직원들에게는 레스토랑의 내부규정이나 방침, 규칙 등을 명확하게 알려주어야 한다. 규정집이나 매뉴얼로 만들어져 개선되고 있다는 것을 보여주어야 한다.

03 고객 불평행동

1. 고객의 불만

1) 고객의 불평행동 개념과 유형

고객이 레스토랑을 방문하여 서비스상품을 구매하는 과정과 경험 후 제기하는 불평은 불만족의 원인이 된다. 기업에 불만이 접수되었을 때 이를 신속히 해결하려는 의지가 중요하다. 최선을 다한 호텔, 레스토랑, 리조트기업은 신뢰도가 높아지지만, 그렇지 못한 기업은 고객의 입에서 나쁘게 구전된다. 긍정적으로 구전할 수 있도록 하는 것은 불만족을 만들지 않는 것이다. 고객은 구매상황에서 불만족스러운 문제에 직면하면 즉각적으로 반응하게 된다. 이러한 실패를 높게 반응하며, 부정적 감정에 따른 대가가 따르게 된다. 매뉴얼이나 직원 실수 등은 접객과정에서 일어날 수 있기 때문에 이를 슬기롭게 해결할 수 있어야 한다. 직무분석과 매뉴얼의 숙지를 통해 가능하며, 제조기업보다 서비스기업에서 높게 나타난다. 불만족 유형은 다음과 같다.

첫째, 무반응의 소비자로 불만족이 발생해도 아무런 행동변화를 보이지 않는 고객이다. 둘째, 불평행동은 크게 사적인 행동과 공적인 행동으로 분류된다. 사적 행동은 재방문을 포기하거나 주위 사람들에게 부정적으로 구전하는 것이다. 공적 행동은 해당기업에 대한 보상을 요구하거나 제3의 기관을 통해 행정적 조치와 민원, 소비자단체, 고발 등 실질적인 징계를 원한다. 이들은 민사소송과 같은 법적 조치로 사회적 이슈와 국민적 관심사로 확대재생산시키거나 제도개선까지 요구한다. 셋째, 만족하는 고객이다. 이들은 불만족한 고객보다 훨씬 적게 구전하다.

2) 고객 불평행동 중요성

레스토랑에서 발생하는 불평행동은 기업의 중요한 정보자료가 된다. 불평행동은 제도적으로 개선시킬 수 있다. 불만족한 고객들은 전체 고객의 10% 범위 내에서 의사를 표시한다. 그들은 주위의 많은 사람들에게 영향력을 발휘하거나 구전하게 된다. 하지만 다수의 일반고객들은 불만족한 경험을 무반응으로 일관하면서 불만족스러움을 감내하고 있다. 기업은 이들에게서 진정한 불만족의 원인이 무엇인지 파악하지 못하고 있다. 심지어 개선할 기회마저 찾지 못하고 사라져 버린다. 문제의 원인과 해결방법도 모르는 사이에 이탈하는 고객이 늘어나면서 매출감소에 직면하게 된다. 경영상의 어려움은 불평행동의 원인을 파악하는데서 시작된다. 이를 규명해야 해결할 방안을 제시할 수 있다.

(1) 문제점 파악

기업을 방문하는 고객 한 명의 불만은 그와 유사한 다수의 불평불만을 대변한다는 점을 잊지 말아야 한다. 한 조사에 따르면, 평균적인 불평고객 한사람 뒤에는 같은 문제로 불만을 경험한 20~30명이 있다는 사실이다. 이러한 불평은 시장의 흐름과 미충족 욕구로 파악된다. 따라서 불편사항을 경쟁사보다 먼저 파악하여 해결하려는 자세가 중요하다.

기업은 문제원인과 해결과정을 통해 유용한 정보를 획득할 수 있으며, 아이디어를 얻어 혁신할 수 있는 전략을 수립할 수 있다. 고객의 불평은 조기에 해결하는데 의미가 있다. 문제의 원인을 발견함으로써 매출 감소와 타 브랜드 이전, 재구매 포기 등 치명적인 손실과 부정적 이미지를 줄일 수 있다. 특히 불만으로 확산될 수 있는 요인을 사전에 파악하여 예방할 수 있다. 불평을 해결하는데 비용을 들이지 않더라도 유사한 실패사례를 개선하면서 문제를 해결할 수 있다. 따라서 문제점의 해결은 서비스개선은 물론 기업의 경영성과를 향상시킬 수 있다.

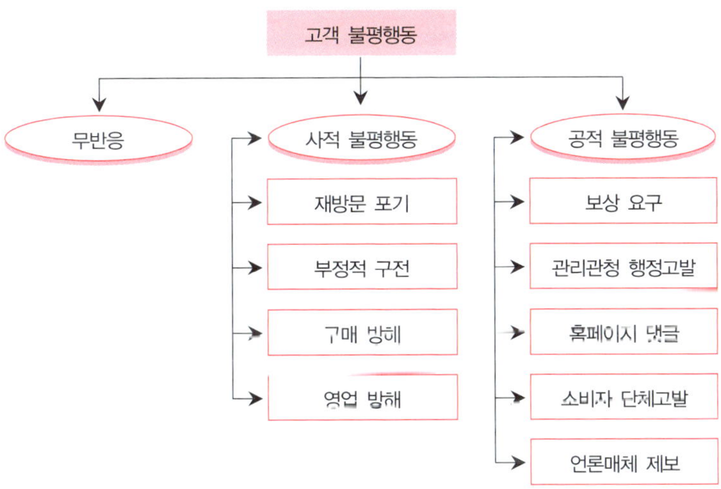

그림 13•7

불평고객의 반응

(2) 부정적 구전예방

불만을 토로하는 고객은 책임자의 사과를 원한다. 이들에게 보상을 위한 할인권, 무료시식권 등을 제공함으로써 문제를 조기에 해결할 수도 있다. 때론 담당자의 개인적 능력이나 솔직한 사과, 배려로 만족스러운 결과를 얻을 수 있다. 보편적으로 만족할 때보다 불만족스러울 때 더 많이 나쁘게 구전한다. 이를 '메아리효과(echo effect)'라 한다. 시장은 부정적 구전을 확산시킬 수 있는 환경이 잘 갖추어져 있기 때문에 기업이미지에 입힐 수 있는 타격은 엄청나다. 문제점을 원만히 해결함으로써 부정적 커뮤니케이션을 최소화할 수 있다.

불만족을 만족으로 회복시키면 그 효과는 즉각적으로 나타난다. 하지만 '고객에게 보상한다'는 소문이 나면 그들은 계속적으로 요구하게 된다. 불만을 제기하면 보상이 뒤따른다는 학습효과는 쉽게 전파되면서 그들의 요구조건은 늘어나게 된다. 따라서 불만족이 발생되지 않도록 예방하는 것이 중요하다.

예를 들어, 순천시에서는 '우렁각시 희망메아리' 효과를 보고 있다.〈아시아신문, 2013.12.3〉 전남 순천시(시장 조충훈)는 지난 2010년부터 희망근로사업의 일환으로 시행중인 '우렁각시 희망메아리'제도를 시행중이다. 차상위 자활근로자 2명이 1조가 되어 주거환경이 불결한 2~3인 가구의 가정을 매일 방문하여 청소나 빨래 등 '가사서비스'를 제공하고 있다. 효과적인 서비스 연계를 위해 복지 사각지대와 취약가정을 집중적으로 관리하는 전담요원을 두었다. 5명이 한 조가 되어 사전에 파악한 주거환경이 불량한 가정에 '우렁각시 희망메아리'팀을 집중 투입하여 효과를 배가시키고 있다.

사례관리 전담요원과 연계하여 우울증이나 알코올중독 등 복합적인 문제를 안고 있는 가정에 집중함으로써 그 효과가 늘어가고 있다. 지금까지 400여 가정에 주거환경을 개선시켜 이를 지속적으로 유지, 관리, 지원하며, 손길이 필요한 가정은 사회복지과 희망지원팀(061-749-4043)으로 지원받을 수 있다.

(3) 불만이탈 고객방지

고객만족 경영은 효율적인 불평처리를 해결함으로써 고객유지와 충성도를 향상시킬 수 있다. 조사에 따르면, 불만에 별다른 조치가 취해지지 않았을 때보다 문제점을 원만하게 해결했을 때 두 배 이상의 만족감을 나타낸다. 단골고객을 만드는 충성도는 불평행동을 해결하는 심리적인 반응에서 시작된다. 고객의 긴장감을 완화시켜 공격성을 제어할 수 있으며, 편안한 분위기 속에서 가치를 부여할 수 있다. 이러한 결과에서 신뢰성을 향상시켜 이탈고객을 막을 수 있다.

2. 고객의 불평행동 유형

고객의 불만은 아주 작은 것에서부터 시작된다. 직원들의 실수나 착오 또는 고객실수 등에서 발생한다. 고객이 느끼는 불만은 직원들의 불성실한 행동이나 용어선택, 상품을 제대로 설명하지 못하는 지식을 비롯하여 약속 지연, 편의시설 이용불편, 제품불량, 무리한 권유, 진정성 결여 등 다양한 요소에서 발생할 수 있다. 이러한 크고 작은 사례들은 기업이 미지에 영향을 미치기 때문에 접객과정의 직무태도는 항상 교육훈련으로 개선되어야 한다.

1) 상품지식 부족

고객이 느끼는 대부분의 불만은 서비스기업 직원들의 실수나 착오에서 발생된다. 그 원인으로 다음과 같이 제시할 수 있다.

첫째, 상품에 대한 정확한 지식이나 사용방법 등 설명이 부족할 수 있다. 영업장의 직원들은 고객이 원하면 언제, 어디서나 정확한 지식과 정보를 제공해주어야 한다. 고객은 개인적인 지식과 경험을 통해 원하는 정보를 충분히 확보하지 못하면 직원들을 통해 추가적인 정보를 얻고자 한다. 직원들은 상품에 대한 구체적인 내용을 숙지하여 정확하게 설명하여 전달해야 할 책임이 있다.

둘째, 진정성 없는 무성의한 태도를 경험한 고객들 불만은 배가될 수 있다. 고객은 자신이 지출한 비용에 상응하는 대가를 원한다. 개인적인 심리적 반응에 따라 제품과 서비스 평가는 달라진다. 예를 들어, 레스토랑의 직원은 고객이 저가메뉴를 주문한다하여 무성의한 태도를 보인다면 '자신을 무시한다'고 생각할 것이다. 개인적인 프라이버시에 대한 위배 행동으로 차별적 모습을 보여서는 안 된다. 언제, 어디서나 공평하면서도 친절한 태도를 가져야 한다.

셋째, 고객과의 약속 불이행과 지연에서 불만이 고조될 수 있다. 고객은 현장의 직원을 통해 이루어지는 모든 행동에 대해 기업을 대표하는 얼굴로 인식한다. 그들의 행동에서 브랜드 이미지를 느낀다. 어떠한 일이 일어나더라도 책임과 권한에 따라 진정성 있게 해결하려 노력해야 한다. 예약상황이나 내용, 날짜, 할인혜택, 무료제공 등을 정확하게 숙지하여 동료 및 관리자들과 공유해야 한다. 만약 특별한 이유로 약속을 지키지 못할 경우 사전에 충분한 양해와 동의하에서 그에 상응하는 해결책이 제시되어야 한다.

넷째, 레스토랑의 메뉴상품은 표준화, 규격화, 매뉴얼화가 어렵다. 상품과 서비스를 전달하는 것은 내부직원을 통해 이루어지기 때문에 감성과 정서, 공감하는 분위기 등에서 관리의 어려움을 호소할 수 있다. 합리적인 방법으로 일관성 있게 유지해야 하며, 상황에 따라 유연하게 대처할 수 있어야 한다. 미처 점검하지 못하였거나 규정에서 벗어난 태도는 고객의 불만을 가중시킬 수 있다.

다섯째, 조직별 목표달성을 위해 무리한 권유나 설득을 할 수 있다. 계산서 착오, 처리지연, 거스름돈 착오 등에서 불만을 야기시킬 수 있다. 레스토랑의 무리한 권유는 메뉴의 유용성과 효용가치를 떨어뜨려 구매욕구를 저하시킨다.

고객응대에 대한 직원태도를 점검하기 위해 암행감사제도를 실시하고 있다. 백화점 명품매장에 '카네기 엄마'가 나타났다. 다음날에는 '와타나베 부인'(일본 주부 투자자들의 별명)들이 백화점을 방문한다. 무슨 일일까? '카네기 엄마'와 '와타나베 부인'은 각각 현대백화점과 롯데백화점이 직원들을 대상으로 서비스상태를 점검하는 모니터 요원들의 은어이다. 한 달간 명품매장과 발레파킹(대리주차)을 대상으로 서비스를 점검했다. 암행점검이 알려지지 않게 '카네기 엄마가 찾아 간다'라는 이름으로 비밀리에 진행했다. 외부의 전문요원들이 명품브랜드 매장 10곳씩을 선정하여 허름한 운동복차림으로 찾아가 친절 여부를 살피고 있다.〈조선일보, 2014.7.29〉

'카네기 엄마'는 미국의 철강왕 앤드루 카네기의 어머니와 관련된 일화에서 교훈을 얻었다. 필라델피아에서 카네기 모친이 갑자기 내린 비를 피하기 위해 백화점으로 들어갔는데 옷차림이 누추해 다들 외면했지만, 한 직원은 친절하게 그들을 맞이했다. 이에 감동한 카네기 모친의 추천으로 이 백화점은 카네기가 운영하는 전 매장의 대량물품을 주문받았다는 것이다.

서비스 점검과정에서 문제점을 찾아내고 개선할 수 있는 방법을 찾아야 한다. 롯데백화점은 중국, 일본, 영어권 등 현지인 요원들을 본점과 잠실점에 투입하여 서비스상태를 점검한다. 안내문구의 적절한 외국어 표현과 통역, 면세점 이용과 환급 등을 점검하며 '와타나베 부인'을 가장하여 일본어를 하는 모니터요원도 활동하고 있다.

2) 고객실수에 의해 발생하는 불만

영업장 내 레스토랑의 규정이나 규칙, 매뉴얼 등을 준수하는 데도 제도적으로 불합리성으로 일어난 실수가 아니라, 고객의 실수로 인해 불만이 발생할 수도 있다. 이를 해결하는 과정에서 담당자는 긴장하게 된다. 고객의 프라이버시를 자극하거나 실수를 시인하도록 강요한다면 크게 반감을 나타낼 수 있다. 때론 불만족스러운 상황을 확대 재생산할 수 있기 때문에 항상 겸손한 마음으로 고객을 이해시키려 노력해야 한다.

첫째, 고객은 직원과의 약속에서 내용의 착오를 일으킬 수 있다. 제품 및 서비스품질에 대한 잘못된 정보입력이나 과거의 경험으로 선입견을 가질 수 있다. 때로는 고의적으로 상품정보를 잘못들은 것처럼 곤란하게 만드는 경우도 있다. 따라서 침착하면서도 차분하게 대응할 책임이 있다. 이를 참지 못해 화를 내거나 윽박지르는 모습을 보이면 문제를 크게 키울 수 있다. 둘째, 상품에 대한 잘못된 인식으로 오해를 불러일으킬 수 있다. 예를 들어, 레스토랑을 이용하는 단체고객의 경우, 메뉴와 시간, 가격, 부대서비스, 이용시간 등 예약 시 설명에 동의했지만 실제 행사에서는 달라질 수 있다. 주변의 조언이나 경쟁사의 정보를 바탕으로 서비스품질이나 직원태도, 가격 등에서 불만을 표출할 수 있다. 이들은 더 많은 혜택을 받으려 의도적인 불만이나 무리한 요구를 할 수 있다.

셋째, 고의적으로 레스토랑의 실수를 부각하여 교환과 할인을 요구할 수 있다. 이러한 경우 접객 직원이 즉각적으로 처리할 수 있는 문제가 아니라면 신속하게 보고하여 조치가 이루어져야 한다. 보고과정에서 기다리는 시간이 길어지면 더 큰 불평을 야기시킬 수 있다. 특히 우리나라 소비자들은 기다리거나 화가 난 상태에서 인내하지 못하는 급한 성격을 가지고 있다. 기업의 직원들은 동료들과의 협조를 통해 서비스상품이나 음료 등을 제공하거나 기다리는 과정에 불만을 줄이도록 노력해야 한다.

3. 불평행동 처리방법

선행연구자들이 제시하는 불만족한 고객의 행동은 기업의 상품이나 영업장의 불만족사례를 주위 20~30명에게 부정적으로 구전한다는 점이다. 타고객의 방문을 방해할 뿐 아니라 그 내용을 모르는 다수인들에게 영향을 미친다. 하지만 불만처리 과정에서 만족스러운 결과로 이어진다면 향후 더 친밀한 관계를 유지할 수 있다. 그렇지 못하면 더 큰 불만을 쌓을 수 있다. 이들의 불만을 해결해줌으로써 단골고객으로 전환될 확률이 높다는 점을 명심해야 한다.

레스토랑 직원들은 고객의 불평을 즐겁게 받아들여 문제를 해결하는 적극성을 보여야 한다. 고객으로부터 접수된 불만은 신속하게 그 원인을 파악하여 시정되어야 한다. 뿐만 아니라 불만처리 과정을 기록하여 차후에 같은 문제가 재발되지 않도록 해야 한다.

1) 고객 불평처리 단계

고객 불평처리 단계는 레스토랑에서 빈번하게 일어날 수 있기 때문에 행동지침을 매뉴얼화 하여 응대할 수 있어야 한다. 기업은 불평을 당연하게 여겨서는 안 되며, 불만이 재발되지 않도록 해야 한다. 문제가 발생했을 때 즉각적으로 처리될 수 있어야 한다. 레스토랑 내 전문상담실을 설치하거나 상담사를 두어야 한다. 그렇지 않다면 사무실이나 직원휴게실 등 조용한 곳으로 안내하여 악화되지 않도록 해야 한다.

불평, 불만 고객들의 원인을 규명하며 매뉴얼화 된 절차, 과정, 진정성 등을 담아 신속하게 처리해야 한다. 따라서 전 직원들은 고객 응대방법이나 불만 처리방법 등을 숙지하여 재발되지 않도록 해야 한다.

2) 고객 불평처리 과정

(1) 경청

개인적인 불만을 직원에게 분풀이 하듯 하는 고객이 있다. 이러한 고객은 화가 가라앉을 때까지 충분히 들어주는 경청은 훌륭한 해결방법 중의 하나이다. 문제의 중요성에 따라 메모하거나 호응하는 정도가 필요하다. 적극적인 자세를 취한다면 그들의 마음은 쉽게 누그러질 것이다. 즉각적으로 수정하거나 개선하는 모습을 보여야 한다. 하지만 대화 도중 외면하거나 이야기를 방해한다면 문제를 더 악화시킬 수 있음을 명심해야 한다. "말하는 것은 기술이지만, 듣는 것은 예술이다."라는 '경청'(위즈덤하우스, 조신영 · 박현찬, 2007)에서 다음과 같이 전한다.

활자가 좋은 이유 중의 하나는 시간이 지나도 변하지 않는 영구성이 있기 때문이다. 구두로 전하는 문화가 직관적이기는 하나 시간이 지남에 따라 변질되거나 퇴색하는 한계를 가질 수 있다. 문자문화는 절대불변의 성질을 가져 인류역사의 찬란한 기반 위에서 그 시대의 흥망성쇠를 상징적으로 보여준다. 한 권의 책 속에서 선조들의 시혜를 배우는 자세가 중요하다.

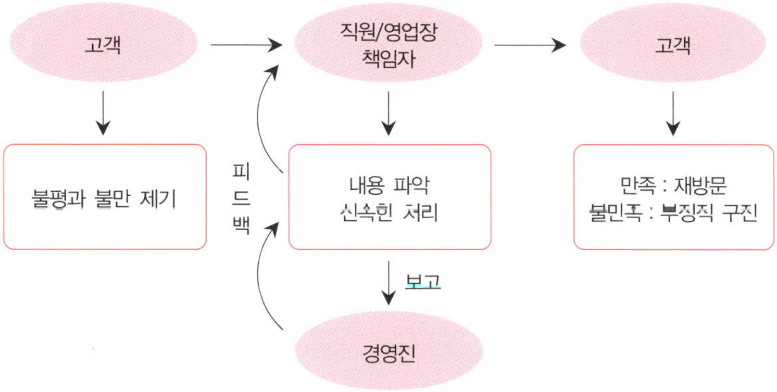

그림 13•8

레스토랑의 불만처리 과정

사람들은 말을 많이 하는 편이다. 나이가 들수록 입에서 분출되는 에너지의 양은 적어진다. 에너지양이 적으면 적을수록 귀로 입력되는 양은 높아진다. 귀로 입력되는 에너지양이 많으면 많을수록 좋은 인간관계를 형성할 수 있다. 이러한 분석은 많이 들어야 한다는 선조들의 지혜에서 그 답을 찾을 수 있다. 개인이 가진 역량 가운데 잘 들어주는 것은 큰 재산이자 능력이다. 이러한 자세를 견지하는 자만이 대접받을 수 있다. 저자는 빠르게 변화하는 시대에서 "타인의 말을 잘 들어주어야 되는 의무감이 사라지고 있다."고 지적한다. 듣는 것은 정말 어렵다. 상대방의 마음을 얻는 지혜는 '경청'에서 나타난다. 잘 듣는 소중함을 그려낸 책으로 한 남자의 이야기를 통해 무심코 잊고 사는 일상생활 속에서 듣는 것의 소중함을 일깨우는 아름다운 계발서이다.

경청은 다섯 가지 행동실천을 제시된다. 첫째, 공감을 준비하자. 둘째, 상대방을 인정하자. 셋째, 말하기를 절제하자. 넷째, 겸손하게 상대방을 이해하자. 다섯째, 온몸으로 상대방을 응답하자.

◦ 이청득심(以聽得心) : 귀 기울여 경청하는 자세는 사람의 마음을 얻는 최고의 지혜이다.

나를 위한 경청을 발견하자. 판단하려는 나를 비우고 내면에 귀 기울이면 새로운 나를 발견할 수 있다.

- 듣고 있으면 내가 이득을 얻고, 말하면 남이 이득을 얻는다(아라비아 속담).
- 말하는 것은 지식의 영역이고, 듣는 것은 지혜의 영역이다.
- 지도력은 웅변보다 경청에서 나온다.

(2) 관심

고객이 불만을 제기했을 때 잘 들어주는 것이 첫 번째라면, 관심을 표현하는 것은 두 번째이다. 예를 들어, '내가 만약 그런 경우라도 기분이 많이 상했을 것이다'라는 이해와 공감은 몸과 마음으로 느끼는 관심의 표명이 될 수 있다. 유통업체들은 고객 관심도를 높이기 위해 기발한 전략을 제시하고 있다.

CJ 오쇼핑은 자사고객 모니터인 '현고이사'에 지금까지 70회 이상 반품경력을 가진 고객을 직원으로 채용했다. 반품횟수가 많지만 실제 물건을 구입한 경우도 80회에 이르는 등 열혈고객이라는 점에 주목하여 채용했다. 이 요원은 평소 제작팀도 미처 파악하지 못한 상품의 부족한 점을 날카롭게 지적해주고 있다.〈조선일보, 2013.2.23〉

양주업체 디아지오코리아는 불만을 접수하는 콜센터를 평일새벽 2시까지 운영하고 있다. '윈저17' 등 양주가 주점에서 밤늦게 소비되는 경우가 많기 때문이다. 실제 소비자들의 생생한 소리를 최대한 많이 듣기 위해 밤늦게까지 콜센터를 운영하고 있다. 실제 양주병에 적힌 콜센터 번호를 보고 심야에 전화하는 소비자들이 많이 있다. 당일 만취로 인해 설명이 쉽지 않은 소비자에겐 다음 날 전화를 걸어 필요한 설명을 추가적으로 듣고 있다.

현대백화점은 설 명절선물세트 판매를 앞두고 '미스터리 쇼퍼', 즉 손님을 가장해 백화점 직원들의 친절 여부를 확인하고 있다. 매장 직원들의 '이야기마케팅' 능력을 평가했다. 소비자들은 상품정보만 설명하는 직원보다 상품과 관련된 다양한 시사, 경제, 화젯거리를 갖고 다가오는 직원들을 선호하기 때문이다.

(3) 정중한 사과

최고의 '위기관리 언어'는 바로 사과하는 것이다. 실수나 잘못이 투명하게 노출되는 21세기를 살아가는 우리에게 그 전략의 중요성은 커지고 있다. '사과의 기술'에 대해 우리가 주목하는 까닭도 여기에 있다. 자신의 실수와 잘못을 인정하고 쿨하게 사과할 줄 아는 성숙한 자아를 가진 리더만이 살아남는 시대이다. 사과의 역사는 이렇게 기억된다. 사과라는 말은 19세기와 20세기 '루저(loser)'의 언어에서 21세기 '리더'의 언어로 부상했다. 심리학자인 게리 채프먼과 제니퍼 토마스는, 부부상담을 하면서 "한 사람은 분명히 사과를 했다고 주장하는데, 상대방은 전혀 동의하지 않는 경우를 흔히 볼 수 있다."고 말한다. 개선책은 제시하지 않으면서 책임감도 없이 유감만 표현하는 사과는 사과로 받아들여지지 않는다는 것이다. '미안해'는 사과가 아니다.

KFC는 오프라 윈프리쇼를 통해 새로운 메뉴인 '켄터키그릴 치킨'을 프로모션하기 위해 인터넷 무료쿠폰을 발행한다고 발표했다. 많은 사람들이 동시에 쿠폰을 다운받을 수 있는 사이트에 대한 조치나 매장과의 협조가 이루어지지 않아 어설픈 행사가 되고 말았다. 결국 홍보행사는 실패로 돌아가 소비자들의 불만만 높아졌다. 이에 KFC 사장인 로저 이튼(Roser Eaton)은 유튜브를 통해 동영상사과를 보냈다. "신메뉴에 대한 인기가 너무 많았다."라는 식으로 자신의 사과를 살짝 비틀어 표현했다. 이러한 결과는 통하지 않았으며, 소비자들의 불만을 증폭시켰다. 대중과 리더의 거리가 가까울수록 리더의 진정성을 잘 포착할 수 있다는 사실을 간과해서는 안 된다. 미안하다면 얼굴로 보여주어야 한다.

거짓말이 타인에 대한 것이라면, 자기합리화는 '자기 자신에 대한 거짓말'이다. 자기 합리화에 빠질 경우, 자신의 행동이 최선이었다고 이야기한다. 그 외에는 선택이 없었다며 왜곡하여 받아들이지 못하게 된다. 잘못을 하고서도 '그럴만한 충분한 이유가 있어서'라고 자기암시를 하게 된다. '진실을 말하기' 프로그램의 결과는 놀라웠다.

2001년에 이 프로그램을 도입한 미시간대학 병원 환자측 소송건수는 다음과 같다. '01년 8월~'07년 8월까지의 소송한 사건 당 해결되는 시점까지의 기간은 20.3개월에서 8개월로 줄어들었다. 미시간대학 병원이 소송으로 쓰는 평균 비용은 61퍼센트 감소했다. '사과'라는 말을 먼저 사용함으로써 소송의 횟수를 줄일 수 있었다.

신경과학에서 볼 때, '시각적으로 집중한다'는 것은 시선이 머무는 시간이 그만큼 길어졌다는 것이다. 시선이 머무는 시간과 사과에 대한 판단은 서로 연관되어 있다. 사과문에서 오래 응시하는 곳을 찾아보기로 했다. 사람의 눈동자 움직임을 통해 시선을 추적하는 아이트래커(eye-tracker)장비를 활용했다.<'사과문은 그저 통과의례일 뿐이다?' 중에서>

가짜 박사학위로 대한민국을 발칵 뒤집은 예일대는 사건 초반에 부정하다가 나중에 시인했다는 점에서 괘씸죄가 추가되었다. 시기적으로도 좋은 효과를 발휘하지 못했다. 동국대는 예일대의 사과카드를 거부하고 법정에서 승리한다는 강한 의지를 표명함으로써 추후 협상에서 파워를 키워나가게 되었다. 이처럼 초기에 상대방의 신뢰를 잃게 되면서 사과카드는 효력이 없게 된다는 점이다. 〈리더의 사과는 무능함의 표현이다?' 중에서〉

사과! 패자의 변명을 넘어 승자가 가지는 가장 쿨하고 현명한 전략이다. 사과는 리더의 언어이다. 『쿨하게 사과하라』의 정재승 · 김호(2011)는 결정적인 순간을 좌우하는 현명한 판단과 신뢰에 대한 커뮤니케이션으로 '사과가 더 나은 세상을 만든다.' 했다. 진심어린 사과는 비용을 줄여 경제적인 효과를 거두게 된다. 사과의 본질은 느리게 또는 빠르게 하는 타이밍과 표현방식, 고정관념의 틀, 미안한 얼굴 등으로 제시했다. '미안해'는 더 이상 사과가 아니다. 사람들은 더 이상 가짜에 속지 않는다. 사과에도 기술과 지혜가 필요하다. 여러 번 반복하는 것보다 진정성을 가지고 해결하는 자세가 중요하다.

예를 들어, 교통사고를 낸 장근석 씨는 정중한 사과로 팬들로부터 좋은 반응을 얻었다. '13년 3월 22일 오후 자신의 트위터에 "여러모로 심려를 끼쳐 죄송합니다. 사고 후 도와주신 경찰관님들과 해양경찰관님들, 렉카 기사님 모두 감사드립니다."라며 "혹시 저로 인해 놀라셨을 버스 안 승객분들께도 죄송하단 말씀을 드립니다. 연락처 모두 받아뒀습니다. 모두 안전운전 하시길 바랄께요."라는 글을 게재했다. 지난 21일 오후 6시 16분 경 태국 공연차 인천공항으로 향하던 도중, 고속도로 공항방면 10.4km 지점에서 자신이 직접 운전하던 자동차로 앞서 가던 버스를 들이받는 사고를 냈다. 다행히 버스승객과 장근석 모두 큰 부상은 입지 않은 것으로 알려졌다. 그는 예정대로 태국으로 출국했다. 한편 경찰은 이번 사고와 관련해 스포츠카 오른쪽 바퀴가 펑크나 앞서 달리던 버스를 들이받은 것으로 사고 원인을 이야기했다. 〈해롤드, 2013.3.22〉

(4) 별도의 장소에서 전하는 감사의 말

고객의 불평을 매장 내에서 해결한다면, 주위의 다른 소비자들에게 영향을 미치게 된다. 조용한 사무실이나 한적한 곳으로 안내하여 미안한 마음을 전달하는 것이 중요하다. 고객이 불평불만을 충분히 토로할 시간적 여유와 동감을 표시함으로써 문제가 확대되는 것을 막을 수 있다.

고객의 불평은 클 수도 적을 수도 있다. 기업의 직원들은 어떻게 대처하는가에 따라 달라질 수 있다. 문제를 해결하는 과정에서 진정성을 가져야 한다. 나의 문제로 해결의 실마리를 찾는다면 쉽게 풀어질 것이다. 하지만 면피용으로 어쩔 수 없이 업무의 일환으로 대수롭지 않게 생각한다면 심각해질 수 있다. 따라서 하나의 일상으로 느껴 무사안일하게 소극적으로 대처한다든지, 문제를 확장할 수도 있다. 이는 원만하게 해결해도 추후 기업이 미지는 나빠져 고객은 떠날 수밖에 없다.

13

Summary 요약

[1] 고객만족이란, 고객의 필요와 욕구를 미리 파악하여 이를 충족시켜주는 행위이다. 기본적으로 고객의 기대에 부응하는 것이며, 계속적으로 고객과의 관계를 개선시켜 신뢰감을 향상시킬 수 있다. 고객은 기대이상의 서비스를 제공받았을 때 만족감을 표시한다. 반면, 기업의 제품이나 서비스수준이 기대에 미치지 못했을 때 불만족하게 된다. 기대수준은 개인마다 다르기 때문에 제품과 서비스가 어느 정도 충족시켜 줄 수 있는지 끊임없이 확인해야 한다.

[2] 기업의 상품과 서비스품질에 따른 가치에 만족한 고객은 재방문이나 재구매라는 긍정적 강화요인이 된다. 보상이나 칭찬 등의 긍정적 자극은 행동반응에 따라 브랜드 이미지를 향상시킬 수 있다.

[3] 불만족한 고객은 기업에 불평행동을 하거나 홈페이지 등을 통해 부정적 댓글, 부정적 구전, 경쟁기업으로 이탈 등 레스토랑에 부정적 강화요인을 일으킨다. 그러므로 기업은 부정적 이미지를 회피시키려 노력하지만 바람직한 긍정적 행동으로 유도할 수 있는 전략을 필요로 한다.

[4] 고객이 레스토랑을 방문하여 서비스상품을 구매하는 과정과 구매 후 경험에서 제기되는 불평은 불만족의 원인이 된다. 이러한 행동을 불평행동이라 한다. 기업은 고객의 불평행동 발생시 이를 신속하게 해결하여 처리하는 것이 중요하다.

[5] 고객의 불만은 아주 작은 것에서부터 시작된다. 직원들의 실수나 착오 또는 고객실수 등에서 발생하게 된다. 고객이 느끼는 불만은 직원들의 불성실한 행동이나 용어선택, 상품을 제대로 설명하지 못하는 지식수준과 약속지연, 편의시설, 이용불편, 제품불량, 무리한 권유, 진정성 결여 등 다양한 요소에서 발생하게 된다. 불만족사항은 레스토랑 어디에서나 일어날 수 있다. 크고 작은 사례들은 기업이미지에 영향을 미치기 때문에 직원들에게 고객만족도를 향상시킬 수 있게 해야 한다. 이는 교육훈련을 통해 개선시킬 수 있다.

13

Practice 연습문제

1 고객만족을 위한 구성요소에서 하드 웨어(hard ware), 소프트 웨어(soft ware), 휴먼 웨어(human ware)적 측면에서 논의해 보자.

2 고객이 레스토랑을 방문하여 만족했을 경우 재방문이라는 긍정적 요인이 발생하지만, 불만족했을 경우 레스토랑에 대해 부정적인 영향을 미치게 된다. 고객만족을 위해 어떠한 노력을 기울여야 하는지 구체적으로 논의해 보자.

3 외식업을 방문하는 고객들의 만족요소를 3가지 차원으로 나누어 논의해 보자.

4 서비스 불만족을 회복시켜 만족도를 향상시킬 수 있는 방법은 무엇일까? 그 전략을 제시해 보자.

5 레스토랑에서 빈번하게 일어날 수 있는 불평행동을 당연히게 여겨서는 안 된다. 불만이 재발되지 않도록 해야 한다. 고객 불평처리 과정을 단계별로 나열하고 각각에 대해서 논의해 보자.

6 레스토랑에서 흔히 발생할 수 있는 고객 불평요인을 파악하여 각각의 불평요인에 대해 어떻게 대처할 것인가를 논의해 보자.

REFERENCES

국내문헌

권용주 · 신정하 · 이윤영 · 유양호(2005). 식 · 음료경영관리론, 백산출판사.

김기영(2002). 호텔주방관리론, 백산출판사.

______(2006). 호텔 · 외식산업 주방관리실무론, 백산출판사.

김기영 · 하경희(2009). 식음료서비스경영론, 현학사.

김기영 · 함형만 · 엄영호 · 김이수(2006). 메뉴경영관리론, 현학사.

김병섭(2010). 쇼핑몰창업 & 운영, 정보문화사.

김영갑 · 김문호 · 홍종숙 · 김선희 · 박상복(2012). 외식창업론, 교문사.

김영갑 · 송병화 · 홍종숙 · 신재근 · 윤경화(2009). 외식산업론, 현학사.

김윤태(2006). 호텔 · 외식산업 메뉴관리론, 대왕사.

______(2009). 호텔 · 외식산업 위생관리론, 대왕사.

김중태(2010). 1인창조기업 컨설팅북, e-비즈니스북.

나정기(2011). 식음료원가관리의 이해, 백산출판사.

문태식(2005). 프랜차이즈 바이블, 백산출판사.

문혜경(2006). 외식산업의 위생관리현황 및 발전방안, 한국외식연감.

박기용(2009). 외식산업경영학, 대왕사.

박두규 · 박찬황 · 박상익(2010). 창업실무경영, 에이드북.

박정환(2007). 실전! 상권분석과 점포개발, 상상예찬.

박주영 · 이상호(2011). 창업경영론, 인플로우.

박혜정(2005). 고객서비스실무, 백산출판사.

______(2005). 서비스맨의 이미지메이킹, 백산출판사.

방용성 · 주윤황(2010). 창업경영, 학현사.

백남길(2013). 외식마케팅, 백산출판사.

송수근 · 백남길(2012). 외식조리 원가관리, 백산출판사.

식중독통계시스템(2010). 연도별, 지역별, 원인시설별, 원인물질별 통계.

식품의약품안전청(2005). HACCP 적용 가이드라인.

심재후(2009). 친절한 창업교과서, 한스 앤 리.

오영섭(2010). 조리외식사업실무론, 석학당.

왕명자(2012). 지역사회 간호학 제5판, 현문사.

이권복(2008). 호텔 · 외식사업 위생관리론, 백산출판사.

이병철 · 양철영 · 김영성 · 박헌국 · 범봉수 · 최향숙 · 장재선 · 서종권(2010). HACCP의 이해와 적용, 광문각.

이정학 · 서진우(2005). 외식사업경영실무론, 대왕사.

정재승 · 김호(2011). 쿨하게 사과하라, 어크로스.

조신영 · 박현찬(2007). 경경청(마음으로 얻는 지혜), 위즈덤하우스.

창업컨설팅협회(2009). 창업컨설턴트가 제시하는 창업실무.

최수근 외(2010). 레스토랑 창업론, 교문사.

최정길(2007). 원가관리, 무역경영사.

최학수 · 강인호 · 이병연 · 정승환 · 김상철(2007). 실전 외식사업경영론, 한올.

함봉진 · 주윤황(2010). 인터넷마케팅, 두남.

홍기운(2009). 최신 외식산업개론, 대왕사.

학회지 및 논문

고주희(2008). 최근 집단식중독발생현황과 단체급식소의 위생관리방안에 관한 연구, 울산대학교대학원 학위논문.

김성순(2009). 한국과 중국의 잠재적 창업가의 창업의지에 관한 비교연구, 호서대학교 벤처전문대학원 박사학위논문.

김원철(1990). 호텔주방계획에 관한 연구, 세종대학교대학원 석사학위논문.

김지혜(2011). HACCP지정 집단급식소 실태조사연구, 충남대학교대학원 학위논문.

박은경 · 양용호 · 최병길(2010). 서비스실패 요인별 불만족과 불평행동에 미치는 영향.

박희옥 · 김창민 · 우건조 · 박선희 · 이동화 · 장은정 · 박기환(2001). 최근 한국에서 발생한 식중독 모니터링 및 추이분석, 식품위생안전성학회, 16(4) : 280-294

백남길(2010). 한식레스토랑의 다인스케이프(dinescape)가 고객의 감정반응과 행동적 충성도에 미치는 영향, 고객만족경영학회, 12(2), 99-115.

______(2012). 농산물의 지리적 표시 단체표장이 선호인식과 구매의도에 미치는 영향, 고객만족경영학회.

______(2013). 외식기업직원들의 감정노동이 소진과 고객지향성에 미치는 영향, 고객만족경영학회.

백남길 · 이애주(2011). 소고기 원산지에 대한 지역이미지가 원산지의 품질인식과 구전에 미치는 영향, 외식경영학회, 14(3), 7-26.

오세구 · 정상철(2007). 전자상거래 업체의 물류정보화가 물류성과 및 기업성과에 미치는 영향, 고객만족경영학회, 12(1), 161-178.

윤대혁(2007). 경영자의 기업가정신의 결정요인에 관한 연구, 한국인적자원관리학회.

이경모(1999). 이벤트여행상품의 마케팅믹스 전략수립에 관한 연구, 관광경영연구, 제4호.

이유재(2011). 서비스 품질 측정모형의 우수성비교 : SERVQUAL모형, 3차원품질 모형을 중심으로, 서비스마케팅, 4(2).

이정자 · 장해윤 · 이재형(2009). 외식창업 특성과 외식창업 결정요인 간의 차이분석, 국제관광산업연구, 2(3), 127-150.

이주혁(2010). 이해당사자별 HACCP시스템 사용에 관한 우선순위 분석에 대한 연구, 경희대학교대학원 학위논문.

임종원(2010). 소비자행동론 3판, 경문사.

장영미(2009). 저소득계층의 성공적인 창업지원을 위한 마이크로 크레디트사업의 효과적인 운영요인에 관한 연구, 서강대학교공공정책대학원.

정춘영(2010). 창업컨설팅의 지각된 성과에 관한 연구, 건국대경영대학원 학위논문.

중소기업청(2009). 창업가이드.

한경수 · 서경미 · 박한나 · 홍소아(2004). 한국식품연감 내용분석에 의한 한국외식산업 현황분석, 한국식품 문화지, 19(3), 313-325.

외국문헌

Aaker, D. A.(1991). Managing Brand Equity. Capitalizing on the value of a brand, New York, The press.

AMA(1985). AMA marketing definitions : A glossary of marketing terms, committer on definitions.

Armstrong, G.(2001). Principles of Marketing, 9th ed. Prentice-Hill, Inc, 512.

Baloglu, S. & Pekcan, Y. A(2006). The website design and internet site marketing practices of upscale and luxury hotels in Turkey, Tourism Management, 27, 171-176.

Bradach, J. L.(1995). Chains within chains : The role of multi-unit franchisees, Journal of Marketing channels, 4, 65-81.

Bradach, J. L.(1999). Franchise organization, Harvard Business school Press.

Cox, D. F. & Good, R. E.(1967). How to build a marketing information. system, Harvard

Business Review, May-June, 145.

David, S. A.(1995). The new direct marketing how to implement a profit driven data base marketing strategy, Irwin, 55-56.

Dyche, J.(2001). The CRM handbook : A business guide to customer relationship management, Addison-Wesley, Bostone, MA.

Erwin, J. K.(2003). Franchise Bible : How to buy a franchise or franchise your own business.

Kelley, H. H.(1972). Attribution in social interaction, in E. Jones, et al., eds., attribution : Perceiving the Causes of Behavior, N.J : General Learning Press.

Kincaid, J. W.(2003). Customer relationship management getting it right, Prentice Hall PTR, Upper Saddle River, HJ.

Kotler, P.(1998). Marketing management : Analysis planning and control 6th ed.

Kotler, P., Bowen J. & Makens, J.(2003). Marketing for Hospitality and Tourism(third edition) Prentice Hall.

Michael L. and Donald I. Smith(1990). Menu Engineering : A Practical Guide to Menu Analysis, Revised Edition.

Oliver, R. L. & Swan, J.(1989). consumer perceptions of interpersonal equity and satisfaction in transactions : A field survey approach, Journal of Marketing, 53(Aprill), 21-35.

Oliver, R. L.(1977). Effect of expectation and disconfirmation on post exposure product evaluations an alternative interpretation, Journal of Applied Psychology, 62(4), p. 480.

Robertyz, M. L.(1995). Expanding the role of the direct marketing database, Journal of Direct Marketing, 6(2), 51-60.

Sandberg, W. R.(1986). New venture performance, Lexington, Mass : Lexington Books.

Timmons, J. A.(1990). New Venture Creation 4th edition, Lrwin, Mcgraw Hill, 1994 Henry, C. Black's Law Dictionary, West Pub. co, Minn.

Tse, D. K. & Wilton, P. C.(1988). Models of consumer satisfaction : An extension, Journal of Marketing Vesper, K. H.(1983). Entrepreneurship and national policy, Chicago : Heller Institute for small Business Policy.

Vesper, K. H.(1990). New Venture Strategics, Englewood Cliffs, HJ : Prentice Hall. Research, 25(2), 204-212.

Winer, R. S.(2001). A framework for customer relationship management California management Review, 43(4), 89-105.

Yelkur, R.(2001). Customer satisfaction and the services marketing mix, Service Marketing Quarterly, 21(1), 105-120.

Zeithaml, V. A. & Bitner, M. J.(1996). Service marketing, NY. McGraw-Hill.

기타 자료

KB금융지주 경영연구소, "국내자영업자 현황과 업종별 생멸통계", 2015.1.14.

KFC(www.kfckorea.com)

TGI프라이데이(www.tgif.co.kr)

고용노동부(www.moel.go.kr)

공정거래위원회(www.ftc.go.kr)

국세청(www.nts.go.kr)

네이버 벤처기업협회(blog.kova.or.kr)

네이버 성공창업카페(naver.com/changupbada.cafe)

네이버 창업블로그(f15ecd.blog.me)

뉴시스 비비고 새로운 콘셉트로 글로벌 테스트 매장 오픈, 2016.7.18.

대전시티저널(www.gocj.net)

대한민국창업대전(www.startup.or.kr)

대한상공회의소(www.korcham.net)

동아일보(www.donga.com)

롯데리아(www.lotteria.com)

마르쉐(www.marche.co.kr)

맥도날드(www.Mmcdonalds.co.kr)

미주한국일보, 아 · 태문화유산의 행사, 2016.4.23.

버거킹(www.burgerking.co.kr)

베니건스(www.bennigans.co.kr)

비즈플레이스(www.bizplace.co.kr)

빕스(www.vips.co.kr)

사회적기업(www.socialenterprise.go.kr)

삼성경제연구소(www.seri.org) (2013)

서울시 여성가족재단 블로그기자단(http://cafe.naver.com/sfwfreporter)

세계파이낸스(www.segyefn.com)

소상공인진흥원(www.seda.or.kr)
시니어넷(www.seniorok.kr)
식품의약품안전처(www.mfds.go.kr/index.jsp)
신용보증기금(www.kodit.co.kr)
아시아경제, 패스트푸드의 영광은 뒤로…맥도날드 "기회로 만들겠다" 2016.6.29.
아시아투데이(www.asiatoday.co.kr)
아웃백(www.outback.co.kr)
월간식당(www.foodbank.co.kr)
조선비즈(biz chosun com), 안정된 소자본으로 주목받는 창업아이템, 2016 7 19
조선일보(www.chosun.com)
중소기업청(blog.naver.com)
중앙일보(http//joongang.joins.com 2012.4.12 경제면)
창업넷(www.changupnet.go.kr)
창업대출가이드(www.bizclass.com/money/sub_03.htm)
창업지원센터(changupcenter.kr/index.asp)
창업진흥원(www.kised.or.kr/)
토니로마스(www.tonyromas.co.kr)
통계청(www.nso.go.kr)
프리미엄 경제신문 이투데이(2012.5.31). 노출의 사회학
한국여성경제인협회(www.womanbiz.or.kr)
한국일보(news.hankooki.com)
한식재단(www.hansik.org)
Coffee TV, 2016년 프랜차이즈 카페 현황, 6.1.

Profile

백남길

- 세종대학교 외식경영학 박사
- 세종대학교 호텔관광외식학부 호텔경영외식경영학과 외래교수
- 세종대학교 일반대학원 외식경영학과 외래교수
- 전, 세종대학교 글로벌지식교육원 호텔경영학과 주임교수
- 현, 농식품부 농식품유통교육원 교수

주요 저서 및 연구논문

- 『외식마케팅』, 백산출판사, 2013.
- 『외식조리원가관리』, 백산출판사, 2012.
- "외식기업 직원들의 감정노동이 소진과 고객지향성에 미치는 영향", 고객만족경영학회, 2013.10.
- "농산물의 지리적 표시 단체표장이 선호인식과 구매의도에 미치는 영향", 고객만족경영학회, 2012.12.
- "축산물 지역브랜드에 대한 지각된 품질과 구매태도에 관한 연구, 외식경영학회", 2012.2.
- "소고기 원산지에 대한 지역이미지가 원산지의 품질인식과 구전에 미치는 영향", 외식경영학회, 2011.6.
- "외식프랜차이즈 기업의 저가 메뉴가격이 고객의 지각된 가치에 따른 만족과 재방문에 미치는 영향", 외식경영학회, 2011.4 외 다수

김장호

- 세종대학교 조리외식경영학 박사
- 세종대학교 호텔관광외식학부 외식경영학과 외래교수
- 숙명여자대학교 문화관광학부 외래교수
- 현, 서영대학교 파주캠퍼스 호텔외식조리과 교수

주요 저서 및 연구논문

- 『음식관광』, 대왕사, 2010.
- 『Basic Western Cuisine』, 대왕사, 2011.
- 『식재료와 푸드스타일링』, 대왕사, 2012.
- 『레스토랑 메뉴관리』, 수학사, 2013.
- 『조리실무와 주방관리』, 훈민사, 2013.
- 『조리이론의 이론과 실제』, 대왕사, 2015.
- "IPA 기법을 활용한 학교급식 영양사 및 영양교사와 조리종사원의 근무환경과 작업환경 인식도 연구", 한국관광레저학회, 2011.8.
- "음식관광축제의 현황 및 활성화 방안에 관한 연구", 한국조리학회, 2012.12.
- "서양요리에서 5가지 모체소스 연구에 관한 고찰", 한국외식산업학회, 2014.6 외 다수